Preußisches Ausführungsgesetz

zum

Bürgerlichen Gesetzbuche.

Vom 20. September 1899.

Mit Erläuterungen

von

Adolf Hodler,
Amtsrichter, Mitglied des Hauses der Abgeordneten.

Berlin 1900.
Verlag von H. W. Müller.

„Bei der Besprechung der ersten Auflage haben wir auf die diesem Werke eigenthümlichen Vorzüge hingewiesen und namentlich hervorgehoben, daß der Verfasser in den Noten das Prozeßrecht systematisch zusammenstellt, und dadurch dem Leser übersichtlich vor Augen führt, welche allgemeinen Rechtssätze die in der Prozeßordnung enthaltenen speziellen Vorschriften beherrschen und wie dieselben zum Ausdruck gebracht werden. Diese Behandlung des Stoffes hat das Reincke'sche Buch vorzugsweise zum Studium für jüngere Juristen geeignet gemacht, aber gewiß auch erfahrenen Richtern und Anwalten vielfach Gelegenheit geboten, die behandelten Rechtsmaterien im Zusammenhang durchzunehmen und sich klar zu machen. Wir haben namentlich aus den Kreisen der Referendarien anerkennende und dankbare Urtheile über das Werk vernommen. Der Verfasser sagt in dem Vorworte, daß er sich bestrebt habe, auch in der zweiten Auflage der systematischen Erläuterung der C.-P.-O. sein Hauptaugenmerk zuzuwenden, andrerseits aber der Litteratur und dem Detail jetzt eine ausgiebigere Berücksichtigung zu Theil werden zu lassen. Wir können dem Verfasser nach näherer Einsicht seines Buches bezeugen, daß er das Ziel, den Prozeßstoff in den Noten systematisch zusammen zu stellen, noch mehr als in der ersten Auflage erreicht hat. Man vergleiche z. B. die umfassenden Erörterungen über den Gerichtsstand zu §§ 12 ff., oder über die mündliche Verhandlung zu §§ 119 ff. Die Ausführungen berühren alle erheblichen Streitpunkte und lassen das sichere eigene Urtheil des Verfassers erkennen. Wir sagen ihm für die neue Durcharbeitung unseren Dank."

Reichsgerichtsrath **Rassow** (in Gruchot's Beiträgen).

„Bereits der ersten Auflage wurde allerseits die Systematisirung des Stoffs als der größte Vorzug der Arbeit nachgerühmt. Diese Systematisirung hat in der neuen Auflage eine erhebliche Erweiterung und Vertiefung erfahren (man vergleiche z. B. die Anmerkungen über die Mündlichkeit zu § 119, die Ausführung über End-, Theil- und Zwischenurtheil zu §§ 272 bis 274 in beiden Auflagen). Die Loslösung von den einzelnen Gesetzesparagraphen ist vielfach noch mehr durchgeführt worden. Das Buch gewinnt in dieser Gestalt einen besonderen Werth. Es hält die Mitte zwischen einem dem Legalsysteme folgenden Lehrbuche und einem an den Wortlaut der einzelnen Gesetzesstellen sich anschließenden Kommentar. Der Vortheil ist die viel größere Lebendigkeit der Darstellung, die Möglichkeit, längere Abschnitte im Zusammenhange zu lesen. Der Nachtheil, daß die Erörterung zu der bestimmten Spezialfrage nicht so schnell gefunden werden kann, als wenn die Nummer beim Stichworte des Textes darauf verweist, wird ausgeglichen durch die bis ins kleinste durchgeführte, auch typographisch sehr übersichtlich gestaltete Systematik.

Doch sind dem Buche nicht blos äußere Vorzüge der Methode nachzurühmen, auch innerlich ist der reiche Stoff auf das sorgfältigste durchdacht und durcharbeitet. Als mustergültige Beispiele seien die kurze und doch erschöpfende Darstellung der mündlichen Verhandlung (S. 153), die Erörterung über den Klagegrund (S. 242), die Charakterisirung des Urkundenprozesses (S. 541), die Erörterung über das Wesen der Widerspruchsklage in der Zwangsvollstreckung (S. 657 f.) hervorgehoben. — Auch den großen Streitfragen der Theorie, wie der über Präklusion und Kontumaz (S. 65), über Einlassungszwang (S. 160 f.) geht der Verfasser nicht aus dem Wege, wie er andererseits dem Bedürfnisse der Praxis durch eingehende Erörterung solcher Bestimmungen Rechnung trägt, die zu Zweifeln in Einzelheiten

Anlaß geben (vgl. z. B. zu § 430 — Versäumnißzwischenurtheil bei Eidesweigerung; zu §§ 780 ff. — Offenbarungseid).

Als eine glückliche Gabe des Verfassers verdient das Geschick Erwähnung, mit dem er für einzelne Rechtsinstitute treffende Bezeichnungen findet, z. B. „Selbstremedur des angegriffenen Gerichts" für § 534 (S. 520), „Urtheile wider den Ehebestand" zu § 582 (S. 568), „außergerichtliche Vorpfändung" für § 744 (S. 712), u. dgl. m."

Geh. Ob.-Justizrath **Vierhaus** (in der Ztschr. f. Dtschn. Civilproz.).

„... Der Reincke'sche Kommentar verdient die vollste Anerkennung und Beachtung. Der Praktiker möge getrost auch in den schwierigsten Fragen nach ihm greifen, er wird ihn nicht im Stiche lassen. Er giebt ihm überall eine wohlerwogene selbstständige Meinung, er berücksichtigt ausreichende Litteratur und Judikatur, er belehrt ihn durch kurze Andeutungen und Verweisungen, wo er sich auf kontroversem Gebiete befinde. Sein Hauptvorzug besteht aber u. E. in einer seltenen Gewandtheit, trotz des Anschlusses an die Legalordnung, ja selbst innerhalb der einzelnen Gesetzesparagraphen, zu systematisiren. Dies giebt dem Kommentar die Gestalt lauter kleiner in sich geschlossener und wohlabgerundeter Einzelabhandlungen; es verschafft den Interpretationen des Verfassers überall eine allgemeinere Grundlage und damit eine logische Schärfe und Stärke, welche von vornherein von ihrer Richtigkeit überzeugen."

Prof. Dr. **Birkmeyer** (in der mecklenburg. Ztschr. f. Rechtspflege).

„So zahlreich und erschöpfend auch die bisher erschienenen Kommentare der C.-P.-O. sein mögen, so wird hieraus doch keineswegs gefolgert werden dürfen, daß nun der Wissenschaft Genüge geleistet und von weiteren Bearbeitungen abzusehen sei. Im Gegentheil fordert die der Theorie und Praxis fortgesetzt von neuem gewährte Befruchtung, das stete Auftauchen divergirender Meinungen über die die Regelung des Verfahrens bedingenden Prinzipien zu rastlosem Fortarbeiten auf dem betreffenden Gebiete auf, und es heißt alle Kraft aufbieten, um mittelst interpretativer Thätigkeit die Führerschaft über den Sinn und die Tragweite des Gesetzes zu gewinnen. Von diesem Gesichtspunkte aus ist der Reincke'sche Kommentar mit seiner scharfen logischen Zergliederung der behandelten Materie und mit seiner gründlichen und eingehenden Berücksichtigung der einzelnen Prinzipien, deren scharfe Entwickelung aus dem Gesetz zu besonderer Hervorhebung berechtigt, als ein äußerst verdienstvolles Werk zu begrüßen, das, abgesehen von seiner hohen praktischen Bedeutung, die besonders in der gewährten schleunigen Orientirungsmöglichkeit über den in den einzelnen Paragraphen enthaltenen Haupt- oder den in ihm berührten Nebenstoff und der präzisen Stellungnahme zu den einzelnen Kontroversen hervortritt, auch seinen Nutzen dem erst den Tempel der Themis betretenden Jünger nicht versagen und ihm als ein sicherer Leitfaden auf dem an Unebenheiten reichen Wege dienen wird. So müssen wir denn das Werk als ein gleichzeitig praktisches und theoretisches Gebilde bezeichnen, das in seiner Totalität den Eindruck einer vorzüglichen Leistung gewährt und den Wunsch auf weiteste Verbreitung vollauf rechtfertigt."

Dr. jur. **Backoffner** (in Goltdammer's Archiv).

Preußisches Ausführungsgesetz

zum

Bürgerlichen Gesetzbuche.

Vom 20. September 1899.

Mit Erläuterungen

von

Adolf Hodler,

Amtsrichter, Mitglied des Hauses der Abgeordneten.

Berlin 1900.

Verlag von H. W. Müller.

Vorwort.

Der vorliegende Kommentar will das Verständniß des Preußischen Ausführungsgesetzes zum Bürgerlichen Gesetzbuche erleichtern, indem er die einzelnen Bestimmungen desselben erläutert und deren Zusammenhang mit dem neuen Reichsrecht einerseits und mit dem geltenden Landesrecht andererseits nachweist. Die gesetzgeberischen Materialien, von denen namentlich die durch ihre Vollständigkeit und Klarheit ausgezeichnete Begründung des Gesetzentwurfs und der überaus gründliche Bericht der XV. Kommission des Abgeordnetenhauses hervorzuheben sind, wurden dabei besonders berücksichtigt. Die einschlägigen Verordnungen und ministeriellen Erlasse, welche während des Druckes des Buches erschienen, sind mit abgedruckt worden.

Hechingen, im Dezember 1899.

Der Verfasser.

Inhaltsübersicht.

Einleitung.

I. Das am 1. Januar 1900 in Kraft tretende Bürgerliche Gesetzbuch hat nicht das ganze Gebiet des Bürgerlichen Rechtes der Regelung durch reichsgesetzliche Vorschriften unterworfen, sondern in beträchtlichem Umfange landesgesetzlichen Vorschriften Raum gelassen.

Das BGB. selbst macht an einzelnen Stellen landesgesetzliche Ergänzungen nothwendig und läßt verschiedentlich ergänzende und abändernde Vorschriften der Landesgesetze zu. Andere Vorbehalte gleicher Art finden sich in dem EG. z. BGB. Letzteres überweist ferner eine Anzahl von Sonderrechtsgebieten ganz oder mit gewissen Einschränkungen der Landesgesetzgebung. In den Uebergangsvorschriften hält es für die vor dem Inkrafttreten des BGB. begründeten Rechtsverhältnisse vielfach das bisherige Recht aufrecht und überläßt den einzelnen Bundesstaaten die Entscheidung, ob und inwieweit diese Rechtsverhältnisse dem Reichsrecht unterworfen werden sollen.

Ist hiernach für die Landesgesetzgebung ein weites Feld der Bethätigung offen gelassen, so hat doch das vorliegende Preußische Ausführungsgesetz zum BGB. v. 20. September 1899 bei der Kürze der bis zu dem Inkrafttreten des BGB. verbliebenen Zeit nicht alle der Landesgesetzgebung vorbehaltenen Materien regeln können, sondern sich auf die zur Ausführung des Gesetzbuchs nothwendigen Bestimmungen beschränken müssen. Daher sind die der landesgesetzlichen Regelung vorbehaltenen Sonderrechtsgebiete, wie z. B. das Gesinderecht, das Nachbarrecht, das Enteignungsrecht, das Recht der Rentengüter, das Jagd- und Fischereirecht, das Bergrecht, das Wasserrecht, das Recht der Familienfideikommisse, das Anerbenrecht u. s. w. im Allgemeinen ganz ausgeschieden worden, und nur, sofern in einzelne der fraglichen Gebiete reichsgesetzliche Vorschriften eingreifen, ist mehrfach eine Klarstellung nothwendig geworden. Vergl. z. B. Art. 14, 23, 37—39, 41. Auch die Anwendung des neuen Reichsrechts auf bestehende Verhältnisse ist auf das Maß des durch das praktische Bedürfniß Gebotenen beschränkt. Vergl. namentlich Art. 33, 34 und insbesondere die Vorschriften über das eheliche Güterrecht (Art. 44—67).

Außer durch das Ausführungsgesetz zum BGB. hat das BGB. sowie das Einführungsgesetz zum BGB. und das Ausführungsgesetz selbst durch die Königliche Verordnung zur Ausführung des Bürgerlichen Gesetzbuchs v. 16. November 1899 (GS. S. 562), durch welche für eine Reihe von Fällen die zuständigen Behörden bestimmt sind, eine Ergänzung erfahren.

II. Zur Ausführung der mit dem BGB. in Kraft tretenden reichsrechtlichen Nebengesetze sind besondere Preußische Gesetze erlassen, wie:

das Preuß. Gesetz über die freiwillige Gerichtsbarkeit v. 21. September 1899 (GS. S. 249);

das Ausführungsgesetz zum Reichsgesetze v. 17. Mai 1898, betr. Aenderungen der Civilprozeßordnung, v. 22. September 1899 (GS. S. 284);

das Ausführungsgesetz zum Reichsgesetz über die Zwangsversteigerung und die Zwangsverwaltung, v. 23. September 1899 (GS. S. 291);

das Ausführungsgesetz zum Handelsgesetzbuche, v. 24. September 1899 (GS. S. 303);

das Ausführungsgesetz zur Grundbuchordnung, v. 26. September 1899 (GS. S. 307).

III. Im Zusammenhange mit dieser Gesetzgebung ist insbesondere das Kostenwesen einer Revision unterzogen worden; vergl. über die Gerichtskosten: Art. 86 des vorliegenden Gesetzes; Art. 44–46 des AG. zum RG. über die Zwangsverst. und die Zwangsverw.; Art. 30 des AG. z. RGBO.; Bekanntm. v. 6. Oktober 1899 (GS. S. 325f.);

über die Notariatsgebühren: Art. 134 des Preuß. Ges. über die freiwillige Gerichtsbarkeit; Bekanntm. v. 6. Oktober 1899 (GS. S. 325, 374);

über die Gebühren der Rechtsanwälte und Gerichtsvollzieher: Gesetz, enthaltend die landesgesetzlichen Vorschriften über die Gebühren der Rechtsanwälte und der Gerichtsvollzieher, v. 27. September 1899 (GS. S. 317); Bekanntm. v. 6. Oktober 1899 (GS. S. 325, 381).

IV. Der Entwurf des AG. z. BGB. wurde auf Grund der Allerhöchsten Ermächtigung vom 30. Januar 1899 zunächst dem Abgeordnetenhause vorgelegt. Dasselbe überwies am 16. Februar 1899 die Vorberathung des Entwurfs einer Kommission von 28 Mitgliedern. In mehr als 20 Sitzungen unterzog die Kommission den Entwurf einer gründlichen Berathung. Auf Grund der Kommissionsbeschlüsse fanden in der Zeit vom 26. bis 30. Juni 1899 die weiteren Verhandlungen im Plenum des AH. statt. Am 1. Juli gelangte der Entwurf an das Herrenhaus, welches ihn seiner verstärkten Justizkommission überwies. Am 23. August erfolgte die Plenarberathung im HH. Namentlich die Vorschriften über die Anlegung von Mündelgeld gaben den Anlaß, daß der Entwurf noch zweimal an das AH. zurück und von diesem wieder an das HH. gelangte, bis er endlich am 29. August vom HH. endgültig angenommen wurde. Die Publikation erfolgte unterm 20. September 1899 S. 177 ff. der Gesetzsammlung.

Die Materialien des Gesetzes haben einen beträchtlichen Umfang. Besonders zu erwähnen sind hier:

Der Entwurf eines AG. z. BGB., Drucks. des AH. Nr. 34, nebst Begründung, Drucks. des AH. Zu Nr. 34;

die Protokolle über die Verhandlungen der XV. Kommission des AH.;

die Zusammenstellung des Entw. eines BGB., Nr. 34 und Zu Nr. 34 mit den Beschlüssen der Kommission in 1. Lesung;

desgl. mit den Beschlüssen der Kommission in 1. Lesung und den Beschlüssen der Redaktionskommission;

desgl. mit den Beschlüssen der Kommission in 2. Lesung;

der Bericht der XV. Kommission des Abgeordnetenhauses zur Vorberathung des Entwurfs eines AG. z. BGB., Drucks. des AH. Nr. 227, ferner

Anträge, welche in der XV. Komm. zu dem Entw. eines AG. z. BGB., Nr. 34 und Zu Nr. 34 der Drucks. gestellt sind; Drucks. des AH. Zu Nr. 227;

die Zusammenstellung des Entw. eines AG. z. BGB. u. s. w. mit den darüber in der zweiten Berathung im Plenum des AH. gefaßten Beschlüssen, Drucks. des AH. Nr. 266;

der Entw. eines AG. z. BGB. in der Fassung der 3. Lesung des Plenums des AH., Drucks. des HH. Nr. 118;

der Bericht der verstärkten (IV.) Kommission des HH. für Justiz-Angelegenheiten über den Entw. eines AG. z. BGB., Drucks. des HH. Nr. 136;

der Entw. eines AG. z. BGB., Beschl. des HH. und des AH., Drucks. des AH. Nr. 345;

der Entw. eines AG. z. BGB. nach den übereinstimmenden Beschlüssen beider Häuser des Landtages, Drucks. des HH. Nr. 160;

die stenograph. Berichte des AH. über die Sitzungen Nr. 21, 82, 83, 85; 98, 99;

die stenogr. Berichte des HH. über die Sitzungen Nr. 14, 18, 21, 22.

Ausführungsgesetz zum Bürgerlichen Gesetzbuche.

Vom 20. September 1899.

(GS. S. 177.)

Wir Wilhelm, von Gottes Gnaden König von Preußen rc. verordnen, unter Zustimmung der beiden Häuser des Landtags Unserer Monarchie, was folgt:

Stiftungen.

Artikel 1.

§ 1. Für die Genehmigung einer Stiftung, die nach der Stiftungsurkunde ausschließlich dem Interesse der Mitglieder einer bestimmten Familie oder mehrerer bestimmter Familien dient (Familienstiftung),

---

Die Anordnung des AG. zum BGB. schließt sich der Reihenfolge der Vorschriften des BGB. an, zu deren Ergänzung die Bestimmungen des Gesetzes dienen. Es beziehen sich die Art. 1—9 auf den allgemeinen Theil, die Art. 10—18 auf das Recht der Schuldverhältnisse, die Art. 19—41 auf das Sachenrecht, die Art. 42—78 auf das Familienrecht und die Art. 79—83 auf das Erbrecht. Als Vorschriften von allgemeiner Bedeutung reihen sich die Bestimmungen über das Hinterlegungswesen (Art. 84, 85) sowie Aenderungen des Preußischen Gerichtskostengesetzes (Art. 86) an. Die Schlußbestimmungen der Art. 87—90 beziehen sich namentlich auf die Aufhebung der bestehenden Kodifikationen, besonders des Preuß. ALR. und des Rheinischen Bürgerl. Gesetzbuchs.

Die auf den allgemeinen Theil bezüglichen Art. 1—9 betreffen in den mit „Stiftungen" überschriebenen Art. 1—4 die Familienstiftungen (Art. 1—3) und die Verfassungsänderung und Aufhebung anderer Stiftungen (Art. 4), im Art. 5 das Anfallrecht in Ansehung des Vermögens aufgelöster Vereine und erloschener Stiftungen, in den Art. 6 und 7 die Erwerbsbeschränkungen für juristische Personen und in den Art. 8 und 9 die kurze Verjährung gewisser Ansprüche.

Stiftungen.

Die Art. 80—88 des BGB. enthalten allgemeine Vorschriften über alle privatrechtlichen Stiftungen ohne Unterschied des Stiftungszweckes, jedoch ist

ist das Amtsgericht zuständig, in dessen Bezirke die Stiftung ihren Sitz haben soll.

Wird in Ansehung einer Familienstiftung, deren Verwaltung oder Beaufsichtigung nach der Stiftungsurkunde von dem Gerichte geführt werden soll, das Landgericht oder das Oberlandesgericht durch den Justizminister mit der Verwaltung oder der Beaufsichtigung beauftragt, so ist das beauftragte Gericht auch für die Genehmigung der Stiftung zuständig.

---

der Landesgesetzgebung in wichtigen Beziehungen für ergänzende und zum Theil für abweichende Vorschriften Raum gelassen. Hier greifen die Art. 1—3 dieses Gesetzes ein, indem sie den Familienstiftungen, entsprechend dem bisherigen Rechtszustande, eine von den übrigen Stiftungen abweichende Sonderstellung zuweisen. Dieselbe erstreckt sich auf die Zuständigkeit der Genehmigungsbehörde (Art. 1), mit welcher das Genehmigungsverfahren in engstem Zusammenhange steht, sowie auf die Verfassung der Familienstiftungen (Art. 2). Diese Sonderstellung beruht auf der Erwägung, daß bei den Familienstiftungen im Gegensatze zu den anderen Stiftungen der Zweck überall ein gleichartiger ist und einen Widerstreit gegen das öffentliche Interesse ausschließt. Vergl. Begr. S. 3.

Die bisherigen Gesetze über die Familienstiftungen sind, soweit sie nicht unmittelbar in Folge des Reichsrechts außer Kraft treten, durch Art. 89 Nr. 1c Abs. 4, Nr. 10, 11 dieses Gesetzes aufgehoben.

In Ansehung der Familienstiftungen der landesherrlichen und gleichgestellten Häuser sowie des mittelbaren hohen und diesem gleichgestellten Adels gelten die Vorschriften der Art. 57 und 58 des EG. z. BGB. auch den Vorschriften der Art. 1—3 gegenüber. Art. 88 dieses Gesetzes.

Artikel 1. § 1.

Nach § 80 des BGB. ist zur Entstehung einer rechtsfähigen Stiftung außer dem Stiftungsgeschäfte die Genehmigung des Bundesstaates, in dessen Gebiete die Stiftung ihren Sitz haben soll, und wenn sie ihren Sitz nicht in einem Bundesstaate haben soll, die Genehmigung des Bundesrathes erforderlich. Die Bestimmung der im ersteren Falle für die Genehmigung zuständigen Behörde ist den einzelnen Bundesstaaten überlassen. Der Art. 1 § 1 trifft die hiernach erforderliche Ausführungsbestimmung in Ansehung der Familienstiftungen und bestimmt zu diesem Zwecke zunächst

1. den Begriff der Familienstiftung. Familienstiftung ist darnach — abweichend von den in der Begründung des Gesetzentwurfes als unzulänglich bezeichneten Vorschriften des geltenden Rechtes, ALR. II 4 §§ 21, 22 — eine Stiftung, die „nach der Stiftungsurkunde ausschließlich dem Interesse der Mitglieder einer bestimmten Familie oder mehrerer bestimmter Familien dient". Die Fassung ist dem § 45 Abs. 3 des BGB. nachgebildet (Begr. S. 3).

Auch solche Stiftungen, bei denen für den Fall des Aussterbens der genußberechtigten Familie eine anderweitige Verwendung des Stiftungsvermögens vorgesehen ist, sind, wie die Begründung S. 3 bemerkt, „von dem Begriffe nicht ausgeschlossen". Eine Bestimmung der gedachten Art kann in dem Sinne getroffen sein, daß der Stifter, ohne für den Fall des Aussterbens der genußberechtigten Familie eine neue Stiftung in's Leben rufen zu wollen, lediglich darüber Bestimmung trifft, an wen das Vermögen der erloschenen Familienstiftung fallen solle (vergl. Art. 5 § 2 Abs. 2 des vorliegenden Gesetzes und Komm. Ber. S. 3); eine solche Bestimmung beeinträchtigt die Ausschließlichkeit des Zweckes der Familienstiftung nicht und ist daher für die Frage, ob eine Familienstiftung vorliege, ohne Einfluß. Die Bestimmung kann aber auch in dem Sinne getroffen sein, daß nach dem Erlöschen der Familienstiftung eine andere selbstständige Stiftung ins Leben treten solle; hier liegt neben der Familienstiftung eine besondere Stiftung vor, welche die Ausschließlichkeit des Zweckes der Familienstiftung, solange diese besteht, gleichfalls nicht beeinträchtigt; bei „gemischten" Stiftungen dieser Art ist daher in Ansehung der Familienstiftung die gerichtliche Genehmigung erforderlich (Art. 1 § 1), während für die nach ihr in's Leben tretende andere Stiftung die Genehmigung derjenigen Behörde einzuholen ist, welche durch die in Aussicht genommene Königl. Verordnung (siehe Anm. 2) dazu bestimmt wird. Vergl. Komm. Ber. S. 3; Komm. Ber. des HH. S. 3; vergl. auch Förster-Eccius, Theorie und Praxis Bd. IV S. 249. Eine Stiftung kann endlich gleichzeitig oder nacheinander den Interessen einer oder mehrerer Familien und außerdem anderen Zwecken dienen, sei es, daß dabei die Interessen der Familienmitglieder vorzugsweise berücksichtigt werden, oder nicht. Eine gemischte Stiftung dieser Art, z. B. eine Stiftung, deren Zinsen den Studirenden aus einer gewissen Familie und, wenn und solange es solche nicht giebt, den Studirenden aus einer gewissen Gemeinde zugute kommt, dient nicht ausschließlich dem Interesse der Mitglieder einer oder mehrerer Familien; sie ist daher keine Familienstiftung im Sinne des Artikel 1. Ob sie, soweit dabei die Interessen von Familienmitgliedern in Frage kommen, etwa gleichwohl einer gerichtlichen Genehmigung unterworfen sind, hängt von der vorerwähnten Königl. Verordnung über diejenigen Stiftungen ab, die nicht Familienstiftungen sind. Vergl. auch Bericht des Staatsministeriums v. 23. Dez. 1844 und Kab. O. v. 3. Januar 1845, JMBl. 1845 S. 26.

Familienfideikommisse fallen nicht unter den Begriff der Familienstiftung. Für sie sind die bisherigen Bestimmungen auf Grund des Art. 59 des EG. z. BGB. aufrecht erhalten. Vergl. Art. 89 Nr. 1c Abs. 4 und Nr. 10, 11. Begr. S. 3, Komm. Ber. S. 3.

2. Der § 1 weist die sachliche Zuständigkeit für die Genehmigung der Familienstiftungen den Gerichten zu. Für Stiftungen anderer Art ist die Regelung der Zuständigkeit durch Königl. Verordnung in Aussicht genommen (Begr. S. 3). Diese Unterscheidung beruht darauf, daß sich die Genehmigung der Familienstiftungen als eine Handlung der freiwilligen Gerichtsbarkeit darstellt, da bei ihnen, wie bereits hervorgehoben, der Zweck in keinem Falle dem öffentlichen Interesse widerstreitet und daher die der Genehmigung vorausgehende Prüfung lediglich die Deutlichkeit und Bestimmtheit der Stiftungsurkunde sichern und künftige Zweifel und Prozesse abschneiden soll (vergl. § 2), wogegen bei den anderen Stiftungen der möglicherweise dem öffentlichen Interesse widersprechende Zweck im einzelnen Falle besonders zu prüfen ist und ihre Genehmigung sich daher als Verwaltungsangelegenheit charakterisirt. Vergl. Begr. S. 3; Komm. Ber. S. 2.

§ 2. Das Gericht hat zu prüfen, ob die Stiftungsurkunde deutlich und bestimmt gefaßt ist und ob sie ausreichende Bestimmungen über die Bestellung eines Vorstandes enthält.

Stehen der Genehmigung der Stiftung Bedenken entgegen, so ist die Genehmigung zu versagen oder eine angemessene Frist zur Beseitigung der Bedenken zu bestimmen. Im letzteren Falle ist die Genehmigung nach dem Ablaufe der Frist zu versagen, wenn nicht inzwischen die Bedenken beseitigt sind. Gegen die Verfügung, durch welche die Genehmigung ertheilt oder versagt wird, findet die sofortige Beschwerde statt.

Besteht das Stiftungsgeschäft in einer Verfügung von Todeswegen, so hat das Gericht vor der Entscheidung über die Genehmigung die Mitglieder der berufenen Familie öffentlich aufzufordern, sich in einem hierfür bestimmten Termine zu erklären, widrigenfalls ihnen gegen die Entscheidung die Beschwerde nicht zustehe. Die Beschwerde steht jedem Erben, dem Testamentsvollstrecker und den in dem Termin erschienenen Mitgliedern der berufenen Familie zu.

Von den Gerichten sind nach Abs. 1 regelmäßig die Amtsgerichte zuständig. Vergl. § 26 Abs. 2 Nr. 2 des AG. z. GVG. v. 24. April 1878 (GS. S. 230). Eine Ausnahme enthält der Abs. 2. Derselbe schließt sich dem § 29 Satz 2 des angeführten Gesetzes an, wonach mit der den Gerichten zustehenden Verwaltung oder Beaufsichtigung von Stiftungen durch den Justizminister das Landgericht oder das Oberlandesgericht beauftragt werden kann (vergl. die Anm. zu Art. 2 § 3). Geschieht dies, so ist es zweckmäßig, daß das beauftragte Gericht in der Lage ist, die Stiftungsurkunde vor der Genehmigung zu prüfen. Das Gesetz weist deshalb in solchen Fällen dem beauftragten Landgerichte oder Oberlandesgerichte auch die Genehmigung zu. Begr. S. 4. Die Erledigung erfolgt bei dem Landgerichte durch eine Civilkammer, bei dem Oberlandesgerichte durch einen Civilsenat. AG. z. GVG. §§ 42, 57.

3. Die örtliche Zuständigkeit bestimmt sich mit Rücksicht darauf, daß im § 80 des BGB. die Zuständigkeit der einzelnen Bundesstaaten nach dem künftigen Sitze der Stiftung abgegrenzt ist, nicht mehr, wie bisher, nach dem ordentlichen persönlichen Gerichtsstande des Stifters, sondern ebenfalls nach dem Sitze der Stiftung. Als Sitz der Stiftung gilt nach § 80 Satz 3 des BGB., wenn nicht ein Anderes bestimmt ist, der Ort, an welchem die Verwaltung geführt wird.

§ 2.

Der § 2 ist von der Kommission des HH. eingefügt (Komm. Ber. des HH. S. 4). Derselbe bezieht sich auf das Genehmigungsverfahren. Für dieses sind

1. die allgemeinen Vorschriften über Handlungen der freiwilligen Gerichtsbarkeit, welche durch Landesgesetz den Gerichten übertragen sind, maßgebend. Es kommen also die Vorschriften des Preuß. Gesetzes über die freiw. Gerichtsb. zur Anwendung.

2. Die Unterlage der Genehmigung bildet die Stiftungsurkunde, d. i. das in schriftlicher Form errichtete Stiftungsgeschäft unter Lebenden (BGB.

Artikel 2.

Für die Verfassung einer Familienstiftung gelten folgende Vorschriften:

§ 1. Die Aenderung der Verfassung sowie die Aufhebung der

---

§ 81) oder die das Stiftungsgeschäft enthaltende Verfügung von Todeswegen (§ 83 BGB.).

Ein Antrag auf Ertheilung der Genehmigung ist nicht schlechthin erforderlich. Bei einem Stiftungsgeschäft unter Lebenden genügt die Einwilligung des Stifters; bei einer Verfügung von Todeswegen ist die Genehmigung vom Nachlaßgerichte von Amtswegen einzuholen, sofern sie nicht von dem Erben oder dem Testamentsvollstrecker nachgesucht wird. § 83 BGB., Planck Anm. 6 zu § 81 und Anm. 3 zu § 83.

3. Der § 2 **Abs. 1** schließt sich der Vorschrift des ALR. II 4 § 31 an. Wegen des Vorstandes siehe die Anmerkung zu Art. 2. — Eine Prüfung der Nützlichkeit der Stiftung liegt außerhalb des Bereiches der richterlichen Thätigkeit.

4. **a)** Der § 2 **Abs. 2** ist durch einen beim Kammergericht anhängigen Spezialfall veranlaßt, in welchem das Testament des Stifters so mangelhaft gefaßt war, daß die gerichtliche Bestätigung vom Kammergericht nicht ertheilt werden konnte, während das Gericht sich andererseits zu einer definitiven Verweigerung der Bestätigung nicht entschließen konnte. Die Vorschrift will einen übermäßig lange andauernden Schwebezustand verhindern und eine schließlich nach allen Seiten hin verbindliche Entscheidung herbeiführen. Sie stellt deshalb den Genehmigungsrichter vor die Alternative, entweder die Genehmigung oder — allenfalls nach ergebnißlosem Ablauf einer Frist zur Beseitigung der Anstände — die Versagung der Genehmigung auszusprechen und bestimmt als Rechtsmittel gegen die Genehmigung und die Versagung die sofortige Beschwerde. Komm. Ber. d. HH. S. 4.

b) Auf die Beschwerde sind die allgemeinen Vorschriften der §§ 4—7 des Preuß. Ges. über die freiw. Gerichtsb., verbunden mit §§ 20—27, 29 des Reichsgesetzes über die Angel. der freiw. Gerichtsb. anwendbar. Vergl. jedoch § 3 Abs. 3.

c) Der **Abs. 3** ordnet für den Fall der Stiftung von Todeswegen ein besonderes Verfahren an. Ueber die darin vorgesehene „öffentliche Aufforderung" wurde, wie der Kommissionsbericht des HH. mittheilt (S. 4), „nähere Bestimmung nicht getroffen, da man in dieser Beziehung dem richterlichen Ermessen freie Hand lassen wollte". Unter der „Beschwerde" im Abs. 3 ist die im Abs. 2 bezeichnete sofortige Beschwerde gemeint. (Komm. Ber. d. HH. S. 4).

d) Die Vorschriften des § 2 Art. 1 gelten für die Entscheidung auch dann, wenn über die Bestätigung einer Familienstiftung vor dem Inkrafttreten des BGB. noch nicht endgültig entschieden ist. Art. 3 Abs. 1 Satz 2.

e) Wegen der für die Genehmigung zu erhebenden Gerichtsgebühr vergl. § 97 Preuß. GKG. in der Fassung des Art. 86 Nr. XXXVIII dieses Gesetzes.

Artikel 2.

Rücksichtlich der Verfassung einer Stiftung bestimmt der § 85 BGB.:

Die Verfassung einer Stiftung wird, soweit sie nicht auf Reichs- oder Landesgesetz beruht, durch das Stiftungsgeschäft bestimmt.

Stiftung kann durch Familienschluß erfolgen. Dies gilt auch dann, wenn die Aenderung der Verfassung oder die Aufhebung der Stiftung durch die Stiftungsurkunde oder durch Familienschluß verboten ist.

Es ist daher in erster Linie das Reichsrecht maßgebend. Aus diesem folgt namentlich, daß die Familienstiftung einen aus einer oder mehreren Personen bestehenden Vorstand haben muß. Derselbe vertritt die Stiftung gerichtlich und außergerichtlich; er hat die Stellung eines gesetzlichen Vertreters; seine Vertretungsmacht kann durch die Verfassung beschränkt werden (§ 86 verb. mit § 26 BGB.). Die Zusammensetzung des Vorstandes ist der Verfassung überlassen (vergl. die Anm. zu § 14); ein Antrag, daß der Vorstand aus dem ältesten Mitgliede oder den ältesten Mitgliedern der betheiligten Familien bestehen solle wurde in der Kommission des Abgeordnetenhauses abgelehnt (Komm. Ber. S. 3). Die Vorschriften des ALR. II 4 §§ 9 ff., in welchen die Person und die rechtliche Stellung des Vorstehers der Familie bestimmt werden, verlieren kraft Reichsrechts ihre Geltung (EG. z. BGB. Art. 55); an die Stelle des Vorstehers tritt der Vorstand (vergl. Art. 2 §§ 4, 6—8, 10—12). Soweit die erforderlichen Mitglieder des Vorstandes fehlen, sind sie, sofern nicht die Verwaltung der Stiftung von einer öffentlichen Behörde geführt wird (vergl. Art. 1 § 2), in dringenden Fällen für die Zeit bis zur Hebung des Mangels auf Antrag eines Betheiligten von dem Amtsgerichte zu bestellen, in dessen Bezirke die Stiftung ihren Sitz hat (§ 86 in Verbindung mit § 29 BGB.).

Im Uebrigen hat das BGB. nur wenige zwingende Vorschriften über Stiftungen (vergl. § 86 in Verbindung mit § 28 Abs. 2, §§ 29, 31, 42; § 87). Der Art. 2 dieses Gesetzes tritt ergänzend ein, indem er über die Verfassungsänderung und die Aufhebung der Familienstiftung Bestimmungen trifft. Dieselben treten an die Stelle der für diese Materie bisher in den älteren Provinzen maßgebenden Vorschriften des ALR. II Titel 4, der einschlägigen Vorschriften des Gesetzes v. 15. Februar 1840 über Familienschlüsse bei Fideikommissen, Familienstiftungen und Lehnen (GS. S. 20) und des § 3 des Gesetzes vom gleichen Tage, die Familienfideikommisse u. s. w. im Herzogthum Schlesien und in der Grafschaft Glatz betreffend (GS. S. 25). Der Art. 2 schafft einheitliches Recht für die ganze Monarchie. Er ist dem genannten Gesetze über die Familienschlüsse u. s. w. nachgebildet. Es entsprechen, von einzelnen Aenderungen abgesehen, der § 1 dem § 1, der § 3 dem § 2, der § 4 dem § 20 Abs. 2, der § 6 dem § 12, die §§ 7—10 den §§ 4—9, die §§ 12 und 13 den §§ 13 und 14, je verbunden mit § 20, der § 14 dem § 24 Satz 2 des Gesetzes von 1840.

Die Vorschriften des Art. 2 gelten auch für die beim Inkrafttreten des BGB. bereits bestehenden Familienstiftungen. Siehe Art. 3 Abs. 1 und die Anm. dazu.

§ 1.

1. Der § 1 lautete in der Regierungsvorlage: „Zur Aenderung der Verfassung sowie zur Aufhebung der Stiftung ist, unbeschadet der Vorschriften des § 87 des BGB., ein Familienschluß erforderlich". Die Kommission des HH. gab ihm die jetzige Fassung, um klar zu stellen, daß ein in der Stiftungsurkunde oder in einem Familienschluß etwa enthaltenes Verbot einer späteren Aenderung der Verfassung oder der Aufhebung der Stiftung unwirksam sei. Komm. Ber. des HH. S. 5.

§ 2. Der Familienschluß muß einstimmig gefaßt werden.

Die Errichtung des Familienschlusses wird nicht dadurch ausgeschlossen, daß nur ein berechtigtes Familienmitglied vorhanden ist.

§ 3. Der Familienschluß bedarf der Aufnahme und der Genehmigung durch das Gericht, dem die Verwaltung oder Beaufsichtigung der Stiftung zusteht.

---

2. Ist die Erfüllung des Stiftungszweckes unmöglich geworden oder gefährdet sie das Gemeinwohl, so kann auch die zuständige Behörde nach Maßgabe des § 87 des BGB. der Stiftung eine andere Zweckbestimmung geben oder sie aufheben; die Behörde kann die Verfassung der Stiftung ändern, soweit die Umwandlung des Zweckes es erfordert. Die Ausübung dieser Befugniß ist landesherrliches Hoheitsrecht. Vergl. Begr. zu Art. 4 des Gesetzentw. S. 6 und Komm. Ber. d. HH. S. 6.

§ 2.

Das Erforderniß der Einstimmigkeit des Familienschlusses entspricht der bisherigen Praxis und ist durch die Kommission des AH. in das Gesetz aufgenommen. Komm. Ber. des AH. S. 4, des HH. S. 5. Bei frivolem Widerspruche eines Familienmitgliedes, d. h. wenn der Widerspruch nur den Zweck haben kann, einem Anderen Schaden zuzufügen, würde die Klage aus § 226 BGB. gegen den Widersprechenden zulässig sein. Vergl. Komm. Ber. S. 4.

Der § 2 Abs. 2 ist durch die Kommission des HH. hinzugefügt. Komm. Ber. S. 5.

§ 3.

1. Die jetzige Fassung des § 3 wurde von der Redaktionskommission des AH. an die Stelle der Regierungsvorlage gesetzt, welche lautete: „Der Familienschluß bedarf der Aufnahme und der Bestätigung durch das Amtsgericht, in dessen Bezirke die Stiftung ihren Sitz hat, oder, wenn die Beaufsichtigung der Stiftung einem anderen Gerichte zusteht, durch dieses Gericht". Es ist bei dieser Aenderung, die im Kommissionsbericht als Aenderung „rein redaktioneller Art" bezeichnet wird, von der Auffassung ausgegangen, daß jede Stiftung, sofern sie nicht sogar vom Gericht verwaltet werde, unter Aufsicht des Gerichtes stehe, regelmäßig des Amtsgerichts, in dessen Bezirke sie ihren Sitz hat, ausnahmsweise des nach Art. 1 Abs. 2 bestimmten Landgerichts oder Oberlandesgerichts. Komm. Ber. S. 3. Zuständig ist demnach das Amtsgericht, in dessen Bezirk die Stiftung ihren Sitz hat, oder, wenn die Verwaltung oder Beaufsichtigung durch den Justizminister dem Landgerichte oder dem Oberlandesgerichte übertragen ist, dieses Gericht. — Ueber die gerichtliche Oberaufsicht vergl. den Bericht des Staatsministeriums v. 23. Dez. 1844 und Johow, Entsch. d. Kammergerichts Bd. 18 S. 131.

2. Ist für die Aufnahme und die Genehmigung das Landgericht oder das Oberlandesgericht zuständig, so kann die Aufnahme durch einen beauftragten oder ersuchten Richter erfolgen (Art. 37 des Preuß. Ges. über die freiw. Gerichtsb.). Dagegen liegt die Genehmigung stets der Kammer oder dem Senat ob.

3. Die bisherige Sondervorschrift des § 3 des Gesetzes v. 15. Februar 1840, die Familienfideikommisse 2c. im Herzogthum Schlesien und in der Grafschaft

§ 4. Zu der Errichtung des Familienschlusses müssen alle Familienmitglieder zugezogen werden, die entweder ihren Wohnsitz innerhalb des Deutschen Reichs haben oder zur Wahrnehmung ihrer Rechte in den Stiftungsangelegenheiten einen innerhalb des Deutschen Reichs wohnhaften Bevollmächtigten bestellt und die Bevollmächtigung durch eine öffentliche oder öffentlich beglaubigte Urkunde dem Vorstand oder dem Gerichte nachgewiesen haben.

§ 5. Für ein geschäftsunfähiges oder in der Geschäftsfähigkeit beschränktes Familienmitglied ist sein gesetzlicher Vertreter zuzuziehen. Dies gilt auch von solchen Familienmitgliedern, welche vor dem Ablaufe des dreihundertundzweiten Tages nach dem Tage geboren werden, an welchem ihr Vater und, wenn die Mutter bei der Familienstiftung für ihre Person betheiligt ist, auch diese die Zustimmung zu dem Familienschluß erklärt haben.

Die zustimmende Erklärung des gesetzlichen Vertreters bedarf der Genehmigung des Vormundschaftsgerichts.

Glatz betreffend (GS. S. 25), wonach zu allen Verfügungen über Familienstiftungen, zu welchen ein Familienschluß gesetzlich erforderlich ist, auch die landesherrliche Genehmigung eingeholt werden soll, ist nicht aufrecht erhalten. Art. 89 Nr. 11. Begr. S. 5.

§ 4.

Der § 4 stimmt mit dem § 20 Abs. 2 Satz 1 des Gesetzes von 1840 im Wesentlichen überein. An die Stelle des bisher maßgebenden Wohnsitzes „im Inlande oder in einem der Deutschen Bundesstaaten" tritt der Wohnsitz innerhalb des „Deutschen Reichs"; die Bevollmächtigung ist anstatt bisher „zu den Gerichtsakten" dem „Vorstande oder dem Gerichte" nachzuweisen.

Der Wohnsitz bestimmt sich nach §§ 7—11 des BGB.

Der Begriff der öffentlichen Urkunden ergiebt sich aus § 415 der CPO., derenige der öffentlichen Beglaubigung aus § 129 BGB.

§ 5.

Der § 5 trifft Fürsorge für geschäftsunfähige, in der Geschäftsfähigkeit beschränkte und noch nicht geborene Familienmitglieder, welche nach § 4 zuzuziehen sind.

Die Vorschrift des § 5 schließt sich an die §§ 42—44 II 4 des ALR. und die Allerh. Kabinetsordre v. 5. September 1835, die Deklaration des § 44 a. a. O. betreffend (GS. S. 198) an.

Wer gesetzlicher Vertreter ist, inwieweit insbesondere der Vater oder die Mutter kraft der ihnen zustehenden elterlichen Gewalt die Vertretung haben oder trotz der elterlichen Gewalt von der Vertretung des Kindes bei der Errichtung des Familienschlusses ausgeschlossen sind, bestimmt sich nach den allgemeinen reichsgesetzlichen Vorschriften. Vergl. § 6 Abs. 2 dieses Artikels; §§ 1630, 1796, 1677, 1686, 1696 des BGB.; Begr. S. 5.

Die Gestaltung der Fürsorge für eine Leibesfrucht weicht von § 1912 BGB. ab. Ist die Möglichkeit vorhanden, daß noch zustimmungsberechtigte Familien-

§ 6. Steht die Vertretung geschäftsunfähiger oder in der Geschäftsfähigkeit beschränkter Familienmitglieder Vormündern oder Pflegern zu, welche der Aufsicht verschiedener Vormundschaftsgerichte unterworfen sind, oder würde die Bestellung von Vertretern solcher Familienmitglieder verschiedenen Vormundschaftsgerichten obliegen, so kann auf Antrag des Vorstandes der Stiftung der Justizminister einem Vormundschaftsgerichte die Bestellung eines gemeinsamen Vertreters und die Genehmigung der Erklärung des Vertreters übertragen, soweit die Interessen der betheiligten Familienmitglieder nicht im Gegensatze zu einander stehen.

Die Vorschrift des Abs. 1 findet auf die Genehmigung von Erklärungen der kraft elterlicher Gewalt berufenen gesetzlichen Vertreter entsprechende Anwendung.

§ 7. Der Vorstand der Stiftung hat mit dem Gesuch um Aufnahme des Familienschlusses einen Entwurf des letzteren sowie ein Verzeichniß der zuzuziehenden Familienmitglieder einzureichen.

Bestehen gegen den Entwurf keine Bedenken oder sind die erhobenen Bedenken erledigt, so hat das Gericht einen Termin zur Aufnahme des Familienschlusses zu bestimmen.

glieder geboren werden, so darf die Genehmigung nicht vor dem Ablaufe der Frist des § 5 Abs. 1 Satz 2 erfolgen. Wird innerhalb dieser Frist ein zustimmungsberechtigter Abkömmling geboren, so ist sein gesetzlicher Vertreter zuzuziehen.

Eine der Form des § 12 entbehrende Zustimmungserklärung setzt die Frist des § 5 Abs. 1 Satz 2 nicht in Lauf; wird die Zustimmungserklärung nach § 12 Abs. 2 fingirt, so läuft die Frist von dem Termine an, in dem sie spätestens hätte erklärt werden müssen. — Für Familienmitglieder, welche erst nach dem fraglichen dreihundertundzweiten Tage geboren werden, ist der Familienschluß ohne Weiteres bindend; vergl. das bisherige Recht: ALR. II. 4 § 45.

Die Nothwendigkeit der Genehmigung des Vormundschaftsgerichts (Abs. 2) entspricht dem bisherigen Recht und dem Standpunkte, den das BGB. in ähnlichen Fällen einnimmt (§ 1643, § 1822 Nr. 1). Begr. S. 5.

§ 6.

Der § 6 enthält eine Abweichung von den Zuständigkeitsvorschriften des Reichsgesetzes über die Angelegenheiten der freiwilligen Gerichtsbarkeit (§§ 36 ff.); er entspricht dem bisherigen Rechte (§ 12 des Gesetzes von 1840) und ist nach § 85 BGB. zulässig. Begr. S. 5.

§ 7.

Der Stiftungsvorstand hat den Familienschluß vorzubereiten und daher einen Entwurf nebst einem Verzeichnisse der zuzuziehenden Mitglieder (§ 4) einzureichen.

Damit das Verfahren möglichst in einem Termine erledigt werde, kann der Vorstand vor der Einreichung des Entwurfes des Familienschlusses an das Gericht die betheiligten Familienglieder zu einer Erklärung darüber auffordern, ob sie dem Schlusse zustimmen. Dann kann der Vorstand mit der Einreichung

§ 8. Zur Theilnahme an der Errichtung des Familienschlusses ist berechtigt:

1. wer seine Zugehörigkeit zu der berufenen Familie durch öffentliche Urkunden nachweist;
2. wer von den Berechtigten, die in dem Termine zur Aufnahme des Familienschlusses erschienen sind, und von dem Vorstande der Stiftung als berechtigt anerkannt wird.

§ 9. Wer außer den Fällen des § 8 die Berechtigung zur Theilnahme in Anspruch nimmt, ist von dem Gericht aufzufordern, binnen drei Monaten seine Berechtigung oder die Erhebung der Klage gegen diejenigen, welche die Berechtigung bestreiten, nachzuweisen, widrigenfalls der ohne seine Zuziehung errichtete Familienschluß für ihn verbindlich sein werde.

Die Frist beginnt mit der Zustellung der Aufforderung. Die Genehmigung des Familienschlusses darf erst erfolgen, wenn die Frist abgelaufen und im Falle rechtzeitiger Klageerhebung über die Berechtigung rechtskräftig entschieden ist.

---

des Entwurfes an das Gericht den Antrag verbinden, diejenigen Betheiligten, welche sich auf die an sie ergangene Aufforderung nicht geäußert haben, in Gemäßheit des § 12 Abs. 2 zu laden. Vgl. § 12 Abs. 2; Komm. Prot. II, S. 6.

Dem Gerichte ist im § 7 Abs. 2 die Pflicht auferlegt, vor der Bestimmung des Termins zur Aufnahme des Familienschlusses den Entwurf einer Prüfung zu unterziehen und etwaige Bedenken, nöthigenfalls nach Benehmen mit dem Vorstande, zu erledigen. Nach der Erledigung der Bedenken hat das Gericht den Termin zu bestimmen und zu ihm nach dem Antrage des Vorstandes auch die Mitglieder, die sich auf die Aufforderung des Vorstandes nicht erklärt haben, unter Mittheilung des Entwurfes des Familienschlusses und mit dem Hinweise zu laden, daß sie als dem Familienschlusse zustimmend angesehen werden würden, wenn sie nicht spätestens im Termine dem Gerichte gegenüber ihren Widerspruch erklären (§ 12 Abs. 2).

Die Zustimmungserklärungen geschehen, soweit sie nicht schon vorher in der Form einer öffentlichen oder öffentlich beglaubigten Urkunde beigebracht sind, in dem Termine persönlich (§ 12 Abs. 1). Auch im Uebrigen ist die Aufnahme in diesem Termine zu bewirken, eventuell, wenn noch Erklärungen fehlen, in einem zweiten Termine. Komm. Ber. S. 4.

§ 8.

Als öffentliche Urkunden werden hauptsächlich Auszüge aus den Standesregistern und Kirchenbüchern in Betracht kommen. Vgl. § 15 Abs. 2 Ges. über die Beurkundung des Personenstandes 2c. v. 6. Febr. 1875 (RGBl. S. 23). Urkunden, die nur öffentlich beglaubigt sind, genügen nicht. Ueber den Begriff der öffentlichen Urkunde vgl. Anm. zu § 4.

Die Anerkennung durch die Berechtigten (§ 8 Nr. 2) muß einstimmig sein. Dies folgt aus § 2 Abs. 1. Bei frivolen Widersprüchen gilt das in der Anmerkung zu § 2 Bemerkte. Vgl. Komm. Pr. II, S. 6.

§ 10. Besteht kein Grund zu der Annahme, daß außer den angezeigten noch andere nach § 4 zuzuziehende Familienmitglieder vorhanden sind, so genügt die eidesstattliche Versicherung des Vorstandes der Stiftung, daß ihm solche Mitglieder nicht bekannt sind.

Anderenfalls darf der Familienschluß nicht genehmigt werden, bevor die Familienmitglieder, deren Leben oder Aufenthalt unbekannt ist, im Wege des Aufgebotsverfahrens mit ihrem Widerspruchsrecht ausgeschlossen sind.

§ 11. Für das Aufgebotsverfahren ist das Amtsgericht zuständig, in dessen Bezirke die Stiftung ihren Sitz hat.

Antragsberechtigt ist der Vorstand der Stiftung.

In dem Aufgebote sind die Familienmitglieder, deren Leben oder Aufenthalt unbekannt ist, unter Bezeichnung des Gegenstandes des Familienschlusses aufzufordern, spätestens im Aufgebotstermine gegen den Familienschluß Widerspruch zu erheben, widrigenfalls sie mit ihrem Widerspruch ausgeschlossen werden würden.

§ 12. Die Zustimmung zu dem Familienschluß ist in dem zur Aufnahme bestimmten Termin oder in einer öffentlichen oder öffentlich beglaubigten Urkunde zu erklären.

Erklärt sich ein nach den §§ 4, 5 zuzuziehendes Familienmitglied oder sein Vertreter auf die Aufforderung des Vorstandes nicht, so ist er auf Antrag des Vorstandes von dem Gericht unter Mittheilung des

---

§ 10.

Das Aufgebotsverfahren (Abs. 2) erfolgt nur auf Antrag. § 11 Abs. 2. — Es ist nur nothwendig, wenn der Fall des § 10 Abs. 1 nicht vorliegt, erstreckt sich also nur auf die nach § 4 zuzuziehenden Familienmitglieder. Vergl. Begr. S. 5.

§ 11.

1. Zuständig für das Aufgebotsverfahren ist nur das Amtsgericht, nicht das etwa für die Aufnahme und Genehmigung zuständige Land- oder Oberlandesgericht (§ 3).

2. Für das Verfahren gelten außer den Vorschriften des § 11 die Vorschriften des § 27 des AG. z. CPO. (in der Fassung des Art. 1 Nr. V des Gesetzes zur Ausführung des RGes., betr. die Aenderung der CPO. v. 17. Mai 1898, RGBl. S. 256). Vgl. Begr. zu diesem Gesetze S. 16. Darnach sind die allgemeinen Vorschriften der CPO. §§ 946 ff. und des § 27 Abs. 2, 3 des AG. z. CPO. anwendbar. Vgl. auch Begr. S. 4, Komm. Ber. S. 4.

Im Gegensatze zum bisherigen Rechte (§ 9 Nr. 2 des Ges. v. 1840) brauchen die Familienglieder in dem Aufgebote nicht namentlich aufgerufen zu werden.

§ 12.

Vgl. die Anm. zu § 7.

Der Widerspruch (§ 12 Abs. 2) muß dem Gerichte gegenüber erfolgen (vgl. § 130 BGB); eine besondere Form ist dafür nicht vorgeschrieben.

Entwurfes des Familienschlusses zu dem im § 7 Abs. 2 bezeichneten oder einem besonderen Termine mit dem Hinweise zu laden, daß er als dem Familienschlusse zustimmend angesehen werden würde, wenn er nicht spätestens im Termine dem Gerichte gegenüber seinen Widerspruch erkläre.

§ 13. Die Genehmigung des Familienschlusses erfolgt, wenn den Vorschriften der §§ 4 bis 12 genügt, insbesondere auch die im § 5 Abs. 1 vorgesehene Frist abgelaufen ist.

§ 14. Die Vorschriften der §§ 2 bis 13 finden keine Anwendung, soweit durch die Stiftungsurkunde oder durch Familienschluß ein Anderes bestimmt ist.

---

§ 13.

Ist die Möglichkeit, daß zuzuziehende Kinder (§§ 4, 5) geboren werden, nach Lage der Verhältnisse ausgeschlossen, so braucht selbstverständlich der Ablauf der im § 5 Abs. 1 vorgesehenen Frist nicht abgewartet zu werden. Vgl. Komm. Ber. S. 4.

Für das Genehmigungsverfahren gelten die Vorschriften des Preuß. Ges. über die freiw. Gerichtsb.; insbesondere regelt sich die Beschwerde gegen die Genehmigung oder die Versagung der Genehmigung nach Art. 4—7 des gedachten Gesetzes, verbunden mit §§ 20—27, 29 des RGes. über die Ang. der freiw. Gerichtsb.

Die Gerichtsgebühr für die Errichtung des Familienschlusses ist im § 45 des Preuß. GKG. bestimmt. Die „Errichtung" besteht in der Aufnahme und der Genehmigung (§ 3 dieses Art.). Vgl. Komm. Ber. S. 128.

§ 14.

Der § 14 stellt klar, daß die Verfassung und Aufhebung einer Familienstiftung wesentlich der Familienautonomie überlassen ist.

Die Vorschriften der §§ 2—13 sind nur dispositives Recht; sie können durch die Stiftungsurkunde (§§ 81, 83 BGB.) und durch Familienschluß geändert werden; eine gegentheilige Anordnung der Stiftungsurkunde oder eines Familienschlusses ist wirkungslos (§ 1 dieses Art.). Es kann daher z. B. bestimmt werden, daß ein Familienschluß der Einstimmigkeit oder der gerichtlichen Aufnahme und Genehmigung nicht bedürfe.

Manche wichtige Punkte sind ferner vollständig der Stiftungsurkunde oder einem Familienschlusse überlassen; dies gilt namentlich für die Zusammensetzung des Stiftungsvorstandes, insbesondere für die Frage, ob und inwieweit etwa einer jeden der zum Genusse berufenen Familien eine Vertretung im Vorstande zukommen solle; z. B. ob die ältesten Mitglieder der Familien darin einen Platz haben sollen (vgl. Komm. Ber. des AH. S. 3, des HH. S. 4); ebenso ist es Sache der Stiftungsurkunde oder eines Familienschlusses, darüber zu bestimmen, ob zu gewissen Rechtsgeschäften, z. B. zu Verfügungen über die Substanz des Stiftungsvermögens, ein Familienschluß erforderlich sein solle usw. Vgl. Begr. S. 4.

Artikel 3.

Auf eine Familienstiftung, die zur Zeit des Inkrafttretens des Bürgerlichen Gesetzbuchs im bisherigen Geltungsbereiche des Allgemeinen Landrechts besteht, finden die Vorschriften über rechtsfähige Stiftungen sowie die Vorschriften dieses Gesetzes über Familienstiftungen Anwendung. Ist über die Bestätigung einer Familienstiftung vor der bezeichneten Zeit noch nicht endgültig entschieden, so gelten für die Entscheidung die Vorschriften des Artikel 1 § 2.

Ist bei der vom König ertheilten Bestätigung der Familienstiftung die Aenderung der Verfassung oder die Aufhebung der Stiftung ausgeschlossen worden, so bedarf ein die Verfassung ändernder oder die Stiftung aufhebender Familienschluß der Genehmigung des Königs.

Artikel 4.

Die Aenderung der Verfassung einer rechtsfähigen Stiftung, die nicht eine Familienstiftung ist, sowie die Aufhebung einer solchen

---

Artikel 3.

1. Der Art. 163 des EG. z. BGB. bestimmt:

Auf die zur Zeit des Inkrafttretens des Bürgerlichen Gesetzbuchs bestehenden juristischen Personen finden von dieser Zeit an die Vorschriften der §§ 25 bis 53, 85 bis 89 des Bürgerlichen Gesetzbuchs Anwendung, soweit sich nicht aus den Artikeln 164 bis 166 ein Anderes ergiebt.

Demzufolge finden die in den §§ 85–89 des BGB. über Stiftungen gegebenen Vorschriften auch auf die vor dem Inkrafttreten des BGB. gegründeten Familienstiftungen Anwendung. Das Gleiche gilt nach § 85 a. a. O. von den landesgesetzlichen Vorschriften über die Verfassung, also insbesondere auch von den Vorschriften des Art. 2 dieses Gesetzes. Begr. S. 6.

Für die im Gebiete des ALR. gegründeten Familienstiftungen könnte dies zweifelhaft sein, weil nach der herrschenden Ansicht als das Subjekt der Familienstiftung nicht eine selbstständige juristische Person, sondern die Familie gilt und daher von diesem Standpunkte aus nach Art. 163 a. a. O. nicht die Vorschriften über Stiftungen (§§ 85—89), sondern über Vereine (§§ 25—53) für anwendbar erklärt werden könnten. Der Art. 3 Abs. 1 Satz 1 schneidet diesen Zweifel ab, indem er die Vorschriften über rechtsfähige Stiftungen sowie die Vorschriften dieses Gesetzes über Familienstiftungen auch auf die im Geltungsgebiete des ALR. bereits bestehenden Familienstiftungen für anwendbar erklärt. Begr. S. 6.

2. Zu **Abs. 1 Satz 2**, welcher auf Beschluß der HH.-Kommission beruht (Komm. Ber. S. 5), vergl. die Anmerkungen zu Art. 1 § 2.

3. Der Art. 3 **Abs. 2**, welcher gleichfalls auf Beschluß der HH.-Kommission beruht (Komm. Ber. S. 5), bezieht sich auf die älteren vom Könige bestätigten Familienstiftungen. Er ist dem § 22 des Gesetzes v. 15. Februar 1840 über die Familienschlüsse 2c. nachgebildet.

Artikel 4.

Der Art. 4 entstammt der Initiative der Kommission des HH.

1. Während in denjenigen Fällen, in welchen die Erfüllung des Stiftungs-

Stiftung kann durch Beschluß des Vorstandes mit staatlicher Genehmigung erfolgen.

Anfall des Vermögens eines Vereins oder einer Stiftung.

Artikel 5.

§. 1. Das Anfallrecht in Ansehung des Vermögens eines Vereins bestimmt sich ausschließlich nach den Vorschriften des Bürgerlichen Gesetzbuchs.

---

zweckes unmöglich geworden ist oder das Gemeinwohl gefährdet, die Aenderung der Zweckbestimmung und die dazu nöthige Verfassungsänderung oder die Aufhebung der Stiftung nach § 87 des BGB. durch die zuständige Behörde erfolgen kann, ermöglicht die Vorschrift des Art. 4 die Aenderung der Verfassung einer rechtsfähigen Stiftung, die nicht Familienstiftung ist, sowie die Aufhebung einer solchen Stiftung durch Beschluß des Vorstandes mit staatlicher Genehmigung ganz allgemein. Die Vorschrift ist für die Fälle berechnet, bei denen zwar die Voraussetzungen des § 87 des BGB. nicht vorliegen, eine Aenderung der Verfassung oder die Aufhebung aber aus anderen Gründen nothwendig oder wünschenswerth wird. Insbesondere können Modalitäten einer Stiftung, welche sich im Laufe der Zeit als unzweckmäßig, veraltet, herausgestellt haben, im Wege des Art. 4 beseitigt werden; so kann z. B. für die Verwaltung einer Stiftung gesorgt werden, wenn die Verwaltung einer öffentlichen Behörde übertragen war, letztere aber ohne Ersatz aufgehoben wird. Komm. Ber. d. HH. S. 6; stenogr. Berichte des HH. S. 342, 396, 397 ff.; stenogr. Berichte des AH. S. 3049.

2. Die zur Genehmigung berufene staatliche Behörde soll durch Königl. Verordnung bestimmt werden. Stenogr. Berichte des HH. S. 396.

3. Auf Familienstiftungen ist der Art. 4 nicht anwendbar, weil bei ihnen das etwaige Bedürfniß zu Verfassungsänderungen oder zur Aufhebung durch das Institut der Familienschlüsse gedeckt ist. Art. 2 § 1. Stenogr. Ber. d. HH. S. 396.

4. Der Art. 4 bezieht sich nur auf privatrechtliche Stiftungen. Stiftungen, bei denen es sich beispielsweise darum handelt, daß „gewisse Kapitalien einer Gemeinde oder einer Korporation des öffentl. Rechts zugewendet sind mit der Verpflichtung, sie zu einem bestimmten Zwecke zu verwenden, stehen unter der Verwaltung der Organe dieser Körperschaft; sie sind den Bestimmungen des öffentl. Rechts unterworfen.“ (Erklärung des Justizmin. im HH., stenogr. Berichte S. 398).

Artikel 5. § 1.

1. Die nach § 1 allgemein und ausschließlich anwendbaren Vorschriften des BGB. bestimmen:

§ 45. Mit der Auflösung des Vereins oder der Entziehung der Rechtsfähigkeit fällt das Vermögen an die in der Satzung bestimmten Personen.

Durch die Satzung kann vorgeschrieben werden, dass die Anfallberechtigten durch Beschluss der Mitgliederversammlung oder eines anderen Vereinsorgans

§ 2. Das Vermögen einer rechtsfähigen Stiftung fällt mit dem Erlöschen der Stiftung, wenn sie von einer Gemeinde oder einer sonstigen Körperschaft des öffentlichen Rechtes errichtet oder verwaltet war, an die Körperschaft, in den übrigen Fällen an den Fiskus. Das

---

bestimmt werden. Ist der Zweck des Vereins nicht auf einen wirthschaftlichen Geschäftsbetrieb gerichtet, so kann die Mitgliederversammlung auch ohne eine solche Vorschrift das Vermögen einer öffentlichen Stiftung oder Anstalt zuweisen.

Fehlt es an einer Bestimmung der Anfallberechtigten, so fällt das Vermögen, wenn der Verein nach der Satzung ausschliesslich den Interessen seiner Mitglieder diente, an die zur Zeit der Auflösung oder der Entziehung der Rechtsfähigkeit vorhandenen Mitglieder zu gleichen Theilen, anderenfalls an den Fiskus des Bundesstaats, in dessen Gebiete der Verein seinen Sitz hatte.

§ 46. Fällt das Vereinsvermögen an den Fiskus, so finden die Vorschriften über eine dem Fiskus als gesetzlichem Erben anfallende Erbschaft entsprechende Anwendung. Der Fiskus hat das Vermögen thunlichst in einer den Zwecken des Vereins entsprechenden Weise zu verwenden.

§ 47. Fällt das Vereinsvermögen nicht an den Fiskus, so muss eine Liquidation stattfinden. —

Das Liquidationsverfahren ist in §§ 48—53 BGB. näher geregelt.

2. Die Vorschrift des Art. 5 § 1 ist durch den Art. 85 des EG. z. BGB. veranlaßt, demzufolge die landesgesetzlichen Vorschriften unberührt bleiben, nach welchen im Falle des § 45 Abs. 3 des BGB. das Vermögen des aufgelösten Vereins an Stelle des Fiskus einer Körperschaft, Stiftung oder Anstalt des öffentlichen Rechtes anfällt. Soweit solche Vorschriften bestanden — im Gebiete des ALR. und des Rheinischen Rechtes bestanden keine (vergl. ALR. II. 6 §§ 192 ff.; Crome, Allgem. Theil der modernen französ. Privatrechtswiss. S. 161), für das gemeine Recht ist die Frage bestritten, vergl. Begr. S. 7 — sind sie durch Art. 5 § 1 außer Kraft gesetzt. Begr. S. 7.

§ 2.

1. Der § 88 des BGB. bestimmt:

Mit dem Erlöschen der Stiftung fällt das Vermögen an die in der Verfassung bestimmten Personen. Die Vorschriften der §§ 46—53 finden entsprechende Anwendung.

Die hiernach maßgebende Verfassung wird aber nach § 85 BGB., soweit sie nicht auf Reichs- oder Landesgesetz beruht, durch das Stiftungsgeschäft bestimmt.

Eine reichsgesetzliche Bestimmung der Person des Anfallberechtigten bei Stiftungen besteht nicht; insbesondere findet die Vorschrift des § 45 Abs. 3 BGB. keine Anwendung.

Der Art. 5 § 2 **Abs. 1** greift ergänzend ein. Darnach ist der Fiskus anfallberechtigt. Nur wenn — dies ist von der Kommission des AH. eingefügt (Komm. Ber. S. 5) — die Stiftung von einer Gemeinde oder einer sonstigen Körperschaft des öffentlichen Rechtes errichtet oder, wie das HH. dem Beschlusse seiner Kommission gemäß (Komm. Ber. S. 7) hinzufügte, verwaltet war, fällt das Vermögen an die Gemeinde oder die sonstige Körperschaft.

Vermögen ist thunlichst in einer dem Zwecke der Stiftung entsprechenden Weise zu verwenden.

Die Vorschriften des Abs. 1 finden keine Anwendung, wenn durch die Verfassung der Stiftung ein anderer Anfallberechtigter bestimmt ist.

Auf den Anfall finden nach § 88 Satz 2 des BGB. die Vorschriften der §§ 46–53 entsprechende Anwendung. Fällt hiernach das Vermögen an den Fiskus, so finden die Vorschriften über eine dem Fiskus angefallene Erbschaft entsprechende Anwendung (§ 46), in den anderen Fällen tritt ein Liquidationsverfahren nach §§ 47—53 des BGB. ein.

2. Nach dem auf Beschluß der Kommission des HH. (Komm. B. S. 9) beruhenden Satz 2 des § 2 hat nicht blos der Fiskus, sondern auch die Körperschaft, an die das Vermögen fällt, letzteres thunlichst in einer dem Zwecke der Stiftung entsprechenden Weise zu verwenden. Für den Fiskus ergiebt sich diese Pflicht auch schon aus § 88 Abs 2 in Verb. mit § 46 Satz 2 des BGB.

3. Die Vorschriften des § 2 **Abs. 1** gelten nach dem Abs. 2 nur, wenn nicht durch die Verfassung der Stiftung ein anderer Anfallberechtigter bestimmt ist. Unter „Verfassung der Stiftung" ist die Verfassung zur Zeit des Anfalls, nicht zur Zeit der Entstehung der Stiftung gemeint; es kann also nicht blos durch das ursprüngliche Stiftungsgeschäft, sondern auch durch nachträgliche Verfassungsänderungen ein anderer Anfallberechtigter bestimmt werden. Begr. S. 7; Komm. Ber. S. 5. Tritt ein anderer Anfallberechtigter, als der Fiskus ein, so findet das Liquidationsverfahren nach §§ 47—53 BGB. statt. (§ 88 Abs. 2 BGB.).

4. Der § 2 gilt auch für Familienstiftungen. Komm. Prot. II S. 2. Er gilt nur für privatrechtliche Stiftungen, nicht für solche des öffentlichen Rechtes.

Erwerbsbeschränkungen für juristische Personen.

Die **Art. 6 und 7** enthalten eine zusammenfassende Neuregelung der landesgesetzlichen Erwerbsbeschränkungen für juristische Personen. (Beschränkungen des Erwerbes der sogenannten todten Hand). „Diese Beschränkungen bezwecken, den Gefahren vorzubeugen, welche übermäßige Anhäufung von Grundbesitz oder Kapitalvermögen in der Hand juristischer Personen für das Gemeinwohl, oder allzuweit getriebene auf die Förderung besonderer öffentlicher Zwecke abzielende Freigebigkeit des Einzelnen für das Gedeihen und das Wohl der Familie haben kann." (Mot. zu Art. 86 des EG. z. BGB.). Soweit ferner der Erwerb ausländischer juristischer Personen beschränkt ist, soll der Abfluß inländischen Vermögens in das Ausland verhindert werden.

Das bisherige Recht hatte Beschränkungen der gedachten Art in dem Gesetze betr. die Genehmigung zu Schenkungen und letztwilligen Zuwendungen sowie zur Uebertragung von unbeweglichen Gegenständen an Korporationen und andere juristische Personen, v. 23. Februar 1870 (GS. S. 118) und bezüglich des Grunderwerbs in zahlreichen durch § 4 dieses Gesetzes vorbehaltenen anderen Gesetzen vorgeschrieben. Das Reichsrecht hat hierin ändernd eingegriffen einerseits durch die Vorschriften des BGB. über die Vereine und Stiftungen, andererseits durch den Vorbehalt des Art. 86 des EG. z. BGB., welcher lautet:

Erwerbsbeschränkungen für juristische Personen.

Artikel 6.

§ 1. Schenkungen oder Zuwendungen von Todeswegen an juristische Personen bedürfen zu ihrer Wirksamkeit ihrem vollen Betrage nach der Genehmigung des Königs oder der durch Königliche Verordnung bestimmten Behörde, wenn sie Gegenstände im Werthe von mehr als fünftausend Mark betreffen. Wiederkehrende Leistungen werden mit vier vom Hundert zu Kapital gerechnet.

Unberührt bleiben die landesgesetzlichen Vorschriften, welche den Erwerb von Rechten durch juristische Personen beschränken oder von staatlicher Genehmigung abhängig machen, soweit diese Vorschriften Gegenstände im Werthe von mehr als fünftausend Mark betreffen. Wird die nach dem Landesgesetze zu einem Erwerbe von Todeswegen erforderliche Genehmigung ertheilt, so gilt sie als vor dem Erbfall ertheilt; wird sie verweigert, so gilt die juristische Person in Ansehung des Anfalls als nicht vorhanden; die Vorschrift des § 2043 des Bürgerlichen Gesetzbuchs findet entsprechende Anwendung.

Das gegenwärtige Gesetz hat zur Erleichterung der praktischen Handhabung das Gesetz v. 23. Februar 1870 im Art. 89 Nr. 26 aufgehoben und unter formeller Neuregelung der darin behandelten Fragen seinen noch geltenden Inhalt im Art. 6, beziehungsweise hinsichtlich des Grunderwerbs im Art. 7, in neuer Fassung, im Allgemeinen sachlich unverändert, wiedergegeben. Damit ist für die ganze Monarchie gleiches Recht geschaffen und zugleich eine Lücke des bestehenden Rechtszustandes ausgefüllt; denn während das Gesetz von 1870 auf der Insel Helgoland nicht eingeführt ist, treten die neuen Vorschriften ohne Weiteres auch dort in Kraft. Vergl. Begr. S. 7 ff., Komm. Ber. S. 5.

Artikel 6. § 1.

1. Die Erwerbsbeschränkungen des Art. 6 § 1 beruhen auf dem Vorbehalte des Art. 86 des EG. z. BGB. Sie entsprechen, abgesehen von den zu erwähnenden Abweichungen (Anm. 2, 3, 4, 6, 10), dem § 2 des Gesetzes von 1870. Sie beziehen sich nur auf Schenkungen und Zuwendungen an bestehende, nicht an neu zu gründende juristische Personen. Soll durch eine Schenkung oder eine Zuwendung von Todeswegen eine neue juristische Person in's Leben gerufen werden, so findet die Vorschrift des § 80 des BGB. Anwendung. Durch diese ist der § 1 Nr. 1 des Gesetzes von 1870 ersetzt.

2. Der Genehmigung nach § 1 bedürfen sowohl inländische als ausländische juristische Personen. Der dies nach dem Vorbilde des Gesetzes von 1870 ausdrücklich aussprechende Passus des Gesetzentw. wurde durch die Redaktionskommission des AH. als selbstverständlich gestrichen. Der Genehmigung bedürfen ferner sowohl die privatrechtlichen als die öffentlich rechtlichen juristischen Personen.

3. Die Genehmigung erfolgt durch den König oder durch die durch Königl. Verordnung bestimmte Behörde. Das Erforderniß, daß die Behörde, wie bisher, „ein für allemal" zu bestimmen sei, ist nicht in das Gesetz auf-

genommen; es ist damit aber eine Abweichung vom bisherigen Rechtszustande nicht beabsichtigt. Komm. Prot. III, S. 3.

Das Wort „Behörde" schließt nicht aus, daß verschiedene „Behörden" bestimmt werden. Komm. Ber. S. 5. Vergl. Kahl, Die deutschen Amortisationsgesetze S. 167.

4. Der Genehmigung bedürfen Schenkungen und Zuwendungen von Todeswegen. Unter letzterem Ausdrucke, welcher an die Stelle desjenigen der „letztwilligen Zuwendungen" (§ 2 des Gesetzes von 1870) gesetzt ist, sind nach dem Sprachgebrauche dieses Gesetzes wie des BGB. Zuwendungen durch Testament und durch Erbvertrag, also Erbschaften, Vermächtnisse, Schenkungen von Todeswegen (§§ 1937, 1939, 1941, 2301 BGB.) zu verstehen.

5. Der Zweck der Schenkung oder der Zuwendung ist für das Erforderniß der Genehmigung ohne Belang. Die bisherige Vorschrift (§ 1 Nr. 2 des Gesetzes von 1870), wonach Schenkungen und letztwillige Zuwendungen an inländische juristische Personen zu anderen als ihren bisher genehmigten Zwecken der Genehmigung des Königs bedürfen, tritt nach Art. 86 des EG. z. BGB. für Gegenstände im Werthe von nicht mehr als 5000 Mark außer Kraft, für Gegenstände von höherem Werth besteht das Erforderniß der Genehmigung des Königs oder der durch Königl. Verordnung bestimmten Behörden bisher (§ 2 des Gesetzes von 1870) wie künftig (§ 1 dieses Art.) unabhängig von dem Zwecke der Zuwendung. Vergl. Begr. S. 8.

6. Die bisherige Werthgrenze beträgt nach § 2 des Gesetzes von 1870: 3000 Mark. Das Reichsrecht hat aber alle landesgesetzlichen Vorschriften, welche den Erwerb von Rechten durch juristische Personen beschränken oder von staatlicher Genehmigung abhängig machen, soweit diese Vorschriften Gegenstände im Werthe von nicht mehr als 5000 Mk. betreffen, beseitigt (Art. 86 des EG. z. BGB.). Mit Rücksicht hierauf setzt der Art. 6 § 1 dieses Gesetzes die Werthgrenze auf 5000 Mk. hinauf. Ein Antrag, dieselbe auf 15 000 Mk. zu erhöhen, wurde in der Kommission des Abgeordnetenhauses mit dem Hinweis darauf abgelehnt, daß die Summe von 5000 Mk. auf einem in den Verhandlungen der Reichstagskommission über den Art. 86 des EG. z. BGB. geschlossenen Kompromiß beruhe. Komm. Ber. S. 5, 6.

Die Kapitalisirung der wiederkehrenden Leistungen mit vier, statt bisher mit fünf vom Hundert entspricht der reichsgesetzlichen Festsetzung des gesetzlichen Zinsfußes auf vier vom Hundert (§ 246 BGB.). Begr. S. 8.

7. Die Genehmigung ist, wie nach dem Gesetze von 1870, dem „vollen Betrage nach" erforderlich. Uebersteigt also der Werth des Gegenstandes den Betrag von 5000 Mk., so bedarf auch der unter 5000 Mk. liegende Betrag der Genehmigung; vergl. Komm. Ber. S. 6. Ein Verstoß gegen das Reichsrecht liegt hierin nicht, da nach Art. 86 des EG. z. BGB. die entsprechenden Vorschriften nicht blos, soweit der Werth der Gegenstände 5000 Mk. übersteigt, sondern soweit die Vorschriften „Gegenstände im Werthe von mehr als 5000 Mk. betreffen", aufrecht erhalten sind. Vergl. Komm. Ber. S. 6, stenogr. Berichte des AH. S. 2557 ff.

8. Für das Erforderniß der Genehmigung ist der einzelne einheitliche Erwerbsfall entscheidend. Mehrere Schenkungen desselben Gebers von einzeln weniger, zusammen aber mehr als 5000 Mk. an eine juristische Person bedürfen daher nicht der Genehmigung. Es kann aber eine einzige Schenkung vorliegen, auch wenn sie äußerlich in mehreren getrennten Handlungen vollzogen wird. Ob in solchen Fällen eine einzige, nur äußerlich getrennte Schenkung oder mehrere Schenkungen vorliegen, ist nach der Besonderheit der Fälle, insbesondere nach der Absicht der Vertragschließenden und nach den Umständen zu bestimmen. Namentlich werden erneutes Bedürfniß der beschenkten juristischen Person, Vermögensvermehrung auf Seiten des Geschenkgebers, in der Regel die Annahme einer blos äußerlichen Trennung der Schenkungshandlung ausschließen. Vergl. Kahl a. a. O. S. 163.

Fallen dagegen einer juristischen Person mehrere Zuwendungen von Todeswegen seitens eines Erblassers zu, so ist deren Betrag zusammen zu rechnen, da der Erwerb auch aus mehreren nach einander errichteten Verfügungen von Todeswegen eines Erblassers sich mit dem Tode des letzteren einheitlich vollzieht (§ 1922, 2176 BGB.). Vergl. Kahl a. a. O. S. 163. 102; Dernburg, Preuß. Privatr., 5. Aufl. Bd. I. S. 115. Anm. 14.

Mehrere Zuwendungen, welche mehrere Personen, jeder für sich, derselben juristischen Person in Einem Akte, z. B. in Einer Urkunde machen, bedürfen der Genehmigung nicht, falls nicht jede einzelne Zuwendung den Betrag von 5000 Mk. übersteigt. Vergl. Dernburg a. a. O.

Mehrere von einer oder mehreren Personen in Einem Schenkungsvertrage oder in Einem Testamente an verschiedene juristische Personen gemachte Zuwendungen, deren Beträge einzeln geringer, zusammen aber höher sind als 5000 Mk., eine Verfügung, die namentlich in Testamenten nicht selten ist, bedürfen der Genehmigung, wie bisher, so auch künftig, nicht. Vergl. Kahl a. a. O. S. 162, 101. Dernburg a. a. O. Das Erforderniß einer solchen Genehmigung würde nicht eine „Erwerbsbeschränkung für juristische Personen" (vergl. Art. 86 EG. z. BGB. und die Ueberschrift der Art. 6 und 7 dieses Gesetzes), sondern eine Beschränkung des Schenkers oder Zuwenders im Schenken und Zuwenden sein.

9. Für Schenkungen sind in Bezug auf das Verhältniß bis zur Genehmigung sowie über die Wirkung der Genehmigung oder ihrer Versagung keine besonderen Bestimmungen getroffen, weil man beim Erlasse des Art. 86 des EG. z. BGB. annahm, daß die allgemeinen Grundsätze für die Entscheidung genügten (vergl. Mot. zum Entw. eines EG. z. BGB. S. 170, Mot. z. BGB. Bd. I. S. 123), und „weil von diesem Standpunkte der Reichsgesetzgebung aus für eine landesgesetzliche Vorschrift, wie sie der bisherige § 3 Abs. 2 enthält, kein Raum bleibt." Begr. S. 8. Es entscheidet daher insbesondere über die Frage der Rückwirkung der Genehmigung der Wille des Stifters. Mot. a. a. O.

Dagegen gelten für den Fall der Zuwendung von Todeswegen die besonderen reichsrechtlichen Vorschriften des Art. 86 Satz 2 des EG. in Verb. mit § 2043 BGB. Wird darnach die Genehmigung ertheilt, so gilt sie als vor dem Erbfall ertheilt; wird sie verweigert, so gilt die juristische Person in Ansehung des Anfalls als nicht vorhanden. Besteht der Gegenstand der Zuwendung in einer Erbschaft oder dem Bruchtheile einer Erbschaft, so ist, solange die Entscheidung aussteht, ungewiß, wer Erbe bezw. Miterbe ist; das Nachlaßgericht hat daher, soweit ein Bedürfniß besteht, für die Sicherung des Nachlasses zu sorgen (§ 1960 BGB.; vergl. Mot. z. BGB. Bd. I. S. 124). Ist

§ 2. Die Genehmigung kann auf einen Theil der Schenkung oder der Zuwendung von Todeswegen beschränkt werden.

§ 3. Mit Geldstrafe bis zu neunhundert Mark wird bestraft:

1. wer für eine juristische Person, die in Preußen ihren Sitz hat, als deren Vorsteher eine Schenkung oder eine Zuwendung von Todeswegen in Empfang nimmt und nicht binnen vier Wochen die erforderliche Genehmigung nachsucht;
2. wer einer juristischen Person, die nicht in Preußen ihren Sitz hat, eine Schenkung oder Zuwendung von Todeswegen verabfolgt, bevor die erforderliche Genehmigung ertheilt ist.

---

ein Bruchtheil einer Erbschaft zugewendet, so sind die Erbtheile der Miterben bis zur Entscheidung unbestimmt; bis zur Hebung der Unbestimmtheit ist das Recht der Miterben, die Auseinandersetzung zu verlangen, ausgeschlossen (Art. 86 EG. z. BGB. in Verb. mit § 2043 BGB.).

10. Daß die Genehmigung stets unbeschadet aller Rechte dritter Personen, namentlich Pflichttheilsberechtigter, erfolgt, ist selbstverständlich; der dies aussprechende § 3 Abs. 1 des Gesetzes von 1870 ist daher hier nicht wiederholt. Begr. S. 8.

11. Ueber das Verhältniß des Art. 6 zu Art. 7 siehe Art. 7 § 3.

§ 2.

Die Genehmigung kann insbesondere auch für den Betrag von nur 5000 Mk. und weniger ertheilt werden, wenn der Gesammtwerth höher ist. Vergl. Anm. 6 zu § 1. Komm. Ber. S. 6.

§ 3.

1. Die Strafbestimmungen des § 3 entsprechen denjenigen des § 5 des bisherigen Gesetzes. Eine Aenderung gegenüber den letzteren liegt darin, daß bisher im Unvermögensfalle an die Stelle der Geldstrafe stets eine entsprechende Gefängnißstrafe trat, während künftig für die Umwandlung einer nicht beizutreibenden Geldstrafe lediglich die Vorschriften des StGB. (siehe die folgende Anm.) maßgebend sind. Begr. S. 9, Komm. Ber. S. 6.

2. Die im § 3 unter Strafe gestellten Handlungen charakterisiren sich als Vergehen. Der Mindestbetrag der Strafe beträgt daher drei Mark. (§§ 1, 27 des StGB). Eine nicht beizutreibende Geldstrafe ist in Gefängniß umzuwandeln; sie kann in Haft umgewandelt werden, wenn die erkannte Strafe nicht den Betrag von 600 Mark und die an ihre Stelle tretende Freiheitsstrafe nicht die Dauer von sechs Wochen übersteigt. Bei der Umwandlung ist der Betrag von 3 bis 15 Mark einer eintägigen Freiheitsstrafe gleich zu achten. Der Mindestbetrag der Freiheitsstrafe, welche an die Stelle einer nach § 3 verhängten Geldstrafe treten kann, ist ein Tag, ihr Höchstbetrag bei Haft 6 Wochen, bei Gefängniß 300 Tage. §§ 28, 29 des StGB.

3. Die Strafandrohung der Nr. 1 richtet sich gegen den Vorsteher einer juristischen Person, die in Preußen ihren Sitz hat. Das Wort „Vorsteher“ ist

§ 4. Die Vorschriften der §§ 1 bis 3 gelten nicht für Familienstiftungen.

Artikel 7.

§ 1. Juristische Personen, die in Preußen ihren Sitz haben, bedürfen zum Erwerbe von Grundstücken im Werthe von mehr als fünftausend Mark der Genehmigung der staatlichen Aufsichtsbehörde.

Dies gilt nicht für Familienstiftungen, für juristische Personen, deren Rechtsfähigkeit auf einem neben dem Bürgerlichen Gesetzbuche bestehenden Reichsgesetze beruht, sowie für solche juristische Personen

---

dem bisherigen Gesetze entnommen. Bei privatrechtlichen Vereinen und Stiftungen ist darunter künftig der Vorstand (BGB. §§ 26, 86) zu verstehen.

4. Für den Fall, daß die Genehmigung nach Nr. 1 zwar rechtzeitig nachgesucht, die Zuwendung aber nach der Versagung der Genehmigung nicht zurückerstattet wird, wurde eine Strafbestimmung nicht für nothwendig erachtet. Komm. Prot. III. S. 4.

§ 4.

Der § 4 entspricht dem § 6 des Ges. von 1870. Auf Familienstiftungen trifft der Grund der Erwerbsbeschränkungen nicht zu (vergl. die Anm. vor Art. 6 und Abs. 1 der Anm. zu Art. 1, oben S. 2. — Auch auf Familienfideikommisse sind die Erwerbsbeschränkungen nicht anwendbar. Begr. S. 9; Komm. Ber. S. 6.

Artikel 7. § 1.

1. Die bestehenden Vorschriften über die Frage, inwieweit juristische Personen zum Erwerbe von Grundstücken der staatlichen Genehmigung bedürfen, sind in zahlreichen Gesetzen zerstreut (§ 4 des Gesetzes v. 23. Februar 1870) und für die einzelnen Gebiete verschiedenartig gestaltet. Auch haben sie, wie erwähnt (Abs. 2 der Anm. zu Art. 6, oben S. 16), durch das Reichsrecht Aenderungen erlitten. Die Frage ist daher durch Art. 7, welcher die einschlägigen bisherigen Bestimmungen ersetzt, neu und für die ganze Monarchie einheitlich geregelt. Begr. S. 9.

Die Begründung des Gesetzentw. (S. 9) hebt hervor, daß selbstverständlich die Bestimmungen unberührt bleiben, nach welchen juristische Personen zur Veräußerung oder Belastung von Grundeigenthum staatlicher Genehmigung bedürfen. Bei ihnen handelt es sich nicht um Beschränkungen der Erwerbsfähigkeit, sondern um die Begrenzung der Machtbefugnisse der gesetzlichen Vertreter der juristischen Personen. Komm. Prot. III. S. 6.

2. Der § 1 **Abs. 1** trifft auf Grund des Vorbehalts des Art. 86 des EG. z. BGB. Bestimmung über die Grunderwerbsbeschränkungen durch „eine für alle Preußischen juristischen Personen geltende einheitliche Regel“ (Begr. S. 9). Dadurch sind namentlich ersetzt die entsprechenden Bestimmungen des ALR. II 6 § 83, wonach Korporationen und Gemeinen ohne besondere Einwilligung ihrer vorgesetzten Behörde unbewegliche Sachen nicht an sich bringen können; der Schleswig-Holsteinischen Verordn. v. 17. Mai 1799 (Chronolog. Samml. 1799 S. 27), nach welcher zu allen Veräußerungen an die todte Hand, oder an eine

des öffentlichen Rechtes, welche nach den für sie geltenden Gesetzen ohne die im Abs. 1 bezeichnete Genehmigung Grundeigenthum erwerben können.

Sparkassen, die durch staatliche Verleihung Rechtsfähigkeit erlangt haben, können ein von ihnen beliehenes Grundstück im Zwangsversteigerungsverfahren ohne die Genehmigung erwerben.

autorisirte und beständige Gesellschaft landesherrliche Genehmigung erforderlich ist; ferner die mannigfachen Vorschriften, durch welche der Grunderwerb durch kirchliche Korporationen und Anstalten an staatliche Genehmigung gebunden ist, insbesondere die Bestimmungen des ALR. II. 11 § 194; des Gesetzes über die Vermögensverwaltung in den kathol. Kirchengemeinden v. 20. Juni 1875 (GS. S. 241) § 50 Nr. 1; des Gesetzes betr. die evang. Kirchenverfassung in den acht ältern Provinzen der Monarchie, v. 3. Juni 1876 (GS. S. 125) Art. 24 Nr. 1; desgl. in Schleswig-Holstein und Wiesbaden, Ges. v. 6. April 1878 (GS. S. 145) Art. 32 Nr. 1; desgl. in Hannover, Ges. v. 6. August 1883 (S. 295) Art. 21 Nr. 1 u. s. w.; des Gesetzes über die Aufsichtsrechte des Staats bei der Vermögensverwaltung in den kathol. Diözesen. v. 7. Juni 1876 (GS. S. 149) § 2 Nr. 1; ferner der älteren Städte- und Landgemeindeordnungen, z. B. der Landgemeindeordnung für die Provinz Westfalen v. 19. März 1856 (GS. S. 265) § 53 Nr. 1 rc. Vergl. Begr. 9.

3. Nach den bisherigen Gesetzen war die Genehmigung ohne Rücksicht auf den Werth erforderlich. Mit Rücksicht auf Art. 86 des EG. z. BGB. ist dagegen im Art. 7 § 1 das Erforderniß der Genehmigung davon abhängig gemacht, daß der Werth der Grundstücke mehr als 5000 Mk. beträgt. Ein Antrag, die Grenze auf 15 000 Mk. zu erhöhen, wurde in der Kommission des AH. abgelehnt. Komm. Ber. S. 6. Vergl. oben S. 18.

4. Für das Erforderniß der Genehmigung ist der Werth des einzelnen, einheitlichen, Erwerbsfalles maßgebend; der Werth mehrerer durch ein einheitliches Rechtsgeschäft erworbener Grundstücke wird zusammengerechnet. Um dies im Gesetze selbst zum Ausdruck zu bringen, wurden von der Kommission des AH. im § 1 Abs. 1 — ebenso wie im § 2 Abs. 1 und Abs. 2 — die Worte „von Grundstücken" anstatt der von dem Gesetzentw. gebrauchten Worte „des Eigenthums an einem Grundstücke" gesetzt. Komm. Ber. S. 6. Haben die Grundstücke oder das Grundstück einen höheren Werth als 5000 Mk., so ist die Genehmigung auch für den Werth unter 5000 Mk. erforderlich. Vergl. Anm. 7 zu Art. 6 § 1.

5. Die **Absätze 2 und 3** enthalten Ausnahmen von der Regel des Abs. 1. Darnach findet die Erwerbsbeschränkung keine Anwendung

a) auf Familienstiftungen; der Zweck der letzteren erheischt eine Beschränkung des Grunderwerbs sowenig wie des Erwerbs von Schenkungen und Zuwendungen von Todeswegen (s. Art. 6 § 4) und die Anm. dazu.

b) auf juristische Personen, deren Rechtsfähigkeit auf einem neben dem Bürgerlichen Gesetzbuche bestehenden Reichsgesetze beruht. Hierher gehören die handelsrechtlichen Vereinigungen (Aktiengesellschaften u. s. w.), die Erwerbs- und Wirthschaftsgenossenschaften, die eingeschriebenen Hülfskassen, die Innungen und Innungsverbände, die Krankenkassen, die Berufsgenossenschaften

§ 2. Juristische Personen, die in einem anderen Bundesstaat ihren Sitz haben, bedürfen zum Erwerbe von Grundstücken im Werthe von

---

zwecks Unfallversicherung, die Gesellschaften mit beschränkter Haftung, die Kolonialgesellschaften. — Den Hypothekenbanken ist der Erwerb von Grundstücken reichsgesetzlich nur zur Verhütung von Verlusten an Hypotheken oder zur Beschaffung von Geschäftsräumen gestattet. Hypothekenbankgesetz v. 13. Juli 1899 (RGBl. S. 378) § 5 Abs. 3 Satz 1.

Vereine und Stiftungen, die nach Maßgabe der Vorschriften des Bürgerlichen Gesetzbuchs Rechtsfähigkeit erlangen, unterstehen dagegen der Regel des Abs. 1. Begr. S. 9.

c) auf solche juristische Personen des öffentlichen Rechtes, welche nach den für sie geltenden Gesetzen ohne die im Abs. 1 bezeichnete Genehmigung Grundeigenthum erwerben können. Einer Genehmigung bedürfen darnach nicht z. B. die landschaftlichen Kreditinstitute bezüglich der bepfandbrieften zur Subhastation gestellten Güter (Allerh. Erlaß v. 1. Dezember 1869, GS. S. 1185); ferner nach der neueren Gesetzgebung für die Stadt- und Landgemeinden, die neuen Städte- und Landgemeindeordnungen enthalten nur Beschränkungen bezüglich der Veräußerung, nicht bezüglich des Erwerbes von Grundstücken; vergl. Städteordnung v. 30. Mai 1853 (GS. S. 261) § 50, Landgemeindeordnung v. 3. Juli 1891 (GS. S. 233) § 114; Städteordnung für die Prov. Hessen-Nassau v. 4. August 1897 (GS. S. 254) § 56; Landgemeindeordnung für die Prov. Hessen-Nassau v. 4. August 1897 (GS. S. 301) § 78.

Die Worte des Gesetzestextes „nach den für sie geltenden Gesetzen" sind von der Kommission des Herrenhauses an die Stelle der Worte: „nach besonderer gesetzlicher Vorschrift" gesetzt worden, weil es nach letzterer Fassung „nicht unzweifelhaft sei, ob Stadtgemeinden, insbesondere im Bereich der Städteordnung von 1853, zu den befreiten Körperschaften gehören." Komm. Ber. des HH. S. 10.

Auch die Provinzial- und Kreisordnungen enthalten keine Beschränkungen des Grunderwerbs; vergl. z. B. Provinzialordnung v. 29. Juni 1875 bezw. 22. März 1881 (GS. 1881 S. 233); Kreisordnung v. 13. Dezember 1872 bezw. 19. März 1881 (GS. 1881 S. 179).

d) Eine weitere Ausnahme ist zufolge Beschlusses der Kommission des AH. im Abs. 3 zu Gunsten von Sparkassen, die durch staatliche Verleihung Rechtsfähigkeit erlangt haben, gemacht, wenn sie die von ihnen beliehenen Grundstücke im Zwangsversteigerungsverfahren erwerben. Zu den Sparkassen gehören auch Spar- und Leihkassen. Komm. Ber. S. 7.

Wie sich aus der Stellung im § 1 ergiebt, sind nur Preußische Sparkassen gemeint. Komm. Ber. S. 7.

Vergl. ferner die Ausnahme im § 3 dieses Artikels.

§ 2.

1. Die Begründung S. 10 bemerkt: „Für nichtpreußische (Deutsche oder ausländische juristische Personen ist nach dem Gesetze v. 4. Mai 1846 (GS. S. 235) zum Erwerbe von Grundeigenthum die Genehmigung des Königs erforderlich. In Schleswig-Holstein kommt auch hier die schon erwähnte Verordn. v. 17. Mai 1799. in Betracht. Für das Gebiet der vormals freien Stadt Frankfurt erfordert das

mehr als fünftausend Mark der Genehmigung des Königs oder der durch Königliche Verordnung bestimmten Behörde.

Der gleichen Genehmigung bedürfen ausländische juristische Personen zum Erwerbe von Grundstücken ohne Rücksicht auf den Werth.

§ 3. Die in den §§ 1, 2 vorgeschriebene Genehmigung ist nicht erforderlich zu einem Erwerbe, der auf Grund einer nach Maßgabe des Artikel 6 genehmigten Schenkung oder Zuwendung von Todeswegen erfolgt.

Gesetz v. 29. September 1863 (Gesetz- u. Statutensamml. Bd. 16 S. 55) im § 3 zum Erwerbe von Grundeigenthum und ihm gleichgeachteten Gerechtigkeiten sowie von Insätzen (Hypotheken) die Erlaubniß des Senats. Die Ertheilung der nach diesen Gesetzen für ausländische juristische Personen erforderlichen staatlichen Genehmigung zum Erwerbe von Grundeigenthum ist, soweit der Genehmigung Aktiengesellschaften, Kommanditgesellschaften auf Aktien, eingetragene Genossenschaften, eingeschriebene Hülfskassen und die mit den Rechten einer juristischen Person versehenen gegenseitigen Versicherungsgesellschaften bedürftig sind und soweit die vorgedachten Rechtsinstitute in Deutschen Landen außerhalb Preußens ihren Sitz haben, durch den Allerh. Erlaß v. 14. Februar 1882 (GS. S. 18) auf Grund des § 4 des Ges. v. 23. Februar 1870 den betreffenden Ressortministern übertragen worden. Die bestehenden Vorschriften werden für nichtpreußische Deutsche juristische Personen durch die reichsrechtliche Beschränkung des Genehmigungserfordernisses auf Gegenstände im Werthe von mehr als 5000 Mk. geändert, während sie in Bezug auf ausländische (nichtdeutsche) juristische Personen, soweit sie den Erwerb von Grundstücken beschränken, nach Art. 88 des EG. z. BGB. unberührt bleiben. Der Rechtszustand, wie er sich hiernach gestaltet, wird im Art. 7 § 2 des Gesetzes für die ganze Monarchie einheitlich festgestellt."

Dementsprechend werden die in der Begründung aufgeführten gesetzlichen Vorschriften im Art. 89 unter Nr. 7, 13, 23 aufgehoben. Die Vorschrift des § 3 des Frankfurter Gesetzes v. 29. September 1863 wird dabei auch insoweit ganz beseitigt, als sie sich auf Insätze bezieht.

2. Der § 2 **Abs. 1** bezieht sich auf außerpreußische Deutsche, der Abs. 2 auf außerdeutsche juristische Personen. Der erstere beruht auf dem Vorbehalte des Art. 86 des EG. z. BGB. (oben S. 17), der letztere auf demjenigen des Art. 88 daselbst, wonach die landesgesetzlichen Vorschriften, welche den Erwerb von Grundstücken durch Ausländer von staatlicher Genehmigung abhängig machen, unberührt bleiben.

3. Zur Auslegung des § 2 sind die Anmerkungen zu § 1 zu vergleichen.

4. Die Vorschriften des § 2 kennen keine Ausnahmen. Der im Abs. 1 bestimmten Erwerbsbeschränkung unterliegen daher namentlich auch die deutschen außerpreußischen juristischen Personen, deren Rechtsfähigkeit auf einem neben dem BGB. bestehenden Reichsgesetze beruht (vergl. für das bisherige Recht Entsch. d. Kammerger. bei Johow Bd. XVI S. 72). In der Kommission des AH. wurde beantragt, die genannten juristischen Personen von der bezeichneten Beschränkung auszunehmen. Der Antrag wurde aber zurückgezogen, nachdem regierungsseitig erklärt war, daß Erwägungen über die reichsgesetzliche Regelung dieser Frage schwebten (Komm. Ber. S. 6). Ein Anfang dieser Regelung

Verjährung gewisser Ansprüche.

Artikel 8.

§ 1. In vier Jahren verjähren:

1. die Ansprüche der Kirchen, der Geistlichen und der sonstigen Kirchenbeamten wegen der Gebühren für kirchliche Handlungen;

---

ist für die Hypothekenbanken gemacht; nach § 5 Abs. 3 des Hypothekenbankgesetzes v. 13. Juli 1899 (RGBl. S. 375) verb. mit § 1 Abs. 2 des vorliegenden Artikels bedürfen die außerpreußischen deutschen Hypothekenbanken in Preußen zum Grunderwerb — soweit dieser ihnen überhaupt gestattet ist (siehe Anm. 5b zu § 1 oben S. 22) — keiner Genehmigung.

5. In der Verleihung des Enteignungsrechts darf, wie nach der bisherigen Praxis, auch künftig zugleich die Genehmigung zum freihändigen Erwerbe der für die Zwecke des Unternehmens erforderlichen Grundstücke gefunden werden. Begr. S. 10; Komm. Ber. S. 6.

Verjährung gewisser Ansprüche.

Das Reichsrecht läßt die landesgesetzlichen Vorschriften über die Verjährung auf den öffentlich rechtlichen und den der Landesgesetzgebung vorbehaltenen privatrechtlichen Gebieten unberührt (Art. 55 des EG. z. BGB., vergl. Begr. S. 205 zu Art. 89 Nr. 1, Theil I Tit. 9 Abschn. 9 des ALR.), während es die übrigen Verjährungsvorschriften des Landrechts durch die bezüglichen Bestimmungen des BGB. ersetzt (vergl. namentlich §§ 194—225). Darnach werden die zur Zeit in den verschiedenen Preuß. Landestheilen geltenden besonderen Gesetze über die abgekürzte Verjährung gewisser Forderungen zwar größtentheils reichsrechtlich beseitigt, theilweise aber auch aufrecht erhalten. Um die dadurch entstehende Verwirrung zu verhüten und einheitliches Recht zu schaffen, sind die gedachten landesgesetzlichen Vorschriften, nämlich:

1. das Gesetz v. 31. März 1838 (GS. S. 249) für das Gebiet des ALR.;
2. die Verordnung v. 6. Juli 1845 (GS. S. 483) für den Bezirk des Justizsenats zu Ehrenbreitstein und für Neuvorpommern mit Rügen, später ausgedehnt
   a) auf Hohenzollern durch das Gesetz v. 12. März 1860 (GS. S. 97),
   b) auf Schleswig-Holstein durch das Gesetz v. 9. Februar 1869 (GS. S. 341),
   c) auf Frankfurt a. M. durch das Gesetz v. 13. März 1869 (GS. S. 484);
3. für Hannover das Gesetz v. 22. September 1850 (Hann. GS. I. S. 187);
4. für das Gebiet des vormaligen Kurfürstenthums Hessen das Gesetz v. 14. Juli 1853 (Kurhess. GS. S. 99);
5. für das vormalige Herzogthum Nassau das Gesetz v. 5. April 1849 (Nass. Verordnungs-Bl. S. 75);
6. für das vormals Landgräflich Hessische Gebiet das Gesetz v. 15. August 1854 (Landgr. Hess. Reg.-Bl. S. 748);
7. für die vormals Bayerischen Gebietstheile das Gesetz v. 26. März 1859 (Bayer. Gesetz-Bl. S. 26);

2. die Ansprüche auf Zahlung der von einer Verwaltungsbehörde, einem Verwaltungsgericht oder einer Auseinandersetzungsbehörde nicht oder zu wenig eingezogenen Kosten;
3. die Ansprüche der Ortsbehörden wegen der Gebühren für Handlungen der freiwilligen Gerichtsbarkeit oder für ihre Thätigkeit als gerichtliche Hülfsbeamte;
4. die Ansprüche auf Rückerstattung von Kosten, die von einer öffentlichen Behörde mit Unrecht erhoben sind;
5. die Ansprüche auf Rückstände von Verkehrsabgaben, die in Folge einer besonderen Berechtigung an Privatpersonen zu entrichten sind.

---

8. für die vormals Großherzoglich Hessischen Gebietstheile das Gesetz v. 19. März 1853 (Großherzgl. Hess. Reg.-Bl. S. 117)

im Art. 89 unter Nr. 9, 12, 14, 16, 17, 18, 19, 21, 25 formell aufgehoben, und, soweit nicht die Vorschriften des BGB. an ihre Stelle treten, durch die Vorschriften des Art. 8 ersetzt, während gleichzeitig einige Vorschriften des Gesetzes über die Verjährungsfristen bei öffentlichen Abgaben v. 18. Juni 1840 nach Maßgabe des Art. 9 auf die ganze Monarchie ausgedehnt werden. Vergl. Begr. S. 10f.

Die Zulässigkeit der Vorschriften des Art. 8 § 1 unter Nr. 1—3 und des Art. 9 ergiebt sich, da die darin bezeichneten Ansprüche unzweifelhaft öffentlich-rechtlicher Natur sind, aus Art. 55 des EG. z. BGB.

Die Nr. 4 Art. 8 § 1 beruht auf Art. 104 a. a. O., wonach die landesgesetzlichen Vorschriften über den Anspruch auf Rückerstattung mit Unrecht erhobener öffentlicher Abgaben oder Kosten eines Verfahrens unberührt bleiben. (Begr. S. 11).

Die Nr. 5 Art. 8 § 1 endlich ist durch Art. 73 a. a. O. gedeckt, demzufolge die landesgesetzlichen Vorschriften über Regalien unberührt bleiben (Begr. S. 12).

Artikel 8. § 1.

1. Zu **Nr. 1** vergl. § 2 Nr. 1 des Verjährungsgesetzes v. 31. März 1838, der Verordnung v. 6. Juli 1845 und des Nassauischen Gesetzes v. 5. April 1849, § 3 Nr. 1 des Hannov. Gesetzes v. 22 September 1850.

2. Zu **Nr. 2** vergl. § 2 Nr. 8 des Gesetzes von 1838 und der Verordnung von 1845; § 3 Nr. 8 des Hannov. Gesetzes. Soweit diese Gesetze die Nachzahlung von Gerichtskosten betreffen, sind sie durch §§ 13, 114, 115 des Preuß. GKG. v. 25. Juni 1895 (GS. S. 203) — vergl. Art. 86 Nr. VIII —, und soweit sie Stempel betreffen, durch § 27 des Stempelsteuergesetzes v. 31. Juli 1895 (GS. S. 413) und § 50 des Erbschaftssteuergesetzes v. 19. Mai 1891 (GS. S. 78) ersetzt. Begr. S. 11.

3. Die **Nr. 3** verallgemeinert die Vorschriften der Verjährungsgesetze für Nassau (§ 2 Nr. 2) sowie für die vormals Hessen-Homburgischen und die vormals Großh. Hessischen Gebietstheile (Art. 14 Nr. 3) über die kurze Verjährung der Ansprüche der Bürgermeister, Feldgerichtsschöffen und Ortsgerichtsvorsteher. Unter die Vorschrift fallen die Ansprüche aus den von den Ortsbehörden nach Art. 104—127 des Preuß. Gesetzes über die freiw. Gerichtsb. vorzunehmenden Geschäften.

4. Zu **Nr. 4** vergl. § 2 Nr. 8 des Gesetzes v. 1838 und der Verordnung v. 1845, § 3 Nr. 8 des Hannov. Gesetzes.

§ 2. Auf die Verjährung finden die Vorschriften des Bürgerlichen Gesetzbuchs und des Artikel 169 Abs. 1 des Einführungsgesetzes zum Bürgerlichen Gesetzbuche mit folgenden Maßgaben Anwendung:

1. Die Verjährung beginnt, unbeschadet der Vorschrift des § 201 Satz 2 des Bürgerlichen Gesetzbuchs, für die im § 1 Nr. 1 bis 3 bezeichneten Ansprüche mit dem Schlusse des Jahres,

---

5. Zu **Nr. 5** vergl. § 2 Nr. 6 des Gesetzes v. 1838 und der Verordnung v. 1845, § 3 Nr. 6 des Gesetzes für Hannover und § 2 des Gesetzes für Schleswig-Holstein v. 9. Februar 1869 (GS. S. 99).

Bei der Anwendung der Nr. 5 werden hauptsächlich Ansprüche auf Wege- und Brückengelder in Betracht kommen.

Für öffentliche Schiffs-, Schifffahrts- und Hafenabgaben ist durch die Reichsgesetzgebung eine einjährige Verjährungsfrist eingeführt. Art. 906, 757 Nr. 3 des früheren, §§ 901, 754 Nr. 2 des neuen HGB.; Gesetz, betr. die privatrechtlichen Verhältnisse der Binnenschifffahrt v. 15. Juni 1895 (RGBl. 1898 S. 868) § 117 Nr. 1; Gesetz betr. die privatrechtlichen Verhältnisse der Flößerei, v. 15. Juni 1895 (RGBl. S. 341) § 30 Nr. 1. Diesem Vorgang ist man für die nach Nr. 5 an Privatpersonen zu entrichtenden Abgaben nicht gefolgt, weil den Privatpersonen nicht der gleiche Grad von Sorgfalt in der Einziehung rückständiger Abgaben zuzumuthen ist, wie öffentlichen Behörden und Beamten. Begr. S. 12. Wegen der Verjährung der Gebühren für die Benutzung des Kaiser Wilhelm-Kanals vergl. §§ 5, 6 des Gesetzes v. 20. Juni 1899 (RGBl. S. 315).

§ 2.

1. Abgesehen von der Verjährungsfrist (§ 1) regelt sich die Verjährung der im § 1 bezeichneten Ansprüche, namentlich die Hemmung, Unterbrechung und Wirkung der Verjährung, mit den unter Nr. 1 und 2 des § 2 bestimmten Maßgaben nach den Vorschriften des BGB. (vergl. §§ 202—225). Für die Uebergangszeit ist der Art. 169 Abs. 1 des EG. maßgebend, welcher bestimmt:

Die Vorschriften des Bürgerlichen Gesetzbuchs über die Verjährung finden auf die vor dem Inkrafttreten des Bürgerlichen Gesetzbuchs entstandenen, noch nicht verjährten Ansprüche Anwendung. Der Beginn sowie die Hemmung und Unterbrechung der Verjährung bestimmen sich jedoch für die Zeit vor dem Inkrafttreten des Bürgerlichen Gesetzbuchs nach den bisherigen Gesetzen.

2. Zu **Nr. 1**. Der Beginn der Verjährung richtet sich bei den im § 1 Nr. 1—3 bezeichneten Gebühren- und Kosten-Ansprüchen abweichend vom § 201 Satz 1, § 198 BGB. nicht nach der Zeit der Entstehung des Anspruchs, sondern nach dem leichter feststellbaren Zeitpunkte der Fälligkeit. Für die Erstattungsansprüche des § 1 Nr. 4 und die Abgabenansprüche des § 1 Nr. 5 verbleibt es bei der reichsrechtlichen Regel (§ 2 Nr. 1 vergl. mit § 201 Satz 1, § 198 BGB.). In allen Fällen gilt der § 201 Satz 2 BGB.:

Kann die Leistung erst nach dem Ablauf einer über diesen Zeitpunkt hinausreichenden Frist verlangt werden, so beginnt die Verjährung mit dem Schlusse des Jahres, in welchem die Frist abläuft.

3. Zu **Nr. 2**. Die Unterbrechung der Verjährung ist für die im § 1 Nr. 1 und 2 aufgeführten Gebühren- und Kostenansprüche, soweit dieselben der Bei-

in welchem die Gebühren oder Kosten fällig werden, für die im § 1 Nr. 4, 5 bezeichneten Ansprüche mit dem Schlusse des Jahres, in welchem der Anspruch entsteht.

2. Soweit die im § 1 Nr. 1, 2 bezeichneten Gebühren und Kosten der Beitreibung im Verwaltungszwangsverfahren unterliegen, wird die Verjährung auch durch eine an den Zahlungspflichtigen erlassene Aufforderung zur Zahlung und durch die Bewilligung einer von ihm nachgesuchten Stundung unterbrochen. Wird die Verjährung unterbrochen, so beginnt eine neue Verjährung nicht vor dem Schlusse des Jahres, in welchem der für die Beendigung der Unterbrechung maßgebende Zeitpunkt eintritt, und im Falle der Bewilligung einer Stundung nicht vor dem Schlusse des Jahres, in welchem die bewilligte Frist abläuft.

treibung im Verwaltungszwangsverfahren unterliegen, den über die Verjährung von Gerichtskosten und Stempeln geltenden Vorschriften angepaßt (Preußisches Gerichtskostengesetz § 13, Stempelsteuergesetz § 27).

Unterbrechungsgründe sind:

a) eine an den Zahlungspflichtigen erlassene Aufforderung zur Zahlung; das Gesetz schreibt keine Form für die Aufforderung vor. Die Nichtbeachtung einer etwa instruktionsmäßig vorgeschriebenen Form für die Zahlungsaufforderung, z. B. der Nichtgebrauch eines vorgeschriebenen Formulares, ist daher für die Unterbrechung der Verjährung ohne Einfluß.

b) Die Bewilligung einer von dem Zahlungspflichtigen nachgesuchten Stundung. Die Worte „von ihm nachgesuchten" sind in der Kommission des AH. eingefügt worden, um zum Ausdruck zu bringen, daß eine von Amtswegen bewilligte Stundung nicht unterbricht. Eine Stundung, die in Folge eines auf Erlaß der Kosten gerichteten Gnadengesuches bewilligt ist, unterbricht dagegen, wenn aus dem Inhalt des Gesuchs zu entnehmen ist, daß auch die Stundung dem Willen des Bittstellers entspricht. Komm. Ber. S. 7, 105.

Außerdem greifen auch die Unterbrechungsgründe des Bürg. Gesetzb. Platz. Von denselben werden namentlich die ausdrückliche oder stillschweigende Anerkennung, z. B. durch Abschlagszahlung und Sicherstellung, — auch durch Stundungsgesuch, Komm. Pr. XIII S. 10 —, ferner die Anmeldung im Konkurs, die Vornahme einer Vollstreckungshandlung oder, soweit die Zwangsvollstreckung den Gerichten oder anderen Behörden zugewiesen ist, der Antrag auf Zwangsvollstreckung in Betracht kommen (§§ 208, 209 Abs. 2 Nr. 2, 5); vergl. Begr. S. 12).

Die Vorschrift in Nr. 2 Satz 2 über die Dauer der Unterbrechung verallgemeinert — unter Abweichung vom § 217 des BGB. — die bisher für die Verjährung der Gerichtskosten und Stempel geltenden Bestimmungen. Sie gilt nicht blos für die Unterbrechung durch Zahlungsaufforderung und Stundung, sondern für alle Arten der Unterbrechung. Begr. S. 13. Darnach beginnt eine neue Verjährung nicht vor dem Schlusse des Jahres, in welchem der für die Beendigung der Unterbrechung maßgebende Zeitpunkt eintritt, im Falle der Stundung nicht vor dem Schlusse des Jahres, in welchem die bewilligte Frist

Artikel 9.

Die Vorschriften des Gesetzes über die Verjährungsfristen bei öffentlichen Abgaben vom 18. Juni 1840 (Gesetz-Samml. S. 140) werden, soweit sie sich auf öffentliche, zu den Staatskassen fließende Verkehrsabgaben der im § 2 des Gesetzes bezeichneten Art beziehen, unbeschadet abweichender reichsgesetzlicher Vorschriften, auf den ganzen Umfang der Monarchie ausgedehnt.

Die im Abs. 1 bezeichneten Vorschriften finden auf sonstige öffentliche Gebühren entsprechende Anwendung, sofern nicht abweichende besondere Bestimmungen bestehen.

---

abläuft. Der für die Beendigung der Unterbrechung maßgebende Zeitpunkt ist bei der Anmeldung im Konkurse die Beendigung des Konkurses (§ 214 BGB., §§ 163, 190, 202, 204 der KonkO.); die Unterbrechung durch Anerkennung, durch Zahlungsaufforderung, durch Vollstreckungshandlung oder durch Vollstreckungsantrag dauert nicht über den Zeitpunkt hinaus, in welchem die Anerkennung oder die Zahlungsaufforderung erfolgt beziehungsweise die Vollstreckungshandlung vorgenommen oder der Antrag gestellt ist. Vergl. Planck Anm. 3 zu § 208, Anm. 1 zu § 216 BGB.

Artikel 9.

Das Gesetz über die Verjährungsfristen bei öffentlichen Abgaben v. 18. Juni 1840 wird durch das BGB. nicht berührt (Art. 55 des EG.). Seine Vorschriften über die direkten Staatssteuern sowie über die im § 14 bezeichneten, nicht zu den Staatskassen fließenden öffentlichen Abgaben sind bereits durch frühere Gesetze fast auf den ganzen Umfang der Monarchie ausgedehnt worden. Vergl. die Verordnungen, betr. Einführung der Preuß. Gesetzgebung in Betreff der direkten Steuern für die Gebiete des vormaligen Königr. Hannover, des vormaligen Kurf. Hessen und für Schleswig-Holstein v. 28. April 1867 (GS. S. 533, 538, 543) § 12 bezw. § 14, für Wiesbaden u. s. w. v. 11. Mai 1867 (GS. S. 593) § 13, für Meisenheim v. 4. Juni 1867 (GS. S. 761) § 10, für Gersfeld u. s. w. v. 24. Juni 1867 (GS. S. 842) § 11, für das Jadegebiet v. 23. März 1873 (GS. S. 107) § 5; Gesetz, betr. die Besteuerung des Gewerbebetriebes im Umherziehen u. s. w. v. 3. Juli 1876 (GS. S. 247) § 32; vergl. ferner das Einkommensteuergesetz v. 24. Juni 1891 (GS. S. 175) § 67 Abs. 2, § 81, das Gewerbesteuergesetz v. 24. Juni 1891 (GS. S. 205) § 79, das Ergänzungssteuergesetz v. 14. Juli 1893 (GS. S. 134) § 44 Abs. 2, § 46; das Gesetz v. 12. April 1882 betr. die Verjährungsfristen bei öffentlichen Abgaben in Schlew.-Holst., Hannover u. Hessen-Nassau (GS. S. 297) § 2, Kommunalabgabengesetz v. 14. Juli 1893 (GS. S. 152) §§ 83, 87, 88).

Dagegen sind dieselben, soweit sie sich auf die im § 2 erwähnten öffentlichen, zu den Staatskassen fließenden Abgaben beziehen, bisher über den ursprünglichen Geltungsbereich des Gesetzes nicht ausgedehnt worden. Der Art. 9 holt dies nach. Dabei kommen indessen von den im § 2 genannten Abgaben nach Lage der sonstigen heutigen Gesetzgebung nur noch die Verkehrsabgaben, wie Chaussee-, Wege-, Pflaster-, Brücken-, Fähr-, Kanal-, Schleusen-, Schifffahrts- und Hafenabgaben, und die dort aufgeführten öffentlichen Gebühren,

Gesetzliche Zinsen.

Artikel 10.

Soweit in Gesetzen, die neben dem Bürgerlichen Gesetzbuch in Kraft bleiben, die Verzinsung einer Schuld mit mehr als vier vom Hundert für das Jahr vorgeschrieben ist, tritt an die Stelle dieser Verzinsung die Verzinsung mit vier vom Hundert. Dies gilt für die Zeit nach dem Inkrafttreten des Bürgerlichen Gesetzbuchs auch dann, wenn die Verzinsung schon vorher begonnen hat.

---

nämlich die Krahn-, Wage- und Niederlagegelder, in Betracht. Die Verjährung dieser Abgaben ist theilweise reichsgesetzlich geregelt (vergl. Anm. 5 Abs. 3 zu Art. 8 § 1, oben S. 27); soweit dies nicht der Fall ist, sind die darauf bezüglichen Vorschriften des Gesetzes von 1840 durch Abs. 1 dieses Artikels auf die ganze Monarchie ausgedehnt. In Verbindung hiermit werden dieselben auch zugleich auf sonstige öffentliche Gebühren erstreckt, soweit nicht für einzelne Gebühren abweichende besondere Bestimmungen bestehen, wie z. B. für Gemeindegebühren (Kommunalabgabengesetz v. 14. Juli 1893 § 87 Nr. 2 § 88). Vergl. Begr. S. 13.

Die **Art. 10—18** gehören dem Rechte der Schuldverhältnisse an. Sie beziehen sich auf die Höhe der gesetzlichen Zinsen (Art. 10), die Zahlungen aus öffentlichen Kassen (Art. 11), die Beurkundung von Grundstücksveräußerungen (Art. 12), die Ermächtigung von Handelsmäklern zu Kaufgeschäften (Art. 13), das Gesinderecht (Art. 14), den Leibgedingsvertrag (Art. 15), das Staatsschuldbuch (Art. 16) und die Schuldverschreibungen auf den Inhaber (Art. 17 und 18).

Gesetzliche Zinsen.

Artikel 10.

1. Der für den allgemeinen bürgerlichen Verkehr maßgebende gesetzliche Zinsfuß beträgt nach § 246 BGB. vier vom Hundert. Diese Bestimmung greift ohne Weiteres auch dann Platz, wenn eine neben dem BGB. in Kraft bleibende landesgesetzliche Vorschrift die Verpflichtung zur Verzinsung einer Schuld feststellt, ohne die Höhe der Zinsen zu bezeichnen (EG. Art. 4); der Art. 10 dehnt sie weiter auf die Fälle aus, wo die Landesgesetze in den ihr vorbehaltenen Gebieten ausdrücklich einen höheren Zinsfuß vorschreiben, z. B. § 36 Abs. 2 des Gesetzes über die Enteignung von Grundeigenthum v. 11. Juni 1874, (GS. S. 221); § 16 Abs. 1 des Gesetzes betr. das Pfandleihegewerbe v. 17. März 1881 (GS. S. 265). Begr. S. 13.

2. Soweit in den Statuten der Landschaften oder anderer Kreditanstalten höhere Verzugszinsen vorgesehen sind, verbleibt es dabei. In diesen Fällen handelt es sich, auch wenn die Statuten landesherrlich bestätigt sind, nicht um „Gesetze", d. i. objektive Rechtsnormen, und daher nicht um gesetzliche Zinsen. Vielmehr sind die Zinsen vertragsmäßige, da sich der Entleiher den satzungsmäßig erlassenen Bestimmungen der Kreditanstalt sammt deren künftigen Aenderungen durch die Entleihung freiwillig unterwirft. Vergl. Komm. Ber. S. 8 f.; stenogr. Berichte des AH. S. 2559; Komm. Ber. des HH. S. 10.

Zahlungen aus öffentlichen Kassen.

Artikel 11.

Zahlungen aus öffentlichen Kassen sind, wenn nicht ein Anderes bestimmt ist, an der Kasse in Empfang zu nehmen.

Beurkundung von Grundstücksveräußerungen.

Artikel 12.

§ 1. Für einen Vertrag, durch den sich der eine Theil verpflichtet, das Eigenthum an einem Grundstücke gegen Uebernahme einer festen

---

3. Die Vorschriften ALR. II. 11 §§ 830, 841, sowie der Zusatz 22 des Ostpreuß. Provinzialrechts zu §§ 804 ff. I. 11 ALR. sind bereits durch § 246 BGB. beseitigt; desgl. loi sur le taux de l'argent v. 3. September 1807 Art. 2, Dekret betr. die Anwendung des Code Napoléon v. 12. November 1809 Art. 82. Begr. S. 13. Komm. Prot. S. 14.

4. Für die bis zum 1. Januar 1900 auflaufenden Zinsen gilt der frühere, von da an der neue Zinsfuß. Art. 10 Satz 2. Stenogr. Ber. d. AH. S. 2658. Diese Bestimmung steht mit dem Grundsatze, daß bei einem Wechsel der Gesetzgebung für ein unter dem alten Rechte entstandenes Schuldverhältniß das alte Recht maßgebend bleibt (EG. z. BGB. Art. 170), nicht im Widerspruche, da die gesetzliche Zinspflicht mit jedem Tage neu entsteht. Begr. S. 14.

Artikel 11.

Die Vorschrift des Art. 11 entspricht dem Vorbehalte des Art. 92 des EG. z. BGB., welcher lautet:

Unberührt bleiben die landesgesetzlichen Vorschriften, nach welchen Zahlungen aus öffentlichen Kassen an der Kasse in Empfang zu nehmen sind.

Das hier gewährte Vorrecht der öffentlichen Kassen befreit dieselben von der im § 270 des BGB. bestimmten Verpflichtung, geschuldetes Geld auf ihre Gefahr und Kosten dem Gläubiger an dessen Wohnsitz zu übermitteln, und ist durch das öffentliche Interesse an einer geordneten Kassenführung geboten. Vergl. die Bestimmungen des ALR. I. 16 § 53, I. 11 §§ 776, 777, welche durch Art. 11 ersetzt sind. Begr. S. 14, 206, 207.

Die Vorschrift bezieht sich auf Zahlungen aller Art, mögen sie auf Gesetz, Vertrag oder einem anderen Grunde beruhen. Es kann aber, namentlich im Wege reglementärer Kassenvorschriften, ein Anderes bestimmt werden, z. B. in der Weise, daß die Kasse unter gewissen Bedingungen, gegen vorgängige Einsendung der Quittung, gegen Uebernahme der Gefahr und Kosten u. dergl. zur Uebersendung des Geldes sich verpflichtet. Vergl. Komm. Ber. S. 9.

Beurkundung von Grundstücksveräußerungen.

Der § 313 des BGB. bestimmt:

Ein Vertrag, durch den sich der eine Theil verpflichtet, das Eigenthum an einem Grundstücke zu übertragen, bedarf der gerichtlichen oder notariellen Be-

Geldrente zu übertragen (Rentengutsvertrag), genügt bei den durch Vermittelung der Generalkommission begründeten und bei den vom Staate ausgegebenen Rentengütern die schriftliche Form.

Das Gleiche gilt für den in den §§ 16, 17 des Gesetzes über

---

urkundung. Ein ohne Beobachtung dieser Form geschlossener Vertrag wird seinem ganzen Inhalte nach gültig, wenn die Auflassung und die Eintragung in das Grundbuch erfolgen.

Daneben erhält der Art. 142 des EG. die landesgesetzlichen Vorschriften aufrecht, welche in Ansehung der in dem Gebiete des Bundesstaates liegenden Grundstücke für die Beurkundung des Vertrags außer den Gerichten und Notaren auch andere Behörden und Beamte für zuständig erklären. Auf die der Landesgesetzgebung vorbehaltenen Sonderrechtsgebiete ist ferner der § 313 nur in Ermangelung abweichender Vorschriften anwendbar.

Auf diesen Vorbehalten beruhen die Vorschriften des Art. 12 des vorliegenden Gesetzes, indem der § 1 die im § 313 BGB. vorgeschriebene Form für gewisse Sonderrechtsgebiete durch die einfache Schriftform ersetzt, während in den §§ 2 und 3 auf Grund des Art. 142 a. a. O. an die Stelle von Gericht und Notar andere Beamte für zuständig erklärt sind.

Im Uebrigen sind durch den Art. 142 des EG. die nach dem bisherigen Rechte bestehenden Befugnisse anderer Behörden und Beamten, als der Gerichte und Notare, Verträge der im § 313 BGB. gedachten Art zu beurkunden, gewahrt. Es bleibt daher z. B. die Beurkundungsbefugniß bestehen, welche nach dem Gesetze v. 8. Juni 1860 (GS. S. 240, Reichsmilitärgesetz v. 2. Mai 1874 § 39) den Auditeuren — und den nach § 20 des EG. zur Militärstrafprozeßordnung v. 1. Dezember 1898 (RGBl. S. 1289) an ihre Stelle tretenden Kriegsgerichtsräthen und Oberkriegsgerichtsräthen — zukommt. Soweit bisher Ortsbehörden zuständig waren, wird die Zuständigkeit in dem Preuß. Gesetze über die freiw. Gerichtsb. (Art. 119, 112, 111, 122, 123, 137) und durch Art. 12 § 3 des vorliegenden Gesetzes neu geregelt. Nach dem ersteren Gesetze sind die im Art. 111 des Gesetzes bezeichneten Beamten — d. s. die Ortsvorsteher in den Hohenzollernschen Landen, die Bürgermeister in dem vormals Landgr. Hessischen Amtsbezirke Homburg und in den Gebieten des vormaligen Herzogth. Nassau, sowie der vormals freien Stadt Frankfurt mit Ausnahme des Gebiets der jetzigen Stadtgemeinde Frankfurt, die Ortsgerichtsvorsteher in den vormals Großh. Hessischen Gebietstheilen — mit Ausnahme derjenigen an Amtsgerichtssitzen, und demnächst die Ortsgerichte, welche in den genannten Bezirken, sowie in den vormals Kurhessischen Theilen des Oberlandesgerichts Frankfurt und im Bezirk des vormaligen Justizsenats zu Ehrenbreitstein errichtet werden können, zuständig, im Auftrage des Amtsgerichts freiwillige öffentliche Versteigerungen von Grundstücken vorzunehmen und zu beurkunden (Art. 112, 111, 122, 123 a. a. O.). Auf die Ortsgerichte geht auch die Zuständigkeit aus dem Art. 12 § 3 des vorliegenden Artikels über (Art. 122 a. a. O.). Nach dem gleichen Gesetze sind ferner die beamteten Auktionatoren in Ostfriesland und Harlingerland sowie im Regierungsbezirk Osnabrück zur Vornahme und Beurkundung freiwilliger öffentlicher Versteigerungen zuständig (Art. 125). Nach Art. 38 Abs. 3 daselbst kann mit der Vornahme und Beur-

die Enteignung von Grundeigenthum vom 11. Juni 1874 (Gesetz-Samml. S. 221) bezeichneten Vertrag über die freiwillige Abtretung von Grundeigenthum.

---

kundung solcher Versteigerungen außerhalb der Gerichtsstelle der Gerichtsschreiber mit Ermächtigung des Justizministers vom Amtsgerichte beauftragt werden. Weiter kommen z. B. in Betracht: das Ministerium des Königl. Hauses für die Mitglieder der Königl. Familie und des Fürstlichen Hauses Hohenzollern (Ges. v. 26. April 1851, GS. S. 181, Art. III; Allerh. Erl. v. 14. August 1852, GS. S. 771), die Kommission der Auseinandersetzungsbehörden (Verordn. v. 20. Juni 1817, GS. S. 161, § 55). — Vergl. Preuß. Ges. über die freiw. Gerichtsb. Art. 32.

Soweit für die Beurkundung von Grundstücksveräußerungen andere als gerichtliche Behörden zuständig sind, gelten nach § 194 des Reichsgesetzes über die Angelegenheiten der freiw. Gerichtsb. die im ersten Abschnitte des genannten Gesetzes für die Gerichte gegebenen Vorschriften mit den im § 194 bestimmten Maßgaben auch für die anderen Behörden. Danach entscheidet namentlich über Beschwerden gegen sachliche Verfügungen der Behörde nicht deren vorgesetzte Behörde, sondern das Landgericht (§ 19 Abs. 2). Die Einsicht der Akten kann Jedem insoweit gestattet werden, als er ein berechtigtes Interesse glaubhaft macht. Das Gleiche gilt von der Ertheilung einer Abschrift; letztere ist auf Verlangen zu beglaubigen (§ 34). Ein Recht auf Akteneinsicht oder Abschriftsertheilung besteht indessen nicht, daher ist auch im Falle der Verweigerung die Beschwerde nicht zulässig. Vergl. weiter Anm. zu § 3.

Artikel 12. § 1.

1. Die Formerleichterung des § 1 **Abs. 1** gründet sich auf den Vorbehalt des Art. 62 des EG. z. BGB., welcher bestimmt:

Unberührt bleiben die landesgesetzlichen Vorschriften über Rentengüter.

Sie beschränkt sich auf diejenigen Rentengutsverträge, welche durch Vermittelung der Generalkommission begründet oder vom Staate ausgegeben sind (vergl. Gesetz über Rentengüter v. 27. Juni 1890, GS. S. 209; Gesetz betr. die Beförderung der Errichtung von Rentengütern v. 7. Juli 1891, GS. S. 279; Gesetz betr. die Beförderung deutscher Ansiedelungen in den Provinzen Westpreußen und Posen v. 26. April 1886 bezw. 20. April 1898, GS. 1886 S. 131, 1898 S. 63). In diesen Fällen wird der Hauptzweck der Formvorschrift des § 313 BGB., die minder geschäftsgewandte Bevölkerung vor übereilten Käufen und Verkäufen zu bewahren, sowie die Vollständigkeit, Richtigkeit und Verständlichkeit der Beurkundung sicher zu stellen, durch die Mitwirkung der staatlichen Behörden gewährleistet. Vergl. Begr. S. 15. Komm. Ber. S. 9.

2. Für die schriftliche Form ist die Vorschrift des § 126 BGB. maßgebend. Danach muß die Urkunde von dem Aussteller eigenhändig durch Namensunterschrift oder mittels gerichtlich oder notariell beglaubigten Handzeichens unterzeichnet werden. Die Unterzeichnung der Parteien muß auf derselben Urkunde erfolgen; werden über den Vertrag mehrere gleichlautende Urkunden aufgenommen, so genügt es, wenn jede Partei die für die andere Partei bestimmte Urkunde unterzeichnet. Es bedarf also der Zuziehung einer besonderen

§ 2. Wird bei einem Vertrage, durch den sich der eine Theil verpflichtet, das Eigenthum an einem in Preußen liegenden Grundstücke zu übertragen, einer der Vertragschließenden durch eine öffentliche Behörde vertreten, so ist für die Beurkundung des Vertrags außer den Gerichten und Notaren auch der Beamte zuständig, welcher von dem Vorstande der zur Vertretung berufenen Behörde oder von der vorgesetzten Behörde bestimmt ist.

Behörde oder eines besonderen Beamten, welcher den Vertrag beurkundet, nicht. Nur ist im Falle der Unterzeichnung durch Handzeichen die Unterschrift gerichtlich oder notariell zu beglaubigen; für diese Beglaubigung gelten die Vorschriften des § 183 Abs. 3 des RGes. über die Ang. der freiw. Gerichtsb. v. 17. Mai 1898 (RGBl. S. 226); Art. 60 des Preuß. Ges. üb. d. freiw. Gerichtsb. v. 21. Sept. 1899.

3. „Es bedarf übrigens kaum der Hervorhebung, daß auch gegenüber der hier bestimmten erleichterten Form die Vorschrift des § 313 Satz 2 des BGB. Platz greift" (Begr. S. 15), d. h., daß ein ohne Beobachtung der schriftlichen Form geschlossener Vertrag seinem ganzen Inhalte nach gültig wird, wenn die Auflassung und die Eintragung in das Grundbuch erfolgen.

4. Die Vorschrift des **Abs. 2** stützt sich auf den Vorbehalt des Art. 109 Satz 1 des Einführungsgesetzes zum BGB., wonach die landesgesetzlichen Vorschriften über die im öffentlichen Interesse erfolgende Entziehung einer Sache unberührt bleiben. Nach derselben ist für freiwillige Abtretungen von Grundeigenthum, welches zu dem die Ausübung des Enteignungsrechtes veranlassenden Unternehmen erforderlich ist, nur die schriftliche Form nöthig. Der Grund für diese Formerleichterung liegt auch hier darin, daß eine strengere Form zur Verhütung übereilter und unklarer Verträge nicht erforderlich erscheint. Im Uebrigen ist das in den Anmerkungen 2 und 3 Gesagte zu wiederholen.

§ 2.

1. Die §§ **2 bis 4** des Art. 12 sind von der Kommission des AH. aus ähnlichen Gründen, wie die Vorschriften des § 1, hinzugefügt. Eine Voreiligkeit oder Unklarheit ist bei Verträgen, welche mit einer öffentlichen Behörde abgeschlossen, von dieser auch gewöhnlich fertig entworfen werden, nicht zu besorgen, zumal bei ihnen in der Regel die Genehmigung anderer, als der vertragschließenden, Faktoren, gewöhnlich der Aufsichtsbehörde, erforderlich ist. Andererseits würde, wenn die gerichtliche oder notarielle Form zur Bindung der Betheiligten nöthig wäre, bei der großen Häufigkeit der in Betracht kommenden Verträge, z. B. bei Abtretungen zur Anlegung oder Regulirung von Straßen, Plätzen, Chausseen u. s. w., eine durch die Motive zum § 313 BGB. nicht gerechtfertigte außerordentliche Erschwerung und Belästigung der Verwaltung der öffentlichen Behörden hervorgerufen. Komm. Ber. S. 9; vergl. Komm. Ber. des HH. S. 10f.

2. Der § 2 gewährt für die in ihm bezeichneten Verträge neben der Beurkundung durch das Gericht oder den Notar noch die Wahl der Beurkundung durch einen besonders dazu bestimmten Beamten.

Derjenige Beamte, welcher die Behörde beim Vertragsabschlusse vertritt, ist im Sinne des § 168 Satz 2 RGes. über die Angel. der freiw. Gerichtsb. als

§ 3. In dem vormaligen Herzogthume Nassau sind an Orten, die nicht Sitz eines Amtsgerichts sind, auch die Bürgermeister zuständig, Kauf- und Tauschverträge über Grundstücke ihres Amtsbezirkes zu beurkunden, wenn der Kaufpreis oder der Werth der eingetauschten Gegenstände nicht mehr als fünfhundert Mark beträgt.

„Betheiligter“ anzusehen, kann also die Beurkundung nicht selbst vornehmen (§ 170 Nr. 1 a. a. O.). Vielmehr ist ein zweiter Beamter als Urkundsbeamter zu bestimmen. Komm. Ber. S. 10.

3. Die Vorschrift des § 2 bezieht sich auf alle Grundstücksveräußerungen, bei denen eine öffentliche Behörde irgend welcher Art als Veräußerer oder als Erwerber betheiligt ist. Sie gilt namentlich für die betreffenden Verträge der staatlichen und kommunalen Behörden (der Gemeinden, Amts-, Kreis- und Provinzialverbände), insbesondere auch für die Kirchen- und Schulbehörden, ferner für andere Verwaltungen, denen die Rechte öffentlicher Behörden beigelegt sind, wie z. B. das Königl. Hausministerium und die zu dessen Ressort gehörige und unter ihm stehende Hofkammer der Königl. Familiengüter, die Fürstliche Hofkammer in den Hohenzollernschen Landen und überhaupt die Behörden, welche das innerhalb und außerhalb der Hohenzollernschen Lande befindliche fürstliche Stammvermögen verwalten (Allerh. Erl. v. 14. Aug. 1852, GS. S. 771; v. 2. August 1875, GS. S. 580); die Spar- und Leihkasse für die Hohenzollernschen Lande in Sigmaringen und deren Filiale in Hechingen (Allerh. Erlaß v. 10. August 1888, GS. S. 255 Statut § 2 rc.).

4. Die Zuständigkeit bezieht sich nur auf die in Preußen liegenden Grundstücke. Auf außerhalb Preußens gelegene Grundstücke erstreckt sich der reichsgesetzliche Vorbehalt (Art. 142 EG. z. BGB.) nicht.

5. Die Zuständigkeit des nach § 2 bestimmten Urkundsbeamten erstreckt sich nur auf die Beurkundung des obligatorischen Veräußerungsvertrages, nicht auf die Beurkundung sonstiger selbstständiger Nebengeschäfte, wie z. B. die Bestellung von Hypotheken, Ertheilung von Vollmachten. Komm. Ber. S. 11.

§ 3.

1. Der § 3 ist mit Rücksicht auf den bisherigen Rechtszustand und die besonderen, durch die große Theilbarkeit des Grundbesitzes bedingten wirthschaftlichen Verhältnisse Nassaus von der Kommission des AH. eingefügt. Komm. Ber. S. 11 f. — Die Ausnahme für Orte mit Amtsgerichtssitz ist auch für andere den Ortsbehörden überlassene Handlungen der freiw. Gerichtsb. gemacht in Art. 104, 117 des Preuß. Ges. über die freiw. Gerichtsb.

Mit der Errichtung von Ortsgerichten geht die Zuständigkeit der Bürgermeister auf die Ortsgerichte über (Art. 122 Abs. 1 Satz 3 des Preuß. Ges. über die freiw. Gerichtsb.).

2. Die Zuständigkeit des Bürgermeisters, bezw. Ortsgerichts ist sachlich auf Kauf- und Tauschverträge über Grundstücke beschränkt, wenn der Kaufpreis oder der Werth der eingetauschten Gegenstände nicht mehr als 500 Mark beträgt. Aus dem Ausdruck „Gegenstände“ ergiebt sich, daß beim Tausche die Gegenleistung für ein Grundstück nicht nothwendigerweise ein Grundstück sein muß.

§ 4. Auf die Beurkundung, die ein nach den §§ 2, 3 zuständiger Beamter vornimmt, finden die Vorschriften des § 168 Satz 2 und der §§ 169 bis 180 des Reichsgesetzes über die Angelegenheiten der freiwilligen Gerichtsbarkeit, des § 191 des Gerichtsverfassungsgesetzes und des Artikel 41 des Preußischen Gesetzes über die freiwillige Gerichtsbarkeit entsprechende Anwendung. Ist nach diesen Vorschriften ein Dolmetscher zuzuziehen, so kann die erforderliche Beeidigung des Dolmetschers durch den beurkundenden Beamten erfolgen.

Die Ueberschreitung der sachlichen Zuständigkeit begründet Nichtigkeit des Geschäftes. Vergl. §§ 194, 32, 200, Abs. 2 des RGes. über die Angeleg. der freiw. Gerichtsb.

3. Oertlich ist die Zuständigkeit der Bürgermeister, bezw. Ortsgerichte auf die „Grundstücke ihres Amtsbezirkes" beschränkt. Nach dem zufolge des § 194 des RGes. über die Angeleg. der freiw. Gerichtsb. anwendbaren § 7 dieses Gesetzes ist indessen die Beurkundung nicht aus dem Grunde unwirksam, weil sie von einem örtlich unzuständigen Bürgermeister oder Ortsgerichte vorgenommen ist.

§ 4.

Der § 4, dessen gegenwärtige Fassung von der Kommission des HH. herrührt, regelt das Beurkundungsverfahren im Anschlusse an die Vorschriften über die gerichtliche und notarielle Beurkundung eines Rechtsgeschäftes (Komm. Ber. des HH. S. 11).

Die angezogenen Bestimmungen lauten:

RGes. über die Angeleg. der freiw. Gerichtsb.:

§ 168 *Satz 2:* Als Betheiligter im Sinne der §§ 169—182 ist derjenige anzusehen, dessen Erklärung beurkundet werden soll.

§ 169. Ist ein Betheiligter nach der Ueberzeugung des Richters oder des Notars taub, blind, stumm oder sonst am Sprechen verhindert, so muss der Richter einen Gerichtsschreiber oder zwei Zeugen, der Notar einen zweiten Notar oder zwei Zeugen zuziehen.

§ 170. Als Richter, Notar, Gerichtsschreiber oder Zeuge kann bei der Beurkundung nicht mitwirken:

1. wer selbst Betheiligter ist sowie derjenige, für welchen ein Betheiligter als Vertreter handelt;
2. der Ehegatte eines Betheiligten, auch wenn die Ehe nicht mehr besteht;
3. wer mit einem Betheiligten in gerader Linie oder im zweiten Grade der Seitenlinie verwandt oder verschwägert ist;
4. wer zu demjenigen, für welchen ein Betheiligter als Vertreter handelt, in einem Verhältnisse der unter Nr. 2, 3 bezeichneten Art steht.

§ 171. Als Richter, Notar, Gerichtsschreiber oder Zeuge kann bei der Beurkundung nicht mitwirken:

1. derjenige, zu dessen Gunsten in der Urkunde eine Verfügung getroffen wird;
2. wer zu demjenigen, zu dessen Gunsten in der Urkunde eine Verfügung getroffen wird, in einem Verhältnisse der im § 170 Nr. 2, 3 bezeichneten Art steht.

Die Mitwirkung einer hiernach ausgeschlossenen Person hat zur Folge, dass die Beurkundung insoweit nichtig ist, als sie eine Verfügung zu Gunsten einer der im Abs. 1 Nr. 1, 2 bezeichneten Personen zum Gegenstande hat.

§ 172. Als Gerichtsschreiber oder zweiter Notar oder Zeuge kann bei der Beurkundung nicht mitwirken, wer zu dem Richter oder dem beurkundenden Notar in einem Verhältnisse der im § 170 Nr. 2, 3 bezeichneten Art steht.

§ 173. Als Zeuge soll bei der Beurkundung nicht mitwirken:

1. ein Minderjähriger;
2. wer der bürgerlichen Ehrenrechte für verlustig erklärt ist, während der Zeit, für welche die Aberkennung der Ehrenrechte erfolgt ist;
3. wer nach den Vorschriften der Strafgesetze unfähig ist, als Zeuge eidlich vernommen zu werden;
4. wer als Gesinde oder Gehülfe im Dienste des Richters oder des beurkundenden Notars steht.

§ 174. Die bei der Beurkundung mitwirkenden Personen müssen bei der Vorlesung, Genehmigung und Unterzeichnung der Urkunde zugegen sein.

§ 175. Ueber die Verhandlung muss ein Protokoll in deutscher Sprache aufgenommen werden.

§ 176. Das Protokoll muss enthalten:

1. Ort und Tag der Verhandlung;
2. die Bezeichnung der Betheiligten und der bei der Verhandlung mitwirkenden Personen;
3. die Erklärung der Betheiligten.

Wird in der Erklärung auf eine Schrift Bezug genommen und diese dem Protokoll als Anlage beigefügt, so bildet sie einen Theil des Protokolls.

Das Protokoll soll eine Angabe darüber enthalten, ob der Richter oder der Notar die Betheiligten kennt oder, sofern dies nicht der Fall ist, in welcher Weise er sich Gewissheit über ihre Persönlichkeit verschafft hat. Kann er sich diese Gewissheit nicht verschaffen, wird aber gleichwohl die Aufnahme der Verhandlung verlangt, so sollen der Sachverhalt und dasjenige, was zur Feststellung der Persönlichkeit beigebracht ist, in das Protokoll aufgenommen werden.

§ 177. Das Protokoll muss vorgelesen, von den Betheiligten genehmigt und von ihnen eigenhändig unterschrieben werden. Im Protokolle muss festgestellt werden, dass dies geschehen ist. Das Protokoll soll den Betheiligten auf Verlangen auch zur Durchsicht vorgelegt werden.

Erklärt ein Betheiligter, dass er nicht schreiben könne, so muss diese Erklärung im Protokolle festgestellt werden. Bei der Vorlesung und der Genehmigung muss der Richter oder der Notar einen Zeugen zuziehen. In den Fällen des § 169 bedarf es dieser Zuziehung nicht; das Gleiche gilt, wenn in anderen Fällen ein Gerichtsschreiber oder ein zweiter Notar zugezogen wird.

Das Protokoll muss von den mitwirkenden Personen unterschrieben werden.

§ 178. Ist nach der Ueberzeugung des Richters oder des Notars ein Betheiligter stumm oder sonst am Sprechen verhindert und eine schriftliche Verständigung mit ihm nicht möglich, so muss bei der Beurkundung ein vereideter Dolmetscher zugezogen werden.

Im Protokolle muss festgestellt werden, dass der Richter oder der Notar die Ueberzeugung gewonnen hat, dass der Betheiligte am Sprechen verhindert

Ermächtigung von Handelsmäklern zu Kaufgeschäften.

Artikel 13.

Die öffentliche Ermächtigung, deren Handelsmäkler zu Verkäufen oder Käufen bedürfen, wird für Orte innerhalb des Bezirkes einer

---

und eine schriftliche Verständigung mit ihm nicht möglich ist. Das Protokoll muss von dem Dolmetscher genehmigt und unterschrieben werden.

Der Zuziehung eines Zeugen, eines Gerichtsschreibers oder eines zweiten Notars bedarf es in diesem Falle nicht.

§ 179. Erklärt ein Betheiligter, dass er der deutschen Sprache nicht mächtig sei, so muss bei der Beurkundung ein vereideter Dolmetscher zugezogen werden. Der Zuziehung des Dolmetschers bedarf es nicht, wenn der Richter oder der Notar der Sprache, in der sich der Betheiligte erklärt, mächtig ist; die Beeidigung des Dolmetschers ist nicht erforderlich, wenn der Betheiligte darauf verzichtet.

Das Protokoll muss dem der deutschen Sprache nicht mächtigen Betheiligten durch den Dolmetscher oder, wenn ein Dolmetscher nicht zugezogen worden ist, durch den Richter oder den Notar in der fremden Sprache vorgetragen werden und die Feststellung enthalten, dass dies geschehen ist.

Im Protokolle muss festgestellt werden, dass der Betheiligte der deutschen Sprache nicht mächtig ist.

Der Dolmetscher muss das Protokoll unterschreiben.

Eine Beurkundung ist nicht aus dem Grunde unwirksam, weil den Vorschriften des Abs. 1 zuwider die Zuziehung eines Dolmetschers unterblieben ist.

§ 180. Auf den Dolmetscher finden die nach den §§ 170—173 für einen Zeugen geltenden Vorschriften entsprechende Anwendung.

§ 191 des Gerichtsverfassungsgesetzes:

Der Dolmetscher hat einen Eid dahin zu leisten: dass er treu und gewissenhaft übertragen werde.

Ist der Dolmetscher für Uebertragungen der betreffenden Art im Allgemeinen beeidigt, so genügt die Berufung auf den geleisteten Eid.

Art. 41 des Preuss. Gesetzes über die freiw. Gerichtsb.:

Das Protokoll soll, falls ein Betheiligter taub ist, ihm zur Durchsicht vorgelegt werden, auch wenn er dies nicht verlangt. In dem Protokolle soll festgestellt werden, dass dies geschehen ist.

Ist ein tauber Betheiligter nicht im Stande, Geschriebenes zu lesen, so soll eine Vertrauensperson zugezogen werden, die sich mit ihm zu verständigen vermag. In dem Protokolle soll festgestellt werden, dass der Betheiligte nach der Ueberzeugung des Richters oder des Notars die Vertrauensperson verstanden hat. Das Protokoll soll auch von der Vertrauensperson genehmigt und unterschrieben werden. Die Vertrauensperson kann auch der Gerichtsschreiber, der zugezogene zweite Notar oder ein zugezogener Zeuge oder einer der Betheiligten sein.

Ermächtigung von Handelsmäklern zu Kaufgeschäften.

Artikel 13.

1. Die Handelsmäkler bedürfen einer öffentlichen Ermächtigung zu Verkäufen und Käufen z. B. nach dem BGB. §§ 385, 1221, 1235, 1295, nach dem

Handelskammer oder einer kaufmännischen Körperschaft durch diese vorbehaltlich der Bestätigung des Regierungspräsidenten, für andere Orte durch den Regierungspräsidenten ertheilt.

Die Ermächtigung wird erst wirksam, wenn der Handelsmäkler den Eid leistet, daß er die ihm obliegenden Pflichten getreu erfüllen werde. Für die Abnahme des Eides ist das Amtsgericht zuständig, in dessen Bezirke der Handelsmäkler seine Geschäftsräume oder in Ermangelung solcher seine Wohnung hat. Die Beeidigung kann auch von der Handelskammer oder der kaufmännischen Korporation vorgenommen werden, welche die Ermächtigung ertheilt hat.

Auf die Rücknahme der Ermächtigung findet die Vorschrift des § 120 Nr. 3 des Gesetzes über die Zuständigkeit der Verwaltungs- und Verwaltungsgerichtsbehörden vom 1. August 1883 (Gesetz-Samml. S. 237) Anwendung.

HGB. § 373 Abs. 2, § 376 Abs. 2, 3, § 379 Abs. 2, § 388 Abs. 2, §§ 389, 391, § 437 Abs. 2; ferner nach Art. 10a des Gesetzes v. 17. März 1881 betr. das Pfandleihgewerbe in der Fassung des Art. 41 dieses Gesetzes.

· Die Ertheilung einer besonderen Ermächtigung der im Abs. 1 bezeichneten Art war dem bisherigen Rechte fremd, weil nach dem bisherigen HGB. die Handelsmäkler als solche der amtlichen Bestellung bedurften (Art. 66), während die Handelsmäkler im Sinne des neuen HGB. (v. 10. Mai 1897, RGBl. S. 437) nur noch private Vermittler von Handelsgeschäften ohne amtlichen Charakter sind (§§ 93 ff.).

2. Die Zuständigkeitsregelung des Abs. 1 schließt sich dem Art. 9 § 1 des EG. z. HGB. v. 24. Juni 1861 und dem § 40 des Gesetzes über die Handelskammern v. 19. August 1897 in der Fassung der Bek. v. 22. August 1897 (GS. S. 355) an. Das Erforderniß der Beeidigung hat seinen Vorgang in der auf Kursmakler bezüglichen Bestimmung des § 30 des Börsengesetzes v. 22. Juni 1895 (RGBl. S. 157); wegen der Zuständigkeit der Handelskammern oder der kaufmännischen Korporationen zu der Beeidigung vergl. auch § 42 des Gesetzes über die Handelskammern. Begr. S. 16.

3. Der im Abs. 3 angezogene § 120 Nr. 3 bestimmt:

Der Bezirksausschuss entscheidet auf Klage der zuständigen Behörde über die Zurücknahme

3. der Konzessionen der Handelsmakler.

4. Die Kursmakler bedürfen einer besonderen Ermächtigung nicht; der § 34 des Börsengesetzes v. 22. Juni 1896 in der Fassung des Art. 14 des EG. z. HGB. v. 10. Mai 1897 bestimmt vielmehr:

Die Kursmakler sind zur Vornahme von Verkäufen und Käufen befugt, die durch einen dazu öffentlich ermächtigten Handelsmakler zu bewirken sind.

Gesinderecht.

Artikel 14.

§ 1. Die Vorschrift des § 616 des Bürgerlichen Gesetzbuchs findet auf das Gesindeverhältniß Anwendung.

Gesinderecht.

Artikel 14.

I. In Preußen gelten gegenwärtig für das Gesindeverhältniß nach seiner privatrechtlichen Seite folgende Gesetze:

1. im Gebiete des Allgem. Landrechts mit Ausnahme der Kreise Rees und Duisburg die Gesindeordnung v. 8. November 1810 (GS. S. 101);
2. in der Rheinprovinz die Gesindeordnung v. 19. August 1844 (GS. S. 410), eingeführt durch die Verordnung v. 21. September 1847 (GS. S. 356) auch in den Kreisen Rees und Duisburg;
3. in Neuvorpommern und Rügen die Gesindeordnung v. 11. April 1845 (GS. S. 391);
4. in Schleswig-Holstein:
   a) die Gesindeordnung v. 25. Februar 1840 (Chronol. Samml. der Verordn. S. 35);
   b) die dänische Gesindeordnung v. 10. Mai 1854 in den vormals dänischen Gebietstheilen (vergl. Art. 14 § 2);
5. in Hannover die Dienstbotenordnungen:
   a) für den Landdrosteibezirk Osnabrück v. 28. April 1838 (Hannov. GS. III S. 73);
   b) für die Herzogthümer Bremen und Verden v. 12. April 1844 (Hannov. GS. III S. 51), eingeführt mit wenigen Aenderungen als Dienstbotenordnung für das Land Hadeln unter dem 12. Oktober 1853 (Hannov. GS. III S. 142);
   c) für die Landdrosteibezirke Hannover, Hildesheim, Lüneburg und den Harzbezirk v. 15. August 1844 (Hannov. GS. I S. 161);
   d) für Ostfriesland und Harlingerland v. 10. Juli 1859 (Hannov. GS. S. 713);
6. in der Provinz Hessen-Nassau:
   a) die Gesindeordnung für die Städte Kassel, Marburg, Rinteln und Hanau v. 15. Mai 1797 (Neue Samml. der Landesordnungen u. s. w. für die älteren Gebietstheile Kurhessens, Bd. 3 S. 253);
   b) die Kurhessische Verordnung, das Gesindewesen in den Landstädten und auf dem Lande betr., v. 18. Mai 1801 (ebenda S. 368);
   c) die Kurhessische Verordnung, das Gesindewesen in dem Großherzogthum Fulda betr., v. 28. Dezember 1816 (Müller und Fuchs, Samml. der im vorm. Kurf. Hessen noch geltenden gesetzl. Bestimmungen S. 113);
   d) die Nassauische Verordnung, die Dienstverhältnisse des Gesindes und der Handwerksgehülfen betr., v. 15. Mai 1819 (Samml. der Edikte und Verordn. des Herz. Nassau, Bd. 3 S. 121);

Die Vorschriften der Gesindeordnungen, nach welchen der Dienst-

———

e) die Gesindeordnung für die Stadt Frankfurt und deren Gebiet v. 5. März 1822 (Gesetz- und Statutensamml., Bd. 3 S. 41);

7. in den Hohenzollernschen Landen die Dienstbotenordnungen

a) für Hohenzollern-Sigmaringen v. 31. Januar 1843 (Sigmaringer GS., Bd. VI S. 291);

b) für Hohenzollern-Hechingen v. 30. Dezember 1843 (Hechinger Verordnungsbl. 1843 S. 341);

8. im Kreise Herzogthum Lauenburg das Landesherrliche Edikt, betr. die Dienstboten, v. 22. Dezember 1732 (Lauenburg Verordnungen-samml., Bd. 1 S. 392).

Besondere privatrechtliche Vorschriften über das Gesinderecht fehlen ganz für die vormals Großherzoglich und Landgräflich Hessischen sowie die vormals Bayerischen Gebietstheile der Provinz Hessen-Nassau (Begr. S. 18).

II. Diese Mannigfaltigkeit des Preußischen Gesinderechts bleibt im Allgemeinen auch nach dem neuen Reichsrecht bestehen; nur einzelne Punkte werden reichsgesetzlich geregelt. Es bestimmt nämlich der Art. 95 des EG. z. BGB.:

Unberührt bleiben die landesgesetzlichen Vorschriften, welche dem Gesinderecht angehören. Dies gilt insbesondere auch von den Vorschriften über die Schadensersatzpflicht desjenigen, welcher Gesinde zum widerrechtlichen Verlassen des Dienstes verleitet oder in Kenntniss eines noch bestehenden Gesindeverhältnisses in Dienst nimmt oder ein unrichtiges Dienstzeugniss ertheilt.

Die Vorschriften der §§ 104—115, 131, 278, 617—619, 624, 831, des § 840, Absatz 2 und des § 1358 des Bürgerlichen Gesetzbuchs finden Anwendung, die Vorschriften des § 617 jedoch nur insoweit, als die Landesgesetze dem Gesinde nicht weitergehende Ansprüche gewähren.

Ein Züchtigungsrecht steht dem Dienstberechtigten dem Gesinde gegenüber nicht zu.

III. Die Einwirkung des Reichsrechts bringt zunächst für die Gebiete, welche einer besonderen privatrechtlichen Regelung des Gesindeverhältnisses entbehren, die völlige Unterwerfung des letzteren unter das Reichsrecht. Desgleichen treten künftig in den übrigen Gebieten, soweit nach den in ihnen geltenden Gesindeordnungen auf das allgemeine bürgerliche Recht zurückzugreifen ist, an dessen Stelle die entsprechenden Vorschriften des BGB. (Art. 55 in Verb. mit Art. 4 des EG. z. BGB.); vergl. z. B. Anm. 4a am Ende.

Dagegen sind die landesgesetzlichen Sondervorschriften über das Gesindeverhältniß, mögen sie in die allgemeine Bestimmung des BGB. oder in dessen besondere Regelung des Dienstvertrages eingreifen, fortdauernd in Kraft, soweit sie nicht durch besondere reichsgesetzliche Vorschriften beseitigt sind.

In Kraft bleiben außer den im Art. 95 des EG. hervorgehobenen Vorschriften namentlich auch die Bestimmungen der Landesgesetze über den Begriff des Gesindes (Motive zu Art. 95 EG.). Die Sondervorschriften des ALR. II, 5 §§ 177—186 über die Hausoffizianten sind indessen mit Rücksicht auf die Zweifelhaftigkeit der Frage, inwieweit die Letzteren zum Gesinde zu rechnen sind, durch Art. 89 Nr. 1c aufgehoben. Vergl. Begr. S. 210f.; s. Anm. zu Art. 89 Nr. 1.

berechtigte für den von dem Gesinde einem Dritten widerrechtlich zu=

Was die reichsgesetzliche Beseitigung von Vorschriften landesrechtlicher Gesindeordnungen anbelangt, so finden sich

1. in den letzteren regelmäßig besondere Vorschriften über die Fähigkeit von Minderjährigen und Ehefrauen zur Eingehung eines Gesindeverhältnisses (Ges. O. von 1810 §§ 5—8, für die Rheinprovinz § 3, Neuvorpommern §§ 5—8, Schleswig=Holstein § 7, Osnabrück Art. 3, Bremen=Verden §§ 2, 3, Hannover rc. §§ 3, 4, Ostfriesland § 1, Nassau § 4, Sigmaringen § 8, Hechingen § 8). Diese Vorschriften sind theilweise schon durch das Gesetz, betreffend die Geschäftsfähigkeit Minderjähriger, v. 12. Juli 1875 (GS. S. 518) ersetzt. Künftig sind die §§ 104—115 und der § 1358 des BGB. maßgebend. Begr. S. 19. Art. 95 EG. z. BGB.

In Bezug auf die Abgabe von Willenserklärungen gegenüber einem Geschäftsunfähigen oder einer in der Geschäftsfähigkeit beschränkten Person gilt künftig der § 131 BGB. (Art. 95 EG. z. BGB.)

Die Vorschriften der §§ 104—115, 131 BGB. sind im Anhange abgedruckt. Der für Ehefrauen geltende § 1358 BGB. lautet:

Hat sich die Frau einem Dritten gegenüber zu einer von ihr in Person zu bewirkenden Leistung verpflichtet, so kann der Mann das Rechtsverhältniss ohne Einhaltung einer Kündigungsfrist kündigen, wenn er auf seinen Antrag von dem Vormundschaftsgerichte dazu ermächtigt worden ist. Das Vormundschaftsgericht hat die Ermächtigung zu ertheilen, wenn sich ergiebt, dass die Thätigkeit der Frau die ehelichen Interessen beeinträchtigt.

Das Kündigungsrecht ist ausgeschlossen, wenn der Mann der Verpflichtung zugestimmt hat oder seine Zustimmung auf Antrag der Frau durch das Vormundschaftsgericht ersetzt worden ist. Das Vormundschaftsgericht kann die Zustimmung ersetzen, wenn der Mann durch Krankheit oder durch Abwesenheit an der Abgabe einer Erklärung verhindert und mit dem Aufschube Gefahr verbunden ist, oder wenn sich die Verweigerung der Zustimmung als Missbrauch seines Rechtes darstellt. So lange die häusliche Gemeinschaft aufgehoben ist, steht das Kündigungsrecht dem Manne nicht zu.

Die Zustimmung sowie die Kündigung kann nicht durch einen Vertreter des Mannes erfolgen; ist der Mann in der Geschäftsfähigkeit beschränkt, so bedarf er nicht der Zustimmung seines gesetzlichen Vertreters.

2. Die Befugniß der Ehefrau zur Annahme von Gesinde richtet sich künftig allgemein nach § 1357 BGB., welcher bestimmt:

Die Frau ist berechtigt, innerhalb ihres häuslichen Wirkungskreises die Geschäfte des Mannes für ihn zu besorgen und ihn zu vertreten. Rechtsgeschäfte, die sie innerhalb dieses Wirkungskreises vornimmt, gelten als im Namen des Mannes vorgenommen, wenn nicht aus den Umständen sich ein Anderes ergiebt.

Der Mann kann das Recht der Frau beschränken oder ausschliessen. Stellt sich die Beschränkung oder die Ausschliessung als Missbrauch des Rechtes des Mannes dar, so kann sie auf Antrag der Frau durch das Vormundschaftsgericht aufgehoben werden. Dritten gegenüber ist die Beschränkung oder die Ausschliessung nur nach Massgabe des § 1435 wirksam.

gefügten Schaden in weiterem Umfang als nach den Vorschriften

---

Zwar ist der § 1357 des BGB. im Art. 95 des EG. z. BGB. nicht als mit eingeführt bezeichnet. Das vorliegende Gesetz geht aber davon aus, daß der § 1357 als eine Vorschrift über die Schlüsselgewalt der Frau nicht zu den Vorschriften über das „Gesinderecht“ gehöre, die nach Art. 95 a. a. O. unberührt bleiben (Begr. S. 19, Komm. Ber. S. 13). Es treten demnach durch § 1357 außer Kraft: Ges. O. von 1810 §§ 3, 4, für die Rheinprovinz § 2, Neuvorpommern §§ 3, 4, Schleswig-Holstein Ges. O. v. 1840 § 6, Osnabrück Art. 2 Abs. 2, Bremen-Verden § 2 Abs. 2, Ostfriesland § 3 Abs. 2, Nassau § 3, Sigmaringen § 7, Hechingen § 7. (Begr. S. 19).

3. Die Haftung für das Gesinde, dessen man sich zur Erfüllung seiner Verbindlichkeiten bedient, richtet sich ausschließlich nach § 278 BGB. (Art. 95 EG.), demzufolge die Dienstherrschaft das Verschulden des Gesindes in gleichem Umfange wie eigenes Verschulden zu vertreten hat. Dadurch wird der § 56 der Dienstbotenordnung für Hechingen insoweit ersetzt, als die Erfüllung von Verbindlichkeiten in Frage kommt; wegen der Haftung für andere Geschäfte bleibt er bestehen. Vergl. Begr. S. 19.

4. Die Pflichten der Dienstberechtigten im Falle der Erkrankung des Gesindes richten sich, abgesehen von dem Falle eines Verschuldens der Dienstherrschaft (siehe Anm. 5), nach dem § 617 BGB., soweit nicht die Landesgesetze dem Gesinde weitergehende Ansprüche gewähren (Art. 95 EG.).

Der § 617 bestimmt:

Ist bei einem dauernden Dienstverhältnisse, welches die Erwerbsthätigkeit des Verpflichteten vollständig oder hauptsächlich in Anspruch nimmt, der Verpflichtete in die häusliche Gemeinschaft aufgenommen, so hat der Dienstberechtigte ihm im Falle der Erkrankung die erforderliche Verpflegung und ärztliche Behandlung bis zur Dauer von sechs Wochen, jedoch nicht über die Beendigung des Dienstverhältnisses hinaus, zu gewähren, sofern nicht die Erkrankung von dem Verpflichteten vorsätzlich oder durch grobe Fahrlässigkeit herbeigeführt worden ist. Die Verpflegung und ärztliche Behandlung kann durch Aufnahme des Verpflichteten in eine Krankenanstalt gewährt werden. Die Kosten können auf die für die Zeit der Erkrankung geschuldete Vergütung angerechnet werden. Wird das Dienstverhältniss wegen der Erkrankung von dem Dienstberechtigten nach § 626 gekündigt, so bleibt die dadurch herbeigeführte Beendigung des Dienstverhältnisses ausser Betracht.

Die Verpflichtung des Dienstberechtigten tritt nicht ein, wenn für die Verpflegung und ärztliche Behandlung durch eine Versicherung oder durch eine Einrichtung der öffentlichen Krankenpflege Vorsorge getroffen ist.

Zum Mindesten hat darnach der Dienstberechtigte dem erkrankten Dienstboten die erforderliche Verpflegung und ärztliche Behandlung bis zur Dauer von sechs Wochen, jedoch nicht über die Beendigung des Dienstverhältnisses hinaus, zu gewähren, sofern nicht die Erkrankung von dem Verpflichteten vorsätzlich oder durch grobe Fahrlässigkeit herbeigeführt worden ist; die Kosten können auf die für die Zeit der Erkrankung geschuldete Vergütung angerechnet werden; die Beendigung des Dienstverhältnisses, welche dadurch herbeigeführt wird, daß der Dienstberechtigte es wegen der Erkrankung des Verpflichteten nach

des Bürgerlichen Gesetzbuchs verantwortlich ist, treten außer Kraft.

---

§ 626 kündigt, ist ohne Einfluß auf die Dauer der Fürsorgepflicht des Dienstberechtigten.

Weitergehende und daher aufrecht erhaltene Ansprüche sind in den bestehenden Gesindeordnungen in verschiedener Art gewährt.

a) „Die Gesindeordnung v. 8. November 1810, mit deren hier in Betracht kommenden Vorschriften die §§ 79—84, 87, 88 der Gesindeordnung für Neuvorpommern übereinstimmen, stellt dem Dienstboten, der sich durch den Dienst oder bei Gelegenheit des Dienstes eine Krankheit zuzieht, darin günstiger als das Reichsrecht, daß es die Fürsorgepflicht des Dienstberechtigten nicht auf die Dauer von sechs Wochen beschränkt und den Abzug der Kosten vom Lohne ausschließt (§§ 86, 87). Für die übrigen Fälle der Erkrankung des Dienstboten ist künftig zu unterscheiden, ob die Erkrankung von dem Dienstboten durch Vorsatz oder grobe Fahrlässigkeit herbeigeführt worden ist oder nicht. Letzternfalls kommt der § 617 des BGB. zur Anwendung, welcher den Dienstboten weitergehende Ansprüche gewährt, als die §§ 88—91 der Gesindeordnung; dagegen bleiben für den erstgenannten Fall die §§ 88—91 maßgebend, weil sie dem Dienstboten auch für diesen Fall Ansprüche geben, während das Reichsrecht sie ihm versagt. Die §§ 94, 95 der Gesindeordnung begründen künftig nicht mehr eine erhöhte Haftung der Dienstherrschaft; denn an die Stelle der im § 94 angezogenen bisherigen Vorschriften über die Haftung des Machtgebers für einen dem Bevollmächtigten bei Ausrichtung der Geschäfte durch Zufall zugestoßenen Schaden (ALR. I. 13 §§ 80, 81) treten künftig die Bestimmungen des BGB. über den Dienstvertrag, die eine entsprechende Haftung des Dienstberechtigten nicht kennen." Begr. S. 20.

b) „Aus dem § 26 der Gesindeordnung für die Rheinprovinz bleibt neben dem § 617 des BGB. die Vorschrift bestehen, daß im Falle einer vom Dienstboten nicht verschuldeten Erkrankung die Kosten der Verpflegung für die Dauer von vier Wochen oder, falls das Dienstverhältniß früher endigt, bis zur Beendigung desselben nicht vom Lohne abgezogen werden können." Begr. S. 20.

c) Von den Hannoverschen Dienstbotenordnungen ist nur diejenige für Ostfriesland dem Gesinde günstiger als das Reichsrecht. Sie verpflichtet im § 36 Abs. 2 die Dienstherrschaft bei einer von ihm nicht verschuldeten Erkrankung, die sich der Dienstbote „durch sorgfältige Ausführung eines ihm von der Dienstherrschaft aufgetragenen Dienstes" zuzieht, zur Bezahlung der dadurch erwachsenen Kurkosten längstens für die Dauer von sechs Wochen, ohne Anrechnung der Kosten auf den Lohn zu gestatten. Begr. S. 20.

d) „Ebenso verpflichtet der § 12 Nr. 3 der Nassauischen Verordnung die Dienstherrschaft ohne Zulassung eines Lohnabzugs zur unentgeltlichen Krankenpflege, insofern das Gesinde ohne sein Verschulden im Dienste von einer Krankheit befallen worden ist, bis zur Dauer von sechs Wochen oder bis zum vorher eintretenden Ende der Dienstzeit; nach dieser Verordnung schließt andererseits jedes Verschulden des Dienstboten einen Anspruch desselben aus, während der § 617 des Bürgerlichen Gesetzbuchs ihm im Falle einfacher Fahrlässigkeit einen Anspruch gewährt, mithin für diesen Fall auch im Geltungsgebiete der gedachten Verordnung Anwendung findet." Begr. S. 20.

Der Dienstberechtigte kann seine Entschädigungsansprüche wegen

---

e) „Die Hohenzollern'schen Dienstbotenverordnungen schließen bei Krankheitsfällen, die nicht über acht Tage dauern und nicht durch grobes Verschulden der Dienstboten herbeigeführt worden sind, die Anrechnung der von der Dienstherrschaft zu tragenden Kosten der Verpflegung und Verköstigung auf den Lohn aus (Sigmaringen § 46, Hechingen § 49)", Begr. S. 21, und bleiben daher insoweit in Kraft.

Dem Gesinde nicht günstiger als der § 617 BGB. und somit durch diesen beseitigt sind die Dienstbotenordnungen für Osnabrück Art. 43—45; Bremen-Verden §§ 49—52; Hannover usw. §§ 57—60. „Das Gleiche gilt vom § 14 der Frankfurter Gesindeordnung, sowie von den für Schleswig-Holstein hier maßgebenden §§ 77 f. der Armenordnung v. 29. Dezember 1841 (Chronol. Samml. S. 293)". Begr. S. 20 f.

5. Die Bestimmungen über die Ersatzpflicht im Falle eines Verschuldens der Dienstherrschaft — Ges. O. für die Rheinprovinz Art. 41, 42, Bremen-Verden § 43, Hannover § 36, Ostfriesland § 33, Abs. 1, Sigmaringen §§ 47, 48, Hechingen §§ 50, 51 — sowie diejenigen, welche der Dienstherrschaft eine Rücksichtnahme auf die Gesundheit der Dienstboten zur Pflicht machen — Ges. O. v. 1810 § 85, für Neuvorpommern § 78, Cassel u. s. w. § 20, die Kurhessischen Landstädte usw. § 20, Fulda § 18, Sigmaringen § 37, Hechingen § 40, Lauenburg Nr. 22 — sind durch den § 618 des BGB. ersetzt (Art. 95 EG.). Begr. S. 21.

6. Durch den § 624 BGB. (EG. Art. 95), welcher lautet:

> Ist das Dienstverhältniss für die Lebenszeit einer Person oder für längere Zeit als fünf Jahre eingegangen, so kann es von dem Verpflichteten nach dem Ablaufe von 5 Jahren gekündigt werden. Die Kündigungsfrist beträgt sechs Monate.

werden die bisherigen Vorschriften beseitigt, soweit sie eine längere Bindung des Gesindes zulassen — Ges. O. v. 1810 § 40, für Neuvorpommern § 34, Sigmaringen § 11, Hechingen § 14 — oder die zulässige Dauer der Bindung noch enger begrenzen (Ges. O. für die Rheinprovinz § 13). Begr. S. 21.

7. Ueber die Verantwortlichkeit der Dienstherrschaft für den von dem Gesinde einem Dritten widerrechtlich zugefügten Schaden ist durch die Einführung der §§ 831 und 840 Abs. 2 des BGB. (Art. 95 EG.), soweit deren Bestimmungen reichen, einheitliches Recht geschaffen. Im Uebrigen könnte zweifelhaft sein, ob nicht kraft des allgemeinen Vorbehalts bezüglich des Gesinderechts die bestehenden Vorschriften, nach welchen die Dienstherrschaft noch in weiterem Umfange haftet, in Geltung bleiben. Zur Beseitigung dieser Zweifel sind die betreffenden Vorschriften der Gesindeordnungen und des ALR. durch Art. 14 § 1 Abs. 2 und Art. 89 Nr. 1 (siehe Anm. zu Art. 14 § 1 Abs. 2) außer Kraft gesetzt.

8. Ein Züchtigungsrecht steht dem Dienstberechtigten dem Gesinde gegenüber nicht zu (Art. 95 Abs. 3 EG. z. BGB.).

IV. Neben den reichsgesetzlichen Aenderungen des Gesinderechts sind im Art. 14 dieses Gesetzes einige landesrechtliche Aenderungen getroffen. Von

Verletzung der dem Gesinde aus dem Dienstverhältniß obliegenden Verpflichtungen gegen dessen Lohnforderung aufrechnen.

Ein Wohnsitz wird durch das Gesindeverhältniß nicht begründet.

---

einer allgemeinen Revision des landesgesetzlichen Gesinderechts ist dagegen, theils wegen der Mannigfaltigkeit der dabei zu berücksichtigenden Verhältnisse der einzelnen Landestheile, theils wegen der Kürze der bis zum Inkrafttreten des BGB. übrigen Zeit Abstand genommen worden. Begr. S. 18. Komm. Ber. S. 12.

Nach Art. 114, 117 des Preuß. Ges. über die freiw. Gerichtsb. sind in den im Art. 111 daselbst bezeichneten Gebietstheilen der Provinz Hessen-Nassau und in den Hohenzollernschen Landen, mit Ausnahme der Amtsgerichtsorte, die Ortsbehörden zur Beurkundung von Gesindedienstverträgen für zuständig erklärt. Dieselbe Zuständigkeit haben die in den genannten Landestheilen in den vormals Kurhessischen Theilen des Oberlandesgerichtsbezirks Frankfurt und im Bezirke des vormaligen Justizsenats Ehrenbreitstein zu errichtenden Ortsgerichte (Art. 122, 123 a. a. O. Vergl. Abs. 5 der Anm. zu Art. 12, oben S. 32.

§ 1.

1. Der im **Abs. 1** angeführte § 616 des BGB. bestimmt:

Der zur Dienstleistung Verpflichtete wird des Anspruchs auf die Vergütung nicht dadurch verlustig, dass er für eine verhältnissmässig nicht erhebliche Zeit durch einen in seiner Person liegenden Grund ohne sein Verschulden an der Dienstleistung verhindert wird. Er muss sich jedoch den Betrag anrechnen lassen, welcher ihm für die Zeit der Verhinderung aus einer auf Grund gesetzlicher Verpflichtung bestehenden Kranken- oder Unfallversicherung zukommt.

Hierdurch wird insbesondere der § 29 Satz 2 der Schleswig-Holsteinischen Gesindeordnung v. 25. Februar 1840, nach welchem die Herrschaft mangels anderweiter Verabredung im Falle der Einberufung des Dienstboten „zu den jährlichen Waffenübungen" zu einer verhältnißmäßigen Kürzung des Lohnes berechtigt ist, ersetzt. Begr. S. 22.

2. Vorschriften der im § 1 **Abs. 2** gedachten Art enthalten die im § 98 der Gesindeordnung v. 8. November 1810 in Bezug genommenen Bestimmungen des ALR, I §§ 61—63, 67, 68, sowie die Hohenzollernschen Dienstbotenordnungen (Sigmaringen § 52, Hechingen § 55). Diesen Vorschriften liegt die Auffassung zu Grunde, daß der Dienstherrschaft eine Aufsicht über das Gesinde auch zu dem Zwecke obliege, um Beschädigungen Dritter zu verhüten. Dieser Standpunkt ist aber von der Kommission für die 2. Lesung des Entw. eines BGB. verworfen worden (Prot. Bd. 2 S. 594, 595); der Abs. 2 hebt daher die gedachten Vorschriften, soweit sie in den Gesindeordnungen enthalten sind, auf, während die Aufhebung der Vorschriften des ALR. im Art. 89 unter Nr. 1b erfolgt. Begr. S. 21 f.

Nicht berührt werden von der Aufhebung diejenigen eine erweiterte Haftung der Dienstherrschaft vorsehenden Bestimmungen, welche sich in vorbehaltenen besonderen Landesgesetzen befinden, wie namentlich die §§ 11, 12 des Gesetzes betr. den Forstdiebstahl v. 15. April 1878 (GS. S. 222) und § 5 des Feld- und Forstpolizeigesetzes v. 1. April 1880 (GS. S. 230). Begr. S. 22.

§ 2. Im Geltungsbereiche der Dänischen Gesindeordnung vom 10. Mai 1854 werden an Stelle der bisherigen Vorschriften über das Gesinderecht die Schleswig-Holsteinische Gesindeordnung vom 25. Februar 1840 (Chronol. Samml. S. 35) sowie die für ihr Geltungsgebiet erlassenen sonstigen Vorschriften des Gesinderechts, soweit sie noch in Kraft sind, mit den sich aus § 1 ergebenden Aenderungen eingeführt.

Ein zur Zeit des Inkrafttretens des Bürgerlichen Gesetzbuchs bestehendes Gesindeverhältniß bestimmt sich, wenn nicht die Kündigung nach dem Inkrafttreten des Bürgerlichen Gesetzbuchs zu dem ersten Termin erfolgt, für den sie nach den bisherigen Gesetzen zulässig ist, von diesem Termin an nach den neuen Vorschriften.

---

3. Zu **Abs. 3.** Nach § 850 Abs. 1 der CPO. in Verbindung mit § 1 des Gesetzes v. 21. Juni 1869, betr. die Beschlagnahme des Arbeits- und Dienstlohnes, kann die Lohnforderung eines Dienstboten nur mit Beschlag belegt werden, nachdem die Leistung der Dienste erfolgt und der Tag, an dem der Lohn zu entrichten war, abgelaufen ist, ohne daß der Dienstbote den Lohn eingefordert hat. Soweit die Beschlagnahme unzulässig ist, schließt künftig der § 394 Satz 1 des BGB. eine Aufrechnung aus. Hiernach wäre die Aufrechnung in denjenigen Rechtsgebieten, in welchen sie nicht durch gesinderechtliche Sondervorschriften zugelassen ist, z. B. in Schleswig-Holstein, in der bezeichneten Weise beschränkt, in den übrigen Gebieten aber nach Maßgabe der Sondervorschriften (Ges. O. v. 1810 § 68, Neuvorpommern und Rügen § 62, Sigmaringen § 36, Hechingen § 39, Nassau § 24) zulässig. Um die hierdurch entstehende Rechtsungleichheit zu beseitigen, ist der Abs. 3 durch die Kommission des AH. eingefügt. Vergl. Komm. Ber. S. 13, Begr. S. 19; stenogr. Berichte des AH. S. 2560 f. Die Vorschrift dient zum Schutze der Dienstherrschaft, für welche die Aufrechnungsbefugniß nicht blos das Mittel, den Ersatz des entstandenen Schadens zu erlangen, sondern auch die Sicherung gegen Schädigungen des Dienstboten durch Pflichtverletzung gewährt.

Die Aufrechnungsbefugniß besteht für alle Entschädigungsansprüche des Dienstberechtigten wegen Verletzung der dem Gesinde aus dem Dienstverhältniß obliegenden Verpflichtungen, auch für die auf leichter Fahrlässigkeit der Dienstboten beruhenden. Seitens des Dienstboten kommt wegen des Erfordernisses der Gleichartigkeit der geschuldeten Gegenstände (§ 387 BGB.) nur die Forderung auf Geldlohn in Betracht.

4. Der **Abs. 4** beseitigt eine für das Gebiet des ALR. bestehende Streitfrage. Begr. S. 22. Der Wohnsitz des Gesindes bestimmt sich nach den allgemeinen Grundsätzen (§§ 7—11 BGB.).

§ 2.

Der § 2 ist von der Kommision des AH. eingefügt. Er soll dem Umsichgreifen der Rechtsunsicherheit in den vielfach zerstreut liegenden Gebieten der dänischen Gesindeordnung, d. i. in den Amtsgerichtsbezirken Rödding, Toftlund, Tondern, Lygumkloster, Wyck, Föhr, Tinnum a. Sylt, vorbeugen. Der Abs. 2 ist dem Art. 171 des EG. z. BGB. nachgebildet. Komm. Ber. S. 14.

§ 3. In denjenigen Theilen des Oberlandesgerichtsbezirkes Cassel, in welchen besondere Vorschriften über das Gesinderecht nicht bestehen, werden die Vorschriften des § 7 der Kurhessischen Verordnung, das Gesindewesen in den Landstädten und auf dem Lande betreffend, vom 18. Mai 1801 (Neue Samml. der Landesordnungen Band IV S. 368) insoweit eingeführt, als sie privatrechtliche Nachtheile an den Vertragsbruch knüpfen.

Unter dem zurückstehenden Lohne im Sinne des § 7 Abs. 5 der Verordnung vom 18. Mai 1801 ist der laufende Dienstlohn, jedoch höchstens der Lohn für ein Vierteljahr zu verstehen.

Leibgedingsvertrag.

Artikel 15.

Steht mit der Ueberlassung eines Grundstücks ein Leibgedingsvertrag (Leibzuchts-, Altentheils-, Auszugs-, Ausgedingevertrag) in

---

§ 3.

Der gleichfalls von der Kommission des AH. zugefügte § 3 bringt dem darin bezeichneten Gebiete den im eingeführten § 7 bestimmten Schutz gegen Vertragsbruch. Der § 7 a. a. O. schützt die Dienstherrschaft, indem sie dem vertragsbrüchigen Dienstboten gegenüber den rückständigen Lohn für verfallen erklärt, den Dienstboten, indem sie ihm im Falle unrechtmäßiger Dienstentlassung außer dem Lohnrückstand noch einen weiteren Quartalslohn zuspricht.

In der Kommission des AH. herrschte Einverständniß darüber, daß die im Abs. 2 gegebene Deklarirung des § 7 Abs. 5 a. a. O. „auch auf die gleichlautende Bestimmung in den Kurhess. Gesindeordnungen v. 15. Mai 1797 und v. 28. Dezember 1816 zu übertragen sein werde, und daß der rückständige Lohn nur der laufende Vierteljahrslohn sei." Komm. Ber. S. 16.

Leibgedingsvertrag.

Artikel 15.

1. Der Art. 96 des EG. z. BGB. bestimmt:

Unberührt bleiben die landesgesetzlichen Vorschriften über einen mit der Ueberlassung eines Grundstücks in Verbindung stehenden Leibgedings-, Leibzuchts-, Altentheils- oder Auszugsvertrag, soweit sie das sich aus dem Vertrag ergebende Schuldverhältniss für den Fall regeln, dass nicht besondere Vereinbarungen getroffen werden.

2. Die Einrichtung des Leibgedingsvertrages hat sich unter verschiedenartigen Benennungen in den einzelnen Landestheilen verschieden entwickelt. Größtentheils fehlt es an geschriebenem Recht. Das ALR. I 11 §§ 602, 605 bestimmt zwar den Begriff des Auszugs oder Altentheils als einer Versorgung des vorigen Besitzers auf Lebenszeit, verweist aber im Uebrigen auf die Provinzialgesetze, und diese enthalten nähere Vorschriften über den Leibgedingsvertrag nicht. Eine größere Anzahl solcher Vorschriften besteht dagegen namentlich im Bezirke des Oberlandesgerichts Frankfurt a. M. Im Art. 89 unter

Verbindung, so gelten für das sich aus dem Vertrag ergebende Schuldverhältniß, soweit nicht abweichende Vereinbarungen getroffen sind, folgende Vorschriften:

§ 1. Der Erwerber des Grundstücks ist verpflichtet, dem Berechtigten an dem Grundstück eine den übernommenen wiederkehrenden

---

Nr. 5 werden indessen alle bisherigen Gesetze über das Schuldverhältniß aus einem mit der Ueberlassung eines Grundstücks verbundenen Leibgedingsvertrag aufgehoben.

3. Der Art. 15 dieses Gesetzes unterwirft das Leibgedingsverhältniß keiner erschöpfenden Regelung. Der Gesetzgeber hat insbesondere von der Aufstellung umfassender Auslegungsvorschriften abgesehen, „weil die Auslegung gerade des Leibgedingsvertrags vielfach von den Anschauungen, Sitten und Gebräuchen der Bevölkerung und den Umständen des einzelnen Falles abhängt" (Begr. S. 23). Der Art. bezweckt vielmehr lediglich, einige „unausgetragene Streitfragen zu beseitigen und zu verhindern, daß nicht durch Anwendung von Vorschriften des BGB., die für das Rechtsverhältniß zwischen dem Gutserwerber und dem Leibgedingsberechtigten nicht passen, Rechtsunsicherheit und Verwirrung entstehen" (Begr. S. 23).

4. Die Vorschriften des Art. 15 beziehen sich nur auf solche Verträge, welche in Verbindung mit der Ueberlassung eines Grundstückes stehen; nur auf solche erstreckt sich der Vorbehalt des Art. 96 des EG. z. BGB. Fehlt jenes Erforderniß, so handelt es sich um einen nach den allgemeinen Normen des BGB. zu beurtheilenden Versorgungsvertrag, sollte auch dem Versorgungsberechtigten mit einem Grundstücke in der einen oder anderen Art Sicherheit zu bestellen versprochen oder Sicherheit bestellt sein. Vergl. Motive zu Art. 96 a. a. O.

5. Der Ausdruck „Grundstück" ist im Art. 15 in demselben Sinne gebraucht, wie im Art. 96 a. a. O. Er bedeutet darnach nicht die Katastereinheit, sondern den ganzen im Wege des Leibgedingsvertrages abgetretenen Grundbesitz, mag er auch aus einer ganzen Anzahl rechtlich gesonderter Grundstücke bestehen. Im gleichen Sinne ist auch der Ausdruck „Theil eines Grundstücks" in den §§ 1, 4 zu verstehen. Vergl. Begr. zu § 35 des Sachsen-Weimarischen Entwurfs eines AG. z. BGB.

6. Entsprechend dem reichsrechtlichen Vorbehalte finden die Vorschriften des Art. 15 nur Anwendung, soweit nicht abweichende Vereinbarungen getroffen sind. Solche können insbesondere aus den ortsüblichen Sitten und Gebräuchen, aus den Anschauungen der Bevölkerung oder aus den Umständen des Einzelfalles zu entnehmen sein.

§ 1.

1. Der Leibgedingsvertrag als solcher begründet nach dem BGB. kein dingliches Recht. Die Dinglichkeit der Leibzuchtrechte entspricht aber der allgemeinen Rechtsanschauung und ist zur Sicherung des Leibgedingsberechtigten wünschenswerth. Der § 1 legt daher, soweit nicht abweichende Vereinbarungen getroffen sind, dem Erwerber des Grundstücks die obligatorische Verpflichtung auf, dem Berechtigten ein dingliches Recht auf die im Ver-

Leistungen entsprechende Reallast und, wenn dem Berechtigten das Recht eingeräumt ist, ein auf dem Grundstücke befindliches Gebäude oder einen Theil eines solchen Gebäudes zu bewohnen oder mit zu bewohnen oder einen Theil des Grundstücks in sonstiger Weise zu benutzen, eine entsprechende persönliche Dienstbarkeit, mit dem Range unmittelbar hinter den zur Zeit der Ueberlassung bestehenden Belastungen zu bestellen.

---

trage vereinbarten Leistungen und Vortheile zu bestellen. Das dingliche Recht charakterisirt sich nach den Begriffsbestimmungen des BGB. je nach der Beschaffenheit der Leistung oder der dem Berechtigten zugestandenen Befugnisse als Reallast (§ 1105 ff. BGB.) oder als persönliche Dienstbarkeit, namentlich als Nießbrauch oder als Wohnungsrecht (§§ 1030 ff., §§ 1090 ff. BGB.). Die Bestellung muß „an dem Grundstück" erfolgen; über den Begriff des „Grundstücks" siehe die Anm. 5 zu Art. 15. Sie muß ferner „mit dem beim Abschlusse des Vertrages möglichen Range" (Begr. S. 23), nämlich „mit dem Range unmittelbar hinter den zur Zeit der Ueberlassung bestehenden Belastungen" (Art. 15 § 1) erfolgen. Versäumt der Verpflichtete die rechtzeitige Eintragung in Folge eines Umstandes, den er zu vertreten hat, so hat er dem Berechtigten den Schaden zu ersetzen.

Ueber die bisherige Art der dinglichen Sicherung des Auszüglers im linksrheinischen Theile der Rheinprovinz vergl. die Anm. 2 zu Art. 30.

2. Für die Bestellung des dinglichen Rechts ist die Vorschrift des § 873 des BGB. maßgebend. Darnach ist die Einigung der Betheiligten über den Eintritt der Belastung und die Eintragung im Grundbuch erforderlich. Die Einigung ist zwar mit dem Leibgedingsvertrage nicht zu verwechseln, wird aber häufig mit ihm zusammentreffen; sie kann indessen auch nachher und nach der Eintragung erfolgen; vor der Eintragung sind die Betheiligten — unbeschadet der Verpflichtung aus dem Leibgedingsvertrage — an die Einigung nur gebunden, wenn die Erklärungen gerichtlich oder notariell beurkundet oder vor dem Grundbuchamte abgegeben oder bei diesem eingereicht sind, oder wenn der Berechtigte dem anderen Theile eine den Vorschriften der Grundbuchordnung entsprechende Eintragungsbewilligung ausgehändigt hat. Abgesehen hiervon bedarf sie keiner Form. Bei der Eintragung kann sowohl zur Bezeichnung der einzelnen Rechte (Reallast, Nießbrauch, Wohnungsrecht, andere beschränkte persönliche Dienstbarkeiten) als auch des Inhaltes dieser Rechte auf die Eintragungsbewilligung Bezug genommen werden. Reichsgrundbuchordnung § 50, BGB. § 874.

Wird das Grundstück, auf welchem das Leibgeding eingetragen ist, zwangsweise versteigert, so bleibt die Reallast oder die Dienstbarkeit auch dann bestehen, wenn sie bei der Feststellung des geringsten Gebots nicht berücksichtigt ist. Das Erlöschen ist jedoch auf Verlangen eines Betheiligten als Versteigerungsbedingung zu bestimmen, wenn durch das Fortbestehen ein dem Rechte vorgehendes oder gleichstehendes Recht des Betheiligten beeinträchtigt werden würde; die Zustimmung eines anderen Betheiligten ist nicht erforderlich. EG. z. RGes. über die Zwangsversteigerung und die Zwangsverwaltung v. 24. März 1897 § 9, preuß. AG. zu demselben Gesetze Art. 6, Abs. 2.

§ 2. Auf das Schuldverhältniß finden die Vorschriften der §§ 759, 760 des Bürgerlichen Gesetzbuchs über die Leibrente Anwendung.

§ 3. Hat der Verpflichtete dem Berechtigten Erzeugnisse solcher Gattung zu leisten, wie sie auf dem überlassenen Grundstücke gewonnen werden, so kann der Berechtigte nur Erzeugnisse von der mittleren Art und Güte derjenigen verlangen, welche auf dem Grundstücke bei ordnungsmäßiger Bewirthschaftung gewonnen werden.

---

§ 2.

1. Die §§ 759, 760 BGB. lauten:

§ 759. Wer zur Gewährung einer Leibrente verpflichtet ist, hat die Rente im Zweifel für die Lebensdauer des Gläubigers zu entrichten.

Der für die Rente bestimmte Betrag ist im Zweifel der Jahresbetrag der Rente.

§ 760. Die Leibrente ist im voraus zu entrichten.

Eine Geldrente ist für drei Monate vorauszuzahlen; bei einer anderen Rente bestimmt sich der Zeitabschnitt, für den sie im voraus zu entrichten ist, nach der Beschaffenheit und dem Zwecke der Rente.

Hat der Gläubiger den Beginn des Zeitabschnitts erlebt, für den die Rente im voraus zu entrichten ist, so gebührt ihm der volle auf den Zeitabschnitt entfallende Betrag.

2. Soweit im vorliegenden Artikel oder im Vertrage nichts Anderes bestimmt ist, finden auch die allgemeinen Bestimmungen des BGB. auf den Leibgedingsvertrag Anwendung. Insbesondere ist hiernach der § 242 daselbst anwendbar, wonach der Schuldner die Leistung so zu bewirken hat, wie Treu und Glauben mit Rücksicht auf die Verkehrssitte es erfordern. An welchem Orte die Leistungen zu erfolgen haben, bestimmt sich, wenn es an einer Vereinbarung darüber fehlt, in erster Linie nach den Umständen des Falles; ist auch aus diesen nichts zu entnehmen, so haben die Leistungen an dem Orte zu erfolgen, an welchem der Schuldner zur Zeit der Entstehung des Schuldverhältnisses seinen Wohnsitz hatte. Geld hat der Schuldner im Zweifel auf seine Gefahr und seine Kosten dem Gläubiger an dessen Wohnsitz zu übermitteln; erhöhen sich jedoch in Folge einer nach der Entstehung des Schuldverhältnisses eintretenden Aenderung des Wohnsitzes des Berechtigten die Kosten oder die Gefahr der Uebermittelung, so hat der Gläubiger im ersteren Falle die Mehrkosten, im letzteren Falle die Gefahr zu tragen (§§ 269, 270 BGB). Vergl. Begr. S. 25.

3. Der Leibgedingsvertrag bedarf keiner Form. Der § 761 des BGB., welcher für das Leibrentenversprechen die schriftliche Form vorsieht, ist nicht für anwendbar erklärt.

§ 3.

Ohne die Vorschrift des § 3 würde, wie die Begründung S. 23 ausführt, der zur Leistung von Gutserzeugnissen Verpflichtete nach § 243 Abs. 1 BGB. Marktwaare mittlerer Art und Güte auch dann zu liefern haben, wenn Erzeugnisse der zu leistenden Gattung auf dem überlassenen Grundstücke angebaut werden, die dort gewonnenen Erzeugnisse aber nicht jene Eigenschaft besitzen.

§ 4. Lasten, die auf einen dem Berechtigten zur Benutzung überlassenen Theil des Grundstücks entfallen, hat der Verpflichtete zu tragen.

§ 5. Ist dem Berechtigten eine abgesonderte Wohnung zu gewähren, so hat der Verpflichtete sie ihm in einem zu dem vertragsmäßigen Gebrauche geeigneten Zustande zu überlassen und während der Dauer seiner Verpflichtung in diesem Zustande zu erhalten.

Wird das Gebäude durch Zufall zerstört, so hat der Verpflichtete die Wohnung in einer nach den Umständen der Billigkeit entsprechenden Zeit und Weise wiederherzustellen und bis zur Wiederherstellung dem Berechtigten eine angemessene andere Wohnung zu beschaffen.

Dies kann aber als der Absicht der Vertragschließenden entsprechend nicht angesehen werden; vielmehr wird diese in der Regel dahingehen, daß die Lieferung aus den Erzeugnissen des überlassenen Grundstücks bewirkt werden soll. Deshalb ist der § 3 aufgenommen, durch welchen die Anwendung des § 243 Abs. 1 BGB. ausgeschlossen wird.

Zu den Erzeugnissen, wie sie auf dem Grundstücke gewonnen werden, gehört auch das Vieh, welches in den Ställen des Grundstücks gezogen wird. (Begr. zu Art. 41 des Großherzogl. Hessischen Entw. eines AG. z. BGB.).

§ 4.

Der § 4 soll die mit Rücksicht auf § 1047 BGB. naheliegende Annahme ausschließen, daß der Leibgedingsberechtigte, dem ein Gebrauchs- oder Nutzungsrecht an einem Theile des Grundstücks — auch einem Gebäude — eingeräumt ist, zu den Lasten des Grundstücks beizutragen habe. Begr. S. 24.

§ 5.

1. Der § 5 **Abs. 1** soll der aus § 1093 BGB. etwa herzuleitenden Folgerung vorbeugen, daß dem Berechtigten die gewöhnliche Ausbesserung seiner Wohnung obliege; dies würde der Natur des Verhältnisses nicht entsprechen. Begr. S. 24.

Eine Wohnung ist „abgesondert", wenn sie der ausschließlichen Benutzung des Berechtigten untersteht. Begr. S. 24, Komm. Ber. S. 17. Diese Eigenschaft wird nicht dadurch ausgeschlossen, daß der Zugang durch einen der Benutzung des Verpflichteten unterliegenden Raum, z. B. durch die Wohnung des Letzteren stattfindet. Komm. Ber. S. 17.

Steht dem Ausgedinger keine abgesonderte Wohnung, sondern nur die Mitbenutzung einer Wohnung zu, so regelt sich das Verhältniß nach § 242 BGB. (s. Anmerkung 2 zu § 2 dieses Artikels). Vergl. Komm. Ber. S. 17.

2. **Zu Abs. 2.** Geht das Gebäude durch Verschulden des Verpflichteten zu Grunde, so kann der Berechtigte nach den allgemeinen Bestimmungen des BGB. Schadenersatz verlangen oder vom Vertrage zurücktreten. Ebenso sind die allgemeinen Bestimmungen des BGB. maßgebend, wenn die Zerstörung durch Verschulden des Berechtigten erfolgt ist. Vergl. die Begr. zum Hess. Entw. Art. 45.

§ 6. Ist dem Berechtigten eine abgesonderte Wohnung zu gewähren, so ist er befugt, seine Familie sowie die zur standesgemäßen Bedienung und zur Pflege erforderlichen Personen in die Wohnung aufzunehmen.

Hat der Verpflichtete dem Berechtigten die Mitbenutzung seiner Wohnung zu gestatten, so erstreckt sich die Befugniß des Berechtigten

---

Beruht die Zerstörung auf einem Zufall, so kann nach § 5 Abs. 2, dessen Norm mit der bisherigen Rechtsprechung und dem Sächsischen Gesetzbuch im Wesentlichen übereinstimmt (Begr. S. 24), der Leibgedingsnehmer die Wiederherstellung der früheren Wohnung und bis dahin eine andere angemessene Wohnung verlangen. Ueber den Begriff der „angemessenen Wohnung" vergl. Anm. 2a zu § 8, S. 55. Kann indessen das Verlangen des Wiederaufbaus keinen anderen Zweck haben, als dem Verpflichteten Schaden zuzufügen, so kann es nach § 226 BGB. als Chikane zurückgewiesen werden. Dies kann namentlich dann zutreffen, wenn sich der Verpflichtete zur dauernden Ueberlassung einer anderen angemessenen Wohnung erbietet. Im Uebrigen darf der Verpflichtete bei Zerstörung durch Zufall nicht schlechter gestellt sein, als bei Zerstörung durch sein eigenes Verschulden; er darf daher den Berechtigten nach § 251 Abs. 2 BGB. in Geld entschädigen, wenn die Herstellung nur mit unverhältnißmäßigen Aufwendungen möglich ist.

§ 6.

1. Die dem Berechtigten im § 6 **Abs. 1** gewährte Befugniß entspricht der für das Wohnungsrecht geltenden Vorschrift des § 1093 Abs. 2 BGB. Sie setzt voraus — vergl. jedoch Anm. 2 —, daß dem Berechtigten eine „abgesonderte Wohnung" zu gewähren ist. Ueber den Begriff der Letzteren siehe die Anm. 1 Abs. 2 zu § 5.

Der Begriff der Familie bestimmt sich nach der Auffassung des gewöhnlichen Lebens. Soweit nach dieser das Zusammenleben und Zusammenwohnen des Berechtigten mit Gliedern seiner Familie als das Normale erscheint, ist die Aufnahme der fraglichen Personen zum Mitbewohnen gestattet. Vergl. Motive z. BGB. Bd. III S. 571. Innerhalb dieser Grenzen erstreckt sich die Befugniß zur Aufnahme der Familie auch auf solche Personen, die erst nach der Schließung des Leibgedingsvertrags geboren werden — auch auf uneheliche Kinder einer Frauensperson —, oder die erst nach diesem Zeitpunkte durch Eheschließung, Ehelichkeitserklärung oder Annahme an Kindesstatt Familienangehörige geworden sind, und selbst auf Kinder, die aus dem Hausstande des Berechtigten ausgeschieden waren (vergl. Abs. 2). Auch Besuch darf der Berechtigte aufnehmen, soweit dies den Anschauungen des gewöhnlichen Lebens entspricht (§ 242 BGB.); vergl. Biermann, Kommentar zum BGB., Anm. 1 zu § 1093.

Sittlich anstößige Personen zur Bedienung zuzulassen ist der Verpflichtete mit Rücksicht auf § 242 BGB. nicht gezwungen. Komm. Ber. S. 17. Das Nämliche gilt für sittlich anstößigen Besuch.

2. Aus **Abs. 2** ist zunächst zu folgern, daß dem Berechtigten die im Abs. 1, bestimmte Befugniß grundsätzlich auch dann zusteht, wenn ihm nur die Mitbenutzung der Wohnung des Verpflichteten zu gestatten ist. Nur der Kreis

zur Aufnahme seiner Familie nicht auf Personen, die erst nach der Schließung des Leibgedingsvertrags durch Eheschließung, Ehelichkeitserklärung oder Annahme an Kindesstatt Familienangehörige geworden sind, und nicht auf Kinder, die aus dem Hausstande des Berechtigten ausgeschieden waren.

§ 7. Unterläßt der Verpflichtete die Bewirkung einer vertragsmäßigen Leistung, so steht dem Berechtigten nicht das Recht zu, wegen der Nichterfüllung oder des Verzugs nach § 325 Abs. 2 oder § 326 des Bürgerlichen Gesetzbuchs von dem Vertrage zurückzutreten oder nach § 527 des Bürgerlichen Gesetzbuchs die Herausgabe des Grundstücks zu fordern.

---

der zur Familie zu rechnenden Personen ist mit Rücksicht auf die Natur des Verhältnisses und die in Theorie und Praxis herrschende Auffassung beschränkt (Begr. S. 24). Denn in dem Falle des Abs. 2 ist der Bestand der Familie des Berechtigten zur Zeit des Vertragsabschlusses von so wesentlicher Bedeutung für die Bemessung der gegenseitigen Rechte und Pflichten, daß eine bei dem Vertragsabschlusse nicht in Betracht gezogene nachträgliche Erweiterung der Familie des Berechtigten durch Eheschließung, Ehelichkeitserklärung oder Annahme an Kindesstatt oder die Rückkehr bereits aus dem Hausstande ausgeschiedener Kinder die ganze Grundlage des Vertrages erschüttern würde. (Vergl. Großh. Hessischer Entw. Art. 46 und Begr.). Nicht ebenso zu beurtheilen ist die Aufnahme von nachträglich geboren werdenden unehelichen Kindern; ob sie aufgenommen werden dürfen, entscheidet die Auffassung des gewöhnlichen Lebens, welche in den einzelnen Gegenden, übrigens auch nach den Umständen des Falles, verschieden ist. Die Aufnahme von Besuch wird dem nur zur Mitbenutzung Berechtigten in der Regel nicht zu gestatten sein.

§ 7.

Der Rücktritt vom Vertrag im Falle der Nichterfüllung nach rechtskräftiger Verurtheilung (§ 325 Abs. 2 BGB.) oder im Falle des Verzugs (§ 326 BGB.) würde den Absichten der Vertragschließenden nicht entsprechen, da bei der Ueberlassung eines Grundstücks gegen ein Leibgedinge die Hauptabsicht der Vertragschließenden in der Regel nicht auf das Leibgedinge, sondern auf die Grundstücksüberlassung gerichtet ist, durch welche der Uebernehmer der Regel nach seine wirthschaftliche Selbstständigkeit erlangen soll. Der § 7 schließt daher das Rücktrittsrecht aus. Vergl. Begr. S. 24. Dabei ist es gleichgültig, ob nur eine einzelne Leistung im Rückstande ist, oder ob ein fortwährender Verzug stattfindet. Komm. Ber. S. 17.

Die sonstigen Befugnisse, welche dem Berechtigten in den Fällen der §§ 325 Abs. 2 und 326 außer dem Rücktrittsrechte gewährt sind, insbesondere der Anspruch auf Schadensersatz wegen Nichterfüllung, bleiben unberührt.

Aus demselben Grunde, wie in den vorgedachten Fällen das Rücktrittsrecht, ist auch der Anspruch auf Herausgabe der Schenkung ausgeschlossen, welcher nach § 527 BGB. für den Fall der Nichtvollziehung einer Auflage gegeben ist. Begr. S. 25. Dem Uebergeber bleibt die Klage auf Erfüllung der Auflage nach § 525 BGB.

§ 8. Veranlaßt der Verpflichtete durch sein Verhalten eine solche Störung der persönlichen Beziehungen zu dem Berechtigten, daß diesem nicht zugemuthet werden kann, die Wohnung auf dem Grundstücke zu behalten, so hat er dem Berechtigten, falls dieser die Wohnung aufgiebt, den für die Beschaffung einer anderen angemessenen Wohnung erforderlichen Aufwand sowie den Schaden zu ersetzen, der daraus entsteht, daß dieser andere ihm gebührende Leistungen nicht auf dem Grundstück in Empfang nehmen kann; statt der Leistungen kann der Berechtigte Entschädigung in Geld verlangen.

Für den Fall, daß der Leibgedingsberechtigte mit der Annahme der Leistungen im Verzug ist, gelten die allgemeinen Vorschriften des BGB. über den Verzug des Gläubigers (§§ 293 ff. BGB.).

§ 8.

In den §§ 8 **und** 9 ist Vorsorge dafür getroffen, daß das durch den Leibgedingsvertrag herbeigeführte Zusammenleben nicht mehr länger angängig ist. Der § 8 betrifft den Fall, daß die Störung durch den Verpflichteten veranlaßt ist.

1. Voraussetzung des im § 8 gegebenen Anspruches ist

a) daß der Verpflichtete durch sein Verhalten eine solche Störung der persönlichen Beziehungen zu dem Berechtigten veranlaßt, daß diesem nicht zugemuthet werden kann, die Wohnung auf dem Grundstücke zu behalten. Es ist ein schuldhaftes Verhalten des Verpflichteten vorausgesetzt (vergl. § 9 Abs. 3, Begr. zu § 8 und § 9 Abs. 2). Wird die Störung durch Schuld von Familienangehörigen des Verpflichteten oder durch Dritte verursacht, ohne daß dem Verpflichteten eigenes Verschulden, insbesondere pflichtwidriger Nichtgebrauch seiner hausherrlichen Gewalt zur Last fällt, so ist der § 9 Abs. 3 anwendbar. Vergl. Komm. Pr. IV S. 4; Begr. zum Großherzogl. Hessischen Entwurf S. 50.

b) daß der Berechtigte die Wohnung aufgiebt; bleibt er darin, so steht ihm der Anspruch aus § 8 nicht zu.

2. Der Anspruch geht

a) auf Ersatz des Aufwandes, welcher zur Beschaffung einer anderen angemessenen Wohnung erforderlich ist. Ein Zweifel über das Wort „angemessen" wurde in der Kommission des AH. dahin widerlegt, daß darunter „entsprechend dem Werthe der aufgegebenen Wohnung" zu verstehen sei (Komm. Pr. IV S. 5); der Werth allein kann aber nicht entscheiden; vielmehr ist zu berücksichtigen, daß die andere Wohnung den gleichen Zwecken dienen muß, wie die aufgegebene; sie muß daher vor allem von gleicher Art und Beschaffenheit sein, wie die frühere. Vergl. Begr. zum Großh. Hessischen Entw. S. 42.

b) auf Ersatz des Schadens, der daraus entsteht, daß der Berechtigte andere ihm gebührende Leistungen nicht auf dem Grundstück in Empfang nehmen kann. Der Schaden ist nach § 249 f. des BGB. in Natur zu ersetzen; insbesondere hat der Berechtigte das Recht, die Leistungen in Natur in seiner neuen Wohnung zu fordern, und ist nicht zur Abholung verpflichtet; dies gilt auch dann, wenn der Berechtigte, weil er am bisherigen Wohnort eine angemessene Wohnung nicht finden kann, in einem Nachbarort wohnt (Komm. Ber. S. 17). Nur wenn die Naturallieferung mit unverhältnißmäßigen Aufwendungen verknüpft ist, kann der Verpflichtete den Berechtigten in Geld ent-

§ 9. Veranlaßt der Berechtigte durch sein Verhalten eine solche Störung der persönlichen Beziehungen zu dem Verpflichteten, daß diesem nicht zugemuthet werden kann, ihm das fernere Wohnen auf dem Grundstücke zu gestatten, so kann ihm der Verpflichtete die Wohnung unter Gewährung einer angemessenen Räumungsfrist kündigen.

Macht der Verpflichtete von dieser Befugniß Gebrauch, so hat er dem Berechtigten eine Geldrente zu gewähren, die nach billigem Ermessen dem Werthe der Vortheile entspricht, welche er durch die Befreiung von der Pflicht zur Gewährung der Wohnung und zu Dienstleistungen erlangt.

Die Vorschrift des Abs. 2 findet auch Anwendung, wenn der Berechtigte durch andere Umstände als durch das Verhalten des Verpflichteten ohne eigenes Verschulden genöthigt ist, das Grundstück dauernd zu verlassen.

§ 10. Ist ein Leibgedinge für mehrere Berechtigte, insbesondere für Ehegatten, vereinbart, so wird der Verpflichtete durch den Tod

---

schädigen (§ 1 Abs. 2 BGB.). Nach dem Schlußsatze des § 8, welcher von der Kommission des AH. als eine Konsequenz des § 9 hinzugefügt ist, kann der Berechtigte, in Abweichung von den Vorschriften des BGB., in allen Fällen anstatt der Naturalleistungen Geldentschädigung verlangen. Vergl. Komm. Ber. S. 18.

§ 9.

1. Der § 9 räumt im Abs. 1 dem Verpflichteten ein Kündigungsrecht ein, falls die Störung durch schuldhaftes Verhalten des Berechtigten veranlaßt ist; der Abs. 2 beugt für diesen Fall einer ungerechtfertigten Bereicherung des Verpflichteten vor (Komm. Ber. S. 18).

2. Liegt, was die Regel bilden wird, beiderseitiges Verschulden vor, so ist der § 254 BGB. maßgebend, wonach die Ersatzpflicht und der Umfang der Ersatzleistung von den Umständen, insbesondere dem Ueberwiegen des Verschuldens abhängt. Vergl. Begr. zum Bayerischen Gesetzentwurf S. 32.

3. Ist der Berechtigte durch andere Umstände, als durch das Verhalten des Verpflichteten, z. B. durch Krankheit, durch Zanksucht seiner Familienangehörigen, ohne eigenes Verschulden genöthigt, das Grundstück dauernd zu verlassen, so soll er nicht schlechter stehen, als wenn er das Grundstück wegen eigenen Verschuldens räumen muß; der Abs. 3 giebt ihm daher den im Abs. 2 bestimmten Anspruch auf eine Geldrente auch für diesen Fall. Begr. S. 25.

4. Andere Bundesstaaten, z. B. Bayern, AG. z. BGB. Art. 46, Hessen, Art. 59, gewähren dem Berechtigten mit gewissen Beschränkungen einen Anspruch auf Schadensersatz oder auf eine Geldrente auch im Falle der Veräußerung des mit dem Leibgedinge belasteten Grundstückes; die Begr. des Preuß. Gesetzentw. S. 25 lehnt dagegen eine gleiche Regelung ab; es bleibt daher lediglich den Vertragschließenden überlassen, entsprechende Vorkehrungen im Vertrage zu treffen.

§ 10.

Leistungen, welche für einen einheitlichen, ungetheilt zu deckenden Bedarf bestimmt sind, wie Beleuchtung, Feuerung, sind auch nach dem Tode ungetheilt zu entrichten. Vergl. Begr. S. 25.

eines der Berechtigten zu dem Kopftheile des Verstorbenen von seiner Verpflichtung frei, soweit die geschuldeten Leistungen zum Zwecke des Gebrauchs oder Verbrauchs unter den Berechtigten getheilt werden mußten.

Staatsschuldbuch.

Artikel 16.

Das Gesetz, betreffend das Staatsschuldbuch, vom 20. Juli 1883 (Gesetz-Samml. S. 120) wird dahin geändert:

I. Der § 9 erhält folgende Fassung:

Eine Ehefrau wird, unbeschadet der Vorschriften des Artikel 97 Abs. 2 des Einführungsgesetzes zum Bürgerlichen Gesetzbuche, zu Anträgen ohne Zustimmung des Ehemannes zugelassen.

Durch die Vorschrift des § 10 ist eine bisherige Streitfrage im Sinne der Rechtsprechung des Obertribunals entschieden. Die Entscheidung wird zwar, wie die Begründung S. 25 hervorhebt, „nicht in allen Fällen mit dem Willen der Vertragschließenden übereinstimmen; da es sich jedoch um eine dispositive Vorschrift handelt, so erscheint sie schon dann gerechtfertigt, wenn sie in der überwiegenden Zahl von Fällen zutrifft. Gegenüber der bestimmten Norm des Gesetzes werden die Vertragschließenden nicht leicht versäumen, ihren etwa davon abweichenden Willen im Vertrage zum Ausdrucke zu bringen".

Staatsschuldbuch.

Artikel 16.

1. Der Art. 97 des EG. z. BGB. bestimmt:

Unberührt bleiben die landesgesetzlichen Vorschriften, welche die Eintragung von Gläubigern des Bundesstaats in ein Staatsschuldbuch und die aus der Eintragung sich ergebenden Rechtsverhältnisse, insbesondere die Uebertragung und Belastung einer Buchforderung, regeln.

Soweit nach diesen Vorschriften eine Ehefrau berechtigt ist, selbständig Anträge zu stellen, ist dieses Recht ausgeschlossen, wenn ein Vermerk zu Gunsten des Ehemanns im Schuldbuch eingetragen ist. Ein solcher Vermerk ist einzutragen, wenn die Ehefrau oder mit ihrer Zustimmung der Ehemann die Eintragung beantragt. Die Ehefrau ist dem Ehemanne gegenüber zur Ertheilung der Zustimmung verpflichtet, wenn sie nach dem unter ihnen bestehenden Güterstand über die Buchforderung nur mit Zustimmung des Ehemanns verfügen kann.

Demzufolge ist das Gesetz, betreffend das Staatsschuldbuch, v. 20. Juli 1883 (GS. S. 120) im Allgemeinen aufrecht erhalten. Soweit jedoch nach diesem Gesetze auf das allgemeine bürgerliche Recht zurückzugreifen ist, sind künftig die entsprechenden Vorschriften des BGB. maßgebend (Art. 4 des EG.). Daraus folgt insbesondere, daß zu den Rechtsnachfolgern von Todeswegen im Sinne des § 2 Abs. 4, § 12 Abs. 1 die Vermächtnißnehmer nicht

II. Der § 12 Abs. 2 erhält folgende Fassung:
Zur Ausstellung dieser Bescheinigungen ist das Nachlaßgericht und, falls der Erblasser zur Zeit des Erbfalls im Inlande weder Wohnsitz noch Aufenthalt hatte, auch derjenige Konsul des Reichs zuständig, in dessen Amtsbezirke der Erblasser zur Zeit des Erbfalls seinen Wohnsitz oder seinen gewöhnlichen Aufenthalt hatte, sofern dem Konsul von dem Reichskanzler die Ermächtigung zur Ausstellung solcher Bescheinigungen ertheilt ist.

III. Der § 24 wird gestrichen.

---

mehr gehören, da das Vermächtniß keine Sondernachfolger in dem vermachten Gegenstand, sondern lediglich einen persönlichen Anspruch gegen den Beschwerten auf Leistung des Gegenstandes begründet (BGB. § 2174). Begr. S. 26.

Aus demselben Grunde ist die bisherige Bestimmung des § 9 über das Antragsrecht einer unter väterlicher Gewalt stehenden großjährigen Person durch die reichsgesetzliche Beschränkung der elterlichen Gewalt auf die Zeit der Minderjährigkeit gegenstandslos geworden. Vergl. Begr. S. 26.

2. **Zu I.** Der bisherige § 9 des Gesetzes, welcher lautet:

Ehefrauen und grossjährige Personen unter väterlicher Gewalt werden zu Anträgen ohne Zustimmung des Ehemannes beziehungsweise Vaters zugelassen,

ist bezüglich des Antragsrechts der Ehefrauen durch Art. 97 Abs. 2 des EG. geändert und bezüglich des Antragsrechtes der unter väterlicher Gewalt stehenden großjährigen Personen, wie in der Anm. 1 erwähnt, gegenstandslos geworden. Dem entspricht die neue Fassung. Danach gilt für das Staatsschuldbuch das Gleiche, was im Art. 50 des EG. z. BGB. für das Reichsschuldbuch bestimmt ist, nämlich: eine Ehefrau wird zu Anträgen ohne Zustimmung des Ehemannes zugelassen; sie bedarf jedoch der Zustimmung des Ehemannes, wenn ein Vermerk zu dessen Gunsten im Schuldbuch eingetragen ist. Ein solcher Vermerk ist einzutragen, wenn die Ehefrau oder mit ihrer Zustimmung der Ehemann die Eintragung beantragt. Die Ehefrau ist dem Ehemanne gegenüber zur Ertheilung der Zustimmung verpflichtet, wenn sie nach dem unter ihnen bestehenden Güterstand über die Buchforderung nur mit Zustimmung des Ehemannes verfügen kann.

3. **Zu II.** Der bisherige § 12 des Gesetzes lautet:

Rechtsnachfolger von Todeswegen haben sich, sofern ihre Berechtigung auf der gesetzlichen Erbfolge beruht, durch eine Bescheinigung als Erben, sofern dieselbe auf letztwilliger Verfügung beruht, durch eine Bescheinigung darüber auszuweisen, dass sie über die eingetragene Forderung zu verfügen befugt sind.

Zur Ausstellung der vorgedachten Bescheinigungen ist dasjenige Gericht, bei welchem der Erblasser zur Zeit seines Todes seinen ordentlichen Gerichtsstand hatte, und sofern derselbe im Deutschen Reiche einen solchen nicht hatte, derjenige Konsul des Deutschen Reichs, in dessen Amtsbezirk der Erblasser zur Zeit seines Todes seinen Wohnsitz oder gewöhnlichen Aufenthalt gehabt hat, falls dem Konsul von dem Reichskanzler die Ermächtigung zur Ausstellung

Schuldverschreibungen auf den Inhaber.

Artikel 17.

§ 1. Bei den von dem Staate oder einem Kommunalverband ausgestellten Schuldverschreibungen auf den Inhaber hängt die Gültig-

---

solcher Bescheinigungen ertheilt ist, und, in Ermangelung eines hiernach zuständigen Konsuls, sowie im Falle der Ablehnung des zuständigen deutschen ausserpreussischen Gerichts, das Amtsgericht I in Berlin zuständig.

Die neue Fassung des Abs. 2 stellt die Uebereinstimmung mit den Vorschriften des RGes. über die Angelegenh. der freiw. Gerichtsb. v. 17. Mai 1898 über die Zuständigkeit des Nachlaßgerichtes (§ 73) her, wie dies bezüglich der entsprechenden Bescheinigungen für das Reichsschuldbuch durch § 188 des vorbezeichneten Gesetzes geschehen ist. Begr. S. 26.

Da nach dem BGB. (§§ 2353 ff.) nicht nur dem gesetzlichen, sondern allgemein auch dem durch Verfügung von Todeswegen (Testament oder Erbvertrag) berufenen Erben auf Antrag ein Erbschein zu ertheilen ist, so kann die Bescheinigung, durch welche nach § 12 Abs. 1 des Gesetzes v. 20. Juli 1883 Testamentserben ihre Befugniß zur Verfügung über eine eingetragene Forderung nachweisen müssen, künftig auch in Form eines Erbscheins beigebracht werden. Begr. S. 26. Außerdem kommen künftig für den Nachweis des Verfügungsrechts über Buchforderungen auch die in den §§ 1507 (vergl. dazu Art. 66 dieses Gesetzes) und 2368 des BGB. vorgesehenen Zeugnisse über das Bestehen der fortgesetzten Gütergemeinschaft und über die Ernennung eines Testamentsvollstreckers in Betracht. Vergl. Begr. S. 26.

4. Zu III. Die Bestimmungen des § 24 betreffen die Befugniß des Vormundschaftsgerichts, die Umwandlung der einem Mündel gehörigen Schuldverschreibungen in Buchforderungen anzuordnen; sie sind durch die Vorschriften des BGB. ersetzt (§ 1667 Abs. 2, §§ 1815, 1816, 1853, 1903, 1904) und werden daher hier ausdrücklich aufgehoben. Begr. S. 27.

Schuldverschreibungen auf den Inhaber.

Artikel 17. § 1.

1. Zur Unterzeichnung einer Schuldverschreibung auf den Inhaber genügt im Allgemeinen eine im Wege der mechanischen Vervielfältigung hergestellte Namensunterschrift. Der Aussteller wird ferner aus einer Schuldverschreibung auf den Inhaber auch dann verpflichtet, wenn sie ihm gestohlen worden oder verloren gegangen oder wenn sie sonst ohne seinen Willen in den Verkehr gelangt ist (BGB. § 793 Abs. 2 Satz 2, § 794 Abs. 1). Zur Sicherung gegen die hieraus dem Aussteller erwachsenden Gefahren ist dem Aussteller reichsgesetzlich gestattet, die Gültigkeit der Unterzeichnung durch eine in die Urkunde aufgenommene Bestimmung von der Beobachtung einer besonderen Form abhängig zu machen (BGB. § 793 Abs. 2 Satz 1). Außerdem aber läßt der Artikel 100 des EG. z. BGB., lautend:

> Unberührt bleiben die landesgesetzlichen Vorschriften, nach welchen bei Schuldverschreibungen auf den Inhaber, die der Bundesstaat oder

keit der Unterzeichnung davon ab, daß die Schuldverschreibung vorschriftsmäßig ausgefertigt ist. Der Aufnahme dieser Bestimmung in die Urkunde bedarf es nicht.

Die Ausfertigung erfolgt bei den über das Kapital lautenden Schuldverschreibungen durch eigenhändige Unterzeichnung des Vermerkes „Ausgefertigt" seitens des damit beauftragten Beamten, bei Zins- und Erneuerungsscheinen durch den Aufdruck eines Trockenstempels, der bei den Schuldverschreibungen des Staates den Königlich Preußischen Adler, bei den Schuldverschreibungen eines Kommunalverbandes das diesem zustehende Siegel enthalten muß.

§ 2. Bei Zinsscheinen, die für Schuldverschreibungen der im § 1 bezeichneten Art oder für Rentenbriefe der zur Vermittelung der Ab-

---

eine ihm angehörende Körperschaft, Stiftung oder Anstalt des öffentlichen Rechtes ausstellt:

1. Die Gültigkeit der Unterzeichnung von der Beobachtung einer besonderen Form abhängt, auch wenn eine solche Bestimmung in die Urkunde nicht aufgenommen ist;

2. . . . . . .

eine landesgesetzliche Regelung dahin zu, daß bei den in ihm bezeichneten Schuldverschreibungen die Gültigkeit der Unterzeichnung auch ohne eine in die Urkunde aufgenommene Bestimmung, kraft Gesetzes, von der Beobachtung einer besonderen Form abhängt. Von dieser Ermächtigung macht der vorliegende Art. 17 § 1 Gebrauch. Die darin gegebene gesetzliche Formvorschrift ersetzt die Aufnahme eines die Form vorschreibenden Vermerkes in die einzelne Schuldverschreibung.

2. Solange die im Art. 17 § 1 vorgeschriebene Form nicht erfüllt ist, kann die Urkunde keine rechtsverbindliche Kraft erlangen. Der Diebstahl oder Verlust eines der Form entbehrenden Formulares zu einer Staats- oder Kommunalschuldverschreibung ist daher unschädlich.

3. Die Regierungsvorlage schlug die Bestimmungen des Art. 17 § 1 nur für Staatsschuldverschreibungen vor. Die Kommission des AH. dehnte sie auch auf die Schuldverschreibungen der Kommunalverbände aus. Komm. Ber. S. 20. Das Wort „Kommunalverband" ist im weiteren Sinne zu nehmen; es fallen darunter die Amts-, Kreis-, Provinzial- und sonstigen Kommunalverbände im engeren Sinne, aber auch die Stadt- und Landgemeinden. Komm. Prot. XXI S. 9. Dagegen ist die Vorschrift auf andere Körperschaften, Stiftungen und Anstalten des öffentlichen Rechtes, außer dem Staate und den Kommunalverbänden, nicht ausgedehnt.

Dem reichsgesetzlichen Vorbehalte entsprechend sind nur der Preußische Staat und die Preußischen Kommunalverbände gemeint.

§ 2.

1. Abhanden gekommene oder vernichtete Zins-, Renten- und Gewinnantheilscheine können nach § 799 BGB. nicht im Wege des Aufgebotsverfahrens für kraftlos erklärt werden. Zum Ersatze dafür bestimmt der § 804 des BGB.:

lösung von Renten in Preußen bestehenden Rentenbanken ausgegeben sind, ist der im § 804 Abs. 1 des Bürgerlichen Gesetzbuchs bestimmte

---

Ist ein Zins-, Renten- oder Gewinnantheilschein abhanden gekommen oder vernichtet und hat der bisherige Inhaber den Verlust dem Aussteller vor dem Ablaufe der Vorlegungsfrist angezeigt, so kann der bisherige Inhaber nach dem Ablaufe der Frist die Leistung von dem Aussteller verlangen. Der Anspruch ist ausgeschlossen, wenn der abhanden gekommene Schein dem Aussteller zur Einlösung vorgelegt oder der Anspruch aus dem Scheine gerichtlich geltend gemacht worden ist, es sei denn, dass die Vorlegung oder die gerichtliche Geltendmachung nach dem Ablaufe der Frist erfolgt ist. Der Anspruch verjährt in vier Jahren.

In dem Zins-, Renten- oder Gewinnantheilscheine kann der im Absatz 1 bestimmte Anspruch ausgeschlossen werden.

Der Art. 100 des EG. macht hierzu den Vorbehalt:

Unberührt bleiben die landesgesetzlichen Vorschriften, nach welchen bei Schuldverschreibungen auf den Inhaber, die der Bundesstaat oder eine ihm angehörende Körperschaft, Stiftung oder Anstalt des öffentlichen Rechtes ausstellt:

1) . . . .

2) der im § 804 Absatz 1 des Bürgerlichen Gesetzbuchs bezeichnete Anspruch ausgeschlossen ist, auch wenn die Ausschliessung in dem Zins- oder Rentenscheine nicht bestimmt ist.

2. Der § 804 des BGB. gewährt hiernach im Falle des Verlustes eines Zins- oder Rentenscheines dem bisherigen Inhaber, welcher vor dem Ablaufe der Vorlegungsfrist den Verlust dem Aussteller angezeigt hat, gegen letzteren nach dem Ablaufe der Frist den Anspruch auf die Leistung und schließt den Anspruch nur aus, wenn innerhalb der Vorlegungsfrist der Schein dem Aussteller zur Einlösung vorgelegt oder der Anspruch aus dem Scheine gerichtlich geltend gemacht worden ist. Er gestattet aber daneben die völlige Ausschließung des Anspruchs in dem Scheine selbst. Für Zins- und Rentenscheine der im Art. 100 des EG. bezeichneten Art kann außerdem der Anspruch landesgesetzlich derart ausgeschlossen werden, daß es der Ausschließung in dem Scheine nicht bedarf. Von diesem Vorbehalte macht der Art. 17 § 2 zu Gunsten gewisser Zinsscheine Gebrauch.

3. Der Anspruch aus § 804 ist, auch ohne daß dies im Zinsscheine vermerkt ist, kraft Gesetzes ausgeschlossen bei Zinsscheinen

a) für Schuldverschreibungen des Preuß. Staates. „Die sonst nothwendige Buchung der eingelösten Zinsscheine, das Ordnen derselben nach Nummern und die Ermittelung, ob ein bestimmter Schein eingelöst ist, würden bei der großen Zahl der Scheine einen Aufwand an Arbeitskräften erfordern, der außer Verhältniß zu dem im einzelnen Falle in Betracht kommenden materiellen Interesse stände" (Begr. S. 27). Schon bisher war wegen der verlorenen oder vernichteten Zinscoupons von Staatsschuldscheinen weder ein Amortisationsverfahren noch eine Klage auf Zustellung anderer Coupons an Stelle der verlorenen oder vernichteten zulässig. § 13 S. 1 der Verordnung v. 16. Juni 1819, GS. S. 157; Allerh. Kab.-Ordre v. 18. September 1822, GS. S. 213.

Anspruch ausgeschlossen, ohne daß es der Ausschließung in dem Scheine bedarf.

Das Gleiche gilt für Zinsscheine von Pfandbriefen einer öffentlichen landschaftlichen (ritterschaftlichen) Kreditanstalt oder einer provinzial- (kommunal-) ständischen öffentlichen Grundkreditanstalt.

---

b) für Schuldverschreibungen eines Preuß. Kommunalverbandes. Ueber den Begriff des „Kommunalverbandes" siehe die Anm. 3 zu § 1. Die Ausdehnung der Ausschließung des Anspruches auf diese Schuldverschreibungen beruht auf Beschluß der Kommission des AH. Komm. Ber. S. 20.

c) für Rentenbriefe der zur Vermittelung der Ablösung von Renten in Preußen bestehenden Rentenbanken. Auch hier war bisher weder ein Amortisationsverfahren, noch eine Klage auf Zustellung anderer Coupons an Stelle der verlorenen oder vernichteten zulässig. Gesetz über die Errichtung von Rentenbanken v. 2. März 1850 (GS. S. 112) § 57 Nr. 11 Abs. 1.

d) Der Ausschluß des Anspruches ist endlich durch die Kommission des AH. auf die Zinsscheine für Pfandbriefe einer öffentlichen landschaftlichen (ritterschaftlichen) Kreditanstalt oder einer provinzial- (kommunal-) ständischen öffentlichen Grundkreditanstalt ausgedehnt worden (Komm. Ber. S. 20). Es sind dies dieselben Anstalten, welchen durch das Gesetz v. 13. August 1897, betr. die Zwangsvollstreckung aus Forderungen landschaftlicher (ritterschaftlicher) Kreditanstalten (GR. S. 388) das Zwangsvollstreckungsrecht beigelegt werden kann.

4. Der § 2 des Art. 17 „unterscheidet nicht zwischen Zinsscheinen, die vor oder nach dem 1. Januar 1900 ausgegeben sind; er gilt also für beide Arten von Zinsscheinen in gleicher Weise. Es wird sich also das Resultat ergeben, daß auch für Zinsscheine, die vorher ausgegeben sind, kraft Gesetzes der Anspruch des Verlierers des Zinsscheines auf Einlösung ausgeschlossen ist." (Erklärung des Regierungskommissars im AH., stenogr. Berichte S. 2562).

5. Die Vorschrift des § 2 beseitigt nur den Anspruch des Gläubigers; in die Befugniß des Schuldners, trotz des Erlöschens des Anspruches zu zahlen, greift er nicht ein. Die Vorschrift des § 13 der Verordnung v. 16. Juni 1819:

> Wenn das Schatzministerium aus den von dem letzten Inhaber nach § 2 geführten Nachweis sich überzeugt findet, dass der Verlust der Zinscoupons auf solche Weise erfolgt ist, dass sie nicht wieder zum Vorschein kommen können, so werden an deren Stelle von der zuständigen Behörde andere Coupons den Betheiligten ausgehändigt. Es hängt dies eben lediglich von der Beurtheilung des genannten Ministeriums ab,

bleibt daher fortdauernd in Kraft. Das Gleiche gilt von der Vorschrift des § 57 Nr. 11 Abs. 2 des Gesetzes über die Errichtung von Rentenbanken v. 2. März 1850 (GS. S. 112), welcher lautet:

> Wenn die Vernichtung der Zinscoupons der Direktion der Rentenbank überzeugend nachgewiesen wird, so kann dieselbe andere Coupons an Stelle der vernichteten ausantworten.

Vergl. stenogr. Berichte des AH. S. 2661.

Artikel 18.

§ 1. Bei Schuldverschreibungen auf den Inhaber, die von einer Preußischen Körperschaft, Stiftung oder Anstalt des öffentlichen Rechtes ausgestellt sind, kann der Inhaber von dem Aussteller verlangen, daß die Schuldverschreibung auf seinen Namen oder auf den Namen eines von ihm bezeichneten Dritten umgeschrieben wird, es sei denn, daß er

---

Artikel 18. § 1.

1. Der Art. 18 beruht auf der Initiative der Kommission des AH. Er dient zur Ausführung der Vorschriften des § 806 BGB. und des Art. 101 EG. z. BGB., welche lauten:

BGB. § 806. Die Umschreibung einer auf den Inhaber lautenden Schuldverschreibung auf den Namen eines bestimmten Berechtigten kann nur durch den Aussteller erfolgen. Der Aussteller ist zur Umschreibung nicht verpflichtet.

EG. z. BGB. Art. 101. Unberührt bleiben die landesgesetzlichen Vorschriften, welche den Bundesstaat oder ihm angehörende Körperschaften, Stiftungen und Anstalten des öffentlichen Rechtes abweichend von der Vorschrift des § 806 Satz 2 des BGB. verpflichten, die von ihnen ausgestellten, auf den Inhaber lautenden Schuldverschreibungen auf den Namen eines bestimmten Berechtigten umzuschreiben, sowie die landesgesetzlichen Vorschriften, welche die sich aus der Umschreibung einer solchen Schuldverschreibung ergebenden Rechtsverhältnisse, mit Einschluss der Kraftloserklärung, regeln.

2. Die Umschreibung der Inhaberpapiere auf Namen dient zum Ersatz der Außerkurssetzung, welche durch Art. 176 EG. z. BGB. dergestalt außer Kraft gesetzt ist, daß auch eine bereits erfolgte Außerkurssetzung mit dem Inkrafttreten des BGB. unwirksam wird. Die Umschreibung auf den Namen hat, wie die Außerkurssetzung, den Zweck, den Gläubiger vor den Gefahren zu schützen, die den Eigenthümer eines Inhaberpapiers bedrohen, wenn das Papier in die Hände eines Unberechtigten kommt. Der Inhaber kann die Zahlungen nicht fordern, der Aussteller ist nicht berechtigt, sie an ihn zu leisten; die besonderen Vorschriften über den Erwerb des Eigenthums an gestohlenen oder sonst abhanden gekommenen Inhaberpapieren (§ 935 Abs. 2 BGB., finden keine Anwendung.

3. Eine reichsgesetzliche Verpflichtung des Ausstellers zur Umschreibung der Inhaberpapiere auf Namen besteht nicht (§ 806 Satz 2 BGB.). Dagegen ist die Aufstellung einer solchen Verpflichtung den Landesgesetzen freigelassen (Art. 101 EG.). Der § 1 des vorliegenden Artikels macht von dieser Ermächtigung Gebrauch; er beruht auf der Erwägung, daß die Sicherstellung von Inhaberpapieren, nachdem die Außerkurssetzung gesetzlich beseitigt ist, ohne die hier vorgeschriebene Verpflichtung zur Umschreibung auf den Namen für zahlreiche Anstalten, Stiftungen, politische und kirchliche Gemeinden, Privatpersonen, insbesondere Vormundschaften und Pflegschaften nur mit unverhältnißmäßigen Kosten und anderen Unzuträglichkeiten möglich wäre. Vergl. Komm. Ber. d. AH. S. 19; stenogr. Berichte des AH. S. 2564, 3056; Komm Ber. des HH. S. 11 ff.; stenogr. Ber. des HH. S. 343 ff., 386, 399 ff.

zur Verfügung über die Urkunde nicht berechtigt ist. Zu Gunsten des Ausstellers gilt der Inhaber als zur Verfügung über die Urkunde berechtigt.

Die Vorschriften des Abs. 1 finden auf Zins-, Renten- und Gewinnantheilscheine sowie auf die auf Sicht zahlbaren Schuldverschreibungen keine Anwendung.

§ 2. Die Umschreibung auf den Namen einer juristischen Person, die ihren Sitz außerhalb des Deutschen Reichs hat, kann nicht verlangt werden.

§ 3. In den Fällen des § 1667 Abs. 2, des § 1815 und des

Das BGB. sieht die Umschreibung auf Namen vor in den §§ 1393, 1667 Abs. 2, §§ 1815, 2117.

4. Die Verpflichtung zur Umschreibung der von ihnen ausgegebenen Inhaberpapiere auf Namen ist den öffentlichrechtlichen Preuß. Körperschaften, insbesondere den Gemeinden, Amts-, Kreis-, Kommunal- und Provinzialverbänden, ferner den Stiftungen und Anstalten des öffentlichen Rechtes, insbesondere den derartigen land- und ritterschaftlichen oder kommunalen Kreditanstalten auferlegt.

Für den Staat ist die Umschreibungspflicht nicht angeordnet. Die Eintragung in das Staatsschuldbuch gewährt dafür Ersatz. Gesetz, betr. das Staatsschuldbuch v. 20. Juli 1883, GS. S. 120; vergl. Art. 16 dieses Gesetzes. Komm. Ber. des HH. S. 13.

Eine Ausdehnung der Verpflichtung für die Inhaberpapiere der Privatinstitute ist nach Art. 101 EG. z. BGB. unzulässig. Komm. Ber. S. 23.

5. Die gesetzliche Umschreibungsverpflichtung kann von dem Aussteller nicht ausgeschlossen werden, auch nicht durch Vermerk auf der Urkunde.

6. Der Inhaber ist zum Umschreibungsantrag nicht berechtigt, wenn ihm das Recht der Verfügung über die Urkunde fehlt. Denn in diesem Falle kann er nach § 793 Abs. 1 Satz 1 BGB. auch die Leistung nicht verlangen. Ueber die Form des Nachweises des Verfügungsrechts, des Umschreibungsantrags und der Vollmachten, sowie der Umschreibung siehe §§ 7, 8.

Der Abs. 1 Satz 2 entspricht dem § 793 Abs. 2 BGB.

7. Auch der Rechtsnachfolger des ursprünglichen Ausstellers ist „Aussteller" im Sinne des § 1. Komm. Ber. d. AH. S. 22.

8. Die Vorschrift des § 1 Abs. 2 beugt einer übermäßigen Belastung der Aussteller vor. Ein Bedürfniß zur Umschreibung der hier bezeichneten Inhaberpapiere besteht nicht (vergl. auch Mot. z. BGB. Bd. II S. 717 Abs. 2, Begr. zum Großh. Hessischen Entw. Art. 69).

§ 3.

1. Der § 3 betrifft die Umschreibung auf Antrag des Gewalthabers (§§ 1667, 1686 BGB.), des Vormunds oder Pflegers (§§ 1815, 1915 BGB.) und des Vorerben (§ 2117 BGB.).

§ 1667. Wird das Vermögen des Kindes dadurch gefährdet, dass der Vater die mit der Vermögensverwaltung oder die mit der Nutzniessung verbundenen Pflichten verletzt oder dass er in Vermögensverfall geräth, so hat das

§ 2117 des Bürgerlichen Gesetzbuchs kann die Umschreibung mit der gesetzlich vorgeschriebenen Bestimmung verlangt werden.

§ 4. Eine Ehefrau bedarf zu einer Verfügung über die um-

Vormundschaftsgericht die zur Abwendung der Gefahr erforderlichen Massregeln zu treffen.

Das Vormundschaftsgericht kann insbesondere anordnen, dass der Vater ein Verzeichniss des Vermögens einreicht und über seine Verwaltung Rechnung legt. Der Vater hat das Verzeichniss mit der Versicherung der Richtigkeit und Vollständigkeit zu versehen. Ist das eingereichte Verzeichniss ungenügend, so findet die Vorschrift des § 1640 Abs. 2 Satz 1 Anwendung. Das Vormundschaftsgericht kann auch, wenn Werthpapiere, Kostbarkeiten oder Buchforderungen gegen das Reich oder einen Bundesstaat zu dem Vermögen des Kindes gehören, dem Vater die gleichen Verpflichtungen auferlegen, welche nach den §§ 1814 bis 1816, 1818 einem Vormund obliegen; die Vorschriften der §§ 1819, 1820 finden entsprechende Anwendnng.

Die Kosten der angeordneten Massregeln fallen dem Vater zur Last.

Die Vorschrift gilt auch für die Mutter (§ 1686 BGB.).

§ 1815. Der Vormund kann die Inhaberpapiere, statt sie nach § 1814 zu hinterlegen, auf den Namen des Mündels mit der Bestimmung umschreiben lassen, dass er über sie nur mit Genehmigung des Vormundschaftsgerichts verfügen kann. Sind die Papiere von dem Reiche oder einem Bundesstaat ausgestellt, so kann er sie mit der gleichen Bestimmung in Buchforderungen gegen das Reich oder den Bundesstaat umwandeln lassen.

Sind Inhaberpapiere zu hinterlegen, die in Buchforderungen gegen das Reich oder einen Bundesstaat umgewandelt werden können, so kann das Vormundschaftsgericht anordnen, dass sie nach Abs. 1 in Buchforderungen umgewandelt werden.

Das Gleiche gilt für den Pfleger (§ 1915 BGB.).

§ 2117. Der Vorerbe kann die Inhaberpapiere, statt sie nach § 2116 zu hinterlegen, auf seinen Namen mit der Bestimmung umschreiben lassen, dass er über sie nur mit Zustimmung des Nacherben verfügen kann. Sind die Papiere von dem Reiche oder einem Bundesstaat ausgestellt, so kann er sie mit der gleichen Bestimmung in Buchforderungen gegen das Reich oder den Bundesstaat umwandeln lassen.

Die einzutragende Bestimmung geht hiernach dahin, daß der Gewalthaber, Vormund, Pfleger nur mit Genehmigung des Vormundschaftsgerichts, der Vorerbe nur mit Zustimmung des Nacherben über die Urkunde verfügen kann.

2. Auf Antrag des Vormundes und Pflegers muß die Eintragung der Bestimmung ohne Weiteres (§§ 1815, 1915 verb. mit § 1814), auf Antrag des Gewalthabers nur erfolgen, wenn das Vormundschaftsgericht dem Gewalthaber die entsprechenden Pflichten eines Vormunds auferlegt hat, auf Antrag des Vorerben nur, wenn der Nacherbe das Verlangen der Hinterlegung der Umschreibung nach §§ 2116, 2117 BGB. gestellt hat.

§ 4.

1. Dem Aussteller gegenüber bedarf die Ehefrau der Genehmigung des Ehemanns nicht, auch wenn sie nach dem unter den Eheleuten bestehenden

geschriebene Schuldverschreibung dem Aussteller gegenüber nicht der Zustimmung des Ehemannes.

§ 5. Wer zur Verfügung über die umgeschriebene Schuldverschreibung berechtigt ist, kann, solange die Schuldverschreibung nicht gekündigt ist, von dem Aussteller die Umschreibung auf seinen Namen oder den Namen eines Dritten, die Rückverwandlung in eine Schuldverschreibung auf den Inhaber und gegen Aushändigung der Urkunde die Ertheilung einer neuen Schuldverschreibung auf den Inhaber verlangen.

§ 6. Die Kosten der Umschreibung, der Rückverwandlung in eine Schuldverschreibung auf den Inhaber und der Ertheilung einer neuen Schuldverschreibung auf den Inhaber hat der Antragsteller zu tragen und vorzuschießen.

§ 7. Die zuständigen Minister erlassen die erforderlichen Ausführungsvorschriften. Sie können insbesondere Bestimmungen treffen

1. über die Form der an den Aussteller zu richtenden Anträge und der Vollmacht zur Stellung solcher Anträge,
2. über die Form des Nachweises, daß der Antragsteller oder der Empfänger der Zahlung der in der Schuldverschreibung genannte Gläubiger oder sonst zur Verfügung über die Schuld-

---

Güterstande zur Verfügung über die Schuldverschreibung der Einwilligung des Ehemannes bedarf. Durch diese Vorschrift ist der Aussteller der Verpflichtung enthoben, sich in jedem Falle zu vergewissern, ob die Gläubigerin verheirathet ist und welcher Güterstand für die Ehe maßgebend ist.

2. Die Eintragung eines Vermerks zu Gunsten des Ehemannes, wie sie bei Buchforderungen gegen das Reich oder den Staat vorgesehen ist (vergl. Art. 16 Anm. 2), kennt das Gesetz nicht; dieselbe ist bei den auf den Namen der Ehefrau umgeschriebenen Papieren entbehrlich, weil der Mann, falls ihm nach dem für die Ehe maßgebenden Güterstande Rechte an den Werthpapieren der Frau zustehen oder die Papiere zum Gesammtgute gehören, befugt ist, die Papiere in Besitz zu nehmen (vergl. BGB. § 1373, § 1443 Abs. 1 Satz 2, § 1519 Abs. 2, § 1525 Abs. 2, § 1549, § 1550 Abs. 2), und dadurch sich selbst schützen kann. Begr. zum Bayer. AG. z. BGB. S. 34.

§ 5.

Es kann insbesondere auch die Umwandlung in ein Inhaberpapier durch Vermerk auf dem Papiere selbst verlangt werden; vergl. Anm. zu § 11.

§ 6.

Die Vorschrift entspricht dem § 800 Satz 2 BGB.; sie bezieht sich nur auf das Verhältniß zwischen dem Aussteller und dem Antragsteller. Wegen der Kostensätze siehe § 7 Nr. 4.

§ 7.

Die nach § 7 zu erlassenden Ausführungsvorschriften sollen namentlich darauf abzielen, die ausstellende Behörde von einer lästigen und verantwort-

verschreibung berechtigt oder zur Vertretung des Berechtigten befugt ist,

3. über die Form der Umschreibung und der Rückverwandlung in eine Schuldverschreibung auf den Inhaber,
4. über die Sätze, nach denen die im § 6 bezeichneten Kosten zu bemessen sind.

§ 8. Ist den nach Maßgabe des § 7 Nr. 1, 2 bestimmten Erfordernissen genügt, so gilt der Antragsteller oder der Empfänger der Zahlung zu Gunsten des Ausstellers als zur Verfügung über die Schuldverschreibung berechtigt oder zur Vertretung des Berechtigten befugt.

§ 9. Eine abhanden gekommene oder vernichtete Schuldverschreibung, die auf den Namen umgeschrieben ist, kann, wenn nicht in der Urkunde das Gegentheil bestimmt ist, im Wege des Aufgebotsverfahrens für kraftlos erklärt werden.

Die Vorschriften des § 799 Abs. 2 und der §§ 800, 805 des Bürgerlichen Gesetzbuchs finden entsprechende Anwendung.

§ 10. Die Vorschriften der §§ 1—9 gelten auch für Schuldverschreibungen, die vor dem Inkrafttreten des Bürgerlichen Gesetzbuchs ausgestellt oder auf den Namen umgeschrieben worden sind.

---

lichen Legitimationsprüfung zu befreien (vergl. Nr. 2). Vergl. Komm. Ber. des HH. S. 12f.

Durch die Vorschrift im § 7 Nr. 4 wird kein Aussteller verpflichtet, Kosten zu erheben. Komm. Ber. S. 24. Die Sätze sind Maximalsätze.

§ 9.

1. Es handelt sich um ein Aufgebotsverfahren, dessen Zulässigkeit auf landesgesetzlicher Vorschrift (§ 9 Abs. 1; vergl. Art. 101 EG. z. BGB.) beruht.

Für das Verfahren gelten nach § 10 Abs. 1 des AG. z. CPO. (in der Fassung der Bekanntm. v. 6. Oktober 1899, GS. S. 388; Ges. z Ausf. des RGes., betr. Aenderungen der CPO., v. 17. Mai 1898, Art. 1 Nr. V) die Vorschriften der CPO. §§ 946ff., 1003ff., ferner der § 10 Abs. 2, 3 des AG. z. CPO. (in der vorbezeichneten Fassung). Der Anregung eines Mitgliedes der Kommission des AG., für das Aufgebotsverfahren weitere Erleichterungen, insbesondere die Ersetzung des Reichsanzeigers durch ein anderes Blatt, eintreten zu lassen, wurde keine Folge gegeben. Bericht der XV. Kommission des AH. über den Entw. eines Gesetzes zur Ausf. des RGes., betr. Aenderungen der CPO., S. 4; Komm. Prot. XXXIII S. 10. Vergl. dagegen z. B. Württemberg, Artikel 181 Abs. 2 und Begründung dazu, Beilage 326 v. 7. Dezember 1898, S. 592, Bericht der Kommission, Beilage 37 v. 12. April 1899, S. 460.

2. Die im Abs. 2 angezogenen Vorschriften lauten:

§ 799 Abs. 2. Der Aussteller ist verpflichtet, dem bisherigen Inhaber auf Verlangen die zur Erwirkung des Aufgebots oder der Zahlungssperre erforderliche Auskunft zu ertheilen und die erforderlichen Zeugnisse auszustellen. Die Kosten der Zeugnisse hat der bisherige Inhaber zu tragen und vorzuschiessen.

§ 800. Ist eine Schuldverschreibung auf den Inhaber für kraftlos erklärt, so kann derjenige, welcher das Ausschlussurtheil erwirkt hat, von dem Aussteller,

§ 11. Für die Umschreibung einer auf den Inhaber lautenden Schuldverschreibung auf den Namen eines bestimmten Berechtigten ist eine Stempelabgabe nicht zu entrichten.

---

unbeschadet der Befugniss, den Anspruch aus der Urkunde geltend zu machen, die Ertheilung einer neuen Schuldverschreibung auf den Inhaber an Stelle der für kraftlos erklärten verlangen. Die Kosten hat er zu tragen und vorzuschiessen.

§ 805. Neue Zins- oder Rentenscheine für eine Schuldverschreibung auf den Inhaber dürfen an den Inhaber der zum Empfange der Scheine ermächtigenden Urkunde (Erneuerungsschein) nicht ausgegeben werden, wenn der Inhaber der Schuldverschreibung der Ausgabe widersprochen hat. Die Scheine sind in diesem Falle dem Inhaber der Schuldverschreibung auszuhändigen, wenn er die Schuldverschreibung vorlegt.

§ 11.

Der § 11 gewährt Freiheit vom Landesstempel. Bezüglich des Reichsstempels wurde vom Justizminister in der Kommission des AH. ausgeführt: ein solcher entstehe nicht, wenn die Aenderung durch Aufdruck auf die Urkunde selbst vorgenommen werde; für einen Umtausch gegen neue Stücke entstehe kein Stempel, wenn inhaltlich die neue Urkunde vollkommen mit der zum Austausch gelangenden übereinstimme; dagegen entstehe ein Stempel, wenn ein auf den Namen geschriebenes Inhaberpapier zum Umtausch gegen ein Inhaberpapier überreicht werde, auch dieser lasse sich ersparen, wenn zunächst auf der Urkunde selbst das Namenspapier in ein Inhaberpapier umgeschrieben und diese zum Inhaberpapier gewordene Urkunde sodann zum Umtausch gegen neue Exemplare überreicht werde; diesem passe sich der § 5 des Artikels an; das Wort „und" in dem letzten Satze habe den Zweck, klar zu stellen, daß zunächst die Umwandlung in ein Inhaberpapier und demnächst der Austausch gegen ein neues Inhaberpapier verlangt werden könne. Komm. Ber. S. 22.

Mit dem Art. 18 sind die dem Rechte der Schuldverhältnisse angehörenden Ausführungsvorschriften abgeschlossen. Die Begründung des Gesetzentwurfes erörtert noch zwei weitere Fragen in folgender Weise:

1. „Nach § 525 Abs. 2 des BGB. kann bei Schenkungen unter einer **Auflage**, deren Vollziehung im öffentlichen Interesse liegt, nach dem Tode des Schenkers außer dessen Erben auch die zuständige Behörde die Vollziehung der Auflage verlangen. Die gleiche Befugniß ist der zuständigen Behörde auch für den Fall ertheilt, daß einer letztwilligen Zuwendung eine Auflage der bezeichneten Art beigefügt ist (§ 2194 Satz 2). Nach diesen Vorschriften wird für die Geltendmachung des Anspruches auf Vollziehung der Auflage mangels einer besonderen Bestimmung diejenige Behörde als zuständig anzusehen sein, welche nach der bestehenden Behördenverfassung zur Wahrnehmung des im einzelnen Falle betheiligten öffentlichen Interesses berufen ist. Je nach Art der Auflage wird die Zuständigkeit einer Behörde des Reichs, des Staates, einer Gemeinde, unter Umständen auch die Zuständigkeit einer kirchlichen Behörde in Frage kommen können. Bei diesem Ergebnisse kann es bewenden. Im Hinblick auf die Seltenheit der in Betracht kommenden Fälle

wird die Lösung von Zweifeln, wie zum Theil schon bisher (Entsch. des Reichsger. Bd. 19 S. 257), der Rechtsprechung überlassen bleiben können. Gegen die landesgesetzliche Bestimmung der zuständigen Behörde spricht auch, daß mit der Zuständigkeit von Reichsbehörden zu rechnen ist.

2. Das BGB. giebt im § 835 reichsgesetzliche Vorschriften über den Ersatz des **Wildschadens**; daneben werden aber in den Art. 70, 71 des Einführungsgesetzes mannigfache theils ergänzende, theils abweichende Vorschriften der Landesgesetze über denselben Gegenstand aufrecht erhalten. Es bedarf der Prüfung, wie sich hiernach der Rechtszustand in Preußen künftig gestalten wird.

a) Anlangend das Geltungsgebiet des Wildschadengesetzes v. 11. Juli 1891 (GS. S. 307), so wird der § 1 dieses Gesetzes durch die sachlich übereinstimmenden Vorschriften des BGB. ersetzt. Ebenso tritt an die Stelle des § 2 Abs. 1 Satz 1 die inhaltlich gleiche Vorschrift des § 835 Abs. 3 des Gesetzbuchs. Soweit etwa der § 2 Abs. 1 Satz 2 eine Abweichung von dieser reichsgesetzlichen Vorschrift enthält, bleibt er nach Art. 71 Nr. 5 des EG. in Kraft. Der § 2 Abs. 2 des Preuß. Gesetzes ist durch den im Art. 69 des EG. gemachten allgemeinen Vorbehalt zu Gunsten der landesgesetzl. Vorschriften über die Jagd gedeckt. Der § 3 wird theils durch den sachlich übereinstimmenden § 835 Abs. 2 Satz 2 des Gesetzbuchs ersetzt, theils durch Art. 71 Nr. 3 des EG. aufrechterhalten. An die Stelle des § 4 des Preuß. Gesetzes tritt die allgem. Bestimmung des § 254 des BGB. über den Einfluß eines bei der Entstehung des Schadens mitwirkenden Verschuldens des Beschädigten auf die Ersatzpflicht. Die §§ 5, 6 des Preuß. Gesetzes bleiben auf Grund des Art. 70 des EG. in Kraft. Die Verfahrensvorschriften der §§ 7—11 werden von dem neuen Reichsrechte nicht berührt, da sich dessen Einwirkung grundsätzlich auf die privatrechtl. Vorschriften der Landesgesetze beschränkt. Das Gleiche gilt von den §§ 12, 13 und theilweise vom § 14, während dieser im Uebrigen durch Art. 71 Nr. 2 und Art. 69 des EG. gedeckt wird. Ebenso verhält es sich mit den §§ 15—17. Die Uebergangsvorschriften des § 18 und § 19 Abs. 1 kommen hier nicht in Betracht. Der im § 19 Abs. 2 ausgesprochene Satz, daß „Wildschadenersatz nur auf Grund und nach Maßgabe dieses Gesetzes gefordert werden kann", wird mit dem Inkrafttreten des BGB. unrichtig; die Aenderung, die er dadurch erleidet, ergiebt sich jedoch von selbst.

b) Für die Provinz Hannover bleibt der § 1 des Gesetzes, betr. den Wildschaden, v. 21. Juli 1848 (Hann. GS. S. 215), soweit er die Ersatzpflicht auf den durch jagdbares Wild jeder Art verursachten Schaden ausdehnt, nach Art. 71 Nr. 1 des EG. in Kraft. Der § 2 des Gesetzes stimmt mit den reichsgesetzlichen Vorschriften überein, ebenso § 3, soweit er nicht durch den § 23 der Jagdordnung v. 11. März 1859 (Hann. GS. Abth. I S. 159) geändert ist. Der § 4 bleibt auf Grund des Art. 71 Nr. 7 des EG. in Kraft, desgleichen der § 5 nach Art. 71 Nr. 6. An die Stelle des § 6 tritt der sachlich übereinstimmende § 840 Abs. 1 des BGB. Der § 7 ist als bloße Uebergangsvorschrift nicht mehr von Bedeutung. Die §§ 8—20 bleiben, soweit sie noch gelten, theils wegen ihres öffentlichrechtlichen Inhalts, theils nach den Art. 69, 70 des EG. unberührt.

Der § 23 der Jagdordnung v. 11. März 1859 wird in seinem Abs. 1 durch Art. 71 Nr. 5, 6 des EG. aufrechterhalten. Dagegen stimmt der Abs. 2 weder mit dem BGB. überein, noch ist er durch einen Vorbehalt gedeckt; er tritt

Unschädlichkeitszeugniß.

Artikel 19.

Die bestehenden Vorschriften über die Ertheilung von Unschädlichkeitszeugnissen zum Zwecke der Befreiung eines Theiles eines Grund-

---

außer Kraft. Der § 25 Abs. 2 Satz 2 der Jagdordnung bleibt nach Art. 71 Nr. 2 des EG. in Geltung.

c) Für das vormalige Kurfürstenthum Hessen kommt das Gesetz, den Ersatz des Wildschadens betr., v. 26. Januar 1854 (Kurh. GS. S. 9) in Betracht. Der § 1 ist durch § 34 Abs. 1 des Gesetzes v. 7. Dezember 1865 geändert. Soweit er hiernach alle Wildarten als Schadenwild berücksichtigt, bleibt er nach Art. 71 Nr. 1 des EG. in Kraft; soweit er dagegen die Ersatzpflicht auf den an bestimmten Arten von Grundstücken verursachten Schaden beschränkt, verliert er seine Geltung. Der § 2 ist durch den Art. 71 Nr. 4 des EG. gedeckt; ebenso der § 3, soweit er die Haftung des Pächters oder der Jagdberechtigten betrifft, durch Art. 71 Nr. 6, während er im Uebrigen durch den § 840 Abs. 1 des BGB. ersetzt wird. Die §§ 4—17 betreffen das Verfahren und werden deshalb, soweit sie noch in Kraft sind, durch das neue Reichsrecht nicht berührt. Das Gleiche gilt von dem § 34 Abs. 2 und den §§ 35—40 des Gesetzes, das Jagdrecht und dessen Ausübung betr., v. 7. September 1865 (Kurhess. GS. S. 571).

Wie dieser Ueberblick ergiebt, besteht kein Bedürfniß, die Einwirkung der reichsgesetzl. Vorschriften auf den bisherigen Rechtszustand landesgesetzlich klarzustellen." Begr. S. 28 f.

Die Art. **19 bis 41** gehören dem Sachenrechte an. Sie betreffen die Ertheilung von Unschädlichkeitszeugnissen (Art. 19, 20), die Landeskulturrenten (Art. 21), die der Eintragung in das Grundbuch nicht bedürfenden Rechte (Art. 22), nachbarrechtliche Beschränkungen des Eigenthums (Art. 23, 24), widerrufliches Eigenthum an Grundstücken (Art. 25), die Form der Auflassung und die Uebertragung des Eigenthums an buchungsfreien Grundstücken (Art. 26, 27); den Besitzschutz bei Grunddienstbarkeiten (Art. 28), das Wiederkaufsrecht bei Rentengütern (Art. 29), die Beschränkung und Vertheilung der Reallasten (Art. 30, 31), das Kündigungsrecht bei Hypotheken und Grundschulden (Art. 32), die Umwandlung bestehender Hypotheken und Grundschulden (Art. 33, 34), Rentenschulden (Art. 35), Auseinandersetzungen (Art. 36), das Bergrecht (Art. 37 bis 39), die selbständigen Gerechtigkeiten (Art. 40) und das Pfandleihgewerbe (Art. 41).

Unschädlichkeitszeugniß.

Artikel 19.

1. Der Art. 120 Abs. 1 des EG. z. BGB. bestimmt:

Unberührt bleiben die landesgesetzlichen Vorschriften, nach welchen im Falle der Veräusserung eines Theiles eines Grundstücks dieser Theil von den Belastungen des Grnndstücks befreit wird, wenn von der zuständigen Behörde festgestellt wird, dass die Rechtsänderung für die Berechtigten unschädlich ist.

stücks von dessen Belastungen bleiben mit folgenden Maßgaben in Kraft:

1. Bei der Entscheidung, ob der Grundstückstheil im Verhältnisse zum Hauptgrundstücke von geringem Werthe und Umfang ist, wird, wenn die Belastungen, von denen der Theil befreit werden soll, noch auf anderen Grundstücken desselben Eigen-

---

Auf Grund dieses Vorbehaltes bleiben die geltenden Bestimmungen über die Ertheilung von Unschädlichkeitszeugnissen zum Zwecke der Befreiung eines Theiles eines Grundstückes von dessen Belastungen in Kraft. Diese Bestimmungen sind — vergl. unten die Anlagen a—d zu diesem Artikel —:

a) das Gesetz, betr. den erleichterten Abverkauf kleiner Grundstücke, v. 3. März 1850 (GS. S. 145),

b) das Gesetz, betr. die Abänderung des Gesetzes v. 13. April 1841 über den erleichterten Austausch einzelner Parzellen von Grundstücken, v. 27. Juni 1860 (GS. S. 384),

beide eingeführt

in dem Regierungsbezirk Cassel, ausschließlich der vormals Großh. Hessischen Gebietstheile, und in den Hohenzollernschen Landen durch Gesetz v. 12. April 1885 (GS. S. 115),

in der Provinz Schleswig-Holstein durch Gesetz v. 22. April 1886 (GS. S. 52) und

in dem Geltungsbereich des Rheinischen Rechts durch § 76 des Gesetzes v. 12. April 1888 über das Grundbuchwesen ꝛc. im Geltungsbereiche des Rheinischen Rechtes (GS. S. 52);

c) das Gesetz, betr. die Erleichterung der Abveräußerung einzelner Theile von Grundstücken in der Provinz Hannover, v. 25. März 1889 (GS. S. 65),

eingeführt im Gebiete der vormals freien Stadt Frankfurt und in den vormals Großherzoglich oder Landgräflich Hessischen Gebietstheilen der Provinz Hessen-Nassau durch § 4 des Gesetzes v. 19. August 1895, betr. das Grundbuchwesen ꝛc. (GS. S. 481);

d) das Gesetz, betr. die Erleichterung unentgeltlicher Abtretungen einzelner Gutstheile oder Zubehörstücke zu öffentlichen Zwecken, v. 15. Juli 1890 (GS. S. 226).

Das Reichsrecht greift in diese Vorschriften nur insofern ein, als das eingetauschte Trennstück künftig dem Hauptgrundstücke nicht als Zubehör, sondern als Bestandtheil (§ 890 Abs. 2 BGB., Art. 20 Abs. 1 Nr. 2 des AG. z. GBO.) zuzuschreiben ist und sein Eintritt in die Haftung des Hauptgrundstücks für die darauf ruhenden Hypotheken und sonstigen Lasten sich daher künftig nach § 1131 BGB. bestimmt (Begr. S. 30). Darnach erstrecken sich die am Hauptgrundstücke bestehenden Rechte auf das zugeschriebene Trennstück; Rechte, mit denen das zugeschriebene Trennstück belastet ist, gehen jenen im Range vor.

2. Der Art. 19 greift in diese Gesetze nach zwei Richtungen ein.

a) Nach § 2 des Gesetzes zu a, § 3 des Gesetzes zu b, § 2 des Gesetzes zu c und § 1 des Gesetzes zu d ist die Ertheilung des Unschädlichkeitszeugnisses

thümers haften, die Gesammtheit der belasteten Grundstücke als Hauptgrundstück behandelt.

2. Das Unschädlichkeitszeugniß kann auf einzelne Belastungen beschränkt werden.

Artikel 20.

Im Gebiete des vormaligen Herzogthums Nassau und auf der Insel Helgoland treten die Vorschriften des Gesetzes, betreffend die Er=

---

davon abhängig, daß das zu veräußernde Trennstück im Verhältnisse zum Hauptgut von geringem Werthe und Umfange ist. Schon bisher hat die Praxis in Gegenden mit zersplittertem Grundbesitz bei der Anwendung dieser Vorschrift mehrere mit einem und demselben Rechte belastete Grundstücke einem rechtlich einheitlichen Grundstücke gleich geachtet (vergl. Begr. zu § 4 des Entw. eines Gesetzes betr. das Grundbuchwesen 2c. in Theilen der Provinz Hessen=Nassau, Drucksachen des HH. 1895 Nr. 18 S. 31). Dementsprechend ist die Nr. 1 des Art. 19 aufgenommen. Die gleiche Bestimmung enthält z. B. das Bayerische Gesetz, das Unschädlichkeitszeugniß betr., v. 15. Juni 1898 Art. 2 (Ges. und Verordnungsbl. 1898 S. 301), Oldenburg § 10.

Die Vorschrift ist nur anwendbar, wenn die Belastung noch auf anderen Grundstücken desselben Eigenthümers ruht. Sie ermöglicht auch die unbelastete Abschreibung ganzer Grundstücke, wenn diese im Verhältnisse zu der Gesammtheit der Grundstücke von geringem Werthe und Umfange sind.

Zum Zwecke der Bildung von Rentengütern kann das Unschädlichkeitsattest auch bei der Abveräußerung größerer Trennstücke ertheilt werden, wenn die Sicherheit der Realberechtigten nicht vermindert wird. Gesetz über die Rentengüter v. 27. Juni 1890 (GS. S. 209) § 1 Abs. 5.

b) Wird nach Nr. 1 die Mitbelastung anderer Grundstücke bei der Feststellung der Unschädlichkeit berücksichtigt, so kann die Letztere im Hinblick auf die mitverhafteten Grundstücke für einzelne Belastungen des zu veräußernden Grundstückstheiles zu bejahen, für andere zu verneinen sein. Diesen Fall sieht die Bestimmung der Nr. 2 vor. Begr. S. 31.

3. Das Unschädlichkeitszeugniß ersetzt gegenüber den Gerechtigten, auf die es sich bezieht, die sonst nach § 19 der Reichsgrundbuchordnung erforderliche Bewilligung der Abschreibung. Die Prüfung der Voraussetzungen, unter denen es zu ertheilen ist, ist Sache der das Zeugniß ertheilenden Behörde. Dem Grundbuchamte steht eine Nachprüfung nicht zu. Vergl. Begr. des Entw. eines AG. z. Grundbuchordnung S. 22.

Eine andere Frage ist, unter welchen Voraussetzungen auf Grund des Unschädlichkeitszeugnisses ein Grundstückstheil frei von den Lasten des Hauptgrundstücks im Grundbuche abgeschrieben werden darf. Die in dieser Richtung nöthigen, dem Schutze der Rechte Dritter dienenden Vorschriften sind im Art. 19 des Ausführungsgesetzes zur Grundbuchordnung gegeben. Durch denselben ist der § 4 des Gesetzes v. 25. März 1889 ersetzt. Vergl. Begr. S. 31; Begründung des Entw. eines AG. z. GBO., S. 22.

Artikel 20.

1. Bisher bestanden in dem im Art. 20 bezeichneten Gebiete keine Vorschriften über Unschädlichkeitszeugnisse. Die Zulässigkeit der Einführung er=

leichterung der Abveräußerung einzelner Theile von Grundstücken in der Provinz Hannover, vom 25. März 1889 (Gesetz-Samml. S. 65) mit den im Artikel 19 bestimmten Aenderungen in Kraft; auf das Verfahren und das Kostenwesen finden ergänzend die allgemeinen Vorschriften, die für Gemeinheitstheilungen im Gebiete des vormaligen Herzogthums Nassau und in der Provinz Schleswig-Holstein gelten, entsprechende Anwendung.

Die Unschädlichkeitszeugnisse, die bezüglich der im § 1 Nr. 3 des Gesetzes vom 25. März 1889 bezeichneten Geschäfte ausgestellt werden, sind stempel- und gebührenfrei.

---

giebt sich aus dem Art. 120 Abs. 1 des EG. z. BGB. (siehe die Anm. 1 bei Art. 19).

2. Das Gesetz v. 25. März 1889 ist außer durch den Art. 19 dieses Gesetzes auch durch den Art. 19 des AG. z. GBO. geändert. Siehe die Anm. 3 Abs. 2 zu Art. 19 d. G.; Anlage c zu Art. 19.

3. Wegen der auf das Verfahren und Kostenwesen ergänzend anwendbaren Vorschriften vergl. für Nassau: Die Gemeinheitstheilungsordnung für den Regierungsbezirk Wiesbaden mit Ausnahme des Kreises Biedenkopf, v. 5. April 1869 (GS. S. 526) § 24; für Helgoland das Gesetz, betr. die Ablösung der Servituten, die Theilung der Gemeinheiten und die Zusammenlegung der Grundstücke für die Provinz Schleswig-Holstein mit Ausnahme des Kreises Herzogthum Lauenburg v. 17. August 1876 (GS. S. 377) § 29.

4. Der **Abs. 2** dehnt die die Kostenfreiheit anordnende Ergänzung, welche das Gesetz v. 25. März 1889 durch § 3 des Gesetzes v. 15. Juli 1890 (oben Seite 71) erfahren hat, auch auf die hier in Betracht kommenden Landestheile aus; im Uebrigen wurde das Gesetz v. 15. Juli 1890 auf diese Landestheile mangels eines Bedürfnisses nicht erstreckt. Komm. Ber. S. 24.

5. Der § 10 des Gesetzes v. 25. März 1889, welcher die rückwirkende Kraft des Gesetzes bestimmt, ist von der Einführung nicht ausgeschlossen. Das Gesetz findet daher auch auf die vor seinem Inkrafttreten im Einführungsgebiete stattgefundenen Abveräußerungen Anwendung. Vergl. Gesetz v. 12. April 1885 Einziger Artikel Abs. 2; Gesetz v. 15. Juli 1890 § 4. Begr. zu § 4 des Entw. eines Gesetzes, betr. das Grundbuch rc. in Theilen der Provinz Hessen-Nassau, Drucks. d. HH. Nr. 18, S. 31.

6. Das eingeführte Gesetz tritt nach Art. 90 gleichzeitig mit dem BGB. in Kraft, auch wenn das Grundbuch noch nicht angelegt ist (vergl. Gesetz für den Regierungsbez. Cassel rc. v. 12. April 1885, für Schleswig-Holstein v. 22. April 1886, für das Gebiet des Rheinischen Rechts v. 12. April 1888, § 76). Bis zur vollendeten Anlegung des Grundbuchs können die auf das Grundbuch bezüglichen Vorschriften über Eintragungen rc. nur zur entsprechenden Anwendung kommen nach Maßgabe der bestehenden Einrichtungen. Vergl. Begr. zu § 4 des Entw. eines Gesetzes, betr. das Grundbuchwesen rc. in Theilen der Provinz Hessen-Nassau, Drucksache des HH. 1895 Nr. 18 S. 31.

Landeskulturrenten.

Artikel 21.

Das Gesetz, betreffend die Errichtung von Landeskultur-Rentenbanken, vom 13. Mai 1879 (Gesetz-Samml. S. 367) wird dahin geändert:

I. Im § 14 Abs. 1 werden die Worte „Der Darlehnssucher hat durch Eintragung eines Vermerks in das Grund- oder Hypothekenbuch das Vorrecht der Rente vor allen späteren Eintragungen oder gesetzlichen Hypotheken zu sichern" ersetzt durch die Worte:

„Der Darlehnssucher hat eine Vormerkung zur Sicherung des Anspruchs auf Einräumung der Rente in das Grundbuch eintragen zu lassen".

II. Der § 24 erhält folgenden Abs. 3:

Bei der Eintragung der Rente ist zugleich auf Grund des Beschlusses der Auseinandersetzungsbehörde (§ 22) eine Vor-

---

Landeskulturrenten.

Der Art. 118 des EG. z. BGB. bestimmt:

Unberührt bleiben die landesgesetzlichen Vorschriften, welche eine Geldrente, Hypothek, Grundschuld oder Rentenschuld, die dem Staate oder einer öffentlichen Anstalt wegen eines zur Verbesserung des belasteten Grundstücks gewährten Darlehens zusteht, den Vorrang vor anderen Belastungen des Grundstücks einräumen. Zu Gunsten eines Dritten finden die Vorschriften der §§ 892, 893 des Bürgerlichen Gesetzbuchs Anwendung.

Für Preußen werden hierdurch die Vorschriften des Gesetzes, betr. die Errichtung von Landeskulturrentenbanken, v. 13. Mai 1879, über das Vorzugsrecht der Landeskulturrente aufrecht erhalten. Der Art. 21 paßt aber einige Bestimmungen dieses Gesetzes dem neuen Reichsrechte an.

Artikel 21.

Zu Nr. I. Die Aenderung entspricht dem § 883 BGB. und der Beseitigung der gesetzlichen Hypotheken. Begr. S. 32.

Zu Nr. II. Die Begründung Seite 32 führt aus: „Nach den §§ 11, 21 des Preuß. Gesetzes wird das Vorzugsrecht der Landeskulturrente gegenüber allen auf privatrechtlichen Titeln beruhenden Belastungen gewährt, soweit die Gewährung nicht durch den rechtzeitigen Widerspruch eines Realberechtigten ausgeschlossen ist, und zwar wirkt das Vorzugsrecht auch gegenüber demjenigen, welcher ein nicht durch Widerspruch geschütztes Realrecht nach dem Ablaufe der zur Anbringung von Widersprüchen bestimmten Frist erworben hat. Hierin liegt insofern eine Abweichung von den Grundsätzen des Reichsrechts, als durch die Versäumung des rechtzeitigen Widerspruchs zunächst nur gegenüber den nicht widersprechenden Realberechtigten selbst ein durch die Ausführung der geplanten Drainirungsanlage bedingter Anspruch auf Gewährung des Vorzugsrechts für die Rente begründet erscheint, ein solcher persönlicher Anspruch aber Dritten

merkung zur Sicherung des Anspruchs auf Einräumung des Vorzugsrechts für die Rente einzutragen.

III. An die Stelle des § 25 Abs. 1 tritt folgende Vorschrift:

Die Eintragung des Vorzugsrechts der Rente im Grundbuch erfolgt auf Grund einer Bescheinigung der Auseinandersetzungsbehörde, daß die zweckmäßige Ausführung der Drainirungsanlage geschehen ist.

IV. An die Stelle des § 27 Abs. 1 tritt folgende Vorschrift:

Die Eintragung der im § 24 Abs. 3 bezeichneten Vormerkung und des Vorzugsrechts der Rente erfolgt ohne Vorlegung der über die vorhandenen Realrechte ausgefertigten Urkunden. Wird eine solche Urkunde nachträglich vorgelegt, so hat das Grundbuchamt die Eintragung auf ihr zu vermerken.

---

gegenüber grundsätzlich nur dann Wirksamkeit erlangt, wenn er durch eine Vormerkung gesichert ist (BGB. § 883).

Zur Beseitigung dieser sachlich nicht gerechtfertigten Besonderheit empfiehlt es sich, in Ergänzung des geltenden Gesetzes die Eintragung einer entsprechenden Vormerkung vorzuschreiben.

Die Voraussetzungen für die Eintragung können auf Grund des hier maßgebenden Vorbehalts abweichend von der Vorschrift des § 885 des BGB. bestimmt werden. Die Vormerkung ist zweckmäßig zugleich mit der Rente einzutragen.

Die Eintragung der Rente erfolgt, nachdem die Auseinandersetzungsbehörde darüber Beschluß gefaßt hat, welches Vorzugsrecht der Rente für den Fall der zweckmäßigen Ausführung der Drainirungsanlage zu gewähren ist. Dieser Beschluß bildet daher auch die gegebene Grundlage für die Eintragung der hier fraglichen Vormerkung. Dementsprechend sieht der Entwurf einen Zusatz zu § 24 des Gesetzes vor, daß bei der Eintragung der Rente auf Grund des gedachten Beschlusses die Vormerkung einzutragen ist. Der Darlehnsucher muß somit, um die Eintragung der Rente zu erlangen, auch den Beschluß der Auseinandersetzungsbehörde vorlegen, auf Grund dessen die gleichzeitige Eintragung der Vormerkung zu erfolgen hat."

Zu Nr. III. Infolge der unter Nr. II getroffenen Regelung erübrigt sich die nochmalige Vorlegung des Beschlusses zum Zwecke der Eintragung des Vorzugsrechts selbst. Das Gesetz läßt deshalb die letztere Eintragung lediglich auf Grund der Bescheinigung der Auseinandersetzungsbehörde über die zweckmäßige Ausführung der Drainirungsanlage erfolgen. Begr. S. 32.

Zu Nr. IV. „Wie nach § 27 Abs. 1 des Gesetzes das Vorzugsrecht der Rente ohne Vorlegung der über die vorhandenen Realrechte ausgefertigten Urkunden eingetragen wird, so bestimmt die im Entw. (jetzt Gesetz) vorgesehene Fassung des § 27 Abs. 1 das Gleiche auch für die Vormerkung zur Sicherung des Vorzugsrechts (Nr. II). Die hierin liegende Abweichung von den §§ 42, 43 der Reichs-Grundbuchordnung ist nach dem § 83 der letzteren und dem Art. 118 des EG. z. BGB. unbedenklich zulässig." Begr. S. 32.

Der Eintragung nicht bedürfende Rechte.

Artikel 22.

Zur Erhaltung der Wirksamkeit gegenüber dem öffentlichen Glauben des Grundbuchs bedürfen der Eintragung nicht:

Der Eintragung nicht bedürfende Rechte.

Artikel 22.

1. Die Wirkungen des öffentlichen Glaubens des Grundbuchs ergeben sich aus §§ 892, 893 des BGB.:

§ 892. Zu Gunsten desjenigen, welcher ein Recht an einem Grundstück oder ein Recht an einem solchen Rechte durch Rechtsgeschäft erwirbt, gilt der Inhalt des Grundbuchs als richtig, es sei denn, dass ein Widerspruch gegen die Richtigkeit eingetragen oder die Unrichtigkeit dem Erwerber bekannt ist. Ist der Berechtigte in der Verfügung über ein im Grundbuch eingetragenes Recht zu Gunsten einer bestimmten Person beschränkt, so ist die Beschränkung dem Erwerber gegenüber nur wirksam, wenn sie aus dem Grundbuch ersichtlich oder dem Erwerber bekannt ist.

Ist zu dem Erwerbe des Rechtes die Eintragung erforderlich, so ist für die Kenntniss des Erwerbers die Zeit der Stellung des Antragsauf Eintragung oder, wenn die nach § 873 erforderliche Einigung erst später zu Stande kommt, die Zeit der Einigung massgebend.

§ 893. Die Vorschriften des § 892 finden entsprechende Anwendung, wenn an denjenigen, für welchen ein Recht im Grundbuch eingetragen ist, auf Grund dieses Rechtes eine Leistung bewirkt, oder wenn zwischen ihm und einem Anderen in Ansehung dieses Rechtes ein nicht unter die Vorschriften des § 892 fallendes Rechtsgeschäft vorgenommen wird, das eine Verfügung über das Recht enthält.

„Gegenüber dem öffentlichen Glauben des Grundbuchs bedürfen Rechte an einem Grundstück im Allgemeinen auch dann der (endgültigen oder vorläufigen) Eintragung in das Grundbuch, wenn sich der Erwerb auf eine neben dem Reichsrecht in Kraft bleibende landesgesetzliche Vorschrift gründet. Jedoch ist die Landesgesetzgebung auf den Gebieten, die durch allgemeine Vorbehalte des EG. ihr überlassen sind, ermächtigt, Ausnahmen von dem Grundsatze des öffentlichen Glaubens des Grundbuchs zu machen, soweit der Grundsatz nicht für einzelne vorbehaltene Gebiete reichsgesetzlich für maßgebend erklärt ist (vergl. insbesondere Art. 61, 118 des EG. z. BGB.)" Begr. S. 33.

Ausnahmen der bezeichneten Art sind im Art. 22 bestimmt. Dieselben sind im Allgemeinen unverändert aus § 12 Abs. 2 und 3 des Gesetzes über den Eigenthumserwerb 2c. v. 5. Mai 1872 (GS. S. 431) übernommen, welch letzteres im Art. 89 Nr. 27 ganzen Umfanges aufgehoben ist.

2. Die **Nr. 1** betrifft die gesetzlichen Vorkaufsrechte und zwar

a) Das Vorkaufsrecht in den Fällen der Enteignung. Nach § 57 Abs. 2 des Gesetzes über die Enteignung von Grundeigenthum v. 11. Juni 1874 (GS.

1. das in den Fällen der Enteignung oder der Grundabtretung zu Zwecken des Bergbaubetriebs bestehende gesetzliche Vorkaufsrecht;

S. 221) findet wegen aller Theile von Grundstücken, welche in Folge des verliehenen Enteignungsrechtes zwangsweise oder durch freien Vertrag an den Unternehmer abgetreten sind, ein gesetzliches Vorkaufsrecht statt, wenn in der Folge das abgetretene Grundstück ganz oder theilweise zu dem bestimmten Zweck nicht weiter nothwendig ist und veräußert werden soll. Vergl. § 4 Abs. 2 des Ablösungsgesetzes v. 2. März 1850 (GS. S. 77).

Unter den Ausdruck „in den Fällen der Enteignung" fällt hiernach, wie in der Kommission des AH. ausdrücklich festgestellt wurde, nicht blos die zwangsweise, sondern auch die durch freien Vertrag erfolgte Uebertragung im Falle des § 57 Abs. 2 a. a. O. Komm. Ber. S. 25.

Die Zulässigkeit der Befreiung vom Eintragungszwange gründet sich auf den Vorbehalt des Art. 109 Satz 1 des EG. z. BGB., wonach die landesgesetzlichen Vorschriften über die im öffentlichen Interesse erfolgende Entziehung einer Sache unberührt bleiben.

b) Das Vorkaufsrecht im Falle der Grundabtretung zu Zwecken des Bergbaubetriebs. Dasselbe beruht auf § 141 Abs. 1 des Allgem. Berggesetzes v. 24. Juni 1865 (GS. S. 705):

Wegen aller zu den Zwecken des Bergbaubetriebs veräusserten Theile von Grundstücken findet ein **Vorkaufsrecht** statt, wenn in der Folge das Grundstück zu den Zwecken des Bergbaues entbehrlich wird.

Die Vorschrift ist nach Art. 67 Abs. 1 des EG. z. BGB. zulässig, demzufolge die dem Bergrecht angehörenden landesgesetzlichen Vorschriften unberührt bleiben. Vergl. Art. 37.

Von den sonstigen gesetzlichen Vorkaufsrechten des bisherigen Rechtes fällt dasjenige der Miteigenthümer — ALR. I 17 § 61 — nach §§ 1008 ff. des BGB. in Verbindung mit Art. 131 des EG. fort (Komm. Ber. S. 25). Das auf den statutarischen Bestimmungen der Ritterschaft des Herzogthums Bremen beruhende Vorkaufs- und Retraktrecht der Agnaten an ritterschaftlichen Erbstammgütern, welches im Gesetze vom 24. Dezember 1872, betr. die Aufhebung der in der Provinz Hannover bestehenden Vorkaufs-, Näher- und Retraktrechte (GS. 1873 S. 2) § 3 Nr. 3 aufrecht erhalten ist, wird künftig nach Art. 61 des EG. z. BGB. eingetragen werden müssen (Begr. S. 34; vergl. Komm. Ber. S. 25.)

3. Die in **Nr. 2** bezeichneten Rechte sind das Recht, auf fremdem Grund und Boden zu schürfen (§ 8 des Allgem. Berggesetzes) und die Befugniß des Bergwerksbesitzers, ein fremdes Grundstück zu benutzen, soweit es für den Betrieb des Bergbaues nothwendig ist (§ 142 a. a. O.). Die Vorschrift ist nach Art. 67 Abs. 1 des EG. (Anm. 2b) zulässig.

Ueber den Hülfsbau siehe § 60 Abs. 3 des Allgem. Berggesetzes in der Fassung des Art. 37 III dieses Gesetzes.

4. a) Die **Nr. 3** Satztheil **1** wiederholt die Bestimmungen aus § 18 Abs. 1, § 64 des Gesetzes über die Errichtung von Rentenbanken v. 2. März 1850 (GS. S. 12), denen zufolge die an die Rentenbanken abgetretenen

2. die Gebrauchs- und Nutzungsrechte, welche nach den §§ 8, 142 des Allgemeinen Berggesetzes vom 24. Juni 1865 (Gesetz-Samml. S. 705) im Wege des Zwangsverfahrens erworben werden können;
3. die den Rentenbanken überwiesenen Renten und die Domänen-

Renten und die Domänenamortisationsrenten der Eintragung in das Grundbuch nicht bedürfen. Damit ist zugleich der Zweifel, ob nicht nach § 18 Abs. 2 a. a. O. die Eintragung zur Wirksamkeit gegenüber dem öffentlichen Glauben des Grundbuchs in dem Falle nothwendig sei, wenn die Rente an die Stelle einer eingetragenen Reallast tritt (vergl. Entscheidungen des Reichsgerichts in Civils. Bd. 6 S. 292), erledigt. Vergl. Begr. S. 34.

b) Während die genannten Vorschriften des Gesetzes in allen übrigen Landestheilen eingeführt wurden (vergl. die Ablösungsgesetze für Hohenzollern v. 28. Mai 1860, GS. S. 221, § 15; für Schleswig-Holstein v. 3. Januar 1873, GS. S. 3, §§ 41, 42, 53; für Cassel v. 23. Juli 1876, GS. S. 357, §§ 20, 22, ferner die Gesetze v. 16. Juni 1876, GS. S. 369; v. 17. August 1867, GS. S. 377, §§ 25, 26; v. 23. Mai 1885, GS. S. 143, §§ 30, 31; v. 24. Mai 1885, GS. S. 156; bestand bisher in der Provinz Hannover für die Rentenbank- und Domänenamortisationsrenten der Eintragungszwang (Verordnung v. 28. September 1867 § 16, GS. S. 1670; Gesetz v. 3. April 1869 § 6, GS. S. 544; Gesetz v. 28. Mai 1873 §§ 17, 18, GS. S. 253). Derselbe wird wegen seiner praktischen Unzweckmäßigkeit durch Nr. 3 Satztheil 2 beseitigt. Begr. S. 34. Komm. Ber. S. 25.

c) Wenngleich hiernach die Rentenbank- und Domänenamortisationsrenten zur Wirksamkeit gegenüber dem öffentlichen Glauben des Grundbuchs der Eintragung nicht bedürfen, so ist doch die Eintragung derjenigen Renten, welche an die Stelle eingetragener Reallasten getreten sind, instruktionell vorgeschrieben. AG. z. GBO. Art. 12 in Verbindung mit § 18 Abs. 2, § 64 des Gesetzes über die Errichtung von Rentenbanken v. 2. März 1850.

Besondere Bestimmungen bestehen nach § 6 Nr. 6 des Gesetzes, betr. die Beförderung der Errichtung von Rentengütern, v. 7. Juli 1891 (GS. S. 279) und § 23 Abs. 2 Nr. 3 des Gesetzes, betr. das Anerbenrecht bei Renten- und Ansiedelungsgütern v. 8. Juni 1896 (GS. S. 124); vergl. Art. 12 des AG. z. BGB.

d) Die Zulässigkeit der Vorschrift des Art. 22 Nr. 3 gründet sich auf den Art. 114 des EG. z. BGB. (Begr. S. 34), welcher lautet:

Unberührt bleiben die landesgesetzlichen Vorschriften, nach welchen die dem Staate oder einer öffentlichen Anstalt in Folge der Ordnung der gutsherrlich-bäuerlichen Verhältnisse oder der Ablösung von Dienstbarkeiten, Reallasten oder der Oberlehnsherrlichkeit zustehenden Ablösungsrenten und sonstigen Reallasten zu ihrer Begründung und zur Wirksamkeit gegenüber dem öffentlichen Glauben des Grundbuchs nicht der Eintragung bedürfen.

5. Neben den Vorschriften des Art. 22 bleiben in Kraft:

a) der § 45 des Gesetzes über das Grundbuchwesen in dem Bezirk des Appellationsgerichts zu Cassel u. s. w., v. 29. Mai 1873 (GS. S. 273), welcher bestimmt:

Amortisationsrenten; die für die Provinz Hannover bisher geltenden entgegenstehenden Vorschriften werden aufgehoben.

Die nach Massgabe der Kurhessischen Ablösungsgesetze (Gesetz v. 3. Juni 1832 §§ 15, 54, 55, Gesetz v. 31. März 1835 § 8, Gesetz v. 2. April 1835, Gesetz v. 26. August 1848 §§ 17 und 20, Verordnung v. 20. November 1849, Gesetz v. 20. Juni 1850) zur Ablösung aufgehobener Grundzinsen, Zehnten, Dienste, Triftabgaben und anderer Grundlasten, sowie der aufgehobenen Lehns-, Meier- und sonstigen gutsherrlichen Verhältnisse und der an deren Stelle getretenen Ablösungs- und Entschädigungskapitalien aus der Landeskreditkasse erborgten Darlehne behalten auch ohne Eintragung in die Grundbücher ihre bisherigen gesetzlichen Pfand- und Vorzugsrechte an den ehemals pflichtigen Grundstücken, sollen jedoch, soweit sie in den General-Währschafts-, Hypothekensowie sonstigen älteren gerichtlichen Büchern unter dem Titel des Eigenthümers der pflichtigen Grundstücke eingetragen sind, auch in die zweite Abtheilung des Grundbuchs übertragen werden.

Vergl. AG. z. GBO. Art. 32 Nr. 6. Begr. S. 34.

b) der § 1 des Gesetzes über die gerichtliche Eintragung von Grundlasten in den vormals Bayerischen Landestheilen v. 29. Mai 1874 (GS. S. 185):

In den vormals Bayerischen Landestheilen des Bezirks des Appellationsgerichts zu Cassel sind die für ablösbar erklärten Grundlasten sowie die an deren Stelle getretenen Geldansprüche weder in die gegenwärtig üblichen Generalwährschafts- und Hypothekenbücher, noch in die durch das Gesetz v. 29. Mai 1873 über das Grundbuchwesen etc. eingeführten Grundbücher einzutragen, behalten vielmehr ohne Eintragung sowohl dem Eigenthümer als Dritten gegenüber ihre bisherige Wirksamkeit. Auch sollen solche Grundlasten und Geldansprüche, soweit sie in den General-Währschafts- und Hypothekenbüchern unter dem Titel des Eigenthümers eingetragen sind, in die neu anzulegenden Grundbücher nicht übertragen werden.

Die fortdauernde Geltung der Vorschriften unter a und b beruht auf den Art. 113, 114 des EG. z. BGB. Vergl. Begr. S. 34.

6. Für das Verfahren der Zwangsversteigerung und der Zwangsverwaltung bestimmt der Art. 6 Abs. 1 des AR. z. RGes. über die Zwangsversteigerung und die Zwangsverwaltung:

Die Rechte an dem Grundstücke, die nach Artikel 22 des Ausführungsgesetzes zum Bürgerlichen Gesetzbuch oder nach sonstigen landesgesetzlichen Vorschriften zur Wirksamkeit gegenüber dem öffentlichen Glauben des Grundbuchs der Eintragung nicht bedürfen, bleiben auch dann bestehen, wenn sie bei der Feststellung des geringsten Gebots nicht berücksichtigt sind.

Die Rentenbank- und die Domänenamortisationsrenten stehen den öffentlichen Lasten gleich und haben Rang nach den Deichlasten (Art. 3 a. a. O.).

7. Grunddienstbarkeiten, welche unter der Herrschaft des BGB. begründet werden, bedürfen nach § 873 BGB. zu ihrer Entstehung und nach §§ 892, 893 daselbst zur Wirksamkeit gegenüber dem öffentlichen Glauben des Grundbuchs der Eintragung im Grundbuche, während sie nach dem bisherigen Rechte im größten Theile der Monarchie der Eintragung nicht bedurften.

Nachbarrechtliche Beschränkungen des Eigenthums.

Artikel 23.

§ 1. Werden im bisherigen Geltungsbereiche des Rheinischen Rechtes zwei Grundstücke durch eine Mauer geschieden, zu deren Be-

---

Diesem Zustande Rechnung tragend, bestimmt der Art. 187 des EG. z. BGB. hinsichtlich der bisherigen Grunddienstbarkeiten:

Eine Grunddienstbarkeit, die zu der Zeit besteht, zu welcher das Grundbuch als angelegt anzusehen ist, bedarf zur Erhaltung der Wirksamkeit gegenüber dem öffentlichen Glauben des Grundbuchs nicht der Eintragung. Die Eintragung hat jedoch zu erfolgen, wenn sie von dem Berechtigten oder von dem Eigenthümer des belasteten Grundstücks verlangt wird; die Kosten sind von demjenigen zu tragen und vorzuschiessen, welcher die Eintragung verlangt.

Durch Landesgesetz kann bestimmt werden, dass die bestehenden Grunddienstbarkeiten oder einzelne Arten zur Erhaltung der Wirksamkeit gegenüber dem öffentlichen Glauben des Grundbuchs bei der Anlegung des Grundbuchs oder später in das Grundbuch eingetragen werden müssen. Die Bestimmung kann auf einzelne Grundbuchbezirke beschränkt werden.

Das AG. macht von der in dem Abs. 2 des abgedruckten Art. 187 gegebenen Befugniß keinen Gebrauch; es verbleibt daher bei der Regel des Abs. 1. Vergl. Begr. S. 33.

Im Zwangsversteigerungs- und Zwangsverwaltungsverfahren bleiben die der Eintragung nicht bedürfenden Grunddienstbarkeiten auch dann bestehen, wenn sie bei der Feststellung des geringsten Gebots nicht berücksichtigt sind; das Erlöschen ist jedoch auf Verlangen eines Betheiligten als Versteigerungsbedingung zu bestimmen, wenn durch das Fortbestehen ein dem Rechte vorgehendes oder gleichstehendes Recht des Betheiligten beeinträchtigt werden würde; die Zustimmung eines anderen Betheiligten ist nicht erforderlich. § 9 des EG. zu dem Gesetz über die Zwangsversteigerung und Zwangsverwaltung (RGBl. 1898 S. 750) und Art. 6 Abs. 2 des AG. zu demselben.

Der reichsgesetzliche Vorbehalt (Art. 187 EG.) bezieht sich nur auf die zu der Zeit, zu welcher das Grundbuch als angelegt anzusehen ist, bestehenden, d. h. dinglich wirksamen Grunddienstbarkeiten. Es findet daher auf die unter der Herrschaft des Gesetzes über das Grundbuchwesen in dem Bezirke des Appellationsgerichts Cassel 2c. v. 29. Mai 1873 (GS. S. 273) begründeten vertragsmäßigen, nicht eingetragenen Grunddienstbarkeiten keine Anwendung, da nach § 3 Abs. 2 a. a. O. Verträge über Grundgerechtigkeiten nur durch Eintragung im Grundbuche dingliche Wirksamkeit erlangen. Vergl. Begr. z. Art. 6 des Entw. eines AG. z. Gesetz über die Zwangsversteigerung und die Zwangsverwaltung. Das Gleiche gilt von den zu ihrer Entstehung der Eintragung in das Stockbuch bedürfenden aber nicht eingetragenen Grunddienstbarkeiten im Gebiete des vormaligen Herzogthums Nassau. Vergl. Komm. Prot. V S. 4.

Nachbarrechtliche Beschränkungen des Eigenthums.

Das Bürgerl. Gesetzb. enthält im ersten Titel des dritten Abschnitts (§§ 903—924) über den Inhalt des Eigenthums eine Reihe von Vorschriften

nutzung die Eigenthümer der Grundstücke gemeinschaftlich berechtigt sind, so kann der Eigenthümer des einen Grundstücks dem Eigenthümer des anderen Grundstücks nicht verbieten, die Mauer ihrer

---

über nachbarrechtliche Beschränkungen des Eigenthums. Es erschöpft aber die Regelung des Nachbarrechtes nicht; der Art. 124 des EG. bestimmt vielmehr:

Unberührt bleiben die landesgesetzlichen Vorschriften, welche das Eigenthum an Grundstücken zu Gunsten der Nachbarn noch anderen als den im Bürgerlichen Gesetzbuche bestimmten Beschränkungen unterwerfen. Dies gilt insbesondere auch von den Vorschriften, nach welchen Anlagen sowie Bäume und Sträucher nur in einem bestimmten Abstande von der Grenze gehalten werden dürfen.

Auch das Ausführungsgesetz sieht wegen der großen Mannigfaltigkeit des bestehenden Rechtszustandes und der Verschiedenheit der Verhältnisse in den einzelnen Landestheilen von einer Kodifikation des Nachbarrechtes ab. Vergl. Begr. S. 1.

Für das Gebiet des gemeinen Rechts enthält das AG. überhaupt keinerlei auf das Nachbarrecht bezügliche Vorschrift. Vergl. Komm. Prot. VI S. 4.

Für das Gebiet des Allgem. Landr. sind im Art. 89 unter 1b diejenigen nachbarrechtlichen Vorschriften des ALR. nicht aufgehoben, welche nach Art. 124 des EG. nur theilweise berührt werden (§ 101 I 8) oder ganz unberührt bleiben, wie die Bestimmungen der §§ 125—128, 131, 133, 137—140, 142—144, 146—148, 152, 153, 155, 156, 158, 162—167, 169—174, 185, 186 des 8. Titels des ersten Theiles. Ausdrücklich aufgehoben werden dagegen die durch das BGB. ersetzten Vorschriften der §§ 118—124, 134—136, 157, 159—161, 168, 178—184 — alle ersetzt durch §§ 921, 922 BGB. —, der § 177 (ersetzt durch § 910 BGB.) und des § 187 (ersetzt durch § 909 BGB.).

Die §§ 129, 130 daselbst sind aufrecht erhalten worden, um nicht der Entscheidung vorzugreifen, inwieweit diese Vorschriften noch neben dem BGB., insbesondere neben § 907, Bedeutung behalten. Begr. S. 203.

Die Vorschriften des Rheinischen Bürgerl. Gesetzb. über das Nachbarrecht sind zum Theil gleichfalls durch die entsprechenden Vorschriften des BGB. ersetzt, so die Art. 657 und 662 über die Benutzung einer Scheidemauer durch § 922, Art. 672 Abs. 2, 3 über herüberragende Zweige und eindringende Wurzeln durch § 910, Art. 673 über gemeinschaftliche Bäume durch § 923, die Art. 682 bis 685 über den Nothweg durch die §§ 917, 918, 924 BGB. Dagegen sind auf Grund des Art. 124 des EG. z. BGB. aufrecht erhalten die Art. 671 und 672 Abs. 1, die sich auf die Abstände der an der Grenze befindlichen Bäume und Hecken beziehen, ferner die Art. 674—681 über Anlagen an der Grenze, über das Fensterrecht und die Dachtraufe (siehe Art. 89 Nr. 2). Auch der Inhalt der Art. 658—660 über die Erhöhung einer Scheidemauer ist an sich aufrecht erhalten, derselbe bedurfte aber mit Rücksicht auf das Reichsrecht einer anderen Fassung und ist daher unter Aufhebung der bezeichneten Artikel (Art. 89 Nr. 2) im Art. 23 des AG. in neuer Form wiedergegeben (s. Anm. 1 zu Art. 23). Die Art. 661 über die Gemeinschaftlichmachung einer Grenzmauer und Art. 663 über die Errichtung einer Scheidemauer sind, vorbehaltlich der im Art. 24 des

ganzen Dicke nach zu erhöhen, wenn ihm nachgewiesen wird, daß durch die Erhöhung die Mauer nicht gefährdet wird.

Der sich aus der Vorschrift des Abs. 1 ergebende Anspruch unterliegt nicht der Verjährung.

AG. getroffenen Uebergangsvorschrift, durch Art. 89 Nr. 2 aufgehoben. Vergl. Begr. S. 216 ff.

Artikel 23. § 1.

1. Der Art. 23 ersetzt, wie erwähnt, die Vorschriften der §§ 658—660 des Rheinischen Bürgerl. Gesetzb. über die Erhöhung einer Scheidemauer (mur mitoyen), d. i. einer Mauer, welche auf der Scheidelinie zwischen zwei Grundstücken hinläuft, so daß sie ihrer Länge nach zur Hälfte auf dem einen, zur anderen Hälfte auf dem anderen Grundstücke steht. Komm. Ber. S. 26.

Nach dem Eigenthumsbegriffe des BGB., welcher nach Art. 181 Abs. 1 des EG. mit dem Inkrafttreten des BGB. sofort überall zur Anwendung kommt, ist die Scheidemauer als durch die Grenzlinie getrennt im Sondereigenthum der Nachbarn stehend zu denken. Daraus folgt, a) daß jeder Eigenthümer ohne Zustimmung des Nachbarn nur befugt ist, den ihm zugehörenden Theil der Mauer zu erhöhen, andererseits aber, b) daß der Nachbar auf Grund seines Eigenthumsrechts befugt ist, den auf seinem Grundstücke stehenden Theil der erhöhten Mauer ohne Entschädigung des Bauenden auch seinerseits in Benutzung zu nehmen. Dies steht in beiden Punkten im Gegensatze zu den obigen Vorschriften des Rheinischen Rechtes. Nach der diesem eigenthümlichen Auffassung über die mitoyenneté ist jeder Nachbar befugt, die Mauer ohne Zustimmung des anderen auf seine Kosten zu erhöhen; an dem neuen Theile der Mauer hat der andere Nachbar zunächst kein Recht, doch kann er die Gemeinschaft dadurch erwerben, daß er die Hälfte der Erhöhungskosten und, wenn die Mauer bei der Erhöhung hat verstärkt werden müssen, die Hälfte des Grund und Bodens bezahlt, den der Bauende dazu hergegeben hat.

Der Art. 23 erhält in Uebereinstimmung mit den AG. für Elsaß-Lothringen (§ 71), Baden (Art. 13), Hessen (Art. 82), Bayern (Art. 68) diese Eigenthümlichkeiten des Rheinischen Rechtes durch Einführung einer doppelten Eigenthumsbeschränkung (§§ 1 und 2) materiell aufrecht.

Die Zulässigkeit der Vorschrift stützt sich auf Art. 124 des EG. z. BGB.; insbesondere steht der von der gemeinschaftlichen Benutzung einer Mauer handelnde § 922 BGB. nicht im Wege, da die Erhöhung über den Begriff der Benutzung hinausgeht. Begr. S. 217, Komm. Ber. S. 29.

Die Bestimmungen des Art. 23 gelten ebenso wie die §§ 921, 922 BGB. nicht nur für die erst zu errichtenden Mauern, sondern auch für die beim Inkrafttreten des Gesetzes bereits bestehenden Mauern. Begr. S. 217; Komm. Ber. S. 31, 32.

2. Die Anwendung des Artikels setzt voraus, daß die Eigenthümer zur Benutzung der Mauer gemeinschaftlich berechtigt sind; dies wird bei Mauern, welche zwei Grundstücke scheiden, nach § 921 BGB. vermuthet, sofern nicht äußere Merkmale darauf hinweisen, daß die Mauer einem der Nachbarn allein gehört.

§ 2. Der Eigenthümer des Grundstücks, von dem aus die Erhöhung erfolgt ist, kann dem Eigenthümer des anderen Grundstücks die Benutzung des Aufbaues verbieten, bis ihm für die Hälfte oder, wenn nur ein Theil des Aufbaues benutzt werden soll, für den entsprechenden Theil der Baukosten Ersatz geleistet wird. Solange das Verbietungsrecht besteht, hat der Berechtigte den Mehraufwand zu tragen, den die Unterhaltung der Mauer in Folge der Erhöhung verursacht.

Das Verbietungsrecht erlischt durch Einigung der Eigenthümer.

---

3. Der Nachbar muß dulden, daß der andere Nachbar die Mauer ihrer ganzen Dicke nach erhöht, wenn ihm nachgewiesen wird, daß durch die Erhöhung die Mauer nicht gefährdet wird.

In Bezug auf diesen Nachweis wurde in der Kommission des Abgeordnetenhauses seitens der Vertretung der Staatsregierung ausgeführt, „der Nachweis solle nicht durchaus im Prozeßwege geführt werden, sondern jede Art des Nachweises statthaft sein, z. B. durch Gutachten eines Maurermeisters"; „der Prozeß würde erst dann einzutreten haben, wenn der Nachbar den ihm beigebrachten Nachweis nicht gelten lassen wolle; so entspreche es dem praktischen Bedürfnisse und dem jetzt geltenden Recht"; die von einem Kommissionsmitglied beantragte Streichung der Worte „wenn ihm nachgewiesen wird, daß" „würde eine Abweichung vom französischen Rechte in sich schließen (vergl. code civil Art. 662); nach der Vorlage könne der Nachbar desjenigen, der die Mauer erhöhen wolle, der Erhöhung widersprechen, bis ihm der Nachweis der genügenden Stärke der Mauer erbracht sei, er brauche daher die Prozeßkosten nicht zu tragen, wenn er auf Duldung der Erhöhung verklagt werde und der in Frage stehende Nachweis erst im Prozesse erbracht werde (CPO. § 93)". Komm. Ber. S. 29.

4. Der § 1 Abs. 2 entspricht dem § 924 BGB. und ist auch bisher Rechtens. Begr. S. 218; Komm. Ber. S. 29.

§ 2.

1. Der Nachbar darf auch den ihm als Eigenthum zufallenden Theil des Aufbaues nicht benutzen, wenn ihm der Eigenthümer des Grundstücks, von dem aus die Erhöhung erfolgt ist, die Benutzung verbietet, es sei denn, daß diesem die Hälfte oder der sonst der Benutzung entsprechende Theil der Baukosten ersetzt wird.

Das Verbietungsrecht wie der mit diesem verbundene Anspruch auf den Baukostenersatz sind, wie auf desfallsige Anfrage in der Kommission des AH. regierungsseitig anerkannt wurde, dinglicher Natur und mit dem Eigenthum des Grundstücks verknüpft, von dem aus die Mauer erhöht ist. Komm. Ber. S. 31.

2. Die „Baukosten", nicht der Bauwerth, sind zu ersetzen. Dies entspricht dem bisherigen Recht. Baukosten, die durch eine mangelhafte Leitung oder Ausführung der Bauarbeiten entstanden sind, brauchen, wie in der Kommission des AH. regierungsseitig bemerkt wurde, nicht ersetzt zu werden. Komm. Ber. S. 31.

§ 3. Wird die Mauer zum Zwecke der Erhöhung verstärkt, so ist die Verstärkung auf dem Grundstück anzubringen, dessen Eigenthümer die Erhöhung unternimmt. Der von dem Eigenthümer des anderen Grundstücks nach § 2 zu ersetzende Betrag der gesammten Baukosten erhöht sich um den entsprechenden Theil des Werthes der zu der Verstärkung verwendeten Grundfläche. Verlangt der Eigenthümer des Grundstücks, auf dem die Verstärkung angebracht worden ist, die Ersatzleistung, so ist er verpflichtet, dem Eigenthümer des anderen Grundstücks das Eigenthum an der zu der Mauer verwendeten Grundfläche seines Grundstücks soweit zu übertragen, daß die neue Grenzlinie durch die Mitte der verstärkten Mauer geht; die Vorschriften über den Kauf finden Anwendung.

---

3. Der bauende Nachbar hat keine Klage auf den Ersatz, sondern nur das Verbietungsrecht.

Andere Bundesstaaten (Hessen, Art. 82; Bayern Art. 68) schreiben mit Rücksicht darauf, daß es sich bei der Ersatzleistung um die Erfüllung einer Bedingung, nicht um ein Schuldverhältniß handelt und daher die auf das Erlöschen eines solchen bezüglichen Vorschriften des BGB. nicht ohne Weiteres Anwendung finden, ausdrücklich vor, daß die Ersatzleistung auch durch Hinterlegung oder Aufrechnung erfolgen könne (vergl. Begr. z. Art. 83 des Großh. Hessischen Entw. S. 69). Dies wird auch dem Sinne des § 2 entsprechen; vergl. § 3 letzter Satz.

4. Der durch die Erhöhung verursachte Mehraufwand an Unterhaltungskosten fällt, so lange das Verbietungsrecht besteht, dem zur Verbietung Berechtigten zur Last (§ 2 Abs. 1 Satz 2); mit dem Erlöschen des Verbietungsrechts sind sie gemeinschaftlich zu tragen (§ 922 BGB.).

5. Ohne die Vorschrift des § 2 Abs. 2 würde ein Verzicht auf das Verbietungsrecht mit Wirkung gegen die Grundstücksnachfolger nur im Wege der Bestellung einer entsprechenden Grunddienstbarkeit möglich sein (BGB. §§ 96, 1018). Dies würde aber dem vorübergehenden Charakter des Verbietungsrechts nicht entsprechen, da dieses im Wesentlichen nur den Zweck hat, den Ersatz der Baukosten herbeizuführen. Vergl. Begr. S. 218.

Die vorgeschriebene Einigung der Eigenthümer ist an keine Form gebunden. Begr. S. 218.

Ein einseitiger Verzicht auf das Verbietungsrecht ist nicht zugelassen, weil von dem Erlöschen des Verbietungsrechtes an der Nachbar den Mehraufwand an den Unterhaltungskosten mitzutragen hat (siehe Anm. 4). Begr. S. 218. Komm. Ber. S. 31.

§ 3.

In Abweichung vom bisherigen Recht (Art. 659 Rhein. BGB.) ist dem Bauenden nicht das Recht verliehen, die Mauer, falls sie nicht stark genug ist, um die beabsichtigte Erhöhung zu tragen, abzureißen und von Grund aus neu aufzubauen. Er kann diesen Zweck nur dadurch erreichen, daß er die vorhandene Mauer auf seinem Grundstück verstärkt. (Vergl. Begr. zu dem

Artikel 24.

Hat im bisherigen Geltungsbereiche des Rheinischen Rechtes der Eigenthümer eines Grundstücks vor dem Inkrafttreten des Bürgerlichen Gesetzbuchs auf Grund des Artikel 663 des Rheinischen Bürgerlichen Gesetzbuchs von seinem Nachbar verlangt, daß er zur Errichtung einer Scheidemauer beitrage, so bleiben für das Recht und die Pflicht zur Errichtung der Mauer die bisherigen Vorschriften maßgebend.

Art. 83 des Hessischen Entw. S. 69). Will der andere Nachbar den Aufbau mit benutzen, so erhöht sich der zu ersetzende Betrag um den entsprechenden Theil des Werthes der zur Verstärkung verwendeten Grundfläche. In diesem Falle ist hinwiederum der Eigenthümer des Grundstücks, auf dem die Verstärkung erfolgt ist, falls er die Ersatzleistung für die Mitbenutzung des Aufbaues verlangt, zur Herbeiführung einer Grenzverschiebung verpflichtet, so daß die neue Grenzlinie durch die Mitte der verstärkten Mauer geht.

Des Näheren richten sich die beiderseitigen Verpflichtungen, dem § 915 BGB. analog, nach den Vorschriften über den Kauf; es haben daher insbesondere die Ersatzleistung und die Eigenthumsübertragung Zug um Zug zu erfolgen. Komm. Ber. S. 31.

Artikel 24.

Der im Text angezogene Art. 663 des Rheinischen BGB. lautet:

In den Städten und Vorstädten kann jeder seinen Nachbar zwingen, dass er zur Erbauung und Ausbesserung der Scheidewand mit beitrage, welche ihre in diesen Städten und Vorstädten gelegenen Häuser, Hofräume und Gärten von einander scheidet. Die Höhe der Scheidewand wird nach den besonderen Verordnungen oder nach dem beständigen und anerkannten Herkommen bestimmt, in Ermangelung des Herkommens und der Verordnungen soll jede Scheidewand zwischen Nachbarn, die in Zukunft aufgerichtet oder wieder hergestellt werden wird, in den Städten von fünfzigtausend Seelen und darüber (mit Inbegriff des Mauerdachs), wenigstens zweiunddreissig Dezimeter (zehn Fuss), und in den übrigen Städten sechsundzwanzig Dezimeter (acht Fuss) hoch sein.

Diese Vorschrift ist im Art. 89 Nr. 2 des Gesetzes aufgehoben, der Art. 24 trifft jedoch eine Uebergangsbestimmung für den Fall, daß der Beitrag zur Errichtung einer Scheidemauer vor dem Inkrafttreten des BGB. verlangt ist.

Das Verlangen braucht nicht gerichtlich gestellt, sondern nur irgendwie zum Ausdrucke gebracht zu sein. Komm. Ber. S. 34.

Vergl. die AG. für Elsaß-Lothr. § 69, Bayern Art. 70, Baden Art. 14, Hessen Art. 215.

Widerrufliches Eigenthum an Grundstücken.

Artikel 25.

Steht im bisherigen Geltungsbereiche des Rheinischen Rechtes dem früheren Eigenthümer eines Grundstücks auf Grund eines Rechtsgeschäfts, durch welches das Grundstück veräußert worden ist, ein Recht zu, vermöge dessen bei dem Eintritt eines bestimmten Umstandes das Eigenthum an dem Grundstücke mit rückwirkender Kraft an ihn zurückfällt, so verwandelt sich das Rückfallsrecht zu der Zeit, zu welcher das Grundbuch als angelegt anzusehen ist, in einen Anspruch auf Rückübertragung des Eigenthums und Befreiung des Grundstücks von den dem Rückfallsberechtigten gegenüber nicht wirksamen Belastungen. Diejenigen, gegen welche sich der Anspruch richtet, sind verpflichtet, die Eintragung einer Vormerkung zur Sicherung des Anspruchs zu bewilligen.

Die vor der im Abs. 1 bezeichneten Zeit erfolgte Eintragung des Rückfallsrechts gilt als Eintragung einer Vormerkung.

Widerrufliches Eigenthum an Grundstücken.

Artikel 25.

Der Art. 25 enthält eine Uebergangsvorschrift für die Fälle des sogenannten widerruflichen Eigenthumes oder Rückfallsrechtes im Geltungsbereiche des Rheinischen Rechtes.

1. Das Letztere kennt, wie die Begr. S. 35 ausführt, zahlreiche Fälle, in denen die rechtsgeschäftliche Uebertragung des Eigenthums, sei es auf Klage des Veräußerers oder seiner Erben durch Urtheil, sei es unmittelbar kraft Gesetzes, mit rückwirkender Kraft wieder aufgehoben wird. Der Veräußerer erhält alsdann, insbesondere auch im Falle des gesetzlichen Resiliationsrechtes nach Art. 1184 des Rheinischen Bürgerlichen Gesetzbuchs, den veräußerten Gegenstand frei von allen gegen den Erwerber begründeten Lasten zurück. In Bezug auf Grundstücke ist das Rückfallsrecht dritten gegenüber eingeschränkt durch § 7 des Gesetzes über das Grundbuchwesen ꝛc. im Geltungsbereiche des Rheinischen Rechtes v. 12. April 1888 (GS. S. 52), welcher lautet:

Das Recht, einen Eigenthumsübergang rückgängig zu machen, wirkt, sofern die Widerruflichkeit des Ueberganges nicht im Grundbuch eingetragen ist, gegen einen Dritten, welcher ein Recht an dem Grundstück gegen Entgelt erworben hat, nur dann, wenn zur Zeit dieses Erwerbes der Fall der Rückgängigmachung bereits eingetreten und dieses dem Dritten bekannt war.

In Ansehung einer kraft Gesetzes eintretenden Wiederaufhebung eines Eigenthumsüberganges finden die Bestimmungen des ersten Absatzes entsprechende Anwendung.

2. Nach den Vorschriften des Art. 25 ist zu unterscheiden, ob das Grundbuch (im Sinne der Reichsgesetze) als angelegt anzusehen ist, oder nicht. Der Zeitpunkt, zu welchem das Grundbuch für einen Bezirk als angelegt anzusehen ist, wird durch Königl. Verordnung bekannt gemacht; ist das Grundbuch für

Form der Auflassung.

Artikel 26.

Für Grundstücke, die im bisherigen Geltungsbereiche des Rheinischen Rechtes belegen sind, gelten folgende Vorschriften:

§ 1. Die Auflassung sowie die zur Bestellung oder Uebertragung eines Erbbaurechts erforderliche Einigung kann außer vor dem Grundbuchamt auch vor einem anderen Preußischen Amtsgericht oder vor einem Preußischen Notar erklärt werden. Durch Königliche Verordnung kann bestimmt werden, daß auch die Amtsgerichte oder die Notare anderer Bundesstaaten zuständig sind.

Jeder Theil ist berechtigt, zu verlangen, daß die Auflassung vor dem Grundbuchamt erfolgt.

einen Bezirk als angelegt anzusehen, so ist die Anlegung auch für solche zu dem Bezirke gehörende Grundstücke, die noch kein Blatt im Grundbuche haben, als erfolgt anzusehen, soweit nicht bestimmte Grundstücke durch besondere Anordnung ausgenommen sind (Art. 186 EG. z. BGB.).

Solange das Grundbuch nicht als angelegt anzusehen ist, vollzieht sich der Uebergang des Eigenthums beim Eintritt des Widerruflichkeitsfalles dem Art. 189 des EG. z. BGB. zufolge nach den bisherigen Vorschriften.

Von dem gedachten Zeitpunkte an kommen dagegen die reichsgesetzlichen Vorschriften über den Eigenthumserwerb zur Anwendung. Letztere kennen bei Grundstücken einen sich kraft Rückfallsrechtes vollziehenden Eigenthumserwerb so wenig wie einen bedingten Eigenthumserwerb (§ 925 Abs. 2 BGB.). Der Art. 25 verwandelt daher das Rückfallsrecht von jenem Zeitpunkte ab in einen dessen Zweck sichernden obligatorischen Anspruch. Der Anspruch ist gerichtet

a) auf Rückübertragung des Eigenthums,

b) auf Befreiung des Grundstücks von den dem Rückfallsberechtigten gegenüber nicht wirksamen Belastungen,

c) auf Eintragung einer Vormerkung zur Sicherung der unter a und b bezeichneten Leistungen. Die Eintragung der Vormerkung kann im Wege der einstweiligen Verfügung erwirkt werden (§§ 883, 885 BGB.). Mangels der Eintragung der Vormerkung ist, abweichend von § 7 des Gesetzes v. 12. April 1888, dem Reichsrechte gemäß nicht blos der entgeltliche, sondern auch der unentgeltliche Erwerber geschützt. Begr. S. 35. Komm. Ber. S. 34.

3. Die Umwandlung des Rückfallsrechts in den Anspruch vollzieht sich auch, wenn das Rückfallsrecht bereits vor der Zeit, zu welcher das Grundbuch als angelegt anzusehen ist, nach den bisherigen Gesetzen im Grundbuch eingetragen ist. Der Art. 25 Abs. 2 schneidet für diesen Fall die Nothwendigkeit einer nochmaligen Eintragung ab. Begr. S. 36. Komm. Ber. S. 34.

Form der Auflassung.

Artikel 26. § 1.

1. Die Auflassung, d. i. die zur Uebertragung des Eigenthums an einem Grundstücke nach § 873 BGB. erforderliche Einigung des Veräußerers und des

§ 2. Bei der Auflassung bedarf es der gleichzeitigen Anwesenheit beider Theile nicht, wenn das Grundstück durch ein Amtsgericht oder einen Notar versteigert worden ist und die Auflassung noch in dem Versteigerungstermine stattfindet.

Erwerbers, muß nach § 925 BGB. bei gleichzeitiger Anwesenheit beider Theile vor dem Grundbuchamt erklärt werden. Das Gleiche gilt nach §§ 1015, 1017 BGB. für die zur Bestellung und zur Uebertragung des Erbbaurechts erforderlichen Einigungen. Der Art. 143 Abs. 1 des EG. z. BGB. gestattet jedoch der Landesgesetzgebung, die Zuständigkeit anderweitig zu regeln, indem er bestimmt:

Unberührt bleiben die landesgesetzlichen Vorschriften, welche in Ansehung der in dem Gebiete des Bundesstaats liegenden Grundstücke bestimmen, dass die Einigung der Parteien in den Fällen der §§ 925, 1015 des Bürgerlichen Gesetzbuchs ausser vor dem Grundbuchamt auch vor Gericht, vor einem Notar, vor einer anderen Behörde oder vor einem anderen Beamten erklärt werden kann.

Von dieser Befugniß Gebrauch machend, erklärt der § 1 hinsichtlich der im Bereiche des Rheinischen Rechtes gelegenen Grundstücke für die genannten Geschäfte außer dem das Grundbuchamt bildenden Amtsgerichte (Art. 1—3 des AG. z. GBO.) auch jedes andere Preuß. Amtsgericht und jeden Preuß. Notar für zuständig.

Die Vorschrift schließt sich der Bestimmung des § 5 des Gesetzes v. 12. April 1888 über das Grundbuchwesen 2c. im Geltungsbereiche des Rheinischen Rechtes (GS. S. 52) an; im Gegensatze zu dieser ist aber nicht jedes deutsche Amtsgericht oder jeder deutsche Notar kraft Gesetzes zuständig; vielmehr ist die Frage, inwieweit auch die Amtsgerichte und Notare eines anderen Bundesstaates zuständig sein sollen, einer Königlichen Verordnung überlassen (Abs. 1 Satz 2). „Auf diese Weise wird es möglich, die Entscheidung von der Stellungnahme der anderen Bundesstaaten abhängig zu machen, und die Preußischen, insbesondere die Rheinischen Notare vor der Benachtheiligung zu bewahren, die sich ergeben würde, wenn sie selbst nur in Bezug auf Preußische Grundstücke, die Notare der benachbarten Staaten dagegen sowohl für die inländischen als auch für die Preußischen Grundstücke zuständig wären." Begr. S. 37. — Vergl. die Ausführungsgesetze für Bayern Art. 81; Württemberg Art. 34 ff.; Sachsen § 13; Hessen Art. 91, 270; Elsaß-Lothringen §§ 89, 90.

„Der im § 5 Abs. 2 des Gesetzes v. 12. April 1888 behandelte Fall, daß dem Grundbuchamte mehrere Gesuche auf Eintragung des Eigenthümers vorgelegt werden, findet künftig seine Regelung durch § 17 der Reichs-Grundbuchordnung. Ebenso entscheidet sich die im § 5 Abs. 3 des Gesetzes berührte Frage, wie die bei der Auflassung vor Gericht oder Notar vom Erwerber bewilligten Eintragungen zu erfolgen haben, künftig nach den §§ 19, 40 der Reichsgrundbuchordnung." Begr. S. 37.

§ 2.

Die Vorschrift des § 2 ist durch den Vorbehalt im Art. 143 Abs. 2 des EG. z. BGB. vorgesehen:

Unberührt bleiben die landesgesetzlichen Vorschriften, nach welchen es bei der Auflassung eines Grundstücks der gleichzeitigen Anwesenheit beider Theile

Uebertragung des Eigenthums an buchungsfreien Grundstücken.

Artikel 27.

Zur Uebertragung des Eigenthums an einem Grundstücke, das im Grundbuche nicht eingetragen ist und auch nach der Uebertragung nicht eingetragen zu werden braucht, ist die Einigung des Veräußerers und des Erwerbers über den Eintritt der Uebertragung erforderlich. Die Einigung bedarf der gerichtlichen oder notariellen Beurkundung; wird einer der Betheiligten durch eine öffentliche Behörde vertreten, so genügt die Beurkundung durch einen nach Artikel 12 § 2 für die Beurkundung des Veräußerungsvertrags zuständigen Beamten.

Die Uebertragung des Eigenthums kann nicht unter einer Bedingung oder einer Zeitbestimmung erfolgen.

---

nicht bedarf, wenn das Grundstück durch ein Gericht oder einen Notar versteigert worden ist und die Auflassung noch in dem Versteigerungstermine statt findet.

Eine gleiche Abschwächung der strengen Auflassungsform enthielt der Art. III Nr. 5a des Gesetzes v. 14. Juli 1893 (GS. S. 185) für die notariellen Versteigerungen; der § 2 ersetzt diese Vorschrift und dehnt sie zugleich auf die amtsgerichtlichen Versteigerungen aus. Begr. S. 37.

Uebertragung des Eigenthums an buchungsfreien Grundstücken.

Artikel 27.

1. Der Art. 27 enthält eine Ausnahme von der Vorschrift des BGB., wonach zur rechtsgeschäftlichen Uebertragung des Eigenthums an einem Grundstücke Auflassung und Eintragung im Grundbuche, mithin die vorherige Anlegung eines Grundbuchblatts erforderlich ist (§§ 873, 925). Er fußt auf dem Art. 127 des EG. z. BGB.:

Unberührt bleiben die landesgesetzlichen Vorschriften über die Uebertragung des Eigenthums an einem Grundstücke, das im Grundbuche nicht eingetragen ist und nach den Vorschriften der Grundbuchordnung auch nach der Uebertragung nicht eingetragen zu werden braucht.

Die Anlegung eines Grundbuchblattes und die Eintragung des Eigenthumsüberganges wäre bei buchungsfreien Grundstücken unter Umständen eine zwecklose Förmlichkeit; denn der Erwerber könnte nach § 90 Abs. 2 der Reichs-GBO. alsbald nach der Eintragung wieder die Ausscheidung des Grundstückes aus dem Grundbuche beantragen. Daher knüpft der Art. 26 den Eigenthumsübergang unter Beseitigung des Erfordernisses der Eintragung an die bloße Einigung. Begr. S. 37. Komm. Ber. S. 37.

2. Die buchungsfreien Grundstücke ergeben sich aus der auf Grund des § 90 Abs. 1 der Reichs-GBO. zu erlassenden Königl. Verordnung.

Die Einigung bedarf der im Abs. 1 Satz 2 vorgeschriebenen Form. Beurkundung durch das Grundbuchamt ist nicht erforderlich. Abweichend von der Auflassung ist bei der gerichtlichen oder notariellen Beurkundung der Einigung die gleichzeitige Anwesenheit beider Theile nicht erforderlich; es ge-

Besitzschutz bei Grunddienstbarkeiten.

Artikel 28.

Für den Schutz der Ausübung einer Grunddienstbarkeit gelten, auch bevor das Grundbuch für das Grundstück als angelegt anzusehen ist, wenn die Grunddienstbarkeit in einem über das Grundstück geführten gerichtlichen Buche eingetragen ist, die Vorschriften des § 1029 des Bürgerlichen Gesetzbuchs, anderenfalls die Vorschriften des Artikel 191 Abs. 2 des Einführungsgesetzes zum Bürgerlichen Gesetzbuche.

---

nügt, daß zunächst der Antrag und sodann die Annahme des Antrags beurkundet wird (§ 128 BGB.). Begr. S. 38.

3. Die Vorschrift des Abs. 2 entspricht dem § 925 Abs. 2 BGB. Eine an eine Bedingung oder Zeitbestimmung geknüpfte Einigung bewirkt keinen Eigenthumsübergang, läßt aber selbstverständlich die Wirksamkeit des der Einigung zu Grunde liegenden etwaigen bedingten oder betagten Rechtsgeschäftes unberührt. Vergl. Komm. Prot. VII S. 2.

4. Soll ein buchungsfreies Grundstück mit einer Hypothek oder einem sonstigen der Eintragung bedürfenden Rechte belastet werden, so muß nach Reichsrecht ein Grundbuchblatt gebildet werden. Für die Belastung mit einer Dienstbarkeit könnte zwar die Landesgesetzgebung nach dem Vorbehalt des Art. 128 des EG. z. BGB. ein Anderes bestimmen, von diesem Vorbehalt ist aber kein Gebrauch gemacht worden; ein darauf abzielender Antrag wurde in der Kommission des AH. abgelehnt. Begr. S. 38. Komm. Ber. S. 37.

Für die Aufhebung eines zu der Zeit, zu welcher das Grundbuch als angelegt anzusehen ist, an einem Grundstücke bestehenden Rechtes bleiben auch nach dieser Zeit die bisherigen Gesetze allgemein maßgebend, so lange das Recht nicht in das Grundbuch eingetragen ist (EG. z. BGB. Art. 189 Abs. 3). Vergl. Begr. S. 38.

Besitzschutz bei Grunddienstbarkeiten.

Artikel 28.

1. Von der Zeit an, zu welcher das Grundbuch im Sinne des Reichsrechts als angelegt anzusehen ist (siehe oben Seite 86, Anm. 2), bestimmt sich der Besitzschutz bei Grunddienstbarkeiten nach Reichsrecht, und zwar

a) wenn die Dienstbarkeit in das Grundbuch eingetragen ist, nach § 1029 des BGB.:

Wird der Besitzer eines Grundstücks in der Ausübung einer für den Eigenthümer im Grundbuch eingetragenen Grunddienstbarkeit gestört, so finden die für den Besitzschutz geltenden Vorschriften entsprechende Anwendung, soweit die Dienstbarkeit innerhalb eines Jahres vor der Störung, sei es auch nur einmal, ausgeübt worden ist;

b) andernfalls nach Art. 191 Abs. 2 des EG. z. BGB.:

Von der Zeit an, zu welcher das Grundbuch als angelegt anzusehen ist, finden zum Schutze der Ausübung einer Grunddienstbarkeit, mit welcher das

Wiederkaufsrecht bei Rentengütern.

Artikel 29.

§ 1. Ein Grundstück, welches gegen Uebernahme einer festen Geldrente zu Eigenthum übertragen ist (Rentengut), kann zu Gunsten des Veräußerers in der Weise belastet werden, daß dieser dem Eigenthümer gegenüber zum Wiederkaufe berechtigt ist.

Das Wiederkaufsrecht kann auch zu Gunsten des jeweiligen Eigenthümers eines Grundstücks des Veräußerers bestellt werden.

Halten einer dauernden Anlage verbunden ist, die für den Besitzschutz geltenden Vorschriften des Bürgerlichen Gesetzbuchs entsprechende Anwendung, solange Dienstbarkeiten dieser Art nach Artikel 128 oder Artikel 187 zur Erhaltung der Wirksamkeit gegenüber dem öffentlichen Glauben des Grundbuchs nicht der Eintragung bedürfen. Das Gleiche gilt für Grunddienstbarkeiten anderer Art mit der Massgabe, dass der Besitzschutz nur gewährt wird, wenn die Dienstbarkeit in jedem der drei letzten Jahre vor der Störung mindestens einmal ausgeübt worden ist.

2. Der Art. 28 macht die gleichen Vorschriften auch für die Zeit, bevor das Grundbuch für das Grundstück als angelegt anzusehen ist, anwendbar, gleichgiltig, ob die Grunddienstbarkeit vor oder nach dem Inkrafttreten des BGB. begründet worden ist, und stellt dabei ein bisher über das Grundstück geführtes gerichtliches Buch, wie z. B. das Stockbuch in Nassau, dem Grundbuche gleich. Begr. S. 41. Komm. Ber. S. 39.

Die Zulässigkeit der Vorschrift gründet sich auf Art. 191 Abs. 1 des EG. z. BGB., ihre praktische Bedeutung wird sich, da voraussichtlich die bisherigen Preuß. Grundbücher auf Grund des § 87 der Reichs-GBO. zu Grundbüchern im Sinne der Reichsgesetze erklärt werden, auf diejenigen Bezirke des gemeinen und des Rheinischen Rechts beschränken, für welche die Anlegung des Grundbuchs erst nach dem Inkrafttreten des BGB. zum Abschlusse kommt. Begr. S. 41.

Wiederkaufsrecht bei Rentengütern.

Artikel 29. § 1.

1. Das BGB. kennt nur eine geschlossene Zahl dinglicher Rechte. Zu diesen gehört das Wiederkaufsrecht nicht; das in den §§ 497—503 des BGB. geregelte Wiederkaufsrecht hat nur obligatorische Wirkung. Demgegenüber läßt der vorliegende Art. 29 auf Grund des Vorbehalts des Art. 62 des EG. z. BGB., welcher lautet:

Unberührt bleiben die landesgesetzlichen Vorschriften über Rentengüter,

die Bestellung eines zeitlich unbeschränkten dinglichen Wiederkaufsrechts für den Rentengutsgeber zu. Dasselbe bezweckt zur Förderung des durch die Rentengutsgesetzgebung erstrebten Zieles der inneren Kolonisation die Selbstständigkeit der Rentengüter zu sichern, sie in gutem Kulturzustande zu erhalten und Einfluß auf die Person des späteren Rentengutsbesitzers zu gewähren, insbesondere die Ansiedelungsgüter in deutscher Hand zu erhalten. Begr. S. 41, 43. Komm. Ber. S. 39.

§ 2. Ein Bruchtheil eines Rentenguts kann mit dem Wiederkaufsrechte nur belastet werden, wenn er in dem Antheil eines Miteigenthümers besteht.

§ 3. Das Wiederkaufsrecht beschränkt sich auf die Fälle, daß der Eigenthümer das Rentengut verkauft oder sich durch einen sonstigen Vertrag zur Uebertragung des Eigenthums verpflichtet oder daß das

---

Nach dem bisherigen Rechte wurde dieser Zweck durch die Eintragung des Wiederkaufsrechts im Grundbuche nach § 12 des Gesetzes über den Eigenthumserwerb ꝛc. v. 5. Mai 1872, durch die es dingliche Wirkung gegen Dritte erhielt, erreicht. Das obligatorische Wiederkaufsrecht des BGB. kann zwar, wie die Begr. S. 42 bemerkt, gemäß § 883 BGB. ebenfalls „durch Eintragung einer Vormerkung derart gesichert werden, daß der durch die Ausübung des Rechtes entstehende Anspruch auf Rückübertragung des Eigenthums auch einem dritten Erwerber gegenüber wirksam ist; um jedoch den Rentengutsgeber den späteren Erwerbern gegenüber unmittelbar zum Wiederkaufe zu berechtigen, müßte das Recht jedem Erwerber gegenüber von neuem vereinbart und wiederum durch Vormerkung gesichert werden", was praktisch undurchführbar wäre. Auch das dingliche Vorkaufsrecht des BGB. (§§ 1094—1104) oder die etwaige Eintragung einer Vertragsstrafe als Hypothek würden den Zwecken der Rentengutsbildung nicht genügen, ersteres, weil es nur bei Kauf, nicht bei Tausch u. s. w. geltend gemacht werden kann, letztere, weil sie den Realkredit des Rentenguts in Frage stellen würde. Begr. S. 42.

2. Das dingliche Wiederkaufsrecht des Art. 29 ist dem dinglichen Vorkaufsrecht des BGB. (§§ 1094—1104) nachgebildet; die Abweichungen ergeben sich aus der rechtlichen Natur des Wiederkaufsrechts und aus den Zwecken, die es bei der Rentengutsbildung verfolgt. Begr. S. 42. Komm. Ber. S. 39.

3. Der § 1 entspricht dem § 1094 BGB. Die Bestellung des dinglichen Wiederkaufsrechts erfolgt nach Maßgabe des § 873 BGB. durch Einigung und Eintragung im Grundbuche.

Das dingliche Wiederkaufsrecht kann, wie das dingliche Vorkaufsrecht (§ 1094 BGB.) und die Reallasten (§ 1105 BGB.), subjektiv persönlich oder subjektiv dinglich sein (§ 1 Abs. 2); im ersteren Falle kann es nicht mit dem Eigenthum an einem Grundstück verbunden, im letzteren nicht von dem Eigenthum an dem Grundstücke getrennt werden (§ 10).

Wegen des subjektiv dinglichen Rechtes vergl. ferner: Vermerk auf dem Grundbuchblatt des herrschenden Grundstückes: § 8 der Reichsgrundbuchordnung; für die Aufhebung: § 876 Satz 2 BGB., § 21 Reichsgrundbuchordnung.

§ 2.

Gleiches gilt für das dingliche Vorkaufsrecht (§ 1095 Abs. 2), für Reallasten (§ 1106), für Hypotheken und Grundschulden (§§ 1114, 1192 BGB.). Wegen des Nießbrauchs vergl. § 1066 BGB.

§ 3.

1. Der erste Satztheil des § 3 bezeichnet die Fälle, auf welche sich das Wiederkaufsrecht regelmäßig und ohne genauere Vereinbarung kraft Gesetzes erstreckt. Während das dingliche Vorkaufsrecht des BGB. sich nach § 1097 auf den Fall des Verkaufs beschränkt, ist das dingliche Wiederkaufsrecht auch auf

Rentengut im Wege der Zwangsversteigerung veräußert wird; es kann auch für die Fälle bestellt werden, daß der Eigenthümer stirbt oder eine im Rentengutsvertrage festgesetzte Verpflichtung nicht erfüllt.

§ 4. Das Wiederkaufsrecht erstreckt sich auf das zur Zeit der Ausübung vorhandene Zubehör.

§ 5. Das Rechtsverhältniß zwischen dem Berechtigten und dem Verpflichteten bestimmt sich nach den Vorschriften des § 497 Abs. 1 und der §§ 498 bis 502 des Bürgerlichen Gesetzbuchs.

Dritten gegenüber hat das Wiederkaufsrecht die Wirkung einer

---

die sonstigen Fälle vertragsmäßigen Eigenthumswechsels (Tausch, Schenkung) und — was zur Beseitigung von Zweifeln in der Kommission des AH. hinzugefügt wurde, Komm. Prot. XXI S. 12; Komm. Ber. S. 40 — auf die Veräußerung im Wege der Zwangsversteigerung (RGes. über die Zwangsverst. und die Zwangsverw. v. 24. März 1897, RGBl. S. 97, Abschnitt 1 und 3) ausgedehnt. Den Fällen, „daß der Eigenthümer das Rentengut verkauft“ u. s. w., ist die Veräußerung durch den Konkursverwalter gleich zu achten, weil das dingliche Wiederkaufsrecht auch gegenüber der Konkursmasse des Verpflichteten wirkt (§ 5 Abs. 2). Vergl. Biermann, Kommentar, Anm. 1 zu § 1098. Im Todesfalle des Eigenthümers tritt das Wiederkaufsrecht nicht, wie es die Regierungsvorlage wollte, kraft Gesetzes, sondern zufolge Beschlusses der Kommission des AH. nur kraft besonderer Vereinbarung ein (§ 3, Satztheil 2). Komm. Ber. S. 40.

2. Durch besondere Vereinbarung kann das Wiederkaufsrecht auch für die im § 3 Satztheil 2 bezeichneten Fälle bestellt werden. Für andere, als die im § 3 bezeichneten Fälle, kann es nicht bestellt werden. Selbstverständlich kann es aber durch den Vertrag auf einzelne der im § 3 genannten Fälle beschränkt werden. Vergl. Komm. Ber. S. 40.

3. Während das dingliche Vorkaufsrecht der Regel nach nur beim Verkauf durch den Eigenthümer oder dessen Erben gilt (§ 1097 BGB.) und, wenn es beim ersten Verkaufsfalle nicht ausgeübt wird, endgiltig erlischt (vergl. Biermann, Kommentar, Anm. zu § 1097 BGB.), gilt das dingliche Wiederkaufsrecht auch bei Veräußerungen durch alle Sondernachfolger des das Wiederkaufsrecht bestellenden Eigenthümers, und erlischt, wenn es im Einzelfalle nicht ausgeübt wird, nur für diesen Fall. Vergl. § 6.

§ 4.

Die Vorschrift des § 4 entspricht dem § 498 Abs. 1 BGB. — Der § 500 BGB. (siehe § 5 dieses Artikels) sichert den Wiederkäufer bezüglich etwaiger auf das Rentengut oder auf das Zubehör gemachter Verwendungen. Begr. S. 43.

§ 5.

1. Die im § 5 Abs. 1 angezogenen Paragraphen über das Rechtsverhältniß zwischen dem Berechtigten und dem Verpflichteten lauten:

§ 497 Abs. 1. Hat sich der Verkäufer in dem Kaufvertrage das Recht des Wiederkaufs vorbehalten, so kommt der Wiederkauf mit der Erklärung des Verkäufers gegenüber dem Käufer, dass er das Wiederkaufsrecht ausübe, zu Stande. Die Erklärung bedarf nicht der für den Kaufvertrag bestimmten Form.

Vormerkung zur Sicherung des durch die Ausübung des Rechtes entstehenden Anspruchs auf Uebertragung des Eigenthums.

§ 498. Der Wiederverkäufer ist verpflichtet, dem Wiederkäufer den gekauften Gegenstand nebst Zubehör herauszugeben.

Hat der Wiederverkäufer vor der Ausübung des Wiederkaufsrechts eine Verschlechterung, den Untergang oder eine aus einem anderen Grunde eingetretene Unmöglichkeit der Herausgabe des gekauften Gegenstandes verschuldet oder den Gegenstand wesentlich verändert, so ist er für den daraus entstehenden Schaden verantwortlich. Ist der Gegenstand ohne Verschulden des Wiederverkäufers verschlechtert oder ist er nur unwesentlich verändert, so kann der Wiederkäufer Minderung des Kaufpreises nicht verlangen.

§ 499. Hat der Wiederverkäufer vor der Ausübung des Wiederkaufsrechts über den gekauften Gegenstand verfügt, so ist er verpflichtet, die dadurch begründeten Rechte Dritter zu beseitigen. Einer Verfügung des Wiederverkäufers steht eine Verfügung gleich, die im Wege der Zwangsvollstreckung oder der Arrestvollziehung oder durch den Konkursverwalter erfolgt.

§ 500. Der Wiederverkäufer kann für Verwendungen, die er auf den gekauften Gegenstand vor dem Wiederkaufe gemacht hat, insoweit Ersatz verlangen, als der Werth des Gegenstandes durch die Verwendungen erhöht ist. Eine Einrichtung, mit der er die herauszugebende Sache versehen hat, kann er wegnehmen.

§ 501. Ist als Wiederkaufpreis der Schätzungswerth vereinbart, den der gekaufte Gegenstand zur Zeit des Wiederkaufs hat, so ist der Wiederverkäufer für eine Verschlechterung, den Untergang oder die aus einem anderen Grunde eingetretene Unmöglichkeit der Herausgabe des Gegenstandes nicht verantwortlich, der Wiederkäufer zum Ersatze von Verwendungen nicht verpflichtet.

§ 502. Steht das Wiederkaufsrecht Mehreren gemeinschaftlich zu, so kann es nur im Ganzen ausgeübt werden. Ist es für einen der Berechtigten erloschen oder übt einer von ihnen sein Recht nicht aus, so sind die Uebrigen berechtigt, das Wiederkaufsrecht im Ganzen auszuüben.

Der § 497 Abs. 2 BGB., wonach der Preis, zu welchem verkauft worden ist, im Zweifel auch für den Wiederkauf gilt, ist von der Anwendbarkeit ausgeschlossen, weil ein Rentengut nicht gegen einen in einer Geldsumme ausgedrückten Kaufpreis, sondern gegen Rente verkauft wird und es daher an der Feststellung eines Verkaufspreises fehlt, wenn nicht etwa im Vertrage der Kapitalisirungsfaktor der Rente vereinbart ist. Es empfiehlt sich daher, im Rentengutsvertrag Bestimmungen über den Wiederkaufspreis zu treffen, wie dies zur Zeit bei den vom Staate ausgegebenen Rentengütern regelmäßig geschieht. Begr. S. 43.

Auch die Zeitbeschränkung des § 503 des BGB., wonach das obligatorische Wiederkaufsrecht bei Grundstücken nur bis zum Ablaufe von 30 Jahren ausgeübt werden kann, ist ausgeschlossen, nicht blos, weil die Amortisationsperiode bei Rentengütern länger ($60^1/_2$ bezw. $56^1/_{12}$ Jahre, Gesetz vom 7. Juli 1891 § 3) dauert, sondern auch weil sie mit dem Zweck des dinglichen Wiederkaufsrechts (s. Anm. zu Art. 29) unvereinbar ist.

§ 6. Das Wiederkaufsrecht kann nur bis zum Ablaufe von drei Monaten nach dem Zeitpunkt ausgeübt werden, in welchem der Berechtigte von dem Eintritte des zum Wiederkaufe berechtigenden Falles Kenntniß erhält. Ist für die Ausübung eine Frist bestimmt, so tritt diese an die Stelle der gesetzlichen Frist.

§ 7. Gelangt das Rentengut in das Eigenthum eines Dritten, so kann dieser die Zustimmung zur Eintragung des Berechtigten als Eigenthümer und die Herausgabe des Rentenguts verweigern, bis ihm der Wiederkaufspreis soweit ausgezahlt wird, als er oder sein Rechtsvorgänger für den Erwerb des Rentenguts Aufwendungen gemacht hat. Erlangt der Berechtigte die Eintragung als Eigenthümer, so kann der bisherige Eigenthümer von ihm die Erstattung der für den Erwerb des Rentenguts gemachten Aufwendungen bis zur Höhe des Wiederkaufspreises gegen Herausgabe des Rentenguts fordern.

§ 8. Soweit der Berechtigte nach § 7 den Dritten zu entschädigen hat, wird er von der Verpflichtung zur Zahlung des aus dem Wiederkaufe geschuldeten Kaufpreises frei.

§ 9. Verliert der neue Eigenthümer in Folge der Geltendmachung des Wiederkaufsrechts das Eigenthum, so wird er, soweit die für den Erwerb des Rentenguts von ihm geschuldete Gegenleistung noch nicht

---

2. Gegen Dritte wirkt das dingliche Wiederkaufsrecht wie eine Vormerkung zur Sicherung des durch die Ausübung des Rechtes entstehenden Anspruchs auf Eigenthumsübertragung. Ueber die Wirkungen einer solchen Vormerkung s. §§ 883, 886, 888 BGB.; der § 887 BGB. wird durch den sachlich übereinstimmenden § 11 ersetzt. — Für das Verhältniß des Berechtigten zu Dritten sind außerdem die §§ 6 ff. maßgebend.

§ 6.

Während das dingliche Wiederkaufsrecht selbst zeitlich unbeschränkt ist und insbesondere auch nach Tilgung der Rente ausgeübt werden kann (siehe Abs. 3 der Anm. 1 zu § 5), ist im Interesse des Verpflichteten und eines dritten Erwerbers des Rentenguts seine Ausübung im Einzelfalle an die im § 6 bestimmte Frist gebunden. Begr. S. 43.

Auf welche Weise der Berechtigte von dem Eintritt des Wiederkaufsfalles Kenntniß erhalten hat, ist gleichgiltig; der Verpflichtete oder ein Dritter kann ihn davon benachrichtigen, es genügt aber auch anderweitige Kenntniß. Begr. S. 43. — Die Frist kann nach Satz 2 durch Vertrag verlängert und verkürzt werden. Dies entspricht dem § 503 Satz 2 BGB. (Vergl. auch § 510 Abs. 2 Satz 2 BGB.). Begr. S. 43.

Für die Berechnung der Frist gelten die Auslegungsvorschriften der §§ 187 bis 193 BGB.

§§ 7—9.

Die §§ 7—9 betreffen das Rechtsverhältniß im Falle der Ausübung des Wiederkaufsrechts (vergl. §§ 1100—1102 BGB.), und zwar behandelt der § 7 das Verhältniß zwischen dem Wiederkaufsberechtigten und dem neuen

berichtigt ist, von seiner Verpflichtung frei; die für den Erwerb bereits gemachten Aufwendungen kann er soweit zurückfordern, als sie durch den an ihn gezahlten Wiederkaufspreis nicht gedeckt sind.

§ 10. Ein zu Gunsten des jeweiligen Eigenthümers eines Grundstücks bestehendes Wiederkaufsrecht kann nicht von dem Eigenthum an diesem Grundstücke getrennt werden.

Ein zu Gunsten einer bestimmten Person bestehendes Wiederkaufsrecht kann nicht mit dem Eigenthum an einem Grundstücke verbunden werden.

§ 11. Ist der Berechtigte unbekannt, so kann er im Wege des Aufgebotsverfahrens mit seinem Rechte ausgeschlossen werden, wenn die im § 1170 des Bürgerlichen Gesetzbuchs für die Ausschließung eines Hypothekengläubigers bestimmten Voraussetzungen vorliegen. Mit der Erlassung des Ausschlußurtheils erlischt das Wiederkaufsrecht.

Auf ein Wiederkaufsrecht, das zu Gunsten des jeweiligen Eigenthümers eines Grundstücks besteht, finden diese Vorschriften keine Anwendung.

Eigenthümer, der § 8 das Verhältniß zwischen dem Berechtigten und dem Verpflichteten, der § 9 das Verhältniß zwischen dem neuen Eigenthümer und dem Verpflichteten.

§ 10.

Vergl. die gleiche Bestimmung beim Vorkaufsrecht § 1103 BGB., bei Reallasten §§ 1110, 1111 BGB.

§ 11.

1. Die Vorschrift des § 11 ist dem § 1104 des BGB. über das Aufgebot eines unbekannten Vorkaufsberechtigten nachgebildet. Der § 1170 BGB. ist in der Anm. II 2a zu Art. 33 § 3 abgedruckt; s. unten S. 112.

2. Auf das Aufgebotsverfahren finden die reichs- und landesrechtlichen Vorschriften über das Aufgebotsverfahren im Falle des § 1104 des BGB. entsprechende Anwendung. § 11 des AG. zur CPO. in der Fassung der Bekanntm. v. 6. Oktober 1899, GS. S. 388; Art. 1 Nr. VI des AG. zum Reichsgesetze vom 17. Mai 1898, betr. Aenderungen der Civilprozeßordnung. Die für anwendbar erklärten Vorschriften finden sich insbesondere im § 988 der Civilprozeßordnung und im § 8 des AG. zur CPO.; Art. 1 Nr. IV § 21 des vorgenannten Gesetzes. Begr. zu Art. 1 Nr. VI (§ 28) a. a. O.

3. Daß kein Aufgebot zulässig ist, wenn das Wiederkaufsrecht zu Gunsten des jeweiligen Eigenthümers eines Grundstücks besteht, erklärt sich daraus, daß hier, wo das Grundstück selber gleichsam der Berechtigte ist, von einer Unbekanntheit des Berechtigten nicht die Rede sein kann. Vergl. Biermann, Kommentar, Anm. zu § 1104 BGB.

Beschränkung der Reallasten.

Artikel 30.

Im linksrheinischen Theile der Rheinprovinz, im Kreise Herzogthum Lauenburg und auf der Insel Helgoland treten folgende Vorschriften in Kraft:

Mit Ausnahme fester Geldrenten können beständige Abgaben und Leistungen einem Grundstücke als Reallasten nicht auferlegt werden.

Eine neu auferlegte Geldrente ist der Eigenthümer nach vorgängiger sechsmonatiger Kündigung mit dem zwanzigfachen Betrag abzulösen berechtigt, sofern nicht ein Anderes bestimmt ist. Es kann jedoch vertragsmäßig die Kündigung nur

---

Beschränkung der Reallasten.

Artikel 30.

1. Nach § 1105 BGB. können wiederkehrende Leistungen aller Art zum Gegenstand einer Reallast gemacht werden. Der Art. 115 EG. z. BGB. bestimmt aber:

Unberührt bleiben die landesgesetzlichen Vorschriften, welche die Belastung eines Grundstücks ...... mit Reallasten untersagen oder beschränken, sowie die landesgesetzlichen Vorschriften, welche den Inhalt und das Mass solcher Rechte näher bestimmen.

In Preußen bleiben, wie die Begr. S. 44 ausführt, auf Grund des Art. 115 in Kraft der § 91 Abs. 2—4 des Ablösungsgesetzes v. 2. März 1850 für den damaligen Umfang der Monarchie, mit Ausnahme der linksrheinischen Landestheile, sowie die sachlich übereinstimmenden Vorschriften im § 18 Abs. 2—4 des Gesetzes v. 28. Mai 1860 (GS. S. 221) für Hohenzollern, im § 13 Abs. 2 des Gesetzes v. 15. Februar 1872 (GS. S. 165) für den Regierungsbezirk Wiesbaden und die vormals Großh. Hessischen Gebietstheile, im § 54 des Gesetzes v. 3. Januar 1873 (GS. S. 3) für Schleswig-Holstein und im § 25 des Gesetzes v. 23. Juli 1876 (GS. S. 357) für den Regierungsbezirk Cassel ausschließlich der vormals Großh. Hessischen Gebietstheile. Für Hannover kommt die Verordnung v. 23. Juli 1833 (Hannov. GS. Abth. I S. 253) in Betracht. Im linksrheinischen Theile der Rheinprovinz ist in Folge der dort noch jetzt maßgebenden Französ. Gesetzgebung die Begründung von Reallasten ganz ausgeschlossen (Art. 6 des Gesetzes v. 4. August 1789 portant abolition du régime féodal &c.; Art. 1 des Dekrets v. 18./29. Dezember 1790 relatif au rachat des rentes foncières; code civil Art. 529, 530. Für Lauenburg und die Insel Helgoland fehlt es an Vorschriften, welche die Bestellung von Reallasten beschränken.

Der Art. 30 stellt die drei letztgenannten Landestheile in Betreff der Zulassung von Reallasten den Landestheilen gleich, für welche das Ablösungsgesetz v. 2. März 1850 oder sachlich übereinstimmende Vorschriften gelten, und ist — mit Ausnahme des letzten Absatzes — den Bestimmungen dieser Gesetze, wie die Begr. S. 44 sich ausdrückt, „sachlich genau nachgebildet".

während eines bestimmten Zeitraums, welcher dreißig Jahre nicht übersteigen darf, ausgeschlossen und ein höherer Ablösungsbetrag als der fünfundzwanzigfache Betrag der Rente nicht festgesetzt werden.

Vertragsmäßige Bestimmungen, welche diesen Vorschriften zuwiderlaufen, sind unwirksam, unbeschadet der Rechtsverbindlichkeit des sonstigen Inhalts eines solchen Vertrags.

Die Vorschriften über Rentengüter bleiben unberührt.

---

2. Nach **Abs. 1** der eingeführten Vorschriften können beständige Abgaben und Leistungen, deren Gegenstand nicht in Geld besteht, einem Grundstücke als Reallasten nicht auferlegt werden.

Dagegen ist die Begründung solcher Reallasten, welche in vorübergehenden Abgaben und Leistungen bestehen, nicht beschränkt. Insbesondere ist daher die Bestellung eines Altentheils als Reallast gestattet. Die im linksrheinischen Theile der Rheinprovinz bisher üblich gewesene dingliche Sicherung des Auszüglers durch Bestellung einer Kautionshypothek oder durch Eintragung des Vorbehaltes der Auflösungsklage für den Fall der Nichterfüllung des Vertrags kann künftig durch die einfachere Eintragung einer Reallast ersetzt werden. Begr. S. 44. Vergl. Art. 15 § 1 dieses Gesetzes.

3. Die Begründung fester Geldrenten ist zwar zulässig, jedoch nach **Abs. 2** mehrfachen Beschränkungen unterworfen.

a) Eine neu auferlegte Geldrente ist der Eigenthümer des Grundstücks nach dem Ablaufe von 30 Jahren unter Einhaltung einer sechsmonatigen Kündigungsfrist unter allen Umständen abzulösen berechtigt.

Die Vereinbarung kürzerer Fristen ist unbedingt zulässig (Komm. Ber. S. 41). Eine längere als sechsmonatige Kündigungsfrist kann nur bedungen werden, sofern mit Hinzurechnung der bedungenen Unkündbarkeitsfrist der Zeitraum von 30 Jahren im Ganzen nicht überschritten wird, also nur, wenn der für die Unkündbarkeit frei gelassene Zeitraum von 30 Jahren entsprechend abgekürzt wird; dagegen ist die Vereinbarung einer längeren Unkündbarkeitsfrist auf mehr als 30 Jahre selbst dann nicht zulässig, wenn die Kündigungsfrist entsprechend auf weniger als 6 Monate abgekürzt würde.

Die dreißigjährige Frist beginnt mit der Entstehung der Reallast.

Einem neuen Eigenthümer gegenüber ist die Beschränkung des Kündigungsrechts nach § 892 BGB. nur dann wirksam, wenn sie im Grundbuche eingetragen ist oder dem neuen Eigenthümer beim Erwerbe des Grundstücks bekannt war. Vergl. Art. 32 Anm. 2.

b) Die Ablösung erfolgt mit dem zwanzigfachen Betrage der Rente. Die Vereinbarung der Ablösung zu einem geringeren Vielfachen der Rente ist gestattet; dagegen kann ein höherer Ablösungsbetrag als der 25fache Betrag der Rente nicht festgesetzt werden. Unter „Betrag" der Rente ist der Jahresbetrag zu verstehen.

4. Vertragsmäßige Bestimmungen, welche den Vorschriften des Art. 30 zuwiderlaufen, sind unwirksam. Die Rechtsverbindlichkeit des sonstigen Inhaltes eines solchen Vertrags wird jedoch durch die unwirksamen Bestimmungen nicht beeinträchtigt **(Abs. 3)**.

Vertheilung von Reallasten.

Artikel 31.

Die Vorschriften, nach welchen im Falle der Theilung eines mit einer Reallast belasteten Grundstücks die Reallast auf die einzelnen

---

5. Die Vorschriften über Rentengüter bleiben unberührt (**Abs. 4**). Bei Rentengütern kann die Ablösbarkeit der Renten von der Zustimmung beider Theile abhängig gemacht werden. Gesetz über Rentengüter v. 27. Juni 1890, GS. S. 209, § 1. Vergl. auch § 2 a. a. O. über die festen Abgaben in Körnern.

6. Die Vorschriften des Art. 30 und der in Anm. 1 bezeichneten Gesetze, welche die Auflegung von Reallasten beschränken oder verbieten, finden keine Anwendung auf die im Falle des Grenzüberbaues und des Nothwegs zu entrichtenden Geldrenten (§§ 912, 916, 917 BGB.) und auf die bezüglich der Anlagen auf dem belasteten Grundstücke in den §§ 1021, 1022 BGB. bestimmten Unterhaltungspflichten. Art. 116 EG. z. BGB.

Vertheilung von Reallasten.

Artikel 31.

1. Der Art. 31 wird durch den Vorbehalt des Art. 113 des EG. z. BGB. gedeckt, welcher lautet:

Unberührt bleiben die landesgesetzlichen Vorschriften über die Zusammenlegung von Grundstücken, über die Gemeinheitstheilung, die Regulirung der Wege, die Ordnung der gutsherrlich-bäuerlichen Verhältnisse, sowie über die Ablösung, Umwandlung oder Einschränkung von Dienstbarkeiten und Reallasten. Dies gilt insbesondere auch von den Vorschriften, welche die durch ein Verfahren dieser Art begründeten gemeinschaftlichen Angelegenheiten zum Gegenstande haben oder welche sich auf den Erwerb des Eigenthums, auf die Begründung, Aenderung und Aufhebung von anderen Rechten an Grundstücken und auf die Berichtigung des Grundbuchs beziehen.

2. Dem Art. 31 zufolge bleibt

a) im Geltungsbereiche des Ablösungsgesetzes v. 2. März 1850 (GS. S. 77) der § 93 dieses Gesetzes in Kraft. Nach diesem ist bei der Zerstückelung eines mit einer ablösbaren Reallast belasteten Grundstücks hinsichtlich der Vertheilung der Reallasten zu unterscheiden, ob die Reallast nach § 64 des Ablösungsgesetzes durch Baarzahlung des achtzehnfachen Betrags des ermittelten jährlichen Geldwerths an den Berechtigten oder durch Vermittelung der Rentenbank ablösbar oder ob eine derartige Ablösung ausgeschlossen ist. Im ersten Falle bleiben, wenn die Reallast nicht abgelöst wird, das Hauptgrundstück und die Trennstücke für die Reallast in solidum verhaftet. Im zweiten Falle muß sich der Berechtigte eine Vertheilung der Renten auf die Trennstücke nach Verhältniß des Werthes derselben gefallen lassen; er ist jedoch zu fordern berechtigt, daß diejenigen Rentenbeträge, die nach der Vertheilung jährlich unter vier Thalern betragen, durch Kapitalzahlung seitens des Pflichtigen abgelöst werden.

Theile des Grundstücks vertheilt wird, bleiben in Kraft. Die Vertheilung ist bei der Auseinandersetzungsbehörde zu beantragen.

Auf diese Vorschriften des § 93 des Ablösungsgesetzes verweist der § 66 der Grundbuchordnung v. 5. Mai 1872 im Satz 2 und fügt im Satz 3 die Bestimmung hinzu, daß die hiernach erforderliche Vertheilung der Reallasten bei der Auseinandersetzungsbehörde zu beantragen ist. Die Vorschriften des Ablösungsgesetzes bleiben auf Grund des Art. 113 des EG. z. BGB. in Kraft. Da jedoch der § 66 der GBO. durch Art. 33 Nr. 1 des AG. z. RGBO. aufgehoben wird, so stellt der Art. 31 dieses Gesetzes im Satz 1 die fortdauernde Geltung der Vorschriften über die Vertheilung der Reallasten im Falle bei Zerstückelung des belasteten Grundstückes außer Zweifel und ersetzt durch Satz 2 den § 66 Satz 3 der GBO. Begr. S. 45.

b) Für die Provinz Hannover ist im § 15 des Gesetzes über das Grundbuchwesen in der Prov. Hannover v. 28. Mai 1873 (GS. S. 253) bestimmt, daß im Falle des § 66 der GBO. die Vorschriften der Verordnung v. 28. September 1867 § 11 und des Gesetzes v. 3. April 1869 zur Anwendung kommen. Auch diese letzteren Vorschriften bleiben nach Art. 113 EG. z. BGB. unberührt; der vorliegende Art. 31 stellt ihre fortdauernde Kraft noch besonders außer Zweifel, weil der § 15 a. a. O. ebenso wie der § 66 der GBO. v. 5. Mai 1872 beseitigt wird (Art. 33 Nr. 5 AG. z. RGBO.). Begr. S. 45.

c) Für die Landestheile des linken Rheinufers bleibt nach Art. 33 Nr. 10 des AG. z. GBO. die Vorschrift des § 29 des Gesetzes v. 12. April 1888 über das Grundbuchwesen ꝛc. im Geltungsbereich des Rheinischen Rechts (GS. S. 52) in Kraft. Dieser bestimmt:

In den Landestheilen des linken Rheinufers findet der § 66 der Grundbuchordnung mit folgenden Massgaben Anwendung:

Bei der Zerstückelung von Grundstücken, auf welchen feste Geldrenten haften, muss sich der Berechtigte eine Vertheilung dieser Renten auf die Trennstücke nach Verhältniss des Werthes derselben gefallen lassen. Er ist jedoch zu fordern berechtigt, dass diejenigen Rentenbeträge, welche nach der Vertheilung jährlich weniger als zwölf Mark betragen, durch Kapitalzahlung seitens des Pflichtigen abgelöst werden. Die Ablösung erfolgt zum zwanzigfachen Betrage, soweit nicht ein anderer Ablösungssatz rechtsverbindlich festgesetzt ist.

Die „festen Geldrenten", auf welche sich die Vorschriften des § 29 des Gesetzes v. 12. April 1888 beziehen, sind, wie die Begr. S. 45 bemerkt, abgesehen von den auf Rentengütern lastenden Renten, nicht Reallasten (vergl. Anm. 1 zu Art. 30), sondern hypothekarisch gesicherte persönliche Forderungen (Mügel, Rhein. Grundbuchr. Anm. 3, 4 zu § 29). Für diese Renten verlieren die Vorschriften des § 29 ihre Bedeutung, da sie durch den Art. 113 EG. nicht gedeckt sind. Dagegen sind sie für diejenigen festen Geldrenten beibehalten, welche künftig auf Grund des Art. 30 dieses Gesetzes begründet werden.

Soweit nach § 29 a. a. O. bisher der § 66 Satz 3 der GBO. maßgebend ist, wird nach den Bestimmungen des AG. z. RGBO. Art. 32 an dessen Stelle künftig gleichfalls der Satz 2 des vorliegenden Artikels treten. Begr. S. 45.

Kündigungsrecht bei Hypotheken und Grundschulden.

Artikel 32.

§ 1. Bei Hypothekenforderungen, Grundschulden und Rentenschulden kann das Kündigungsrecht des Eigenthümers nur soweit ausgeschlossen werden, daß der Eigenthümer nach zwanzig Jahren unter Einhaltung einer sechsmonatigen Frist kündigen kann.

Kündigungsrecht bei Hypotheken und Grundschulden.

Die Bestimmungen des Art. 32 beruhen auf der Vorschrift des Art. 117 Abs. 2 des EG. z. BGB., welcher lautet:

Unberührt bleiben die landesgesetzlichen Vorschriften, welche die Belastung eines Grundstücks mit einer unkündbaren Hypothek oder Grundschuld untersagen oder die Ausschliessung des Kündigungsrechts des Eigenthümers bei Hypothekenforderungen und Grundschulden zeitlich beschränken und bei Rentenschulden nur für eine kürzere als die im § 1202 Abs. 2 des Bürgerlichen Gesetzbuchs bestimmte Zeit zulassen.

Artikel 32. § 1.

1. Der Fassung des Art. 117 Abs. 2 EG. z. BGB. und des darin in Bezug genommenen § 1202 Abs. 2 BGB. sich anschließend, ist der Art. 32 § 1 sachlich dem § 92 Abs. 1 des Ablösungsgesetzes v. 2. März 1850 und den mit diesem übereinstimmenden Vorschriften der Ablösungsgesetze für Hohenzollern (§ 19 Abs. 1), Wiesbaden u. s. w. (§ 14 Abs. 1), Schleswig-Holstein (§ 55 Abs. 1) und Cassel (§ 26 Abs. 1) nachgebildet. Nach diesen Vorschriften kann die Kündigung von Kapitalien, welche einem Grundstücke oder einer Gerechtigkeit auferlegt werden, nur während eines bestimmten Zeitraums, welcher 30 Jahre nicht übersteigen darf, ausgeschlossen werden; der Art. 32 § 1 nennt an Stelle der Kapitalien, welche einem Grundstücke oder einer Gerechtigkeit auferlegt werden, die Grundkreditformen des BGB.: die Hypothekenforderungen, die Grundschulden und — was von der Kommission des AH. eingeschaltet wurde, die Rentenschulden, und kürzt, gleichfalls auf Veranlassung der Kommission des AH., die Frist von 30 Jahren auf 20 Jahre ab. Mit diesen Modifikationen erstreckt der Art. 32 die gedachten Vorschriften der Ablösungsgesetze auf die ganze Monarchie, während es bisher im Geltungsbereiche des Rheinischen Rechts, in der Provinz Hannover, in dem Kreise Herzogthum Lauenburg und auf der Insel Helgoland an entsprechenden Vorschriften fehlte. „Die Erstreckung der im übrigen Staatsgebiete geltenden Bestimmungen auf diese Landestheile rechtfertigt sich ebenso durch das Bedürfniß der Rechtsgleichheit wie durch die wirthschaftliche Erwägung, daß die Entlastung des Grundbesitzes zu begünstigen ist und daß die übermäßig ausgedehnte Ausschließung des Kündigungsrechts bei dem Schwanken des Zinsfußes zu einer unbilligen Benachtheiligung des Schuldners führt.“ (Begr. S. 46.)

Durch den Art. 32 § 1 sind die genannten Vorschriften der Ablösungsgesetze ersetzt; letztere werden deshalb im Art. 89 unter Nr. 15, 22, 27, 29, 31 aufgehoben.

§ 2. Kapitalien, die zur Zeit des Inkrafttretens des Bürgerlichen Gesetzbuchs auf einem Grundstück oder einer Gerechtigkeit angelegt sind und bisher seitens des Schuldners unkündbar oder erst nach einer längeren als einer zwanzigjährigen Frist kündbar waren, können nach dem Ablaufe von zwanzig Jahren seit dem Inkrafttreten des Bürgerlichen Gesetzbuchs unter Einhaltung einer sechsmonatigen Frist gekündigt werden, sofern nicht nach den bisherigen Gesetzen die Kündbarkeit schon vorher eintritt.

---

2. Nach 20 Jahren kann der Eigenthümer unter Einhaltung einer sechsmonatigen Frist unter allen Umständen kündigen. Wegen der Vereinbarung einer längeren Kündigungs- oder Unkündbarkeitsfrist, des Beginns der Frist und der Nothwendigkeit, die Beschränkung des Kündigungsrechts in das Grundbuch einzutragen, gilt das in Anm. 3a zu Art. 30 Gesagte. Vergl. Biermann, Anm. zu § 1202 BGB.

3. Soweit in den neben dem BGB. in Kraft bleibenden Gesetzen Ausnahmen von den Vorschriften des Ablösungsgesetzes v. 2. März 1850 und der ihm nachgebildeten Bestimmungen der provinziellen Ablösungsgesetze bestehen, bleiben diese auch den Vorschriften des Art. 32 gegenüber in Geltung. Denn der letztere bezweckt lediglich, die genannten Vorschriften der Ablösungsgesetze mit den erwähnten Modifikationen auf den Umfang der ganzen Monarchie zu erstrecken, nicht aber die Ausnahmen von diesen Vorschriften zu beseitigen. Dies ergiebt sich aus der Entstehungsgeschichte des Art. 32. Die Fassung der Regierungsvorlage wollte die bisher geltenden Vorschriften der Ablösungsgesetze unberührt lassen und nur im Art. 32 des Entw. sachlich mit jenen übereinstimmende Vorschriften in das Gebiet des Rheinischen Rechts, in Hannover, Lauenburg und Helgoland einführen; die Komm. des AH. beschloß demgegenüber den jetzigen Gesetzestext lediglich deshalb, weil sie die präzisere Fassung desselben und die von ihr beschlossenen sonstigen Aenderungen der Regierungsvorlage — Abkürzung der Frist auf 20 Jahre und Ausdehnung der Vorschrift auf Rentenschulden, s. Anm. 1 — im Interesse der Rechtseinheit nicht blos auf die genannten Landestheile, sondern auf die ganze Monarchie erstrecken wollte. Vergl. Begr. S. 46; Komm. Prot. VII S. 12, XXI S. 12; Komm. Ber. S. 41.

Demnach bleibt der § 18 des Gesetzes, betr. das Pfandrecht an Privateisenbahnen u. s. w., v. 19. August 1895 (GS. S. 499), wonach das Kündigungsrecht des Gläubigers einer Bahnpfandschuld auch über die Dauer von 30 Jahren hinaus ausgeschlossen werden kann, in Kraft. Vergl. Art. 112 EG. z. BGB.

§ 2.

1. Der § 2 enthält eine Uebergangsvorschrift für die zur Zeit des Inkrafttretens des BGB. auf einem Grundstück oder einer Gerechtigkeit angelegten Kapitalien. Aehnliche Uebergangsvorschriften enthalten das Ablösungsgesetz v. 2. März 1850 (§ 92 Abs. 2) und die Ablösungsgesetze für Hohenzollern (§ 19 Abs. 2), für Wiesbaden u. s. w. (§ 14 Abs. 2), für Schleswig-Holstein (§ 55 Abs. 2) und für Cassel (§ 26 Abs. 2). Nach letzteren können Kapitalien, welche auf einem Grundstücke oder einer Gerechtigkeit angelegt sind und seitens des Schuldners unkündbar waren, sobald dreißig

Bestehende Hypotheken.

Artikel 33.

§ 1. Eine zu der Zeit, zu welcher das Grundbuch als angelegt anzusehen ist, bestehende Hypothek gilt von dieser Zeit an als eine

---

Jahre seit der Verkündung der genannten Gesetze verflossen sind, mit einer sechsmonatlichen Frist seitens des Schuldners gekündigt werden. Der vorliegende § 2, dessen jetzige Fassung von der Kommission des HH. herrührt, läßt die Kündbarkeit, sofern sie nicht nach den bisherigen Gesetzen schon vorher eintritt, allgemein nach zwanzig Jahren von dem Inkrafttreten des BGB. an, also mit dem 1. Januar 1920 eintreten, und schafft dadurch einheitliches Recht. Vergl. Komm. Ber. des HH. S. 17; Art. 1 EG. z. BGB.; Art. 89 Nr. 15, 22, 27, 29, 31.

2. Das in der Anm. 3 zu § 1 Gesagte gilt auch für die Vorschrift des § 2. Die Ausnahme des § 18 d. Ges. betr. das Pfandrecht an Privateisenbahnen u. s. w. besteht daher auch dem § 2 gegenüber.

Schlußbemerkung zu Art. 32. Der § 92 Abs. 3 des Ablösungsgesetzes v. 2. März 1850 macht für „sämmtliche Kreditinstitute" eine Ausnahme von den das Kündigungsrecht beschränkenden Bestimmungen des § 92 Abs. 1, 2. Entsprechende Bestimmungen sind in die übrigen oben bezeichneten Ablösungsgesetze übergegangen. Diese Ausnahme wurde auch in die Regierungsvorlage zum vorliegenden Gesetze aufgenommen, von der Kommission des AH. aber beseitigt, „weil — wie der Vertreter der Staatsregierung in der Kommission des HH. erklärte — kein Bedürfniß bestehe, bei den Beleihungen der betreffenden Kreditinstitute die Ausschließung des Kündigungsrechts des Schuldners in weiterem Umfange zuzulassen, als sie der Art. 32 im Allgemeinen gestatte." (Komm. Ber. des AH. S. 41, des HH. S. 17.) Vergl. Art. 89 a. a. O.

Bestehende Hypotheken.

1. Die rechtlichen Eigenschaften, welche der Hypothek im BGB. zugewiesen sind, weichen von dem bisherigen Rechte verschiedentlich ab. Insbesondere unterscheidet sich die Hypothek des BGB. von derjenigen des Preußischen Grundbuchrechts dadurch, daß sie den accessorischen Charakter noch mehr als diese abgestreift und die Eigenthümerhypothek weiter ausgebildet hat; die Zulässigkeit von Einreden gegen den Erwerber einer Hypothek ist im BGB. anders geordnet; das BGB. § 1154 enthält besondere Bestimmungen über die Form der Abtretung der hypothekarischen Forderung; die Vorschriften über die Gesammthypothek stimmen nach beiden Rechten nicht überein. Tiefer gehende Verschiedenheiten bestehen zwischen der Hypothek des BGB. und der accessorischen Hypothek des gemeinen Rechtes (vergl. Anm. zu Art. 33 § 3) und den Hypotheken und Privilegien des Rheinischen Rechtes.

Hypothek, für welche die Ertheilung des Hypothekenbriefs nicht aus-

---

Das BGB. unterscheidet seinerseits zwischen der gewöhnlichen Hypothek, auch Verkehrshypothek genannt, und der Sicherungshypothek, und die erstere ist wiederum verschieden, je nachdem die Ertheilung eines Hypothekenbriefes ausgeschlossen ist (sogenannte Buchhypothek) oder nicht (sogenannte Briefhypothek). Jede dieser Hypothekenarten kann dem Grundstückseigenthümer als Eigenthümerhypothek zustehen.

Während die gewöhnliche Hypothek (§§ 1113 ff. BGB.) vollwirksam sein kann, auch ohne daß eine Forderung besteht, bestimmt sich das Recht des Gläubigers aus der Sicherungshypothek nur nach der Forderung, und der Gläubiger kann sich bei ihr zum Beweise der Forderung nicht auf die Eintragung berufen (§ 1184, § 1185 Abs. 2 BGB.).

Die Anwendung des § 1138 BGB., insbesondere die Erstreckung des öffentlichen Glaubens des Grundbuchs auf die Forderung, ist bei der Sicherungshypothek ausgeschlossen und die Ertheilung eines Hypothekenbriefes findet bei ihr nicht statt (§ 1185 Abs. 1 BGB.).

Der Unterschied zwischen der gewöhnlichen Buchhypothek und der Briefhypothek besteht hauptsächlich darin, daß die Buchhypothek von dem Gläubiger, dessen Forderung zur Entstehung gelangt ist, sofort mit ihrer Begründung erworben wird (§ 1117), daß ihre Abtretung und Verpfändung an die Eintragung in das Grundbuch geknüpft ist (§ 1154 Abs. 3, § 1274) und ihre Geltendmachung sich nur nach dem Inhalte des Grundbuchs richtet (§ 1160); dagegen erwirbt bei der Briefhypothek der Gläubiger die Hypothek erst mit der Uebergabe des Hypothekenbriefes (§ 1117, § 1163 Abs. 2), zur Abtretung und Verpfändung der Hypothek ist gleichfalls die Uebergabe des Hypothekenbriefes erforderlich (§ 1154 Abs. 1, § 1274), die Geltendmachung der Hypothek ist an die Vorlegung oder Kraftloserklärung des Hypothekenbriefes geknüpft (§§ 1160, 1162), und die Befriedigung braucht nur gegen Aushändigung des Hypothekenbriefes zu erfolgen (§§ 1144, 1150, 1167; vergl. § 1145); die Berufung auf den öffentlichen Glauben des Grundbuchs ist ferner insoweit ausgeschlossen, als die Unrichtigkeit des Grundbuchs aus dem Hypothekenbrief oder einem Vermerk auf dem Briefe hervorgeht; ein Widerspruch gegen die Richtigkeit des Grundbuchs, der aus dem Briefe oder einem Vermerk auf dem Briefe hervorgeht, steht einem im Grundbuch eingetragenen Widerspruche gleich (§ 1140).

Dem Eigenthümer des Grundstücks steht die Hypothek regelmäßig zu, wenn die Forderung, für welche sie bestellt ist, nicht zur Entstehung gelangt oder wenn sie erlischt oder so lange bei einer Hypothek, für welche die Ertheilung des Hypothekenbriefes nicht ausgeschlossen ist, der Hypothekenbrief dem Gläubiger nicht übergeben ist (§ 1163), ferner wenn der Gläubiger auf die Hypothek verzichtet (§ 1168) und wenn der unbekannte Gläubiger im Wege des Aufgebotsverfahrens mit seinem Rechte ausgeschlossen ist (§ 1170); besondere Grundsätze gelten für die Gesammthypothek (§§ 1172 ff., 1182).

2. Während nach Art. 184 EG. z. BGB. grundsätzlich Rechte, mit denen eine Sache zur Zeit des Inkrafttretens des BGB. belastet ist, mit ihrem sich aus den bisherigen Gesetzen ergebenden Inhalte bestehen bleiben, leitet das Einführungsgesetz die zu der Zeit, zu welcher das Grundbuch als angelegt anzu-

geschlossen ist, wenn über sie nach den geltenden Vorschriften ein

---

sehen ist, an einem Grundstücke bestehenden Pfandrechte kraft Reichsgesetzes in Hypotheken des neuen Reichsrechts über, und zwar stellt es im Art. 192 die folgende reichsgesetzliche Regel auf:

Ein zu der Zeit, zu welcher das Grundbuch als angelegt anzusehen ist, an einem Grundstücke bestehendes Pfandrecht gilt von dieser Zeit an als eine Hypothek, für welche die Ertheilung des Hypothekenbriefs ausgeschlossen ist. Ist der Betrag der Forderung, für die das Pfandrecht besteht, nicht bestimmt, so gilt das Pfandrecht als Sicherungshypothek.

Ist das Pfandrecht dahin beschränkt, dass der Gläubiger Befriedigung aus dem Grundstücke nur im Wege der Zwangsverwaltung suchen kann, so bleibt diese Beschränkung bestehen.

Daneben gestattet das Einführungsgesetz jedoch mit Rücksicht auf die Verschiedenheit der bisherigen Gestaltung des Pfandrechtes an Grundstücken der Landesgesetzgebung, diese reichsgesetzliche Regel abzuändern. Die nach dieser Richtung in Betracht kommenden Artikel lauten:

Art. 193. Durch Landesgesetz kann bestimmt werden, dass ein Pfandrecht, welches nach Artikel 192 nicht als Sicherungshypothek gilt, als Sicherungshypothek oder als eine Hypothek gelten soll, für welche die Ertheilung des Hypothekenbriefs nicht ausgeschlossen ist, und dass eine über das Pfandrecht ertheilte Urkunde als Hypothekenbrief gelten soll.

Art. 194. Durch Landesgesetz kann bestimmt werden, dass ein Gläubiger, dessen Pfandrecht zu der im Artikel 192 bezeichneten Zeit besteht, die Löschung eines im Range vorgehenden oder gleichstehenden Pfandrechts, falls dieses sich mit dem Eigenthum in einer Person vereinigt, in gleicher Weise zu verlangen berechtigt ist, wie wenn zur Sicherung des Rechtes auf Löschung eine Vormerkung im Grundbuch eingetragen wäre.

Auf diesen Vorbehalten beruht der Art. 33 des vorliegenden Gesetzes. Die Vorschrift des § 3 Nr. 3 stützt sich auf den Art. 194, die übrigen Vorschriften auf den Art. 193.

3. In dem Ausdrucke „zu der Zeit, zu welcher das Grundbuch als angelegt anzusehen ist", ist das Grundbuch im Sinne der Reichsgesetze gemeint; darüber, zu welcher Zeit dieses als angelegt anzusehen ist, vergl. Anm. 2 zu Art. 25, oben S. 86.

Artikel 33. § 1.

1. Der Art. 33 § 1 **Abs. 1** stellt der reichsrechtlichen Regel des Art. 192 EG. z. BGB. die landesgesetzliche Regel entgegen, daß — mit Ausnahme der Kautionshypotheken, siehe unten Anm. 4. —

a) eine zu der Zeit, zu welcher das Grundbuch als angelegt anzusehen ist, bestehende Hypothek von dieser Zeit an als eine Hypothek gilt, für welche die Ertheilung des Hypothekenbriefes nicht ausgeschlossen ist, d. i. als eine Briefhypothek, wenn über sie nach den geltenden Vorschriften ein Hypothekenbrief (im Sinne der bisherigen Vorschriften) gebildet oder zu bilden ist (siehe darüber Anm. 2)

Hypothekenbrief gebildet oder zu bilden ist. Ein vor der bezeichneten

b) daß ein vor der bezeichneten Zeit gebildeter Hypothekenbrief als Hypothekenbrief im Sinne der Reichsgesetze gilt.

Bei der Aufstellung dieser Regel ist davon ausgegangen, daß die zu der Zeit, zu welcher das Grundbuch als angelegt anzusehen ist, bestehenden Hypotheken, außer den Kautionshypotheken, im Allgemeinen zur Ueberleitung in gewöhnliche Hypotheken, sei es Brief- oder Buchhypotheken, geeignet seien, und daß daher von einer Umwandlung derselben in Sicherungshypotheken nach Art. 193 EG. oder von der Ausschließung der Vorschriften über die Eigenthümerhypothek nach Art. 194 EG. für die Regel abzusehen sei. Für die Hypothek des Preußischen Grundbuchrechts ergiebt sich die Richtigkeit dieses Standpunktes ohne Weiteres daraus, daß dieselbe schon bisher ohne die Forderung bestehen und sich zur Eigenthümerhypothek verwandeln kann. In den Landestheilen, in welchen die Preuß. Grundbuchordnung nachträglich eingeführt wurde, haben ferner die vor deren Inkrafttreten errichteten und später in das Grundbuch übernommenen Hypotheken nach dem von den Einführungsgesetzen eingenommenen Standpunkte im Allgemeinen — eine Ausnahme siehe bei Art. 33 § 3 — gleichfalls die Wirkungen einer unter dem Preuß. Grundbuchrechte begründeten Hypothek erlangt (vergl. namentlich Ges. v. 19. August 1895 § 60, v. 8. Juni 1896 § 50 Abs. 1); es war dies deshalb möglich, weil im Verfahren zur Anlegung der Grundbücher den Betheiligten Gelegenheit gegeben war, die Nachtheile, die ihnen aus der Uebernahme ganz oder theilweise nicht mehr bestehender Pfandrechte in das Grundbuch erwachsen könnten, abzuwenden. In den Landestheilen endlich, in welchen die Preuß. Grundbuchordnung noch nicht eingeführt oder zwar nachträglich eingeführt ist, die Anlegung der Grundbücher aber noch nicht vor dem Inkrafttreten des BGB. vollendet ist, werden für das Verfahren zur Anlegung des Grundbuchs im Sinne der Reichsgesetze, das nach Art. 186 Abs. 1 EG. z. BGB. durch Königl. Verordnung zu regeln ist, die jetzt geltenden Grundsätze im Wesentlichen unverändert beibehalten werden; es konnten daher im vorliegenden Artikel auch die unter der Herrschaft des bisherigen Rechtes begründeten Pfandrechte an Grundstücken, für welche das Grundbuch erst nach dem Inkrafttreten des BGB. als angelegt anzusehen ist, bezüglich der Ueberleitung ebenso behandelt werden, wie diejenigen, welche bereits vor dem Inkrafttreten des BGB. in das Grundbuch übernommen sind. Vergl. Begr. S. 48, 49, 53.

Wegen der im früheren Geltungsgebiete der Hypothekenordnung vom 20. Dezember 1783 errichteten Hypotheken siehe unten § 2 Abs. 1 und Anmerkung dazu.

2. Nach den „geltenden Vorschriften" ist ein Hypothekenbrief zu bilden

a) bei den **nach** dem Inkrafttreten der Preußischen Grundbuchordnung v. 5. Mai 1872 unter deren Herrschaft begründeten Hypotheken, sofern darauf nicht verzichtet ist; letzterenfalls hat die nachträgliche Bildung zu erfolgen, wenn eine Veränderung eingetragen wird (§§ 122, 129 a. a. O.);

b) bei den **vor** dem Inkrafttreten des Preußischen Grundbuchrechts errichteten Hypotheken in den Landestheilen, in welchen die Preußische Grund-

Zeit gebildeter Hypothekenbrief gilt als Hypothekenbrief im Sinne der Reichsgesetze.

Die Vorschriften des Abs. 1 finden auf Kautionshypotheken keine Anwendung.

---

buchordnung nachträglich eingeführt ist, nach Maßgabe der Gesetze über die Einführung des Grundbuchwesens, und zwar:

nach den Einführungsgesetzen für das Jadegebiet v. 23. März 1873 (GS. S. 111) § 24, für Schleswig-Holstein v. 27. Mai 1873 (GS. S. 241) § 18, für Hannover v. 28. Mai 1873 (GS. S. 253) § 41, für Frankfurt u. s. w. v. 19. August 1895 (GS. S. 481) § 61 und für Lauenburg v. 8. Juni 1896 (GS. S. 109) § 51, wenn der Gläubiger es unter Einreichung der alten Hypothekenurkunden beantragt; desgleichen

nach dem Einführungsgesetze für Hohenzollern v. 31. Mai 1873 (GS. S. 301) § 12, wenn der sich im Besitze einer mit Ingrossationsvermerk versehenen, erneuerungsbedürftigen Schuldurkunde befindende Hypothekengläubiger es beantragt, und

nach dem Einführungsgesetze für Rheinland v. 12. April 1888 (GS. S. 52) § 61, wenn der Gläubiger es unter Einreichung der mit dem Einschreibungsvermerke versehenen Schuldurkunde beantragt. Vergl. Begr. S. 48.

Nach § 43 Abs. 3 des Einführungsgesetzes für Cassel v. 29. Mai 1873 (GS. S. 273) erhält der Gläubiger einer nach Maßgabe des § 43 a. a. O. umgewandelten Hypothek (siehe § 3 Anm. 1) einen Hypothekenbrief. Die Einführungsgesetze für Ehrenbreitstein v. 30. Mai 1873 (GS. S. 287) und für Neuvorpommern und Rügen (GS. S. 229) enthalten keine entsprechenden Bestimmungen.

3. Ist unter der Herrschaft der Preuß. GBO. auf die Bildung eines Hypothekenbriefes verzichtet und ein solcher auch nachträglich nicht gebildet (s. Anm. 1 unter a), so verwandelt sich die Hypothek nach der reichsrechtlichen Regel (Art. 192 EG. z. BGB.) in eine Buchhypothek. Dasselbe gilt — von der Vorschrift des § 2 Abs. 1 d. Art. vorläufig abgesehen — in den Landestheilen, in welchen die Preuß. GBO. nachträglich eingeführt ist, für die vor der Einführung begründeten Hypotheken, wenn ein Antrag auf Ausfertigung eines Hypothekenbriefes vor der Zeit, zu welcher das Grundbuch als angelegt anzusehen ist, nicht zulässig (s. Anm. 1 unter b) oder nicht gestellt ist.

In Nassau und auf der Insel Helgoland, wo das Preuß. Grundbuchrecht noch nicht eingeführt ist, fehlt es bisher an Vorschriften, nach welchen ein Hypothekenbrief zu bilden ist. Die dort bestehenden Grundstückspfandrechte verwandeln sich daher zu der Zeit, zu welcher das Grundbuch als angelegt anzusehen ist, gleichfalls nach der reichsrechtlichen Regel in Buchhypotheken. Von einer Umwandlung derselben in bloße Sicherungshypotheken wurde mit Rücksicht auf die Gestaltung des Verfahrens zur Anlegung der Grundbücher abgesehen. Begr. S. 53. Siehe oben S. 106, Anm. 1 zu § 1 dieses Artikels.

4. Von der landesrechtlichen Regel des § 1 Abs. 1 sind im **Abs. 2** die Kautionshypotheken ausgenommen, d. h. diejenigen Hypotheken, welche zur Sicherung eines bestehenden oder zukünftigen Anspruchs bestellt sind, dessen Größe

§ 2. Im ursprünglichen Geltungsbereiche der Grundbuchordnung vom 5. Mai 1872 sowie in Ostfriesland und Harlingerland, in der Niedergrafschaft Lingen und in den ehemals Münsterschen Ortschaften der Provinz Hannover steht ein vor dem Inkrafttreten der Grundbuchordnung gebildetes Hypotheken-Instrument einem später gebildeten Hypothekenbriefe gleich.

In den übrigen Landestheilen erfolgt die nach den geltenden Vorschriften zulässige Ertheilung eines Hypothekenbriefes kostenfrei, wenn sie vor der Zeit, zu welcher das Grundbuch als angelegt anzusehen ist, beantragt wird. Ist wegen Unterlassung des Antrags die Ertheilung eines Briefes ausgeschlossen, so werden im Falle nachträglicher Aufhebung der Ausschließung für die Eintragung der Aufhebung sowie für die gerichtliche Beurkundung oder Beglaubigung der Eintragungsbewilligung und für die Ertheilung des Briefes Kosten nicht erhoben, wenn die Eintragung innerhalb eines Jahres nach dem Inkrafttreten des Bürgerlichen Gesetzbuchs beantragt wird.

zur Zeit der Eintragung noch unbestimmt ist (vergl. Ges. über den Eigenthumserwerb ꝛc. v. 5. Mai 1872, GS. S. 433, § 24). Die Kautionshypotheken unterstehen daher der Regel des Reichsrechts und zwar verwandeln sie sich nach Art. 192 Abs. 1 Satz 2 EG. z. BGB. in reichsrechtliche Sicherungshypotheken (§§ 1148 ff. BGB.); als solche sind sie künftig der Umwandlung in Eigenthümerhypotheken fähig, wie gewöhnliche Hypotheken. Vergl. Begr. S. 47.

§ 2.

1. In den im § 2 **Abs. 1** bezeichneten Gebietstheilen galt vor dem Preuß. Grundbuchrechte die Hypothekenordnung v. 20. Dezember 1883, beziehungsweise das Gesetz v. 24. Mai 1853 (GS. S. 521). Die nach diesen Gesetzen „gebildeten Hypothekeninstrumente dienen zur Legitimation des Berechtigten bei dem Hypothekenbuch, so daß der Gläubiger über die Hypothekenforderung mit voller Wirksamkeit nur verfügen kann, wenn er sich im Besitze des Instruments befindet. Sie stehen somit den Hypothekenbriefen der Preuß. GBO. ihrer rechtlichen Bedeutung nach im Wesentlichen gleich (Mot. z. BGB. Bd. 3 S. 612, 613)". Begr. S. 48. Der § 2 Abs. 1 stellt sie denselben daher auch bezüglich der Ueberleitung in das Reichsrecht gleich. Demgemäß verwandeln sich die Hypotheken, für welche solche Hypothekeninstrumente gebildet sind, nach § 1 — mit Ausnahme der Kautionshypotheken (siehe § 1 Abs. 2) — in gewöhnliche Briefhypotheken. Begr. S. 48. Komm. Ber. S. 42.

2. Der § 2 **Abs. 2** gewährt für die im Abs. 1 nicht genannten Landestheile in gewissem Umfange Kostenfreiheit.

Die Kostenfreiheit wird

a) im Abs. 2 **Satz 1** für die Ertheilung des Hypothekenbriefes gewährt, wenn die Ertheilung nach den geltenden Vorschriften zulässig ist (siehe Anm. 2b zu § 1) und vor der Zeit, zu welcher das Grundbuch im Sinne der Reichsgesetze als angelegt anzusehen ist, beantragt wird.

§ 3. Im bisherigen Geltungsbereiche des Gesetzes über das Grundbuchwesen in dem Bezirke des Appellationsgerichts zu Cassel rc. vom 29. Mai 1873 (Gesetz-Samml. S. 273) gelten für die vor

Die Vorschrift bezieht sich auf diejenigen im Abs. 1 nicht genannten Landestheile, in welchen die Preuß. GBO. nachträglich eingeführt wurde. Hier sollen die Inhaber der vor dem Inkrafttreten des Preuß. GBR. errichteten Hypotheken durch die Kostenfreiheit dafür entschädigt werden, daß sich ihre Hypotheken mit dem Zeitpunkte, zu welchem das Grundbuch als angelegt anzusehen ist, mangels eines vorher gestellten Antrages auf Ausfertigung eines Hypothekenbriefes in Buchhypotheken verwandeln (Anm. 3 zu § 1), und sie daher mit diesem Zeitpunkte ihr Recht auf Ausfertigung eines Hypothekenbriefes, welches nach den bisherigen Vorschriften zeitlich unbeschränkt war, verlieren. Begr. S. 46.

b) Der Abs. 2 **Satz 2** dehnt gemäß einem Beschlusse der Kommission des AH. die Kostenfreiheit auf den Fall aus, daß die Ertheilung eines Hypothekenbriefes wegen Unterlassung des Antrags ausgeschlossen ist, die Ausschließung aber nachträglich aufgehoben und die Eintragung der Aufhebung in das Grundbuch innerhalb eines Jahres nach dem Inkrafttreten des BGB. beantragt wird. In diesem Falle sind die Eintragung der Aufhebung in das Grundbuch, die gerichtliche Beurkundung oder Beglaubigung der Eintragungsbewilligung und die Ertheilung des Hypothekenbriefes kostenfrei.

Die Vorschrift ist dadurch veranlaßt, daß fast überall das Preußische Grundbuch bereits angelegt ist und dieses nach der Absicht der Staatsregierung mit dem Inkrafttreten des BGB. in das Grundbuch im Sinne der Reichsgesetze umgewandelt werden soll. In diesem Falle bleibt zur Stellung des Antrags auf Ertheilung des Hypothekenbriefes nach Maßgabe des Abs. 2 Satz 1 nur die Zeit zwischen der Verkündigung des vorliegenden Gesetzes und dem Inkrafttreten des BGB. übrig. Die Kürze dieser Frist würde aber für die Betheiligten nicht ausreichen und bei den Gerichten zu einem übermäßigen Geschäftsandrang führen (Komm. Ber. S. 42).

Die Vorschrift soll auch dazu helfen, daß ein großer Theil der alten, nicht mehr für den Verkehr geeigneten Hypothekenurkunden verschwinde und durch neue ersetzt werde. Komm. Ber. a. a. O.

Zu der nachträglichen Aufhebung der Ausschließung des Hypothekenbriefes ist nach § 1116 Abs. 3 BGB. die Einigung des Gläubigers und des Eigenthümers sowie die Eintragung in das Grundbuch erforderlich.

c) Der § 2 Abs. 2 tritt mit der Verkündigung dieses Gesetzes in Kraft. Art. 90 Abs. 2.

§ 3.

I. Der § 3 enthält besondere Bestimmungen für die im Geltungsbereich des Gesetzes über das Grundbuchwesen in dem Bezirke des Appellationsgerichts zu Cassel rc. v. 29. Mai 1873 vor dem 1. Januar 1874 errichteten Hypotheken.

1. Der bisherige Rechtszustand weicht bei den gedachten Hypotheken von denjenigen der alten Hypotheken in den übrigen Landestheilen ab.

Bereits oben S. 106 wurde hervorgehoben, daß in den anderen Landestheilen, in welchen die Preuß. GBO. nachträglich eingeführt wurde, die vor

dem 1. Juli 1874 errichteten und nicht in Hypotheken des Preußischen Rechtes umgewandelten Hypotheken folgende Vorschriften:

1. Bis zu der Zeit, zu welcher das Grundbuch als angelegt anzusehen ist, wird bei der Hypothek auf Antrag eines Gläubigers, dem eine ihr gleich- oder nachstehende Hypothek oder Grundschuld zusteht, ein Widerspruch gegen das Bestehen der Hypothek kostenfrei eingetragen. Zur Eintragung genügt der Antrag des Gläubigers.

---

deren Inkrafttreten begründeten Hypotheken in Folge ihrer Uebernahme in das Grundbuch die Wirkung einer unter dem Preuß. Grundbuchrechte begründeten Hypothek erlangten, und daß sie daher auch bei der jetzigen Ueberleitung in das Reichsrecht ebenso wie die preußischrechtlichen Hypotheken behandelt, d. h. in gewöhnliche (Brief- oder Buch-) Hypotheken verwandelt werden.

Dagegen erhält der § 42 des erwähnten Gesetzes, wie die Begr. S. 50 ausführt, für die in das Grundbuch übertragenen älteren Hessischen Hypotheken nicht nur bezüglich ihrer Rangordnung unter einander, sondern auch hinsichtlich ihrer sonstigen rechtlichen Beziehungen, der sie betreffenden Eintragungen und deren rechtlicher Bedeutung, das bisherige Recht aufrecht und erklärt nur bestimmte Vorschriften über die Hypothek des neuen Rechtes auf die älteren Hypotheken, unbeschadet ihrer rechtlichen Natur im Uebrigen, für anwendbar. Von der Anwendung ausgeschlossen bleiben insbesondere die Bestimmungen über die Beschränkung der Einreden aus dem persönlichen Schuldverhältnisse gegenüber einem gutgläubigen Erwerber der Hypothek und über die Umwandlung der Hypothek in eine Eigenthümerhypothek im Falle der Tilgung der Forderung (§ 38 Abs. 2, § 63 des Eigenthumserwerbsgesetzes). Den fraglichen Hypotheken ist somit die accessorische Natur des gemeinrechtlichen Pfandrechts gewahrt. Zu der rechtlichen Bedeutung eines nach dem Eigenthumserwerbsgesetze begründeten Hypothekenrechts kann eine solche Hypothek nach § 43 des Gesetzes v. 29. Mai 1873 nur durch Uebereinkunft des eingetragenen Eigenthümers und des eingetragenen Gläubigers dann erhoben werden, wenn der Bestand und Rang der Hypothek von den übrigen in das Grundbuch mitübertragenen Hypothekengläubigern anerkannt oder gegen sie gerichtlich festgestellt ist oder wenn denselben der Vorrang vor der umzuwandelnden Hypothek eingeräumt wird. Sie erfährt die gleiche Umwandlung ferner durch Uebernahme seitens des Erstehers in Anrechnung auf den Kaufpreis nach Maßgabe des § 201 Abs. 5 des Gesetzes, betr. die Zwangsvollstreckung in das unbewegliche Vermögen, v. 13. Juli 1883 (GS. S. 131).

2. Dementsprechend ist auch die Umwandlung der alten Hessischen Hypotheken in reichsrechtliche Hypotheken abweichend von den anderen Landestheilen geregelt. Dabei ist zu unterscheiden, ob nach dem in der Anm. 1 Gesagten die alten Hessischen Hypotheken zu der Zeit, zu welcher das Grundbuch im Sinne der Reichsgesetze als angelegt anzusehen ist, bereits in Hypotheken von der Bedeutung des Preußischen Rechts umgewandelt sind, oder ob dies nicht der Fall ist.

a) Soweit die gedachten Hypotheken zu der fraglichen Zeit bereits in Hypotheken von der Bedeutung des Preußischen Rechts umgewandelt sind, voll-

2. Soweit zu der unter Nr. 1 bezeichneten Zeit die Hypothek noch besteht, gilt sie von dieser Zeit an als Sicherungshypothek, auch wenn der Betrag der gesicherten Forderung bestimmt ist.

---

zieht sich ihre weitere Umwandlung in reichsrechtliche Hypotheken nach den allgemeinen Regeln des Art. 192 EG. z. BGB. und der § 1 des vorliegenden Artikels. Eine solche Hypothek für eine dem Betrage nach bestimmte Forderung geht daher in eine gewöhnliche reichsrechtliche Hypothek, sei es Buch- oder Briefhypothek, über.

b) Soweit dagegen jene Hypotheken zu der maßgebenden Zeit eine Umwandlung in Hypotheken des Preußischen Rechts nicht erfahren haben, werden sie durch § 3 **Nr. 2** in reichsrechtliche Sicherungshypotheken (§ 1184 ff. BGB.) umgewandelt.

Die Begr. S. 50 bemerkt hierüber: „Ist eine ältere Hessische Hypothek zu der Zeit, zu welcher das Grundbuch im Sinne der Reichsgesetze für das belastete Grundstück als angelegt anzusehen ist, noch nicht nach Maßgabe des § 43 [bezw. § 201 Abs. 5 a. a. O.] umgewandelt, so sind für ihre Ueberleitung in das Hypothekenrecht des BGB. nicht mehr die Vorschriften des angeführten § 43 maßgebend. Vielmehr würden mangels landesgesetzlicher Abänderung die Uebergangsvorschriften des Art. 192 des EG. z. BGB. Anwendung finden. Eine Hessische Hypothek für eine dem Betrage nach bestimmte Forderung würde somit, vorausgesetzt, daß sie zu der bezeichneten Zeit nach bisherigem Rechte besteht, in eine gewöhnliche Hypothek, für welche die Ertheilung des Hypothekenbriefs ausgeschlossen ist, umgewandelt werden. Sie würde hierdurch aber insofern eine wesentliche Aenderung erleiden, als sich nach § 1138 des BGB. bei der gewöhnlichen Hypothek der öffentliche Glaube des Grundbuchs auch auf den Bestand der Forderung erstreckt. Diese Folge schließt der Entwurf durch die Vorschrift des Art. 33 § 3 (siehe jetzt § 3 Nr. 2) aus. Eine Hypothek der fraglichen Art soll danach künftig als Sicherungshypothek gelten. In Folge dessen bestimmt sich auch fernerhin das Recht des Gläubigers aus der Hypothek nach der Forderung; der Gläubiger kann sich zum Beweise der Forderung nicht auf die Eintragung berufen und die Anwendung des § 1138 des BGB. ist ausgeschlossen (§ 1184, § 1185, Abs. 2)."

Auch die Frage, wer zu der Zeit, zu welcher das Grundbuch als angelegt anzusehen ist, als Inhaber einer vorher begründeten Hypothek anzusehen ist, darf nicht lediglich nach dem Inhalte des Grundbuchs entschieden werden; Inhaber der Hypothek ist der Inhaber der Forderung, also gegebenfalls nicht der eingetragene Gläubiger, sondern derjenige, welcher die Forderung außerhalb des Grundbuchs erworben hat. Komm. Ber. S. 43; Komm. Prot. XXII. S. 4.

Die Umwandlung in eine Sicherungshypothek vollzieht sich, wie die Begr. weiter bemerkt, „selbstverständlich nur, wenn und soweit eine im Grundbuch eingetragene Hypothek der fraglichen Art in dem maßgebenden Zeitpunkt noch zu Recht besteht; soweit dagegen die Hypothek bereits vorher durch Erlöschen der Forderung untergegangen war, tritt eine Aenderung des bisherigen Rechtszustandes durch die Vorschrift des Entwurfes (Gesetzes Art. 33 § 3 Nr. 2) nicht ein."

3. Auf die Hypothek finden in Ansehung der Ausschließung des unbekannten Gläubigers im Wege des Aufgebotsverfahrens die Vorschriften des § 1170 des Bürgerlichen Gesetzbuchs auch insoweit Anwendung, als die Hypothek zu der unter Nr. 1

„Dagegen bleibt freilich nach der letzteren die Abweichung vom bisherigen Rechte bestehen, daß, wenn unter der Geltung des neuen Rechtes die Forderung erlischt, der Eigenthümer die Hypothek erwirbt. Indessen kann schon jetzt die in § 43 des geltenden Gesetzes vorgesehene Umwandlung einer älteren Hypothek in eine Hypothek neueren Rechtes, welche als solche auch den Vorschriften über die Eigenthümerhypothek unterliegt, von den nachstehenden älteren Hypothekengläubigern nicht willkürlich verhindert werden; vielmehr kann die Umwandlung gegen den Widerspruch dieser Gläubiger in der Art durchgeführt werden, daß der Bestand und Rang der umzuwandelnden Hypothek gegen sie gerichtlich festgestellt wird. Die nachstehenden älteren Hypothekengläubiger haben somit nach bisherigem Rechte zwar, so lange die vorgehende Hypothek nicht nach § 43 a. a. O. oder nach § 201 Abs. 5 des Gesetzes v. 13. Juli 1883 (GS. S. 131) zu der Bedeutung eines nach dem Gesetze v. 5. Mai 1872 begründeten Hypothekenrechts erhoben worden ist, eine Aussicht, nicht aber ein Recht darauf, im Falle des gänzlichen oder theilweisen Erlöschens der durch die vorgehende Hypothek gesicherten Forderung im Range vorzurücken; es besteht daher auch kein Grund, zu ihren Gunsten eine dem Art. 194 des EG. z. BGB. entsprechende Bestimmung zu treffen." Begr. S. 50 f.

In dem Verfahren der Zwangsversteigerung ist eine Hypothek der hier gedachten Art, die nicht in eine Hypothek des Preußischen Rechtes umgewandelt ist, bei der Feststellung des geringsten Gebots und bei der Aufstellung des Theilungsplans nur zu berücksichtigen, wenn sie rechtzeitig angemeldet wird. Art. 33 AG. z. RGes. über die Zwangsversteigerung und die Zwangsverwaltung.

II. Die Grundbücher enthalten noch zahlreiche Eintragungen alter Hessischer Hypotheken, welche getilgt und daher erloschen sind. Solche erloschene, aber zu der Zeit, zu welcher das Grundbuch im Sinne der Reichsgesetze als angelegt anzusehen ist, noch im Grundbuch eingetragene Hypotheken verwandeln sich, wie oben S. 111 in der Anm. I Nr. 2b Abs. 4 erwähnt, nicht in Sicherungshypotheken des neuen Rechts. Immerhin kann der Eintrag die gleich- und nachstehenden Gläubiger gefährden und den Kredit des Eigenthümers beeinträchtigen. Um dem vorzubeugen, hat die Kommission des AH. auf den Antrag eines Kommissionsmitgliedes die Vorschriften der Nr. 1, 3, 4 eingefügt. Komm. Ber. S. 42 f., Komm. Prot. XXII. S. 1 ff.

1. Die **Nr. 1** will die gleich- und nachstehenden Gläubiger an der Entfernung der nicht mehr bestehenden Hypotheken aus dem Grundbuche betheiligen. Komm. Prot. XXII S. 2. Der Antrag des Gläubigers auf Eintragung des Widerspruchs bedarf keiner Form.

Die Vorschrift der Nr. 1 tritt mit der Verkündigung des Gesetzes in Kraft (Art. 90 Abs. 2).

2. Zu **Nr. 3 Abs. 1 Satz 1.**

a) Der § 1170 des BGB. bestimmt über die Ausschließung des Hypothekengläubigers:

bezeichneten Zeit nicht mehr besteht. Ein Gläubiger, dem zu dieser Zeit eine der Hypothek gleich- oder nachstehende Hypothek oder Grundschuld zusteht, kann nach der Erlassung des Ausschlußurtheils die Löschung der Hypothek in gleicher Weise verlangen, wie wenn zur Sicherung des Rechtes auf Löschung eine Vormerkung im Grundbuch eingetragen wäre.

Wird das Aufgebotsverfahren vor dem Ablaufe von zwei Jahren nach der bezeichneten Zeit beantragt, so werden für das Verfahren und für die Löschung der Hypothek Gebühren nicht erhoben.

Ist der Gläubiger unbekannt, so kann er im Wege des Aufgebotsverfahrens mit seinem Rechte ausgeschlossen werden, wenn seit der letzten sich auf die Hypothek beziehenden Eintragung in das Grundbuch zehn Jahre verstrichen sind und das Recht des Gläubigers nicht innerhalb dieser Frist von dem Eigenthümer in einer nach § 208 zur Unterbrechung der Verjährung geeigneten Weise anerkannt worden ist. Besteht für die Forderung eine nach dem Kalender bestimmte Zahlungszeit, so beginnt die Frist nicht vor dem Ablaufe des Zahlungstags.

Mit der Erlassung des Ausschlussurtheils erwirbt der Eigenthümer die Hypothek. Der dem Gläubiger ertheilte Hypothekenbrief wird kraftlos.

Diese Vorschriften finden auf diejenigen alten Hessischen Hypotheken, welche zu der Zeit, zu welcher das Grundbuch als angelegt anzusehen ist, noch bestehen und sich daher nach Nr. 2 in reichsrechtliche Sicherungshypotheken verwandelt haben, ohne Weiteres Anwendung. Dagegen erschien es in der Kommission des AH. zweifelhaft, inwieweit der § 1170 BGB. auch auf die zu der genannten Zeit bereits erloschenen Hypotheken anwendbar sei. Zur Beseitigung dieses Zweifels wurde die Vorschrift der Nr. 3 Abs. 1 Satz 1 aufgenommen. (Komm. Prot. XXII S. 3). In der That würde ohne diese Vorschrift der § 1170 auf die zu der genannten Zeit bereits erloschenen Hypotheken nicht anwendbar sein, da er sich nur auf die reichsgesetzlichen Hypotheken bezieht, eine solche aber in dem gedachten Falle nicht besteht (vergl. Anm. I Nr. 2b Abs. 4, oben S. 111.

b) Der Kommissionsbericht des AH. (S. 43) stellt als „ausgesprochenes Einverständniß" zwischen der Kommission und der Staatsregierung fest: „Mit Rücksicht auf die Bedeutung, die der Schuldurkunde nach dem bisherigen Rechte innewohnt, ist der Gläubiger stets als „unbekannt" anzusehen, und es sind die Voraussetzungen des Aufgebots nach § 1170 vorhanden, wenn die Schuldurkunde abhanden gekommen ist und deshalb nicht vorgelegt werden kann: Das Letztere ist bei der Berathung des § 1170 in der Reichstagskommission ausdrücklich festgestellt worden".

c) Für das Aufgebotsverfahren über die zu der Zeit, zu welcher das Grundbuch als angelegt anzusehen ist, noch bestehenden und daher gemäß Nr. 2 in reichsgesetzliche Sicherungshypotheken umgewandelten Hypotheken gelten ohne Weiteres auch die für das Aufgebotsverfahren im Falle des § 1170 des BGB. gegebenen Vorschriften: nämlich CPO. §§ 946 ff., insbesondere §§ 982 ff., ferner § 8 des AG. z. CPO. (in der Fassung der Bekanntm. v. 6. Oktober 1899, GS. S. 388; Art. 1 Nr. IV des AG. z. RGes. v. 17. Mai 1898, betr. Aenderungen

4. Soll die Hypothek nach § 1186 des Bürgerlichen Gesetzbuchs in eine gewöhnliche Hypothek umgewandelt werden, so werden für die Eintragung der Umwandlung sowie für die gerichtliche Beurkundung oder Beglaubigung der Eintragungsbewilligung und für die Ertheilung eines Hypothekenbriefs Gebühren nicht erhoben, wenn die Umwandlung innerhalb eines Jahres nach der unter Nr. 1 bezeichneten Zeit beantragt wird.

---

der CPO. Dagegen greifen die Erleichterungen des § 10 Abs. 2, 3 des AG. z. CPO. (Bekanntm. a. a. O.; Art. 1 Nr. V des vorgenannten AG. z. RGes. v. 17. Mai 1898) nicht Platz, da die letzteren nur für die auf landesgesetzlicher Vorschrift beruhenden Aufgebote gelten, während sich in dem erwähnten Falle die Zulässigkeit des Aufgebots auf die reichsgesetzliche Vorschrift des § 1170 BGB. stützt.

Fraglich ist dagegen, ob nicht die letzteren Erleichterungen auf das Aufgebotsverfahren über die zu der Zeit, zu welcher das Grundbuch als angelegt anzusehen ist, nicht mehr bestehenden Hypotheken zur Anwendung kommen können. Für diese Hypotheken beruht die Zulässigkeit des Aufgebots lediglich auf der Vorschrift des § 3 Nr. 3, also auf landesgesetzlicher Vorschrift (siehe die Anm. 2a oben S. 113). Darnach würde zwar der § 10 a. a. O. an sich anwendbar sein. Es dürfte aber dem Sinne der Vorschrift des § 3 Nr. 3 Satz 1 entsprechen, daß für das Aufgebotsverfahren über die erloschenen Hypotheken die gleichen Vorschriften gelten, wie über die noch bestehenden, da im Laufe des Aufgebotsverfahrens nicht feststeht, ob die Hypothek wirklich erloschen ist oder nicht. Daraus würde sich die Unanwendbarkeit des § 10 a. a. O. ergeben.

3. Zu Nr. 3 Abs. 1 Satz 2.

a) Die Anwendbarkeit des § 1170 Abs. 2 BGB. auf die alten Hessischen Hypotheken hat zur Folge, daß mit dem Erlasse des Ausschlußurtheils der Eigenthümer die Hypothek auch dann erwirbt, wenn diese bereits vor der Zeit, zu welcher das Grundbuch im Sinne der Reichsgesetze als angelegt anzusehen ist, erloschen war. Der Abs. 1 Satz 2 der Nr. 3 giebt demgegenüber den zu der gedachten Zeit vorhandenen gleich- und nachstehenden Gläubigern zur Wahrung ihrer bisherigen Stellung einen dinglich gesicherten Anspruch auf Löschung der Hypothek, wie dies der Art. 194 EG. z. BGB. zuläßt. Vergl. Komm. Prot. XXII S. 3.

b) Als „ausgesprochenes Einverständniß" zwischen der Kommission des AH. und der Staatsregierung stellt der Komm. Ber. S. 43 fest: „Wird auf Grund des Ausschlußurtheils die Löschung beantragt, so kann von Vorlegung der Schuldurkunde abgesehen werden und der Grundbuchrichter kann aus ihrem Fehlen keinen Grund zur Ablehnung des Antrags entnehmen". Vergl. dazu BGB. § 1170 Abs. 2 Satz 2.

4. Zu Nr. 4. Nach § 1186 BGB. kann eine Sicherungshypothek in eine gewöhnliche Hypothek umgewandelt werden, ohne daß dazu die Zustimmung der im Range gleich- oder nachstehenden Berechtigten erforderlich ist. Diese Umwandlung soll in Ansehung der alten Hessischen Hypotheken durch die Vorschrift der Nr. 4 erleichtert werden.

Die Umwandlung nach Nr. 4 setzt selbstverständlich voraus, daß die Hypothek zu der Zeit, zu welcher das Grundbuch als angelegt anzusehen ist, noch zu Recht

§ 4. Die nach den Vorschriften des Rheinischen Bürgerlichen Gesetzbuchs begründeten Privilegien und Hypotheken, die zu der Zeit, zu welcher das Grundbuch als angelegt anzusehen ist, nicht durch Einschreibung im Hypothekenregister oder durch Eintragung im Grund-

---

bestanden und sich daher in eine reichsrechtliche Sicherungshypothek verwandelt hat (Nr. 2). Komm. Ber. S. 43; Komm. Prot. XXII S. 2.

5. Die in Nr. 1, Nr. 3 Abs. 2, Nr. 4 gewährte Kostenfreiheit beruht auf der Erwägung, daß seiner Zeit die alten Hypotheken ohne Prüfung ihres materiellen Bestandes in das Grundbuch übernommen wurden und es sich also hier um eine Reinigung des Grundbuchs und eine nachträgliche Ergänzung des Grundbuchanlegungsverfahrens handelt. Komm. Prot. XXII S. 3; Komm Ber. S. 43.

§ 4.

Der § 4 enthält besondere Vorschriften zur Ueberleitung der Privilegien und Hypotheken des Rheinischen Rechts in reichsrechtliche Hypotheken.

1. Die Vorschriften des Rheinischen BGB. über die Privilegien und Hypotheken haben bereits durch die frühere Gesetzgebung wesentliche Aenderungen erfahren. Vergl. Konk. Ordn. §§ 40 ff., 50 ff., 54 ff. (neue Fassung §§ 48 ff., 61 ff.); AG. z. Konk. Ordn. v. 6. März 1879 (GS. S. 109) §§ 5—8); Gesetz über die Veräußerung und hypothekarische Belastung von Grundstücken im Geltungsbereich des Rheinischen Rechtes, v. 20. Mai 1885 (GS. S. 140); Gesetz, betr. Ergänzung des vorbezeichneten Gesetzes, v. 24. Mai 1887 (GS. S. 161); Gesetz über das Grundbuchwesen und die Zwangsvollstreckung in das unbewegliche Vermögen im Geltungsbereich des Rheinischen Rechtes, v. 12. April 1888 (GS. S. 52).

2. Soweit die nach Maßgabe der bisherigen Vorschriften begründeten Privilegien und Hypotheken zu der Zeit, zu welcher das Grundbuch im Sinne der Reichsgesetze als angelegt anzusehen ist, durch Einschreibung im Hypothekenregister oder durch Eintragung im Grundbuch wirksam geworden sind, vollzieht sich ihre Verwandlung in Hypotheken des neuen Rechtes nach Art. 192 des EG. z. BGB. in Verb. mit Art. 33 § 1 dieses Gesetzes. Begr. S. 51.

3. Diejenigen Privilegien und Hypotheken, welche zu der bezeichneten Zeit nicht in der angegebenen Weise wirksam geworden sind, verwandeln sich nach Maßgabe des § 4 **Abs. 1 Satz 1** in Ansprüche auf Bestellung einer Sicherungshypothek. Die Vorschrift nimmt Anschluß an § 11 Abs. 1 des Gesetzes v. 12. April 1888, wonach Privilegien und gesetzliche Hypotheken, die nicht vor dem Inkrafttreten des Grundbuchrechts Wirksamkeit erlangt haben, oder die erst später entstanden sind, zu persönlichen Ansprüchen auf Bewilligung einer zur Sicherung der Forderung hinreichenden Hypothek abgeschwächt sind. Unter die Vorschrift des § 4 Abs. 1 Satz 1 fallen auch die nicht eingeschriebenen vertragsmäßigen Hypotheken. Wegen der gesetzlichen Hypothek der Ehefrau s. Anm. 4, über die gerichtliche Hypothek s. Anm. 5. — Hinsichtlich der gesetzlichen Hypotheken der Bevormundeten (vergl. Rhein. BGB. Art. 2121, 2135 Nr. 1; preuß. Vormundschaftsordnung v. 5. Juli 1875 § 32 Abs. 6; § 10 des Gesetzes v. 20. Mai 1885) wurde nach dem Inkrafttreten des Gesetzes v. 20. Mai 1885 auf Grund einer Verf. des Oberlandesgerichtspräsidenten zu Cöln

buche wirksam geworden sind, verwandeln sich in Ansprüche auf Bestellung einer Sicherungshypothek, soweit nicht im Artikel 56 § 9 ein Anderes bestimmt ist. Gerichtliche Hypotheken dieser Art erlöschen,

---

v. 1. Juni 1885 von Aufsichtswegen für die Einschreibung in die Hypothekenregister gesorgt.

4. Besonders behandelt ist die gesetzliche Hypothek der Ehefrau (Rhein. BGB. Art. 2121, 2135 Nr. 2; §§ 10, 11 des Gesetzes v. 20. Mai 1885; § 11 Abs. 1 und § 12 des Gesetzes v. 12. April 1885).

a) Die gesetzliche Hypothek der Ehefrau kommt in Ehen, die nach dem Inkrafttreten des BGB. geschlossen werden, nicht mehr zur Entstehung; sie bildet einen Bestandtheil des bisherigen Ehurechts, welches für die unter dem neuen Rechte geschlossenen Ehen nicht maßgebend ist. Das vorliegende Gesetz führt aber auch für die weitaus meisten vor dem Inkrafttreten des BGB. geschlossenen Ehen, für die bisher Rheinisches Recht gilt, von der bezeichneten Zeit an statt der bisherigen Gesetze die güterrechtlichen Vorschriften des BGB. ein (Art. 44, 56). Soweit dies geschieht, bringt der Zusammenhang, der zwischen der gesetzlichen Hypothek der Ehefrau und dem bisherigen Güterrecht obwaltet, es mit sich, daß der Frau für die Zeit nach der Einführung der neuen güterrechtlichen Vorschriften die gesetzliche Hypothek nicht mehr zusteht. Der Art. 56 § 9 bestimmt daher, daß die gesetzliche Hypothek der Frau von dem Eintritte der Aenderung des Güterstandes an nur noch zur Sicherung der vorher entstandenen Ansprüche bestehe, und daß sie erlösche, wenn sie nicht vor dem Ablauf eines Jahres nach dem Eintritte der Aenderung durch Einschreibung im Hypothekenregister oder durch Eintragung im Grundbuche wirksam geworden ist. Vergl. Begr. S. 51 f., Komm. Ber. S. 43, 60. Siehe auch die Anm. zu Art. 56 § 9.

b) „Soweit dagegen für die vor dem Inkrafttreten des BGB. geschlossenen Ehen das bisherige Recht maßgebend bleibt, wie namentlich für die dotalrechtlichen Ehen (Entw. Art. 55 § 10), bewendet es auch bei den bisherigen Vorschriften über die gesetzliche Hypothek der Ehefrau. Im größten Theile des Rheinischen Rechtsgebiets ist diese schon durch § 11 Abs. 1 und § 12 des Gesetzes v. 12. April 1888 nicht nur zu einem Anspruch auf Bewilligung einer Hypothek abgeschwächt, sondern auch bezüglich der Forderungen, für die, und der Zeit, innerhalb deren die Eintragung der Hypothek verlangt werden kann, beschränkt. Bei der äußerst kleinen Zahl der hier in Betracht kommenden Ehen erscheint es daneben nicht nothwendig, für die gesetzliche Hypothek der Ehefrau dem Grundsatze des Art. 33 § 4 Abs. 1 Satz 1 noch eine weitere Einschränkung beizufügen." Begr. S. 52. Vergl. Anm. zu Art. 56 § 10.

5. Anlangend die gerichtlichen Hypotheken des Rheinischen Rechtes, so entscheidet sich, wie die Begr. S. 52 ausführt, die Frage, inwieweit auf Grund eines vollstreckbaren Schuldtitels die Eintragung einer Hypothek erfolgen kann, von der Zeit an, zu welcher das Grundbuch im Sinne der Reichsgesetze als angelegt anzusehen ist, nach den §§ 866, 867 der CPO. Es besteht kein Bedürfniß, aus einer vor jener Zeit entstandenen gerichtlichen Hypothek, die nicht im Hypothekenregister eingeschrieben ist, dem Gläubiger noch außerdem, der Regel des Artikel 33 § 4 Abs. 1 Satz 1 entsprechend, einen Anspruch auf Bestellung einer Hypothek zu gewähren. Das Gesetz schließt deshalb für nicht einge-

unbeschadet der dem Gläubiger auf Grund eines vollstreckbaren Titels nach den reichsgesetzlichen Vorschriften zustehenden Befugnisse.

Privilegien und Hypotheken an Nießbrauchsrechten verwandeln sich, wenn sie zu der im Abs. 1 bezeichneten Zeit wirksam geworden sind, in Pfandrechte an dem Nießbrauch, anderenfalls in Ansprüche auf Bestellung eines Pfandrechts; die Vorschriften des Abs. 1 finden entsprechende Anwendung.

---

schriebene gerichtliche Hypotheken die Verwandlung in einen Anspruch auf Bestellung einer Sicherungshypothek aus und läßt dieselben erlöschen (Art. 33 § 4 **Abs. 1 Satz 2**).

Außer der Befugniß, nach den §§ 866, 867 CPO. eine Sicherungshypothek eintragen zu lassen, hat der Gläubiger auf Grund eines vollstreckbaren Titels das Recht der Zwangsversteigerung und der Zwangsverwaltung (§§ 866, 869 CPO.).

6. Zu § 4 **Abs. 2** erläutert die Begr. S. 52 f.: „Nach Rheinischem Rechte kann auch der Nießbrauch an einem Grundstücke Gegenstand von Privilegien und Hypotheken sein (Rhein. BGB. Art. 2118). Ein unter der Herrschaft des Rhein. Rechtes begründeter Nießbrauch an einem Grundstücke verliert jedoch mit der Anlegung des Grundbuchs die Eigenschaft eines den Grundstücken gleichstehenden Rechtes; denn wenngleich ein solcher Nießbrauch nach Art. 184 des EG. z. BGB. mit dem sich aus den bisherigen Gesetzen ergebenden Inhalt und Range bestehen bleibt, so ist damit doch der Landesgesetzgebung nicht gestattet, auch die Gleichstellung eines bestehenden Nießbrauchs mit den Grundstücken aufrecht zu erhalten (vergl. dagegen EG. Art. 196). Hypotheken und Privilegien an einem Nießbrauchsrechte können hiernach als solche nicht fortbestehen. Der Art. 33 § 4 Abs. 2 wandelt sie daher, je nachdem sie im Hypothekenregister eingeschrieben sind oder nicht, in Pfandrechte am Nießbrauch oder in Ansprüche auf Bestellung eines solchen Pfandrechts um. Die Vorschrift stimmt dem Grundgedanken nach mit dem § 17 des Gesetzes v. 12. April 1888 überein".

Schlußbemerkung zu Art. 33. Keine besondere landesgesetzliche Uebergangsvorschrift ist für die vom Eigenthümer vorbehaltenen Hypothekenstellen und die vor der Linie getilgten Hypotheken getroffen, „welche nach Maßgabe der §§ 22, 23 des Gesetzes v. 27. Mai 1873 für Schleswig-Holstein und der §§ 47, 50 Abs. 2 des Gesetzes v. 8. Juni 1896 für Lauenburg in das Grundbuch übernommen sind oder übernommen werden. Wie in den angeführten Gesetzen ausgesprochen ist, hat über die vorbehaltenen Stellen und die vor der Linie getilgten Hypotheken der Eigenthümer die Verfügung wie über eine Hypothek des Eigenthümers nach den Vorschriften des Eigenthumserwerbsgesetzes. Dementsprechend finden auf die bezeichneten Rechtsgestaltungen künftig nach Maßgabe der reichsgesetzlichen Uebergangsvorschriften die Bestimmungen über die Eigenthümerhypothek des BGB. Anwendung". Begr. S. 49.

Bestehende Grundschulden.

Artikel 34.

Wird im Falle der Blankoabtretung einer Grundschuld die durch einen Namen ausgefüllte Abtretungserklärung vor dem Inkrafttreten des Bürgerlichen Gesetzbuchs behufs Sicherstellung der Zeit der Ausfüllung einem Amtsgerichte vorgelegt, so hat das Gericht die Bescheinigung auf der Urkunde gebühren- und stempelfrei zu ertheilen.

Bestehende Grundschulden.

Artikel 34.

Der Art. 195 des EG. z. BGB. bestimmt:

Eine zu der Zeit, zu welcher das Grundbuch als angelegt anzusehen ist, bestehende Grundschuld gilt von dieser Zeit an als Grundschuld im Sinne des Bürgerlichen Gesetzbuchs und eine über die Grundschuld ertheilte Urkunde als Grundschuldbrief. Die Vorschrift des Artikel 192 Abs. 2 findet entsprechende Anwendung.

Durch Landesgesetz kann bestimmt werden, dass eine zu der im Abs. 1 bezeichneten Zeit bestehende Grundschuld als eine Hypothek, für welche die Ertheilung des Hypothekenbriefs nicht ausgeschlossen ist, oder als Sicherungshypothek gelten soll und dass eine über die Grundschuld ertheilte Urkunde als Hypothekenbrief gelten soll.

Von dem Vorbehalte im Abs. 2 des Art. 195 EG. ist für die Grundschuld des Preuß. Rechtes, welcher die Grundschuld des BGB. im Wesentlichen nachgebildet ist, kein Gebrauch gemacht worden. Die bestehenden Grundschulden gehen daher zu der Zeit, zu welcher das Grundbuch im Sinne der Reichsgesetze als angelegt anzusehen ist (siehe Anm. 2 zu Art. 25), in Grundschulden im Sinne des BGB. über, und zwar, da nach § 122 der Preuß. GBO. v. 5. Mai 1872 auf die Ausfertigung eines Grundschuldbriefes nicht verzichtet werden kann, in solche, für welche die Ertheilung des Grundschuldbriefes nicht ausgeschlossen ist.

Mit dieser Umwandlung verliert die Grundschuld die ihr bisher nach § 55 der Preuß. GBO. innewohnende Fähigkeit, ohne Nennung des Erwerbers abgetreten zu werden (Blankoabtretung), da dem BGB. eine solche Blankoabtretung fremd ist (§ 1192 Abs. 1 verb. mit § 1154). „Wer also vor dem Inkrafttreten des neuen Rechtes eine Grundschuld durch Blankoabtretuug erworben hat, muß sich für die spätere Zeit den Beweis sichern, daß die Abtretung noch unter der Herrschaft des alten Rechtes erfolgt ist. Da diese Nothwendigkeit sich als eine unmittelbare Folge des Wechsels der Gesetzgebung und der Unterwerfung der bestehenden Grundschulden unter das neue Recht darstellt, so entspricht es der Billigkeit, daß der gedachte Beweis den Betheiligten erleichtert wird". Begr. S. 53. Letzteres geschieht durch den Art. 34. Komm. Ber. S. 44.

Der Art. 34 tritt mit der Verkündung des Gesetzes in Kraft. Art. 90 Abs. 2.

Uebertragung von Vorschriften auf Rentenschulden.

Artikel 35.

Die neben dem Bürgerlichen Gesetzbuch in Kraft bleibenden Vorschriften, die sich auf Hypotheken und Grundschulden beziehen, finden auf Rentenschulden entsprechende Anwendung.

Auseinandersetzungen.

Artikel 36.

In dem vormaligen Herzogthume Nassau tritt das Gesetz, betreffend die Berichtigung des Grundsteuerkatasters und der Grund-

---

Uebertragung von Vorschriften auf Rentenschulden.

Artikel 35.

Die Begründung S. 54 erläutert: „Das BGB. fügt den schon der bisherigen Preuß. Gesetzgebung bekannten Rechtsformen, die den Zwecken des Grundkredits dienen, der Hypothek (§ 1113) und der Grundschuld (§ 1191), als neue Form die Rentenschuld hinzu (§ 1199). In den bisherigen Gesetzen, die neben dem BGB. in Kraft bleiben, finden sich zahlreiche Vorschriften, die sich nur auf Hypotheken und Grundschulden beziehen (vergl. z. B. § 37 Abs. 1 Nr. 3, § 38 des Gesetzes über die Enteignung von Grundeigenthum v. 11. Juni 1874, GS. S. 221; § 1 Abs. 4 des Gesetzes über Rentengüter v. 27. Juni 1890, GS. S. 209; § 17 des Gesetzes, betr. das Pfandrecht an Privateisenbahnen ꝛc., v. 19. August 1895, GS. S. 499). Diese Vorschriften müssen künftig auf Rentenschulden entsprechende Anwendung finden. Da es nicht unzweifelhaft erscheint, ob die Auslegung überall ohne Weiteres zu dem richtigen Ergebnisse gelangen würde, und da andererseits an eine Aenderung der Fassung aller in Betracht kommenden Vorschriften nicht gedacht werden kann, so empfiehlt es sich, die Erstreckung der älteren Vorschriften auf Rentenschulden durch eine allgemeine Bestimmung sicherzustellen, wie sie der Art. 35 enthält". Vergl. Komm. Ber. S. 44.

Auseinandersetzungen.

Artikel 36.

1. Das im **Abs. 1** bezeichnete Gesetz ist unten im Anhange als Anlage abgedruckt.

Ueber den Zeitpunkt, mit welchem das Grundbuch für einen Bezirk als angelegt anzusehen ist (siehe die Anm. 2 zu Art. 25, oben S. 86).

Das Gesetz v. 26. Juni 1875 ist auch im Geltungsbereiche des Rheinischen Rechtes, in dem Gebiete der vormals freien Stadt Frankfurt, in den vormals Großh. Hessischen Gebietstheilen, in dem vormals Landgräflich Hessischen Amtsbezirke Homburg und in dem Kreise Herzogthum Lauenburg eingeführt (Grundbucheinführungsgesetze v. 12. April 1888, GS. S. 52 § 1; v. 19. August 1895 GS. S. 481, § 1; v. 8. Juni 1896, GS. S. 109, § 1). Es tritt daselbst

bücher bei Auseinandersetzungen vor Bestätigung des Rezesses, vom 26. Juni 1875 (Gesetz-Samml. S. 325) mit dem Zeitpunkt, in welchem das Grundbuch für einen Bezirk als angelegt anzusehen ist, für den Bezirk in Kraft.

Bei Güterkonsolidationen und Auseinandersetzungen finden die

---

bisher in Ansehung der einzelnen Grundstücke mit dem elften Tage nach der Ausgabe des Amtsblattes in Kraft, welches die Bekanntmachung enthält, daß für sie das Grundbuch angelegt ist (§ 3 Abs. 7 der angeführten Gesetze). Diese Bestimmung wird durch Art. 33 Abs. 1 Nr. 10, 11, 12, Abs. 2; Art 34 des AG. z. RGBO. in Verb. mit § 82 der RGBO. beseitigt. Nach letzteren Vorschriften tritt es in den genannten Gebieten, soweit es nicht bereits vor dem BGB. in Kraft getreten ist, künftig gleichfalls mit dem Zeitpunkte in Kraft, mit welchem das Grundbuch für den Grundbuchbezirk als angelegt anzusehen ist.

2. Durch die Vorschrift des Art. 36 Abs. 1 ist das Gesetz v. 26. Juni 1875 auf die ganze Monarchie, mit Ausnahme der Insel Helgoland ausgedehnt; für letztere kommt die Einführung des Gesetzes v. 26. Juni 1875 nicht in Frage (Begr. S. 55).

3. In dem vormaligen Herzogthum Nassau kann das Gesetz v. 26. Juni 1875 nach der derzeitigen sonstigen Lage der Gesetzgebung nur dann zur Anwendung kommen, wenn bei Gemeinheitstheilungen die Uebereignung von Landabfindungen durch die Auseinandersetzungsbehörde stattfindet (Gemeinheitstheilungsordnung für den Regierungsbezirk Wiesbaden 2c. v. 5. April 1869, GS. S. 526).

Dagegen ist seine Anwendung, trotz der allgemein lautenden Einführungsbestimmung im Art. 36 Abs. 1, bei Zusammenlegungen so lange ausgeschlossen, als das Nassauische Konsolidationsverfahren beibehalten wird. Der Ausschluß der Anwendbarkeit des Gesetzes auf das letztere ergiebt sich auch ohne besonderen Vorbehalt ohne Weiteres aus dem Mangel an der Unterlage für die Anwendung, da das Nassauische Konsolidationsverfahren die in dem Gesetz vorausgesetzte „Ausführung des endgültig festgestellten Auseinandersetzungsplans" nicht kennt. Auch ist es unzulässig, damit die dem Nassauischen Verfahren bekannte „Zumessung auf dem Felde" gleichzustellen. Mit dieser ist das Verfahren noch nicht so weit gediehen, wie nach dem altländischen Verfahren bei der Ausführung des endgültig festgestellten Auseinandersetzungsplanes, an welche das Gesetz von 1875 die Wirkung des Eigenthumsübergangs knüpft, vergl. Holzapfel, das Privatrecht im Preuß. Auseinandersetzungsverfahren, S. 28—32, S. 240 ff. Verordn. v. 2. September 1867, betr. die Güterkonsolidation im Reg. Bez. Wiesbaden 2c. (GS. S. 1462), Gemeinheitstheilungsordnung für den Reg. Bez. Wiesbaden v. 5. April 1869 (GS. S. 536) § 30; Begr. des Entw. eines Gesetzes, betr. das Grundbuchwesen 2c. in Hessen-Nassau, Drucks. des HH. 1895 Nr. 18 S. 25 ff.).

Den Zwecken des Gesetzes von 1875 dient bei der Konsolidation bisher die Nassauische Verordnung v. 4. Juni 1855 über die Fortführung der Stockbücher in den Gemarkungen, in welchen eine Güterkonsolidation vorgenommen wird (Nass. Verordn. Bl. S. 61). Diese Verordnung ist aber, wie in der erwähnten Drucksache des HH. a. a. O. näher ausgeführt wird, nach dem Inkrafttreten des

Vorschriften des § 25 Abs. 2 der Verordnung, betreffend die Ablösung der Servituten ꝛc. für das vormalige Kurfürstenthum Hessen, vom 13. Mai 1867 (Gesetz-Samml. S. 716) entsprechende Anwendung.

Grundbuchrechtes nicht mehr durchführbar. Die hierdurch entstehende Lücke wird indessen wenig fühlbar werden. Denn auch für das Nassauische Konsolidationsverfahren ist von dem Grundsatze auszugehen, daß eine formell über die im Grundbuche eingetragenen Grundstücke erklärte Verfügung — Veräußerung oder Belastung — die an Stelle derselben durch Adjudikation zuzutheilenden Grundstücke ergreife (Reichsger. Entsch. Bd. 11 S. 250; jur. Wochenschr. 1884 S. 99). Nach der Praxis der Generalkommission in Cassel werden auch im Nassauischen Konsolidationsverfahren jetzt schon die sogenannten Abfindungsbescheinigungen ertheilt, welche das Verhältniß der alten Grundstücke zu den für sie bestimmten Abfindungsstücken nachweisen. Soweit sich zwar hieraus ergiebt, daß der Abfindungsplan an Stelle mehrerer alter Grundstücke tritt, können freilich die Betheiligten über einzelne alte Grundstücke nur dann mit sachlichem Erfolge verfügen, wenn sie die Konsolidationsbehörde vorher zu einer entsprechenden Sonderung veranlaßt haben. Drucks. des HH. a. a. O. Vergl. hierzu Art. 36 Abs. 2 (siehe auch die folgende Anm.).

4. Der **Abs. 2** ergänzt die im vormaligen Herzogthum Nassau geltenden Vorschriften über Güterkonsolidationen und Gemeinheitstheilungen (siehe die in Anm. 1 aufgeführten Gesetze). Der § 25 Abs. 2 lautet:

Wenn die Landabfindung eine Entschädigung für mehrere, verschiedenen Rechtsverhältnissen unterliegende Grundstücke oder Berechtigungen eines Theilnehmers bildet, so ist aus der Gesammtabfindung für ein jedes dieser Grundstücke oder eine jede dieser Berechtigungen ein besonderes Stück auszuweisen. Der Auseinandersetzungsbehörde bleibt es aber überlassen, eine solche Ausweisung bis zum Eintritte eines Bedürfnisses oder bis zum Antrage eines Betheiligten auszusetzen und inzwischen nur die Quoten der Gesammtabfindung zu bestimmen, welche die Stelle der einzelnen zu ersetzenden Grundstücke oder Berechtigungen vertreten.

Die Vorschrift bezieht sich auf den Fall, daß für mehrere im Verfahren eingeworfene Grundstücke, welche entweder nur zum Theil verpfändet und sonst dinglich belastet oder je verschiedenen Belastungen unterworfen sind, eine Gesammtabfindung gewährt wird; sie ermöglicht die Gewährung eines besonderen Abfindungsgrundstücks für jedes der eingeworfenen Grundstücke. Vergl. Drucksache des HH. 1895 Nr. 18 S. 38 f. Siehe auch die vorige Anm. a. E.

In gleicher Weise ist das Verfahren noch für das Geltungsgebiet der Gemeinheitstheilungsordnung v. 7. Juni 1821 durch § 5 des Ausdehnungsgesetzes v. 2. April 1872 (GS. S. 329) und für mehrere einzelne Gebiete (Cassel: Verordn. v. 2. September 1867, GS. S. 1463, § 1; Ehrenbreitstein: Ges. v. 5. April 1869, GS. S. 514, § 6; Schleswig-Holstein: Ges. v. 17. August 1876, GS. S. 377, § 25; Hohenzollern: Ges. v. 23. Mai 1885, GS. S. 143, § 30; Frankfurt und vormals Großherzogl. und Landgräfl. Hess. Landestheile der Prov. Hessen-Nassau: Ges. v. 19. August 1895, GS. S. 481, § 8) geregelt.

Bergrecht.

Artikel 37.

Das Allgemeine Berggesetz vom 24. Juni 1865 (Gesetz-Samml. S. 705) wird dahin geändert:

I. An die Stelle des § 50 tritt folgende Vorschrift:

Das Bergwerkseigenthum wird durch die Verleihung begründet sowie durch Konsolidation, Theilung von Grubenfeldern oder Austausch von Feldestheilen erworben.

Für das Bergwerkseigenthum gelten die sich auf Grund-

Bergrecht.

Der Art. 67 des EG. z. BGB. bestimmt:

Unberührt bleiben die landesgesetzlichen Vorschriften, welche dem Bergrecht angehören.

Ist nach landesgesetzlicher Vorschrift wegen Beschädigung eines Grundstücks durch Bergbau eine Entschädigung zu gewähren, so finden die Vorschriften der Artikel 52, 53 Anwendung, soweit nicht die Landesgesetze ein Anderes bestimmen.

Demgemäß sind die Vorschriften des Allgemeinen Berggesetzes v. 24. Juni 1865 (GS. S. 705) mit dessen Abänderungen (Gesetz v. 9. April 1873, GS. S. 181; Gesetz v. 24. Juni 1892, GS. S. 131) und des Gesetzes, betr. die Rechtsverhältnisse des Stein- und Braunkohlenbergbaues 2c., v. 22. Februar 1869 (GS. S. 401) aufrecht erhalten. Die Art. 37 und 38 treffen jedoch zum Zwecke der Anpassung an das Reichsrecht ändernde Bestimmungen. Im Art. 39 ist eine neue Vorschrift angeschlossen.

Artikel 37.

Zu Nr. I. 1. Die Begr. S. 55f. bemerkt: „Wenn nach dem Berggesetze das Bergwerkseigenthum zu den unbeweglichen Sachen gehört und hinsichtlich der Veräußerung und Verpfändung den in dieser Beziehung für das Grundeigenthum geltenden allgemeinen gesetzlichen Vorschriften unterliegt (§ 50, § 52 Abs. 1), so werden diese Bestimmungen gegenwärtig durch den § 68 des Eigenthumserwerbsgesetzes v. 5. Mai 1872 ergänzt, demzufolge auf verliehene Bergwerke mit gewissen Maßgaben die Vorschriften dieses Gesetzes Anwendung finden. An die Stelle der letzteren Vorschriften würden nach Art. 4 des EG. die „entsprechenden" Vorschriften des BGB. treten. Indessen würde sich hiernach ein so unübersichtlicher Rechtszustand ergeben, daß es den Vorzug verdient, die Bestimmung des § 68 des Eigenthumserwerbsgesetzes und zugleich die erwähnten Bestimmungen des Berggesetzes durch neue dem Reichsrecht angepaßte Vorschriften zu ersetzen.

Für die Fassung dieser Vorschriften bieten sich die für das Erbbaurecht geltenden Bestimmungen des § 1017 des BGB. als Vorbild, da das Erbbaurecht die einzige reichsgesetzlich geordnete Berechtigung ist, welche, wie das Bergwerkseigenthum, im Sinne der bisherigen Rechtssprache zu den unbeweg-

stücke beziehenden Vorschriften des Bürgerlichen Gesetzbuchs, soweit nicht aus diesem Gesetze sich ein Anderes ergiebt.

Mit der gleichen Beschränkung finden die für den Erwerb des Eigenthums und die Ansprüche aus dem Eigenthum an Grundstücken geltenden Vorschriften auf das Bergwerkseigenthum entsprechende Anwendung.

lichen Sachen gehört. Der Anschluß an den § 1017 entspricht auch dem Vorgange des EG. z. BGB., welches in den Artikeln 63, 68 die Vorschriften des § 1017 auf das Erbpachtrecht und das vererbliche und veräußerliche Recht zur Gewinnung eines den bergrechtlichen Vorschriften nicht unterliegenden Minerals für entsprechend anwendbar erklärt und dadurch als Bestimmungen von allgemeiner Bedeutung kennzeichnet.

Selbstverständlich muß der Umstand, daß es sich bei dem Bergwerkseigenthum um ein nicht ausschließlich privatrechtliches und deshalb zum Theil von sonderrechtlichen Normen beherrschtes Institut handelt, Berücksichtigung finden."

2. **Zu § 50 Abs. 1.** Die Begründung des Bergwerkseigenthumes ist nur durch Verleihung möglich; aber auch der Erwerb durch Konsolidation, Theilung von Grubenfeldern und Austausch von Feldertheilen ist originärer Erwerb. Komm. Ber. S. 11.

3. a) Der **§ 50 Abs. 2** erklärt die sich auf Grundstücke beziehenden Vorschriften des Bürgerlichen Gesetzbuchs auf das Bergwerkseigenthum für anwendbar, soweit sich nicht aus dem Berggesetze ein anderes ergiebt. Dadurch sind der bisherige § 50 sowie der bisherige § 52 Abs. 1 des Berggesetzes und der § 68 des Eigenthumserwerbsgesetzes, soweit die beiden letzteren Vorschriften die Verpfändung oder die dingliche Belastung des Bergwerkseigenthums betreffen, ersetzt. Begr. S. 56.

„Unter den „sich auf Grundstücke beziehenden Vorschriften" ist hier das Gleiche zu verstehen, wie im § 1017 Abs. 1 des BGB." (Begr. S. 56). Es sind also namentlich anwendbar die Vorschriften des BGB. §§ 96, 946 (Bestandtheile); 313 (Form des obligatorischen Veräußerungsvertrages); 435, 444, 446, 468, 477 (Verbindlichkeiten beim Kaufe); 503, 510 (Beschränkung des Wiederkaufsrechtes und des Verkaufsrechtes); 537, 551, 556, 559 ff., 565, 571 ff. (Verbindlichkeiten beim Miethsvertrage); 859, 867 (Besitzschutz); 873 ff., 1018 ff., 1094 ff., 1113 ff. (Belastung mit Hypotheken und anderen Rechten); 1445, 1487, 1519, 1549 (Verfügungsbeschränkungen des Ehemannes und des überlebenden Ehegatten bei Gütergemeinschaft u. s. w.). Auch die auf die Form des obligatorischen Veräußerungsvertrages bezüglichen Vorschriften des Art. 12 dieses Gesetzes und des Art. 38 Abs. 3, Art. 112, 122, 123, 125 des Preuß. Gesetzes über die freiwillige Gerichtsbarkeit sind anwendbar.

„Nicht gehören zu den „sich auf Grundstücke beziehenden Vorschriften" die auf das Eigenthum an Grundstücken bezüglichen Bestimmungen, wie sich daraus ergiebt, daß die Uebertragung der letzteren Bestimmungen auf Rechte mit dem Eigenthumsbegriffe des BGB. unvereinbar sein würde und daß nach dem neuen § 52 Abs. 2, wie nach § 1017 Abs. 2, nur die für den Erwerb des Eigenthums und die Ansprüche aus dem Eigenthum an Grundstücken geltenden Vorschriften entsprechende Anwendung finden sollen. Unanwendbar sind darnach insbesondere

II. Die §§ 52, 53 werden gestrichen.

---

die Vorschriften über den Inhalt des Grundeigenthums (§§ 905—918 BGB.)." Begr. S. 56; Komm. Ber. S. 44; das Gleiche gilt von den Vorschriften über dessen Verlust (vergl. die Anm. 3 Abs. 2).

Durch bergrechtliche Sondervorschriften ist z. B. die Bestimmung des § 890 BGB. über die Vereinigung von Grundstücken von der Anwendung auf das Bergwerkseigenthum ausgeschlossen; an ihre Stelle treten die Vorschriften des Berggesetzes über die Konsolidation (§ 41 ff.). Begr. S. 56.

b) Auch die sich auf Grundstücke beziehenden Vorschriften der Reichs-Grundbuchordnung und des Ausführungsgesetzes zu derselben finden auf Bergwerke Anwendung, soweit nicht ein Anderes bestimmt ist. Art. 22 des AG. z. RGBO. Die Anlegung des Grundbuchblattes ist in Art. 23 ff. daselbst geregelt. Die für das Erbbaurecht geltenden Vorschriften des § 20 und des § 22 Abs. 2 der RGBO. finden auf das Bergwerkseigenthum entsprechende Anwendung. Art. 28 a. a. O.

c) Das Bergwerkseigenthum unterliegt der Zwangsvollstreckung in das unbewegliche Vermögen; die für die Zwangsvollstreckung in Grundstücke geltenden Vorschriften finden entsprechende Anwendung. § 864—870 der CPO., RGes. über die Zwangsverst. und die Zwangsverw. v. 24. März 1897 (RGBl. 1898 S. 713) Abschnitt I. Daneben gelten die besonderen Vorschriften der Art. 15—21 des AG. zum letzteren Gesetze. — Auch die Vorschriften des III. Abschnittes des Reichsgesetzes, „Zwangsversteigerung und Zwangsverwaltung in besonderen Fällen", sind anwendbar. Art. 22 ff. des AG.

4. Die Vorschrift des **Abs. 3** bezieht sich auf den abgeleiteten Erwerb. Ihr zufolge „kommen als Erwerbsarten für das Bergwerkseigenthum in Betracht die Tabularersitzung nach § 900 und die Auflassung nach § 925 des BGB., nicht dagegen der Erwerb auf Grund dreißigjährigen Eigenbesitzes und Ausschlusses des Eigenthümers nach § 927 und der Erwerb durch Aneignung nach erfolgtem Verzichte gemäß § 928, letzterer deshalb nicht, weil der auf den Verzicht bezügliche § 928 Abs. 1 als eine den Verlust des Eigenthums betreffende Vorschrift nicht nach § 50 Abs. 2 Anwendung findet, der Verzicht auf Bergwerkseigenthum überdies durch die §§ 161 ff. des Berggesetzes besonders geregelt ist". Begr. S. 57.

Auf die Form der Auflassung ist auch die Erleichterung des Art. 25 dieses Gesetzes anwendbar.

Als Ansprüche aus dem Eigenthum kommen die Ansprüche aus §§ 985 ff. (rei vindicatio) und aus § 1004 (actio negatoria) in Betracht.]

Zu Nr. II. 1. Der bisherige § 52 Abs. 1 des Berggesetzes ist durch den neuen § 50, bezüglich des Arrestes jedoch durch die Vorschriften der Civilprozeßordnung, insbesondere durch § 932 der letzteren ersetzt, wonach die Vollziehung des Arrestes durch Eintragung einer Sicherungshypothek für die Forderung erfolgt. Die Privilegien des Rheinischen Rechtes haben sich theils schon in Folge der Einführung des Preuß. Grundbuchrechtes in Hypotheken oder in Ansprüche auf Bestellung einer Hypothek umgewandelt, theils erfolgt die gleiche Umwandlung mit dem Zeitpunkt, in welchem das Grundbuch im Sinne des Reichsrechtes als angelegt anzusehen ist (vergl. Art. 33 § 4); bis zu diesem Zeitpunkt bleiben die bisherigen Vorschriften, soweit sie noch gelten, maßgebend

III. Der § 60 Abs. 3 erhält folgende Fassung:

Der Hülfsbau gilt als Bestandtheil des berechtigten Bergwerkes oder, wenn die Eigenthümer mehrerer Bergwerke sich zur gemeinschaftlichen Anlage eines Hülfsbaues vereinigt und keine anderweitige Vereinbarung getroffen haben, als Bestandtheil der berechtigten Bergwerke. Er bedarf, wenn der Hülfsbauberechtigte den Besitz erlangt hat, zur Wirksamkeit gegenüber dem öffentlichen Glauben des Grundbuchs nicht der Eintragung in das Grundbuch.

IV. Im § 85a Abs. 4 werden

1. im Satz 1 die Worte: „der Vater oder Vormund" ersetzt durch die Worte:

„der gesetzliche Vertreter",

(Art. 184, 192 EG. z. BGB. in Verb. mit dem neuen § 50 Abs. 2 des Berggesetzes). Begr. S. 57.

2. Der bisherige § 52 Abs. 2, welcher bei Verträgen über Veräußerung von Bergwerken oder Kuren die Anfechtung wegen übermäßiger Verletzung ausschließt, wird gegenstandslos, weil das BGB. eine solche Anfechtung nicht kennt. Begr. S. 57.

3. „Der § 53 ist schon jetzt für den größten Theil der Monarchie durch die spätere Reichs- und Landesgesetzgebung, insbesondere die Konkursordnung, die Grundbuchordnung und das Gesetz über die Zwangsvollstreckung in das unbewegliche Vermögen, beseitigt.

Künftig wird sich die Führung der Grundbücher nach der Reichs-Grundbuchordnung und den dazu ergehenden Ausführungsvorschriften, die Zwangsvollstreckung nach der Civilprozeßordnung, dem Reichsgesetz über die Zwangsversteigerung und die Zwangsverwaltung und den zugehörigen Ausführungsvorschriften bestimmen. Auch hier bleiben die bisherigen Gesetze bis zu der Zeit, zu welcher das Grundbuch als angelegt anzusehen ist, maßgebend. Der § 53 kann somit in demselben Sinne, wie die im Artikel 87 (jetzt 89) aufgeführten Gesetze, nämlich unbeschadet der Uebergangsvorschriften, aufgehoben werden". (Begr. S. 57.)

Vergl. wegen der Führung der Grundbücher und der Zwangsvollstreckung die Anm. 3b und c zu Nr. I, oben S. 124.

Zu Nr. III. Die Begr. S. 57 erläutert: „Der bisherige § 60 Abs. 3 bezeichnet den Hülfsbau als Zubehör des berechtigten Bergwerkes oder der berechtigten Bergwerke, wenn die Eigenthümer zweier oder mehrerer Bergwerke sich zur gemeinschaftlichen Anlage eines Hülfsbaus vereinigt und keine anderweitige Vereinbarung getroffen haben. Das BGB. beschränkt den Begriff des Zubehörs auf bewegliche Sachen (§ 97), behandelt dagegen ein mit dem Eigenthum an einem Grundstücke verbundenes Recht als „Bestandtheil" des Rechtes. Dementsprechend giebt der neue § 60 Abs. 3 im Satz 1 den bisherigen § 60 Abs. 3 mit der Aenderung wieder, daß der Begriff „Zubehör" durch den Begriff „Bestandtheil" ersetzt wird. Im Satz 2 ist die Vorschrift des § 68 Nr. 3 Satz 1 des Eigenthumserwerbsgesetzes sachlich unverändert angeschlossen".

Zu Nr. IV bis VIII. Begr. S. 58: „Die Vorschriften der §§ 85a bis 85h des Berggesetzes in der Fassung des Gesetzes v. 24. Juni 1892 (GS. S. 131), die

2. im Satz 2 die Worte: „des Vaters oder Vormundes“ ersetzt durch die Worte:
„des gesetzlichen Vertreters“.

V. Im § 85b werden
1. im Satz 4 die Worte: „an den Vater oder Vormund, sofern diese es verlangen“ ersetzt durch die Worte:
„an den gesetzlichen Vertreter, sofern dieser es verlangt“,
2. im Satz 5 die Worte: „an die Mutter“ ersetzt durch die Worte:
„an die zur gesetzlichen Vertretung nicht berechtigte Mutter“.

VI. Im § 85c treten an die Stelle des Satz 2 folgende Vorschriften:
Die Ausstellung erfolgt auf Antrag oder mit Zustimmung des gesetzlichen Vertreters; ist die Erklärung des gesetzlichen Vertreters nicht zu beschaffen oder verweigert er die Zustimmung ohne genügenden Grund und zum Nachtheile des Arbeiters, so kann die Gemeindebehörde die Zustimmung ergänzen.

VII. Im § 85e Abs. 1 werden die Worte: „seines Vaters oder Vormundes“ ersetzt durch die Worte:
„seines gesetzlichen Vertreters“.

VIII. Im § 85h werden die Worte: „des Minderjährigen, seines Vaters oder Vormundes“ ersetzt durch die Worte:
„des Minderjährigen oder seines gesetzlichen Vertreters“.

IX. Der § 101 Abs. 3 erhält folgende Fassung:
Die Kuxe sind untheilbar. Sie gehören zum beweglichen Vermögen.

---

von dem Abgangszeugniß und dem Arbeitsbuche für minderjährige Bergarbeiter handeln, sind den §§ 107—114 der Gewerbeordnung in der Fassung des Gesetzes v. 1. Juni 1891 (RGBl. S. 261) nachgebildet. In den letzteren Vorschriften sind mit Rücksicht darauf, daß die gesetzliche Vertretung Minderjähriger im BGB. neu geregelt, insbesondere auch der ehelichen Mutter die gesetzliche Vertretung kraft elterlicher Gewalt beigelegt ist, durch den Art. 36 Nr. II—IV des EG. z. BGB. eine Reihe von Aenderungen vorgenommen worden. Diese überträgt der Entwurf (Nr. IV—VII) auf die entsprechenden Vorschriften des Berggesetzes. Der § 85a Abs. 4 des Berggesetzes entspricht dem § 113 Abs. 4 der Gewerbeordnung, der § 85b Satz 4, 5 dem § 107 Abs. 1 Satz 4, 5, der § 85c Satz 2 dem § 108 Satz 2, der § 85e Abs. 1 dem § 110 Abs. 1. Einer gleichen Aenderung bedarf auch der § 85h, welcher ebenfalls nur den Vater oder den Vormund als gesetzlichen Vertreter des Minderjährigen berücksichtigt (Nr. VIII)“.

Die §§ 85a—85h, wie sie hiernach lauten, sind im Anhange abgedruckt.

Zu Nr. IX. In der bisherigen Fassung lautet der § 101 Abs. 3:

Die Kuxe sind untheilbar. Sie haben die Eigenschaft der beweglichen Sachen.

X. Der § 128 erhält folgende Fassung:

Soweit der gegenwärtige Titel nichts Anderes bestimmt, sind die durch die Bestellung eines Repräsentanten oder Grubenvorstandes entstehenden Rechtsverhältnisse nach den allgemeinen Vorschriften über die Vollmacht und den Auftrag zu beurtheilen.

XI. Der § 148 erhält folgenden neuen Absatz:

Geändert ist also nur der Satz 2, demzufolge bei der Gewerkschaft neueren Rechtes die Kuxe die Eigenschaft der beweglichen Sachen haben. „Dieser Satz steht mit dem auf körperliche Gegenstände beschränkten Sachbegriffe des BGB. (§ 90) nicht im Einklang und könnte zu dem Mißverständnisse verleiten, als sollten auf die Kuxe in den nicht durch das Berggesetz besonders geregelten Beziehungen (vergl. insbesondere die §§ 105, 108) künftig die für bewegliche Sachen geltenden Vorschriften Anwendung finden, so daß z. B. für die Bestellung eines Nießbrauchs nicht der § 1069, sondern der § 1032 des BGB. maßgebend wäre. Es empfiehlt sich deshalb eine Aenderung der Fassung dahin, daß die Kuxe zum beweglichen Vermögen gehören. (Nr. IX). Dementsprechend ist auch der § 235a Abs. 1 geändert" (Nr. XIV). Begr. S. 58.

Zu Nr. X. Die Begr. (S. 58) lautet: „In der neuen Fassung des § 128 (Nr. X) ist der dem Reichsrechte fremde Begriff „Vollmachtsvertrag" durch die Begriffe „Vollmacht" und „Auftrag" ersetzt. Dies entspricht der herrschenden Auffassung von der Bedeutung der bisherigen Fassung, derzufolge nicht nur für das Verhältniß zwischen dem Repräsentanten oder Grubenvorstand und der Gewerkschaft, sondern auch für das Verhältniß zu Dritten die allgemeinen Vorschriften des bürgerlichen Rechtes ergänzend anwendbar sind (vergl. Klostermann, Kommentar, 5. Aufl. von Fürst. S. 389 Anm. 2 zu § 128)".

Die Vollmacht ist in den §§ 166 ff. BGB., der Auftrag in den §§ 662 ff. daselbst behandelt.

Zu Nr. XI. Das Preuß. Berggesetz verpflichtet im § 148 den Bergwerksbesitzer, für allen Schaden, welcher dem Grundeigenthume oder dessen Zubehörungen durch den unterirdisch oder mittelst Tagebaues geführten Betrieb des Bergwerks zugefügt wird, vollständige Entschädigung zu leisten. Der Kreis der Ersatzberechtigten ist indessen im Gesetze nicht bestimmt. Zwar ist in der Wissenschaft und Praxis unbestritten, daß außer dem Eigenthümer auch andere Berechtigte, insbesondere Nießbraucher, Servitutberechtigte, Superfiziare, Miether und Pächter, letztere mindestens insoweit, als ihnen ein dingliches Recht zusteht, für den ihnen erwachsenen Schaden von dem Bergwerksbesitzer auf Grund des § 148 Ersatz verlangen können. Dagegen ist die Frage hinsichtlich der Hypotheken- und Grundschuldgläubiger streitig. Während Daubenspeck (Lehre vom Bergschaden S. 26) den Hypothekengläubigern die Entschädigungsklage aus § 148 des Berggesetzes zugesteht und Brassert (Kommentar S. 393) diese Ansicht als mit Zweck und Fassung des § 148 grundsätzlich vereinbar anerkennt, wird in der Praxis den Hypothekengläubigern, soweit bekannt, allgemein ein Ersatzanspruch aus § 148 des Berggesetzes abgesprochen. (Begr. S. 58f.).

Die hiernach streitige Frage gewinnt in Folge des Reichsrechtes neue Bedeutung. Nach Art. 67 Abs. 2 EG. z. BGB. finden nämlich, wenn nach landes-

Den Hypotheken-, Grundschuld- und Rentenschuldgläubigern wird eine besondere Entschädigung nicht gewährt.

---

gesetzlicher Vorschrift wegen *Beschädigung eines Grundstücks durch Bergbau* eine Entschädigung zu gewähren ist, die Vorschriften der Art. 52, 53 des EG. Anwendung, soweit nicht die Landesgesetze ein Anderes bestimmen. Die Art. 52, 53 sind ihrem Inhalte nach nur anwendbar, wenn nach dem Landesgesetze die Entschädigung dem Eigenthümer des beschädigten Grundstücks zu gewähren ist, Dritten dagegen, denen ein durch die Beschädigung beeinträchtigtes Recht an dem Grundstücke zusteht, eine *besondere Entschädigung nicht gewährt wird*. Ohne die gesetzliche Entscheidung jener Streitfrage wäre es somit zweifelhaft, ob künftig die Hypotheken-, Grundschuld- und Rentenschuldgläubiger nach Maßgabe des § 148 durch direkten Schadensersatzanspruch gegen den Bergwerksbesitzer, oder nach den subsidiären reichsrechtlichen Vorschriften der Art. 52, 53 EG. z. BGB. geschützt werden. Das AH. fügte, um diesem Zweifel zu begegnen, einem bereits in seiner Kommission gestellten Antrage gemäß die Vorschrift der Nr. XI in das Gesetz ein, durch welche die Streitfrage im Sinne der bisherigen Praxis entschieden wird. Begr. S. 58 f.; Komm. Prot. XX S. 16; Komm. Ber. S. 45; stenogr. Ber. d. AH. S. 2565.

Infolge dieser Regelung haben zwar die Hypotheken-, Grundschuld- und Rentenschuldgläubiger *keinen direkten Schadensersatzanspruch* gegen den Bergwerksbesitzer.

Auf Grund des Reichsrechtes stehen ihnen aber, soweit ihre Rechte durch die Beschädigung des Grundstücks beeinträchtigt sind, an dem *Entschädigungsanspruche des Grundeigenthümers* dieselben Rechte zu, die ihnen im Falle des Erlöschens ihrer Rechte durch Zwangsversteigerung an dem Erlöse zustehen. Der Bergwerksbesitzer kann die Entschädigung mit Wirkung gegen die Gläubiger an den Grundstückseigenthümer erst zahlen, wenn er oder der Grundstückseigenthümer den Eintritt des Schadens den Gläubigern angezeigt hat und seit dem Empfange der Anzeige ein Monat verstrichen ist. Die Gläubiger können bis zum Ablaufe der Frist dem Bergwerksbesitzer gegenüber der Zahlung *widersprechen*. Die Schadensanzeige darf unterbleiben, wenn sie unthunlich ist; in diesem Falle wird der Monat von dem Zeitpunkt an berechnet, in welchem die Entschädigung fällig wird. Im Uebrigen finden die für eine verpfändete Forderung geltenden Vorschriften Anwendung; der Bergwerksbesitzer kann sich jedoch nicht darauf berufen, daß er eine aus dem Grundbuch ersichtliche Hypothek, Grundschuld oder Rentenschuld nicht gekannt habe. Erhebt ein Gläubiger rechtzeitig Widerspruch gegen die Zahlung der Entschädigung an den Grundstückseigenthümer, so kann der Letztere und jeder Berechtigte die Eröffnung eines *Vertheilungsverfahrens* nach den für die Vertheiluug des Erlöses im Falle der Zwangsversteigerung geltenden Vorschriften beantragen. Die Zahlung hat in diesem Falle an das für das Vertheilungsverfahren zuständige Gericht zu erfolgen. — Die Haftung des Entschädigungsanspruchs erlischt, wenn der beschädigte Gegenstand wiederhergestellt oder für die entzogene bewegliche Sache Ersatz beschafft ist. Ist die Entschädigung wegen Benutzung des Grundstücks oder wegen Entziehung oder Beschädigung von Früchten oder von Zubehörstücken zu gewähren, so finden die Vorschriften des § 1123 Abs. 2 Satz 1 und des § 1124

XII. Der § 228 Abs. 2 wird gestrichen.

XIII. An die Stelle des § 231 treten folgende Vorschriften:

Für die Kuxe gelten die sich auf Grundstücke beziehenden Vorschriften des Bürgerlichen Gesetzbuchs, soweit nicht ein Anderes bestimmt ist.

Die für den Erwerb des Eigenthums und die Ansprüche aus dem Eigenthum an Grundstücken geltenden Vorschriften finden auf die Kuxe entsprechende Anwendung.

XIV. Im § 235a Abs. 1 werden die Worte: „die Eigenschaft der beweglichen Sachen haben" ersetzt durch die Worte: „zum beweglichen Vermögen gehören".

XV. Der § 240 Abs. 3 erhält folgende Fassung:

Der Beschluß ist gerichtlich oder notariell aufzunehmen.

Abs. 1, 3 BGB. entsprechende Anwendung. Art. 67 in Verb. mit Art. 52, 53 des EG. z. BGB. und § 1128 BGB.

Hinsichtlich der oben genannten Nießbraucher ꝛc. verbleibt es bei dem direkten Anspruche gegen den Bergwerksbesitzer.

2. Ob als landesgesetzliche Vorschriften des im Art. 67 Abs. 2 vorausgesetzten Inhaltes auch die Bestimmungen der §§ 6, 137 des Berggesetzes über die Ersatzpflicht wegen Werthsverminderung durch Benutzung eines Grundstücks zum Schürfen oder zum Bergbau anzusehen sind, ist durch das vorliegende Gesetz nicht entschieden worden. Die Entscheidung hängt, wie die Begründung S. 59 bemerkt, von der Auslegung der reichsgesetzlichen Vorschriften ab und soll zunächst der Rechtsprechung überlassen bleiben.

Zu Nr. XII vergl. die Anm. zu Nr. XIII.

Zu Nr. XIII. „Der neue § 231 ersetzt den § 228 Abs. 2 und den § 231 des Berggesetzes sowie den § 68 des Eigenthumserwerbsgesetzes, soweit er sich auf die unbeweglichen Kuxe bezieht, aus gleichen Gründen und in demselben Sinne durch neue, dem Reichsrecht entsprechende Vorschriften, wie der neue § 50 die ähnlichen Bestimmungen über das Bergwerkseigenthum. Der bisherige § 228 Abs. 2 findet hierdurch seine Erledigung." Begr. S. 59.

Zu Nr. XIV vergl. die Anm. zu Nr. IX.

Zu Nr. XV. Der § 240 Abs. 3 des Berggesetzes schreibt für den Beschluß, durch den die Mitbetheiligten eines in den linksrheinischen Landestheilen bestehenden älteren Bergwerkes die im Berggesetze geregelte gewerkschaftliche Verfassung annehmen, notarielle Aufnahme vor. Da nach Art. 31 des Preußischen Gesetzes über die freiwillige Gerichtsbarkeit auch in den linksrheinischen Landestheilen den Amtsgerichten die gleiche Beurkundungsbefugniß beigelegt ist, wie den Notaren, so ist auch für den im § 240 gedachten Beschluß neben der notariellen die gerichtliche Aufnahme zugelassen. Begr. S. 59.

Artikel 38.

In dem Gesetze, betreffend die Rechtsverhältnisse des Stein- und Braunkohlen-Bergbaues in den Landestheilen, in welchen das Kurfürstlich Sächsische Mandat vom 19. August 1743 Gesetzeskraft hat, vom 22. Februar 1869 (Gesetz-Samml. S. 401) treten an die Stelle der §§ 2 bis 8 folgende Vorschriften:

§ 2. Das Recht zum Stein- oder Braunkohlen-Bergbau kann von dem Eigenthum an dem Grundstück, in welchem die Stein- oder Braunkohlen anstehen, abgetrennt und als selbständige Gerechtigkeit für den Grundeigenthümer oder für einen Dritten bestellt werden.

Artikel 38.

Das Gesetz v. 22. Februar 1869 gilt nach seinem § 1 in den vormals zum Königreich Sachsen gehörigen Landestheilen der Provinz Sachsen mit Ausschluß der Grafschaften Mansfeld und Barby und der standesherrlichen Gebiete der Grafen von Stolberg-Stolberg und Stolberg-Roßla, in den vormals zum Königreich Sachsen gehörigen Landestheilen der Provinz Brandenburg, insbesondere in der Standesherrschaft Baruth und den Aemtern Jüterbogk, Dahme, Belzig und Rabenstein nebst enklavirten ritterschaftlichen Orten, sowie in den vormals zum Kreise Wittenberg gehörigen Orten Blankensee und Stangenhagen, in dem Markgrafenthum Oberlausitz, in dem Markgrafenthum Niederlausitz, mit Einschluß der Herrschaft Sonnenwalde, sowie der Aemter Dobrilugk, Finsterwalde und Senftenberg.

Das Gesetz unterwirft innerhalb seines Geltungsbereichs die Stein- und Braunkohlen, vorbehaltlich früherer Berechtigungen zum Betrieb des Stein- und Braunkohlenbergbaues, dem Verfügungsrechte des Grundeigenthümers. Das Recht zum Stein- und Braunkohlenbergbau kann jedoch von dem Eigenthum an dem Grundstücke, in welchem die Stein- und Braunkohlen anstehen, abgetrennt und als eine selbständige Gerechtigkeit sowohl dem Grundeigenthümer selbst als auch dritten Personen zustehen. Ueber diese selbständige Kohlenabbaugerechtigkeit verhalten sich die Bestimmungen der §§ 2—8 des Gesetzes. Die §§ 3 und 4 sind den §§ 50, 52 des Berggesetzes nachgebildet und werden wie diese durch § 68 des Eigenthumserwerbsgesetzes ergänzt; sie bedürfen daher in gleicher Weise des Ersatzes, wie die §§ 50, 52 des Berggesetzes. Aber auch nach anderer Richtung erschien eine Anpassung der Bestimmungen des Gesetzes an das neue Reichsrecht angezeigt. Die §§ 2—8 des Gesetzes wurden daher im Art. 38 neu gefaßt.

§ 2.

Der neue § 2 giebt den bisherigen § 2 Abs. 1 sachlich unverändert wieder. Das Kohlenbergbaurecht erlangt erst durch die Abtrennung eine selbständige Existenz; vorher ist es im Eigenthume an dem Grundstücke inbegriffen, dessen Bestandtheile die Kohlen sind. Während die dem allgemeinen Berggesetze unterstehenden Mineralien der Verfügung des Grundeigenthümers nicht unterworfen

§ 3. Zur Bestellung einer selbständigen Kohlenabbau-Gerechtigkeit für den Grundeigenthümer ist dessen Erklärung gegenüber dem Grundbuchamte, daß die Gerechtigkeit für ihn in das Grundbuch eingetragen werden soll, und die Eintragung erforderlich; die Vorschrift des § 878 des Bürgerlichen Gesetzbuchs findet Anwendung.

Zur Bestellung der selbständigen Kohlenabbau-Gerechtigkeit für einen Dritten ist die Einigung des Grundeigenthümers und des Erwerbers über die Bestellung der Gerechtigkeit und die Eintragung im Grundbuch erforderlich; die Einigung muß bei gleichzeitiger Anwesenheit beider Theile vor dem Grundbuchamt erklärt werden.

---

sind (§ 1 des Allgem. Berggesetzes), werden die hier fraglichen Stein- und Braunkohlen vor der Abtrennung der selbständigen Gerechtigkeit von jeder Verfügung des Eigenthümers über das Grundstück mit ergriffen (§ 1 des Gesetzes).

§ 3.

1. Der neue § 3 tritt an die Stelle des bisherigen § 2 Abs. 2. Nach dem letzteren genügte zur Bestellung einer selbständigen Kohlenabbaugerechtigkeit die einseitige gerichtliche oder notarielle Erklärung des Eigenthümers über die Abtrennung des Rechtes vom Grundeigenthum oder die in gleicher Form bewirkte gesonderte Veräußerung des Abbaurechtes an einen Dritten. Ein grundbuchamtlicher Akt war nicht erforderlich, insbesondere die Eintragung in das Grundbuch nicht vorgeschrieben. Im Gegensatze hierzu bringt der neue § 3 die Begründung der selbständigen Kohlenabbaugerechtigkeit mit dem Liegenschafts- und Grundbuchrechte in Einklang und schreibt namentlich die Eintragung der Gerechtigkeit in das Grundbuch vor (vergl. § 873 BGB.).

2. Die Vorschriften über die Bestellung der Gerechtigkeit zu Gunsten des Eigenthümers sind denjenigen über die Bestellung der Grundschuld zu Gunsten des Eigenthümers (§ 1196 BGB.), die Vorschriften über die Bestellung der Gerechtigkeit zu Gunsten eines Dritten denjenigen über die Bestellung des Erbbaurechtes (§ 1015 BGB.) nachgebildet. Begr. S. 60.

3. Die nach Abs. 1 erforderliche Erklärung ist entweder vor dem Grundbuchamt zu Protokoll oder durch öffentliche oder öffentlich beglaubigte Urkunde abzugeben. § 29 der RGBO. Ueber den Zeitpunkt, mit welchem die Erklärung wirksam wird, vergl. § 130 BGB. Sie wird nach dem für anwendbar erklärten § 878 BGB. nicht dadurch unwirksam, daß der Erklärende nach der Stellung des Antrags beim Grundbuchamt in der Verfügung beschränkt wird. Das Gleiche gilt, wenn er nach der Abgabe der Erklärung stirbt oder geschäftsunfähig wird (§ 130 Abs. 2, 3 BGB.).

Die Einigung (Abs. 2) muß, wie bei der Bestellung des Erbbaurechtes, der Eintragung vorausgehen (§ 20 RGBO. in Verb. mit Art. 28 des AG. zu derselben) und bei gleichzeitiger Anwesenheit beider Theile vor dem Grundbuchamt erklärt werden (Abs. 2 Satz 2).

4. Die Eintragung der Gerechtigkeit erfolgt auf dem Grundbuchblatte des Grundstücks, von welchem sie abgetrennt wird. Ist sie hier eingetragen, so

§ 4. Die Eintragung der selbständigen Gerechtigkeit in das Grundbuch soll nur erfolgen, wenn dem Grundbuchamt ein Situationsriß vorgelegt wird; auf den Situationsriß finden die Vorschriften des § 17 des Allgemeinen Berggesetzes vom 24. Juni 1865, mit Ausschluß der Bestimmung über die Angabe des Fundpunktes, Anwendung.

§ 5. Für die nach § 1 bestehenden und die später vom Grundeigenthum abgetrennten Kohlenabbau-Gerechtigkeiten gelten die sich auf Grundstücke beziehenden Vorschriften des Bürgerlichen Gesetzbuchs.

Die für den Erwerb des Eigenthums und die Ansprüche aus dem Eigenthum an Grundstücken geltenden Vorschriften finden entsprechende Anwendung.

---

erhält sie zu jeder Zeit auf Antrag, falls sie aber veräußert oder belastet werden soll, von Amtswegen, ein besonderes Grundbuchblatt; die Anlegung des letzteren wird auf dem Blatte des Grundstücks, von welchem die Abtrennung erfolgte, vermerkt. § 7 der RGBO. in Verb. mit Art. 27 Abs. 1 des AG. zu derselben. Durch die letztere Vorschrift ist der bisherige § 3, soweit darnach die Kohlenabbaugerechtigkeiten in das Hypothekenbuch eingetragen werden können, ersetzt. Vergl. Begr. S. 61.

§ 4.

Das Erforderniß des Situationsrisses ist aus dem bisherigen § 2 Abs. 3 übernommen. Der Riß muß nach dem im Texte angezogenen § 17 von einem konzessionirten Markscheider oder Feldmesser angefertigt sein und die Feldesgrenzen, die zur Orientirung erforderlichen Tagesgegenstände und den Meridian angeben. Der bei seiner Anfertigung anzuwendende Maßstab wird durch das Oberbergamt festgesetzt und durch das Regierungsamtsblatt bekannt gemacht.

Im Gegensatze zum bisherigen Rechte, nach welchem der Situationsriß ein wesentliches Erforderniß für die Bestellung der selbständigen Gerechtigkeit bildete, ist mit Rücksicht auf die anderweitige Regelung der Bestellung der Gerechtigkeit im neuen § 4 die Vorlegung des Situationsrisses nur instruktionell vorgeschrieben; der Mangel desselben ist daher auf die Gültigkeit der Bestellung ohne Einfluß. Begr. S. 60.

§ 5.

1. **a)** „Der neue § 5 ersetzt den bisherigen § 3, soweit er den Kohlenabbaugerechtigkeiten die Eigenschaft unbeweglicher Sachen beilegt, und den bisherigen § 4, soweit er auf sie hinsichtlich der Veräußerung und Verpfändung die für verliehenes Bergwerkseigenthum geltenden Bestimmungen für anwendbar erklärt, sowie die auf die Abbaugerechtigkeiten bezügliche Vorschrift des § 68 des Eigenthumserwerbsgesetzes." Begr. S. 60.

Ueber „die sich auf Grundstücke beziehenden Vorschriften des Bürgerlichen Gesetzbuchs" **(Abs. 1)** siehe Art. 37 Nr. I Anm. 3a, oben S. 123. Eine Sondervorschrift enthält der § 7 in der Fassung dieses Artikels.

b) Auch die sich auf Grundstücke beziehenden Vorschriften der Reichsgrundbuchordnung und des AG. zu derselben finden, soweit nicht ein

§ 6. Die Vorschriften über die Ertheilung von Unschädlichkeitszeugnissen finden mit der Maßgabe Anwendung, daß das Zeugniß auch dann ertheilt werden darf, wenn die vorhandenen Eintragungen im Grundbuche nach Abtrennung der Kohlenabbau-Gerechtigkeit noch innerhalb der ersten zwei Drittel des Werthes ländlicher oder der ersten Hälfte des Werthes städtischer Grundstücke versichert sind.

Anderes bestimmt ist, auf die Kohlenabbaugerechtigkeiten Anwendung. Art. 22 des AG. z. RGBO.; dadurch ist der bisherige § 5 ersetzt. Ueber die Anlegung des Grundbuchblattes siehe Anm. 4 zu § 3 dieses Art., oben S. 131. Auf die Berichtigung des Grundbuchs durch Eintragung eines Abbauberechtigten findet der § 22 Abs. 2 der RGBO. Anwendung. Art. 28 des AG. z. RGBO.

c) Die Kohlenabbaugerechtigkeiten unterliegen der Zwangsvollstreckung in das unbewegliche Vermögen; die Vorschriften über Grundstücke finden entsprechende Anwendung. CPO. §§ 684—870; RGes. über die Zwangsverst. und die Zwangsverw. v. 24. März 1897; daneben gelten die besonderen Vorschriften der Art. 15—21 des AG. zu diesem Gesetze. Auch die Vorschriften des dritten Abschnittes des RGes. (Zwangsverst. und Zwangsverw. in besonderen Fällen) sind anwendbar. Art. 21 des genannten AG. Vergl. den bisherigen § 4.

2. Zu **Abs. 2** gilt das zu Art. 37 Nr. I in der Anm. 4 (oben S. 124) Bemerkte. Insoweit der bisherige § 4 auf den Arrest, den Konkurs und die Rangordnung der Gläubiger die in diesen Beziehungen für verliehenes Bergwerkseigenthum geltenden Bestimmungen für anwendbar erklärt, treten an deren Stelle die Vorschriften der CPO., insbesondere § 932, und der Konk. Ord. Vergl. Begr. S. 61 und Art. 37 Nr. II dieses Gesetzes.

§ 6.

„Aus der Uebertragung der Bestimmungen der Grundbuchordnung auf die Abbaugerechtigkeiten (s. Anm. 1b zu § 5) ergiebt sich von selbst, daß bei der Anlegung eines besonderen Grundbuchblattes für eine Kohlenabbaugerechtigkeit die auf dem Blatte des Grundstücks eingetragenen Belastungen, welche sich auf die anstehenden Kohlen mit beziehen, auf das neue Blatt mit zu übertragen sind, wenn nicht die eingetragenen Berechtigten die Gerechtigkeit aus der Haftung ganz entlassen oder eine nur antheilige Haftung des Grundstücks und der Gerechtigkeit vereinbart ist. Es kommen die Vorschriften zur Anwendung, welche für die Abschreibung eines Theiles eines Grundstückes gelten. Wie der bisherige § 6 Abs. 1, erledigt sich hiernach auch der § 6 Abs. 2 (vergl. § 49 der RGBO.)." Begr. S. 61.

Die Mitübertragung der Lasten unterbleibt, wie nach dem alten § 6 Abs. 3, so nach dem neuen § 6, wenn ein Unschädlichkeitszeugniß beigebracht wird. Die Ertheilung des Zeugnisses wird im § 6 in sachlicher Uebereinstimmung mit dem bisherigen § 6 Abs. 4 erleichtert; im Uebrigen finden auf die Ertheilung des Unschädlichkeitszeugnisses die bei Art. 19, 20 aufgeführten Gesetze mit den Aenderungen des Art. 19 Anwendung.

§ 7. Eine Kohlenabbau-Gerechtigkeit kann nur dann einer anderen als Bestandtheil zugeschrieben oder mit ihr vereinigt werden, wenn die Gerechtigkeiten mit ihren Feldern aneinander grenzen und zu einem einheitlichen Baue zusammengefaßt sind und wenn außerdem die auf den einzelnen Gerechtigkeiten haftenden Belastungen auf Grund einer die Rangordnung regelnden Einigung mit den Berechtigten auf das aus den Gerechtigkeiten gebildete Ganze übertragen werden.

§ 8. Ist ein Kohlenfeld vollständig abgebaut, so kann die Kohlenabbau-Gerechtigkeit auf Antrag eines betheiligten Grundeigenthümers oder desjenigen, welchem ein Recht an dem Grundstücke zusteht, im Grundbuche gelöscht werden.

Zur Begründung des Antrags ist ein Zeugniß der Bergbehörde darüber beizubringen, daß das Kohlenfeld gänzlich abgebaut ist und daß auf dem Felde Gebäude oder sonstige

Der bisherige § 6 Abs. 5, der sich auf eingetragene gerichtliche Depositalgelder bezieht, ist gegenstandslos geworden. Begr. S. 61.

§ 7.

Für die *Zusammenschreibung* mehrerer Kohlenabbaugerechtigkeiten desselben Berechtigten in der Art, daß die rechtliche Besonderheit der einzelnen Gerechtigkeiten gewahrt wird, kommen die sich auf Grundstücke beziehenden Vorschriften der Reichs-Grundbuchordnung zur Anwendung (siehe Anm. 1b zu § 5). Darnach ist die Zusammenschreibung zulässig, so lange hiervon Verwirrung nicht zu besorgen ist (§ 4 der RGBO.). Hierdurch ist der bisherige § 7 Abs. 1 ersetzt. Begr. S. 61.

Hinsichtlich der *Vereinigung* mehrerer Kohlenabbaugerechtigkeiten zu einem rechtlichen Ganzen und der Zuschreibung als *Bestandtheil* weichen die im neuen § 7 gegebenen Vorschriften von den sich auf Grundstücke beziehenden Vorschriften (BGB. § 890, RGBO. § 5), die sonst maßgebend sein würden, ab. Die Abweichungen sind dem bisherigen Rechte entnommen und theils im bergpolizeilichen Interesse, theils zur Vermeidung von Rechtsverwirrung (vergl. § 1131 BGB.) geboten. Vergl. Begr. S. 61 f.

Eine mangels der Voraussetzungen des § 7 erfolgte Eintragung der Vereinigung oder Zuschreibung als Bestandtheil ist, wie die auf Beschluß der Redaktionskommission des AH. beruhende Fassung „*kann nur*" zum Ausdrucke bringt, dem bisherigen Rechte entsprechend unwirksam. Komm. Prot. XX S. 18, XXI S. 12, Komm. Ber. S. 45.

§ 8.

Der § 8 regelt die *Löschung* der Kohlenabbaugerechtigkeiten im Anschlusse an das bisherige Recht (§ 8). Im Abs. 2 ist der Begriff der unbeweglichen Pertinenzien durch den der unbeweglichen Bestandtheile ersetzt.

Nach Abs. 3, letzter Satz, sollen abweichend von dem bisherigen § 8 Abs. 4 nach der Schließung des Blattes der Abbaugerechtigkeit und nach der Löschung

zur Grube gehörende unbewegliche Bestandtheile nicht mehr vorhanden sind. Vor der Ertheilung des Zeugnisses sind diejenigen, welchen ein Recht an der Gerechtigkeit zusteht, zu hören.

Auf Grund des Zeugnisses schließt das Grundbuchamt das für die Gerechtigkeit angelegte Blatt und löscht die auf diesem eingetragenen Rechte. Zur Löschung einer Hypothek, Grundschuld oder Rentenschuld ist die Vorlegung des Briefes nicht erforderlich; das Grundbuchamt hat den Besitzer des Briefes zur Vorlegung anzuhalten, um nachträglich die Löschung auf dem Briefe zu vermerken.

Artikel 39.

Ist in dem Herzogthume Schlesien und der Grafschaft Glatz in Ansehung einer im Grundbuch eingetragenen Berechtigung zur Gewinnung von Eisenerzen der Berechtigte unbekannt, so kann er im Wege des Aufgebotsverfahrens mit seinem Rechte ausgeschlossen werden, wenn die im § 1170 des Bürgerlichen Gesetzbuchs für die Ausschließung eines Hypothekengläubigers bestimmten Voraussetzungen vorliegen. Mit der Erlassung des Ausschlußurtheils erlischt das Recht.

---

der eingetragenen Rechte die Besitzer der Hypotheken-, Grundschuld- und Rentenschuldbriefe durch das Grundbuchamt zur Vorlegung des Briefes nicht nur „aufgefordert", sondern „angehalten" werden. Dies entspricht dem § 62 Abs. 2 der RGBO. Begr. S. 62.

Das Anhalten kann nach Maßgabe der Art. 15—17 des Preuß. Gesetzes über die freiw. Gerichtsbarkeit durch Ordnungsstrafen, durch Anwendung von Gewalt und durch Offenbarungseid erzwungen werden.

Die übrigen Aenderungen des § 8 haben nur redaktionelle Bedeutung. Begr. S. 62.

Artikel 39.

Die Vorschrift des Art. 39 ist von der Kommission des AH. eingefügt; sie hat die Bestimmungen der §§ 927, 1017, 1170, 1171, 887, 1104, 1112 BGB. zum Vorbilde und stützt sich auf den Art. 67 des EG. zum BGB. Komm. Ber. S. 46.

Für das Aufgebotsverfahren gilt, da seine Zulässigkeit auf landesgesetzlicher Vorschrift (dem vorliegenden Art. 39) beruht, der § 10 des AG. z. CPO. (Fassung der Bekanntm. v. 6. Oktober 1899, GS. S. 388; Art. 1 Nr. V d. Ges. zur Ausführung des RGes. v. 17. Mai 1898, betr. Aenderungen der CPO.). Es gelten daher die Vorschriften der CPO. und des § 10 Abs. 2, 3 AG. z. CPO.; insbesondere sind — trotz des Mangels einer ausdrücklichen Vorschrift — die Bestimmungen über das Aufgebotsverfahren im Falle des § 1170 BGB., daher die §§ 988 ff. CPO., § 8 AG. z. CPO. (Art. 1 Nr. IV des vorgenannten Gesetzes, Bekanntm. v. 6. Oktober 1899 a. a. O.) anzuwenden.

Selbständige Gerechtigkeiten.

Artikel 40.

Für Gerechtigkeiten, die nach den bisherigen Gesetzen in Ansehung der Eintragung in die gerichtlichen Bücher und der Verpfändung den Grundstücken gleichstehen (selbständige Gerechtigkeiten), gelten die sich auf Grundstücke beziehenden Vorschriften des Bürgerlichen Gesetzbuchs, wenn die Gerechtigkeit ein Grundbuchblatt erhalten hat.

Unter der gleichen Voraussetzung finden die für den Erwerb des Eigenthums und die Ansprüche aus dem Eigenthum an Grundstücken geltenden Vorschriften auf eine solche Gerechtigkeit entsprechende Anwendung.

Die besonderen Vorschriften über die selbständigen Kohlenabbau-Gerechtigkeiten in den vormals Königlich Sächsischen Landestheilen werden durch die Bestimmungen dieses Artikels nicht berührt.

Selbständige Gerechtigkeiten.

Artikel 40.

1. Durch die Vorschriften des Art. 40 sind die sachlich mit ihnen übereinstimmenden Vorschriften des § 69 des Eigenthumserwerbsgesetzes v. 5. Mai 1872 über die selbständigen Gerechtigkeiten ersetzt.

Die Zulässigkeit der Vorschriften des Art. 40 gründet sich auf Art. 196, 65, 69, 74 EG. z. BGB.

2. Der Art. 40 bestimmt zunächst nach dem Vorgange des § 25 des Gesetzes, betreffend das Grundbuchwesen ꝛc. in Frankfurt ꝛc. v. 19. August 1895 (GS. S. 481) den **Begriff** der selbständigen Gerechtigkeiten. Darnach ist entscheidend, ob die Gerechtigkeit nach dem bisherigen Rechte in Ansehung der Eintragung in die gerichtlichen Bücher und der Verpfändung nach den für Grundstücke geltenden Vorschriften behandelt worden ist.

Gegenwärtig bestehen vorzugsweise noch Schiffsmühlengerechtigkeiten, d. h. Berechtigungen, auf einem Strom eine Mühle zu haben, Fähr- und Fischereigerechtigkeiten, Apothekergerechtigkeiten; ferner die Schirnen- und Meßbudengerechtigkeiten in der Stadt Frankfurt a. M., die Antheile an den sogenannten Haubergen in Nassau (Haubergordnung v. 4. Juni 1887, GS. S. 289). Auch die Fälle, in welchen das Eigenthum eines Hauses nach Stockwerken getheilt ist oder das Eigenthum des unter einem Gebäude befindlichen Kellers einem andern, als dem Hauseigenthümer, zusteht, gehören hierher. Vergl. Drucksachen des HH. 1895 Nr. 18 S. 56. — Bezüglich des Nießbrauchs an einem Grundstück im Geltungsbereiche des Rheinischen Rechtes ist auf Art. 32 § 4 Abs. 2 zu verweisen.

3. Die Anwendbarkeit der sich auf Grundstücke beziehenden Vorschriften des BGB. und der für den Erwerb des Eigenthums und die Ansprüche aus demselben geltenden Vorschriften ist in Uebereinstimmung mit dem bisherigen Rechte (§ 69 des Eigenthumserwerbsgesetzes v. 5. Mai 1872) davon abhängig,

Pfandleihgewerbe.

Artikel 41.

Das Gesetz, betreffend das Pfandleihgewerbe, vom 17. März 1881 (Gesetz-Samml. S. 265) wird dahin geändert:

---

daß die Gerechtigkeit ein Grundbuchblatt erhalten hat. Die Anlegung eines Grundbuchblattes erfolgt, soweit sich nicht aus den für die erste Anlegung der Grundbücher geltenden Vorschriften ein Anderes ergiebt, nur auf Antrag des Berechtigten. Art. 27 Abs. 2 des AG. z. RGBO.

4. Wegen der sich auf Grundstücke beziehenden Vorschriften des BGB. siehe Anm. 3a zu Art. 37 Nr. I, oben S. 123. Die Vorschriften über das Eigenthum an Grundstücken konnten, da das BGB. kein Eigenthum an Rechten, sondern nur an körperlichen Gegenständen kennt (§§ 903, 90), auf selbständige Gerechtigkeiten nicht übertragen werden. Vergl. die angezogene Anm. Abs. 3, Komm. Ber. S. 46.

5. Selbständige Gerechtigkeiten, die ein Grundbuchblatt erhalten haben, unterliegen der Zwangsvollstreckung in das unbewegliche Vermögen; die Vorschriften über die Zwangsvollstreckung in Grundstücke sind anwendbar. (CPO. § 864—870; RGes. über die Zwangsverst. und die Zwangsverw. v. 24. März 1897 Abschnitt I. Auch der Abschnitt III des letzteren Gesetzes (Zwangsversteigerung und Zwangsverwaltung in besonderen Fällen) ist anwendbar. Art. 22 des AG. Vergl. über das bisherige Recht den § 1 Nr. 3 des Gesetzes betreffend die Zwangsvollstreckung in das unbewegliche Vermögen, v. 13. Juli 1883, GS. S. 131).

Die sich auf Grundstücke beziehenden Vorschriften der Grundbuchordnung und des AG. zu derselben finden, soweit nicht ein Anderes bestimmt ist (z. B. Art. 27 Abs. 2 AG. z. RGBO.), auf selbständige Gerechtigkeiten entsprechende Anwendung. Art. 22 AG. z. RGBO.; vergl. §§ 3, 134 der Grundbuchordnung v. 5. Mai 1872.

6. Wegen der besonderen Vorschriften der selbständigen Kohlenabbaugerechtigkeiten siehe Art. 38 d. G.

Pfandleihgewerbe.

Artikel 41.

Das Gesetz, betreffend das Pfandleihgewerbe vom 17. März 1881 ist nach Artikel 94 des EG. z. BGB., welcher lautet:

> Unberührt bleiben die landesgesetzlichen Vorschriften, welche den Geschäftsbetrieb der gewerblichen Pfandleiher und der Pfandleihanstalten betreffen.
>
> Unberührt bleiben die landesgesetzlichen Vorschriften, nach welchen öffentlichen Pfandleihanstalten das Recht zusteht, die ihnen verpfändeten Sachen dem Berechtigten nur gegen Bezahlung des auf die Sache gewährten Darlehens herauszugeben.

aufrecht erhalten; es wird durch den Art. 40 in einigen Punkten dem Reichsrechte angepaßt. Das Reichsrecht ist auch überall maßgebend, wo das Gesetz

I. Der § 3 Abs. 2, 3 und der § 9 Abs. 2 werden gestrichen.

II. An die Stelle des § 10 treten folgende Vorschriften:

§ 10. Der Verkauf des Pfandes ist im Wege öffentlicher Versteigerung zu bewirken.

Der Pfandleiher kann bei der Versteigerung mitbieten. Erhält er den Zuschlag, so ist der Kaufpreis als von ihm empfangen anzusehen.

---

von 1881 keine besonderen Vorschriften enthält, namentlich also in Beziehung auf die neben der Vorschrift des § 5 des Gesetzes anwendbaren allgemeinen Voraussetzungen für die Entstehung des Pfandrechtes. Begr. S. 64. Entsch. d. Reichsgerichts in Gruchot's Beitr. Bd. 28 S. 1048. Vergl. z. B. auch Anm. zu Nr. I; II § 10 Anm. 2.

Die Abweichungen vom BGB., welche in den §§ 11—13, 15, 16 des Gesetzes von 1881 enthalten sind (vergl. § 11 mit § 1236 und § 1234 Abs. 2, § 12 mit § 1237, § 13 mit § 1230, § 15 mit §§ 1241, 1247, § 16 mit § 1243, ferner § 14 Abs. 2), sind als auf Besonderheiten des Pfandleihgewerbes beruhend aufrecht erhalten. Begr. S. 64. Wegen der Aenderung des im § 16 Abs. 1 bestimmten gesetzlichen Zinsfußes von fünf in vier vom Hundert vergl. Art. 10, oben S. 30.

Zu Nr. I. 1. Die Begr. S. 63 erläutert: „Der § 3 regelt in Abs. 2, 3 die Verpflichtung des Pfandleihers zur Rückgewähr desjenigen, was von dem Schuldner oder für ihn über das erlaubte Maß geleistet ist. Die Bestimmungen sind ausweislich der Begründung zum Entw. des Gesetzes (Drucks. des HH. 1880/81 Nr. 5 S. 22) dem Art. 3 des RGes., betreffend den Wucher, v. 24. Mai 1880 (RGBl. S. 109) nachgebildet. Dieser Art. 3 ist jedoch zufolge Beschlusses der Kommission des Reichstags (Drucks. 9. Leg.-Per. IV. Session 1895/97 Nr. 440 S. 4748) durch Art. 47 des EG. z. BGB. in der Absicht aufgehoben worden, es bezüglich der privatrechtlichen Folgen der Zuwiderhandlung gegen die Wucherverbote künftig bei den allgemeinen Vorschriften des BGB. bewenden zu lassen. Zu demselben Zwecke sind folgerichtig auch die hier fraglichen Sondervorschriften des Gesetzes v. 17. März 1881 zu beseitigen (Art. 40 Nr. I).

Sachlich ergiebt sich übrigens die jetzt im § 3 Abs. 2 enthaltene Vorschrift auch aus dem neuen Reichsrechte (BGB. § 817 Satz 1, § 819 Abs. 2)."

2. „Die Vorschrift des § 9 Abs. 2 des Preußischen Gesetzes, derzufolge zum Verkaufe des Pfandes die Erlangung eines vollstreckbaren Schuldtitels oder eine gerichtliche Ermächtigung nicht erforderlich ist, enthält gegenüber den allgemeinen Bestimmungen des BGB. über den Pfandverkauf (§§ 1233 ff.) nicht mehr eine Besonderheit und kann deshalb in Wegfall kommen." Begr. S. 63.

Zu Nr. II. § 10. Die neuen **§§ 10 bis 10b** regeln den Pfandverkauf nach dem Vorbilde des BGB. Sie ersetzen den bisherigen § 10. Die wesentlichste Neuerung liegt im § 10a.

1. Der neue § 10 **Abs. 1** — vergl. den bisherigen § 10 Abs. 1 — entspricht dem § 1235 Abs. 1 des BGB.

§ 10a. Hat das Pfand einen Börsen- oder Marktpreis, so kann der Pfandleiher den Verkauf aus freier Hand durch einen zu solchen Verkäufen öffentlich ermächtigten Handelsmäkler oder durch eine zur öffentlichen Versteigerung befugte Person zum laufenden Preise bewirken.

§ 10b. Gold- und Silbersachen dürfen nicht unter dem Gold- oder Silberwerthe zugeschlagen werden.

Wird ein genügendes Gebot nicht abgegeben, so kann der Verkauf durch eine zur öffentlichen Versteigerung befugte Person aus freier Hand zu einem den Gold- oder Silberwerth erreichenden Preise erfolgen.

Der Begriff der „öffentlichen Versteigerung" ist im § 383 Abs. 3 des BGB. bestimmt:

Die Versteigerung hat durch einen für den Versteigerungsort bestellten Gerichtsvollzieher oder zu Versteigerungen befugten anderen Beamten oder öffentlich angestellten Versteigerer öffentlich zu erfolgen (öffentliche Versteigerung).

Außer den Gerichtsvollziehern (AG. z. GVG. § 74) sind zu der Versteigerung zuständig: Die Amtsgerichte und Notare (Art. 31 des Preußischen Gesetzes über die freiwillige Gerichtsbarkeit, vergl. Art. 38 daselbst); sodann kraft Auftrags des Amtsgerichts die Dorfgerichte im Geltungsbereiche des allgemeinen Landrechtes (Art. 109 des genannten Gesetzes über die freiw. Gerichtsbarkeit); ferner gleichfalls kraft Auftrags des Amtsgerichts die im Abs. 3 der Anm. zu Art. 12 (oben S. 32) bezeichneten Ortsvorsteher und Ortsgerichte; weiter in Ostfriesland und Harlingerland sowie im Regierungsbezirk Osnabrück die beeidigten Auktionatoren (Art. 125 a. a. O.).

2. Der neue § 10 **Abs. 2** entspricht dem bisherigen § 10 Abs. 3 und dem § 1239 Abs. 1 des BGB.

Der von dem Pfandleiher mit der Vornahme oder Leitung des Verkaufs Beauftragte und die von ihm zugezogenen Gehülfen dürfen weder bei der Versteigerung noch bei dem Verkaufe aus freier Hand (§§ 10a, 10b) kaufen. § 456—458 BGB.

Zu § 10a. Nach dem bisherigen § 10 Abs. 2 war bei Werthpapieren, die einen Börsen- oder Marktpreis haben, der freihändige Verkauf zum Tageskurse erst nach einem erfolglosen Versteigerungsversuche gestattet, während künftig nach § 10a in Uebereinstimmung mit § 1235 Abs. 2 verb. mit § 1221 BGB. bei börsen- und marktgängigen Pfändern allgemein sofort der freihändige Verkauf zum laufenden Preise durch einen zu solchen Verkäufen öffentlich ermächtigten Handelsmäkler (siehe Art. 13 dieses Gesetzes und die Anm. dazu) oder eine zur öffentlichen Versteigerung befugte Person (siehe Anm. 2 zu § 10) zulässig ist.

Zu § 10b. Die Vorschriften des § 10b entsprechen dem bisherigen § 10 Abs. 2 und dem § 1240 des BGB.

Eheschließung.

Artikel 42.

Die Vorschriften, nach welchen für Staatsbeamte und Geistliche zur Eingehung einer Ehe eine besondere Erlaubniß erforderlich ist, werden aufgehoben.

Eheschließung.

Artikel 42.

Mit dem Art. 42 beginnen die auf das Familienrecht bezüglichen Bestimmungen. Die Art. 42 und 43 betreffen die Eheschließung, Art. 44—67 den Güterstand bestehender Ehen, der Art. 68 bezieht sich auf die Erklärung über Familiennamen, Art. 69 auf die elterliche Gewalt, Art. 70 auf die Anerkennung der Vaterschaft. Die Art. 71—78 gehören dem Vormundschaftsrechte an.

1. Die Vorschrift des Art. 42 ist durch den § 1315 Abs. 1 des BGB. veranlaßt, welcher bestimmt:

Militärpersonen und solche Landesbeamte, für die nach den Landesgesetzen zur Eingehung einer Ehe eine besondere Erlaubniss erforderlich ist, dürfen nicht ohne die vorgeschriebene Erlaubniss eine Ehe eingehen.

Vorschriften der hier gedachten Art bestanden früher in Preußen für die bei der allgemeinen Wittwenverpflegungsanstalt rezeptionsfähigen oder, nach der Auslegung der Praxis, rezeptionspflichtigen Civilbeamten (Anhangsparagraph 70 z. ALR. II. 1 § 146; Allerh. Kab. Ordres v. 17. Juli 1816, GS. S. 214, und v. 9. Juli 1839, JMBl. S. 302), sowie für die Geistlichen und Schulbeamten mit Ausnahme der niederen Kirchendiener und Lehrer an den Elementarschulen (Kab. O. v. 10. Dezember 1816, v. Kamptz, Annalen Bd. 16 S. 302, und v. 17. April 1820, ebenda Bd. 4 S. 789). Vergl. für die neuen Provinzen die Verordn. v. 23. September 1867, GS. S. 1619, § 1 Nr. 6, § 4 und das Rescript v. 20. Mai 1869, Min. Bl. f. d. inn. Verw. S. 238. Diese Vorschriften hingen mit der Berechtigung zum Eintritt in die allgemeine Wittwenverpflegungsanstalt zusammen und sind daher mit der Beseitigung dieser Berechtigung durch die neueren Gesetze über die Fürsorge für Wittwen ꝛc. (Gesetze v. 22. Mai 1882, GS. S. 298, § 22; v. 15. Juli 1889, GS. S. 139, Art. 3; v. 31. März 1895, GS. S. 95, Art. 5) zwecklos geworden. Bereits durch Staatsministerialbeschluß v. 3. November 1896 wurde daher bestimmt, daß die Verpflichtung zur Einholung des Ehekonsenses für die Staatsbeamten durch eine bloße Anzeigepflicht von der vollendeten Thatsache der Eheschließung ersetzt werde (vergl. die Allgem. Verf. des Justizministers v. 20. April 1897, JMBl. S. 98; gemeinschaftliche Verf. des Justizministers und des Ministers des Innern v. 10. Juli 1897, Min. Bl. f. d. inn. Verw. S. 134).

Für Militärprediger schrieb der § 33 der auch in den neuen Provinzen eingeführten Militär-Kirchenordnung v. 12. Februar 1832 (GS. 1832 S. 69; 1867 S. 919, 1849; 1849 S. 77) die Einholung der Erlaubniß des vorgesetzten Konsistoriums zu ihrer Verheirathung vor. Wie jedoch der Cirkularerlaß des Evangelischen Oberkirchenraths v. 11. Februar 1893 (Kirchl. Ges.- und Verordn. Bl.

Artikel 43.

§ 1. Wollen Ausländer oder Ausländerinnen in Preußen eine Ehe eingehen, so haben sie ein Zeugniß der zuständigen Behörde des

---

S. 5) ergiebt, ist durch den Allerh. Erlaß v. 12. November 1892 bestimmt worden, daß die Vorschrift des § 33 der Militär-Kirchenordnung in Wegfall kommt.

Dementsprechend werden durch den vorliegenden Art. 42 die landesgesetzlichen Vorschriften über das Erforderniß einer besonderen Erlaubniß zur Eheschließung für Staatsbeamte und Geistliche behufs Schaffung einer vollkommen klaren Rechtslage ausdrücklich aufgehoben. Begr. S. 64 f.

2. Die in dem vorerwähnten Staatsministerialbeschluß v. 3. November 1896 bestimmte Anzeigepflicht hinsichtlich der erfolgten Verehelichung wird durch den Art. 42 nicht berührt.

3. Auf nicht Preußische Staatsbeamte und Geistliche ist der Art. 42 nicht anwendbar. Soweit solche Beamte und Geistliche nach den für sie maßgebenden Vorschriften ihres Staates einer Erlaubniß bedürfen, ist diese nach Maßgabe des § 48 des RGes. über die Beurkundung des Personenstandes rc. v. 6. Februar 1875 auch von dem Preuß. Standesbeamten zu fordern. Vergl. Komm. Prot. IX S. 2.

Reichsbeamte bedürfen als solche keiner Eheerlaubniß (Planck zu BGB. § 1315 Anm. 2).

Militärpersonen des Friedensstandes und die vorläufig in die Heimath beurlaubten Rekruten und Freiwilligen bedürfen nach § 40 und § 60 Nr. 4, § 61 des Reichsmilitärgesetzes v. 2. Mai 1874 (RGBl. S. 45) der Genehmigung der vorgesetzten Militärbehörde. Diese Vorschriften bleiben in Kraft. Soweit nach ihnen die Preußischen Militärbeamten einschließlich der Militärpfarrer zu ihrer Verheirathung der Genehmigung ihrer Vorgesetzten bedürfen, wird daran durch den Art. 42 selbstverständlich nichts geändert. Vergl. Begr. S. 66.

Artikel 43.

Der § 1315 Abs. 2 BGB. bestimmt:

Ausländer, für die nach den Landesgesetzen zur Eingehung einer Ehe eine Erlaubniss oder ein Zeugniss erforderlich ist, dürfen nicht ohne diese Erlaubniss oder ohne dieses Zeugniss eine Ehe eingehen.

Die hier berührte, der Landesgebung offen gelassene Frage war bisher in den älteren Provinzen durch das Gesetz, betr. die Zulassung von Ausländern zur Eingehung einer Ehe in den Königlich Preußischen Staaten, v. 13. März 1854 (GS. S. 123) und in den übrigen Landestheilen durch verschiedene andere Vorschriften geregelt. Der Art. 43 ordnet die Frage einheitlich für die ganze Monarchie durch Einführung eines Zeugnisses über die Abwesenheit von Ehehindernissen (§ 1) und eines solchen über die staatsrechtlichen Wirkungen der Eheschließung (§ 2). Der Mangel des Zeugnisses ist aufschiebendes Ehehinderniß (§ 1323 ff. BGB.).

Unter „Ausländern" sind im Einklange mit § 1315 BGB. die Angehörigen außerdeutscher Staaten zu verstehen. Vergl. Komm. Ber. d. HH. S. 17. Wegen

Staates, dem sie angehören, darüber beizubringen, daß der Behörde ein nach den Gesetzen dieses Staates bestehendes Ehehinderniß nicht bekannt geworden ist.

derjenigen Personen, die keinem Staate angehören, vergl. Anm. 3 zu Art. 43 § 1 und Anm. 3 zu Art. 43 § 2.

§ 1.

1. „Nach Art. 13 Abs. 1 Satz 2 des EG. zum BGB. werden, wenn Ausländer im Inlande eine Ehe eingehen wollen, die sachlichen Erfordernisse für die Zulässigkeit und die Gültigkeit der Eingehung in Ansehung eines jeden der Verlobten nach den Gesetzen des Staates beurtheilt, dem er angehört. Der hiermit zum Gesetz gewordenen Rechtsansicht neigte sich zwar schon bisher die Wissenschaft zu; indessen die Praxis berücksichtigte, wenigstens im Gebiete des ALR., meist nur das Eheschließungsrecht, das am Wohnsitze des künftigen Ehemanns gilt. Die Standesbeamten werden sich somit künftig weit häufiger als bisher mit der Feststellung ausländischen Rechtes zu befassen haben. Sie würden daher mangels einer sicheren Grundlage für die ihnen obliegende Prüfung voraussichtlich nicht selten in die Lage kommen, entweder ungültige Ehen zu schließen oder umgekehrt zu großer Beschwerniß der Verlobten ihre Amtsthätigkeit zu versagen, obwohl Ehehindernisse nicht vorliegen. Um dieser Gefahr vorzubeugen, schreibt der Entwurf für Ausländer und Ausländerinnen, die in Preußen eine Ehe eingehen wollen, die Beibringung eines Zeugnisses der zuständigen Behörde des Staates, dem sie angehören, darüber vor, daß der Behörde ein nach den Gesetzen dieses Staates bestehendes Ehehinderniß nicht bekannt geworden ist.

Die Fassung entspricht dem § 47 Abs. 2 des Personenstandsgesetzes sowie dem Art. 2 der Uebereinkunft zwischen dem Deutschen Reiche und Belgien wegen gegenseitigen Verzichts auf Beibringung von Trauerlaubnißscheinen v. 8. Oktober 1875 und dem Art. 2 der gleichlautenden Uebereinkunft zwischen dem Deutschen Reiche und der Schweiz v. 4. Juni 1886 (Centralbl. f. d. Deutsche Reich 1875 S. 719, 1886 S. 232)". Begr. S. 66 f.

2. Das Zeugniß ist sowohl von Ausländern als von Ausländerinnen beizubringen.

Eine Ausnahme muß für die ausländische Ehefrau eines nach Art. 9 Abs. 3 des EG. z. BGB. für todt erklärten Ausländers, die bis zu ihrer Verheirathung mit dem Ausländer Deutsche gewesen ist, gemacht werden; denn für diese werden die sachlichen Voraussetzungen der Eheschließung gemäß Art. 13 Abs. 2 des EG. z. BGB. nach den deutschen Gesetzen beurtheilt.

3. Personen, welche keinem Staate angehören, sind Ausländern gleich zu achten, wenn ihre Rechtsverhältnisse nach dem Rechte eines außerdeutschen Staates zu beurtheilen sind. Dies ist nach Art. 29 des EG. z. BGB. der Fall, wenn sie zuletzt einem außerdeutschen Staate angehört haben, oder, falls sie auch früher einem Staate nicht angehört haben, wenn sie zur Zeit der Eheschließung ihren Wohnsitz und in Ermangelung eines Wohnsitzes ihren Aufenthalt in einem außerdeutschen Staate haben.

4. Der Standesbeamte muß das Zeugniß verlangen, auch wenn er von der Abwesenheit von Ehehindernissen überzeugt ist. Vollzieht er die Ehe-

§ 2. Ausländer haben außerdem ein Zeugniß der zuständigen Behörde des Staates, dem sie angehören, darüber beizubringen, daß sie nach den Gesetzen dieses Staates ihre Staatsangehörigkeit nicht durch die Eheschließung verlieren, sondern auf ihre Ehefrau und ihre ehelichen oder durch die nachfolgende Ehe legitimirten Kinder übertragen.

§ 3. Die nach den §§ 1, 2 erforderlichen Zeugnisse müssen von einem Konsul oder Gesandten des Reichs mit der Bescheinigung versehen sein, daß die das Zeugniß ausstellende Behörde für die Ausstellung zuständig ist.

Diese Vorschrift findet auf solche Zeugnisse keine Anwendung, welche nach den Bestimmungen der Staatsverträge über die Beglaubigung der von öffentlichen Behörden ausgestellten Urkunden keiner Beglaubigung bedürfen.

schließung, ohne daß das Zeugniß vorgelegt ist, so wird er nach § 69 des Personenstandsgesetzes in der Fassung des Art. 46 Nr. IV des EG. z. BGB. mit Geldstrafe bis zu 600 Mk. bestraft.

Andererseits entbindet die Vorlegung des Zeugnisses den Standesbeamten keineswegs von jeder Verantwortung hinsichtlich der Ehehindernisse; vielmehr muß er, wenn trotz des Zeugnisses Ehehindernisse zu seiner Kenntniß gelangen, die Eheschließung nach § 48 des Personenstandsgesetzes ablehnen; sonst macht er sich gleichfalls nach § 69 das. strafbar.

Lehnt der Standesbeamte die Eheschließung ab, so kann nach § 11 Abs. 3 des Personenstandsgesetzes verb. mit § 69 des RGes. über die Angel. der freiw. Gerichtsb. die Entscheidung des Amtsgerichts angerufen werden.

§ 2.

1. Das im § 2 für Ausländer — nicht für Ausländerinnen — vorgeschriebene Zeugniß über die staatsrechtlichen Wirkungen der Ehe tritt an die Stelle des bisher nach § 1 des Ges. v. 13. März 1854 von der Ortsobrigkeit der Heimath des Ausländers auszustellenden Attestes, daß der Ausländer „unbeschadet seiner Staatsangehörigkeit" zur Eingehung der Ehe befugt sei. — Vergl. zur jetzigen Fassung das Ges. über die Erwerbung und den Verlust der Staatsangehörigkeit v. 1. Juni 1870 (BGBl. S. 355) § 2 Nr. 1—3, § 5, wonach der deutsche Ehemann seine Staatsangehörigkeit auf die Frau, die ehelichen und die legitimirten Kinder überträgt.

2. Wegen der Verpflichtung des Standesbeamten, das Zeugniß zu verlangen, gilt das in der Anm. 4 zu § 1 Gesagte.

3. Von Personen, welche keinem Staate angehören, kann das Zeugniß seines Inhalts wegen selbstverständlich nicht verlangt werden.

§ 3.

1. Die Frage, welches die „zuständige Behörde" (§§ 1, 2) sei, ist nach dem Rechte des ausländischen Staates zu beurtheilen und daher für den Preußischen Standesbeamten nur schwer zu entscheiden. Die Vorschrift des § 3 **Abs. 1** überträgt daher die Prüfung dieser Frage den Konsuln und Gesandten des Reichs.

§ 4. Von der Vorschrift des § 1 kann der Justizminister im einzelnen Falle, von der Vorschrift des § 2 kann der Minister des Innern im einzelnen Falle oder für die Angehörigen eines ausländischen Staates im Allgemeinen Befreiung bewilligen.

§ 5. Die für die Eheschließung von Ausländern bisher geltenden landesgesetzlichen Vorschriften werden aufgehoben.

---

2. Staatsverträge der im **Abs. 2** bezeichneten Art bestehen (vergl. Begr. S. 67):

a) Zwischen Preußen und Belgien, Circularerlaß v. 29. November 1851 (Min.-Bl. f. d. inn. Verw. S. 280); darnach sind die bei der Schließung von Ehen vorgelegten Atteste und Urkunden, welche innerhalb des Königreichs Belgien aufgenommen sind, für genügend beglaubigt anzunehmen, sobald dieselben mit einem Legalisationsvermerke des Präsidenten des Tribunals erster Instanz oder des Gouverneurs der Provinz, in welcher sie aufgenommen worden, versehen sind.

b) Zwischen dem Deutschen Reich und der Oesterreichisch-Ungarischen Monarchie. Siehe die Verträge v. 25. Februar 1880 (RGBl. 1881 S. 4) und v. 13. Juni 1881 (RGBl. S. 253).

§ 4.

1. Der § 4 läßt nach dem Vorgange des § 2 des Gesetzes von 1854 Befreiungen von dem Erfordernisse der Beibringung der Zeugnisse zu. Dabei findet, entgegen der Vorschrift des § 2 a. a. O., eine Mitwirkung des Ministers der geistlichen u. s. w. Angelegenheiten bei der Bewilligung der Befreiung nicht mehr statt; der Grund für dessen bisherige Betheiligung hat sich im Wesentlichen erledigt, seitdem die Eheschließung allgemein den Standesbeamten übertragen ist. Begr. S. 67.

2. Von der Vorschrift des § 2 kann sowohl allgemein als im einzelnen Falle, von der Vorschrift des § 1 aber, da es sich hier nicht lediglich um die Prüfung des ausländischen Rechtes, sondern um die Feststellung thatsächlicher Verhältnisse handelt, nur im einzelnen Falle Befreiung ertheilt werden. Begr. S. 67.

Allgemeine Befreiungen der im § 4 gedachten Art sind auf Grund des Gesetzes von 1854 vielfach bewilligt worden. Vergl. die bei Hinschius in Anm. 39 zu § 38 des Personenstandsgesetzes aufgeführten Befreiungen für britische, nordamerikanische, französische, belgische, österreichisch-ungarische, niederländische, schwedisch-norwegische, italienische, schweizerische Unterthanen.

3. Neben den ministeriellen Befreiungen bleiben in Kraft die Uebereinkünfte zwischen dem Deutschen Reich und Italien v. 3. Dezember 1874 (Centralblatt für das Deutsche Reich 1875 S. 155), mit Belgien v. 8. Oktober 1875 (Centralblatt für das Deutsche Reich S. 719), mit der Schweiz v. 4. Juni 1886 (Centralblatt S. 232), wonach Italiener, Belgier, Schweizer, welche mit Deutschen eine Ehe schließen wollen, wenn sie ihre Staatsangehörigkeit nachgewiesen haben, nicht verpflichtet sind, nachzuweisen, daß sie ihre Staatsangehörigkeit durch die Eheschließung auf Frau und Kinder übertragen. Diese Vertragsbestimmungen sind neben dem BGB. in Kraft geblieben (Art. 32 EG.); sie bedeuten eine Einschränkung der landesgesetzlichen Vorschriften. Planck zu § 131 BGB. Note 4.

§ 6. Will ein Angehöriger der rechtsrheinischen Gebietstheile des Königreichs Bayern in Preußen eine Ehe eingehen, so hat er das nach den Vorschriften der Bayerischen Gesetze erforderliche Verehelichungszeugniß beizubringen.

Güterstand bestehender Ehen.

Artikel 44.

Für den Güterstand der zur Zeit des Inkrafttretens des Bürger-

---

§ 6.

Die Vorschrift des § 6 ist von der Kommission des AH. eingefügt. Sie beruht auf dem Reservatrecht, welches Bayern im Verehelichungswesen durch den Bündnißvertrag v. 23. November 1870 Nr. III § 1 und das Schlußprotokoll vom gleichen Tage eingeräumt ist, und welches durch die Einführung des BGB. nicht berührt wird. Mot. z. BGB. IV S. 34, Mot. zu Art. 28 des EG. z. BGB. S. 140; Komm. Ber. z. BGB. S. 2011, stenogr. Ber. d. Reichstags S. 3051.

Nach dem Art. 33 Abs. 1 des Bayerischen Gesetzes v. 16. April 1868 über Heimath, Verehelichung und Aufenthalt in der Fassung des Bayerischen AG. z. BGB. Art. 154 Nr. XI darf ein in den Landestheilen rechts des Rheins heimathberechtigter Mann eine Ehe erst eingehen, wenn durch ein von der zuständigen Behörde ausgestelltes Zeugniß festgestellt ist, daß der Eheschließung das im Art. 36 jenes Gesetzes mit Rücksicht auf das Heimathrecht bestimmte Einspruchsrecht nicht entgegensteht. Das Zeugniß verliert seine Kraft, wenn die Ehe nicht binnen 6 Monaten nach der Ausstellung des Zeugnisses geschlossen wird. (Abs. 5 das.). Dieses Zeugniß ist auch von den Preuß. Standesbeamten zu verlangen. Begr. S. 68; Komm. Prot. XXI S. 12; Komm. Ber. S. 47; Komm. Ber. des HH. S. 17. Vergl. Planck, Anm. 5 zum 4. Buch, 2. Tit. d. BGB.

Die Gültigkeit der Ehe wird durch den Mangel des Zeugnisses nicht beeinträchtigt. Art. 33 des genannten Bayer. Ges. in der Fassung v. 17. März 1892.

Güterstand bestehender Ehen.

Artikel 44—67.

I. Auf keinem Gebiete bringt das BGB., so führt die Begr. aus, auch für Preußen eine gleich werthvolle und durchgreifende Vereinfachung des bestehenden Zustandes wie auf dem des ehelichen Güterrechts. An die Stelle von mehr als sechzig zur Zeit geltenden verschiedenen Güterrechten setzt es den Güterstand der Verwaltung und Nutznießung des Mannes als alleiniges gesetzliches Güterrecht, für welches nur in besonderen Fällen kraft Gesetzes Gütertrennung eintritt. Daneben ordnet es im Anschluß an die übrigen Hauptformen der bisherigen Güterrechte die allgemeine Gütergemeinschaft, die Errungenschaftsgemeinschaft und die Fahrnißgemeinschaft als vertragsmäßige Güterstände. Dem gutgläubigen Verkehre wird wirksamer

lichen Gesetzbuchs bestehenden Ehen treten, wenn die Ehegatten zu

Schutz durch die Vorschrift gewährt, daß aus einer gesetzlichen oder vertragsmäßigen Abweichung von dem Güterstande der Verwaltung und Nutznießung des Mannes einem Dritten gegenüber Einwendungen gegen ein zwischen ihm und einem Ehegatten vorgenommenes Rechtsgeschäft oder gegen ein zwischen ihnen ergangenes Urtheil nur hergeleitet werden können, wenn die Abweichung zur Zeit der Vornahme des Rechtsgeschäfts oder zur Zeit des Eintritts der Rechtshängigkeit in dem Güterrechtsregister des zuständigen Amtsgerichts eingetragen oder dem Dritten bekannt war.

Während sich aber nach Art. 199 des EG. z. BGB. die persönlichen Rechtsbeziehungen der Ehegatten zu einander, insbesondere die gegenseitige Unterhaltungspflicht, auch für die zur Zeit des Inkrafttretens des BGB. bestehenden Ehen nach dessen Vorschriften bestimmen, bleiben nach dem EG. in Ansehung des ehelichen Güterrechts für die vor dem Inkrafttreten des BGB. geschlossenen Ehen die bisherigen Gesetze maßgebend. Dies gilt insbesondere auch für die erbrechtlichen Wirkungen des Güterstandes und, so lange der alte Güterstand besteht, für die an ihn oder die Ehe bisher geknüpfte Beschränkung der Geschäftsfähigkeit der Ehefrau. Nur die freiwillige Annahme einer dem BGB. entsprechenden Gestaltung der güterrechtlichen Verhältnisse wird auch in den Rechtsgebieten ermöglicht, in denen nach den bisherigen Gesetzen die Schließung eines Ehevertrags unzulässig sein würde. Der hierfür maßgebende Art. 200 des EG. z. BGB. lautet:

Für den Güterstand einer zur Zeit des Inkrafttretens des Bürgerlichen Gesetzbuchs bestehenden Ehe bleiben die bisherigen Gesetze massgebend. Dies gilt insbesondere auch von den Vorschriften über die erbrechtlichen Wirkungen des Güterstandes und von den Vorschriften der französischen und der badischen Gesetze über das Verfahren bei Vermögensabsonderungen unter Ehegatten.

Eine nach den Vorschriften des Bürgerlichen Gesetzbuchs zulässige Regelung des Güterstandes kann durch Ehevertrag auch dann getroffen werden, wenn nach den bisherigen Gesetzen ein Ehevertrag unzulässig sein würde.

Soweit die Ehefrau nach den für den bisherigen Güterstand massgebenden Gesetzen in Folge des Güterstandes oder der Ehe in der Geschäftsfähigkeit beschränkt ist, bleibt diese Beschränkung in Kraft, solange der bisherige Güterstand besteht.

II. Wenn somit die Reichsgesetzgebung sich eines unmittelbaren Eingreifens in den Güterstand der bestehenden Ehen enthalten hat, so sollte doch, wie die Begr. S. 68 f. ausführt, „mit den Uebergangsvorschriften des EG. über die Behandlung der bestehenden Ehe nicht das letzte Wort gesprochen werden. Vielmehr glaubte man die Entscheidung darüber, inwieweit eine Ueberleitung der bisherigen Güterstände in einen der Güterstände des neuen Reichsrechts angängig sei, der Landesgesetzgebung vorbehalten zu sollen, weil sie besser in der Lage sei, die für die Lösung dieser Aufgabe unerläßliche eingehende Vergleichung des alten und des neuen Rechtes vorzunehmen. Wesentlich um für diese Entscheidung der Landesgesetzgebung volle Freiheit zu lassen, ist ihr im Art. 218 des EG. die Ermächtigung ertheilt, die bisherigen Gesetze, soweit sie nach den reichsgesetzlichen Uebergangsvorschriften in Kraft bleiben, selbst nach

der bezeichneten Zeit in Preußen ihren Wohnsitz haben, von dieser

---

dem Inkrafttreten des BGB. zu ändern (vergl. die Mot. z. Entw. 1. Lesung des EG. S. 282 ff. und die Protokolle der Kommission für die 2. Lesung S. 9073 ff.)."

III. Das vorliegende AG. leitet in den Art. 44—67 die meisten der vor dem Inkrafttreten des BGB. geschlossenen Ehen unmittelbar derart in die güterrechtlichen Vorschriften des Bürgerlichen Gesetzbuchs über, daß mit dessen Inkrafttreten an die Stelle der bis dahin maßgebenden Vorschriften die auf den entsprechenden Güterstand des neuen Rechtes bezüglichen Vorschriften treten (siehe das Nähere in Anm. IV—VI und überhaupt Art. 44—67).

Die Gründe, welche den Gesetzgeber hierzu veranlaßt haben, sind in der Begr. S. 69 ff. wie folgt dargelegt:

„Der Entwurf geht davon aus, daß für Preußen ein dringendes Bedürfniß besteht, die güterrechtlichen Vorschriften des Reichsrechts alsbald soweit thunlich auch für die bestehenden Ehen zur Geltung zu bringen. Würde es bei den Vorschriften des EG. sein Bewenden behalten, so ergäbe sich auf dem Gebiete des ehelichen Güterrechts ein viele Jahrzehnte dauernder Uebergangszustand, der, von der erstrebten Einheitlichkeit des Rechtes weit entfernt, für die Verkehrssicherheit wie für die Rechtsanwendung schwere Unzuträglichkeiten mit sich bringen müßte. Schon daß für lange Zeit das Güterrecht der großen Mehrzahl der Ehen nicht aus dem geltenden Gesetz und aus dem durch dieses eingeführten Güterrechtsregister entnommen werden könnte, würde sich als erheblicher Mißstand fühlbar machen, selbst soweit das bisherige Recht klar und bestimmt ist und den Anschauungen und Bedürfnissen der Gegenwart entspricht. Noch bedenklicher aber wäre die unveränderte Beibehaltung des bisherigen Rechtes da, wo über das für den Güterstand einer Ehe maßgebende Recht zur Zeit Zweifel obwalten oder wo das bisherige Recht in sich unklar und unbestimmt oder zwar noch als Entscheidungsnorm für Streitfälle in Geltung, dem Leben aber fremd geworden ist. Das Nebeneinanderbestehen des alten und des neuen Rechtes würde Verwirrung im Rechtsbewußtsein und Rechtsverkehr erzeugen und einer richtigen Anwendung des alten wie dem nothwendigen Einleben in das neue Recht gleich hinderlich sein. Wenn es schon jetzt oft schwer ist, den genauen Bestand der einzelnen Partikularrechte zu ermitteln, so müßte diese Schwierigkeit sich immer mehr steigern, je mehr das alte Recht aus der lebendigen Anwendung schwindet und die Kenntniß desselben nicht nur im Volksbewußtsein verblaßt, sondern auch den Gerichten verloren geht.

Für den Verkehr kommt insbesondere in Betracht, daß die Güterstände des BGB. mit den Güterrechten des bisherigen Rechtes nicht nur den Grundgedanken, sondern auch der näheren Ausgestaltung nach in weitem Umfang übereinstimmen, so daß nur Abweichungen in Einzelheiten übrig bleiben. Gerade die erhebliche Aehnlichkeit des alten und des neuen Rechtes bringt aber die Gefahr von Irrungen mit sich. Soweit das Reichsrecht andererseits gegenüber dem bisherigen Rechte Neuerungen enthält, trägt es den Forderungen und Anschauungen der Gegenwart Rechnung. Dies gilt z. B. von der Vorschrift des gesetzlichen Güterrechts, daß Alles, was die Frau durch ihre Arbeit oder durch den selbständigen Betrieb eines Erwerbsgeschäfts erwirbt, Vorbehaltsgut wird, ferner von den Bestimmungen, die auf einen wirksamen Schutz des Vermögens

10*

Zeit an nach Maßgabe der Artikel 45 bis 64 an die Stelle der bisherigen Gesetze die Vorschriften des Bürgerlichen Gesetzbuchs.

---

der Frau abzielen, namentlich aber von dem Grundsatze, daß die Geschäftsfähigkeit der Frau weder durch die Ehe als solche noch durch das in der Ehe geltende Güterrecht eine Beschränkung erleidet. Sollten alle diese Fortschritte den bestehenden Ehen vorenthalten bleiben, so würde hierin mit Recht je länger, je mehr, eine die Billigkeit verletzende innerlich nicht begründete Rechtsverschiedenheit gefunden werden. Was aber insbesondere die bisherige Beschränkung der Geschäftsfähigkeit der Frau anlangt, so kann sie nur unter der Voraussetzung aufgegeben werden, daß durch eine dem neuen Rechte entsprechende Regelung der güterrechtlichen Verhältnisse die Rechte des Mannes anderweit genügend gesichert werden.

Eine landesgesetzliche Ueberleitung der Güterstände der bestehenden Ehen erscheint somit dringend erwünscht. Käme es hierbei nur auf die Beseitigung der Schwierigkeiten an, welche aus dem Fortbestehen der alten Güterrechte für den Verkehr erwachsen, so könnte man daran denken, lediglich die Wirksamkeit der bisherigen Güterstände gutgläubigen Dritten gegenüber in gleicher Weise von der Eintragung in das Güterrechtsregister abhängig zu machen, wie es durch die früher erwähnte Vorschrift des BGB. für die vom gesetzlichen Güterrecht abweichenden neuen Güterstände geschieht. Dieser Gedanke ist jedoch schon von den beiden mit der Ausarbeitung des Entwurfes eines BGB. betrauten Kommissionen aus zutreffenden Gründen verworfen worden. In der That würde durch eine Vorschrift des angedeuteten Inhalts in fast allen bestehenden Ehen der eine oder der andere Ehegatte mangels Eintragung einer Beeinträchtigung seiner güterrechtlichen Stellung ausgesetzt werden. Bei Ehen mit Verwaltungsgemeinschaft müßte die Frau ihr vorbehaltenes Vermögen alsbald zur Eintragung bringen, damit der Mann nicht gutgläubigen Dritten gegenüber als zur Verwaltung auch dieses Vermögens und zur Vornahme der in den §§ 1376, 1378 des BGB. bezeichneten Verfügungen sowie zur Entgegennahme eines auf dieses Vermögen bezüglichen einseitigen Rechtsgeschäfts, z. B. der Kündigung einer zum vorbehaltenen Vermögen gehörenden Forderung, als berechtigt gelte. Zur Abwendung derselben Gefahr wäre die Frau genöthigt, bei dem Güterstande des gemeinen Dotalrechts diesen Güterstand, bei der allgemeinen Gütergemeinschaft, der Errungenschaftsgemeinschaft und der Fahrnißgemeinschaft ihr vorbehaltenes Vermögen eintragen zu lassen; bei den letzteren drei Güterständen ergäbe sich ferner ein noch allgemeineres Interesse der Frau an der Eintragung daraus, daß der Mann zu Verfügungen über sein eigenes Vermögen mehr oder weniger der Zustimmung der Frau bedarf, während er mangels der Eintragung einem gutgläubigen Dritten gegenüber wirksam ohne die Zustimmung der Frau würde verfügen können. Aber auch der Mann wäre unter Umständen mangels Eintragung in höherem Grade gefährdet als nach dem bisherigen Rechte, da die Frau ohne seine Zustimmung über eingebrachtes Gut verfügen, mit Wirkung gegenüber dem eingebrachten Gute ein sie verpflichtendes Rechtsgeschäft vornehmen oder einen Rechtsstreit führen könnte, wenn der Mann durch Krankheit oder Abwesenheit an der Abgabe einer Erklärung verhindert und mit dem Aufschube Gefahr verbunden ist (BGB. § 1401). Bei Einführung des allgemeinen Registerzwanges für die bestehenden Ehen müßte hiernach mit der Möglichkeit gerechnet werden, daß zum Schutze gegen die damit verknüpften Gefahren die bestehenden Ehen in großer Zahl zur Eintragung gebracht werden würden; daraus erwüchse jedoch von vornherein eine dem Verkehre wenig dienliche Ueberfüllung der Güterrechtsregister. Ueberdies würden die bisherigen Güterrechte, außer gegenüber gutgläubigen Dritten, in Geltung bleiben, die hieraus entstehenden Nachtheile also fortdauern.

Der Entwurf unterwirft deshalb die große Mehrzahl der bestehenden Ehen unmittelbar derart den güterrechtlichen Vorschriften des Bürgerlichen Gesetzbuchs, daß mit dessen Inkrafttreten an die Stelle der bis dahin maßgebenden Vorschriften die auf den entsprechenden Güterstand des neuen Rechtes bezüglichen Bestimmungen treten ....

Wenn nach der herrschenden Lehre neue Gesetze über das eheliche Güterrecht auf bestehende Ehen nicht einwirken, so ist die Begründung dieser Lehre auf einen stillschweigenden Vertrag, durch den die Ehegatten sich dem zur Zeit der Eheschließung geltenden Rechte unterwerfen, in der neueren Wissenschaft als unhaltbar anerkannt. Die gedachte Lehre bezeichnet nicht eine Schranke für den Gesetzgeber, sondern einen Auslegungsgrundsatz, der als solcher sich durch die Erwägung rechtfertigt, daß das Wesen der Ehe Stetigkeit der mit ihr verknüpften vermögensrechtlichen Verhältnisse erfordert. Mit diesem Erfordernisse tritt eine Umgestaltung der Güterstände, wie der Entwurf sie vorsieht, in nur scheinbaren Gegensatz.

Soweit aber durch die Ueberleitung die bisherige Rechtsstellung der Ehegatten im Einzelnen wirklich beeinträchtigt wird, muß das persönliche Interesse hinter dem Interesse der Allgemeinheit an der Verhütung einer sonst unvermeidlichen Rechtsunsicherheit zurückstehen. Jedenfalls sind die im Entwurfe vorgesehenen Eingriffe nicht stärker als diejenigen, welche die Reichsgesetzgebung selbst auf anderen Gebieten, z. B. denen der elterlichen Rechte und des Hypothekenrechts, vorzunehmen kein Bedenken getragen hat. Für nicht wenige Ehen bringt die Ueberleitung auf der anderen Seite den großen Vortheil mit sich, daß sie für ein unsicheres ein klares Recht eintauschen."

Der vorstehend entwickelte Standpunkt der Königlichen Staatsregierung fand auch die Billigung der übrigen gesetzgebenden Faktoren. In der Kommission des Abgeordneten-Hauses wurde zwar angeregt, statt durch Gesetz überzuleiten, die Einführung des neuen Rechts in die bestehenden Ehen der vertraglichen Regelung zu überlassen; dieser Gedanke fand indessen keinen Beifall. Andererseits wurde der über das Ziel der Regierungsvorlage hinausgehende Vorschlag, alle Ehen, die nicht bis zum 1. Januar 1902 den Fortbestand des bisherigen Güterrechts durch Eintragung in das Register gewahrt haben, dem gesetzlichen Güterstande des BGB. zu unterwerfen, für zu radikal erachtet. Komm. Ber. S. 49.

In gleicher Weise, wie Preußen, sind auch andere Bundesstaaten mit der Ueberleitung des ehelichen Güterrechts vorgegangen. Vergl. z. B. Bayern, Ges. v. 9. Juni 1899, Uebergangsvorschriften zum BGB. betr. (Bayr. Ges.- und Verordn. Bl. S. 83), Art. 19 ff., 62 ff., 124 ff.; Sachsen, Ges. v. 18. Juni 1898, die Ausführung des BGB. rc. betr. (Sächs. Ges.- und Verordn. Bl. S. 191), § 34; Hessen, Ges. v. 17. Juli 1899, die Ausführung des BGB.

betr. (Hess. Regierungsblatt S. 133), Art. 169 ff., 230 ff.; **Elsaß-Lothringen**, Ges. v. 17. April 1899, betr. die Ausführung des BGB. in Elsaß-Lothringen (Els.-Lothr. Gesetzblatt S. 43), § 144 ff.; für **Baden** vergl. Art. 41, 42 des Ges. v. 17. Juni 1899, die Ausführung des BGB. betr. (Bad. Ges. und Verordn. Bl. S. 229).

Dagegen hat **Württemberg** keine gesetzliche Ueberleitung der bestehenden Güterstände bestimmt, sondern es bei dem Grundsatze des Art. 200 EG. z. BGB. belassen. Vergl. Württemb. Ges. v. 28. Juli 1899 (Württ. Regierungsblatt S. 423), Art. 262–264; Begründung zu dem Württ. Entw. eines AG. z. BGB. und zu dessen Nebengesetzen, Beilage 326, v. 7. Dezember 1898, S. 610 f.

IV. Die Ueberleitung ergreift, von den später zu erwähnenden Ausnahmen (vergl. Anm. V) hier abgesehen,

A. die beim Inkrafttreten des BGB. **in Preußen bestehenden Ehen**. Haben die Eheleute ihren Wohnsitz nicht in Preußen, so ist ihr Güterstand dem Machtbereiche der Preußischen Gesetze entzogen; über den Fall, daß sie später ihren Wohnsitz nach Preußen verlegen, siehe diese Anm. unter B.

Von den beim Inkrafttreten des BGB. in Preußen bestehenden Ehen werden der Ueberleitung unterworfen

1. zunächst diejenigen, in welchen ein **Preußisches Gütersystem** gilt, d. h. ein Gütersystem, welches irgendwo innerhalb Preußens als gesetzliches Gütersystem Geltung hat. Dabei kommen

a) in erster Linie diejenigen Ehen in Betracht, in welchen das Preußische Gütersystem als **gesetzliches** Güterrecht begründet ist. Dies ist der Fall, wenn die Eheleute ihren ersten ehelichen Wohnsitz entweder in Preußen (vergl. Art. 45 bis 56) oder zwar außerhalb Preußens, aber in einem Lande genommen haben, in welchem ebenfalls das gleiche Güterrechtssystem gesetzlich gilt (vergl. Art. 57);

b) aber auch diejenigen Ehen werden der Ueberleitung unterworfen, in welchen ein Preußisches Gütersystem kraft **Ehevertrags** gilt (Art. 58), mag der Güterstand in Folge vertragsmäßiger Ausschließung eines prinzipalen gesetzlichen Güterrechts als der subsidiäre gesetzliche Güterstand eingetreten oder unmittelbar durch Vertrag eingeführt sein. „Im ersten Falle schafft der Vertrag nur eine Voraussetzung für den Eintritt des gesetzlichen Güterstandes. Im zweiten Falle kommt dem Vertrage, sofern durch ihn lediglich das für die Ehe ohnehin maßgebende gesetzliche Güterrecht bestätigt wird, nur deklarative Bedeutung zu; aber auch wenn das vertragsmäßig angenommene Güterrecht nicht das kraft Gesetzes eintretende ist, kann es für die gesetzgeberische Behandlung keinen Unterschied machen, ob das gleiche Güterrecht lediglich von Gesetzeswegen oder auf Grund eines auf die gesetzliche Regelung Bezug nehmenden Vertrags gilt. Ohne die Ausdehnung auf die hier fraglichen Ehen würde die Ueberleitung erheblich an praktischem Werthe verlieren. Bezüglich der Ehen mit einem durch Vertrag eingeführten Güterstande kommt es nicht auf den ersten Ehewohnsitz an, da das Güterrecht nicht vermöge des an diesen anknüpfenden Grundsatzes des internationalen Privatrechts, sondern vermöge der vertragsmäßigen Annahme seitens der Ehegatten gilt." Begr. S. 72.

2. Die Ueberleitung ergreift ferner diejenigen zur Zeit des Inkrafttretens des BGB. in Preußen bestehenden Ehen, für welche ein einem **außerpreußischen** Bundesstaate angehörendes Gütersystem gilt (Art. 61), und zwar ebenfalls gleichgültig, ob es in der einzelnen Ehe auf Grund des ersten in dem anderen Bundesstaate genommenen ehelichen Wohnsitzes als gesetzliches Güterrecht begründet ist, oder ob es darin kraft Ehevertrags gilt. „Die Rücksicht auf die Verkehrssicherheit und die Rechtsanwendung lassen es erwünscht erscheinen, daß auch diesen Ehen gegenüber die Vorschriften des Reichsrechts zur Durchführung gelangen." Begr. S. 74.

Während aber für die übrigen Ehen selbständige Ueberleitungsvorschriften gegeben werden, kann, wie die Begr. S. 74 weiter ausführt, „nicht daran gedacht werden, für die mannigfachen in anderen Bundesstaaten geltenden Güterrechte selbständige Ueberleitungsvorschriften aufzustellen. Vielmehr muß die Entscheidung der Frage, inwieweit gegenüber jenen Güterrechten eine Ueberleitung angängig erscheint, der Gesetzgebung der anderen Bundesstaaten überlassen bleiben. Die Preuß. Gesetzgebung vermag nur zu bestimmen, ob für sie das Bedürfniß und im Hinblick auf die in den Ueberleitungsvorschriften der anderen Bundesstaaten befolgten Grundsätze die Möglichkeit bestehen, jene Ueberleitungsvorschriften auch für die ihrem Machtbereich angehörenden Ehen mit dem betreffenden Güterrecht einzuführen." Siehe weiter die Anmerkungen zu Art. 61.

B. Diejenigen Ehen endlich, welche zwar beim Inkrafttreten des BGB. ihren Wohnsitz nicht in Preußen haben, denselben aber später nach Preußen verlegen, werden der Ueberleitung von dem Zeitpunkte der Wohnsitzverlegung an gleichfalls unterworfen, falls der in ihnen bestehende Güterstand unter eine der Kategorien unter A 1 oder A 2 fällt und nicht schon durch die Gesetze eines anderen Bundesstaats geändert worden ist (Art. 65).

„Die Zwecke der Ueberleitung erfordern, daß die Maßnahme nicht auf die Ehegatten beschränkt wird, die zur Zeit des Inkrafttretens des BGB. bereits in Preußen ihren Wohnsitz haben. Auch wenn der Wohnsitz der Ehegatten später nach Preußen verlegt wird, ergeben sich für die Preußische Gesetzgebung von dieser späteren Zeit an in gleicher Weise wie gegenüber den von vornherein ihrem Machtbereich angehörenden Ehen das Bedürfniß und die Berechtigung zum Eingreifen. Der Entwurf will deshalb auch die hier in Rede stehenden Ehen von der Zeit der Begründung eines Preußischen Wohnsitzes an den gleichen Ueberleitungsvorschriften unterwerfen wie die Ehen mit einem schon bei dem Inkrafttreten des BGB. in Preußen begründeten Wohnsitze, vorausgesetzt, daß der Güterstand einer solchen Ehe nicht schon durch die Gesetze eines anderen Bundesstaats einer Anpassung an das Reichsrecht unterzogen worden ist." Begr. S. 75.

V. Dagegen sind von der Ueberleitung in das Reichsrecht ausgeschlossen:

1. die Güterstände derjenigen Ehen, welche nach einem Systeme ausländischen (nicht deutschen) Rechtes leben (Begr. S. 75);

2. die älteren Ehen mit einem Güterrechte, welches bereits durch frühere Gesetze für die Zukunft beseitigt und nur den schon damals bestehenden Ehen belassen worden ist (vergl. namentlich die Gesetze v. 11. Juli 1845, GS. S. 471; 16. Februar 1857, GS. S. 87; 16. April 1860, GS. S. 165, § 22; 5. Juni 1863, GS. S. 374; 31. März und 4. August 1865, GS. S. 180, 873; 5. Februar 1869, GS. S. 329; 22. Mai 1874, GS. S. 183). „Da es sich hier um einen eng begrenzten Kreis im Aussterben befindlicher Ehen handelt, so besteht kein Bedürfniß für ein Eingreifen." Begr. S. 71. Komm. Ber. S. 48;

3. die außerhalb Preußens bestehenden und daher dem Machtbereiche der Preußischen Gesetze nicht unterworfenen Ehen Preußischen oder nicht Preußischen Rechts; Begr. S. 71, 150; Komm. Ber. S. 48;

4. die Ehen, deren Güterstand durch Vertrag geordnet ist, falls der Vertragsgüterstand keiner der gesetzlich geltenden ist. Vergl. Anm. 1 zu Artikel 58;

5. die nach dem Inkrafttreten des BGB. nach Preußen verlegten Ehen, deren Güterstand bereits durch einen anderen Bundesstaat geändert ist (Art. 65 Abs. 2).

6. Ausnahmsweise werden ferner nicht übergeleitet: Die Ehen nach den Neumünsterschen Kirchspielgebräuchen, bevor sie Jahr und Tag bestanden haben (Anm. zu Art. 50, § 3); die Ehen nach Rheinischem Dotalrecht (Art. 56 § 10).

VI. Bezüglich der Art der Ueberleitung sind folgende Grundsätze festgehalten:

1. Die Ueberleitung erfolgt unmittelbar kraft Gesetzes, also unabhängig von dem Willen der von der Ueberleitung betroffenen Eheleute. Vergl. Anm. VI Nr. 7, 8.

2. Ein bisheriger Güterstand wird in denjenigen Güterstand des BGB. übergeleitet, welcher mit ihm die meiste Aehnlichkeit hat. „Der Güterstand bleibt hiernach in seinem Wesen unverändert; für eine Ehe mit Verwaltungsgemeinschaft besteht auch künftig Verwaltungsgemeinschaft, für eine Ehe mit allgemeiner Gütergemeinschaft auch künftig allgemeine Gütergemeinschaft u. s. f. Nur die Einzelheiten der rechtlichen Ausstaltung werden von der Aenderung berührt." Begr. S. 71.

3. Das Gesetz sucht die Ueberleitung „so zu gestalten, daß den Ehegatten unter regelmäßigen Verhältnissen ein beachtenswerther Grund zum Widerspruche gegen die Maßregel nicht erwächst. Es ist deshalb zunächst eine eigentliche Rückwirkung des neuen Rechtes in jeder Beziehung vermieden, insbesondere in Betreff des zur Zeit der Ueberleitung vorhandenen Vermögens und der vor dieser Zeit entstandenen Schulden der Ehegatten (Art. 58 [jetzt 59], §§ 1, 3). Anhängige Sachen sind der Einwirkung der Rechtsänderung ganz entzogen, ebenso bei anhängigen Scheidungssachen auch die nachfolgende Vermögensauseinandersetzung" (Art. 59, § 6). Begr. S. 72.

4. „Im Weiteren ist davon ausgegangen, daß es im Interesse der Rechts- und Verkehrssicherheit vornehmlich darauf ankommt, für die Rechtsverhältnisse während des Bestehens der Ehe das neue Recht einzuführen, und daß Verschiedenheiten, die in dieser Hinsicht zwischen dem alten und dem neuen Rechte obwalten, nur aus besonders erheblichen Gründen bei der Ueberleitung aufrecht zu erhalten sind. Sofern es den Ehegatten in einzelnen Beziehungen erwünscht erscheint, Besonderheiten des bisherigen Rechtes beizubehalten, wird ihnen dieses, falls sie einig sind, durch den Art. 59 [jetzt 60] Abs. 1 erleichtert." Begr. S. 72.

5. Was das Rechtsverhältniß nach der Auflösung der Ehe durch den Tod eines der Ehegatten anlangt, so legt der Entwurf, wie die Begr. ausführt, „besonderes Gewicht darauf, jeden dem überlebenden Ehegatten möglicherweise nachtheiligen Eingriff zu vermeiden. Soweit daher mit den bis-

herigen Güterständen überhaupt besondere erbrechtliche Wirkungen verbunden und soweit diese nicht unbedingt dem Ueberlebenden minder günstig sind als das Erbrecht des BGB., sollen sie aufrecht erhalten werden, mögen sie in einer durch Verfügung von Todeswegen nicht entziehbaren statutarischen Portion oder nur in einem gesetzlichen Erbrechte des Ehegatten bestehen. Dem Ueberlebenden ist aber bei der gesetzlichen Erbfolge außerdem die Wahl gelassen, nach dem Bürgerlichen Gesetzbuch zu erben."

„Dieses Wahlrecht schließt sich dem Vorgange der bisherigen Preußischen Gesetzgebung an (vergl. das Publikationspatent zum ALR. v. 5. Februar 1794 § XIV Satz 2 und die späteren Publikationspatente sowie die oben [Anm. V 2] angeführten Gesetze mit Ausnahme des Gesetzes v. 16. April 1860). Der Einwand, daß das Wahlrecht eine nicht gerechtfertigte Begünstigung des überlebenden Ehegatten auf Kosten der Kinder und sonstigen Erbberechtigten enthalte (Mot. zum Entw. I des EG. S. 287), erscheint vom Standpunkt der Reichsgesetzgebung nicht begründet. Denn die Bemessung des Ehegattenerbrechts nach den bisherigen Gesetzen entspricht der Vorschrift des Art. 200, die Bemessung nach dem neuen Rechte dem für die Beerbung geltenden allgemeinen Grundsatze des Art. 213 des EG.; wird also nach der diesen Vorschriften zu Grunde liegenden Auffassung den Miterben des Ehegatten weder durch die eine noch durch die andere Art der Bemessung zu nahe getreten, so unterliegt es keinem grundsätzlichen Bedenken, die Wahl zwischen beiden dem Ehegatten zu überlassen." Begr. S. 72. — Ein gleiches Wahlrecht gewährt z. B. das Bayerische Gesetz, Uebergangsvorschriften zum BGB. betr., v. 9. Juni 1899 (Bayer. Ges.- und Verordn. Bl. S. 83) Art. 68, 69, 78, 79, 80, 82, 84, 86.

Das Wahlrecht ist im Art. 46 §§ 2, 3 „so gestaltet, daß die Frage, ob sich die Erbfolge nach altem oder neuem Rechte bestimmt, spätestens mit dem Ablaufe der reichsgesetzlichen Ausschlagungsfrist entschieden wird, und zwar ist die Anwendung des neuen Rechtes von einer Erklärung des Ehegatten abhängig gemacht. Die umgekehrte Regelung würde zwar häufiger zu dem an sich wünschenswerthen Ergebnisse führen, daß auch für die Erbfolge ausschließlich das neue Recht maßgebend wäre; sie würde aber die Gefahr mit sich bringen, daß der Ehegatte die zur Wahrung der bisherigen erbrechtlichen Vortheile nothwendige Erklärung aus Rechtsunkenntniß verabsäumte und jener Vortheile hierdurch wider Willen verlustig würde." Begr. S. 72.

6. „Nicht minder geht der Entwurf", wie die Begründung ausführt, „in Betreff des Zwanges zur Eintragung der güterrechtlichen Verhältnisse in das Güterrechtsregister bei der Ueberleitung möglichst schonend vor. Die Einführung des neuen Rechtes soll für sich allein die Ehegatten nicht zu einer Eintragung nöthigen. Es ist deshalb auch davon abzusehen, für das zur Zeit der Ueberleitung vorhandene Vorbehaltsgut die Wirksamkeit der Vorbehaltseigenschaft Dritten gegenüber sofort oder auch nur nach dem Ablauf einer bestimmten Frist von der Eintragung abhängig zu machen; der gutgläubige Dritte soll insoweit nur denjenigen Schutz auch fernerhin genießen, welchen ihm die bisherigen Gesetze gewähren (Art. 58 [Gesetz Art. 59] § 9 Abs. 1). Erst wenn der in Folge der Ueberleitung eingetretene Güterstand nachträglich durch Vertrag, Urtheil oder in anderer Weise geändert wird, soll der gutgläubige Dritte gegen Einwendungen auf Grund dieser Aenderung gemäß

§ 1435 Abs. 1 des BGB. geschützt sein, wenn die Aenderung nicht im Güterrechtsregister eingetragen war (Art. 58 [Gesetz Art. 59] § 9 Abs. 2). Der volle Schutz des § 1435 Abs. 1 des BGB. soll jedoch dem gutgläubigen Dritten auch gegenüber Ehegatten, die vor dem Inkrafttreten des BGB. geheirathet haben, dann zu Theil werden, wenn nach dieser Zeit der Wohnsitz des Mannes verlegt worden ist. Der Wechsel des Wohnsitzes erschwert einerseits dem Dritten die Ermittelung des für die Ehe bestehenden Güterstandes; andererseits wird den Ehegatten der alten Ehen nichts Unbilliges zugemuthet, wenn von ihnen dasselbe verlangt wird, was das BGB. im Interesse des Verkehrs auch von den Ehegatten der neuen Ehen mit dem gleichen Güterstande fordert. Ueberdies kommt für die zahlreichen Ehen, für die der Entwurf das gesetzliche Güterrecht des BGB. einführen will, eine Eintragung in das Güterrechtsregister überhaupt nicht in Betracht." Begr. S. 73. Vergl. Art. 59 § 9; Art. 63.

7. Ein Widerspruchsrecht ist den einzelnen Ehegatten gegen die Ueberleitung versagt. „Soweit zwischen den bisherigen Güterständen und den Güterständen des neuen Rechtes wesentliche Verschiedenheiten bestehen, muß das Gesetz selbst sie berücksichtigen und darf die Aufrechterhaltung nicht von einer Willensbethätigung der einzelnen Ehegatten abhängig machen. Soweit dagegen die Verschiedenheiten nicht das Wesen des Güterstandes berühren, haben die Ehegatten kein den Gesetzgeber beschränkendes wohlerworbenes Recht auf den Fortbestand der bisherigen Regelung des Güterstandes in ihren Einzelheiten. Entscheidet sich das Gesetz im höheren Interesse der Rechtssicherheit für die Ueberleitung, so kann es den Erfolg dieser Maßnahme nicht in das Belieben des einzelnen Ehegatten stellen. Die Besorgniß erscheint nicht unbegründet, daß die Anhänglichkeit an das bisherige Recht, die Scheu vor dem unbekannten Neuen, die Unfähigkeit, sich über die Tragweite der Rechtsänderung ein zutreffendes Urtheil zu bilden, der Mangel sachgemäßer Belehrung, unter Umständen auch der irreleitende Einfluß vermeintlich sachverständiger Berather vielfach zusammenwirken würden, um die Zahl der Widersprüche in einem den Zweck der Ueberleitung vereitelnden Maße anwachsen zu lassen. Zum mindesten würde das Gesetz, wenn es den Ehegatten die Entscheidung überließe, ohne Noth Beunruhigung in die Ehen hineintragen. Dazu kommt, daß einer der durchgreifenden Unterschiede zwischen dem alten und dem neuen Rechte in der Einschränkung der Befugnisse des Mannes liegt. Wenn diese unter normalen Verhältnissen die Stellung des Mannes kaum beeinträchtigt, da die Zustimmung der Frau genügt, um seine Verfügungsmacht über das gesetzliche Maß hinaus nach Bedürfniß zu erweitern, so könnte sie doch gerade in Fällen, in welchen der Mann schon jetzt zu einem Mißbrauche seiner bisherigen weitergehenden Befugnisse neigt, ihn zum Widerspruche gegen die Ueberleitung veranlassen, um sich seine bisherige Rechtsstellung zu erhalten und der Frau den erweiterten Schutz, in dem ein wesentlicher Vorzug des neuen Rechtes zu erblicken ist, zu entziehen." Begr. S. 74.

8. Dagegen ist die vertragsmäßige Aenderung des durch die Ueberleitung entstehenden Güterstandes zur Vermeidung entstehender Härten erleichtert. Art. 60.

9. In Betreff der güterrechtlichen Nachwirkungen von Ehen, die schon vor dem Inkrafttreten des Bürgerlichen Gesetzbuchs aufgelöst

sind, verbleibt es im Allgemeinen bei den bisherigen Vorschriften. Einige Aenderungen sind in den Artikeln 66, 67 getroffen. Begr. S. 76.

VII. Was die Reihenfolge der Vorschriften anlangt, so trifft das Gesetz nach dem einleitenden Art. 44 zunächst die erforderlichen besonderen Bestimmungen für die in Preußen geltenden gesetzlichen Güterstände, und zwar werden behandelt:

die Verwaltungsgemeinschaft nach dem Allgemeinen Landrechte (Art. 45) und dem Märkischen Provinzialrechte (Art. 46); es folgt

die landrechtliche und die Westfälische allgemeine Gütergemeinschaft (Art. 47, 48);

der Güterstand des gemeinen Dotalrechtes (Art. 49); dann kommen

die kleineren dem Systeme der Verwaltungsgemeinschaft folgenden Güterrechte der Oberlandesgerichtsbezirke Kiel und Celle (Art. 50);

die Pommerschen Güterrechte (Art. 51);

die in gemeinrechtlichen Gebietstheilen geltenden Formen der allgemeinen Gütergemeinschaft (Art. 52), der Errungenschaftsgemeinschaft (Art. 53, 54) und der Fahrnißgemeinschaft (Art. 55) sowie

die Güterstände des Rheinischen Rechtes (Art. 56).

Daran schließen sich die Vorschriften über die Behandlung der bei dem Inkrafttreten des BGB. in Preußen wohnhaften Ehegatten, für die eines der vorher genannten Güterrechte auf Grund eines in einem anderen Bundesstaate genommenen ersten ehelichen Wohnsitzes besteht (Art. 57), ferner Vorschriften über die Ueberleitung vertragsmäßiger Güterstände (Art. 58). Die Artikel 59, 60 enthalten allgemeine Bestimmungen über die Durchführung der Ueberleitung.

Das Gesetz wendet sich sodann zu den Ehen mit einem bei dem Inkrafttreten des BGB. in Preußen begründeten Wohnsitze, für welche kraft Gesetzes oder Ehevertrags ein in einem anderen Bundesstaate geltendes Güterrecht besteht (Art. 61). Hieran schließen sich Uebergangsvorschriften für die einer gesetzlichen Ueberleitung nicht unterworfenen Güterstände (Art. 62) sowie Bestimmungen über die Eintragung der Güterstände in das Güterrechtsregister (Art. 63, 64).

Den Schluß des auf den Güterstand der bestehenden Ehen bezüglichen Abschnitts bilden Vorschriften für die Fälle, in denen die Ehegatten nach dem Inkrafttreten des neuen Rechtes ihren Wohnsitz nach Preußen verlegen (Art. 65).

Angehängt sind in den Art. 66, 67 Vorschriften über die güterrechtlichen Nachwirkungen von Ehen, welche beim Inkrafttreten des BGB. bereits aufgelöst sind.

Artikel 44.

1. Die Vorschrift des Art. 44 bestimmt den Zeitpunkt, in welchem sich für die bestehenden Ehen mit einem bei dem Inkrafttreten des BGB. in Preußen begründeten Wohnsitze der Wechsel der für den Güterstand maßgebenden Gesetze vollzieht. Darnach tritt der Wechsel regelmäßig mit dem Inkrafttreten des BGB. ein. Ausnahmen finden sich in Art. 47 § 1 Abs. 2; Art. 49 § 3; Art. 51 § 7; Art. 52 § 1 Abs. 2; Art. 55 § 1 Abs. 2. Begr. S. 76.

Artikel 45.

§ 1. Besteht für eine Ehe der gesetzliche Güterstand nach dem

---

2. Bis zu dem Zeitpunkt der Ueberleitung gestalten sich alle Verhältnisse nach dem alten Rechte. Die darnach eingetretenen Rechtswirkungen behalten ihre Kraft auch für die Zukunft. Begr. S. 76.

3. Aus dem Art. 44 ergiebt sich für die Anwendbarkeit der Art. 45—64 die Voraussetzung, daß die Ehegatten zur Zeit des Inkrafttretens des BGB. ihren Wohnsitz in Preußen haben müssen. Wegen der Ehen mit außerpreußischem Wohnsitze und derjenigen, welche nach dem bezeichneten Zeitpunkte ihren Wohnsitz nach Preußen verlegen, siehe Anm. IV A zu Art. 44—67 (oben S. 150) und Art. 65 d. G.

4. In den nachfolgenden Artikeln sind die einzelnen überzuleitenden Ehen nach der Art der in ihnen geltenden Güterstände bezeichnet, so daß sich nicht ersehen läßt, für welche geographischen Bezirke die einzelnen Vorschriften gelten. Die gesetzliche Feststellung der geographischen Bezirke wäre schon deshalb nicht möglich gewesen, weil für den gesetzlichen Güterstand der erste Wohnsitz nach der Eheschließung maßgebend ist, das dort geltende Recht aber nicht nur für diejenigen Eheleute maßgebend ist, welche ihren Wohnsitz dort behalten, sondern auch für solche Eheleute, welche den dort begründeten Wohnsitz später verlegen. Komm. Prot. IX S. 5; Komm. Ber. S. 49.

Artikel 45. § 1.

A. **Zu Art. 45 § 1 Abs. 1.** 1. „**Die Verwaltungsgemeinschaft des Allgemeinen Landrechts** bildet das gesetzliche Güterrecht in den Provinzen Schlesien und Sachsen mit Ausnahme einiger kleiner Bezirke des Märkischen Provinzialrechts, in den Theilen der Provinz Brandenburg, in denen nicht das letztgenannte Recht gilt, und in den landrechtlichen Theilen von Hannover, ferner für Ehen der Eximirten in Altvor- und Hinterpommern, mit Ausnahme der dazu gehörigen Bezirke des Märkischen Provinzialrechts, für Ehen Adeliger in den Gebieten des Westpreußischen und des Ostpreußischen Provinzialrechts, nach letzterem mit gewissen Besonderheiten, endlich für die vor dem 1. Januar 1861 geschlossenen Ehen, deren erster Ehewohnsitz in bestimmten Theilen der Provinz Westfalen und der Rheinprovinz gelegen war.“ Begr. S. 71.

2. Der Art. 45 leitet die zur Zeit des Inkrafttretens des BGB. in Preußen bestehenden Ehen mit dem gesetzlichen Güterstande des Allgemeinen Landrechts (Thl. II Tit. 1 Abschn. 5) mit einigen Modifikationen in den gesetzlichen Güterstand des Bürgerlichen Gesetzbuchs, d. i. in den Güterstand der Verwaltungs- und Nutzungsgemeinschaft des Bürgerlichen Gesetzbuchs über (§§ 1363—1425).

Die Verwaltungsgemeinschaft des ALR. und das gesetzliche Güterrecht des BGB. stimmen in weitem Umfange mit einander überein. Die wesentlichsten Wirkungen der Ueberleitung ergeben sich aus folgender Vergleichung:

I. Anlangend das Vorbehaltsgut der Frau, und zwar

Allgemeinen Landrechte Theil II Titel 1 Abschnitt 5, so treten an die

---

a) zunächst den Umfang desselben, „so ist, wie die Begründung S. 77 ausführt, Alles, was nach dem Landrechte vorbehaltenes Vermögen der Frau ist, zugleich Vorbehaltsgut im Sinne des BGB. Auch die dem letzteren als besonderes Rechtsinstitut fremde Morgengabe (ALR. II 1 § 107) behält nach der Ueberleitung die Natur des Vorbehaltsguts (vergl. im Uebrigen die §§ 206, 208, 209, 214, 217, 218 ALR. II 1 mit den §§ 1366, 1368—1370 des BGB.).

Eine wesentliche Verschiedenheit zwischen altem und neuem Rechte besteht nur bezüglich der Behandlung des Erwerbes der Frau durch ihre außerhalb der Geschäfte des Hauswesens und des Mannes liegende Thätigkeit. Bisher wird nach der herrschenden Ansicht dieser artifizielle Erwerb der Frau, insbesondere aus einem von ihr betriebenen Gewerbe, nur dann Eigenthum der Frau, wenn er in Grundstücken oder Kapitalien auf den Namen der Frau angelegt ist, und zwar wird unter dem Erwerbe nur der Reingewinn, nicht das in und zu dem Betriebe Beschaffte verstanden; zum vorbehaltenen Vermögen gehört der Erwerb nur, wenn das Geschäft mit Vorbehaltenem betrieben wird (ALR. II 1 §§ 211, 219, 220; Rehbein, Entsch. des Ob. Trib. Bd. 4 S. 103, 108, 109; Entsch. des Reichsgerichts in Gruchot Bd. 35 S. 1040; Dernburg, Preuß. Privatr. Bd. 3, § 25 Anm. 7, 8). Dagegen wird nach § 1367 des BGB. Alles, was die Frau durch ihre Arbeit oder durch den selbständigen Betrieb eines Erwerbsgeschäfts erwirbt, Vorbehaltsgut." Trotz der hierin liegenden Schmälerung der Rechte des Mannes trug das Gesetz kein Bedenken, „diese neue Vorschrift für den künftigen Erwerb der Frau auch in den bestehenden Ehen zur Geltung zu bringen. Sofern sich dadurch die dem Manne zufallenden Nutzungen des eingebrachten Vermögens derart vermindern, daß sie einen angemessenen Beitrag der Frau zur Bestreitung des ehelichen Aufwandes nicht mehr darstellen, ist die Frau nach §§ 1371, 1427 des BGB. verpflichtet, einen solchen Beitrag aus dem Ertrag ihrer Arbeit oder des von ihr selbständig betriebenen Erwerbsgeschäfts zu leisten. Was ferner die Einkünfte aus einem Arbeitsverhältniß oder einem Erwerbsgeschäfte betrifft, welches die Frau erst nach dem Inkrafttreten des BGB. beginnt, so kann sich der Mann nach den §§ 1354, 1358, 1405 des BGB. von vornherein einen angemessenen Einfluß auf die Verwendung dieser Einkünfte sichern." Begr. S. 77.

b) „Ueber das vorbehaltene Vermögen kann die Frau, abgesehen von der Sondervorschrift des ALR. II 1 § 223, ebenso wie über das Vorbehaltsgut nach dem BGB. frei verfügen.

Das vorbehaltene Vermögen haftet jedoch für die von ihr ohne Einwilligung des Mannes eingegangenen Schulden nicht, wie das Vorbehaltsgut, unbedingt und unbeschränkt; vielmehr kann sich der Gläubiger während der Ehe an das Vorbehaltene nur halten, wenn es ihm verpfändet ist, im Uebrigen haftet das bei der Auflösung der Ehe vorhandene vorbehaltene Vermögen nur dann, wenn die Schuld mit Beziehung auf das Vorbehaltene eingegangen war (§§ 319, 619 a. a. O.)." Begr. S. 77. Diese Vorschriften bleiben in Ansehung des bei der Ueberleitung vorhandenen vorbehaltenen Vermögens bezüglich der bis dahin begründeten Schulden in Kraft (Art. 59 § 3).

Stelle der bisherigen Gesetze die Vorschriften des Bürgerlichen Gesetzbuchs über das gesetzliche Güterrecht.

---

c) „Besonderheiten gelten, so führt die Begr. S. 77f. weiter aus, nach dem bisherigen Rechte bei dem gesetzlich vorbehaltenen Vermögen in Bezug auf den Schutz des Mannes gegen unwirthschaftliches Betragen der Frau, die Nichtigkeit einseitiger Verfügungen des Mannes über Mobilien sowie die Prozeßführung (ALR. II 1 §§ 224, 228, 249, AGO. I 1 § 10), ferner in Betreff der Verpflichtung der Frau, im Falle des Verschweigens vorehelicher Schulden oder des wissentlichen Einbringens fremder Sachen als eigener aus dem vorbehaltenen Vermögen zum Eingebrachten Ersatz zu leisten (ALR. II 1, §§ 339, 340), und hinsichtlich der Haftung des Mannes für widerrechtliche Verfügungen über das vorbehaltene Vermögen (§ 546). Alle diese Vorschriften können, unbeschadet der nach ihnen bereits eingetretenen Rechtswirkungen unbedenklich durch das neue Recht ersetzt werden. Das Gleiche gilt von der Vorschrift, daß das vorbehaltene Vermögen, soweit es von der Frau dem Manne zur Verwaltung oder sonstigen Verfügung übergeben ist, mit dem Eingebrachten gleiche Rechte hat (§ 547); an ihre Stelle tritt die im Ergebnisse wenig verschiedene Vorschrift des § 1430 des BGB." (Begr. a. a. O.).

„Der Satz, daß Grundstücke und Kapitalien, um Dritten gegenüber als vorbehaltenes Vermögen zu gelten, als solches auf den Namen der Frau geschrieben sein müssen (ALR. II 1 § 216), bleibt nach Art. 58 [jetzt 59] § 9 Abs. 1 des Gesetzes auch nach der Ueberleitung für das zu dieser Zeit vorhandene Vorbehaltsgut so lange in Kraft, als nicht nach Art. 62 [jetzt 63] die Eintragung in das Güterrechtsregister nothwendig wird." (Begr. S. 78).[1]

II. Ueber das eingebrachte Gut der Frau führt die Begr. S. 78f. aus:

a) „Anlangend das eingebrachte Gut der Frau, so ist zunächst das im § 1372 des BGB. anerkannte Recht beider Ehegatten auf Feststellung des Bestandes durch Aufnahme eines Verzeichnisses und des Zustandes der zum eingebrachten Gut gehörenden Sachen durch Sachverständige zwar neu, aber auch für die bestehenden Ehen zweckmäßig.

Nicht minder ist dem jetzigen Rechte die Verpflichtung des Mannes, über den Stand der Verwaltung der Frau auf Verlangen Auskunft zu ertheilen, fremd (BGB. § 1374 Satz 2). Da jedoch eine gerichtliche Geltendmachung dieser Verpflichtung bis zur Beendigung der Verwaltung und Nutznießung ausgeschlossen ist, sofern nicht das Verhalten des Mannes die Besorgniß einer erheblichen Gefährdung des eingebrachten Gutes oder der Ersatzansprüche der Frau begründet (§ 1394), so unterliegt die Ausdehnung der fraglichen Vorschrift auf bestehende Ehen keinem Bedenken."

b) „Erheblicher sind die Verschiedenheiten in Betreff des Verwaltungs- und Verfügungsrechts des Mannes. Gegenwärtig erlangt der Mann an dem eingebrachten Gelde und im Zweifel auch an den sonstigen verbrauchbaren Sachen Eigenthum, in Betreff der Mobilien (Möbel, Hausrath und Geräthschaften) sowie nach der Auffassung der Praxis (Entsch. des Ob. Trib. Bd. 71 S. 63; Dernburg § 30 Anm. 21) in Betreff der nicht auf den Namen der Frau geschriebenen Kapitalien und sonstigen Forderungsrechte, namentlich der Werthpapiere, das freie Verfügungsrecht unter Verpflichtung zum Ersatze (ALR. II 1

Ist für eine Ehe die Verwaltung und der Nießbrauch des Mannes

---

§§ 548—551, 231 [verb. mit I 21 §§ 173 ff.], 247, 561); nur Grundstücke und Gerechtigkeiten kann der Mann ohne ausdrückliche Einwilligung der Frau nicht veräußern, verpfänden oder dauernd belasten, auf den Namen der Frau oder ihrer Erblasser oder Geschenkgeber geschriebene Kapitalien nicht ohne Bewilligung der Frau einziehen, verpfänden, veräußern oder sonst abhanden bringen; in gewissen Fällen ist aber die Frau zur Ertheilung der Einwilligung verpflichtet und letztere kann durch das Vormundschaftsgericht ergänzt werden (ALR. II 1 §§ 232—239). Dagegen hat nach dem BGB. der Mann in Bezug auf Geld und andere verbrauchbare Sachen nur nach Außen freies Verfügungsrecht, der Frau gegenüber aber die Verpflichtung, von diesem Rechte nur zum Zwecke ordnungsmäßiger Verwaltung Gebrauch zu machen und Geld, soweit es nicht zur Bestreitung von Ausgaben bereit zu halten ist, für die Frau mündelsicher verzinslich anzulegen; andere verbrauchbare Sachen darf er auch für sich veräußern oder verbrauchen, muß aber, wenn er von der Befugniß Gebrauch macht, den Werth der Sachen, soweit die ordnungsmäßige Verwaltung es erfordert, schon vor der Beendigung der Verwaltung und Nutznießung, jedenfalls nachher ersetzen (§ 1376 Nr. 1, § 1377). Im Uebrigen beschränkt sich das Verfügungsrecht des Mannes, abgesehen von dem Inventar eines eingebrachten Grundstücks (§ 1378), darauf, Forderungen der Frau gegen solche Forderungen an die Frau, deren Berichtigung aus dem eingebrachten Gut verlangt werden kann, aufzurechnen und Verbindlichkeiten der Frau zur Leistung eines zum eingebrachten Gute gehörenden Gegenstandes durch Leistung des Gegenstandes zu erfüllen (§ 1376 Nr. 2, 3). Aehnlich wie nach dem bisherigen Rechte kann die Zustimmung der Frau durch das Vormundschaftsgericht ersetzt werden (§ 1379).

Wenn somit der Mann in Folge der Ueberleitung in der Verfügung über das Eingebrachte, namentlich das Geld der Frau, für die Zukunft nicht unwesentlich beschränkt wird, so besteht doch kein Grund, den schon verheiratheten Frauen die mit den Vorschriften des neuen Rechtes bezweckte größere Sicherung ihres Eingebrachten vorzuenthalten." Begr. S. 78 f.

Die vorstehend erwähnte Verpflichtung des Mannes, das Geld der Frau mündelsicher anzulegen (§ 1377 Abs. 2 BGB.), bezieht sich nur auf das bei der Ueberleitung vorhandene und das dem Ehemanne später zufließende Geld. Hierüber herrschte in der Komm. des AH. Einverständniß (Komm. Ber. S. 61). Der Ehemann ist also auf Grund des § 1377 Abs. 2 nicht verpflichtet, an Stelle von nicht mündelsicheren Papieren, welche bei der Ueberleitung vorhanden sind, mündelsichere anzuschaffen.

Die Frage, inwieweit der Mann über das Eingebrachte Prozesse führen kann, ist bisher zweifelhaft; künftig ist, unbeschadet der anhängigen Sachen, der § 1380 BGB. auch für die bestehenden Ehen anwendbar. Begr. S. 79.

Was der Mann mit Mitteln des eingebrachten Gutes erwirbt, wird künftig nicht nur unter den im ALR. II 1 §§ 240, 560 bestimmten, sondern unter den erweiterten Voraussetzungen der §§ 1381, 1382 BGB. Eigenthum der Frau. Begr. S. 79.

c) Der Anspruch des Mannes auf die Nutzungen des eingebrachten Gutes wird in Folge der Ueberleitung erheblich erweitert.

nach den Bestimmungen des Allgemeinen Landrechts Theil II Titel 1

—

Die Begr. S. 79 bemerkt hierüber: „Wenn nach § 1383 des BGB. der Mann die Nutzungen des eingebrachten Gutes in derselben Weise und in demselben Umfang erwirbt wie ein Nießbraucher, so ergiebt sich aus diesem Satze nur insofern in Folge des vom Landrechte (I. 2 § 110) verschiedenen Begriffs der Nutzungen oder Früchte eine erhebliche Abweichung vom bisherigen Rechte, als der Mann künftig von einem zum eingebrachten Gute gehörenden Rechte die Erträge, welche das Recht seiner Bestimmung gemäß gewährt, insbesondere bei einem Rechte auf Gewinnung von Bodenbestandtheilen die gewonnenen Bestandtheile, mithin bei einem Bergwerke die ganze Ausbeute, nicht blos deren Zinsen erwirbt (BGB. § 99 Abs. 2; dagegen ALR. I. 21 §§ 37, 38, Entsch. d. Ob.-Trib. Bd. 12 S. 463, Dernburg Bd. 1 § 281 Anm. 21, Rehbein, Entsch. Bd. 3 Nr. 291). Indessen tritt bezüglich der elterlichen Nutznießung die gleiche Aenderung kraft Reichsgesetzes ein (EG. Art. 203); die hier fragliche Erweiterung der Rechte des Mannes bildet ferner einen gewissen Ausgleich für die nach anderer Richtung mit der Ueberleitung verbundene Beschränkung seiner Befugnisse". Begr. S. 79.

d) „Die Vorschriften der §§ 1384—1386 des BGB. über die vom Manne zu tragenden Kosten und Lasten stimmen mit dem jetzigen Rechte im Wesentlichen überein (ALR. I. 21 §§ 11, 12, 70, 71, 80, 81, 87—89)." Begr. S. 79.

Die landrechtlichen Vorschriften darüber, ob und inwieweit der Mann die Kosten eines die Frau angehenden Rechtsstreits oder Strafverfahrens zu tragen hat, bilden einen Theil des Landrechtsabschnittes „von den Rechten und Pflichten der Eheleute in Beziehung auf ihre Personen" (II. 1 §§ 187—191) und sind daher bereits durch Art. 199 des EG. zum BGB. beseitigt. Sie werden durch die entsprechenden Vorschriften des BGB. (§§ 1387, 1388, § 1412 Abs. 2, § 1415 Nr. 3, § 1416) ersetzt. Auf anhängige Prozesse finden diese Vorschriften nach Art. 59 § 6 dieses Gesetzes keine Anwendung. Begr. S. 79, 86.

„Bezüglich der Verpflichtung des Mannes zur Tragung des ehelichen Aufwandes bestimmt der § 1389 des BGB. nichts sachlich Neues (ALR. II. 1 §§ 184, 185, 256, 258; Entsch. des Reichsgerichts in Gruchot Bd. 30 S. 968)." Begr. S. 80.

„Günstiger als das bisherige Recht stellt der § 1390 den Mann in Betreff des Ersatzes der von ihm zum Zwecke der Verwaltung des eingebrachten Gutes gemachten Aufwendungen, soweit solche ihm nicht selbst zur Last fallen; jetzt bedarf es regelmäßig einer formellen Einwilligung der Frau, um einen Ersatzanspruch zu begründen (ALR. II. 1 §§ 231, 586 ff.; I. 21 §§ 56, 75 ff., 124 ff.). Für künftige Aufwendungen wird es genügen, wenn der Mann sie den Umständen nach für erforderlich halten durfte." Begr. S. 80.

e) Zur Sicherung ihres Eingebrachten steht der Frau bisher ein von einer Gefährdung ihrer Rechte unabhängiger gesetzlicher Titel zur Hypothek an den Grundstücken des Mannes zu, der innerhalb eines Jahres nach dem Beginne der Verwaltung oder nach dem späteren Erwerb eines Grundstücks geltend gemacht werden muß; bei drohender Gefährdung ihrer Rechte hat die Frau außerdem einen Anspruch auf Sicherheitsleistung (ALR. II. 1 §§ 254, 255; EG. zur Preuß. Konk.-O. Art. XII; AG. zur Konk.-O. § 4).

§§ 980—983, 999 ausgeschlossen, so treten an die Stelle der bis-

Das BGB. beseitigt den Hypothekentitel und in Folge der Ueberleitung wird diese Maßnahme auch auf die bestehenden Ehen ausgedehnt. „Ein wohlerworbenes Recht der Frau steht nicht in Frage, wie denn schon die bisherige Gesetzgebung eine erhebliche Abschwächung für zulässig gehalten hat. Praktisch wird [bisher] von dem Titel fast nur bei drohender Gefahr Gebrauch gemacht; für diese Fälle aber bleibt der Frau auch künftig der Anspruch auf Sicherheitsleistung. Ueberdies erhält die Frau für den Verlust des wenig wirksamen Hypothekentitels reichlichen Ersatz durch die sonstigen ihren besseren Schutz bezweckenden Vorschriften des neuen Rechtes (insbes. §§ 1375 ff., 1381)." Begr. S. 80.

Einen Anspruch auf Sicherheitsleistung hat, wie erwähnt, die Frau auch nach der Ueberleitung, sofern das Verhalten des Mannes die Besorgniß begründet, daß die Rechte der Frau in einer das eingebrachte Gut erheblich gefährdenden Weise verletzt werden, oder wenn die der Frau aus der Verwaltung und Nutznießung des Mannes zustehenden Ansprüche auf Ersatz des Werthes verbrauchbarer Sachen erheblich gefährdet sind. § 1391 BGB., vergl. auch (§§ 1392, 1893 BGB.).

f) „Die Bestimmungen des § 1394 über die Zeit, zu welcher die Frau ihre Ansprüche aus der Verwaltung und Nutznießung gegen den Mann geltend machen kann, entsprechen im Allgemeinen dem bisherigen Rechte." Begr. S. 80.

III. „Die rechtliche Stellung der Frau wird durch die Ueberleitung insofern freier, als bisher alle Rechtsgeschäfte der Frau, die mit Verpflichtungen für sie verknüpft sind, soweit sie nicht ausdrücklich unter Verhaftung des Vorbehaltsguts abgeschlossen werden, mangels Zustimmung des Mannes nichtig sind und dieser Grundsatz nur dann eine Ausnahme erleidet, wenn die Frau durch die Entfernung des Mannes genöthigt ist, den Haushalt selbständig zu führen (ALR. II. 1 § 320; Striethorst, Archiv Bd. 76 S. 193; Dernburg Bd. 3 § 22 Nr. II), während künftig die Beschränkung der Frau in der Geschäftsfähigkeit wegfällt. Die Rechte des Mannes in Ansehung des eingebrachten Gutes werden dafür durch die in den §§ 1395—1400 bestimmte Beschränkung des Verfügungsrechtes der Frau vollkommen geschützt.

Der § 1400 Abs. 2 entscheidet die jetzt streitige Frage der Aktivlegitimation der Frau, der § 1401 entspricht ähnlichen Vorschriften des jetzigen Rechtes (ALR. II. 1 §§ 202—204), die §§ 1402, 1403 füllen Lücken aus.

Der § 1404 stellt insbesondere klar, daß die Nutznießung des Mannes, abweichend von dem bisherigen Rechte, der Eintragung in das Grundbuch nicht bedürftig und nicht fähig ist." Begr. S. 80.

„Bezüglich der Rechtsstellung der Frau bei dem selbständigen Betrieb eines Erwerbsgeschäfts unterscheiden sich das alte und das neue Recht im Wesentlichen dadurch, daß mangels Einwilligung des Mannes in den Betrieb die Frau jetzt in der Geschäftsfähigkeit, künftig nur in der Verfügung über das eingebrachte Gut beschränkt ist (ALR. II. 1 §§ 195, 335, 336, HGB. Art. 7, 8 Abs. 1, 9; BGB. § 1405). Wenn nach § 1405 Abs. 3 des BGB. der Einspruch des Mannes gegen den Betrieb und der Widerruf seiner Einwilligung in ihrer Wirksamkeit gegenüber gutgläubigen Dritten von der Eintragung in das Güterrechtsregister abhängig sind, so soll es bezüglich eines vor dem Inkrafttreten

herigen Gesetze die für die Gütertrennung geltenden Vorschriften der §§ 1427—1430 des Bürgerlichen Gesetzbuchs.

---

des BGB. erfolgten Einspruchs oder Widerrufs nach Art. 58 § 9 Abs. 1 des Entwurfes [Art. 59 § 9 Abs. 1 des Ges.] einer solchen Eintragung nicht bedürfen, so lange nicht die Voraussetzung des Art. 62 [jetzt 63] eingetreten ist." Begr. S. 81.

„Der § 1406 des BGB. weicht vom jetzigen Rechte insofern ab, als nach diesem die Frau zu Entsagungen, namentlich von Erbschaften, ohne Zustimmung des Mannes nicht befugt ist (Dernburg Bd. 3 § 30 Anm. 81) und als für Rechtsgeschäfte der Frau gegenüber dem Manne besondere Formvorschriften (ALR. II. 1 §§ 198—200) bestehen, die jedoch schon nach Art. 199 des EG. außer Kraft treten. Die §§ 1407—1409 entscheiden theils im bisherigen Rechte streitige Fragen, theils stimmen sie mit ihm überein. Letzteres gilt im Wesentlichen auch von den die Zwangsvollstreckung betreffenden Vorschriften des § 861 der revidirten CPO. (vergl. Art. 58 § 8 des Entwurfes [Art. 59 § 8 des Ges.]." Begr. S. 81.

IV. „Anlangend die Schuldenhaftung, so besteht Uebereinstimmung bezüglich der Schulden des Ehemanns (BGB. § 1410) und im Verhältnisse zu den Gläubigern bezüglich der vorehelichen und der während der Ehe entstandenen nicht rechtsgeschäftlichen Schulden der Frau (§ 1411; ALR. II 1 § 338, Dernburg § 22 Anm. 24, Rehbein Nr. 308).

In Betreff der während der Ehe eingegangenen rechtsgeschäftlichen Schulden der Frau tritt der schon erwähnte Unterschied hervor, daß die Frau bisher in der Geschäftsfähigkeit, künftig nur in der Verfügung über das eingebrachte Gut beschränkt ist; in Folge dessen sind solche Schulden mangels der erforderlichen Einwilligung des Mannes nicht, wie jetzt, nichtig (ALR. II 1 § 320), sondern nur in Ansehung des eingebrachten Gutes bis zur Beendigung der Verwaltung und Nutznießung unwirksam (§ 1412 Abs. 1). Andererseits haftet der Mann auf Grund der Einwilligung zu einem Rechtsgeschäfte der Frau jetzt selbst als Gesammtschuldner (ALR. II 1 §§ 329—332, 337, EG. zum HGB. Art. 19), während das BGB. eine solche Mithaftung nicht kennt. Dagegen ist letzterem eigenthümlich die Unterscheidung solcher Verbindlichkeiten der Frau, welche dem Gläubiger gegenüber oder doch im Verhältnisse der Ehegatten zu einander nur dem Vorbehaltsgute zur Last fallen (§§ 1413—1417). Diese Abweichungen des neuen Rechtes stehen sämmtlich seiner Einführung für künftige Verbindlichkeiten nicht entgegen; für die vor der Ueberleitung entstandenen Schulden verbleibt es bei den bisherigen Vorschriften, insbesondere über die Mithaftung des Mannes (Art. 58 [Gesetz Art. 59] § 3)." Begr. S. 81.

V. Was die Beendigung der Verwaltung und Nutznießung des Mannes betrifft, so fügt

a) das BGB. den bisherigen Aufhebungsgründen „die Aufhebung durch Urtheil in den Fällen des § 1418 Nr. 1, 3—5 und die Konkurseröffnung über das Vermögen des Mannes (§ 1419) hinzu. Der § 1418 Nr. 2 schließt sich im Wesentlichen den Vorschriften des ALR. II. 1 §§ 256, 258 an. Die neuen Vorschriften werden sachgemäß auch insoweit auf bestehende Ehen Anwendung finden können, als dadurch einem schon unter dem alten Rechte begonnenen Zustand eine diesem fremde Wirkung beigelegt wird." Begr. S. 81f.

b) „Bezüglich der Herausgabe des eingebrachten Guts beschränkt sich das BGB. auf wenige Vorschriften (§§ 1421, 1422), während das Landrecht für den Fall des Todes und der Scheidung ausführliche Bestimmungen über die Auseinandersetzung trifft (II. 1 §§ 598—613, 751—754, 766—782). Soweit nach diesen Bestimmungen schon vor dem Inkrafttreten des BGB. Rechte für die Frau entstanden sind, deren Geltendmachung nur bis zur Beendigung der Verwaltung und Nutznießung hinausgeschoben ist, bleiben sie von der Ueberleitung unberührt." (Begr. S. 82). Im Uebrigen sind die Bestimmungen beseitigt.

Letzteres gilt im Allgemeinen auch von den Vorschriften der §§ 570—581 über die dem überlebenden Ehegatten in Ansehung der eingebrachten Grundstücke und Gerechtigkeiten zustehenden Rechte. Ist in diesem Falle, so führt die Begründung aus, die Einbringung nach einem Anschlage erfolgt, so bleibt, sofern der Grund des Wahlrechtes in einer besonderen Vereinbarung der Ehegatten zu finden ist, diese Vereinbarung nach Art. 59 § 5 des Gesetzes unberührt. „Dagegen bildet das Uebernahmerecht, das dem Manne mangels eines Anschlags beigelegt ist, kein wohlerworbenes Recht. Es unterliegt seiner inneren Berechtigung nach begründeten Einwendungen, sofern es der Erhaltung des Grundbesitzes in der Familie entgegenwirkt (Mot. z. BGB. Bd. 4 S. 289, 290) und ist für den Mann selbst von zweifelhaftem Nutzen, da die Bestimmung des Uebernahmepreises den Erben der Frau zusteht. Dazu kommt, daß der überlebende Ehegatte künftig nach § 1931 des BGB. weit häufiger als bisher kraft Gesetzes Miterbe zum Hauptbruchtheil oder Alleinerbe des verstorbenen Ehegatten wird." Begr. S. 82. — Eine Ausnahme macht der § 2 Abs. 1 dieses Art. in Bezug auf die in die Landgüterrolle eingetragenen Landgüter; siehe darüber die Anm. zu § 2 Abs. 1.

c) Die bisherigen Vorschriften über die Auseinandersetzung im Falle der Scheidung sind zwar, obwohl die Scheidung vom Inkrafttreten des BGB. an nach den Vorschriften des BGB. erfolgt (EG. Art. 201), reichsgesetzlich aufrecht erhalten (vergl. Mot. z. EG. S. 290); sie sind aber, abgesehen von anhängigen Sachen (Art. 59 § 6 Abs. 2), durch die Ueberleitung beseitigt. Die Rechte des unschuldigen Mannes bezüglich der Morgengabe werden sich „auch ohne die Vorschrift des Landrechts II. 1 § 774 durch entsprechende Anwendung des § 1584 des BGB. angemessen bestimmen lassen" (Begr. S. 82).

d) „Durch die Anwendung des § 1421 des BGB. auf bestehende Ehen wird eine Rechenschaftspflicht des Mannes nur für die Zeit nach der Ueberleitung anerkannt" (Begr. S. 82).

„Die Einführung des § 1423 entspricht dem Gedanken, welcher der Vorschrift des Art. 172 des EG. zu Grunde liegt. Der § 1424 enthält eine neue Vorschrift. Der § 1425 dient zur Ergänzung des § 1418; die Gründe, aus denen der im Landrechte (II 1 §§ 264, 265) anerkannte Anspruch des Mannes auf Wiederherstellung seiner durch den Konkurs verlorenen Rechte in das BGB. nicht aufgenommen worden sind (Mot. Bd. 4 S. 303), rechtfertigen auch seine Beseitigung für die bestehenden Ehen" (Begr. S. 82 f.).

VI. „Erbrechtliche Wirkungen des Güterstandes sind mit der landrechtlichen Verwaltungsgemeinschaft ebensowenig verbunden wie mit der des BGB. Für das Erbrecht des überlebenden Ehegatten sind daher schon nach

§ 2. Die Vorschriften über die Befugniß des überlebenden Ehegatten zur Uebernahme eines in die Landgüterrolle eingetragenen Landguts bleiben unberührt.

Das Gleiche gilt von den besonderen Vorschriften des Ostpreußischen Provinzialrechts über die erbrechtlichen Wirkungen des Güterstandes.

Art. 213 des EG. künftig statt der §§ 621—633 des ALR. II. 1 die §§ 1931 ff. des BGB. maßgebend. Das Gleiche gilt übrigens auch, soweit in gewissen älteren Ehen bisher der überlebende Ehegatte bei der gesetzlichen Erbfolge die Erbfolge nach dem ALR. wählen kann (vergl. die oben angeführten Gesetze vom 31. März 1865, 22. Mai 1867 und 22. Mai 1874), vorausgesetzt, daß dieses Wahlrecht als erbrechtliche Wirkung des Güterstandes aufrechterhalten bleibt" (Begr. S. 83). Eine Ausnahme ist im § 2 Abs. 2 dieses Art. enthalten; siehe darüber die Anm. zu § 2 Abs. 2.

B. **Zu § 1 Abs. 2.** Die im Texte angezogenen Vorschriften betreffen den Fall, daß eine Minderjährige ohne die erforderliche Einwilligung der Mutter oder des Vormundes die Ehe eingeht (§ 999 a. a. O.). In diesem Fall verbleibt das Vermögen der Frau bis zur erlangten Volljährigkeit unter der Verwaltung des Vormundes (§ 980); „der Mann kann bis dahin auf die Einkünfte dieses Vermögens nur insoweit Anspruch machen, als dieselben zum standesmäßigen Unterhalte der Frau, nach dem Ermessen des vormundschaftlichen Gerichts, nothwendig sind" (§ 981); „alle Zuwendungen, welche die Frau einem solchen Manne in einem vor erreichter Volljährigkeit gemachten Vertrage oder Testamente bestimmt hat, sind ungültig" (§ 982); „nach erlangter Volljährigkeit hängt es von dem freien Entschlusse der Frau ab, was sie von ihrem Vermögen dem Manne einbringen, oder sich vorbehalten wolle" (§ 983). Ist nach diesen Vorschriften zur Zeit des Inkrafttretens des BGB. die Verwaltung und der Nießbrauch des Mannes ausgeschlossen, so tritt mit diesem Zeitpunkt nach der Vorschrift des § 1 Abs. 2, ebenso wie nach § 1364 des BGB. bei Ehen, die mit einer in der Geschäftsfähigkeit beschränkten Frau ohne Einwilligung des gesetzlichen Vertreters eingegangen sind, Gütertrennung nach den §§ 1427—1430 BGB. ein. Begr. S. 76.

Die landrechtliche Vorschrift, daß Zuwendungen der minderjährigen Frau an den Mann ungültig sind (§ 982 ALR. II. 1), ist nicht aufrecht erhalten; die Frage entscheidet sich nach den allgemeinen Grundsätzen des BGB. Vergl. Begr. S. 77.

§ 2.

1. Der § 2 **Abs. 1** macht mit Rücksicht auf die besondere Bedeutung, welche das Uebernahmerecht bei den in die Landgüterrolle eingetragenen Landgütern hat, eine Ausnahme von der sonst erfolgten Beseitigung des gesetzlichen Uebernahmerechtes des überlebenden Ehegatten (Anm. 2 **Vb** zu Art. 45 § 1, oben S. 163). Vergl. Landgüterordnung für die Provinz Brandenburg vom 10. Juli 1883 (GS. S. 111) § 17; Landgüterordnung für die Provinz Schlesien vom 24. April 1884 (GS. S. 121) § 10 Abs. 3.

Artikel 46.

§ 1. Besteht für eine Ehe der gesetzliche Güterstand nach Märkischem Provinzialrechte, so treten an die Stelle der bisherigen Gesetze die Vorschriften des Bürgerlichen Gesetzbuchs über das gesetzliche Güterrecht.

Die Vorschrift des Artikel 44 § 1 Abs. 2 findet Anwendung.

2. Zu § 2 **Abs.** 2 erläutert die Begr. S. 83: „Als eine besondere erbrechtliche Wirkung des Güterstandes wird das Wahlrecht anzusehen sein, das nach dem Ostpreußischen Provinzialrechte (Zusatz 96 §§ 1—17) bei adeligen Ehen dem überlebenden Ehegatten zusteht. Das Wahlrecht bleibt also nach Lage der Reichsgesetzgebung mit der Maßgabe unberührt, daß, soweit jetzt die Erbfolge nach dem ALR. II. 1 §§ 621—633 zur Wahl gestellt ist, auch hier künftig die Erbfolge nach dem BGB. an die Stelle tritt. In das so gestaltete Wahlrecht landesgesetzlich einzugreifen, erscheint bedenklich und nicht erforderlich. Der Entwurf erhält daher die besonderen Vorschriften des Ostpreußischen Provinzialrechts über die erbrechtlichen Wirkungen des Güterstandes aufrecht."

Artikel 46. § 1.

1. Die **Verwaltungsgemeinschaft des Märkischen Provinzialrechts** gilt im größten Theile der Provinz Brandenburg und in einzelnen kleineren Bezirken der Provinzen Westpreußen, Pommern, Posen, Schlesien und Sachsen als gesetzlicher Güterstand. Begr. S. 83.

2. Das Märkische Provinzialrecht steht, wie die Begründung S. 83 ausführt, „abgesehen von dem Erbrechte der Ehegatten, durch ihre Abweichungen von dem Landrechte der Verwaltungsgemeinschaft des BGB. (§§ 1363—1425) noch näher, als die Verwaltungsgemeinschaft des Landrechtes (Art. 45 d. G.). Insbesondere wird der artifizielle Erwerb der Frau nach der Ansicht der Schriftsteller des Märkischen Rechtes ganz ihr Eigenthum, nach einer Meinung sogar ihr vorbehaltenes Vermögen. (Korn, das Güterrecht und Erbrecht der Eheleute nach dem Brandenburger Provinzialrecht S. 108 ff.; v. Scholtz, das bestehende Provinzialrecht der Kurmark Brandenburg Bd. 2 S. 22 ff.). Die Frau wird ferner durch die Eheschließung nicht in der Geschäftsfähigkeit beschränkt; die von ihr ohne Einwilligung des Mannes eingegangenen Schulden sind verbindlich, aber mit Rücksicht auf die Rechte des Mannes nur in das vorbehaltene Vermögen sofort, in das eingebrachte nach der Beendigung der Verwaltung und Nutznießung vollstreckbar. Ob der Mann für die mit seiner Zustimmung eingegangenen Schulden der Frau mithaftet, ist bestritten (Korn S. 121, 125, 126, Rehbein Nr. 300 S. 89). Zu den in der Mark suspendirten landrechtlichen Vorschriften gehören auch diejenigen über das Wahlrecht des überlebenden Ehegatten bezüglich der eingebrachten Grundstücke und Gerechtigkeiten." Das Gesetz behandelt daher die Ehen mit dem gesetzlichen Güterrechte des Märkischen Rechtes den landrechtlichen Ehen gleich, abgesehen von dem Rechte des überlebenden Ehegatten (Art. 46 § 1). Es sind somit im Allgemeinen die Anmerkungen zu Art. 45 zu vergleichen.

§ 2. Die nach den bisherigen Gesetzen dem überlebenden Ehegatten an dem Vermögen des verstorbenen Ehegatten zustehenden

---

§ 2.

1. Eigenthümlich ist der Märkischen Verwaltungsgemeinschaft das statutarische Erbrecht des überlebenden Ehegatten. Dasselbe wird durch den § 2 mit den Maßgaben der §§ 3—5 aufrecht erhalten.

Der § 2 hatte in der Regierungsvorlage die Fassung:

> „Für die erbrechtlichen Wirkungen des Güterstandes bleiben die bisherigen Gesetze mit den in den §§ 3—5 bestimmten Aenderungen maßgebend."

Es war bei dieser Fassung davon ausgegangen, daß die durch das Märkische Provinzialrecht — insbesondere die constitutio Joachimica von 1527 und das Erbschaftsedikt v. 30. April 1765 — dem überlebenden Ehegatten gewährten Rechte güterrechtlichen Ursprungs und somit als „erbrechtliche Wirkungen des Güterstandes" durch den Vorbehalt des Art. 200 des EG. z. BGB. gedeckt seien. Begr. S. 84. In der Kommission des AH. wurde dem aber mit der Auffassung entgegengetreten, daß es sich bei dem Erbrecht der Märkischen Ehegatten nicht um eine Wirkung des Güterstandes, sondern um ein von dem Güterstande unabhängiges reines Erbrecht handele, welches nach Art. 1 und 213 des EG. z. BGB. ohne Weiteres durch das Erbrecht des BGB. (§§ 1931 f.) ersetzt sei. Um die hieraus sich ergebenden Zweifel abzuschneiden, das märkische Erbrecht der Ehegatten aber (einem auf dessen Beseitigung gerichteten Antrage entgegen) aufrecht zu erhalten, entschied sich die Kommission dafür, dem § 2 die jetzt vorliegende Fassung zu geben, und demnach die nach den bisherigen Gesetzen dem überlebenden Ehegatten an dem Vermögen des verstorbenen Ehegatten zustehenden Rechte als erbrechtliche Wirkungen des Güterstandes zu deklariren. Die Kommission nahm hierbei an, daß das Reichsrecht auf die Rechtsverhältnisse, die bei seinem Inkrafttreten bestehen, nur nach Maßgabe derjenigen Bestimmungen Anwendung finde, die am 1. Januar 1900 gültig sind; daß also die Landesgesetzgebung bis dahin freie Hand habe, auch die rechtliche Natur solcher Rechtsverhältnisse zu bestimmen, und danach befugt sei, mit bindender Kraft auszusprechen, ob nach dem einen oder dem anderen Rechtssystem das Erbrecht der Ehegatten unter einander erbrechtlichen oder güterrechtlichen Ursprungs sei. Komm. Ber. S. 50 f.

Aufrechterhalten bleiben daher, „was den Fall der gesetzlichen Erbfolge anlangt, die bisherigen Vorschriften über das Recht der Ehegatten, so lange er nicht den Nachlaßgläubigern unbeschränkt haftet, den Miterben gegenüber auch noch nach dem Ablaufe der gesetzlichen Ausschlagungsfrist zwischen der statutarischen Portion [d. i. die Hälfte des zusammengeworfenen Vermögens beider Eheleute nach Abzug der Schulden] und der Rücknahme des eigenen Vermögens zu wählen, über die Bildung der Theilungsmasse, insbesondere die gegenseitige Ausgleichungspflicht zwischen dem überlebenden Ehegatten und den Kindern des Verstorbenen sowie den observanzmäßigen Voraus (v. Scholtz Bd. 1 S. 54, 92,

Rechte sind erbrechtliche Wirkungen des Güterstandes. Die bisherigen Gesetze bleiben für sie mit den in den §§ 3—5 bestimmten Aenderungen maßgebend.

Bd. 2 S. 103 ff., 124 ff.; Korn S. 171 ff.; Crome S. 30) sowie über die Befugniß der Miterben, sich die Einwerfung des Vermögens des überlebenden Ehegatten zu verbitten". Begr. S. 84.

2. Die Begründung des Gesetzentwurfes Seite 84 enthält zu § 2 der Regierungsvorlage die Bemerkung: „Soweit für die erbrechtliche Stellung des Märkischen Ehegatten gegenwärtig nicht besondere, mit dem Güterrechte zusammenhängende Vorschriften gelten, finden künftig kraft Reichsgesetzes die erbrechtlichen Vorschriften des BGB. Anwendung (EG. Art. 213). Nach diesen Vorschriften bestimmt sich namentlich der Erwerb, die Annahme und die Ausschlagung der Erbschaft sowie die Haftung gegenüber den Nachlaßgläubigern; damit erledigt sich die Streitfrage, ob der Ehegatte die Rechtswohlthat des Inventars, abgesehen von dem Verzicht auf dieselbe, nur durch Urtheil auf die Klage eines Gläubigers oder auch durch Versäumung der gesetzlichen Inventarfrist verliert (Entsch. des Ob.-Trib. Bd. 77 S. 18 ff.; Entsch. des Reichsgerichts Bd. 5 S. 313; v. Scholtz Bd. 2 S. 215 ff.; Korn S. 165, 167; Crome S. 26 ff.)."

Diese Bemerkung der Begründung, welche unter den für die erbrechtliche Stellung des Ehegatten geltenden Vorschriften zwischen den mit dem Güterrechte zusammenhängenden und den sonstigen Vorschriften unterscheidet, war nach der Fassung der Regierungsvorlage unzweifelhaft zutreffend, da letztere auf Grund der gleichen Unterscheidung nur die bisherigen erbrechtlichen Wirkungen des Güterstandes aufrecht erhalten wollte (s. Anm. 1). Nachdem aber das Gesetz die sämmtlichen nach den bisherigen Gesetzen dem überlebenden Ehegatten an dem Vermögen des Verstorbenen zustehenden Rechte als erbrechtliche Wirkungen des Güterstandes deklarirt hat, könnte es zweifelhaft sein, ob sich der Erwerb, die Annahme der Erbschaft rc. nach dem bisherigen oder nach dem neuen Rechte bestimmen. Man wird sich indessen auch jetzt noch für das Letztere entscheiden müssen; denn aus der Entstehungsgeschichte der jetzigen Fassung (Anm. 1) ergiebt sich, daß das bisherige Recht nicht in weiterem Umfange als nach der Regierungsvorlage hat aufrecht erhalten werden sollen.

3. Außer durch die §§ 3—5 des Art. 46 erfährt das statutarische Erbrecht der Ehegatten auch dadurch eine Aenderung, daß die Bestimmung des § 1933 BGB. durch den Art. 59 § 7 dieses Gesetzes für anwendbar erklärt ist. „Das Erbrecht ist hiernach ausgeschlossen, wenn der Erblasser zur Zeit seines Todes auf Scheidung wegen Verschuldens des Ehegatten zu klagen berechtigt war und die Klage auf Scheidung oder auf Aufhebung der ehelichen Gemeinschaft erhoben hatte. Die Vorschrift dient zum Ersatze der künftig wegfallenden Bestimmungen, die den Erben des unschuldigen Ehegatten gestatten, einen bei dessen Tode anhängigen Scheidungsprozeß wegen der Schuldfrage und der sich daran knüpfenden vermögensrechtlichen Wirkungen fortzusetzen (ALR. II. 1 §§ 827 ff.; v. Scholtz Bd. 2 S. 41; EG. z. BGB. Art. 201; CPO. § 628)." Begr. S. 85.

§ 3. Bei der gesetzlichen Erbfolge kann der überlebende Ehegatte bis zum Ablaufe der im Bürgerlichen Gesetzbuche vorgeschriebenen Ausschlagungsfrist statt der Rechte, die ihm nach den bisherigen Gesetzen zustehen, die Erbfolge nach dem Bürgerlichen Gesetzbuche wählen.

Die Wahl erfolgt durch Erklärung gegenüber dem Nachlaßgerichte; die Erklärung ist in öffentlich beglaubigter Form abzugeben.

---

§ 3.

1. Die Aufrechterhaltung des bisherigen statutarischen Erbrechts (Art. 46 § 2) soll nur dem Interesse des überlebenden Ehegatten dienen. In nicht wenigen Fällen ist aber das gesetzliche Erbrecht des BGB. für den Ehegatten günstiger, als das statutarische Erbrecht, „welches stets durch die Einwerfung des eigenen Vermögens bedingt und, abgesehen von den in Kottbus, Züllichau und Crossen geltenden besonderen Bestimmungen, sogar in Ermangelung erbberechtigter Verwandten des verstorbenen Ehegatten auf die Hälfte des gemeinschaftlichen Vermögens beschränkt ist" (Begr. S. 84 f.). Der § 3 giebt daher, wie es für Ehen mit Märkischem Güterrechte schon einmal im § 5 des Ges. v. 22. Mai 1874 (GS. S. 183) geschehen ist, dem überlebenden Ehegatten bei der gesetzlichen Erbfolge das Wahlrecht zwischen der Erbfolge nach dem alten und dem neuen Rechte.

2. Bezüglich dieses Wahlrechts ist auf das oben S. 152 in der Anm. VI Nr. 5 zu Art. 44—67 Bemerkte zu verweisen.

Dasselbe kann nur innerhalb der Ausschlagungsfrist des BGB. ausgeübt werden. Diese Frist beträgt sechs Wochen oder, wenn der Erblasser seinen letzten Wohnsitz nur im Auslande (einschließlich des deutschen Schutzgebietes, siehe Planck Anm. 2 zu § 1944) gehabt hat oder wenn sich der Erbe bei dem Beginne der Frist im Auslande aufhält, sechs Monate; sie beginnt mit dem Zeitpunkt, in welchem der Erbe von dem Anfall und dem Grunde der Berufung Kenntniß erlangt; auf den Lauf der Frist finden die für die Verjährung geltenden Vorschriften der §§ 203, 206 BGB. entsprechende Anwendung (§ 1944 BGB.).

3. Die Wahl erfolgt, wie die Ausschlagung der Erbschaft nach § 1945 Abs. 1 BGB., durch die Erklärung des Erben gegenüber dem Nachlaßgericht, daß er die Erbfolge nach dem BGB. wähle.

Nachlaßgericht ist das Amtsgericht; die örtliche Zuständigkeit desselben bestimmt sich regelmäßig nach dem Wohnsitze, in Ermangelung eines inländischen (deutschen) Wohnsitzes, nach dem Aufenthalte den der Erblasser zur Zeit des Erbfalls hatte; s. Näheres §§ 72, 73 des Reichsges. über die Angel. der freiw. Gerichtsbark. Die gegenüber einem örtlich unzuständigen Nachlaßgerichte abgegebene Erklärung ist unwirksam; indessen kann das örtlich unzuständige Gericht, zumal wenn die Ausschlagungsfrist abzulaufen droht, ex nobili officio seinerseits die Erklärung dem zuständigen Nachlaßgericht übermitteln (Planck Anm. 1 zu § 1945 BGB.).

Die Erklärung wird, wenn sie nicht vor dem Nachlaßgerichte zu Protokoll erfolgt (siehe folg. Abs.), in dem Zeitpunkte wirksam, in welchem sie dem

§ 4. Das Nachlaßgericht hat dem überlebenden Ehegatten auf Antrag eines Miterben eine Frist zur Erklärung darüber zu bestimmen, ob er die statutarische Portion oder die Rücknahme des eigenen Vermögens wähle.

Die Frist soll mindestens einen Monat, höchstens drei Monate betragen. Sie beginnt mit der Zustellung des Beschlusses, durch den

---

Nachlaßgerichte zugeht, es sei denn, daß dem Nachlaßgericht vorher oder gleichzeitig ein Widerruf zugeht. Auf die Wirksamkeit der Erklärung ist es ohne Einfluß, wenn der Erklärende nach der Abgabe der Erklärung stirbt oder geschäftsunfähig wird. § 130 BGB.

Die Erklärung bedarf der öffentlich beglaubigten Form. Die öffentliche Beglaubigung wird durch die gerichtliche oder notarielle Beurkundung ersetzt (BGB. § 129 Abs. 2). Giebt der Wählende die Erklärung vor dem Nachlaßgerichte ab, so genügt die Protokollirung der Erklärung. Vergl. Planck a. a. O.

Ueber die Form der öffentlichen Beglaubigung siehe § 129 BGB., § 183 d. RGes. über die Angel. der freiw. Gerichtsbark., Art. 1152 Preuß. Ges. über die freiw. Gerichtsbarkeit.

Zuständig für die Beglaubigung sind die Amtsgerichte und die Notare (§ 167 Abs. 2 des RGes. über die Angel. der freiw. Gerichtsbark., Art. 31 des Preuß. Ges. über die freiw. Gerichtsbark.), ferner die in den Art. 115, 111, 122, 123 des Preuß. Ges. über die freiw. Gerichtsbark. bezeichneten Ortsbehörden bezw. Ortsgerichte (vergl. oben S. 32, Anm.) Im Falle der Unterzeichnung mittelst Handzeichens ist gerichtliche oder notarielle Beglaubigung erforderlich (§ 129 Abs. 1 BGB.).

Telegraphische Uebermittelung der Erklärung an das Nachlaßgericht genügt nicht. Planck a. a. O.

4. Die Ausübung der Wahl enthält zugleich die Erklärung der Annahme der Erbschaft; der Ehegatte kann daher nach der Wahl die Erbschaft nicht mehr ausschlagen. § 1943 BGB.

5. Macht der Ehegatte von dem Wahlrechte keinen Gebrauch, giebt er also innerhalb der Ausschlagungsfrist die erforderliche Erklärung nicht ab, so bestimmt sich, falls er die Erbschaft nicht rechtzeitig ausgeschlagen hat, die Erbfolge nach dem bisherigen Rechte; insbesondere greift nun noch das statutarische Wahlrecht (Anm. 1 Abs. 3 zu § 2, oben S. 166, ferner § 4) Platz.

§ 4.

Der § 4 bezieht sich auf die Ausübung des statutarischen Wahlrechtes (Abs. 3 der Anm. 1 zu § 2).

Die Begr. S. 85 bemerkt:

„Verzögert der überlebende Ehegatte die Wahl zwischen der statutarischen Portion und der Rücknahme des eigenen Vermögens, so können nach jetzigem Rechte die Miterben ihm durch den Prozeßrichter eine Frist zur Erklärung setzen lassen, nach deren fruchtlosem Ablaufe das Wahlrecht auf die Miterben übergeht (v. Scholtz Bd. 2 S. 233; Märcker, Nachlaßbehandlung 13. Aufl. S. 149). Der § 4 ändert diese Vorschrift im Interesse der Vereinfachung dahin ab, daß

sie bestimmt wird. Sie endigt nicht vor dem Ablaufe der Ausschlagungsfrist.

Die Wahl ist nach Maßgabe des § 3 Abs. 2 zu erklären. Erklärt sich der Ehegatte nicht vor dem Ablaufe der Frist, so geht das Wahlrecht auf die Miterben über. Der Ehegatte ist auf diese Folge in dem Beschlusse hinzuweisen.

Die Fristbestimmung ist unwirksam, wenn der Ehegatte die im § 3 bezeichnete Erklärung rechtzeitig abgiebt.

§ 5. Soweit der überlebende Ehegatte die ihm nach den bisherigen Gesetzen zustehenden Rechte auch gegenüber einer von dem verstorbenen Ehegatten getroffenen Verfügung von Todeswegen geltend machen kann, finden die Vorschriften des § 4 Abs. 1—3 entsprechende Anwendung.

---

für die Fristbestimmung das Nachlaßgericht zuständig ist. Die Fristbestimmung ist künftig zwar nur für den Fall von Bedeutung, daß der Ehegatte nicht rechtzeitig die Erbfolge nach dem BGB. wählt. Indessen erscheint es zweckmäßig, daß die Fristbestimmung ohne sachliche Prüfung auf bloßen Antrag eines Miterben erfolgt und daß nur an die rechtzeitige Wahl der Erbfolge nach neuem Rechte die Unwirksamkeit der Bestimmung geknüpft wird."

§ 5.

Die Begründung S. 85 führt aus:

„Anlangend die Fälle der testamentarischen Erbfolge, so besteht, wenn der überlebende Ehegatte selbst als Erbe eingesetzt ist, eine besondere erbrechtliche Wirkung des Güterstandes jetzt darin, daß der Ueberlebende zunächst immer als Erbe nach dem Statut angesehen wird, mithin ohne Rücksicht auf das Testament, auch wenn dieses ein wechselseitiges ist, das statutarische Wahlrecht hat. Künftig findet in dem bezeichneten Falle die Vorschrift des § 1948 Abs. 1 des BGB. Anwendung, derzufolge ein durch Testament eingesetzter gesetzlicher Erbe die Erbschaft als eingesetzter Erbe ausschlagen und als gesetzlicher Erbe annehmen kann. Macht der Märkische Ehegatte von dieser Befugniß Gebrauch, so gelten für die gesetzliche Erbfolge die Vorschriften des Entwurfes. Nicht minder steht das statutarische Erbrecht dem Märkischen Ehegatten gegenüber einem Testamente zu, durch welches ein Anderer als Erbe eingesetzt ist, sofern nicht dem Ehegatten gegenüber ein Enterbungsgrund vorliegt; es hat insofern die Natur eines Pflichttheilsrechtes (Korn S. 194ff.) und bleibt auch in dieser Beziehung nach Art. 45 § 2 des Entwurfes [Art. 46 § 2 des Gesetzes] bestehen, jedoch mit der im § 5 bestimmten Maßgabe, daß den Miterben das Recht beigelegt wird, dem Ehegatten, falls er mit der Ausübung seines Wahlrechts zögert, durch das Nachlaßgericht, mit der gleichen Wirkung wie bei der gesetzlichen Erbfolge, eine Frist setzen zu lassen. Die Enterbungsgründe bestimmen sich künftig nach § 2335 des BGB., dessen entsprechende Anwendbarkeit durch Art 58 § 7 des Entwurfes [Art. 59 § 7 des Gesetzes] außer Zweifel gestellt wird.

Liegt ein Erbvertrag zwischen den Ehegatten vor, so ist das statutarische Erbrecht des Ueberlebenden ausgeschlossen. Für diesen Fall kennt also das bis-

Artikel 47.

§ 1. Besteht für eine Ehe der gesetzliche Güterstand der all=

---

herige Recht keine erbrechtliche Wirkung des Güterstandes; es finden daher künftig die Vorschriften des neuen Rechtes Anwendung (vergl. aber Art. 214 des EG. z. BGB.)."

Artikel 47. § 1.

A. Zu § 1 Abs. 1. 1. „Die **allgemeine Gütergemeinschaft des Allgemeinen Landrechts** gilt als gesetzliches Güterrecht für alle Ehen in der Provinz Posen und in einigen zu dieser gehörig gewesenen Orten der Provinz Brandenburg sowie für die nach dem 1. Oktober 1865 geschlossenen Ehen in den Pommerschen Kreisen Lauenburg und Bütow und den früher zu Westpreußen gehörig gewesenen Orten der Kreise Belgard, Dramburg und Neustettin, ferner für nicht adelige Ehen im Geltungsgebiete des Westpreußischen und des Ostpreußischen Provinzialrechts, nach letzterem mit einigen Besonderheiten." Begr. S. 86.

Der Art. 47 leitet die beim Inkrafttreten des BGB. in Preußen bestehenden Ehen mit dem gesetzlichen Güterstande der allgemeinen Gütergemeinschaft nach dem ALR. mit den Aenderungen der §§ 2—4 in die allgemeine Gütergemeinschaft des Bürgerlichen Gesetzbuchs (§§ 1437—1518) über.

Die Ueberleitung erfolgt nach Art. 44, 47 § 1 Abs. 1 regelmäßig mit dem Inkrafttreten des BGB.; einen besonderen Fall sieht der Art. 47 § 1 Abs. 2 vor (siehe darüber die Anm. B).

2. Die Einwirkung der Ueberleitung des Güterstandes der allgemeinen Gütergemeinschaft nach dem ALR. in denjenigen der allgemeinen Gütergemeinschaft nach dem BGB. ergiebt sich im Wesentlichen aus folgender Vergleichung.

I. In Bezug auf die Grundauffassung der Gütergemeinschaft stimmt das BGB. (§§ 1438, 1442) mit dem bisherigen Rechte überein (ALR. II. 1 §§ 361, 363, 365—367, 371, 372, I. 16 § 340; Eigenthumserwerbsgesetz § 5; Grundbuchordnung § 5; Rehbein, Entsch. Bd. 4 S. 190ff.). Das zur Zeit der Ueberleitung vorhandene gemeinschaftliche Vermögen wird daher von dieser Zeit an als Gesammtgut behandelt (Art. 59 § 1 Abs. 1). Begr. S. 86.

Die Gegenstände, die nicht durch Rechtsgeschäft übertragen werden können, sind künftig wie bisher vom Gesammtgut ausgeschlossen; die Nutzungen gehören zum Gesammtgute (ALR. II. 1 §§ 363, 370, 372; BGB. § 1439). Auch die zur Zeit der Ueberleitung vorhandenen Gegenstände dieser Art unterliegen künftig den näheren Vorschriften der §§ 1439, 1525ff. BGB., welche eine Lücke des bisherigen Rechtes ausfüllen (Art. 59 § 1 Abs. 2). Begr. S. 87.

Von der Gemeinschaft gesetzlich ausgeschlossen sind nach dem ALR. II. 1 § 364 ferner die nothwendigen Kleidungsstücke der Frau. Diese Vorschrift ist dem Reichsrechte fremd (§ 1438 BGB.) und im Hinblick darauf, daß die Frau durch die Unterhaltspflicht des Mannes (§§ 1360, 1361 BGB.), die Unpfändbarkeit der unentbehrlichen Kleidungsstücke (§ 811 Nr. 1 CPO.) und die Vorschrift des

gemeinen Gütergemeinschaft nach dem Allgemeinen Landrechte, so treten

---

§ 1477 Abs. 2 des BGB. hinlänglich geschützt ist, auch hinsichtlich der bei der Ueberleitung bestehenden Ehen für die Zukunft beseitigt. Dagegen bleiben die bei der Ueberleitung vorhandenen Stücke auch fernerhin von dem Gesammtgut ausgeschlossen und werden nach Art. 59 § 1 Abs. 1 Vorbehaltsgut der Frau. Begr. a. a. O.

„Inwieweit schon jetzt durch Ehevertrag oder Bestimmung des Zuwenders einzelne Gegenstände von der Gemeinschaft ausgeschlossen werden können, ist nicht unzweifelhaft (Eccius, Preuß. Privatrecht, 7. Aufl. Bd. 4 S. 71, Dernburg Bd. 3 § 35 Anm. 15, Rehbein, Entsch. Bd. 4 S. 186 Anm.; ALR. II. 1 § 373, Entsch. d. Ob. Trib. Bd. 26 S. 344 ff., Entsch. d. Reichsgerichts Jurist. Wochenschrift 1886 S. 124 Nr. 52, Entsch. d. Reichsgerichts Bd. 24 S. 241 ff.)." Soweit aber solche Gegenstände vorhanden sind, werden sie Vorbehaltsgut im Sinne des BGB. (Art. 59 § 1 Abs. 1). Begr. S. 87.

„Auch die Ausdehnung der Vorbehaltseigenschaft auf Gegenstände, die an die Stelle von Vorbehaltsgut treten (BGB. § 1440 Abs. 2, § 1370), ist schon dem bisherigen Rechte bekannt (Eccius a. a. O.)." Begr. a. a. O.

„Bezüglich der Wirksamkeit der Vorbehaltseigenschaft gegenüber Dritten bewendet es für das vorhandene Vorbehaltsgut auch hier bei den bisherigen Vorschriften (Entw. Art. 58 § 9 Abs. 1)." Begr. a. a. O.

II. „Die Verwaltung des Gesammtguts steht, wie bisher, so auch künftig dem Manne allein zu (ALR. II. 1 §§ 377, 380; BGB. § 1443).

Bezüglich der Ausnahmen besteht insofern Uebereinstimmung, als der Mann schon jetzt nicht ohne Einwilligung der Frau über das Gesammtgut im Ganzen verfügen oder Grundstücke oder Gerechtigkeiten verpfänden oder veräußern kann (Entsch. d. Ob. Trib. Bd. 57 S. 144, Rehbein, Entsch. Bd. 4 Nr. 318v, S. 199 Anm., ALR. II. 1 § 378; BGB. §§ 1444, 1445 [ferner Art. 40 d. G.]). Das BGB. geht hier nur darin über das jetzige Recht hinaus, daß es zu jeder Verfügung über ein Grundstück, also auch zur Belastung mit einer Grundgerechtigkeit oder einer Reallast, die Einwilligung der Frau erfordert." Begr. S. 87. Wegen der Aufrechthaltung einer landrechtlichen Besonderheit in Bezug auf Kapitalien siehe § 2 d. Art. und die zugehörige Anm.

„In Bezug auf Schenkungen aus dem Gesammtgut unterscheiden sich das alte und das neue Recht dadurch, daß nach ersterem die ohne Einwilligung der Frau gemachten Schenkungen von der Frau nur unter bestimmten Voraussetzungen widerrufen werden können und, falls die Frau sie nicht widerruft, dem Manne bei der Auseinandersetzung auf seinen Antheil angerechnet werden, während nach dem neuen Rechte Schenkungen regelmäßig zu ihrer Wirksamkeit der Einwilligung der Frau bedürfen (ALR. II. 1 §§ 381—383; BGB. §§ 1446). Die neuen Vorschriften bieten somit vollkommenen Ersatz für die bisherigen und verdienen, aus dem Gesichtspunkte des Schutzes der Frau betrachtet, den Vorzug." Begr. S. 87.

Neben den vorerwähnten besonderen Beschränkungen des Verfügungsrechtes des Mannes giebt das Landrecht der Frau allgemein das Recht, gegen jede vom Manne beabsichtigte Verfügung gegenüber dem Dritten, mit dem dieselbe vollzogen werden soll, mit der Wirkung Widerspruch zu erheben, daß

an die Stelle der bisherigen Gesetze die Vorschriften des Bürgerlichen Gesetzbuchs über die allgemeine Gütergemeinschaft.

---

die Ergänzung ihrer Einwilligung durch das Vormundschaftsgericht abgewartet werden muß (II. 1 § 387). Diese Vorschrift ist, wie die Begr. S. 88 bemerkt, grundsätzlich bedenklich, weil sie das Verwaltungsrecht des Mannes übermäßig beschränkt, und praktisch für die Frau kaum von Werth, da diese in der Regel nicht in der Lage sein wird, ihren Widerspruch rechtzeitig zu erklären; aus diesen Gründen ist sie auch für die bestehenden Ehen beseitigt.

„Die zu einem Rechtsgeschäft erforderliche Zustimmung der Frau kann unter wesentlich gleichen Voraussetzungen wie bisher durch das Vormundschaftsgericht ersetzt werden (ALR. II. 1 § 388; BGB. § 1447)." Begr. S. 88.

Die Beschränkungen des Mannes in Bezug auf die Prozeßführung über Gesammtgut (AGO. I. 1 § 23) kommen in Wegfall; nur für anhängige Sachen gelten sie weiter (Art. 59 § 6). Die Begr. S. 88 bemerkt hierüber:

„Das Verwaltungsrecht des Mannes schließt nach § 1443 Abs. 1 Satz 2 BGB. das unbeschränkte Recht in sich, Rechtsstreitigkeiten, die sich auf das Gesammtgut beziehen, im eigenen Namen zu führen, unbeschadet des Erfordernisses der Einwilligung der Frau zu einem den Rechtsstreit erledigenden Rechtsgeschäft (Vergleich, Verzicht, Anerkenntniß), sofern das Rechtsgeschäft außerhalb des Prozesses der Einwilligung bedarf (Mot. z. BGB. Bd. 4 S. 360). Abweichend hiervon verlangt das bisherige Recht die Zuziehung der Frau zu Rechtsstreitigkeiten über ein von ihr eingebrachtes Grundstück, eine solche Gerechtigkeit oder ein auf den Namen der Frau, ihres Erblassers oder Geschenkgebers oder beider Ehegatten geschriebenes Kapital (AGO. I. 1 § 23). Auch diese Vorschrift kann, abgesehen von anhängigen Sachen [Art. 59 § 6], ohne Nachtheil für die Frau durch die Bestimmung des neuen Rechtes ersetzt werden".

III. Ueber die Rechtsstellung der Frau enthält die Begr. S. 88 folgende Ausführungen:

„Anlangend die Rechtsstellung der Frau, so kommt die bisherige Beschränkung ihrer Geschäftsfähigkeit (ALR. II. 1 § 389, Rehbein, Entsch. Bd. 4 S. 79—81 Anm.) in Folge der Ueberleitung in Wegfall; soweit sie zum Schutze der Rechte des Mannes dienen soll, ist sie mit Rücksicht auf das ausschließliche Verwaltungsrecht des Mannes und die Bestimmungen über die Haftung des Gesammtguts für Schulden der Frau entbehrlich.

Die Vorschriften der §§ 1449—1454 über die Ausnahmefälle, in denen die Frau ohne die Zustimmung des Mannes oder mit der durch das Vormundschaftsgericht ergänzten Zustimmung mit Beziehung auf und mit Wirkung für das Gesammtgut Rechtsstreitigkeiten führen und Rechtsgeschäfte vornehmen kann, enthalten nur wenige Abweichungen vom bisherigen Rechte (vergl. zu § 1449 Rehbein Entsch. Bd. 4 S. 229 Anm. unter b, zu § 1450 die §§ 389, 325 bis 327, 202—204 ALR. II. 1 und Rehbein, Bd. 4 Nr. 308b, 308d S. 69, 70 Anm., zu § 1452 HGB. Art. 7—9, Gew.-O. § 11 Abs. 2, ALR. II. 1 §§ 389, 335, 336, zu § 1454 Eccius Bd. 4 § 208 Anm. 26, § 209 Anm. 51).

Neu ist, daß der Einspruch des Mannes gegen den Betrieb eines Erwerbsgeschäfts durch die Frau und der Widerruf seiner Einwilligung zu dem Betriebe zur Wirksamkeit gegenüber gutgläubigen Dritten der Eintragung in das

Tritt für die Ehe nach den Bestimmungen des Allgemeinen Land-

---

Güterrechtsregister bedürfen; diese Vorschrift soll aber nicht in Folge der Ueberleitung für einen früher erklärten Einspruch oder Widerruf anwendbar werden" (Begr. S. 88). Vergl. Art. 59 § 9 Abs. 2 Satz 2.

„Dem bisherigen Rechte unbekannt ist auch die selbständige Befugniß der Frau zur Ausschlagung einer Erbschaft und zu den sonstigen in § 1453 des BGB. erwähnten Rechtshandlungen" (Begr. a. a. O.).

„Die §§ 1455 [Bereicherung des Gesammtguts], 1458 [ehelicher Aufwand] stimmen mit dem jetzigen Rechte grundsätzlich überein (vergl. zu § 1455 Rehbein, Entsch. Bd. 4 Nr. 315 f., Entsch. des Reichsgerichts Bd. 23 S. 276 ff.)". Begr. S. 89.

IV. Ueber die Schuldenhaftung bemerkt die Begr. S. 89 f.: „Bezüglich der Schuldenhaftung besteht insoweit Uebereinstimmung, daß das Gesammtgut für alle Schulden des Mannes mit Ausnahme gewisser während der Gütergemeinschaft entstandener Schulden und für die Schulden der Frau haftet (ALR. II. 1 §§ 380, 391, Rehbein, Entsch. Bd. 4 Nr. 308 ff., Striethorst Arch. Bd. 45 S. 48, Entsch. d. Reichsgerichts Bd. 23 S. 185). Das Landrecht schränkt die Haftung jedoch zwiefach ein." (Begr. S. 89.) Vergl. über diese Einschränkungen den § 2 dieses Artikels und die Anmerkung dazu.

„Theilweise neu ist die im § 1459 Abs. 2 BGB. bestimmte persönliche Haftung des Mannes für Verbindlichkeiten der Frau, die Gesammtgutsverbindlichkeiten sind, d. h. für alle Verbindlichkeiten der Frau, mit Ausnahme derjenigen aus einem ohne die erforderliche Zustimmung des Mannes vorgenommenen Rechtsgeschäfte (§ 1460 Abs. 1) und der in den §§ 1461, 1462 bezeichneten mit dem Vorbehaltsgute der Frau zusammenhängenden Verbindlichkeiten. Gegenwärtig haftet der Mann nur für solche während der Ehe entstandenen Verbindlichkeiten der Frau persönlich, welche sie mit seiner Genehmigung eingegangen ist, ohne daß er bei deren Ertheilung die Haftung ausdrücklich ausgeschlossen hatte, oder welche aus einem von der Frau betriebenen Gewerbe herrühren, dessen Einkünfte die Frau sich nicht ausdrücklich vorbehalten hat (ALR. II. 1 §§ 389, 329, 337). Indessen erscheint die Einführung der weitergehenden persönlichen Haftung des Mannes für künftig entstehende Verbindlichkeiten der Frau auch in den bestehenden Ehen nicht bedenklich.

Denn die persönliche Haftung erlischt bezüglich der in den §§ 1463—1465 des BGB. bezeichneten Verbindlichkeiten, die im Verhältnisse der Ehegatten zu einander nicht dem Gesammtgute, sondern der Frau zur Last fallen, insbesondere der Verbindlichkeiten aus einer unerlaubten Handlung oder aus einem Strafverfahren, mit der Beendigung der Gütergemeinschaft und der Mann kann, wenn das Gesammtgut in Folge derartiger Verbindlichkeiten in einem seinen späteren Erwerb erheblich gefährdenden Maße überschuldet ist, nach § 1469 auf Aufhebung der Gütergemeinschaft klagen. Das neue Recht bietet also, soweit die Erweiterung der Haftung für künftige Schulden in Betracht kommt, dem Manne ausreichenden Schutz. In Betreff der vorehelichen und der sonstigen vor dem Inkrafttreten des BGB. entstandenen Schulden der Frau bewendet es selbstverständlich bei dem bisherigen Rechte (Entw. Art. 58 § 3). Die schon erwähnten §§ 1460—1465 enthalten ebenso wie die §§ 1466, 1467 nur geringe Ab-

rechts Theil II Titel 18 §§ 782 ff. der bezeichnete Güterstand erst zu

---

weichungen vom bisherigen Rechte, welches übrigens nur über wenige der einschlägigen Fragen ausdrückliche Bestimmungen trifft (vergl. zu § 1463 Nr. 1 die §§ 385, 390 II. 1 ALR.)." Begr. S. 89.

„Theilweise neu — so fährt die Begr. fort — sind die Vorschriften über die Haftung des Gesammtgutes für die Kosten eines Rechtsstreits der Frau, namentlich insoweit, als danach das Gesammtgut dem Gläubiger selbst dann haftet, wenn das Urtheil dem Gesammtgute gegenüber nicht wirksam ist (§ 1460 Abs. 2, § 1463 Nr. 3, § 1464); die Einführung der betreffenden Vorschriften empfiehlt sich aber schon zur Vermeidung einer Lücke, da die bisher in Betracht kommenden Bestimmungen des ALR. II. 1 §§ 187 ff., wie schon erwähnt [siehe Anm. 2 Nr. IId zu Art. 45 § 1, oben S. 160], außer Kraft treten. Auch die zum Theil neuen Vorschriften des § 1465 über die Haftung des Gesammtguts für eine Ausstattung sind zur Ausschließung von Zweifeln zweckmäßig einzuführen."

V. Was die Gründe für die Beendigung der Gütergemeinschaft betrifft, so ist künftig die Aufhebung durch Ehevertrag in Abweichung vom jetzigen Rechte (ALR. II. 1 §§ 413, 417, 418) unbeschränkt statthaft (EG. z. BGB. Art. 200 Abs. 2). Für den Aufhebungsvertrag gelten die Vorschriften der §§ 1434—1437 BGB.; Begr. S. 86, 90. Wegen der etwa nothwendig werdenden Eintragung in das Güterrechtsregister s. BGB. §§ 1435, 1436; Art. 59 § 9 Abs. 2 d. Ges.

Die Aufhebung durch Urtheil nach Maßgabe der §§ 1468—1470 BGB. ist dem Landrechte fremd. „Indessen sind die Voraussetzungen, unter denen die Frau auf Aufhebung klagen kann, im § 1468 so bestimmt, daß durch die Ausdehnung der Vorschrift auf die bestehenden Ehen dem Manne nicht zu nahe getreten, der Frau aber ein werthvoller Schutz gewährt wird..... Die im § 1469 anerkannte Befugniß des Mannes, auf Aufhebung der Gütergemeinschaft zu klagen, dient, wie schon bemerkt [siehe in Anm. 4, oben S. 000], zur nothwendigen Ergänzung der Vorschrift des § 1459 Abs. 2, über die persönliche Haftung des Mannes für Verbindlichkeiten der Frau." Begr. S. 90.

Die landrechtliche Vorschrift, nach welcher im Falle der Eröffnung des Konkurses über das Vermögen des einen Ehegatten der andere von der Gemeinschaft für die Zukunft abgehen kann (§ 421 II. 1), ist nicht aufrecht erhalten, da für sie neben den Bestimmungen des § 1468 Nr. 5 und des § 1469 kein Bedürfniß mehr besteht. Begr. S. 90.

Dagegen ist die Vorschrift des § 420 ALR. II. 1 aufrecht erhalten (§ 2 Nr. 2 dieses Artikels) und die Nichtbeachtung der Vorschrift des § 379 a. a. O. zu einem Grunde zur Klage auf Aufhebung der Gütergemeinschaft erhoben (§ 2 Nr. 1 dieses Artikels). Begr. S. 90.

VI. a) „In Bezug auf die nach der Beendigung der Gütergemeinschaft vorzunehmende Auseinandersetzung hat, — so führt die Begr. aus — das Landrecht nur Vorschriften für die Fälle der Beendigung durch Tod oder Scheidung. Das BGB. trifft dagegen in den §§ 1471—1481 allgemeine Bestimmungen über das Rechtsverhältniß nach der Beendigung der Güter-

einer späteren Zeit ein, so gilt die Vorschrift des Abs. 1 von dieser Zeit an.

---

gemeinschaft bis zur Auseinandersetzung, die Art der letzteren und die Haftung der Ehegatten für die Gesammtverbindlichkeiten nach der Auseinandersetzung.

Diese Bestimmungen müssen in den neu eingeführten Fällen der Beendigung durch Urtheil auch für die bestehenden Ehen gelten. Ebensowenig unterliegt ihre Anwendung in den Fällen der Beendigung durch Ehevertrag oder auf einseitigen Antrag eines Ehegatten wegen vorehelicher Schulden des anderen Ehegatten (siehe § 2 Nr. 2 des Art. und Anm. dazu) einem Bedenken". (Begr. S. 91).

„Die für den Fall der Scheidung geltenden bisherigen Vorschriften (ALR. II. 1 §§ 755 ff., 811 ff.) erleiden schon reichsgesetzlich dadurch wesentliche Aenderungen, daß nach Art. 201 Abs. 1 des EG. z. BGB. die Scheidung vom Inkrafttreten des letzteren an nach dessen Vorschriften erfolgt; mithin verlieren die Bestimmungen über die dem unschuldigen Theile gebührende Abfindung auch für die bestehenden Ehen ihre Geltung und nur die Vorschriften über die Vermögensauseinandersetzung bleiben in Kraft (Mot. zum EG. S. 290). Wenn das Landrecht in ersterer Hinsicht unterscheidet, ob kein Theil oder ob ein Theil für den schuldigen erklärt worden ist, so paßt diese Unterscheidung nicht zu der künftig maßgebenden Vorschrift des § 1574 des BGB., der zufolge außer dem Falle der Scheidung wegen Geisteskrankheit entweder der beklagte Ehegatte allein oder beide Ehegatten für schuldig zu erklären sind; das BGB. berücksichtigt dagegen die verschiedenen nach § 1574 in Betracht kommenden Fälle der Scheidung durch die besondere Vorschrift des § 1478. Sofern nicht eine Scheidungsklage bei dem Inkrafttreten des BGB. schon anhängig ist, kann ein schutzwürdiges Interesse der Ehegatten an der fortdauernden Geltung der jetzigen Vorschriften nicht anerkannt werden. Es empfiehlt sich daher auch für den Fall der Scheidung die Einführung des neuen Rechtes." Begr. S. 91. — Wegen der anhängigen Scheidungssachen siehe Art. 59 § 6.

b) Anlangend den Fall der Auflösung der Ehe durch den Tod eines Ehegatten, so weicht hier das neue Recht vom alten vor Allem darin ab, daß, während nach diesem die Gütergemeinschaft durch den Tod stets endigt, nach dem BGB. die gleiche Folge nur bei unbeerbter Ehe eintritt, bei beerbter Ehe dagegen die Gütergemeinschaft zwischen dem überlebenden Ehegatten und den gemeinschaftlichen Abkömmlingen, die im Falle der gesetzlichen Erbfolge als Erben berufen sind, fortgesetzt wird (ALR. II. 1 § 634; BGB. §§ 1482, 1483). Das vorliegende Gesetz läßt die fortgesetzte Gütergemeinschaft nur eintreten, wenn sie durch Ehevertrag vereinbart ist; siehe darüber § 4 dieses Artikels und die Anm. dazu.

Tritt keine fortgesetzte Gütergemeinschaft ein, so erfolgt nach dem Tode eines Ehegatten die Theilung und die Erbfolge nach dem neuen Rechte (§§ 1482, 1484 Abs. 3, §§ 1510, 1931 f., § 2302 Abs. 2). Die Begr. S. 91 ff. enthält darüber folgende Ausführungen:

„Im Uebrigen [d. h. abgesehen von dem Falle, daß die Gütergemeinschaft fortgesetzt wird], fragt es sich, ob für den Fall des Todes eines Ehegatten die bisherigen Vorschriften oder die Bestimmungen gelten sollen, die nach dem

BGB. bei unbeerbter Ehe dann Anwendung finden, wenn der überlebende Ehegatte die Fortsetzung der Gütergemeinschaft ablehnt oder wenn sie durch Ehevertrag oder Testament ausgeschlossen ist (§ 1484 Abs. 3, § 1510). Der Entwurf entscheidet die Frage im Allgemeinen zu Gunsten der Anwendung des neuen Rechtes.

Soweit der verstorbene Ehegatte außer seinem Antheil am Gesammtgute Vermögen hinterläßt, erfolgt seine Beerbung schon jetzt nach den Vorschriften des „gemeinen Rechts" (§ 636 II. 1), mithin bei einem nach dem Inkrafttreten des BGB. eintretenden Erbfalle nach dessen Vorschriften (EG. Art. 213).

Bezüglich des Antheils des Verstorbenen am Gesammtgute besteht zwischen dem jetzigen und dem künftigen Rechte darin Uebereinstimmung, daß er zum Nachlasse des Verstorbenen gehört (ALR. II. 1 § 636; BGB. § 1482). Die Rechte des Ueberlebenden sind aber verschieden bestimmt.

Nach dem Landrechte muß er sich neben den nicht abgefundenen Abkömmlingen des Verstorbenen mit seiner Hälfte des gemeinschaftlichen Vermögens begnügen und erhält nur die zu seinem eigenen persönlichen Gebrauche bestimmten Kleidungsstücke, Betten und Leibwäsche als Voraus, wogegen die Kinder die entsprechenden, zum persönlichen Gebrauche des Verstorbenen bestimmt gewesenen Sachen als Voraus erhalten (§§ 639—641); nach dem Ostpreußischen Provinzialrechte (Zusatz 96 § 25) besteht das Voraus für die Wittwe sogar nur in ihrem besten Kleide, für den Wittwer in seinem besten Kleide und Waffen. Sind abgefundene Abkömmlinge vorhanden, so erhält der überlebende Ehegatte den ihm als gesetzlichen Erben zukommenden Erbtheil (§§ 370—374 II. 2). Mit anderen nahen Blutsverwandten des Verstorbenen theilt der Ueberlebende „nach eben den Verhältnissen, wie es bei der Erbfolge nach dem gemeinen Rechte vorgeschrieben ist (§§ 625, 626)"; er erhält also neben Verwandten in aufsteigender Linie, Geschwistern oder Geschwisterkindern ersten Grades ein Drittel, neben entfernteren Verwandten bis zum sechsten Grade die Hälfte von dem Antheile des Verstorbenen (§ 642) und in beiden Fällen außerdem neben den im § 640 bezeichneten Sachen alles Bett- und Tischzeug, das die Eheleute im gewöhnlichen Gebrauche gehabt haben, sowie Möbel und Hausrath, soweit sie nicht als Zubehör eines Grundstücks oder einer Gerechtigkeit anzusehen sind, als Voraus (§ 643) und den lebenslänglichen Nießbrauch des Gesammtguts (§ 645). Sind Verwandte des Verstorbenen bis zum sechsten Grade nicht vorhanden, so erbt der überlebende Ehegatte allein (§ 647). Als besondere Begünstigungen des letzteren in Ansehung der Auseinandersetzung kennt das Landrecht ferner ein Wahlrecht in Bezug auf Grundstücke und Gerechtigkeiten (§ 648), das dem Vater bei der Auseinandersetzung mit minderjährigen Kindern zustehende Recht zur Uebernahme eines Grundstücks unter dem sog. Surplusreservat (Anh. § 79), ein Wahlrecht bezüglich der Mobilien (§§ 649 bis 652) und die Befugniß, bis zur Auseinandersetzung im Besitz und in der Verwaltung des gemeinschaftlichen Vermögens zu bleiben (§ 656).

Nach dem Bürgerlichen Gesetzbuch erhält der überlebende Ehegatte dagegen von dem zum Nachlasse des verstorbenen gehörenden Antheil am Gesammtgute neben Abkömmlingen ein Viertheil, neben den Eltern des Erblassers und deren Abkömmlingen oder neben Großeltern des Erblassers die Hälfte und, wenn mit Großeltern Abkömmlinge von Großeltern zusammentreffen, auch noch den sonst den Abkömmlingen zustehenden Antheil an der anderen Hälfte sowie außer diesem Erbtheile die zum ehelichen Haushalte gehörenden Gegenstände, soweit sie nicht Zubehör eines Grundstücks sind, und die Hochzeitsgeschenke als Voraus; in allen übrigen Fällen ist der Ehegatte Alleinerbe (§§ 1931, 1932).

Es erscheint von vornherein nicht unzweifelhaft, ob die Rechte, die das Landrecht dem überlebenden Ehegatten „bei bestandener Gemeinschaft der Güter" einräumt, in dem Sinne erbrechtliche Wirkung des Güterstandes sind, daß sie nur für die Ehegatten, die in landrechtlicher Gütergemeinschaft gelebt haben, und unabhängig vom letzten Wohnsitze des Erblassers gelten. Jedenfalls erfahren die landrechtlichen Vorschriften unmittelbar kraft Reichsrechts insofern eine wesentliche Aenderung, als sich das Eigenthumserbrecht des überlebenden Ehegatten neben anderen nahen Blutsverwandten des verstorbenen als Kindern künftig nach den angeführten Vorschriften des BGB. bestimmen wird. Der Ehegatte wird hiernach in allen Fällen, wenn nicht Alleinerbe, so doch Miterbe zu einem größeren Bruchtheile als bisher. Würde ihm daneben auch der Nießbrauch an den Erbtheilen der Miterben belassen, so ergäbe sich eine weder dem jetzigen noch dem künftigen Rechte entsprechende Stellung des Ehegatten. Die Beseitigung des Nießbrauchs erscheint umsomehr gerechtfertigt, als er schon jetzt letztwillig beliebig entzogen werden kann und von der Reichsgesetzgebung aus gewichtigen Gründen abgelehnt worden ist (vergl. die Mot. z. BGB. Bd. 4 S. 422). Was ferner den Fall betrifft, daß neben dem überlebenden Ehegatten unabgefundene Abkömmlinge des verstorbenen vorhanden sind, so ist hier das neue Recht dem Ehegatten unbedingt günstiger, indem es ihm ein Erbrecht giebt, welches das jetzige Recht nicht kennt. Indessen wird es grundsätzlich keinem Bedenken begegnen können, wenn dem Ehegatten durch Landesgesetz die gleiche Verbesserung seiner erbrechtlichen Stellung zu Theil wird, welche für die bestehenden Ehen ohne besondere erbrechtliche Wirkung des Güterstandes schon das Reichsrecht dem überlebenden Ehegatten gewährt. Ein wohlerworbenes Recht der Kinder kommt, solange die Ehe besteht, nicht in Frage. Hinterläßt der verstorbene Ehegatte abgefundene Kinder, so bestimmen sich die Wirkungen des Erbverzichtsvertrags, falls er vor dem Inkrafttreten des BGB. abgeschlossen ist, nach den bisherigen Gesetzen (EG. Art. 217)."

c) Wie für die Erbfolge in den Antheil des verstorbenen Ehegatten künftig das neue Recht maßgebend ist, so treten auch für das Rechtsverhältniß bis zur Auseinandersetzung in Ansehung des Gesammtguts, die Art der Auseinandersetzung und die Haftung für die Gesammtgutsverbindlichkeiten nach derselben die reichsrechtlichen Vorschriften (BGB. §§ 1471 bis 1477, 1480, 1481) an die Stelle der landrechtlichen.

„Durch die Einführung des Grundsatzes, daß nach der Beendigung der Gütergemeinschaft die Auseinandersetzung in Ansehung des Gesammtguts stattfindet (§ 1471 Abs. 1), werden die Vorschriften beseitigt, die der Mutter oder dem Vater ein Recht geben, die Auseinandersetzung mit minderjährigen Kindern auszusetzen (ALR. II. 18 §§ 414—418); diese Vorschriften sind neben den Bestimmungen über die den Eltern kraft der elterlichen Gewalt zukommende Stellung entbehrlich und mit denselben nicht vereinbar (BGB. §§ 1626, 1627, 1647, § 1666 Abs. 2, §§ 1667, 1670, 1676—1681, 1684—1686).

Durch die letzterwähnten Bestimmungen wird dem überlebenden Ehegatten auch, falls er mit gemeinschaftlichen Abkömmlingen zusammen erbt, das Recht, bis zur Auseinandersetzung im Besitz und in der Verwaltung des gemeinschaftlichen Vermögens zu bleiben, gewahrt; im Uebrigen gebührt, abweichend vom ALR. II. 1 § 656, der Besitz und die Verwaltung des Gesammtguts künftig dem überlebenden Ehegatten und den Erben des verstorbenen gemeinschaftlich (BGB. § 1472 Abs. 1).

Die §§ 1473, 1475, 1476, der § 1477 Abs. 1 und der § 1480 des BGB. enthalten keine grundsätzliche Abweichung vom jetzigen Rechte (vergl. zu § 1473 Abs. 1 die §§ 654, 655, zu § 1476 Abs. 1 die §§ 637, 638, zu §§ 1480 den § 661 II. 1 ALR.). Begr. S. 93.

Das bisherige Recht des überlebenden Ehegatten zur Uebernahme von Grundstücken und die sonstigen ihm bisher eingeräumten Begünstigungen (s. oben S. 177 in der Anm. VIb) fallen, wie bei der landrechtlichen Verwaltungsgemeinschaft, von der Ausnahme im § 3 abgesehen, fort (vergl. Anm. 2 Nr. V, oben S. 163 zu Art. 45 § 1b). Dafür gewährt der § 1477 Abs. 2 des BGB. jedem Ehegatten oder den Erben des verstorbenen Ehegatten das Recht, die ausschließlich zu seinem persönlichen Gebrauche bestimmten Sachen und die Gegenstände, die er in die Gemeinschaft eingebracht oder während der Gütergemeinschaft durch Erbfolge, durch Vermächtniß oder mit Rücksicht auf ein künftiges Erbrecht, durch Schenkung oder als Ausstattung erworben hat, gegen Ersatz des Werthes zu übernehmen. Begr. S. 94.

VII. Im Zusammenhange mit der Regelung der allgemeinen Gütergemeinschaft als des ausschließlichen gesetzlichen Güterstandes innerhalb ihres jetzigen Geltungsgebiets trifft das bisherige Recht besondere Vorsorge für den Schutz gutgläubiger Dritter, indem es die Wirksamkeit der Ausschließung, der Aufhebung oder des Nichtbestehens der Gütergemeinschaft unter Ehegatten, die in jenem Gebiet ihren Wohnsitz haben, gutgläubigen Dritten gegenüber von der öffentlichen Bekanntmachung abhängig macht (ALR. II. 1 §§ 422, 426, 428 ff.; Gesetz v 20. März 1837 § 4; EG. z. HGB. Art. 20). Die betreffenden Vorschriften bleiben für die bestehenden Ehen im Allgemeinen auch nach der Ueberleitung in Kraft, so lange nicht die Ehegatten ihren Wohnsitz verlegen (Art. 59 § 9 Abs. 1, Art. 63). Eine Ausnahme ist nur in Betreff der Vorschriften des ALR. II. 1 §§ 352, 353, 425 im Art. 59 § 9 Abs. 1 gemacht. Begr. S. 94. Vergl. wegen der Ausnahme die Anmerkung zu Art. 59 § 1 Abs. 1.

B. Zu § 1 Abs. 2 erläutert die Begr. S. 86: „Ist in einer [beim Inkrafttreten des BGB.] bestehenden Ehe nach den §§ 782 ff. II 18 des ALR. die Gütergemeinschaft wegen Minderjährigkeit eines Ehegatten noch ausgesetzt, so kann sich auch die Ueberleitung erst mit dem Zeitpunkte vollziehen, mit welchem nach den bisherigen Vorschriften die Aussetzung endigt, d. h. spätestens wenn die Frau nicht binnen drei Monaten nach der Volljährigkeit, der Mann nicht im Termine zur Entlastung des Vormundes die Ausschließung der Gütergemeinschaft bestimmt (§§ 794, 790 a. a. O.; Entsch. des Ob.-Trib. Bd. 30 S. 123 ff.). Durch die Hinausschiebung der Ueberleitung (§ 1 Abs. 2) wird jede Beeinträchtigung des Bestimmungsrechts des volljährig gewordenen Ehegatten vermieden."

§ 2. Die Vorschriften des Allgemeinen Landrechts Theil II Titel 1 §§ 379, 386, 392—395, 420 bleiben mit folgenden Maßgaben in Kraft:

1. Auf die im § 379 bezeichneten Verfügungen finden die Vorschriften Anwendung, welche für die in den §§ 1444, 1445 des Bürgerlichen Gesetzbuchs bezeichneten Rechtsgeschäfte gelten.
2. Wird die Gütergemeinschaft auf Grund des § 420 aufgehoben, so gilt für die Zukunft Gütertrennung.

---

§ 2.

Der Art. 47 § 2 erhält einige Besonderheiten des Landrechts aufrecht, und zwar

1. den **§ 379 ALR. II. 1.** Dieser Paragraph beschränkt das Verfügungsrecht des Mannes, indem er mit Bezug auf denselben bestimmt:

Kapitalien, die auf den Namen der Frau, ihres Erblassers oder Geschenkgebers, oder auf den Namen beider Eheleute geschrieben sind, kann er ohne Bewilligung der Frau nicht aufkündigen oder einziehen.

Die Bestimmung bleibt mit der Maßgabe des § 2 Nr. 1 bestehen, derzufolge auf die im § 379 bezeichneten Verfügungen die Vorschriften Anwendung finden, welche für die in den §§ 1444, 1445 BGB. bezeichneten Rechtsgeschäfte gelten. Begr. S. 90. Darnach sind namentlich die Vorschriften der §§ 1447, 1448 BGB. über die Ersetzung der Zustimmung der Frau durch das Vormundschaftsgericht und über die nachträgliche Genehmigung der Frau anwendbar. Hat der Mann eine Verfügung der im § 379 gedachten Art ohne Zustimmung der Frau vorgenommen, und ist für die Zukunft eine erhebliche Gefährdung der Frau zu besorgen, so kann die Frau nach § 1468 Nr. 1 BGB. auf Aufhebung der Gütergemeinschaft klagen. Siehe ferner BGB. §§ 1449 (Rechtsverfolgung durch die Frau), 1455 (Bereicherung des Gesammtguts), 1456 (Verantwortlichkeit des Mannes).

2. die **§§ 386, 392—395** daselbst. In diesen Paragraphen ist die Haftung des Mannes — siehe Anm. 2 Nr. IV zu § 1 dieses Artikels, oben S. 174 — zwiefach eingeschränkt; nämlich

a) einerseits in dem § 386, welcher lautet:

Grundstücke und Gerechtigkeiten, welche die Frau in die Gemeinschaft gebracht hat, können wegen einseitiger Schulden des Mannes, die derselbe, bei erfolgender Auseinandersetzung, auf seinen Antheil sich anrechnen lassen müsste, nur alsdann angegriffen werden, wenn das übrige gemeinschaftliche Vermögen zu deren Bezahlung nicht hinreicht;

b) andererseits in den §§ 392—395, welche bestimmen:

§ 392. Hat jedoch ein Ehegatte mehr Schulden als Vermögen in die Gemeinschaft gebracht, so kann der andere innerhalb zweier Jahre, nach vollzogener Ehe, auf die Absonderung des Vermögens antragen.

§ 393. Alsdann können die Gläubiger, deren Forderungen vor der Heirath entstanden sind, nur an das abgesonderte Vermögen ihres eigentlichen Schuldners sich halten.

§ 394. Den während der Ehe gemachten Schulden hingegen bleibt auch in diesem Falle das gemeinschaftliche Vermögen verhaftet.

§ 3. Die Vorschriften über die Befugniß des überlebenden Ehegatten zur Uebernahme eines in die Landgüterrolle eingetragenen Landguts oder eines Anerbenguts bleiben unberührt.

---

§ 395. Ist die zweijährige Frist verstrichen, so kann selbst dem verschuldeten Ehegatten, oder dessen Erben, bei der Auseinandersetzung, wegen der vor der Ehe gemachten Schulden nichts angerechnet werden.

Diese Vorschriften bieten der Frau oder dem nicht überschuldeten Ehegatten einen wesentlichen Schutz und sind deshalb beibehalten. Die §§ 392—395 kommen ohnehin nur noch für eine kurze Zeit in Betracht. Auf welche künftige Schulden des Mannes der § 386 Anwendung findet, ergiebt sich aus § 1476 Abs. 2, §§ 1467, 1463, 1445 des BGB. Begr. S. 89.

3. Durch den Art. 47 § 2 ist endlich der **§ 420** ALR. II. 1 aufrecht erhalten, welcher in Bezug auf die Allgemeine Gütergemeinschaft bestimmt:

Auf den einseitigen Antrag des einen Ehegatten kann die Aufhebung der Gemeinschaft in dem Falle des § 392 ... erfolgen.

(Der § 392 ist in der Anm. 2 abgedruckt.)

Darnach kann jeder Ehegatte, wenn die vorehelichen Schulden des anderen Ehegatten das von diesem eingebrachte Vermögen übersteigen, innerhalb zweier Jahre nach der Eheschließung außer der Absonderung des Vermögens auch die Aufhebung der Gütergemeinschaft verlangen. Die Vorschrift hängt mit den gleichfalls beibehaltenen §§ 392 ff. II. 1 (siehe Anm. 2) eng zusammen und kommt, wie diese, nur noch für kurze Zeit in Betracht. Aus dem letzteren Grunde sieht das Gesetz „auch von einer Verdeutlichung der Vorschrift ab und bestimmt nur, daß in dem hier fraglichen Falle der Aufhebung, ebenso wie in den Fällen der §§ 1468, 1469 des BGB. (§ 1470 Abs. 1 Satz 2), für die Zukunft Gütertrennung gilt [Art. 47 § 2 Nr. 2]. Der Eintritt der Gütertrennung bedarf zur Wirksamkeit gegenüber gutgläubigen Dritten der Eintragung in das Güterrechtsregister; in Ermangelung derselben gilt, so lange die Eheleute ihren Wohnbesitz behalten, die Gütergemeinschaft als fortbestehend, nach Verlegung des Wohnsitzes gilt der Güterstand der Verwaltung und Nutznießung des Mannes als bestehend" (Art. 59 § 9 Abs. 2, Art. 63). Begr. S. 90 f.

§ 3.

Der Art. 47 § 3 bildet eine Ausnahme von der sonst erfolgten Beseitigung des Rechtes des überlebenden Ehegatten, Grundstücke oder Gerechtigkeiten für eine von den übrigen Erben zu setzende Taxe zu übernehmen (ALR. II. 1 § 648; Anm. 2 Nr. IVb zu Art. 47 § 1, oben S. 177; 179). Vergl. Art. 45 § 2 Abs. 1 und die Anm. dazu, ferner § 30 des Gesetzes v. 8. Juni 1896, betr. das Anerbenrecht bei Renten- und Ansiedelungsgütern GS. S. 135. Die gleiche Ausnahme ist bei der landrechtlichen Verwaltungsgemeinschaft für die in die Landgüterrolle eingetragenen Landgüter gemacht (Art. 45 § 2 Abs. 1, oben S. 164); der Grund für die Ausnahme liegt auch hier wie dort, in der besonderen Bedeutung, welche das Uebernahmerecht bei den in die Landgüterrolle eingetragenen Landgütern und den Anerbengütern hat. Begr. S. 92, 94.

§ 4. Fortgesetzte Gütergemeinschaft tritt nur ein, wenn sie durch Ehevertrag vereinbart ist.

Artikel 48.

§ 1. Für eine Ehe, für welche der gesetzliche Güterstand der allgemeinen Gütergemeinschaft nach dem Gesetze, betreffend das eheliche

---

§ 4.

1. Nach der allgemeinen Ueberleitungsvorschrift des § 1 dieses Artikels in Verbindung mit § 1483 BGB. würde nach dem Tode eines Ehegatten zwischen dem überlebenden Ehegatten und den gemeinschaftlichen Abkömmlingen, die im Falle der gesetzlichen Erbfolge als Erben berufen sind, die Gütergemeinschaft kraft Gesetzes fortgesetzt werden. Die fortgesetzte Gütergemeinschaft ist aber, wie bereits früher bemerkt wurde (siehe Anm. 2 Nr. VI b zu Art. 47 § 1, oben S. 176) der landrechtlichen allgemeinen Gütergemeinschaft unbekannt. „Es kann nicht daran gedacht werden, das den Anschauungen und Gewohnheiten der Bevölkerung fremde Institut der fortgesetzten Gütergemeinschaft den bestehenden Ehen kraft Gesetzes aufzudrängen, zumal nach dem BGB. der einzelne Ehegatte die fortgesetzte Gütergemeinschaft nur dann für den Fall seines Todes einseitig durch letztwillige Verfügung ausschließen kann, wenn er berechtigt ist, dem anderen Ehegatten den Pflichttheil zu entziehen oder auf Aufhebung der Gütergemeinschaft zu klagen (§ 1509). Die Einführung der fortgesetzten Gütergemeinschaft kann daher nur einer Vereinbarung der Ehegatten vorbehalten bleiben" (Begr. S. 91).

2. Auf den Ehevertrag, durch welchen die Fortsetzung der Gütergemeinschaft vereinbart wird, finden die Vorschriften des § 1434 BGB. Anwendung. Es entsteht die Frage, ob auch der § 1437 auf denselben anwendbar sei. Mit Rücksicht auf die Analogie des § 1508 Abs. 2, wonach der § 1437 auf einen Ehevertrag Anwendung findet, durch welchen die Fortsetzung der Gütergemeinschaft ausgeschlossen oder die Ausschließung aufgehoben wird, dürfte die Frage zu bejahen sein. Vergl. Planck. Anm. 1 zu § 1557.

3. Nur künftige Eheverträge sind im § 4 gemeint. „Sollten ältere derartige Verträge existiren, so sind sie aus sich selbst zu interpretiren, und es ist nicht ohne Weiteres die neurechtliche fortgesetzte Gütergemeinschaft als in ihnen gewollt zu substituiren." Komm. Ber. S. 51.

Artikel 48. § 1.

1. Die allgemeine Gütergemeinschaft nach dem Gesetze, **betr. das eheliche Güterrecht in der Provinz Westfalen und in den Kreisen Rees, Essen und Duisburg,** v. 16. April 1860 (GS. S. 165) bildet für die nach dem 1. Januar 1861 geschlossenen Ehen das gesetzliche Güterrecht in der Provinz Westfalen mit Ausschluß der Theile des vormaligen Herzogthums Westfalen, in denen bis dahin gemeines Dotalrecht bestanden hat, sowie in den Kreisen Rees, Essen (Land), Essen (Stadt), Duisburg, Ruhrort und Mülheim a. d. Ruhr. Begr. S. 95.

Güterrecht in der Provinz Westfalen und in den Kreisen Rees, Essen und Duisburg, vom 16. April 1860 (Gesetz-Samml. S. 165) besteht,

---

2. „Die Westfälische Gütergemeinschaft kennzeichnet sich", so führt die Begr. S. 95 aus, „nach § 1 des genannten Gesetzes als eine durch die besonderen Bestimmungen des letzteren modifizirte landrechtliche Gütergemeinschaft. Ihre Besonderheiten begründen eine Reihe wesentlicher Unterschiede von der Gütergemeinschaft sowohl des ALR. als auch des BGB.

Bei bestehender Ehe kann der Mann ohne Einwilligung der Frau über alle zu dem gemeinschaftlichen Vermögen gehörenden Gegenstände durch lästige Verträge und über einzelne bewegliche Sachen auch unentgeltlich verfügen, sofern er sich im letzteren Falle nicht den Nießbrauch vorbehalten will (§ 3 des Gesetzes). Andererseits geht das Verwaltungs- und Verfügungsrecht im Falle der Bevormundung des Mannes ganz auf die Frau über und diese ist bei einer längeren Untersuchungs- oder Strafhaft des Mannes zu allen nothwendigen Verwaltungshandlungen befugt (§§ 4, 5).

Bei unbeerbter Ehe gelten, wenn unabgefundene Kinder des verstorbenen Ehegatten aus früherer Ehe vorhanden sind, die landrechtlichen Vorschriften (ALR. II. 1 §§ 639—641); jedoch müssen sich die Stiefkinder dem überlebenden Ehegatten gegenüber auf ihren Erbtheil Alles anrechnen lassen, was sie ihren Geschwistern gegenüber zu konferiren schuldig sind (§ 7 Abs. 1, § 8 des Gesetzes). Neben anderen Blutsverwandten gebührt dem Ehegatten außer seinem Erbtheile der lebenslängliche Nießbrauch an den Erbtheilen seiner Miterben und zwar bildet der Nießbrauch abweichend vom Landrechte, zusammen mit der Hälfte des dem Ehegatten gebührenden Erbtheils den Pflichttheil desselben (§ 7 Abs. 3, 4). Bei der Auseinandersetzung ist der überlebende Ehegatte befugt, das gemeinschaftliche bewegliche und unbewegliche Vermögen oder einzelne Gegenstände desselben gegen eine von allen Betheiligten gebilligte oder im Falle des Nichteinverständnisses in gesetzlicher Form aufgenommene Taxe zu übernehmen (§ 7 Abs. 5, § 17).

Bei beerbter Ehe setzt der überlebende Ehegatte mit den unabgefundenen eigenen Kindern die Gütergemeinschaft fort, sofern nicht der Verstorbene letztwillig die sofortige Schichtung angeordnet hat (§ 10 Abs. 1); abgesehen von letzterer Anordnung sind für den Fall der beerbten Ehe nur gemeinschaftliche Verfügungen der Ehegatten von Todeswegen über das gemeinschaftliche Vermögen zulässig (§ 6).

Die fortgesetzte Gütergemeinschaft ist zum Theil wesentlich abweichend von der des BGB. geordnet. In die Gemeinschaft fällt Alles, was der überlebende Ehegatte aus irgend einem Rechtsgrund erwirbt, und von dem Erwerbe der Kinder der Ertrag ihrer Beihülfe in dem elterlichen Gewerbe oder Haushalte (§ 10 Abs. 3; dagegen BGB. §§ 1485, 1486). Der überlebende Ehegatte hat das gleiche weitgehende Verwaltungs- und Verfügungsrecht wie bei bestehender Ehe der Mann. Er ist außerdem für sich allein berechtigt, durch Uebertragsverträge oder letztwillige Verfügungen unter den unabgefundenen Kindern die Succession in das gemeinschaftliche Vermögen zu regeln; nur muß jedem Kinde wenigstens der Werth des ihm nach § 15 zustehenden Antheils, im Falle einer letztwilligen Disposition aber außerdem seines Pflichttheils zugewendet

bleiben die Vorschriften des genannten Gesetzes mit den in den §§ 2—7 bestimmten Aenderungen in Kraft.

werden; für die Festsetzung des Werthes von Landgütern kommen dabei in der Provinz Westfalen [bisher, s. § 8] die Vorschriften des Gesetzes v. 4. Juni 1856 zur Anwendung (§ 10 Abs. 4).

Die Kinder können vor der Aufhebung der fortgesetzten Gütergemeinschaft über ihren Antheil an der Gemeinschaft unter Lebenden oder von Todeswegen verfügen, jedoch nur zu Gunsten ihrer Abkömmlinge, Ehegatten oder der übrigen Mitbetheiligten der Gemeinschaft; an die Stelle eines während der fortgesetzten Gütergemeinschaft verstorbenen Kindes treten mangels einer anderweitigen letztwilligen Verfügung bei der Schichtung oder der Auseinandersetzung seine Abkömmlinge oder sein Ehegatte, soweit diesem ein Antheil an dem Nachlasse gebührt (§ 16). Dagegen kann nach dem Bürgerlichen Gesetzbuch ein antheilsberechtigter Abkömmling nur auf seinen Antheil verzichten, im Uebrigen aber weder unter Lebenden noch von Todeswegen über ihn verfügen (§§ 1491, 1487, 1442, 1490 Satz 1). Stirbt er, so treten seine Abkömmlinge, die antheilsberechtigt sein würden, wenn er den verstorbenen Ehegatten nicht überlebt hätte, an seine Stelle; hinterläßt der Verstorbene keine Abkömmlinge, so wächst sein Antheil den übrigen antheilsberechtigten Abkömmlingen und in Ermangelung solcher dem überlebenden Ehegatten an (§ 1490 Satz 2, 3)."

3. Soweit hiernach für die Rechtsverhältnisse der Ehen mit westfälischer Gütergemeinschaft bisher die Bestimmungen des Allgemeinen Landrechts maßgebend sind, ersetzt das AG. sie in gleichem Umfange durch die entsprechenden Vorschriften des BGB., wie es im Art. 47 für die Ehen mit landrechtlicher Gütergemeinschaft allgemein geschehen ist (siehe Art. 48 § 2 und die Anm. dazu).

Dagegen läßt das AG. die besonderen Vorschriften des Gesetzes v. 16. April 1860 in Wahrung der darin anerkannten provinziellen Eigenthümlichkeiten und Interessen mit einzelnen Aenderungen bestehen. Die Aenderungen „sind theils dadurch geboten, daß an die Stelle der im Gesetz angezogenen landrechtlichen Bestimmungen, die nicht als Ausfluß des Güterstandes reichsgesetzlich aufrecht erhalten sind, die entsprechenden reichsgesetzlichen Vorschriften treten; theils bezwecken sie die Einführung solcher Bestimmungen des Reichsrechts, die sich als Fortbildung des Gesetzes darstellen" (Begr. S. 97). Siehe Art. 48 §§ 3–7 und die Anm. dazu. — Wegen des § 8 siehe die zugehörige Anm.

4. Das Gesetz v. 16. April 1860 bestimmt im § 19 Abs. 2, daß der Nießbrauch des überlebenden Ehegatten (des Vaters oder der Mutter) an dem den Kindern bei der Abschichtung zugetheilten Vermögen nicht eintritt beziehungsweise aufhört, wenn gegen den überlebenden Ehegatten solche Gründe vorliegen, welche nach dem ALR. den Verlust der väterlichen Gewalt zur Folge haben. An die Stelle dieser Gründe treten künftig nach Art. 4 des EG. z. BGB. die Gründe, an welche nach dem BGB. die Verwirkung der elterlichen Gewalt geknüpft ist (§ 1680). Begr. S. 98; vergl. Art. 69 § 1 dieses Gesetzes.

Desgleichen treten gemäß Art. 4 des EG. z. BGB. an die Stelle der nach § 20 des Gesetzes anwendbaren Vorschriften des ALR. über die von den Eltern den Kindern zu gewährende Ausstattung die entsprechenden Vorschriften des BGB. (§ 1620 ff.). Begr. S. 98.

§ 2. Soweit für die Ehe bisher die Vorschriften des Allgemeinen Landrechts über die allgemeine Gütergemeinschaft gelten, treten an deren Stelle nach Maßgabe des Artikel 47 §§ 1—3 die Vorschriften des Bürgerlichen Gesetzbuchs.

Die Bestimmungen, welche für die im § 1446 des Bürgerlichen Gesetzbuchs bezeichneten Rechtsgeschäfte gelten, finden auf Verfügungen Anwendung, zu welchen der Mann der Zustimmung der Frau bedarf.

§ 3. An die Stelle des § 4 des Gesetzes vom 16. April 1860 treten folgende Vorschriften:

Das Verwaltungs- und Verfügungsrecht des Mannes ruht und wird durch die Frau ausgeübt:

. . . . . .

5. Das Gesetz v. 16. April 1860 ist, wie es nach dem Art. 48 lautet, als Anlage zu diesem Artikel unten abgedruckt.

§ 2.

1. **Zu Abs. 1.** Vergl. die Anmerkungen 1—3 zu § 1.

Durch die Vorschrift des Abs. 1 wird u. A. die Klage auf Aufhebung der Gütergemeinschaft nach §§ 1468, 1469 BGB. für die Ehen mit Westfälischer Gütergemeinschaft neu eingeführt. Die Einführung des § 1468 entspricht, wie die Begr. S. 97 bemerkt, „einem in der Praxis mehrfach hervorgetretenen Bedürfnisse und dient zum Ausbau des Gesetzes v. 16. April 1860 im Sinne seiner Urheber, welche die Frau vor fraudulösen Verkürzungen durch den Mann schützen wollten (Motive zu § 3 des Entwurfes v. 19. Dezember 1846 bei Welter-Schultz S. 441), ihr aber nicht immer eine ausreichende Sicherung gewahrt haben. Daß auch der § 1469 BGB. auf die hier fraglichen Ehen Anwendung finden soll, bedarf keiner näheren Ausführung". An die Stelle der im § 1468 Nr. 1 angezogenen §§ 1444—1446 BGB. treten die bisherigen Vorschriften, nach denen der Mann zu Verfügungen der Zustimmung der Frau bedarf. Siehe Anm. 2.

2. **Zu Abs. 2.** Das Verfügungsrecht des Mannes ergiebt sich aus § 3 des Gesetzes v. 16. April 1860 (siehe unten in der Anlage zu diesem Artikel); vergl. Anm. 2 Abs. 2 zu § 1 dieses Artikels, oben S. 183.

Verfügt der Mann ohne die erforderliche Zustimmung der Frau, so finden nach Art. 48 Abs. 2 die Bestimmungen Anwendung, welche für die im § 1446 BGB. bezeichneten Rechtsgeschäfte (Schenkungen rc.) gelten. Es sind dies namentlich die Bestimmungen des § 1448 BGB. über die nachträgliche Genehmigung durch die Frau und § 1468 Abs. 1 Nr. 1, wonach die Frau auf Aufhebung der Gütergemeinschaft klagen kann, wenn der Mann ein ihrer Zustimmung bedürfendes Rechtsgeschäft ohne die Zustimmung vorgenommen hat und für die Zukunft eine erhebliche Gefährdung der Frau zu besorgen ist. Vergl. ferner §§ 1449, 1455, 1456 BGB.; Anm. 1 zu Art. 47 § 2, oben S. 180.

§ 3.

1. Der § 4 des Gesetzes von 1860 lautet in der bisherigen Fassung:

Das Verwaltungs- und Verfügungsrecht des Mannes ruht und wird von der Frau ausgeübt:

1. wenn der Mann entmündigt ist; die Befugniß kann der Frau von dem Vormundschaftsgerichte schon vor dem Eintritte der Wirksamkeit der Entmündigung übertragen werden;

---

1. wenn der Mann wegen Verschwendung, Wahnsinns, Blödsinns oder Verurtheilung zu einer Zuchthausstrafe unter Vormundschaft zu setzen ist; die Befugniss der Frau beginnt alsdann mit der Rechtskraft des Erkenntnisses, doch kann ihr dieselbe auch schon im Laufe des Verfahrens vom Vormundschaftsgerichte übertragen werden;

2. wenn wegen Abwesenheit des Mannes eine Vormundschaft über ihn einzuleiten ist. In diesem Falle beginnt die Befugniss der Frau erst, sobald ihr auf ihren Antrag dieselbe von dem Vormundschaftsgerichte ertheilt ist.

Die neue Fassung des § 4 ändert die Voraussetzungen, unter welchen das Verwaltungs- und Verfügungsrecht des Mannes ruht und auf die Frau übergeht, mit Rücksicht darauf, daß nach dem Reichsrecht wegen Verurtheilung zu einer Zuchthausstrafe keine Vormundschaft und im Falle der Abwesenheit nicht eine Vormundschaft, sondern eine Pflegeschaft angeordnet wird (§ 1911 BGB.); daß ferner das BGB. auch eine Entmündigung wegen Geistesschwäche oder Trunksucht sowie eine Pflegschaft über Gebrechliche zuläßt (§§ 6, 1910 BGB.). Begr. S. 97.

2. Zu § 4 **Nr. 1.** Der neuen Fassung des § 4 Nr. 1 zufolge ruht das Verwaltungs- und Verfügungsrecht des Mannes und geht auf die Frau über, wenn der Mann entmündigt ist. Vergl. § 1418 Nr. 3 des BGB., wonach die Frau bei dem gesetzlichen Güterstande des BGB. auf Aufhebung der Verwaltung und Nutznießung des Mannes klagen kann, wenn der Mann entmündigt ist.

a) Nach § 6 des BGB. kann entmündigt werden: 1. wer in Folge von Geisteskrankheit oder von Geistesschwäche seine Angelegenheiten nicht zu besorgen vermag; 2. wer durch Verschwendung sich oder seine Familie der Gefahr des Nothstandes aussetzt; 3. wer in Folge von Trunksucht seine Angelegenheiten nicht zu besorgen vermag oder sich oder seine Familie der Gefahr des Nothstandes aussetzt oder die Sicherheit Anderer gefährdet.

b) Die Befugniß der Frau zur Ausübung des Verwaltungs- und Verfügungsrechts beginnt spätestens mit dem Eintritte der Wirksamkeit der Entmündigung. Die Wirksamkeit der Entmündigung tritt bei der Entmündigung wegen Geisteskrankheit, falls der Entmündigte unter elterlicher Gewalt oder unter Vormundschaft steht, mit der Zustellung des Beschlusses an denjenigen gesetzlichen Vertreter ein, welchem die Sorge für die Person zusteht, andernfalls mit der Bestellung des Vormundes; die Entmündigung wegen Geistesschwäche, Verschwendung und Trunksucht tritt mit der Zustellung des Beschlusses an den Entmündigten in Wirksamkeit. § 661, § 683 Abs. 2 der CPO.

Das Vormundschaftsgericht kann der Frau die Befugniß auch schon vor dem Eintritte der Wirksamkeit der Entmündigung übertragen (Nr. 1 Satztheil 2). Die Verfügung, durch welche die Uebertragung erfolgt, wird mit der Bekanntmachung an die Frau wirksam und ist seitens des Mannes mit der Beschwerde anfechtbar (Art. 1, 6 des Preuß. Ges. über die freiw. Gerichtsb.; §§ 16, 19, 20 ff. des Reichsges. über die Angel. der freiw. Gerichtsb.).

2. wenn die Voraussetzungen vorliegen, unter welchen der Mann nach § 1910 des Bürgerlichen Gesetzbuchs zur Besorgung seiner Vermögensangelegenheiten einen Pfleger erhalten kann oder für den Mann ein Abwesenheitspfleger zu bestellen ist. Die Befugniß der Frau beginnt erst, wenn sie ihr von dem Vormundschaftsgericht auf ihren Antrag ertheilt wird.

---

3. Zu § 4 Nr. 2. Nach der neuen Fassung des § 4 Nr. 2 ruht das Verwaltungs- und Verfügungsrecht des Mannes ferner und geht auf die Frau über, wenn die Voraussetzungen vorliegen, unter welchen der Mann nach § 1910 BGB. zur Besorgung seiner Vermögensangelegenheiten einen Pfleger erhalten kann oder für den Mann ein Abwesenheitspfleger zu bestellen ist.

a) Nach der Regierungsvorlage sollte bestimmt werden, daß das Ruhen des Verwaltungs- und Verfügungsrechts des Mannes und die Ausübung desselben durch die Frau eintrete,

„wenn der Mann nach § 1910 des BGB. zur Besorgung seiner Vermögensangelegenheiten einen Pfleger erhalten hat oder wenn für den Mann ein Abwesenheitspfleger bestellt ist."

Die Kommission des AH. änderte dies in die Fassung des Gesetzes, nach welcher das Verwaltungs- und Verfügungsrecht des Mannes zu Gunsten der Frau schon dann ruht, wenn die Voraussetzungen der Pflegschaftsbestellung vorliegen. Es ist dadurch der Frau ein rascheres Eingreifen, als nach der Regierungsvorlage, ermöglicht (Komm. Ber. S. 52). Außerdem aber wird durch die Fassung des Gesetzes, soweit nicht etwa auch die Fürsorge für die Person oder für nichtgemeinschaftliches Vermögen des Mannes in Frage kommt, die Bestellung eines Pflegers völlig erübrigt, da für eine Pflegschaft zur Besorgung der Vermögensangelegenheiten nach dem Uebergange des Verwaltungs- und Verfügungsrechtes auf die Frau hinsichtlich des gütergemeinschaftlichen Vermögens kein Bedürfniß vorliegt.

b) Der erste Fall des neuen § 4 Nr. 2 setzt voraus, daß der Mann nach § 1910 des BGB. zur Besorgung seiner Vermögensangelegenheiten einen Pfleger erhalten kann. Diese Vorschrift ist dem § 1418 Nr. 4 des BGB. nachgebildet, nach welchem die Frau zur Klage auf Aufhebung der gesetzlichen Verwaltung und Nutznießung des Mannes berechtigt ist, wenn der Mann nach § 1910 des BGB. zur Besorgung seiner Vermögensangelegenheiten einen Pfleger erhalten hat.

Nach § 1910 des BGB. kann der Mann zur Besorgung seiner Vermögensangelegenheiten einen Pfleger erhalten, wenn er in Folge geistiger oder körperlicher Gebrechen, insbesondere weil er taub, blind oder stumm ist, seine Vermögensangelegenheiten nicht zu besorgen vermag; die Pflegschaft darf nur mit Einwilligung des Gebrechlichen angeordnet werden, es sei denn, daß eine Verständigung mit ihm nicht möglich ist.

Unter dem Ausdrucke „Besorgung seiner Vermögensangelegenheiten" ist sowohl im § 1910 des BGB. als in dem neuen § 4 Nr. 2 des Gesetzes von 1860 die Besorgung aller Vermögensangelegenheiten zu verstehen. Ist der Mann

§ 4. An die Stelle des § 7 Abs. 5 des Gesetzes vom 16. April 1860 tritt folgende Vorschrift:

Bei der Auseinandersetzung zwischen dem überlebenden Ehegatten und den Erben des Verstorbenen finden die die Schich-

---

blos an der Besorgung einzelner Vermögensangelegenheiten verhindert, so kann er nur zur Besorgung dieser einzelnen Angelegenheiten einen Pfleger erhalten und liegen deshalb in diesem Falle die im neuen § 4 Nr. 2 geforderten Voraussetzungen nicht vor. Komm. Prot. XIV S. 2; Komm. Ber. S. 52.

Für den Fall, daß der Mann zur Untersuchung gezogen ist und sich schon seit 3 Monaten in Haft befindet, ist die Frau von diesem Zeitpunkte ab nach dem in Kraft bleibenden § 5 Abs. 1 des Gesetzes von 1860 berechtigt, Alles zu thun, was zu einer ordentlichen und gewöhnlichen Vermögensverwaltung erforderlich ist; dieselbe Berechtigung der Frau tritt nach § 5 Abs. 2 daselbst ein, wenn der Mann zu einer längeren als dreimonatlichen Strafe verurtheilt ist, und zwar von dem Zeitpunkte an, wo die Strafhaft beginnt.

Außerdem ist nach Art. 48 § 2 Abs. 1 dieses Gesetzes auch die Vorschrift des § 1450 des BGB. anwendbar, derzufolge die Frau im eigenen Namen oder im Namen des Mannes ein sich auf das Gesammtgut beziehendes Rechtsgeschäft vornehmen oder einen sich auf das Gesammtgut beziehenden Rechtsstreit führen kann, wenn mit dem Aufschube Gefahr verbunden und der Mann durch Krankheit oder durch Abwesenheit verhindert ist.

c) Der zweite Fall des neuen § 4 Nr. 2 erfordert, daß die Voraussetzungen vorliegen, unter welchen für den Mann ein Abwesenheitspfleger zu bestellen ist. Wegen der Fassung der Regierungsvorlage und der Bedeutung der Aenderung in die jetzige Fassung siehe die Anm. a, oben S. 187.

Nach § 1911 BGB. erhält ein abwesender Volljähriger für seine Vermögensangelegenheiten, soweit sie der Fürsorge bedürfen, einen Abwesenheitspfleger, wenn dessen Aufenthalt unbekannt ist; ein Abwesenheitspfleger ist insbesondere auch dann zu bestellen, wenn der Abwesende durch Ertheilung eines Auftrags oder einer Vollmacht Fürsorge getroffen hat, aber Umstände eingetreten sind, die zum Widerrufe des Auftrags oder der Vollmacht Anlaß geben; das Gleiche gilt von einem Abwesenden, dessen Aufenthalt bekannt, der aber an der Rückkehr und der Besorgung seiner Vermögensangelegenheiten verhindert ist.

d) In den Fällen des neuen § 4 Nr. 2 beginnt die Verwaltungs- und Verfügungsbefugniß der Frau erst, wenn sie ihr von dem Vormundschaftsgerichte auf ihren Antrag ertheilt wird. Die Ertheilung wird mit der Bekanntmachung der die Befugniß ertheilenden Verfügung an die Frau wirksam. Art. 1 des Preuß. Ges. über die freiw. Gerichtsb. verb. mit § 16 des RGes. über die Angel. der freiw. Gerichtsb.

Gegen die Verfügung, durch welche der Frau die Befugniß ertheilt wird, steht dem Manne, gegen die die Ertheilung verweigernde Verfügung der Frau die Beschwerde zu. Art. 6 des Preuß. Ges. über die freiw. Gerichtsb. verb. mit § 20 des RGes. über die Angel. der freiw. Gerichtsb.

§ 4.

Der neue § 7 Abs. 5 giebt den bisherigen § 7 Abs. 5 mit der Abweichung wörtlich wieder, daß an die Stelle der bisherigen Worte „des § 14 Nr. 2, 3 und

tung betreffenden Bestimmungen des § 17 mit Ausnahme der den Kindern in den Fällen des § 14 Nr. 2—8 beigelegten Befugniß gleichfalls Anwendung.

§ 5. An die Stelle des § 12 Abs. 1 des Gesetzes vom 16. April 1860 tritt folgende Vorschrift:

Auf die Haftung der überlebenden Ehefrau gegenüber denjenigen Gläubigern der bisherigen Gemeinschaft, welchen sie nicht aus besonderen Gründen persönlich haftet, finden die für die Haftung des Erben für die Nachlaßverbindlichkeiten geltenden Vorschriften des Bürgerlichen Gesetzbuchs entsprechende Anwendung; an die Stelle des Nachlasses tritt das bei dem Tode des Mannes vorhanden gewesene gemeinschaftliche Vermögen.

4" die Worte: „des § 14 Nr. 2—8" gesetzt sind. Die Abweichung ist lediglich eine Folge der durch § 6 dieses Artikels erfolgenden Aenderung des § 14 des Gesetzes von 1860. Begr. S. 97. Wegen der den Kindern in den Fällen des § 14 Nr. 2—8 beigelegten Befugniß siehe den neuen § 17 Abs. 2 des Gesetzes von 1860 in der Fassung des § 7 dieses Artikels.

§ 5.

1. Der § 12 des Gesetzes von 1860 lautet bisher:

Wenn die überlebende Ehefrau sich gegen die sonst eintretende Folge sichern will, dass ihr weiterer Erwerb von denjenigen Gläubigern der bisherigen Gemeinschaft, welchen sie nicht aus besonderen Gründen persönlich verhaftet ist, angegriffen werden könne, so muss dieselbe innerhalb einer gleichen Frist, wie sie den Erben zur Ueberlegung über den Antritt der Erbschaft und Niederlegung eines Inventars gewährt ist, ein Inventar von dem beim Tode des Mannes vorhanden gewesenen gemeinschaftlichen Vermögen gerichtlich niederlegen. Sie erlangt hierdurch den Gläubigern gegenüber in Beziehung auf dieses Vermögen alle Rechte und Pflichten eines Benefizialerben.

Diese Bestimmungen gelten auch für den Fall der unbeerbten Ehe (§ 7) in Ansehung des Antheils der Ehefrau an der Gemeinschaft.

Nach § 12 Abs. 1 des Gesetzes muß somit die überlebende Ehefrau, um ihren künftigen Erwerb vor dem Zugriffe derjenigen Gläubiger der bisherigen Gemeinschaft, denen sie nicht aus besonderen Gründen persönlich verhaftet ist, zu sichern, innerhalb der den Erben gegebenen Ueberlegungs- und Inventarfrist ein Verzeichniß des bei dem Tode des Mannes vorhanden gewesenen Vermögens gerichtlich niederlegen, wodurch sie den Gläubigern gegenüber in Beziehung auf dieses Vermögen alle Rechte und Pflichten eines Benefizialerben erlangt. Diese Vorschrift bedarf, wie die Begr. S. 97 bemerkt, einer Umgestaltung, weil das BGB. in den Bestimmungen über die Haftung des Erben für die Nachlaßverbindlichkeiten nicht eine gesetzlich bestimmte, sondern nur eine auf Antrag eines Nachlaßgläubigers von dem Nachlaßgerichte zu bestimmende Inventarfrist kennt (§§ 1993 ff.).

Die im § 5 dieses Artikels enthaltene neue Fassung des § 12 Abs. 1 ist der entsprechenden Vorschrift des § 1489 Abs. 2 des BGB. nachgebildet. Begr. a. a. O.

§ 6. An die Stelle der §§ 14, 15 des Gesetzes vom 16. April 1860 treten folgende Vorschriften:

§ 14. Ein antheilsberechtigter Abkömmling kann gegen den überlebenden Ehegatten auf Schichtung klagen:

1. wenn der überlebende Ehegatte eine neue Ehe eingeht;
2. wenn der überlebende Ehegatte entmündigt ist;
3. wenn für den überlebenden Ehegatten ein Abwesenheitspfleger bestellt ist;
4. wenn der überlebende Ehegatte die elterliche Gewalt über den Abkömmling verwirkt hat oder, falls sie ihm zugestanden hätte, verwirkt haben würde;
5. wenn der überlebende Ehegatte ein Rechtsgeschäft, welches der Zustimmung der übrigen Antheilsberechtigten bedarf, ohne Zustimmung des Abkömmlinges vorgenommen hat und für die Zukunft eine erhebliche Gefährdung des Abkömmlinges zu besorgen ist;
6. wenn der überlebende Ehegatte das gemeinschaftliche Vermögen in der Absicht, den Abkömmling zu benachtheiligen, vermindert hat;

---

2. Die nach dem neuen § 12 Abs. 1 auf die Haftung der überlebenden Ehefrau entsprechend anwendbaren Vorschriften über die Haftung des Erben für die Nachlaßverbindlichkeiten finden sich in §§ 1967–2017 des BGB. An die Stelle des Nachlasses tritt das gemeinschaftliche Vermögen, welches beim Tode des Mannes vorhanden gewesen ist. Die überlebende Ehefrau haftet somit auch für diejenigen Schulden der bisherigen Gemeinschaft persönlich, für welche sie nicht aus besonderen Gründen persönlich haftet (§ 1967). Sache der Ehefrau ist es, die Beschränkung der Haftung auf das beim Tode des Mannes vorhanden gewesene gemeinschaftliche Vermögen herbeizuführen. Die Mittel, um diese Beschränkung der Haftung herbeizuführen, sind die Anordnung der Gesammtgutsverwaltung und die Eröffnung des Gesammtgutskonkurses (§ 1975 ff. Konk. O. §§ 214–234, 236). Daneben hat die überlebende Ehefrau die Abzugseinrede in besonderen Fällen (§§ 1989 ff.), das Recht des Aufgebots der Gesammtgutgläubiger (§§ 1970 ff.) und die in den §§ 2014 ff. bestimmten aufschiebenden Einreden. Vergl. die Anmerkungen bei Planck zu § 1489 Abs. 2 BGB.

§ 6.

a) § 14 des Gesetzes von 1860.

1. Der § 14 des Gesetzes von 1860 bestimmt die Voraussetzungen, unter welchen der überlebende Ehegatte zur Schichtung, d. i. zur vollständigen Auseinandersetzung der fortgesetzten Gütergemeinschaft mit den Kindern (§ 13 das.) verpflichtet ist. Derselbe lautet in der bisherigen Fassung:

Zur Schichtung verpflichtet ist der überlebende Ehegatte:

1. wenn er zu einer anderen Ehe schreitet;

2. wenn er wegen Wahnsinns oder Blödsinns unter Vormundschaft gestellt wird;

7. wenn der überlebende Ehegatte seine Verpflichtung, dem Abkömmling Unterhalt zu gewähren, verletzt hat und für die Zukunft eine erhebliche Gefährdung des Unterhalts zu besorgen ist;
8. wenn der überlebende Ehegatte das gemeinschaftliche Vermögen durch Verschwendung erheblich gefährdet;
9. wenn der verstorbene Ehegatte die Schichtung letztwillig angeordnet hat.

In den Fällen des Abs. 1 Nr. 1—3, 5, 6, 8, 9 steht das Klagerecht auch dem hinterlassenen Ehegatten eines antheilsberechtigten Abkömmlinges zu, wenn er nach § 16 an die Stelle des Abkömmlinges tritt.

---

3. wenn ihm wegen seiner Abwesenheit ein Vormund bestellt wird;

4. wenn gegen ihn — es sei der Vater oder die Mutter — solche Gründe vorliegen, welche nach dem Allgemeinen Landrechte den Verlust der väterlichen Gewalt zur Folge haben;

5. wenn der verstorbene Ehegatte die Schichtung letztwillig angeordnet hat.

Die im vorliegenden Gesetze bestimmte neue Fassung des § 14 ist, wie die Begr. S. 97 erläutert, „dem § 1495 des BGB. zunächst redaktionell angepaßt, indem statt von der Verpflichtung des überlebenden Ehegatten zur Schichtung von der Befugniß der sonstigen Antheilsberechtigten, auf Schichtung zu klagen, gesprochen wird. Die Voraussetzungen, die der bisherige § 14 aufstellt, sind mit den im Hinblick auf die §§ 6, 1911 des BGB. gebotenen Aenderungen im neuen § 14 Abs. 1 Nr. 1—4, 9 sachlich beibehalten. Hinzugefügt sind in den Nr. 5—8 die sonstigen im § 1495 des BGB. anerkannten Aufhebungsgründe. Der damit erzielte erweiterte Schutz der übrigen Antheilsberechtigten gegen Mißbrauch der Rechte des überlebenden Ehegatten entspricht einem praktischen Bedürfnisse."

2. Im Einzelnen ist zu bemerken:

Die **Nr. 1** entspricht dem bisherigen § 14 Nr. 1. Vergl. § 1493 BGB., wonach die fortgesetzte Gütergemeinschaft des BGB. mit der Wiederverheirathung des überlebenden Ehegatten endigt.

Zu **Nr. 2** vergl. den bisherigen § 14 Nr. 2. Die Fälle der Entmündigung sind oben S. 186 in der Anm. 2a zu § 3 dieses Artikels angegeben. Vergl. auch Anm. 2b daselbst; CPO. §§ 645 ff., 661, 683 Abs. 2.

Die **Nr. 3** entspricht dem bisherigen § 14 Nr. 3. Die Voraussetzungen der Abwesenheitspflegschaft sind oben S. 188 in der Anm. 3c zu § 3 dieses Artikels mitgetheilt.

Zu **Nr. 4** vergl. den bisherigen § 14 Nr. 4 und den § 1495 Nr. 5 des BGB. Der Vater verwirkt die elterliche Gewalt, wenn er wegen eines an dem Kinde verübten Verbrechens oder vorsätzlich verübten Vergehens zu Zuchthausstrafe oder zu einer Gefängnißstrafe von mindestens 6 Monaten verurtheilt wird; wird wegen des Zusammentreffens mit einer anderen strafbaren Handlung auf eine Gesammtstrafe erkannt, so entscheidet die Einzelstrafe, welche für das an dem Kinde verübte Verbrechen oder Vergehen verwirkt ist. Die Verwirkung der elterlichen Gewalt tritt mit der Rechtskraft des Urtheils ein. BGB. § 1680. Das Gleiche gilt für die Verwirkung der elterlichen Gewalt der Mutter. § 1686 BGB.

§ 15. Bei der Schichtung wird der den Antheilsberechtigten gemäß § 7 gebührende Antheil an dem in die fortgesetzte Gütergemeinschaft gefallenen Vermögen festgesetzt:

1. im Falle des § 14 Nr. 1 nach dem Vermögensstande zur Zeit der Wiederverheirathung, sofern nicht die Schichtung vorher stattfindet;
2. im Falle des § 14 Nr. 2 nach dem Vermögensstande bei dem Eintritte der Wirksamkeit der Entmündigung;
3. im Falle des § 14 Nr. 9 nach dem Vermögensstande bei dem Tode des verstorbenen Ehegatten;
4. in den übrigen Fällen nach dem Vermögensstande zur Zeit der Schichtung.

Wird jedoch die Verpflichtung zur Schichtung durch Urtheil ausgesprochen, so erfolgt die Schichtung auf Verlangen der Antheilsberechtigten nach dem Vermögensstande zur Zeit der Erhebung der Klage auf Schichtung.

Jedes Kind muß bei der Schichtung sowohl dem überlebenden Ehegatten als auch den Geschwistern gegenüber das Vorempfangene nach den für die Ausgleichung unter Abkömmlingen geltenden Vorschriften zur Ausgleichung bringen.

Die **Nr. 5** entspricht dem § 1495 Nr. 1 BGB. — Der überlebende Ehegatte hat nach § 10 Abs. 2 des Ges. v. 1860 die Verwaltung und Verfügung über das gemeinschaftliche Vermögen in demselben Umfange, wie solche dem Manne nach § 3 während der Ehe zusteht. Vergl. weiter § 10 Abs. 4 das., oben Anm. 2 Abs. 5 zu Art. 48 § 1.

Die **Nr. 6** stimmt mit § 1495 Nr. 2, die **Nr. 7** mit § 1495 Nr. 3 des BGB. überein. Wegen der Unterhaltspflicht vergl. §§ 1601 ff. BGB.

Zu **Nr. 8** vergl. § 1495 Nr. 4 BGB.

Zu **Nr. 9** vergl. § 6 Abs. 2 des Gesetzes von 1860, wonach bei beerbter Ehe jeder Ehegatte befugt ist, auch durch einseitige letztwillige Verfügung die sofortige Schichtung anzuordnen.

3. Zu § 14 Abs. 2. Nach § 16 des Gesetzes treten bei der Schichtung an die Stelle eines während der fortgesetzten Gütergemeinschaft verstorbenen Kindes dessen Abkömmlinge und sein hinterlassener Ehegatte, soweit letzterem ein Antheil an dem Nachlasse des Kindes gebührt. Mit Rücksicht hierauf gewährt der § 14 Abs. 2 auch diesem Ehegatten das Klagerecht. Begr. S. 98.

b) § 15 des Gesetzes von 1860.

Der bisherige § 15 lautet:

Bei der Schichtung und ebenso bei der nach dem Tode des Letztlebenden eintretenden Auseinandersetzung wird der den Kindern gemäss § 7 gebührende Antheil an dem in die fortgesetzte Gütergemeinschaft gefallenen Vermögen nach demjenigen Zustande des Vermögens festgesetzt, in welchem sich dasselbe zur Zeit der Schichtung, beziehungsweise des Todes des Letztlebenden, befindet. Jedes der Kinder muss sich dabei, sowohl dem schichtenden Vater oder der Mutter, wie den Geschwistern gegenüber, Alles anrechnen lassen, was es nach den Gesetzen zu konferiren schuldig ist.

§ 7. An die Stelle des § 17 Abs. 2 des Gesetzes vom 16. April 1860 tritt folgende Vorschrift:

In den Fällen des § 14 Abs. 1 Nr. 2—8 geht die dem überlebenden Ehegatten beigelegte Befugniß auf die Kinder der aufgelösten Ehe über.

§ 8. Der § 10 Abs. 4 Satz 2 und der § 17 Abs. 4 des Gesetzes vom 16. April 1860 werden gestrichen.

Artikel 49.

§ 1. Besteht für eine Ehe der gesetzliche Güterstand des gemeinen

---

Zu der durch die neue Fassung vorgenommenen Aenderung bemerkt die Begr. S. 98:

„Nach § 15 des Gesetzes ist in allen Fällen der Schichtung der den Kindern gemäß § 7 gebührende Antheil an dem in die fortgesetzte Gütergemeinschaft gefallenen Vermögen nach dem Vermögensstande zur Zeit der Schichtung festgesetzt. Statt dessen empfiehlt es sich, zum Schutze der Antheilsberechtigten gegen nachtheilige Verfügungen, die der überlebende Ehegatte nach dem Eintritte der die Pflicht zur Schichtung begründenden Thatsache vornehmen könnte, den bei der Bestimmung des Vermögensstandes maßgebenden Zeitpunkt für die einzelnen Fälle in der Weise verschieden festzustellen, wie die neue Fassung des § 15, theilweise im Anschluß an den § 1479 (§ 1498) des BGB., es vorsieht."

Zu Abs. 1 Nr. 2. Ueber den Eintritt der Wirksamkeit der Entmündigung siehe die Anmerkung 2b zu § 3 dieses Artikels, oben S. 186.

§ 7.

Nach dem bisherigen § 17 Abs. 2 ging die Befugniß des überlebenden Ehegatten, das gemeinschaftliche Vermögen oder einzelne Gegenstände desselben für eine Taxe zu übernehmen, in den Fällen des jetzigen § 14 Nr. 2—4 auf die Kinder der aufgelösten Ehe über; der neue § 17 Abs. 2 dehnt diese Vorschrift auf die anderen Fälle pflichtwidrigen Verhaltens des Ehegatten aus. Begr. S. 98.

§ 8.

Die durch den Art. 48 § 8 gestrichenen Bestimmungen nehmen Bezug auf das Gesetz vom 4. Juni 1856, betr. die Abschätzung der Landgüter zum Behufe der Pflichttheilsberechnung in der Provinz Westfalen (s. S. 184). Dieses Gesetz ist im Art. 89 unter Nr. 20 aufgehoben; in Folge dessen mußten auch die dasselbe in Bezug nehmenden Bestimmungen gestrichen werden. Komm. Ber. S. 52. Vergl. die Anm. zu Art. 89 Nr. 20.

Artikel 49. § 1.

1. Durch den Art. 49 werden die Ehen, in welchen kraft ersten ehelichen Wohnsitzes in Preußen der gesetzliche Güterstand des **gemeinen Dotalrechtes** gilt, in den gesetzlichen Güterstand des Bürgerlichen Gesetzbuchs (§§ 1363—1425) übergeleitet. Ueber den Fall, daß das gemeine Dotalrecht kraft Ehevertrags gilt, siehe Art. 58 Abs. 2.

Dotalrechts, so treten an die Stelle der bisherigen Gesetze die Vorschriften des Bürgerlichen Gesetzbuchs über das gesetzliche Güterrecht.

---

2. „Das gemeine Dotalrecht ist das gesetzliche Güterrecht für alle Ehen in den Theilen des vormaligen Herzogthums Westfalen, für welche es durch das Gesetz vom 16. April 1860 aufrecht erhalten ist, im Kreise Herzogthum Lauenburg, mit Ausnahme der Stadt Mölln, in den gemeinrechtlichen Theilen der Provinz Hannover mit Ausschluß der Bezirke, für die ein anderes Güterrecht besteht (Neubauer, das in Deutschland geltende eheliche Güterrecht, 2. Aufl. S. 53 f.) und in einzelnen kleinen Gebietstheilen des vormaligen Kurfürstenthums Hessen (Neubauer, S. 58), ferner für die Ehen der Eximirten in Neuvorpommern und Rügen, für Ehen der sogenannten Schriftsässigen in Althessen, d. h. den vormals Kurhessischen Provinzen Nieder- und Oberhessen, dem ehemaligen Fürstenthume Hersfeld und der ehemaligen Herrschaft Schmalkalden, für adelige Ehen in der vormaligen Grafschaft Schaumburg (Kreis Rinteln) und für jüdische Ehen im vormaligen Fürstenthum Hechingen. Begr. S. 98.

Die Altstadt Celle war in dem Gesetzentwurfe in den Art. 49 [jetzt Art. 50] eingereiht, in der Annahme, es gelte dort Verwaltungsgemeinschaft; nachträgliche Ermittelungen ergaben aber, daß dort Dotalrecht herrscht. Das Güterrecht der Altstadt Celle fällt daher unter die Vorschriften des Art. 49 des Gesetzes. Komm. Ber. S. 53.

3. Für das westfälische Dotalrecht herrschte bisher in Theorie und Praxis seit Jahrzehnten lebhafter Streit, ob dort das reine Römische oder ein unter dem Einflusse deutschrechtlicher Anschauungen wesentlich umgebildetes Recht gelte, demzufolge alles Vermögen der Frau, welches im Ehevertrage nicht ausdrücklich vorbehalten ist, der Verwaltung und dem Nießbrauch oder mindestens der Verwaltung des Mannes unterliege. „In anderen gemeinrechtlichen Gebieten besteht zwar nicht eine derartige Rechtsunsicherheit, vielmehr ist in der Rechtsprechung und Wissenschaft im Wesentlichen das rein Römische Dotalrecht als geltend anerkannt. Nach der thatsächlichen Uebung und der eigenen Rechtsauffassung der Ehegatten steht jedoch der güterrechtliche Zustand der dotalrechtlichen Ehen regelmäßig der deutschrechtlichen Verwaltungsgemeinschaft erheblich näher als dem Römischen Dotalrechte. Die wesentlichen Unterschiede des letzteren von der Verwaltungsgemeinschaft, das Eigenthum des Mannes an den Dotalsachen und die Versagung gesetzlicher Rechte am Paraphernalvermögen der Frau, sind der Regel nach ganz ohne praktische Bedeutung. Eine eigentliche Dosbestellung kommt nur sehr selten vor. Auf das Eigenthum des Mannes an den Dotalsachen wird kein Gewicht gelegt. Die Frau überläßt dagegen der Regel nach ihr Vermögen dem Manne zur Verwaltung und zur Verwendung der Nutzung für die Zwecke des gemeinsamen Haushalts." Begr. S. 99.

Die Ueberleitung des dotalrechtlichen Güterstandes in den gesetzlichen Güterstand des BGB. bringt demgemäß neben der Beseitigung einer hartnäckigen Streitfrage für Westfalen im allgemeinen weniger praktische Aenderungen, als eine anderweitige Ausgestaltung des bisher praktisch geübten Rechtes. Von besonderer Wichtigkeit ist die Einführung des gesetzlichen Güterstandes des BGB. für die Alt-Hessischen Gebietstheile. Dort gilt, wie

§ 2. **Das Vermögen, welches als Heirathsgut bestellt oder von der Frau der Verwaltung des Mannes ohne Vorbehalt überlassen ist,**

---

erwähnt, nur für die Ehen der sogenannten „Schriftsässigen" gemeines Dotalrecht, für die Ehen der sogenannten „Amtssässigen" dagegen die Althessische Errungenschaftsgemeinschaft. Diese längst veraltete Unterscheidung macht es bezüglich nicht weniger Ehen zweifelhaft, welches Güterrecht für sie gilt, da die Frage, ob eine Person „amtssässig" oder „schriftsässig" ist, sich häufig nicht sicher entscheiden läßt. Das AG. wandelt sowohl den dotalrechtlichen Güterstand der „Schriftsässigen" als die Errungenschaftsgemeinschaft der „Amtssässigen" in den gesetzlichen Güterstand des BGB. um und beseitigt dadurch die Verschiedenheit des Güterstandes nach Ständen für die Dauer der Ehe. Art. 49 und 54; Begr. S. 99, 132. Siehe unten Anm. 1 Abs. 2 zu Art. 54 § 1; Anm. 1 Abs. 2 zu Art. 54 § 3.

4. In Bezug auf die Wirkung der Ueberleitung bemerkt die Begründung im allgemeinen: „Eine zu Bedenken Anlaß gebende sachliche Beeinträchtigung der Rechtsstellung der Ehegatten oder Dritter ist mit der Ueberleitung, wie der Entwurf sie vorsieht, nicht verbunden. Soweit schon jetzt anzunehmen ist, daß dem Manne Nießbrauch und Verwaltung an dem nicht ausdrücklich vorbehaltenen Frauenvermögen zusteht, tritt durch die Einführung des neuen Rechtes überhaupt keine Aenderung, sondern nur eine wohlthätige nähere Ausbildung des bisherigen Rechtes ein. Aber auch wenn man das Römische Recht als im Wesentlichen noch unverändert geltend ansieht, bleiben unzulässige sachliche Eingriffe bei der Ueberleitung ausgeschlossen." Begr. S. 100.

Im Einzelnen ist insbesondere auf die Anmerkungen zu § 2 über das Dotal- und Paraphernalgut zu verweisen.

„Erbrechtliche Wirkungen des Güterstandes sind mit dem gemeinen Dotalrechte nicht verbunden, auch nicht in den Gebietstheilen, in welchen sich ein statutarisches oder gewohnheitsrechtliches Erbrecht des Ehegatten entwickelt hat (vergl. für Westfalen Welter-Schultz § 48, für Hannover Grefe, Hannovers Recht Bd. 2 § 23, Rudorff, das Hannoversche Privatrecht S. 419). Das Erbrecht des überlebenden Ehegatten bestimmt sich also künftig ohne Weiteres nach den Vorschriften des BGB. (EG. Art. 213)." Begr. S. 101.

§ 2.

1. Der § 2 **Abs. 1** verwandelt das Vermögen, welches als Heirathsgut bestellt oder von der Frau der Verwaltung des Mannes ohne Vorbehalt überlassen ist, in eingebrachtes Gut (§§ 1372 ff. BGB.), das sonstige Vermögen der Frau in Vorbehaltsgut der Frau (§§ 1371, 1427 BGB.).

a) Eingebrachtes Gut wird danach zunächst das Vermögen, welches als Heirathsgut bestellt ist (die Dos, das Dotalgut), und zwar gleichviel, ob das Heirathsgut von der Frau selbst, oder von Dritten, z. B. ihren Eltern, bestellt ist.

Ueber die praktische Bedeutung dieser Umwandlung bemerkt die Begr. S. 100 im Allgemeinen: „Das als Heirathsgut bestellte Vermögen erwirbt der Mann zwar zu vollem Rechte, die dazu gehörigen Sachen zu Eigenthum. Da er das Heirathsgut aber nach Auflösung der Ehe in Natur oder dem Werthe

wird eingebrachtes Gut, das sonstige Vermögen der Frau wird Vorbehaltsgut der Frau.

Die Ansprüche Dritter auf Herausgabe des Heirathsguts bleiben unberührt.

---

nach zurückgeben muß, so kommt ihm eigentlich nur der Ertrag des Heirathsguts zu. Zur Veräußerung von Dotalgrundstücken bedarf er der Zustimmung der Frau, nach dem Hannoverschen Gesetze vom 30. Juli 1840 gerichtlicher Bestätigung. Inwieweit er bewegliche Sachen ohne Einwilligung der Frau mit Wirkung ihr gegenüber veräußern kann, ist streitig (Windscheid, Lehrbuch Bd. 2 § 503; Dernburg, Pandekten Bd. 3 § 20). Dem Manne bleiben hiernach nicht viel mehr Rechte als die Verwaltung und die Nutznießung (Windscheid § 496; Dernburg § 18). Die Umwandlung des vorhandenen Heirathsguts in eingebrachtes Gut berührt also mehr die Rechtsform als den sachlichen Gehalt der Befugnisse des Mannes."

Wie hiernach bereits angedeutet, geht das als Heirathsgut bestellte Vermögen, welches bisher dem Manne zu vollem Rechte zustand, mit der Ueberleitung des Güterstandes in das Vermögen der Frau über, und zwar erwirbt die Frau dasselbe ebenfalls zu vollem Rechte. Insbesondere verwandelt sich daher z. B. das Eigenthum des Mannes an den als Heirathsgut bestellten Sachen in Eigenthum der Frau; eine als Heirathsgut bestellte Hypothek, die bisher dem Manne zustand, gehört von der Ueberleitung an der Frau ꝛc. Hieraus ergiebt sich, daß bei Grundstücken und Rechten, welche als Heirathsgut bestellt und im Grundbuch auf den Namen des Mannes eingetragen sind, das Grundbuch mit der Ueberleitung des Güterstandes unrichtig wird, und daß daher der Frau von diesem Zeitpunkte an die in den §§ 894 ff. des BGB. bestimmten Rechte auf Berichtigung des Grundbuchs zustehen. Für die Berichtigung des Grundbuchs werden nach Art. 59 § 2 Gerichtsgebühren und Stempel nicht erhoben. Vergl. Begr. S. 100.

„Den Gläubigern des Mannes bleiben wegen der vor der Ueberleitung entstandenen Schulden ihre bisherigen Rechte in Ansehung des Heirathsgutes trotz der Umwandlung erhalten" (Art. 59 § 3). Begr. S. 100.

„Erweitert wird durch die Einführung des neuen Rechtes die Befugniß der Frau, das Heirathsgut während des Bestehens der Ehe zurückzunehmen, welche ihr jetzt nur zusteht, wenn der Mann die Dos verschleudert oder in Vermögensverfall geräth (vergl. dagegen BGB. § 1418). Vom Standpunkte der heutigen Anschauungen muß hierin jedoch ein wesentlicher Fortschritt erblickt werden." Begr. S. 101.

„Für den Fall der Scheidung kommt der Verlust der Dos an den unschuldigen Mann als Scheidungsstrafe schon kraft Reichsrechts in Wegfall (EG. Art. 201)." Begr. S. 101.

b) Eingebrachtes Gut wird ferner, was die Frau der Verwaltung des Mannes ohne Vorbehalt überlassen hat.

Die Begr. bemerkt hierzu: „Bezüglich des Paraphernalvermögens der Frau wird, soweit schon jetzt nach der Sitte und der Auffassung der Ehegatten die Verwaltung und die Nutzung in der Hand des Mannes liegt, durch die Um-

§ 3. Bestimmt sich der Güterstand einer Ehe bisher nach dem im Lande Wursten geltenden Rechte, so tritt mit der Geburt eines Kindes allgemeine Gütergemeinschaft nach den Vorschriften des Bürgerlichen Gesetzbuchs ein.

Die Vorschriften des Artikel 51 § 2 Abs. 2 und des Artikel 52 § 2 finden Anwendung.

---

wandlung in eingebrachtes Gut nur der bisherige thatsächliche Zustand zu einem gesetzlich geordneten Rechtsverhältniß erhoben.

Sofern jedoch nach dem hierfür maßgebenden jetzigen Rechte anzunehmen ist, daß die Frau bisher befugt ist, die Ueberlassung ihres Vermögens an den Mann frei zu widerrufen, bleibt ihr diese Befugniß nach dem Entwurfe bis zur Zeit der Ueberleitung gewahrt. Denn außer dem Heirathsgute soll nur das Vermögen, welches zu dieser Zeit von der Frau der Verwaltung des Mannes ohne Vorbehalt überlassen ist, eingebrachtes Gut werden (Art. 48 § 2 Abs. 1); die Frau braucht sich also lediglich nach Maßgabe ihrer vorbezeichneten jetzigen Befugniß bis zur Ueberleitung die Verwaltung bezüglich ihres vorhandenen Vermögens oder einzelner Gegenstände vorzubehalten, um ihr von dem Vorbehalte betroffenes Vermögen zu Vorbehaltsgut zu machen." Begr. S. 100.

Die Wirksamkeit des Vorbehalts ist an keine bestimmte Form gebunden; der Beweis liegt selbstverständlich erforderlichenfalls der Frau ob. Begr. a. a. O.

„Auch soweit übrigens das Paraphernalgut der Frau eingebrachtes Gut wird, bestimmt sich seine Haftung für die vor der Ueberleitung entstandenen Schulden des Mannes nach dem bisherigen Rechte; gegenüber später entstehenden Schulden des Mannes ist die Frau gleichfalls durch das neue Recht genügend gesichert." Begr. a. a. O.

2. Der § 2 **Abs. 2** erhält die Ansprüche Dritter auf Herausgabe des Heirathsguts aufrecht. Das Wort „Dritten" steht im Gegensatz einerseits zum Manne, andererseits zu der Frau und deren Erben. Begr. S. 101. Vergl. Dernburg § 21.

§ 3.

1. „Im Lande Wursten und im Kirchspiel Altenwalde gilt als gesetzliches Güterrecht das Dotalrecht nur bis zur Geburt eines Kindes; mit dieser tritt allgemeine Gütergemeinschaft ein (Ritter, neues Magazin für Hannoversches Recht Bd. 8 S. 163). Da auf die bezeichnete Umgestaltung der güterrechtlichen Verhältnisse nach dem bisherigen Rechte bei der Eingehung der Ehe gerechnet werden kann, so erscheint es bedenklich, für die zur Zeit des Inkrafttretens des BGB. noch unbeerbten Ehen den gesetzlichen Eintritt der Gütergemeinschaft mit der Geburt eines Kindes zu beseitigen. Wie nach dem Entwurf aber die nach dem bisherigen Rechte schon eingetretene Gütergemeinschaft in die allgemeine Gütergemeinschaft des BGB. übergeleitet werden soll (Art. 51 [= Art. 52 des Gesetzes] § 1 Abs. 1, § 2), so läßt der Entwurf die letztere in gleicher Weise auch für die hier in Rede stehenden noch unbeerbten Ehen mit der Geburt eines Kindes eintreten." Begr. S. 101.

Demgemäß verwandelt sich der beim Inkrafttreten des BGB. bestehende Güterstand des Dotalrechtes nach Art. 49 § 1 in den gesetzlichen Güterstand des

Artikel 50.

§ 1. **Besteht für eine Ehe der gesetzliche Güterstand nach dem in der Provinz Schleswig-Holstein geltenden Sächsischen oder Lübischen,**

BGB.; wird später ein Kind geboren, so tritt nach Maßgabe des Art. 49 § 3 die weitere Umwandlung in die allgemeine Gütergemeinschaft des BGB. ein.

2. Wegen der für entsprechend anwendbar erklärten Vorschrift des Art. 51 § 2 Abs. 2 vergl. die Anmerkung zu Art. 51 § 2 Abs. 2.

3. Das in der Begr. des Gesetzentw. (siehe Anm. 1) genannte Kirchspiel Altenwalde ist im Gesetze nicht ausdrücklich aufgeführt. Die Vorschrift des Art. 49 § 3 gilt aber auch für das Kirchspiel Altenwalde, weil dort kein besonderes, sondern das im Gesetz genannte „im Lande Wursten geltende Recht" in Kraft ist. Komm. Ber. S. 53.

Artikel 50. § 1.

1. In den Provinzen Schleswig-Holstein und Hannover sowie in dem Kreise Rinteln der Provinz Hessen-Nassau gilt laut der Begr. des Gesetzentwurfs S. 101 f. als gesetzliches Güterrecht **Verwaltungsgemeinschaft:**

1. nach dem Rechte des Sachsenspiegels in seiner durch Gewohnheitsrecht und Gerichtspraxis modifizirten Gestaltung in einem großen Theile Holsteins;
2. nach Lübischem Rechte in den Holsteinschen Städten außer Altona, soweit sie nicht erst nach der Einverleibung städtische Verfassung erhalten haben, ferner in den Schleswigschen Städten Tondern und Burg auf Fehmarn sowie in Mölln;
3. nach besonderen Verordnungen in dem vormals schauenburgischen Antheile Holsteins, insbesondere der Stadt Altona;
4. nach dem Statute des Weichbildes Otterndorf von 1541 und Gewohnheitsrecht in der Stadt Otterndorf (Ebhardt, Sammlung der Verordnungen des vorm. Königr. Hannover II S. 243);
5. nach den Statuten der Stadt Stade von 1279 und Gewohnheitsrecht in der genannten Stadt, in der Ortschaft Brunshausen und der Stadt Buxtehude (Ebhardt II S. 369);
6. nach der Schaumburgischen Polizeiverordnung von 1615 in der vormaligen Grafschaft Schaumburg, dem Kreise Rinteln (Roth und v. Meibom, Kurhess. Privatrecht § 104 II, § 105 III, §§ 115, 116, 119." Begr. S. 101 f.

Wegen des Rechtes der Altstadt Celle siehe die Anm. 2 Abs. 2 zu Art. 49 § 1, oben S. 194.

Alle diese Güterrechte, deren rechtliche Natur übrigens theilweise (zu 5, 6) nicht unbestritten ist, werden mit der Einschränkung in das gesetzliche Güterrecht des BGB. übergeleitet, daß für die erbrechtlichen Wirkungen des Güterstandes die bisherigen Gesetze maßgebend sind, bei der gesetzlichen Erbfolge aber der überlebende Ehegatte die Erbfolge nach dem neuen Rechte wählen kann (Art. 50 §§ 1. 2). Begr. S 102.

nach dem im vormals Schauenburgischen Antheile Holsteins geltenden Rechte, nach den in Otterndorf, in Stade mit Brunshausen oder in Buxtehude geltenden Vorschriften oder nach der Schaumburgischen

---

2. Anlangend das Verhältniß zwischen dem alten und dem neuen Rechte bei bestehender Ehe, so stimmen

a) die in Rede stehenden Güterrechte, wie die Begr. S. 102 ausführt, mit dem gesetzlichen Güterrechte des BGB. in dem Grundgedanken überein, daß durch die Eheschließung das Vermögen der Frau nicht mit dem des Mannes zu einer rechtlich einheitlichen Masse vereinigt, aber der Verwaltung und Nutznießung des Mannes unterworfen wird.

Neu ist gegenüber den bisherigen Rechten zunächst die Vorschrift des § 1366 BGB., wonach die ausschließlich zum persönlichen Gebrauche der Frau bestimmten Sachen, insbesondere Kleider, Schmucksachen und Arbeitsgeräthe, Vorbehaltsgut der Frau sind, sowie die Vorschrift des § 1367 BGB., nach welcher Vorbehaltsgut ist, was die Frau durch ihre Arbeit oder durch den selbständigen Betrieb eines Erwerbsgeschäfts erwirbt. „Indessen ist" — so bemerkt die Begr. S. 102 — „bezüglich der ausschließlich zum persönlichen Gebrauche der Frau bestimmten Sachen das Verwaltungs- und Nutznießungsrecht des Mannes von geringer praktischer Bedeutung, und die Einführung der Vorschrift, daß der Arbeitserwerb der Frau ihr Vorbehaltsgut wird, ist hier nicht minder gerechtfertigt, als gegenüber der Verwaltungsgemeinschaft des ALR." (siehe oben Anm. A2 Nr. Ia zu Art. 45 § 1, Seite 157).

Neu sind auch den bisherigen Rechten gegenüber die Surrogationsgrundsätze der §§ 1381, 1382 BGB.

b) In Betreff des Umfanges der Verwaltungs- und Verfügungsbefugniß waltet zwischen dem alten und dem neuen Rechte insofern eine Verschiedenheit ob, als nach den bisherigen Rechten der Mann über die beweglichen Sachen der Frau unbeschränkt verfügen kann, während ihm eine solche Verfügung nach dem BGB. nur ausnahmsweise gestattet ist (vergl. §§ 1375 ff. BGB.). „Eine über das BGB. hinausgehende Beschränkung des Mannes enthält nur das Schaumburgische Recht, nach welchem der Mann auch die ihm selbst gehörigen, in städtischer Gemarkung gelegenen Grundstücke nur mit Einwilligung der Frau veräußern oder verpfänden kann. Der Wegfall dieser veralteten, sachlich unbegründeten Beschränkung erscheint unbedenklich" (Begr. S. 102).

c) Anlangend die Schuldenhaftung, so ist in den bisherigen Rechten zum Theil eine Haftung des eingebrachten Vermögens der Frau für Schulden des Mannes anerkannt, während nach dem BGB. § 1410 die Gläubiger des Mannes aus dem eingebrachten Gute nichts verlangen können. Die bisherigen Grundsätze bleiben in Ansehung der vor der Ueberleitung des Güterstandes entstandenen Schulden maßgebend (Art. 59 § 3 Abs. 1), während sich für die künftigen Schulden die Haftung nach dem BGB. (§§ 1410 ff.) richtet.

Die Begr. S. 102 f. führt hierüber aus:

„Bezüglich der Schuldenhaftung weichen die bisherigen Rechte zum Theil darin ab, daß sie eine Haftung des eingebrachten Gutes der Frau für Schulden des Mannes anerkennen. Eine solche Haftung tritt nach Lübischem und nach Holstein-Schauenburgischem Rechte bei beerbter Ehe

Polizeiordnung von 1615, so treten an die Stelle der bisherigen Gesetze die Vorschriften des Bürgerlichen Gesetzbuchs über das gesetzliche Güterrecht.

---

ein, und zwar haftet die Frau selbst mit ihrem nach der Auflösung der Ehe erworbenen Vermögen, wenn sie sich nicht durch Hingabe des gesammten Ehevermögens davon befreit; nur für die Stadt Altona besteht die Ausnahme, daß die Frau im Falle des Konkurses des Mannes nicht mehr mit dem nachher erworbenen Vermögen für die vorher entstandenen Schulden des Mannes haftet. Nach Lübischem Rechte gilt die Ehe nur, so lange ein Kind am Leben ist, als beerbt, so daß je nach dem Vorhandensein von Kindern auch die Haftung des Frauenguts sich ändert. Im Gebiete des Stader Rechtes wird gewohnheitsrechtlich im Konkurse des Mannes das Eingebrachte der Frau zur Konkursmasse gezogen, auch wenn die Schulden vor der Ehe entstanden sind. Nach Schaumburgischem Rechte haftet das Frauenvermögen — und zwar, wie angenommen wird, subsidiär — nur für solche während der Ehe gemachte Schulden des Mannes, zu welchen entweder die Frau vor Gericht nach Erklärung der weiblichen Rechtswohlthaten ihre Einwilligung zu Protokoll erklärt hat, oder die sich auf ein von den Ehegatten als Kaufleuten oder Handwerkern gemeinschaftlich betriebenes Gewerbe beziehen.

Es versteht sich von selbst, daß bezüglich der vor dem Inkrafttreten des BGB. entstandenen Schulden des Mannes in die Rechte der Gläubiger nicht eingegriffen werden darf. Für künftige Schulden des Mannes dagegen die Haftung des Eingebrachten zu beseitigen, besteht kein Bedenken. Haftung des Frauenguts bei fehlender Gütergemeinschaft widerspricht dem geläuterten Rechtsgefühle der Gegenwart; soweit die Frau nicht an dem vom Manne mit den Mitteln ihres Vermögens erzielten Gewinne Theil nimmt, ist es eine Forderung der Gerechtigkeit, daß sie auch nicht die Gefahr des Verlustes trägt. Die Beseitigung der Haftung wird daher als Wohlthat empfunden werden. Das Interesse des Mannes an der Fortdauer der seinen Kredit stärkenden Haftung muß hier zurückstehen. Den Gläubigern geschieht, auch soweit sie etwa im Vertrauen auf die Haftung in Geschäftsverbindung mit dem Manne getreten sind, kein Unrecht, zumal schon jetzt durch Vertrag die Haftung für die Zukunft ausgeschlossen werden kann." Begr. S. 103.

d) Den bisherigen Rechten gegenüber ist weiter ganz oder doch großentheils neu die im § 1418 des BGB. bestimmte Befugniß der Frau, auf Aufhebung der Verwaltung und Nutznießung zu klagen (§ 1418 BGB.). „Wenn jedoch" — so bemerkt die Begr. S. 103 — „die Auffassung zur Geltung gelangt, daß unter gewissen Voraussetzungen der Frau nicht zugemuthet werden könne, wider Willen ihr Vermögen dem Manne fernerhin zu belassen, so würde das Rechtsgefühl gerade an einer abweichenden Behandlung der bestehenden Ehen Anstoß nehmen."

e) „Im Uebrigen enthalten die Vorschriften des BGB. über das Rechtsverhältniß bei bestehender Ehe keine oder nur unerhebliche Abweichungen; zum Theil füllen sie Lücken aus. Ueberall haben sie den Vorzug der Bestimmtheit und Klarheit." Begr. S. 103.

§ 2. Die Vorschriften des Artikel 46 §§ 2, 3 finden entsprechende Anwendung. Das Gleiche gilt, wenn bisher das im vormals Schauen=

---

§ 2.

1. **Zu § 2 Satz 1.** In Betreff des Rechtsverhältnisses nach dem Tode eines der Ehegatten bestehen wesentliche Unterschiede zwischen dem alten und neuen Rechte; der Art. 50 § 2 Satz 1 erhält das alte Recht — vergl. übrigens Art. 59 § 7 — aufrecht, giebt jedoch dem Ehegatten die Befugniß, das neue Erbrecht zu wählen. Vergl. Anm. zu Art. 46 §§ 2, 3.

a) Ueber das hiernach aufrecht erhaltene alte Recht giebt die Begründung des Gesetzentwurfes S. 103—105 folgende Uebersicht:

„Nach Sächsischem Rechte (Verord. v. 15. Juni 1742 und Deklaration vom 11. Januar 1745) erhält regelmäßig der Wittwer die gesammten Mobilien der Frau, „sofern den Eltern oder Kindern aus dem übrigen Nachlaß der defuncta legitima salva verbleibt", nebst dem vierten Theile des übrigen Nachlasses, die Wittwe, je nachdem Leibeserben hinterlassen sind oder nicht, den vierten oder den dritten Theil des Nachlasses des Mannes. Dieser als portio statutaria bezeichnete Erbtheil kann nicht durch einseitige letztwillige Verfügung des anderen Ehegatten entzogen oder beschränkt werden. Für die Wittwen der Mitglieder der Schleswig=Holsteinschen Ritterschaft und des angesessenen Adels besteht auf Grund der sogenannten Haubenbandsgerechtigkeit die Besonderheit, daß sie die Hälfte von gewissen beweglichen Sachen zum Eigenthum und daneben während Jahr und Tag den Besitz und Genuß aller Grundstücke, in Ermangelung solcher die Zinsen ausstehender Kapitalien erhalten. Nach Lübischem Rechte beträgt bei unbeerbter Ehe die Erbquote des überlebenden Ehegatten die Hälfte des Nachlasses; bei beerbter Ehe ist sie in den verschiedenen Städten nicht gleich bemessen und besteht bald in der Hälfte bald in einem Kindestheil. Nach Schauenburg=Holsteinischem Rechte hat der überlebende Ehegatte die Wahl, ob er nach Abzug aller Schulden die Hälfte der Gesammtmasse nehmen oder sein Vermögen aus derselben herausziehen will. In der Stadt Altona steht der Wittwe dieses Wahlrecht nur bei unbeerbter Ehe zu bei beerbter Ehe nimmt sie ihr Eingebrachtes und erhält vom Nachlasse des Mannes Kindestheil, jedoch nie über ein Viertheil. Im Geltungsgebiete der drei angeführten Rechte, wie überhaupt in der ganzen Provinz Schleswig=Holstein, hat der überlebende Ehegatte ferner das Recht, die Erbtheilung mit den Kindern auszusetzen, bis er sich wieder verheirathen will oder der mündig gewordene Abkömmling oder die sich verheirathende Tochter die Abfindung fordert. Der Vater hat dabei im größten Theile der Provinz, insbesondere in den hier fraglichen Rechtsgebieten, das Recht, durch seine auf Verlangen zu beeidigende Aussage den Antheil der Kinder am mütterlichen Vermögen festzustellen. Das den Abkömmlingen während der Ungetheiltheit anderweit zufallende Vermögen soll nicht in die Gemeinschaft gebracht, sondern „separatim" verwaltet werden. Das Sitzenbleiben in ungetheilten Gütern — auch außerhalb der Gebiete der Gütergemeinschaft ungenau als fortgesetzte Gütergemeinschaft bezeichnet — findet nicht statt, soweit der verstorbene Ehegatte letztwillig abweichende Bestimmungen getroffen hat.

burgischen Antheile Holsteins geltende Recht maßgebend ist, von den Vorschriften des Artikel 46 §§ 4, 5.

Nach dem Rechte der Stadt Otterndorf behält bei unbeerbter Ehe der Wittwer sein Gut, das er vor Eingehung der Ehe hatte, und erbt von dem beweglichen Vermögen, das die Frau ihm zugebracht hat, ein Viertel, von den zugebrachten unbeweglichen Gütern ein Drittel; ist unbewegliches Gut nicht vorhanden, so erbt er zwei Drittel des fahrenden Gutes. Die Wittwe nimmt ihr Eingebrachtes zurück und erbt ein Drittel von des Mannes Gut. Gewohnheitsrechtlich soll der Wittwer zwei Drittel, die Wittwe ein Drittel von dem Nachlasse des anderen Ehegatten erhalten. Bei beerbter Ehe nimmt die Wittwe außer einem Voraus von bestimmten beweglichen Sachen neben mehreren Abkömmlingen ein Drittel, neben einem Abkömmlinge die Hälfte des Gesammtguts; überlebt der Mann die Frau, so erben die Abkömmlinge das gesammte Vermögen der Frau, und der Mann soll ihnen ein Drittel seines Vermögens zulegen. In jedem Falle hat der überlebende Ehegatte an dem den Abkömmlingen zufallenden Vermögen bis zu ihrer Volljährigkeit oder seiner Wiederverheirathung den Nießbrauch und die Verwaltung gegen die Verpflichtung zur Gewährung des Unterhalts.

Nach dem Rechte der Stadt Stade erhält der überlebende Ehegatte, wenn Abkömmlinge aus der Ehe vorhanden gewesen, aber vor der Auflösung der Ehe verstorben sind, das ganze Vermögen. Bei beerbter Ehe wird die Gemeinschaft zwischen dem überlebenden Ehegatten und den Abkömmlingen fortgesetzt. Verheirathet sich der Ehegatte wieder, so wird sein Vermögen vom Nachlasse des Verstorbenen getrennt und letzterer zwischen ihm und den Abkömmlingen nach Köpfen getheilt; wird nicht, wie üblich, ein Einkindschaftsvertrag geschlossen [künftig ist die Abschließung eines Einkindschaftsvertrages nicht mehr zulässig; siehe darüber unten die Anm. zu Art. 52 § 4], so trifft den Ehegatten als Strafe der zweiten Ehe der Verlust des Eigenthums an den ihm aus dem Nachlasse zufallenden Antheile zu Gunsten der gemeinschaftlichen Abkömmlinge. Die statutarische Erbportion des überlebenden Ehegatten kann durch letztwillige Verfügung nicht beeinträchtigt werden.

Nach dem Schaumburgischen Rechte endlich erhält bei unbeerbter Ehe, falls sie noch nicht Jahr und Tag gedauert hat, der Wittwer gewisse bewegliche Sachen und die Hälfte der Dos, die Wittwe eine entsprechende Geldsumme. Hat die Ehe Jahr und Tag bestanden, so erbt der überlebende Ehegatte den gesammten Nachlaß mit der Verpflichtung, gewisse Mobilien den Eltern, Geschwistern oder Geschwisterkindern des Verstorbenen herauszugeben; hinterläßt der Verstorbene jedoch Kinder aus einer früheren Ehe, uneheliche oder Adoptivkinder, so ist das Erbrecht des Ehegatten ausgeschlossen; auch kann jeder Ehegatte über den dritten Theil des gesammten beiderseitigen Vermögens letztwillig verfügen, und der überlebende Ehegatte braucht nur die über sein Vermögen getroffenen Verfügungen nicht anzuerkennen, wenn er die Erbschaft ausschlägt. Bei beerbter Ehe erhält der überlebende Ehegatte den Nießbrauch an dem Nachlasse, soweit er den gemeinschaftlichen Abkömmlingen zufällt; der Wittwer behält den Nießbrauch auch im Falle der Wiederverheirathung, während die Wittwe in diesem Falle mit den Kindern schichten muß; sie erhält neben

§ 3. Die Vorschrift des Artikel 46 § 3 findet auch Anwendung, wenn eine Ehe mit dem gesetzlichen Güterstande der Neumünsterschen Kirchspielgebräuche vor dem Ablaufe der für den Eintritt der Gütergemeinschaft maßgebenden Frist durch den Tod eines der Ehegatten aufgelöst wird.

Artikel 51.

§ 1. Für eine Ehe mit dem gesetzlichen Güterstande des in der

---

einem Kinde die Hälfte, neben mehreren Kindern ein Drittel des gesammten beiderseitigen Vermögens."

b) Das bisherige Recht ist dem überlebenden Ehegatten, wie die vorstehende Uebersicht zeigt, theils unbedingt günstiger, theils unbedingt ungünstiger als das neue, theils trifft je nach den Umständen des Falles das Eine oder das Andere zu. Der Art. 50 § 2 Satz 1 gewährt daher unter Vermeidung einer kasuistischen Regelung, die doch nicht allen diesen Verschiedenheiten gerecht werden könnte, dem Ehegatten in allen Fällen der gesetzlichen Erbfolge die Wahl der Erbfolge nach dem neuen Rechte (Art. 46 § 3). Soweit das alte Erbrecht unbedingt günstiger ist, wird der Ehegatte selbstverständlich von dem Wahlrecht keinen Gebrauch machen. Vergl. Begr. S. 105.

2. **Zu § 2 Satz 2.** Nach dem Schauenburgisch-Holsteinischen Rechte hat der überlebende Ehegatte nach dem bisherigen Rechte ein dem statutarischen Wahlrecht des Märkischen Rechtes ähnliches Wahlrecht (vergl. die Uebersicht in der Anm. 1a, oben S. 201). Auf dieses sind daher die für das Märkische Wahlrecht gegebenen Vorschriften des Art. 46 §§ 4, 5 gleichfalls für entsprechend anwendbar erklärt. Begr. S. 105.

§ 3.

„Verwaltungsgemeinschaft nach Sächsischem Rechte bildet endlich noch den gesetzlichen Güterstand im Geltungsgebiete der **Neumünsterschen Kirchspielgebräuche** für Ehen, die noch nicht Jahr und Tag gedauert haben, während nach dem Ablaufe dieser Frist allgemeine Gütergemeinschaft eintritt. Für Ehen mit diesem Güterstande läßt der Entwurf, falls zur Zeit des Inkrafttretens des BGB. die bezeichnete Frist noch nicht abgelaufen ist, der Vereinfachung wegen nicht sofort das gesetzliche Güterrecht, sondern erst mit dem Ablaufe der Frist die allgemeine Gütergemeinschaft des BGB. eintreten, während es in der Zwischenzeit bei den bisherigen Rechten bewenden soll (Art. 51 [Gesetz Art. 52] § 1 Abs. 2). Sofern jedoch eine solche Ehe vor dem Ablaufe der Frist durch den Tod eines der Ehegatten aufgelöst wird, ist es billig und folgerichtig, daß dem überlebenden Ehegatten das gleiche Wahlrecht gewährt wird, wie bei der Verwaltungsgemeinschaft des Sächsischen Rechtes (Art. 49 [Gesetz Art. 50] § 3)." Begr. S. 105.

Artikel 51. § 1.

Im Art. 51 sind die **besonderen Güterrechte der Provinz Pommern** zusammengefaßt, nämlich das Lübische Recht (§§ 1—4, 7), die Güterrechte der Pommerschen Bauernordnungen vom 16. Mai 1616 und vom 30. Dezember

Provinz Pommern geltenden Lübischen Rechtes treten an die Stelle

---

1764, sowie das Magdeburger oder Stettiner Recht (§§ 5—7). Begr. S. 106.

1. „Das **Lübische Recht,** wie es, theilweise durch besondere Statutarrechte modifizirt, in den meisten Städten des landrechtlichen wie des gemeinrechtlichen Theiles von Pommern und den zugehörigen Kämmereidörfern gilt, hat hier — laut Begr. — nach der in der Praxis unbestritten herrschenden Auffassung eine wesentlich andere Gestaltung angenommen, als z. B. in der Provinz Schleswig-Holstein. Danach entsteht in der Regel mit der Eheschließung eine durch die Geburt eines Kindes bedingte Gütergemeinschaft, welche durch die Geburt eines Kindes von Anfang an wirksam wird, beim Aussterben der Nachkommenschaft aber wieder für die Zukunft eine bedingte wird (Statutarrecht der Städte des Herzogthums Alt-Vor- und Hinterpommern 1836 §§ 49, 50; Statutarrecht der Städte des Herzogthums Neu-Vorpommern und des Fürstenthums Rügen, Provinzialrecht Th. 6, § 173; Präjudiz des Obertribunals Nr. 611 vom 18. Februar 1839, JMBl. 1839 S. 108; Entsch. d. Ob.-Trib. Bd. 48 S. 188 f.; v. Wilmowski, Lübisches Recht in Pommern §§ 41, 43). Das Rechtsverhältniß, wie es in der Praxis aufgefaßt wird, läßt sich mit anderen Worten dahin kennzeichnen, daß regelmäßig bei unbeerbter Ehe Verwaltungsgemeinschaft, bei beerbter Ehe allgemeine Gütergemeinschaft besteht. Abweichend von dieser Regel gilt auch bei beerbter Ehe Verwaltungsgemeinschaft nach dem Rechte der Städte Anklam, Treptow an der Tollense, Wolgast, Garz und Bergen auf Rügen, dagegen auch bei unbeerbter Ehe Gütergemeinschaft nach den Statuten der Stadt Stolp.

Der Entwurf trägt diesen Verschiedenheiten zunächst dadurch Rechnung, daß er, je nachdem für eine Ehe zur Zeit des Inkrafttretens des BGB. nach bisherigem Rechte Gütergemeinschaft besteht oder nicht, den Güterstand der Ehe in die allgemeine Gütergemeinschaft oder in die Verwaltungsgemeinschaft des BGB. überleiten will (§ 1).

Soweit ferner nach bisherigem Rechte für eine bei dem Inkrafttreten des BGB. noch unbeerbte Ehe durch die nachträgliche Geburt eines Kindes Gütergemeinschaft eingetreten sein würde, findet auch diese Eigenthümlichkeit des jetzigen Rechtes die gebotene Berücksichtigung durch die Vorschrift, daß mit der Geburt des Kindes die vermöge der Ueberleitung eingetretene Verwaltungsgemeinschaft kraft Gesetzes in die allgemeine Gütergemeinschaft des BGB. übergeht (§ 2 Abs. 1).

Dagegen soll sowohl hier als auch für den Fall, daß die Gütergemeinschaft des BGB. unmittelbar durch die Ueberleitung eingetreten ist, der wiederholte Wechsel des Güterstandes in Folge Aussterbens der Nachkommenschaft, soweit er nach dem jetzigen Rechte eingetreten sein würde, künftig wegfallen. Eine solche Aenderung des Güterstandes würde nicht nur nach den Vorschriften des BGB. über die allgemeine Gütergemeinschaft eine Auseinandersetzung in Ansehung des Gesammtguts nothwendig machen; sondern sie ermangelt auch der inneren Berechtigung und ist entbehrlich, da die Frau, soweit sie an der Aufhebung der Gütergemeinschaft ein Interesse hat, durch die Vorschrift des § 1468 des BGB. genügend geschützt ist." Begr. S. 106. Komm. Ber. S. 53.

der bisherigen Gesetze, wenn nach diesen zur Zeit des Inkrafttretens

---

2. Dementsprechend treten für eine der im § 1 bezeichneten Ehen an die Stelle der bisherigen Gesetze, wenn nach diesen zur Zeit des Inkrafttretens des BGB. keine Gütergemeinschaft besteht, die Vorschriften des BGB. über das gesetzliche Güterrecht (§§ 1363—1425), andernfalls die Vorschriften des BGB. über die allgemeine Gütergemeinschaft (§§ 1437—1518).

Der so eingetragene gesetzliche Güterstand des BGB. wird mit der nachträglichen Geburt eines Kindes, sofern nach den bisherigen Gesetzen Gütergemeinschaft eingetreten sein würde, einer abermaligen Umwandlung, nämlich in den Güterstand der allgemeinen Gütergemeinschaft des BGB. unterworfen (§ 2 Abs. 1). Dagegen ist die einmal erfolgte Ueberleitung in die allgemeine Gütergemeinschaft des BGB. in allen Fällen eine endgültige; eine Rückverwandlung in die Verwaltungsgemeinschaft in Folge Aussterbens der Nachkommenschaft findet nicht mehr statt. Begr. S. 106. Komm. Ber. S. 53.

3. Was das Verhältniß zwischen dem bisherigen und dem künftigen Rechte anlangt, so kehren

A. bei der Verwaltungsgemeinschaft des Lübischen Rechtes „bezüglich des Rechtsverhältnisses bei bestehender Ehe im Wesentlichen dieselben Unterschiede vom gesetzlichen Güterrechte des BGB. wieder, welche bei den sonstigen bisherigen Formen der Verwaltungsgemeinschaft schon hervorgehoben sind. Dies gilt namentlich in Betreff der Vorschriften der §§ 1366, 1367, 1375 ff., 1381, 1382, 1418 des BGB. Im Falle der Gefährdung ihres Eingebrachten kann die Frau schon jetzt die Rückgewähr zu eigener Nutzung verlangen. Soweit bisher mit der nachträglichen Geburt eines Kindes die Haftung des Frauenguts für Schulden des Mannes eintritt, muß die Frau allerdings ihr Vermögen sicherstellen (v. Wilmowski §§ 52, 57). Indessen genügt es, daß diese Verpflichtung gegenüber den Gläubigern bestehen bleibt, deren Schulden vor der Zeit der Ueberleitung entstanden sind" (Art. 59 § 3). Begr. S. 106 f.

Was die Rechtsverhältnisse nach dem Tode eines Ehegatten betrifft, so sind im § 4 Abs. 1 die dem überlebenden Ehegatten nach den bisherigen Gesetzen zukommenden Rechte mit der Maßgabe aufrecht erhalten, daß der überlebende Ehegatte im Falle der gesetzlichen Erbfolge berechtigt ist, die Erbfolge nach dem BGB. zu wählen. Siehe darüber unten die Anm. 1 zu § 4.

B. Die lübischrechtliche Gütergemeinschaft weist nur wenige erhebliche Unterschiede von der allgemeinen Gütergemeinschaft des BGB. auf.

I. Für das Verwaltungs- und Verfügungsrecht des Mannes in Ansehung des Gesammtguts sind im landrechtlichen Theile Pommerns nach feststehender Praxis die Vorschriften des subsidiär geltenden Landrechtes maßgebend, namentlich der § 378 II. 1, wonach der Mann Grundstücke und Gerechtigkeiten nicht ohne Einwilligung der Frau verpfänden oder veräußern kann (Entsch. des Ob.-Trib. Bd. 10 S. 61, Bd. 60 S. 145; Strieth. Arch. Bd. 68 S. 105; v. Wilmowski S. 140, 147); es tritt daher die gleiche Behandlung ein, wie bei der landrechtlichen Gütergemeinschaft, namentlich auch in Betreff der Aufrechterhaltung des § 379 II. 1. Siehe Art. 51 § 7. Begr. S. 108.

In Neuvorpommern und Rügen ist bisher der Mann, so lange die Gütergemeinschaft nicht im Grundbuche eingetragen ist, in der Verfügung über

des Bürgerlichen Gesetzbuchs keine Gütergemeinschaft besteht, die Vorschriften des Bürgerlichen Gesetzbuchs über das gesetzliche Güterrecht,

---

Grundstücke nicht beschränkt. Ges. über das Grundbuchwesen ꝛc. in Neuvorpommern und Rügen, v. 26. Mai 1873, GS. S. 229. Dieser Rechtssatz ist indessen, entgegen einem in der Komm. des AH. gestellten Antrage, nicht aufrecht erhalten. Komm. Prot. **XI** S. 3 f., Komm. Ber. S. 54. AG. z. RGBO. Art. 33 Nr. 3. Vergl. Begr. S. 108.

II. In Bezug auf die Schuldenhaftung ist eine Besonderheit der Stadt Stolp (§ 3) und für das landrechtliche Gebiet die Vorschrift des § 386 II. 1 (vergl. v. Wilmowski S. 122) aufrecht erhalten (§ 7), während die Vorschriften des ALR. II. 1 §§ 392 ff. schon jetzt nicht gelten (Statutarrecht für Alt-Vorpommern § 59). Begr. S. 108.

Die lübischrechtliche Befugniß der Frau, sich nach Beendigung der Gütergemeinschaft durch Verzicht auf ihren Antheil am Gesammtgute von der Haftung für die Schulden des Mannes zu befreien, ist für künftige Schulden mit Rücksicht auf die Schutzvorschrift des § 1481 Satz 1 BGB. fallen gelassen; bezüglich der vor der Ueberleitung entstandenen Schulden wird im Art. 59 § 3 Abs. 2 die Haftung mit der Beendigung der Gütergemeinschaft für erloschen erklärt, „da nach den künftig maßgebenden Vorschriften des BGB. die Frau, um nicht nach § 1480 haftbar zu werden, dafür sorgen muß, daß der Gläubiger bei der Auseinandersetzung mit dem Gesammtgute befriedigt wird." (Begr. S. 108).

III. Im Falle der Auflösung der Ehe durch den Tod eines der Ehegatten gestaltet sich, falls die Ehe unbeerbt ist, das Rechtsverhältniß nach dem Gesetze abweichend vom bisherigen Rechte, weil die Bestimmung des letzteren, daß mit dem Aussterben der Nachkommenschaft die Gütergemeinschaft wieder aufhört, mit der Ueberleitung beseitigt wird (siehe oben S. 205, 206, Anm. 1, 2). Von diesem Standpunkte war es „nicht angängig, hier bezüglich der erbrechtlichen Wirkungen des Güterstandes grundsätzlich die bisherigen Gesetze aufrecht zu erhalten. Indessen bieten das Erbrecht und der Pflichttheilsanspruch, die das BGB. dem überlebenden Ehegatten bei der allgemeinen Gütergemeinschaft im Falle der unbeerbten Ehe gewährt, hinlänglichen Ersatz für die Rechte, welche dem Ehegatten nach dem bisherigen Rechte zustehen würden" (Begr. S. 109).

Ist die Ehe bei der Auflösung durch den Tod beerbt, so tritt künftig gleichfalls im Allgemeinen das Recht des BGB. ein. Nach diesem wird, wie bisher, zwischen dem überlebenden Ehegatten und den gemeinschaftlichen Abkömmlingen die Gütergemeinschaft fortgesetzt (§§ 1483 ff.). Das dem Wittwer nach § 12 des Gesetzes v. 26. Mai 1873, betr. das Grundbuchwesen ꝛc. in Neuvorpommern und Rügen, zustehende Recht, Grundstücke zu veräußern oder zu belasten, kommt in Folge der Umwandlung des Güterstandes künftig nicht mehr zur Geltung (§§ 1487, 1445); ein in der Komm. des AH. gestellter Antrag, dasselbe aufrecht zu erhalten, wurde abgelehnt. Komm. Prot. **XI** S. 3 f., Komm. Ber. S. 54. Vergl. AG. z. RGBO. Art. 33 Nr. 3. Vergl. auch oben Anm. I Abs. 2.

Auch im Uebrigen haben die Unterschiede zwischen dem alten und dem neuen Rechte nur ausnahmsweise zu Vorbehalten Anlaß gegeben (§ 4 Abs. 2, 3), da in den meisten wesentlichen Punkten Uebereinstimmung herrscht. Die Wittwe

anderenfalls die Vorschriften des Bürgerlichen Gesetzbuchs über die allgemeine Gütergemeinschaft.

---

ist bei Veräußerungen und Belastungen von Grundstücken schon nach bisherigem Rechte an die Zustimmung der Kinder gebunden. Der antheilsberechtigte Abkömmling kann über seinen Antheil bisher so wenig wie künftig (§§ 1487, 1442) verfügen. „Ebenso stimmt in Betreff der Behandlung des Antheils eines in der Gemeinschaft verstorbenen Abkömmlings der § 1490 des BGB. im Ergebnisse mit der in der Praxis herrschenden Auffassung des jetzigen Rechtes überein (Zelter S. 31, 32). Schon jetzt kann der überlebende Ehegatte jederzeit zur Theilung schreiten und ist zu dieser verpflichtet, wenn er zur anderen Ehe schreitet oder sich der Verschwendung verdächtig macht; demgegenüber enthält der § 1495 des BGB. nur eine Fortentwickelung des geltenden Rechtes." Begr. S. 109. Der Abschichtungsanspruch der Kinder beim Eintritt der Volljährigkeit oder ihrer Verheirathung ist daneben aufrecht erhalten; siehe § 4 Abs. 2 Satz 2; Komm. Ber. S. 54.

Für die Theilung des Gesammtguts der fortgesetzten Gütergemeinschaft ist — abgesehen von Neuvorpommern und Rügen, § 4 Abs. 2, siehe unten Anm. 2 zu § 4 — das Recht des BGB. maßgebend, dessen Grundsatz der Halbtheilung (§§ 1498 verb. mit 1476) mit der bisherigen Theilung im Landrechtsgebiete übereinstimmt; die örtlich sehr verschiedenen Observanzen bezüglich eines Voraus des überlebenden Ehegatten (Statutarrecht S. 86 ff.) sind beseitigt. Begr. S. 109.

Die Bestimmung des bisherigen Rechtes, wonach die Abschichtung der Kinder erster Ehe auch deren Abfindung von dem künftigen Nachlasse des überlebenden Ehegatten zur Folge hat, ist nicht aufrecht erhalten; die künftige Beerbung des überlebenden Ehegatten regelt sich daher ausschließlich nach den Vorschriften des neuen Rechtes. Ein auf die Erhaltung jener Bestimmung gerichteter Antrag wurde in der Kommission des Abgeordnetenhauses abgelehnt, nachdem der Regierungskommissar in Uebereinstimmung mit dem auch in der Begr. des Gesetzentw. S. 109 eingenommenen Standpunkt ausgeführt hatte, daß die Aufrechterhaltung gegenüber den Vorschriften des EG. z. BGB. (Art. 213) kaum zulässig sei; der Art. 200 des EG. habe die erbrechtlichen Wirkungen des Güterstandes aufrecht erhalten, damit die Ehegatten in den bestehenden Ehen nicht geschädigt würden, hier handele es sich aber um das Interesse des zweiten Ehegatten und der Kinder, und dies habe Art. 200 wohl nicht im Auge gehabt. Komm. Prot. XI S. 5; Komm. Ber. S. 55.

Während hiernach die Frage, ob die Kinder erster Ehe durch die Abschichtung mit dem überlebenden Ehegatten auch von dem Nachlasse des letzteren ganz abgefunden werden, für die am 1. Januar 1900 noch bestehenden Ehen im verneinenden Sinne entschieden ist, bleibt die gleiche Frage für diejenigen Ehen, welche bereits vor dem 1. Januar 1900 aufgelöst sind, in Ermangelung einer darauf bezüglichen Ueberleitungsvorschrift eine offene. Diese letztere Frage wurde in der Kommission des Herrenhauses erörtert, aber unentschieden gelassen. Die Entscheidung hängt, wie der Regierungskommissar ausführte, lediglich von der Auslegung des Reichsgesetzes ab, nämlich davon, ob die gedachte Bestimmung des bisherigen Rechtes als erbrechtliche Wirkung des Güterstandes der

§ 2. Gilt für die Ehe nach § 1 das gesetzliche Güterrecht des Bürgerlichen Gesetzbuchs, so tritt mit der Geburt eines Kindes, sofern nach den bisherigen Gesetzen Gütergemeinschaft eingetreten sein würde, allgemeine Gütergemeinschaft nach den Vorschriften des Bürgerlichen Gesetzbuchs ein.

Inwieweit das Vermögen der Frau Vorbehaltsgut wird und inwieweit die Verbindlichkeiten der Frau Gesammtgutsverbindlichkeiten werden, bestimmt sich nach den Vorschriften, welche gelten würden, wenn die allgemeine Gütergemeinschaft schon mit dem Inkrafttreten des Bürgerlichen Gesetzbuchs eingetreten wäre.

§ 3. Die Vorschriften der Statuten der Stadt Stolp über die Rechte, welche der Frau im Falle der Unzulänglichkeit des Vermögens der Ehegatten zustehen (§ 58 des Statutarrechts der Städte des Herzogthums Alt-Vor- und Hinterpommern), bleiben in Kraft.

---

ersten Ehe (im Sinne des Art. 200 des EG. z. BGB.) anzusehen ist. Ist diese diese Frage zu verneinen (vergl. den vorigen Abs.), so ist die Bestimmung durch den Art. 200 nicht gedeckt und die Beerbung richtet sich ausschließlich nach dem neuen Rechte (Art. 213 EG. z. BGB.); anderenfalls ist die Bestimmung durch den Art. 200 aufrecht erhalten, und sind daher die abgeschichteten Kinder durch die Abschichtung auch als von dem Nachlasse des Ueberlebenden abgefunden zu betrachten. Komm. Ber. d. HH. S. 18.

§ 2.

1. Zu § 2 **Abs. 1** ist auf die Anmerkungen 1 Abs. 3 und 2 Abs. 2 zu § 1, oben S. 204, 205, zu verweisen.

In Anklam, Treptow an der Tollense, Wolgast, Garz und Bergen auf Rügen tritt mit der Geburt eines Kindes die allgemeine Gütergemeinschaft nicht ein, weil dort mit der Geburt auch nach bisherigem Rechte die Gütergemeinschaft nicht eingetreten wäre (Anm. 1 zu § 1).

2. Der § 2 **Abs. 2** trifft für den Fall der Geburt eines Kindes Bestimmung darüber, „inwieweit das während des Bestehens der Verwaltungsgemeinschaft erworbene Vorbehaltsgut der Frau auch nach der Umwandlung Vorbehaltsgut bleibt und inwieweit die während jener Zeit entstandenen Verbindlichkeiten der Frau Gesammtgutsverbindlichkeiten werden. Dem Gedanken des bisherigen Rechtes, demzufolge mit der Eheschließung eine durch die Geburt eines Kindes bedingte Gütergemeinschaft eintritt, entspricht es, wenn für die Zeit nach der Einführung des neuen Rechtes in beiden bezeichneten Beziehungen das Rechtsverhältniß so beurtheilt wird, wie wenn schon mit dem Inkrafttreten des BGB. die Gütergemeinschaft des letzteren eingetreten wäre." Begr. S. 107f.

§ 3.

Nach dem Rechte der Stadt Stolp kann die Frau, wenn das Vermögen beider Eheleute zur Bezahlung der Schulden nicht hinreicht, ohne Unterschied, ob die Ehe beerbt ist oder nicht, den dritten Theil ihres eingebrachten Vermögens zurückfordern. Die Frau kann den Anspruch im Konkurse des Mannes

§ 4. Wird eine Ehe, für die nach § 1 das gesetzliche Güterrecht des Bürgerlichen Gesetzbuchs gilt, durch den Tod eines der Ehegatten aufgelöst, so finden die Vorschriften des Artikel 46 §§ 2, 3 Anwendung. Sind für den Güterstand der Ehe bisher die für die Städte Anklam und Treptow an der Tollense geltenden Vorschriften maßgebend, so finden, wenn bei dem Tode eines Ehegatten ein gemeinschaftlicher Abkömmling vorhanden ist, auch die Vorschriften des Artikel 46 §§ 4, 5 entsprechende Anwendung.

Wird eine Ehe, für die bisher der gesetzliche Güterstand des in Neuvorpommern und Rügen geltenden Lübischen Rechtes bestanden

nur als Konkursforderung geltend machen. (Zelter, die statutarischen Güter- und Erbrechte in Pommern S. 22f.), weshalb „die Beibehaltung der Vorschrift Schwierigkeiten nicht mit sich bringt." Begr. S. 108.

§ 4.

Der § 4 bezieht sich auf die Rechtsverhältnisse nach dem Tode eines Ehegatten.

1. **Zu Abs. 1 Satz 1.** Besteht für eine Ehe, deren Güterstand bisher die Lübische Verwaltungsgemeinschaft war, noch bei der Auflösung durch den Tod eines der Ehegatten das gesetzliche Güterrecht des BGB. fort, so bleiben bezüglich der Rechte des überlebenden Ehegatten die bisherigen Gesetze maßgebend. Bei der gesetzlichen Erbfolge kann der überlebende Ehegatte nach näherer Vorschrift des Art. 46 § 3 die Erbfolge nach dem BGB. (§§ 1931 ff.) wählen.

a) Diese Vorschriften finden einerseits auf die Ehen, die bei dem Inkrafttreten des BGB. unbeerbt waren und es bis zur Auflösung geblieben sind, andererseits auf alle Ehen Anwendung, für welche das Anklamer oder ein gleichstehendes Statutarrecht gilt. Begr. S. 107; Anm. 1 zu § 1.

b) Die Begründung S. 107 giebt folgende Uebersicht über das bisherige Erbrecht:

„Bei unbeerbter Ehe nimmt nach bisherigem Rechte der überlebende Ehegatte das eigene Vermögen zurück und erhält neben Verwandten des Verstorbenen die Hälfte des nachgelassenen Vermögens, in Ermangelung von Verwandten ist er Alleinerbe; im ersteren Falle gebührt dem Ehegatten in einigen Städten ein Voraus. Daneben finden sich Besonderheiten für einzelne Städte (vergl. Statutarrecht für Alt-Vorpommern §§ 87 ff. S. 81 ff., Statutarrecht für Neu-Vorpommern § 195 ff.). Ein Vorzug des bisherigen Rechtes gegenüber dem neuen besteht namentlich darin, daß die Statutarportion des überlebenden Ehegatten die Eigenschaft eines unbedingt zu hinterlassenden Pflichttheils hat.

Bei beerbter Ehe bleibt der überlebende Ehegatte auch nach dem Rechte der hier in Betracht kommenden fünf Städte in Besitz, Verwaltung und Abnutz des ganzen gemeinschaftlichen Vermögens, solange er nicht zur anderen Ehe schreitet oder sonst ein gesetzlicher Grund zur Theilung eintritt.

In Anklam und Treptow an der Tollense hat der überlebende Ehegatte, in Anklam jedenfalls die Wittwe das Wahlrecht, den Nachlaß des Verstorbenen zu theilen oder in allen Gütern sitzen zu bleiben. In den genannten

hat und nach § 1 oder § 2 die allgemeine Gütergemeinschaft des Bürgerlichen Gesetzbuchs eingetreten ist, durch den Tod eines der Ehegatten aufgelöst, so sind für die Theilung des Gesammtguts die bisherigen Gesetze maßgebend. Das Gleiche gilt in Ansehung der Rechte, die einem antheilsberechtigten Abkömmlinge bei dem Eintritte der Volljährigkeit oder im Falle der Verheirathung zustehen.

Soweit nach dem bisherigen Rechte der Ehemann befugt ist, für den Fall, daß die Ehe durch seinen Tod aufgelöst wird, die Fortsetzung der Gütergemeinschaft durch letztwillige Verfügung auszuschließen, bleibt diese Befugniß unberührt.

---

beiden Städten findet bei Wiederverheirathung nur eine Theilung des Nachlasses des verstorbenen Ehegatten statt, wobei der überlebende einen Kopftheil erhält; im Uebrigen wird das gemeinschaftliche Vermögen zwischen dem überlebenden Ehegatten und den Kindern nach Hälften getheilt."

c) Wegen einer Modifikation des bisherigen Rechtes siehe Art. 59 § 7.

d) Das statutarische Wahlrecht in Anklam und Treptow an der Tollense — vergl. vorstehende Uebersicht in der Anmerkung b — wird nach § 4 **Abs. 1 Satz 2** ebenso behandelt, wie das statutarische Wahlrecht des Märkischen Ehegatten (Art 46 §§ 4, 5; vergl. Art. 50 § 2 Satz 2). Begr. S. 107.

2. Zu § 4 Abs. 2. Für die allgemeine Gütergemeinschaft des Lübischen Rechtes sind die sich aus den bisherigen Gesetzen ergebenden Rechte des überlebenden Ehegatten im Allgemeinen nicht aufrecht erhalten (s. oben S. 206 Anm. 3B Nr. III). Der § 4 Abs. 2 macht davon 2 Ausnahmen für die Ehen, für die bisher der gesetzliche Güterstand des in Neuvorpommern und Rügen geltenden Lübischen Rechtes bestanden hat und nach § 1 oder 2 dieses Artikels die allgemeine Gütergemeinschaft des BGB. eingetreten ist.

a) Die im § 4 Abs. 2 **Satz 1** gemachte Ausnahme bezieht sich auf die besonderen Theilungsgrundsätze, welche für die gedachten Ehen bisher gelten. Diese werden ihrer Eigenthümlichkeit wegen aufrecht erhalten (Art. 51 § 4 Abs. 2), und zwar auch für die Auseinandersetzung nach dem Tode eines der Ehegatten bei unbeerbter Ehe. Begr. S. 110. Die Theilung war schon bisher, obgleich für sie der Ausdruck Totaltheilung üblich war, lediglich eine Partialtheilung des Nachlasses des verstorbenen Ehegatten. Begr. S. 109 f.

b) Der Abs. 2 **Satz 2**, welcher durch die Kommission des AH. eingefügt ist, erhält das bisherige Recht auch insoweit aufrecht, als danach antheilsberechtigte Abkömmlinge bei Erlangung der Volljährigkeit oder Verheirathung von dem überlebenden Elterntheil Abschichtung zu fordern haben. Komm. Ber. S. 54.

Die Vorschriften des § 4 Abs. 2 finden nach § 6 Abs. 1 dieses Art. auch auf die nach der Bauerordnung von 1616 geordneten Güterstände Anwendung. Vergl. Komm. Ber. S. 54.

3. Zu § 4 Abs. 3. Nach dem bisherigen Rechte ist im Gegensatze zu § 1509 des BGB. der Ehemann unbeschränkt befugt, durch einseitige letztwillige Verfügung die fortgesetzte Gütergemeinschaft auszuschließen (Mot. z. BGB. Bd. 4 S. 436, v. Wilmowski S. 284; Begr. S. 110); diese Befugniß bleibt unberührt. Vergl. Art. 52 § 3 Abs. 2.

§ 5. Besteht für eine Ehe der gesetzliche Güterstand der allgemeinen Gütergemeinschaft nach der Bauerordnung vom 16. Mai 1616 oder der Bauerordnung vom 30. Dezember 1764 oder nach den

---

§ 5.

Die gesetzlichen Güterstände der allgemeinen Gütergemeinschaft nach der Pommerschen **Bauerordnung v. 16. Mai 1616** oder der Pommerschen **Bauerordnung v. 30. Dezember 1764** oder nach den Statuten der Städte **Stettin, Pölitz, Pyritz, Alt-Damm und Garz an der Oder** werden in Güterstände der allgemeinen Gütergemeinschaft nach dem BGB. (§§ 1437—1518) umgewandelt, und zwar grundsätzlich sowohl für das Verhältniß bei bestehender Ehe wie nach dem Tode eines Ehegatten (Art. 51 § 5). Einige Besonderheiten werden in den §§ 6, 7 des Art. 51 aufrecht erhalten.

1. In Bezug auf das Recht nach der Bauerordnung v. 16. Mai 1616 bemerkt die Begr. S. 110: „Nach der Pommerschen Bauerordnung v. 16. Mai 1616 Tit. X, welche in Neuvorpommern und Rügen auf dem platten Lande sowie in den Städten Franzburg und Richtenberg gilt, besteht für die ihr unterworfenen Personen als gesetzlicher Güterstand, ohne Unterschied, ob die Ehe beerbt ist oder nicht, allgemeine Gütergemeinschaft (Ockel, die eheliche Gütergemeinschaft nach der Pommerschen B. O. in Neuvorpommern und Rügen; Provinzialrecht des Herzogthums Neuvorpommern Th. I Abth. 2 §§ 77 ff., 160 ff.; Gesetz vom 8. April 1857, Gesetzsamml. S. 283. Die Bauerordnung selbst enthält nur wenige Vorschriften über die Schuldenhaftung und die Erbtheilung. In letzterer Hinsicht hat das Patent vom 12. November 1804 §§ 5, 6 im Anschluß die provinzielle Entwickelung des Lübischen Rechtes die Aenderung eingeführt, daß der überlebende Ehegatte in allen Fällen sein Vermögen, soweit es nicht zur Bezahlung der Schulden angegriffen werden muß, vorwegnimmt und von dem Nachlasse des Verstorbenen neben weiteren Verwandten des letzteren als Kindern die Hälfte, neben Kindern Kindestheil erhält (Provinzialrecht §§ 160—164). Auch im Uebrigen hat sich die Gütergemeinschaft der Bauerordnung von 1616 bei dem Mangel besonderer Vorschriften im Wesentlichen nach dem Vorbilde der Lübischen Gütergemeinschaft entwickelt; namentlich wird auch sie gewohnheitsrechtlich zwischen dem überlebenden Ehegatten und den Kindern aus der Ehe fortgesetzt. Es rechtfertigt sich daher die gleiche Behandlung wie bei der Gütergemeinschaft des in Neuvorpommern geltenden Lübischen Rechtes, auch in Betreff der Beibehaltung der bisherigen Theilungsgrundsätze." Vergl. Art. 51 § 5, § 6 Abs. 1.

2. Ueber die Bauerordnung vom 30. Dezember 1764 bemerkt die Begr. S. 110 im Allgemeinen:

„Die Pommersche Bauerordnung vom 30. Dezember 1764 (Nov. C. C. III S. 531), die in Altvor- und Hinterpommern auf dem platten Lande mit Ausnahme einzelner Orte und Bezirke sowie in den Städten Jacobshagen und Zachan gilt, bestimmt für die ihr unterworfenen Personen als gesetzliches Güterrecht gleichfalls die allgemeine Gütergemeinschaft (Provinzialrecht Th. II §§ 5, 6, 8—14; Statutarrecht § 143; Heck, das eheliche Güterrecht und das Intestat-Erbfolgerecht nach dem in der Provinz Pommern geltenden Lübischen Rechte und der Pommerschen Bauerordnung S. 80 ff., 139 ff.).

14*

Statuten der Städte Stettin, Pölitz, Pyritz, Alt-Damm oder Garz an der Oder, so treten an die Stelle der bisherigen Gesetze die Vorschriften des Bürgerlichen Gesetzbuchs über die allgemeine Gütergemeinschaft.

Die Bauerordnung regelt jedoch nur die Rechtsverhältnisse nach dem Tode eines der Ehegatten besonders; im Uebrigen kommen die subsidiär geltenden Vorschriften des ALR. zur Anwendung. Der fragliche Güterstand kann daher in gleicher Weise in die allgemeine Gütergemeinschaft des BGB. übergeleitet werden wie die landrechtliche Gütergemeinschaft. Dem Art. 46 [Gesetz Art. 47] § 2 entsprechend sind demnach auch hier die Vorschriften des ALR. II. 1 §§ 379, 386 aufrecht zu erhalten, während die §§ 392—395, 420 von der Anwendung ausgeschlossen sind (Provinzialrecht § 6)." Vergl. unten § 7.

Im Falle des Todes eines der Ehegatten tritt nach der Bauerordnung fortgesetzte Gütergemeinschaft ein, und zwar nicht nur, wie nach dem BGB., bei beerbter Ehe, sondern auch bei unbeerbter Ehe. Diese Eigenthümlichkeit wird auch für die bestehenden Ehen aufrecht erhalten (s. § 6 Abs. 2); jedoch bestimmen sich die Rechtsverhältnisse während der fortgesetzten Gütergemeinschaft bei beerbter wie bei unbeerbter Ehe nach den für die fortgesetzte Gütergemeinschaft geltenden Vorschriften des BGB. (§ 5, § 6 Abs. 2), ohne daß zu Gunsten des bisherigen Rechts Vorbehalte gemacht wären. Das neue Recht stellt zwar, wie die Begr. S. 111 in dieser Beziehung bemerkt, den überlebenden Ehegatten in Einzelheiten ungünstiger wie das bisherige, z. B. darin, daß das von ihm während der fortgesetzten Gemeinschaft erworbene Vermögen in weiterem Umfange Gesammtgut wird; es gewährt ihm aber auf der anderen Seite die Befugniß, die Fortsetzung der Gütergemeinschaft mit der Wirkung abzulehnen, daß sich die Beerbung des verstorbenen Ehegatten nach den dem Ueberlebenden günstigeren allgemeinen Vorschriften des BGB. (§§ 1931 ff.) regelt (§ 1484 BGB.).

Wenn ferner nach jetzigem Rechte die Kinder durch die Auseinandersetzung hinsichtlich ihres väterlichen und mütterlichen Vermögens gänzlich abgefunden werden, so ist hier auf dasjenige zu verweisen, was in Betreff der Gütergemeinschaft des Lübischen Rechtes im Landrechtsgebiet ausgeführt ist (oben S. 207, Anm. 3 B Nr. III Abs. 5, 6).

3. Allgemeine Gütergemeinschaft bildet endlich, so bemerkt die Begr. S. 111, den gesetzlichen Güterstand nach den Statutarrechten der Städte Stettin, Pölitz, Pyritz, Alt-Damm und Garz an der Oder (Statutarrecht §§ 63 bis 86, 106—137; Zelter, das Statutarrecht der Stadt Stettin).

a) „Das Rechtsverhältniß bei bestehender Ehe bestimmt sich im Wesentlichen nach den subsidiären Vorschriften des ALR., so namentlich das Verwaltungsrecht des Mannes; auch die Vorschriften des ALR. II. 1 §§ 392 ff. werden, wenigstens gegenüber dem Stettiner Rechte für anwendbar gehalten (Statutarrecht S. 69; Zelter, S. 12). Abgesehen von dem Rechtsverhältnisse nach Auflösung der Ehe durch den Tod gilt also für die Ueberleitung hier das Gleiche wie für die landrechtliche Gütergemeinschaft" (Begr. S. 111).

Die sogenannte lebendige Gerade der Ehefrau, welche nach dem Stettiner Rechte von der Gütergemeinschaft ausgeschlossen ist, wird, soweit

§ 6. Im Falle der Auflösung der Ehe durch den Tod eines der Ehegatten finden, wenn für die Ehe bisher die Bauerordnung vom 16. Mai 1616 galt, die Vorschriften des § 4 Abs. 2 Anwendung.

Galt für die Ehe bisher die Bauerordnung vom 30. Dezember 1764 und ist bei dem Tode eines Ehegatten ein gemeinschaftlicher

---

es sich um die bei der Ueberleitung vorhandenen Stücke handelt, Vorbehaltsgut der Frau (Begr. S. 111, Art. 59 § 1), die künftigen Stücke werden Gesammtgut.

b) Im Falle des Todes eines der Ehegatten regeln sich die Rechtsverhältnisse künftig im Allgemeinen nach dem neuen Rechte.

Ohne Einschränkung greift letzteres Platz im Falle der beerbten Ehe. Nach den Statuten aller genannten Städte würde in diesem Falle fortgesetzte Gütergemeinschaft eintreten, die der überlebende Ehegatte aufzuheben jederzeit befugt und dann verpflichtet wäre, wenn er sich der Verschwendung oder sonst einer schlechten Verwaltung verdächtig machte. An die Stelle dieser fortgesetzten Gütergemeinschaft tritt diejenige des BGB. Den Umfang des Gesammtguts bestimmt allerdings das Stettiner Recht insofern enger, als danach die dem überlebenden Ehegatten während der Gemeinschaft angefallenen Erbschaften im Gegensatze zum BGB. § 1485 Abs. 1 nicht Gesammtgut werden; mit Rücksicht auf das dem Ehegatten nach § 1484 des BGB. zustehende Recht, die Fortsetzung der Gütergemeinschaft abzulehnen, ist indessen hieraus ebensowenig ein Grund zur Einschränkung der Ueberleitung entnommen, wie in dem entsprechenden Falle der Bauerordnung von 1764 (siehe oben S. 212, Anm. 2). Begr. S. 112.

Auch die dem überlebenden Ehegatten nach Stettiner Recht zustehende Befugniß, im Falle der Wiederverheirathung bei der Auseinandersetzung mit minderjährigen Kindern, der sogenannten Ausmachung, den Kindern nicht die Hälfte des gemeinschaftlichen Vermögens, sondern nur den ihnen am letzteren gesetzlich zustehenden Pflichttheil zuzuweisen, welcher nur ein Drittel beträgt (Zelter, a. a. O. S. 15), und ähnliche Bestimmungen des Garzer Rechtes (Statutarrecht §§ 121, 134) kommen in Wegfall. Diese „Vorschriften beruhen auf dem Gedanken, daß der Ehegatte wegen der Aufwendungen für den Unterhalt der Kinder entschädigt werden muß. Indessen trägt auch das neue Recht diesem Gedanken, wenn auch in anderer Form, namentlich durch die elterliche Nutznießung, genügend Rechnung." Begr. S. 112.

Im Falle der unbeerbten Ehe greift gleichfalls der Regel nach das neue Recht (§§ 1931 ff. BGB.) Platz. Dasselbe ist dem überlebenden Ehegatten im Allgemeinen günstiger, als das bisherige, da nach dem letzteren der überlebende Ehegatte regelmäßig die Hälfte des gemeinschaftlichen Vermögens den Verwandten des Verstorbenen herauszugeben hat. Ein Vorbehalt zu Gunsten des bisherigen Rechtes ist aber im § 6 Abs. 3 gemacht (siehe die Anm. dazu, unten S. 214).

§ 6.

Der § 6 erhält einige Besonderheiten für den Todesfall aufrecht.

1. Zu Abs. 1. Für die Ehen der Bauerordnung von 1616 gelten, wie bei der Gütergemeinschaft des in Neuvorpommern geltenden Lübischen Rechtes, die Vorschriften des § 4 Abs. 2. Es sind demnach für die Theilung

Abkömmling nicht vorhanden, so wird die Gütergemeinschaft zwischen dem überlebenden Ehegatten und den anderen Erben des verstorbenen Ehegatten fortgesetzt. Die Vorschriften der §§ 1483 bis 1518 des Bürgerlichen Gesetzbuchs finden entsprechende Anwendung; an die Stelle der antheilsberechtigten Abkömmlinge treten die anderen Erben.

Galten für die Ehe bisher die Statuten der Städte Stettin oder Pölitz und ist bei dem Tode eines Ehegatten ein gemeinschaftlicher Abkömmling nicht vorhanden, so finden die Vorschriften des Artikel 46 §§ 2, 3 Anwendung.

---

des Gesammtguts die bisherigen Gesetze maßgebend; siehe oben S. 211, Anm. 1 zu § 5.

Das Gleiche gilt in Ansehung der Rechte, die einem antheilsberechtigten Abkömmlige bei dem Eintritte der Volljährigkeit oder im Falle der Verheirathung zustehen (Komm. Ber. S. 54).

2. **Zu Abs. 2.** Nach der Bauerordnung von 1764 tritt, wie bereits oben S. 212, Anm. 2 zu § 5 erwähnt, fortgesetzte Gütergemeinschaft nicht bloß bei beerbter Ehe, sondern auch bei unbeerbter Ehe ein. Diese Abweichung vom § 1482 BGB. ist mit der Maßgabe, daß auf die fortgesetzte Gütergemeinschaft die Vorschriften der §§ 1483–1518 des BGB. entsprechend anwendbar sind, aufrecht erhalten. Denn „diese Besonderheit des bisherigen Rechtes ist für den überlebenden Ehegatten zu bedeutsam, als daß sie bei der Ueberleitung unberücksichtigt bleiben könnte. Nach den Vorschriften des BGB. würde der Ueberlebende freilich statt der ihm bisher zufallenden Hälfte nicht selten das ganze gemeinschaftliche Vermögen, jedenfalls aber einen erheblich größeren Theil desselben erhalten. Indessen kann hierin ein voller Ersatz für die Stellung, die ihm das jetzige Recht gewährt, nicht gefunden werden. Die Fortsetzung der Gütergemeinschaft sichert dem Ueberlebenden die Fortdauer seiner bisherigen Lebenshaltung auf dem bäuerlichen Besitzthume, während die Nothwendigkeit sofortiger Theilung ihn der Gefahr aussetzt, das Besitzthum verlassen zu müssen." Begr. S. 111.

3. **Zu Abs. 3.** Der Abs. 3 erhält für die Ehen, in welchen die Statuten der Städte Stettin oder Pölitz gelten, die dem überlebenden Ehegatten nach den bisherigen Gesetzen zustehenden Rechte mit der Maßgabe, daß bei der gesetzlichen Erbfolge der überlebende Ehegatte dem Art. 46 § 3 gemäß die Erbfolge nach dem BGB. wählen kann, für den Fall aufrecht, daß ein gemeinschaftlicher Abkömmling nicht vorhanden ist. Vergl. die Anmerkungen zu Art. 46 §§ 2, 3.

Die Begr. S. 111 f. bemerkt hierzu: „Im Falle des Todes eines der Ehegatten ist bei unbeerbter Ehe im Allgemeinen das neue Recht dem überlebenden Ehegatten günstiger, da er nach jetzigem Rechte regelmäßig die Hälfte des gemeinschaftlichen Vermögens den Verwandten des Verstorbenen herauszugeben hat. Eine Ausnahme macht nur das Stettiner Recht zu Gunsten des Wittwers dann, wenn die Frau vor der Eingehung der durch ihren Tod aufgelösten Ehe unverheirathet gewesen ist; in diesem Falle braucht der Wittwer den Verwandten der Frau nur die Hälfte des Brautschatzes und desjenigen, was er durch die Frau an erbschaftlichen Vortheilen erhalten hat, nach Abzug bestimmter Verwendungen binnen vier Wochen herauszugeben (Statutarrecht §§ 107, 108).

§ 7. Soweit für die in den §§ 1, 5 bezeichneten Ehen bisher die Vorschriften des Allgemeinen Landrechts Theil II Titel 1 §§ 379, 386, 392 bis 395, 420 und Titel 18 §§ 782 ff. gelten, finden die Vorschriften des Artikel 47 § 1 Abs. 2, § 2 Anwendung.

Artikel 52.

§ 1. Besteht für eine Ehe der gesetzliche Güterstand der allgemeinen Gütergemeinschaft nach einem der Rechte, welche in den Provinzen Schleswig-Holstein, Hannover, Hessen-Nassau und in den

---

Dieser Besonderheit wird der Entwurf durch die Vorschrift des Art. 50 [Gesetz Art. 51] § 6 Abs. 3 gerecht."

§ 7.

Ueber den Inhalt der im Texte angezogenen Bestimmungen des ALR. siehe die Anmerkungen zu Art. 47 § 1 Abs. 2, § 2, oben S. 179, 180.

Im Uebrigen ist auf die Anmerkungen 3B Nr. 1 zu § 1 (oben S. 205), 3B Nr. II zu § 1 (oben S. 206), 2 zu § 5 (oben S. 212), 3a zu § 5 (oben S. 212), zu verweisen. Begr. S. 108, 110, 111.

„Gegenüber den in Altvor- und Hinterpommern geltenden statutarischen Gütergemeinschaften kommen auch die Vorschriften des subsidiär geltenden ALR. über die Aussetzung der Gütergemeinschaft bei Ehen Minderjähriger (II. 18 §§ 782 ff.) zur Anwendung (vergl. Rabe Bd. 4 S. 327, Bd. 7 S. 46). Diese Vorschriften müssen daher hier in gleicher Weise wie bei der landrechtlichen Gütergemeinschaft Berücksichtigung finden." Begr. S. 112.

Artikel 52. § 1.

Der Art. 52 betrifft die Ueberleitung der **allgemeinen Gütergemeinschaft in den gemeinrechtlichen Landestheilen außer Neuvorpommern und Rügen.**

1. Die allgemeine Gütergemeinschaft gilt nach der Begr. des Gesetzentw. S. 112f. als gesetzlicher Güterstand:

I. „in der Provinz Schleswig-Holstein:
   1. in dem im südwestlichen Holstein gelegenen Gebiete des Land- und Marschrechts nach Gewohnheitsrecht,
   2. im Gebiete des Eiderstedter Landrechts von 1591, d. i. der Landschaft Eiderstedt und den Städten Garding und Tönning,
   3. in den Schleswigschen Städten Husum, Friedrichstadt, Schleswig, Eckernförde und Flensburg nach besonderen Stadtrechten,
   4. im Gebiete des Dänischen Rechtes nach dem Gesetzbuche Christians V.,
   5. im Gebiete der Neumünsterschen Kirchspielgebräuche für Ehen, die Jahr und Tag gedauert haben, während bis dahin Verwaltungsgemeinschaft besteht,

Hohenzollernschen Landen gelten, so treten an die Stelle der bisherigen Gesetze die Vorschriften des Bürgerlichen Gesetzbuchs über die allgemeine Gütergemeinschaft. Diese Vorschrift findet in der Provinz

---

6. im Gebiete des Nordstrander Landrechts für beerbte Ehen, während bis zur Geburt eines Kindes Errungenschaftsgemeinschaft gilt;

II. in der Provinz Hannover:
1. in der Niedergrafschaft Lingen nach dem Lingenschen Landrechte von 1639,
2. in den Kreisen Emsbüren und Meppen und den sogenannten Münsterschen Abspliſſen nach Gewohnheitsrecht auf der Grundlage der Münsterschen Polizeiordnung von 1592,
3. in der Grafschaft Bentheim nach der Gerichts- und Landesordnung von 1690.
4. in den Städten und Flecken des vormaligen Fürstenthums Osnabrück nach Gewohnheitsrecht,
5. dem Berichte des Oberlandesgerichts Celle zufolge in den Landgemeinden des Amtes Diepholz,
6. in den Städten Lüneburg und Uelzen nach Lüneburger Stadtrecht,
7. in der Stadt Verden nach Verdener Stadtrecht,
8. in der Stadt Hildesheim mit Ausnahme der vormaligen Dom- und Stiftsfreiheit, nach Statutarrecht,
9. im Alten Lande nach Gewohnheitsrecht,
10. im Lande Hadeln nach Hadelnschem Landrechte von 1583,
11. im Lande Wursten nach Gewohnheitsrecht auf der Grundlage des Wurster Landrechts von 1611 für beerbte Ehen;

III. in der Provinz Hessen-Nassau:
1. in den zum vormaligen Fürstbisthume Fulda gehörig gewesenen Gebietstheilen nach Fuldischem Rechte (Thomas, System aller Fuldaer Privatrechte Theil II; Göbmann, Lehre von der allgemeinen ehelichen Gütergemeinschaft; Keller in den Kurhessischen Mittheilungen Bd. 3 S. 239 ff.),
2. im Gebiete des vormaligen Fürstbisthums Würzburg nach Würzburger Landrecht (der Fränkischen Landgerichtsordnung von 1618) für Ehen, in welchen ein gemeinschaftlicher Abkömmling vorhanden oder ein Einkindschafts- oder Kondonationsvertrag geschlossen ist, während mangels dieser Voraussetzungen Errungenschaftsgemeinschaft besteht und beim Wegfalle der Voraussetzungen wieder eintritt (Schelhaß, Darstellung des Würzburger Landrechts §§ 35 ff.);

IV. in den Hohenzollernschen Landen, in Sigmaringen ausschließlich nach Gewohnheitsrecht, in Hechingen auf Grund der Fürstlich Hohenzollernschen Landesordnung von 1698, die selbst auf

Hannover keine Anwendung auf Ehen, zu deren Vermögen ein in der Höferolle eingetragener Hof gehört.

Ist für eine Ehe mit dem gesetzlichen Güterstande der Neu=

---

dem Boden der Errungenschaftsgemeinschaft steht, durch das Gewohnheitsrecht aber wesentlich im Sinne einer, allerdings modifizirten, allgemeinen Gütergemeinschaft ausgebildet ist (Cramer, das hohenzollernsche Güterrecht § 11 S. 79 ff.)." Im vormaligen Fürstenthum Hechingen gilt jedoch für jüdische Ehen nicht die Gütergemeinschaft, sondern das gemeine Dotalrecht, welches sich nach Art. 47 in das gesetzliche Güterrecht des BGB. verwandelt.

2. Der Art. 52 § 1 **Abs 1** unterwirft die zur Zeit des Inkrafttretens des BGB. nach obigen Rechten bestehenden gesetzlichen Güterstände der allgemeinen Gütergemeinschaft — ausgenommen die im § 1 Abs. 1 Satz 2 genannten (siehe Anm. 4 zu § 1 d. Art., unten S. 222) — mit den in den §§ 2—5 bestimmten Maßgaben den Vorschriften des BGB. über die allgemeine Gütergemeinschaft (§§ 1437 bis 1518). Für die Ehen mit dem gesetzlichen Güterstande der Neumünsterschen Kirchspielgebräuche erfolgt diese Unterwerfung dem § 1 **Abs. 2** zufolge nachträglich, wenn die Ehen Jahr und Tag gedauert haben (vergl. oben S. 203 Anm. zu Art. 50 § 3).

Die Umwandlung in die allgemeine Gütergemeinschaft des BGB. ist endgültig. Daher kommt die dem Würzburgischen Rechte eigenthümliche Rückverwandlung der allgemeinen Gütergemeinschaft in die Errungenschaftsgemeinschaft in Folge Aussterbens oder Abschichtung aller Kinder, wie der ähnliche wiederholte Wechsel des Güterrechtes nach dem in Pommern geltenden Lübischen Rechte (oben S. 204, 205 Anm. 1, 2 zu Art. 51 § 1) in Wegfall.

3. Ueber die Bedeutung der nach Abs. 1 und 2 erfolgten Umwandlung ist im Allgemeinen Folgendes zu bemerken:

I. Der Umfang des Gesammtguts und des von diesem ausgeschlossenen Vermögens (Vorbehaltsguts) ist im Wesentlichen nach den bisherigen Rechten und nach dem BGB. der gleiche und sind deshalb in dieser Richtung besondere Vorbehalte zu Gunsten der bisherigen Rechte nicht gemacht.

Die Begr. S. 114 bemerkt hierüber: „Die hier fraglichen Rechte stimmen sämmtlich mit dem BGB. darin überein, daß grundsätzlich Alles, was die Ehegatten bei dem Beginne der Gemeinschaft haben und nachher erwerben, ihr gemeinschaftliches Vermögen wird. Die bezüglich der juristischen Konstruktion des Gemeinschaftsverhältnisses zum Theil vorhandenen Verschiedenheiten fallen nicht ins Gewicht und stehen nicht im Wege, das vorhandene gemeinschaftliche Vermögen künftig als Gesammtgut im Sinne des Reichsrechts zu behandeln.

Auch die Unterscheidung der von der Gemeinschaft ausgeschlossenen Gegenstände in solche, welche der Nutzung nach zum gemeinschaftlichen Vermögen gehören, und solche, von denen der betreffende Ehegatte auch die Nutzungen allein bezieht, ist den bisherigen Rechten bekannt. Nicht minder besteht in Betreff der Abgrenzung des von der Gemeinschaft ausgeschlossenen Gutes im Wesentlichen Uebereinstimmung.

münsterschen Kirchspielgebräuche die für den Eintritt der Gütergemeinschaft bisher maßgebende Frist zur Zeit des Inkrafttretens des Bürger-

Wenn nach dem Rechte des Alten Landes das Leibeszeug, d. h. die zum gewöhnlichen Gebrauche des einen Ehegatten bestimmten Sachen, diesem vorbehalten sind, so kann diese Besonderheit für die Zukunft ohne Nachtheil wegfallen.

Soweit nach Fuldischem Rechte die Nutzungen des Sonderguts mangels abweichender Vereinbarung in die Gemeinschaft fallen (Gößmann S. 90, Keller S. 252), genügt für das vorhandene Sondergut zur angemessenen Regelung des Rechtsverhältnisses die allgemeine Bestimmung, daß auf Gegenstände, die nur der Nutzung nach zum gemeinschaftlichen Vermögen gehören, die Vorschrift des § 1439 Satz 2 des BGB. Anwendung findet" (Art. 59 § 1 Abs. 2).

II. Das Verwaltungs- und Verfügungsrecht des Mannes in stehender Ehe anlangend, so stimmen einige Rechte mit dem BGB., nach welchem der Ehemann bei Verfügungen über das Gesammtgut im Ganzen, bei Verfügungen über Grundstücke und bei Schenkungen nach den §§ 1444—1446 an die Einwilligung der Frau gebunden ist, überein oder gehen in der Beschränkung des Mannes über das BGB. noch hinaus; so das Nordstrander Landrecht, das Bentheimsche, das Lingensche und das Fuldische Recht. Das Würzburgische Recht dehnt das Verfügungsrecht des Mannes zwar aus, giebt aber, entgegen dem BGB., der Frau unter gewissen Voraussetzungen die Befugniß, binnen einer bestimmten Frist auf die Aufhebung des einseitig vom Manne vorgenommenen Geschäfts zu klagen (reclamatio uxoria). Begr. S. 114.

Das Erforderniß der Zustimmung der Frau zu Verfügungen über Grundstücke (§ 1445) ist gegenüber vielen der bisherigen Rechte neu; insbesondere kann bisher der Mann auch über Grundstücke durch lästige Verträge, zum Theil auch schenkungsweise frei verfügen nach fast allen Schleswig-Holsteinschen und den meisten Hannoverschen Rechten sowie dem Hohenzollernschen Rechte, nach Hechinger und ähnlich nach dem Diepholzer Rechte jedoch mit Ausnahme der von der Frau zugebrachten Grundstücke. Für die Hohenzollernschen und die Schleswig-Holsteinischen Güterstände ist das bisherige Verfügungsrecht des Mannes über Grundstücke aufrecht erhalten (Art. 52 § 1 Abs. 3 und § 3 Abs. 1); im Uebrigen treten dagegen die Beschränkungen des BGB. ein.

III. Die Stellung der Frau bleibt im Wesentlichen dieselbe. Nur das Münstersche Recht hat eine erhebliche Abweichung vom BGB., insofern darnach der Frau im gleichen Umfange wie dem Manne das Recht einseitiger Verfügung über das Gesammtgut zusteht, während künftig die §§ 1357, 1449—1454 BGB. maßgebend sind. Begr. S. 115.

IV. In der Regelung der Schuldenhaftung stimmt das BGB. mit der Mehrzahl der geltenden Rechte überein. Im Einzelnen bestehen Verschiedenheiten.

Bezüglich der vor der Ueberleitung entstandenen Schulden bleiben die bisherigen Gesetze über die Schuldenhaftung in Kraft (Art. 59 § 3; Begr. S. 115). Die Begr. des Gesetzentw. giebt darüber folgende Uebersicht (S. 115):

„Das Gesammtgut haftet für voreheliche Schulden der Ehegatten nach Münsterschem Rechte gar nicht, nach Würzburgischem nur subsidiär nach

lichen Gesetzbuchs noch nicht abgelaufen, so gilt die Vorschrift des Abs. 1 von dem Ablaufe der Frist an.

Besteht für eine Ehe der gesetzliche Güterstand der allgemeinen

---

dem Sondergut; es haftet nach Osnabrücker und Münsterschem Rechte nicht für die vom Manne einseitig eingegangenen Bürgschaftsschulden, nach Fuldischem und Würzburgischem Rechte nur subsidiär für Deliktschulden beider Ehegatten.

Eine persönliche Haftung des Mannes für solche Verbindlichkeiten der Frau, für welche das Gesammtgut haftet, wird nur nach einzelnen Rechten angenommen, so für das Hildesheimer und das Fuldische Recht und bezüglich der vorehelichen Schulden der Frau für das Dänische Recht. Andererseits haftet die Frau für Eheschulden des Mannes theils unbedingt (Osnabrück, Verden, Fulda), theils mit der Rechtswohlthat der Entschlagung (Lüneburg, Hildesheim). Nach Würzburgischem Rechte endlich haftet jeder Ehegatte für die durch das gemeinschaftliche Vermögen nicht gedeckten Schulden zur Hälfte persönlich."

Soweit nach dem bisherigen Rechte sich die Frau von der persönlichen Haftung für Schulden des Mannes nach der Beendigung der Gütergemeinschaft durch Ausschlagung ihres Antheils befreien kann, erlischt ihre Haftung mit der Beendigung der Gütergemeinschaft (Art. 59 § 3 Abs. 2). Begr. S. 115. Vergl. Anm. 3B Nr. II zu Art. 51 § 1, oben S. 206).

Auf die künftigen Schulden sind die Vorschriften des BGB. (§§ 1459 ff.) anwendbar. Damit ist die Haftung des Mannes für Verbindlichkeiten der Frau, die Gesammtgutsverbindlichkeiten sind (§ 1459 Abs. 2 BGB.), neu eingeführt. Da diese Haftung bei Gesammtgutsverbindlichkeiten, die im Verhältnisse der Ehegatten zu einander nicht dem Gesammtgute zur Last fallen, mit der Beendigung der Gütergemeinschaft erlischt, so ist sie „im Wesentlichen nur für das Vorbehaltsgut des Mannes von Bedeutung; solches kommt aber äußerst selten vor. Künftige rechtsgeschäftliche Schulden der Frau werden ferner nur dann Gesammtgutsverbindlichkeiten, es entsteht mithin eine persönliche Haftung des Mannes für solche Schulden nur, wenn das Rechtsgeschäft mit Zustimmung des Mannes vorgenommen oder nach den §§ 1450—1453 ohne seine Zustimmung für das Gesammtgut wirksam ist (§ 1460 Abs. 1). Verbindlichkeiten der Frau aus unerlaubten Handlungen sind zwar Gesammtgutsverbindlichkeiten; der Mann kann aber seine persönliche Haftung für die Zukunft zum Erlöschen bringen, indem er nach § 1469 auf Aufhebung der Gütergemeinschaft klagt." Begr. S. 116.

V. Anlangend die Gründe der Beendigung der Gütergemeinschaft, so ist die in den §§ 1468, 1469 des BGB. geregelte Klage auf Aufhebung der Gütergemeinschaft den bisherigen Rechten gegenüber neu. In die Ehen nach Fuldischem und Würzburgischem Rechte, in welchen vereinkindschaftete Kinder aus einer früheren Ehe vorhanden sind, wird sie nicht eingeführt (Art. 52 § 4 Abs. 1 Satz 1; s. Anm. dazu. Begr. S. 116.

VI. Die Vorschriften des BGB. über die Auseinandersetzung nach der Beendigung der Gütergemeinschaft (§§ 1471 ff.) stimmen theils mit dem bisherigen Rechte überein, theils bieten sie diesem gegenüber nur eine genauere Regelung des Rechtsverhältnisses. Neuerungen sind: § 1477 Abs. 1 (Theilung des Ueber-

Gütergemeinschaft nach einem der Rechte, welche in den Hohenzollernschen Landen gelten, so findet die Vorschrift des § 1445 des

---

schusses nach den Vorschriften über die Gemeinschaft), § 1478 (Theilung bei Ehescheidung), § 1481 (Haftung des einen Ehegatten gegenüber dem andern bei Nichtberichtigung von Schulden). Einzelne Besonderheiten sind in den §§ 3—5 aufrecht erhalten.

VII. Bezüglich des Rechtsverhältnisses nach Auflösung der Ehe durch den Tod eines Ehegatten sind

a) für den Fall der unbeerbten Ehe überall die dem überlebenden Ehegatten nach den bisherigen Gesetzen zukommenden Rechte aufrecht erhalten, vorbehaltlich der Befugniß, bei der gesetzlichen Erbfolge diejenige nach dem BGB. zu wählen (Art. 52 § 2).

b) Dagegen tritt künftig bei beerbter Ehe

α) im Allgemeinen fortgesetzte Gütergemeinschaft nach dem Rechte des BGB. ein. Diese tritt insbesondere an die Stelle der Konsolidation oder des Alleinerbrechtes des überlebenden Ehegatten (z. B. Osnabrück, Hildesheim, Fulda, Würzburg, Verden beim Ueberleben des Mannes), sowie an die Stelle der fortgesetzten Gütergemeinschaft des bisherigen Rechtes (z. B. Schleswig-Holstein, Alte Land, Hadeln, Wursten, Verden beim Ueberleben der Frau, Hohenzollern).

Neu ist dabei den bisherigen Rechten gegenüber die Befugniß des überlebenden Ehegatten, die Fortsetzung der Gütergemeinschaft abzulehnen (§ 1484 BGB.), ferner, soweit bisher ein unentziehbares Recht des überlebenden Ehegatten auf Fortsetzung der Gütergemeinschaft bestand, die Befugniß, dieselbe nach § 1509 BGB. einseitig auszuschließen. Begr. S. 119, 121. Für Schleswig-Holstein vergl. § 3 Abs. 2.

Der Umfang des Gesammtguts der fortgesetzten Gütergemeinschaft nach § 1485 BGB. stimmt mit fast allen bisherigen Rechten überein; nur wenige der bisherigen Rechte (Würzburg, Lüneburg) lassen auch den Erwerb der Kinder in engerem oder weiterem Umfang in das Gesammtgut fallen. Begr. S. 119.

Großentheils Neuerungen enthalten die im § 1487 BGB. bestimmten Beschränkungen des Verwaltungs- und Verfügungsrechts des überlebenden Ehegatten, namentlich in Bezug auf Grundstücke; nach letzterer Richtung ist jedoch für Hohenzollern (§ 1 Abs. 3) und Schleswig-Holstein (§ 3 Abs. 1) das bisherige Recht aufrecht erhalten. „Die Vorschriften der §§ 1488, 1489 des BGB. über die Schuldenhaftung weichen im Ergebnisse von den geltenden Rechten nicht wesentlich ab. Soweit den letzteren eine persönliche Haftung des überlebenden Ehegatten für die nicht in seiner Person entstandenen Verbindlichkeiten (§ 1489 Abs. 1) fremd ist, fällt die Neuerung im Hinblick auf das Inventarrecht des überlebenden Ehegatten (§ 1489 Abs. 2) und das seltene Vorkommen von Vorbehaltsgut nicht in's Gewicht. Die Regelung des Falles, daß ein antheilsberechtigter Abkömmling während der fortgesetzten Gütergemeinschaft stirbt (§ 1490), stimmt mit den auf dem Boden der Konsolidation oder des Alleinerbrechts des überlebenden Ehegatten stehenden Rechten überein, von den Rechten mit fortgesetzter Gütergemeinschaft weicht sie dagegen mehr oder weniger ab (Mot. z. BGB. Bd. 4 S. 457)." Begr. S. 119.

Bürgerlichen Gesetzbuchs nur insoweit Anwendung, als der Mann nach dem bisherigen Rechte der Einwilligung der Frau zu Ver-

---

„Was die Beendigung der fortgesetzten Gütergemeinschaft betrifft, so ist die Befugniß des überlebenden Ehegatten, die fortgesetzte Gütergemeinschaft jederzeit aufzuheben (BGB. § 1492), nur in wenigen der hier fraglichen Rechte nicht anerkannt (Osnabrück, Fulda)." „Wie nach § 1493 des BGB. ist ferner nach fast allen bisherigen Rechten im Falle der Wiederverheirathung der überlebende Ehegatte zur Abschichtung der gemeinschaftlichen Abkömmlinge verpflichtet; nur nach Fuldischem Rechte tritt kraft Gesetzes Einkindschaftung der Abkömmlinge in die neue Ehe ein (vergl. aber unten Art. 67), und nach Verdener Recht bildet die Wiederverheirathung für den überlebenden Vater keinen Schichtungsgrund." Begr. S. 120. Vergl. Art. 52 § 4.

Vertragsmäßige Einkindschaftungen sind künftig nicht mehr möglich; das Reichsrecht läßt solche nicht zu. Mot. z. BGB. Bd. IV S. 486 ff. Begr. S. 120, 154. Anm. 2 zu Art. 52 § 4, unten S. 227.

„Außer dem Falle der Wiederverheirathung kennen manche der jetzigen Rechte keinen Zwang zur Abschichtung, so die Rechte von Wursten, Verden (beim Ueberleben des Wittwers), Fulda, Hohenzollern; andere lassen einen solchen Zwang zu bei Gefährdung der Rechte der Kinder durch Verschwendung oder schlechte Wirthschaft des überlebenden Ehegatten, so die Schleswig-Holsteinschen Rechte wenigstens für den Fall, daß die Mutter der überlebende Theil ist, ferner die Rechte von Osnabrück, Lüneburg, Alte Land, Verden (beim Ueberleben der Mutter) und Würzburg. Während den letzteren Rechten gegenüber die Vorschrift des § 1495 des BGB. sich nur als Fortbildung des bestehenden Rechtes darstellt, erscheint ihre Einführung auch im Uebrigen durch das Bedürfniß nach wirksamem Schutze der Abkömmlinge gerechtfertigt." Begr. S. 120.

Neben den Vorschriften des neuen Rechtes wollte der Gesetzentwurf den Abschichtungsanspruch der Abkömmlinge bei ihrer Volljährigkeit und ihrer Verehelichung, wie er in den Schleswig-Holsteinischen Rechten anerkannt wird, als entbehrlich fallen lassen (Begr. S. 120); derselbe wurde aber zufolge Beschlusses der Komm. des AH. gleichwohl aufrecht erhalten (§ 3 Abs. 3 dieses Artikels).

„Der Theilung wird außer nach Münsterschem Rechte und Nordstrander Landrecht der reine Vermögensbestand zur Zeit der Theilung zu Grunde gelegt. Auch darin stimmen die meisten Rechte mit dem BGB. (§ 1498 verb. mit § 1476) überein, daß die Theilung zwischen dem überlebenden Ehegatten und den Abkömmlingen nach Hälften erfolgt, so fast alle Schleswig-Holsteinischen Rechte und die Rechte von Osnabrück, Lingen, Bentheim, Lüneburg, Alte Land, Sigmaringen. Nach einigen Rechten findet Theilung nach Köpfen statt (Wursten, Verden), nach Würzburgischem Rechte erhalten der überlebende Ehegatte ein Drittel, die Kinder zwei Drittel. Bisweilen ist das Theilungsverhältniß je nach der Anzahl der Kinder verschieden bestimmt (Flensburg, Nordstrand, Münster, Hadeln, Hildesheim)." Begr. S. 120. Weitere Besonderheiten weist das Dänische Recht, das Nordstrander Landrecht und das Hechinger Recht auf. Künftig tritt überall an die Stelle der bisherigen Theilungsgrundsätze die Halbtheilung nach Maßgabe der Vorschriften

fügungen über Grundstücke bedarf. Tritt nach der Auflösung der Ehe

---

des BGB. (§ 1498 verb. mit § 1476); nur die besonderen Theilungsgrundsätze des Dänischen Rechtes, des Nordstrander Landrechts und des Hechinger Rechtes sind aufrecht erhalten (§ 3 Abs. 3, § 5 dieses Artikels).

β) Für den Fall, daß die Fortsetzung der Gütergemeinschaft ausgeschlossen ist, tritt künftig in der Regel nach § 1 Satz 1 dieses Artikels in Verb. mit §§ 1510, 1482 BGB. die Beerbung nach den allgemeinen Vorschriften des BGB. (§§ 1922 ff., insbesondere § 1931 ff.) ein. Das Gleiche gilt, wenn die Fortsetzung der Gütergemeinschaft abgelehnt wird (§ 1484 Abs. 3), oder wenn neben den gemeinschaftlichen Abkömmlingen nicht gemeinschaftliche vorhanden sind, den letzteren gegenüber (§ 1483 Abs. 2). Ein Vorbehalt ist im § 5 Abs. 2 für das Hechinger Recht gemacht.

4. Der Satz 2 des Abs. 1 § 1 nimmt von der Ueberleitung in die allgemeine Gütergemeingeschaft des BGB. diejenigen beim Inkrafttreten des BGB. bestehenden Ehen in der Provinz Hannover aus, zu deren Vermögen ein in der Höferolle eingetragener Hof gehört. Die Vorschrift beruht auf der Initiative des AH. (stenogr. Berichte S. 2569 ff., 2664 f.); sie soll nach der Begründung der Antragsteller die Nachfolge des Anerben in die Höfe in der bisherigen Weise ermöglichen, während mit der Ueberleitung in die Gütergemeinschaft des BGB. sich das bisherige Gesammteigenthum in Miteigenthum der Ehegatten verwandeln und demgemäß beim Tode eines Ehegatten nach § 21 Nr. 2 des Gesetzes, betr. das Höferecht in der Provinz Hannover, vom 2. Juni 1874 (GS. S. 186) Anerbenrecht nicht eintreten würde.

Die Ueberleitung ist, wenn zu einer Gütergemeinschaft ein in die Höferolle eingetragener Hof gehört, nicht bloß für den Hof, sondern für das ganze Gemeinschaftsvermögen ausgeschlossen.

5. Der **§ 1 Abs. 3** enthält Vorbehalte für das Hohenzollernsche Recht. Dieselben wurden durch die Komm. des AH. auf den Antrag eines Kommissionsmitgliedes eingefügt. (Komm. Prot. XIX S. 2 ff., Komm. Ber. S. 55 ff.)

a) Der Satz 1 bezieht sich auf das Verfügungsrecht des Ehemannes in bestehender Ehe. Nach dem Sigmaringer Rechte kann der Ehemann über das Gesammtgut unbeschränkt verfügen. Dasselbe gilt nach dem Hechinger Rechte mit der Ausnahme, daß der Mann zu Verfügungen über die von der Frau in die Ehe eingebrachten Grundstücke deren Einwilligung bedarf (Landesordn. Tit. 78; Cramer S. 111, Art. 8). Der Abs. 3 Satz 1 erhält diesen Rechtszustand, soweit es sich um die Verfügung über Grundstücke handelt, für die beim Inkrafttreten des BGB. bestehenden Ehen aufrecht, indem er den § 1445 BGB. nur insoweit für anwendbar erklärt, als der Mann nach dem bisherigen Rechte der Einwilligung der Frau zu Verfügungen über Grundstücke bedarf.

Die Vorschrift bezieht sich selbstverständlich nicht bloß auf die bei dem Inkrafttreten des BGB. vorhandenen, sondern auch auf die später hinzukommenden Grundstücke. Vergl. Komm. Ber. S. 59 zu Art. 54.

Das der Frau nach dem Hechinger Recht zukommende Zustimmungsrecht wurde bisher in den meisten Ehen dadurch beseitigt, daß die Frau auch über

fortgesetzte Gütergemeinschaft ein, so findet die Vorschrift des § 1445 keine Anwendung.

---

die von ihr eingebrachten Grundstücke dem Manne das freie Verfügungsrecht einräumte und demzufolge ihre eingebrachten Grundstücke im Grundbuche auf den Namen des Mannes eintragen ließ. (Cramer a. a. O.; Komm. Ber. S. 56). Derartige Vereinbarungen behalten ihre Wirkung auch für die Zukunft (Art. 59 § 5).

Insoweit hiernach noch die Zustimmung der Frau zu Verfügungen des Mannes über Grundstücke erforderlich ist, findet der § 1445 BGB. Anwendung. Insoweit bedarf daher der Mann der Zustimmung der Frau auch zur Eingehung einer Verpflichtung zu einer zustimmungsbedürftigen Verfügung (§ 1445); die Zustimmung kann nach § 1447 BGB. durch das Vormundschaftsgericht ersetzt werden, wenn die Frau sie ohne ausreichenden Grund verweigert oder durch Krankheit oder durch Abwesenheit an der Abgabe einer Erklärung verhindert und mit dem Aufschube Gefahr verbunden ist (§ 1447); verfügt der Mann ohne die erforderliche Zustimmung, und ist für die Zukunft eine erhebliche Gefährdung der Frau zu besorgen, so kann die Frau auf Aufhebung der Gütergemeinschaft klagen (§ 1468 Nr. 1). Vergl. weiter die §§ 1448 f. 1455 f. — Dem Grundbuchamte ist die Zustimmungserklärung in öffentlicher oder öffentlich beglaubigter Form beizubringen (§ 29 RGBO.); zu der öffentlichen Beglaubigung sind die Ortsbehörden, mit Ausnahme derjenigen in den Amtsgerichtsorten, bezw. die Ortsgerichte zuständig (Preuß. Ges. über die freiwillige Gerichtsbarkeit Art. 115, 117, 122).

Die Beschränkungen des Verfügungsrechtes nach § 1444, 1446, wonach der Mann zu Verfügungen über das Gesammtgut im Ganzen und zu Schenkungen aus dem Gesammtgute, die nicht einer sittlichen Pflicht oder einer auf den Anstand zu nehmenden Rücksicht entsprechen, einschließlich der solche Verfügungen bezweckenden obligatorischen Rechtsgeschäfte, treten auch für die bereits bestehenden Ehen Hohenzollernschen Rechtes in Kraft.

b) Der Abs. 3 Satz 2 betrifft das Verfügungsrecht des überlebenden Ehegatten im Falle der fortgesetzten Gütergemeinschaft. Sowohl nach Sigmaringer als nach Hechinger Recht kann der überlebende Ehegatte, Wittwer oder Wittwe, unbeschränkt über das Gesammtgut verfügen; namentlich besteht auch bezüglich der von der Frau eingebrachten Grundstücke keine Beschränkung; die antheilsberechtigten Abkömmlinge haben kein Zustimmungsrecht weder dem Vater noch der Mutter gegenüber. Cramer S. 114 Art. 15. Der Abs. 3 Satz 2 erhält diesen Rechtszustand in Bezug auf Verfügungen über die zum Gesammtgut gehörenden Grundstücke aufrecht, indem er den § 1445 — welcher sonst nach § 1487 BGB. anwendbar wäre — von der Anwendbarkeit auf die fortgesetzte Gütergemeinschaft ausnimmt. Selbstverständlich können demnach die Abkömmlinge aus dem Mangel ihrer Zustimmung auch keinen Grund zur Klage auf Aufhebung der fortgesetzten Gütergemeinschaft nach § 1495 Nr. 1 des BGB. entnehmen.

§ 2. Wird die Ehe durch den Tod eines der Ehegatten aufgelöst und ist ein gemeinschaftlicher Abkömmling nicht vorhanden, so finden die Vorschriften des Artikel 46 §§ 2, 3 Anwendung.

§ 2.

1. Der § 2 betrifft die Rechte, welche dem überlebenden Ehegatten an dem Vermögen des Verstorbenen zustehen, wenn ein gemeinschaftlicher Abkömmling nicht vorhanden ist (unbeerbte Ehe).

Als „gemeinschaftliche Abkömmlinge" sind auch die vereinkindschafteten Kinder anzusehen; siehe darüber die Anm. 2 zu § 4 dieses Artikels. Vergl. Begr. S. 116. Komm. Prot. XXI S. 16.

2. Der § 2 erhält für den Fall der unbeerbten Ehe

a) zunächst die dem überlebenden Ehegatten nach den bisherigen Gesetzen an dem Vermögen des Verstorbenen zukommenden Rechte aufrecht.

Die dem überlebenden Ehegatten danach zukommenden Rechte sind in den einzelnen Gebieten verschieden. Konsolidation oder Alleinerbrecht des überlebenden Ehegatten tritt ein nach den Rechten von Bentheim, Lüneburg, Verden, Hildesheim, Fulda, Sigmaringen (Begr. S. 117); ferner nach Hechinger Recht nach Maßgabe des Tit. 76 der Landesordn. bei Ehen mit Heirathgut, während bei Ehen mit Erbgut der Ueberlebende die Hälfte des Zugebrachten des Verstorbenen erhält (Cramer S. 110f.; Urtheil des Landgerichts Hechingen v. 17. 5. 1887. O. 21/87).

„Nach Osnabrücker Recht wird gleichfalls der Ueberlebende Alleineigenthümer des Gesammtguts, hat aber den nächsten Verwandten des Verstorbenen die sogenannte Rekadenz, d. h. ein Drittel des gesammten von dem Verstorbenen bei Eingehung der Ehe besessenen und in die Ehe gebrachten Vermögens, herauszugeben, sofern nicht der Erblasser das Rekadenzrecht seiner Verwandten rechtsgültig ausgeschlossen hat. Nach anderen Rechten theilt der überlebende Ehegatte das Gesammtgut zur Hälfte mit den Erben des Verstorbenen, so nach sämmtlichen Schleswig-Holsteinschen und einigen Hannoverschen Rechten (Alte Land, Hadeln). Nach Lingenschem Rechte erhält der Ehegatte den lebenslänglichen Nießbrauch an der den Erben des Verstorbenen zufallenden Hälfte des Gesammtvermögens. Nach dem Rechte des Landes Wursten erhält der Wittwer die Hälfte des Eingebrachten der Frau und das übrige gemeinschaftliche Vermögen, die Wittwe ihr Eingebrachtes und die Hälfte des übrigen Vermögens. Nach Münsterschem Rechte endlich behält der Ueberlebende sein Eingebrachtes und die Hälfte der Errungenschaft und hat den lebenslänglichen Nießbrauch an dem Eingebrachten des Verstorbenen und der anderen Hälfte der Errungenschaft." Begr. S. 118.

Uebrigens „versteht es sich im Hinblick auf die vom BGB. angenommene rechtliche Gestaltung des gütergemeinschaftlichen Verhältnisses von selbst, daß an die Stelle der Konsolidation künftig das Alleinerbrecht des überlebenden Ehegatten tritt." Begr. S. 118.

Wegen einer Modifikation des bisherigen Rechtes vergl. Art. 59 § 7.

b) Der § 2 gewährt sodann dem überlebenden Ehegatten bei der gesetzlichen Erbfolge das Wahlrecht der Erbfolge nach dem BGB. (Art. 46 § 3). Vergl. die Anmerkungen zu Art. 46 § 3. Ob das bisherige Recht oder das Erbrecht

§ 3. Ist für den Güterstand bisher ein in der Provinz Schleswig-Holstein geltendes Recht maßgebend, so bestimmt sich die Befugniß des Mannes zur Verfügung über ein zu dem Gesammtgute der Gütergemeinschaft oder der fortgesetzten Gütergemeinschaft gehörendes Grundstück nach den bisherigen Gesetzen.

Jeder Ehegatte kann für den Fall, daß die Ehe durch seinen Tod aufgelöst wird, die Fortsetzung der Gütergemeinschaft durch letztwillige Verfügung ausschließen. Die Vorschrift des § 1509 des Bürgerlichen Gesetzbuchs findet keine Anwendung.

Für den Fall der fortgesetzten Gütergemeinschaft bleiben die bisherigen Vorschriften über die Rechte, die einem antheilsberechtigten Abkömmlinge bei dem Eintritte der Volljährigkeit oder im Falle der Verheirathung zustehen, sowie über das Recht der väterlichen Aussage in Kraft. Das Gleiche gilt von den Vorschriften des Dänischen Rechtes und des Nordstrander Landrechts, nach welchen dem überlebenden Ehegatten außer der ihm zufallenden Hälfte noch ein weiterer Bruchtheil des Gesammtguts gebührt.

des BGB. für den überlebenden Ehegatten günstiger ist, ist nach den einzelnen Rechten und den Umständen der konkreten Fälle verschieden.

§ 3.

1. Der § 3 **Abs. 1** erhält für Schleswig-Holstein, ebenso wie der § 1 Abs. 3 für Hohenzollern, den Vorschriften der §§ 1445, 1487 des BGB. gegenüber den bisherigen Rechtszustand in Bezug auf das Verfügungsrecht des Mannes und des überlebenden Ehegatten über Grundstücke aufrecht und wahrt daher dem Manne und dem überlebenden Ehegatten sein unbeschränktes Verfügungsrecht in der bisherigen Weise. Die Vorschrift ist durch die Kommission des AH. eingefügt. Komm. Prot. XXI S. 16. Komm. Ber. S. 56.

2. **Zu Abs. 2.** Nach dem bisherigen Rechte kann jeder Ehegatte für den Fall, daß die Ehe durch seinen Tod aufgelöst wird, durch einseitige letztwillige Verfügung die sofortige Schichtung anordnen, auch wenn keiner der im § 1509 BGB. genannten Gründe vorliegt. Diese Befugniß wird durch Abs. 2 aufrecht erhalten. Die Anordnung der Schichtung hat die Wirkung, daß der Antheil des Ehegatten am Gesammtgut nach seinem Tode zu seinem Nachlasse gehört und daß die Beerbung in diesen Nachlaß nach den allgemeinen Vorschriften (§§ 1922 ff., 1931 ff. BGB.) erfolgt. BGB. § 1510 verb. mit § 1482; Begr. S. 121.

3. **Zu Abs. 3.** Die Vorschrift des Abs. 3 ist durch die Kommission des AH. eingefügt. Komm. Prot. XI S. 6 f., XXI S. 16 f., XXVIII S. 7 f. Komm. Ber. S. 57.

a) Wegen des im Satz 1 gewahrten Abschichtungsanspruches vergl. die Anm. 3 Nr. VIIb *α* Abs. 8 zu § 1 oben S. 221.

b) Das Recht der väterlichen Aussage, d. h. der Feststellung des Muttervermögens durch die auf Verlangen zu beeidigende Aussage des Vaters, bleibt erhalten. Es findet nur auf diejenigen Auseinandersetzungsfälle Anwendung, für die es nach dem bisherigen Rechte gegeben ist, nicht aber auf die im § 1495 BGB. neu eingeführten Fälle. Komm. Prot. XI S. 6; Komm. Ber. S. 57.

§ 4. Sind in einer Ehe, deren Güterstand sich nach Fuldischem oder Würzburgischem Rechte bestimmt, vereinkindschaftete Kinder aus einer früheren Ehe vorhanden, so finden die Vorschriften der §§ 1437 bis 1467, 1473 des Bürgerlichen Gesetzbuchs Anwendung. Wird die Ehe durch den Tod des Ehegatten der früheren Ehe aufgelöst, so gelten nach der Abschichtung der vereinkindschafteten Kinder für das Verhältniß zwischen dem überlebenden Ehegatten und seinen Abkömmlingen die Vorschriften des Bürgerlichen Gesetzbuchs über die fortgesetzte Gütergemeinschaft.

Im Uebrigen bleiben die bisherigen Gesetze, insbesondere in Ansehung der Rechte der vereinkindschafteten Kinder, maßgebend.

Die väterliche Aussage bleibt auch für die gemäß Art. 50, 53, 55 übergeleiteten Schleswig-Holsteinischen Güterstände in Kraft. Es ist dies dadurch gewahrt, daß in Art. 50 § 2, 53 § 6 und 55 § 3 der Art. 46 § 2 für anwendbar erklärt worden ist. Komm. Ber. S. 57.

c) Der Satz 2 des Abs. 3 sichert dem überlebenden Ehegatten bei der Theilung des Gesammtguts der fortgesetzten Gütergemeinschaft neben der ihm nach § 1498 in Verb. mit § 1476 BGB. zufallenden Hälfte noch den ihm nach dem bisherigen Rechte von der anderen Hälfte gebührenden Bruchtheil. Komm. Ber. S. 57. Der Bruchtheil beträgt nach dänischem Rechte ein Kindstheil, jedoch nicht über ein Viertel, nach dem Nordstrander Landrechte für den Mann ein halbes Schwestertheil (Neubauer S. 33, 42). Vergl. § 5 Abs. 1 Satz 2.

§ 4.

1. Der § 4 Abs. 1 enthält einen Vorbehalt für diejenigen Ehen mit der Gütergemeinschaft des Fuldischen und Würzburgischen Rechtes, in welchen vereinkindschaftete Kinder aus einer früheren Ehe vorhanden sind. „Für solche Kinder sind mit der Wiederverheirathung ihres Elterntheils unentziehbare Ansprüche auf die demnächstige Grundtheilung entstanden, welche unter Einbeziehung des Eingebrachten ihres Stiefelterntheils und des ganzen Erwerbes der ferneren Ehe zu erfolgen hat. In diese Rechte der Vorkinder würde durch Zulassung einer Klage auf Aufhebung der Gütergemeinschaft nach Maßgabe der §§ 1468—1471 des BGB. in unstatthafter Weise eingegriffen werden. Der Entw. schließt daher für die gedachten Ehen diese Vorschriften und aus gleichem Grunde auch die Bestimmungen über die Auseinandersetzung nach der Beendigung der Gütergemeinschaft von der Anwendung aus und erhält insoweit die bisherigen Gesetze aufrecht. Die Abschichtung der Vorkinder nach dem Tode ihres leiblichen Elterntheils hat also nach den bisherigen Vorschriften zu erfolgen." Begr. S. 116.

Nach der Abschichtung der vereinkindschafteten Kinder gilt für die Fortsetzung der Gütergemeinschaft zwischen dem überlebenden Ehegatten und seinen Abkömmlingen das neue Recht in vollem Umfange.

2. Wenn die „Aufrechterhaltung der Rechte der vereinkindschafteten Kinder der Deutlichkeit wegen besonders hervorgehoben wird, so versteht es sich im Uebrigen von selbst, daß die Wirkungen eines vor dem Inkrafttreten des BGB. ge-

§ 5. Bestimmt sich der Güterstand einer Ehe bisher nach dem Hechinger Rechte, so erfolgt nach der Beendigung der Gütergemeinschaft außer den Fällen des § 1478 des Bürgerlichen Gesetzbuchs die Theilung des Gesammtguts nach den bisherigen Gesetzen. Das Gleiche gilt nach der Beendigung der fortgesetzten Gütergemeinschaft; dem

---

schlossenen Einkindschaftsvertrags von der landesgesetzlichen Ueberleitung der Güterstände nicht berührt werden (vergl. über die Einwirkung des Reichsrechts die Mot. z. EG. z. BGB. S. 228). Da der Einkindschaftsvertrag überall mindestens die Wirkung eines Erbvertrags hat, so werden die den vereinkindschafteten Kindern zugesicherten vermögensrechtlichen Vortheile, der sogenannte Voraus, von der Ueberleitung nicht beeinflußt. Wenn ferner die Einkindschaft nach dem bisherigen Rechte den vereinkindschafteten Kindern wenigstens in vermögensrechtlicher Beziehung die Stellung rechter, d. h. ehelicher, Kinder der einkindschaftenden Eltern gewährt, so sind sie künftig im Sinne des BGB. und der im Entwurfe vorgesehenen Ueberleitungsvorschriften als gemeinschaftliche Abkömmlinge anzusehen." Begr. S. 116. Vergl. Art. 214 EG. z. BGB.

Nach dem Inkrafttreten des BGB. ist der Abschluß von Einkindschaftsverträgen kraft Reichsrechts, wesentlich wegen der damit verbundenen Gefährdung der Vorkinder, nicht mehr zulässig (vergl. Mot. z. BGB. Bd. 4 S. 486).

Auch die gesetzliche Einkindschaft des Fuldischen Rechtes tritt nach dem Inkrafttreten des BGB. nicht mehr ein (Art. 67 § 1 dieses Gesetzes; vergl. oben S. 221, Anm. 3 Nr. VII b *a* Abs. 6 zu Art. 52 § 1 und Anm. 1 zu Art. 67).

Indessen lassen sich die Zwecke der Einkindschaft künftig durch einen zwischen dem wieder heirathenden Elterntheil und dessen neuen Ehegatten zu schließenden Erbvertrag erreichen (Fischer und Henle, BGB., Vorbemerkung zu § 2274).

§ 5.

Der § 5 enthält Sonderbestimmungen für das Hechinger Recht. Der Abs. 1 handelt von der Theilung des Gesammtguts, und zwar behandelt der Satz 1 die Theilung nach der Beendigung der ehelichen Gütergemeinschaft, der Abs. 2 die Theilung nach der fortgesetzten Gütergemeinschaft. Der Abs. 2 betrifft das Erbrecht des überlebenden Ehegatten an dem Antheile des verstorbenen Ehegatten. — Der § 5 beruht in seiner gegenwärtigen Fassung auf Beschluß der Komm. des AH. Vergl. Komm. Prot. XIX S. 2 f., XXI S. 16; Komm. Ber. S. 57.

1. Zu Abs. 1 Satz 1. Was die Theilung nach der Beendigung der ehelichen Gütergemeinschaft, d. i. die Zerlegung des Gesammtguts in den Antheil des Mannes und der Frau anlangt, so verbleibt es zunächst für die Fälle, daß die Ehegatten geschieden und einer von ihnen allein für schuldig erklärt ist, oder daß die Ehe wegen Geisteskrankheit geschieden ist, bei den Vorschriften des BGB. (§§ 1478, 1477).

Kommt es in anderen Fällen der Beendigung zur Theilung, so würde nach § 1 dieses Artikels verb. mit § 1476 BGB. die Halbirung des Gesammtguts eintreten. Die Halbirung würde aber von den Grundsätzen des Hechinger Rechtes über die Theilung des gütergemeinschaftlichen Vermögens erheblich ab-

überlebenden Ehegatten gebührt nach Maßgabe der bisherigen Gesetze ein Bruchtheil des zugebrachten Vermögens des verstorbenen Ehegatten.

Die Vorschriften des Artikel 46 §§ 2, 3 finden auch in den Fällen des § 1483 Abs. 2, des § 1484 Abs. 3 und des § 1510 des Bürgerlichen Gesetzbuchs Anwendung.

——

weichen. Das Gesetz erhält daher die Grundsätze des Hechinger Rechtes über die Theilung aufrecht. Danach besteht, wenn es nach der Beendigung der Gütergemeinschaft durch Vertrag, Urtheil, Tod oder sonst zur Theilung kommt, der „gütergemeinschaftliche Antheil“ eines jeden Ehegatten in seinem zugebrachten Vermögen, vermehrt durch die Hälfte der Errungenschaft oder vermindert um die Hälfte der Einbuße (Verrungenschaft); sein Zugebrachtes kann jeder Ehegatte in Natur zurücknehmen. Cramer S. 117 f., Art. 20.

Ob das bei der Theilung vorhandene Vermögen, sei es Zugebrachtes oder Errungenschaft, aus der Zeit vor oder nach dem Inkrafttreten des BGB. herrührt, ist gleichgültig. Die eine solche Unterscheidung bezweckende Regierungsvorlage wurde nicht zum Gesetze erhoben. Komm. Ber. S. 57.

2. Der **Abs. 1 Satz 2** enthält

a) in seinem ersten Theile die in der Anm. 1 bezeichnete Theilungsart für die Beendigung der fortgesetzten Gütergemeinschaft aufrecht. Dieselbe tritt an die Stelle der sonst nach § 1498 in Verbindung mit § 1476 BGB. eintretenden Halbtheilung.

b) Außer seinem hiernach in der bisherigen Weise zu berechnenden „gütergemeinschaftlichen Antheile“ erhält aber der überlebende Ehegatte bei der Abtheilung der fortgesetzten Gütergemeinschaft nach dem bisherigen Rechte einen Kindstheil vom zugebrachten Vermögen des Verstorbenen als Erbe, es sei denn, daß er selbst wenig oder gar nichts in die Ehe brachte (Landesordn. Tit. 76, Cramer S. 118 Art. 20). Dieser Kindstheil wird ihm durch den zweiten Theil des Satz 2 Abs. 1 auch für die Zukunft gesichert.

Da nach dem BGB. durch die Beendigung der fortgesetzten Gütergemeinschaft eine Erbschaft nicht eröffnet wird (§ 1498 BGB.), so hat der bezeichnete Kindstheil künftig nicht mehr die rechtliche Natur eines Erbtheils vom Vermögen des verstorbenen Ehegatten; vielmehr bildet er künftig einen Bestandtheil des eigenen „gütergemeinschaftlichen Antheils“ des Ueberlebenden. Aus dem gleichen Grunde ist dem überlebenden Ehegatten bei der Auseinandersetzung der fortgesetzten Gütergemeinschaft auch kein Recht gegeben, anstatt des Kindstheiles nach bisherigem Recht das Erbrecht des BGB. zu wählen.

3. Zu **§ 5 Abs. 2.**

Das Erbrecht des überlebenden Ehegatten an dem gütergemeinschaftlichen Antheile des Verstorbenen ist für den Fall der unbeerbten Ehe im § 2 dieses Artikels geregelt.

Im Falle der beerbten Ehe tritt nach § 1 dieses Artikels verb. mit § 1483 BGB. regelmäßig die — hinsichtlich des Verfügungsrechts durch § 1 Abs. 3 Satz 2 und hinsichtlich der Theilung durch § 5 Abs. 1 Satz 2 d. Art. modifizirte — fortgesetzte Gütergemeinschaft des BGB. ein. Ausnahmsweise tritt aber die fortgesetzte Gütergemeinschaft nicht ein. Dies ist der Fall, wenn neben den gemeinschaft-

Artikel 53.

§ 1. Besteht für eine Ehe der gesetzliche Güterstand der Errungenschaftsgemeinschaft nach einem der Rechte, welche in dem zum Ober-

—

lichen (einschließlich der eingekindschafteten, s. oben S. 227, Anm. 2 zu § 4) Abkömmlingen andere Abkömmlinge vorhanden sind, den letzteren gegenüber (§ 1483 Abs. 2 BGB) ferner wenn die Fortsetzung der Gütergemeinschaft von dem überlebenden Ehegatten abgelehnt wird (§ 1484 Abs. 1, 3) oder durch Ehevertrag oder einseitige letztwillige Verfügung ausgeschlossen ist (§§ 1510, 1508, 1509). In diesen Fällen werden die Antheile der Ehegatten ausgemittelt, der Antheil des verstorbenen Ehegatten am Gesammtgut gehört zu seinem Nachlasse, die Beerbung in den letzteren erfolgt nach den allgemeinen Vorschriften (§ 1482). Wie für die Ausmittelung der Antheile (§ 5 Abs. 1 Satz 1), so sind durch § 5 Abs. 2 in Verb. mit Art. 46 § 2 auch für das Erbrecht des überlebenden Ehegatten die bisherigen Vorschriften aufrecht erhalten. Nach Wegnahme seines eigenen gütergemeinschaftlichen Antheiles (s. Anm 1) erbt somit der überlebende Ehegatte von dem zugebrachten Vermögen des Verstorbenen einen Kindstheil, es sei denn, daß er selbst wenig oder gar nichts in die Ehe gebracht hätte (Landesordn Tit 76, Cramer S. 105, 118). Daneben giebt der § 5 Abs. 2 verb. mit Art. 46 § 3 dem überlebenden Ehegatten die Befugniß, bei der gesetzlichen Erbfolge anstatt des bisherigen Erbrechtes die Erbfolge des BGB. (§ 1931 ff.) zu wählen. Ob für ihn das bisherige Erbrecht oder die Erbfolge des BGB. günstiger ist, hängt von der Lage des einzelnen Falles ab, insbesondere von der Anzahl der Kinder sowie von der Größe des von dem Verstorbenen zugebrachten Vermögens und der Errungenschaft Hat der Ueberlebende „wenig oder gar nichts“ zugebracht, so muß er sich stets rechtzeitig für die neue Erbfolge erklären, widrigenfalls er dem bisherigen Rechte gemäß gar nichts erbt. Vergl. im Uebrigen die Anmerkungen zu Art 46 § 3

Artikel 53. § 1

1. Die **Errungenschaftsgemeinschaft** bildet, wie die Begr S 121 f ausführt, das gesetzliche Güterrecht außer nach einigen älteren Westfälischen Statutarrechten, die der Entwurf von der Ueberleitung ausschließt (Anm V 2 zu Art 44 bis 67, oben S 151)

I. in einigen Bezirken des gemeinrechtlichen Theiles der Rheinprovinz, nämlich:

1. in der früheren Grafschaft Wied nach der durch Gewohnheit eingeführten und abgeänderten Nassau-Katzenelnbogenschen Landesordnung von 1616,
2. in den vier Hachenburgischen Kirchspielen des Kreises Altenkirchen nach dem Hachenburger Statut aus unbekannter Zeit und nach Gewohnheitsrecht,
3. im Stadtbezirke Bendorf nach Bendorfer Stadtrecht (Gewohnheitsrecht),

landesgerichtsbezirke Frankfurt a. M. gehörenden Theile der Rhein-

4. in der Stadt Wetzlar nach dem Mainzer Landrechte von 1755 und der Verordnung vom 6. August 1799,
5. im übrigen Kreise Wetzlar nach dem Solmser Landrechte von 1571;

II. in den folgenden Bezirken der Provinz Schleswig-Holstein:
1. in den Kreisen Norder- und Süderdithmarschen nach dem Dithmarschen Landrechte, landesherrlich publizirt 1567,
2. auf der Insel Fehmarn mit Ausnahme der Stadt Burg nach dem Fehmarnschen Landrechte von 1563,
3. im Gebiete des Nordstrander Landrechts (Statut von 1572) für unbeerbte Ehen, d. h. solche, in denen nicht ein Kind geboren ist und bis zur Taufe gelebt hat;

III. in den vormals Kurhessischen Bezirken der Provinz Hannover, nämlich den Aemtern Uchte und Freudenberg, der Vogtei Auburg und den sog. Hessischen Enklaven, d. h. einzelnen im Landgerichtsbezirke Göttingen gelegenen Ortschaften, nach Althessischem Rechte;

IV. in folgenden Theilen der Provinz Hessen-Nassau:
1. im Gebiete des vormaligen Herzogthums Nassau auf Grund des durch das Amtsorganisationsedikt vom 4. Juni 1816 und die Verordnung vom 5. Juni 1816 allgemein eingeführten Titels 28 der Solmser Landesordnung in Verbindung mit abändernden und ergänzenden Verordnungen und Gesetzen sowie Gewohnheitsrecht und Praxis,
2. im Gebiete der vormaligen freien Stadt Frankfurt nach der Reformation von 1578 und 1611 sowie späteren Verordnungen und Gesetzen,
3. in den vormals Großherzoglich Hessischen Gemeinden Rödelheim und Niederursel (Hessischer Antheil) sowie dem Landgräflich Hessischen Amte Homburg v. d. H. nach dem Solmser Landrechte von 1571,
4. in dem vormaligen Kurfürstenthum Hessen und zwar:
in Althessen [s. oben S. 194] nach der Prozeßordnung von 1745 für Ehen der Amtssässigen; ferner in der vormaligen Provinz Hanau, von welcher ein kleiner Bezirk, der des Amtes Bornheimerberg (früherer Amtsgerichtsbezirk Bockenheim), zum Oberlandesgerichtsbezirke Frankfurt, die übrigen Theile zum Oberlandesgerichtsbezirke Cassel gehören, nach Solmser Landrecht von 1571, welches für das Gebiet des früheren Fürstenthums Isenburg-Birstein bezüglich des Erbrechts durch die Isenburgische Verordnung vom 18. November 1769 modifizirt ist, endlich in den früher Kurmainzischen Ortschaften nach dem Mainzer Landrechte von 1755,
5. in dem früher Großherzoglich Hessischen Hinterlandkreise nach dem Landrechte der oberen Grafschaft Katzenelnbogen und der Darmstädtischen Verordnung vom 2. März 1795,
6. in den früher Bayerischen Gebietstheilen des Kreises Gersfeld nach Würzburgischem Rechte (Fränkischer Landgerichtsordnung von 1618) für unbeerbte Ehen.

provinz oder in den Provinzen Schleswig-Holstein und Hessen-Nassau

---

Der § 1 leitet alle diese Güterstände, mit Ausnahme der im Art. 54 besonders behandelten, in die Errungenschaftsgemeinschaft des Bürgerlichen Gesetzbuchs (§§ 1519—1548) über; die §§ 2—6 enthalten gewisse Einschränkungen.

2. Die Bedeutung der Ueberleitung ist im Wesentlichen folgende:

I. Nach den meisten der im Art. 53 behandelten Güterrechte „scheidet sich das Vermögen der Ehegatten begrifflich ebenso wie nach dem BGB. (§§ 1519, 1525, 1526) in die Errungenschaft, welche gemeinschaftliches Vermögen der Ehegatten bildet, die dem eingebrachten Gute im Sinne des BGB. entsprechenden Sondergüter der einzelnen Ehegatten und das Vorbehaltsgut des einzelnen Ehegatten. Die Zutheilung des zur Zeit der Ueberleitung vorhandenen Vermögens zu den im neuen Rechte unterschiedenen Gütermassen bietet daher keine Schwierigkeiten [Art. 59 § 1]. Sondergut des Mannes, von welchem diesem auch die Nutzungen vorbehalten sind, kann zwar nicht Vorbehaltsgut des Mannes werden, da das BGB. solches nicht zuläßt (§ 1526 Abs. 2); die Rechte des Mannes bleiben aber nach Maßgabe des Art. 58 [jetzt 59] § 5 unberührt." Begr. S. 123. Einer Abweichung einiger der bisherigen Rechte von dem BGB. ist im § 2 dieses Art. Rechnung getragen.

„In der Abgrenzung der Errungenschaft gegenüber den Sondergütern stimmt das BGB. mit den bisherigen Rechten bis auf Einzelheiten überein. Zum Theil beseitigt es nur Zweifel, so bezüglich der Behandlung der Lebensversicherungsgelder (vergl. § 1522); dies gilt auch von der bestrittenen Frage, ob nach Nordstrander Landrechte die während der Ehe ererbten Güter in die Errungenschaft fallen. Weiter als in den meisten geltenden Rechten ist im § 1524 des BGB. bezüglich des eingebrachten Gutes der Ehegatten der Grundsatz der Surrogation durchgeführt (Mot. Bd. 4 S. 498 ff.)." Begr. S. 124.

„Nach einigen der geltenden Rechte (Dithmarschen, Kurhessen, Nassau, Würzburg, Mainz) kann ein Theil des Vermögens der Frau als Dos bestellt und dafür aus dem Vermögen des Mannes eine Widerlage gewährt werden. An dem als Dos gegebenen Vermögen soll dem Manne jedoch kein größeres Recht eingeräumt werden, als an dem übrigen Sondergute der Frau. Die Zwecke der Dosbestellung, namentlich die Sicherung der Dotalprivilegien und die Erlangung eines Maßstabs für die Scheidungsstrafen und die Ausstattungsansprüche, sind zum Theil schon jetzt ohne Bedeutung, theils werden sie durch das Reichsrecht gegenstandslos. Auf eine etwaige Dosbestellung braucht deshalb keine Rücksicht genommen zu werden. In Bezug auf die der Wittwe zugesicherte Widerlage hat ein etwaiger Dotalvertrag die Bedeutung eines Erbvertrags und bleibt als solcher unberührt." Begr. S. 124. Vergl. Art. 214 EG. z. BGB.

II. Die rechtliche Stellung der Ehegatten anlangend, so gewährt das neue Recht der Frau besseren Schutz und größere Selbständigkeit als die bisherigen Rechte.

Was das Verfügungsrecht des Mannes betrifft, so fällt künftig die Befugniß des Mannes zu Schenkungen aus dem Gesammtgute, die nicht einer sittlichen Pflicht oder einer auf den Anstand zu nehmenden Rücksicht ent-

gelten, so treten, unbeschadet der Vorschriften des Artikel 54, an die

---

sprechen, fort. Ebenso kommt die nach dem Solmser Rechte in den früher Großherzoglich und Landgräflich Hessischen Gebietstheilen dem Manne zustehende Befugniß, über Gesammtgutsgrundstücke frei zu verfügen, in Wegfall (Begr. S. 124); im Gebiete des Dithmarschen und Fehmarnschen Rechtes ist dagegen diese Befugniß für die vom Manne während der Ehe erworbenen Grundstücke im § 3 dieses Artikels aufrecht erhalten. In Ansehung des Sondergutes der Frau stand nach den meisten bisherigen Rechten im Gegensatze zum BGB. dem Manne die freie Verfügung über die beweglichen Sachen zu.

Die Befugniß der Frau zur Vertretung des Mannes bei Abwesenheit oder Krankheit (§ 1450 BGB.) ist bisher theils unsicher, theils unbekannt (Nassau); eine gerichtliche Ersetzung der Zustimmung des Mannes (§ 1451 BGB.) ist den bisherigen Rechten mit wenigen Ausnahmen (Frankfurt) fremd. Begr. S. 124.

Andererseits kommt das dem Nassauer, Frankfurter und Sayn-Hachenburger Rechte angehörende Erforderniß der Zustimmung der Frau zur Verfügung über Sondergutsgrundstücke des Mannes in Wegfall, desgleichen die Besonderheit des Würzburgischen Rechtes, nach welcher die Frau jede ihr nachtheilige einseitige Verfügung des Mannes über ihr Sondergut anfechten kann. Begr. S. 124.

III. Bezüglich der Schuldenhaftung weisen die geltenden Rechte die größte Mannigfaltigkeit und in sich zahlreiche Lücken und Zweifel auf. Die Begründung giebt folgende Uebersicht, welche wegen der fortdauernden Gültigkeit des bisherigen Rechtes für die zur Zeit der Ueberleitung vorhandenen Schulden (Art. 59 § 3) hier abgedruckt wird:

„Regelmäßig wird nicht nur im Verhältnisse der Ehegatten zu einander, sondern auch im Verhältnisse zu den Gläubigern zwischen Eheschulden und Sonderschulden unterschieden. Wegen der Eheschulden kann sich der Gläubiger außer an den Ehegatten, der ihm persönlich haftet, immer an das Gesammtgut halten. Eine persönliche Haftung des anderen Ehegatten mit seinem Sondergut ist in einigen Rechten verneint (so im Dithmarschen Recht, in der Hessen-Darmstädtischen Verordnung von 1795, der Nassau-Katzenelnbogenschen Landesordnung und dem Frankfurter Rechte). Nach anderen Rechten haften beide Ehegatten nach Verhältniß ihres Antheils am Gesammtgute für die Eheschulden persönlich (Würzburger, Mainzer, Nassauisches, Sayn-Hachenburger, Bendorfer, Nordstrander, Solmser Recht im Kreise Wetzlar sowie in den früher Großherzoglich Hessischen Gebietstheilen); nach Nassauischem Rechte haftet der Mann subsidiär für das Ganze. Nach dem Solmser Rechte in Kurhessen haftet der Mann in erster Linie allein persönlich, die Frau nur subsidiär zur Hälfte für die mit ihrer Einwilligung eingegangenen Schulden. Im Falle des Betriebs eines Gewerbes, an welchem die Frau sich öffentlich betheiligt, haften die Ehegatten für die Gewerbsschulden nach Frankfurter, Würzburger und Mainzer Rechte solidarisch, nach Wetzlarer Recht jedoch nur subsidiär.

Für die Sonderschulden eines Ehegatten haftet zum Theil nur sein Sondergut. Bisweilen haftet dagegen für die Sonderschulden des Mannes auch das Gesammtgut, und zwar bald für die vorehelichen und die ehelichen ganz

Stelle der bisherigen Gesetze die Vorschriften des Bürgerlichen Gesetzbuchs über die Errungenschaftsgemeinschaft.

(Schleswig-Holsteinische Rechte, Nassau-Katzenelnbogensche LO., Solmser Recht in den Großherzoglich Hessischen Gebietstheilen) oder nur subsidiär in Höhe des Antheils des Mannes (Bendorfer Stadtrecht), bald nur für die ehelichen Schulden, unter Ausschluß der Delikts- und Spielschulden (Mainzer Landrecht) oder doch der ersteren (Sayn-Hachenburger Recht), nach dem Solmser Rechte im Kreise Wetzlar haftet für die ehelichen Sonderschulden des Mannes nur dessen Antheil an der Errungenschaft, während bezüglich der vorehelichen Schulden die Haftung streitig ist. Für die vorehelichen Sonderschulden der Frau haftet das Gesammtgut nach dem Solmser Rechte im Kreise Wetzlar und in den Großherzoglich Hessischen Gebietstheilen in gleicher Weise wie für die Sonderschulden des Mannes, nach anderen Rechten haftet für solche Schulden der Frau theils das ganze Gesammtgut (Nassau-Katzenelnbogensche LO.), theils subsidiär der Antheil der Frau (Bendorfer Stadtrecht). Nach Nassauischem Rechte (Exekutionsordnung vom 16 Juli 1851 §§ 24—26; Bertram, Nassauisches Familienrecht § 192) können die Gläubiger des Mannes oder der Frau in Folge der ausschließlichen Befugniß des Mannes zur Vertretung des Ehevermögens auch wegen der Sonderschulden, mit Ausnahme der während der Ehe von der Frau ohne Zustimmung des Mannes eingegangenen Schulden, Befriedigung aus dem gesammten Ehevermögen außer den zum Sondergute des anderen Ehegatten gehörenden Immobilien verlangen Zu verwandten Ergebnissen ist die Rechtsprechung für das Frankfurter, das Solmser Recht in den vormals Kurhessischen Gebietstheilen und in Homburg sowie für das Gebiet der Hessen-Darmstädtischen Verordnung von 1795 gelangt" Begr. S. 124f.

Dieser Vielgestaltigkeit des jetzigen Rechtszustandes stellt, wie die Begr weiter bemerkt, „das BGB. eine klare und einfache Regelung gegenüber, welche den Unterschied der Eheschulden und der Sonderschulden für die Verbindlichkeiten des Mannes nur im Verhältnisse der Ehegatten zu einander berücksichtigt, die Haftung des Gesammtguts für Verbindlichkeiten der Frau scharf begrenzt und jede persönliche Haftung der Frau für Verbindlichkeiten des Mannes beseitigt" Begr. S. 125.

IV. Anlangend die Gründe für die Beendigung der Gemeinschaft, so ist die Aufhebungsklage (§ 1542 BGB.) den bisherigen Rechten fremd.

„Die Eröffnung des Konkurses über das Vermögen des Mannes ist schon jetzt nach einigen Rechten von Einfluß auf die Rechte des Mannes oder auf die Errungenschaftsgemeinschaft, so insbesondere nach Frankfurter Rechte; kraft Gesetzes endigt aber die Gemeinschaft durch sie bisher nicht. Dennoch unterliegt die Einführung dieser Neuerung grundsätzlich keinem Bedenken, da der Mann sich über die schärfere Wirkung der Konkurseröffnung nicht beklagen kann, das Interesse der Frau aber durch die ihr gewährte Klage auf Wiederherstellung der Gemeinschaft (BGB. § 1547 Abs. 2) genügend gewahrt ist." Begr. S. 126.

V. „Bezüglich des Rechtsverhältnisses nach der Beendigung der Gemeinschaft und bezüglich der Auseinandersetzung gelten nach § 1546 des

§ 2. Das errungenschaftliche Vermögen der Ehegatten wird Gesammtgut, auch soweit es nach den bisherigen Gesetzen nicht gemeinschaftliches Vermögen der Ehegatten ist.

BGB. dieselben Vorschriften wie bei der allgemeinen Gütergemeinschaft. Das bezüglich der letzteren oben [S. 219] Bemerkte trifft auch hier zu. Die Halbtheilung des nach Berichtigung der Gesammtgutsverbindlichkeiten verbleibenden Ueberschusses des Gesammtguts (§ 1546 Abs. 2, § 1476) stimmt mit den meisten geltenden Rechten überein.

Neu ist gegenüber den meisten bisherigen Rechten die Bestimmung, daß der Mann die Einbuße allein zu tragen hat (§ 1546 Abs. 2 verb. mit § 1481 Satz 1)." Begr. S. 126.

Für das Mainzer und das Katzenelnbogensche Recht enthält der § 4 einen Vorbehalt.

„Durch die Einführung des § 1480 des BGB. wird für die Ehen mit dem Güterstande des Dithmarschen und des Fehmarnschen Rechtes die besondere Vorschrift der Verordnung vom 28. Februar 1651 beseitigt, derzufolge die Wittwe für die Schulden des Mannes persönlich verbindlich wird, falls sie nicht binnen Sächsischer Frist (sechs Wochen) ein Gläubigerproklam erwirkt." Begr. S. 126.

VI. Wegen der Rechtsverhältnisse nach dem Tode eines Ehegatten vergl. § 6.

§ 2.

1. Die Begr. S. 123 erläutert:

„Nach dem Frankfurter Rechte (Rathsverordnung vom 24. Juni 1734) und dem Solmser Rechte in der Entwickelung, die es durch die Rechtsprechung in den vormals Kurhessischen Gebietstheilen, vielleicht auch durch Gewohnheitsrecht in Homburg genommen hat (§ 2 des Erlasses vom 18. Juli 1851), bildet die Errungenschaft nicht schon während der Ehe einen besonderen Vermögensinbegriff. Das Rechtsverhältniß an den einzelnen errungenschaftlichen Vermögensstücken wird durch die Erwerbshandlung bestimmt; je nachdem ein Gegenstand gemeinschaftlich oder von einem Ehegatten erworben ist, wird er gemeinschaftlich oder Sondergut des Ehegatten. Die Errungenschaftsgemeinschaft begründet nur eine gegenseitige Verpflichtung der Ehegatten dahin, den Werth der Aquäſtobjekte während der Gemeinschaft zur Bestreitung der ehelichen Lasten, nach Auflösung derselben zur Theilung des Gewinnes zu konferiren (Roth und v. Meibom; Kurhess. Privatrecht § 170 Not. 25). Für das Hauptanwendungsgebiet dieser Form der Errungenschaftsgemeinschaft (Gemeinschaft des Zugewinnstes) sieht der Entw. im Art. 53 [jetzt 54] die modifizirte Ueberleitung in das gesetzliche Güterrecht des BGB. vor. Dagegen erscheint für die hier in Frage kommenden kleineren Bezirke aus besonderen Gründen die Einführung der Errungenschaftsgemeinschaft des BGB. angezeigt. Die praktische Bedeutung des hervorgehobenen Unterschieds vermindert sich dadurch erheblich, daß der gemeinschaftliche Erwerb in den Ehen die Regel bildet. Für Frankfurt kommt hinzu, daß nach dortigem Rechte Reform. III 6 § 2) die Währschaft über Liegenschaften, die in währender Ehe erkauft sind, regelmäßig auf beide Ehegatten erfolgen muß. Hier erscheint es

§ 3. Ist für den Güterstand bisher ein in der Provinz Schleswig-Holstein geltendes Recht maßgebend, so bestimmt sich die Befugniß des Mannes zur Verfügung über ein zum Gesammtgute gehörendes Grundstück, das er während der Ehe erworben hat, nach den bisherigen Gesetzen.

§ 4. Bestimmt sich der Güterstand bisher nach dem Würzburgischen Rechte, so tritt mit der Geburt eines Kindes allgemeine Gütergemeinschaft nach den Vorschriften des Bürgerlichen Gesetzbuchs ein. Die Vorschriften des Artikel 51 § 2 Abs. 2 und des Artikel 52 § 2 finden Anwendung.

Das Gleiche gilt für eine Ehe, deren Güterstand sich bisher nach dem Nordstrander Landrechte bestimmt. In diesem Falle findet auch die Vorschrift des Artikel 52 § 3 Anwendung.

---

daher unbedenklich, die Ueberleitung in der Weise durchzuführen, daß das vorhandene errungenschaftliche Vermögen der Ehegatten, auch soweit es nach den bisherigen Gesetzen nicht gemeinschaftliches Vermögen der Ehegatten ist, in Gesammtgut umgewandelt wird. Die gleiche Behandlung rechtfertigt sich für Homburg schon mit Rücksicht auf die Unsicherheit des dortigen Rechtszustandes. Sie empfiehlt sich endlich auch für den kleinen zum Oberlandesgerichtsbezirke Frankfurt gehörenden vormals Kurhessischen Bezirk, weil dessen Haupttheil, die frühere Stadt Bockenheim, durch das Gesetz vom 31. März 1895 mit der Stadt Frankfurt vereinigt ist, die Einführung verschiedener Güterrechte daher mißlich und bei der Uebereinstimmung der bisherigen Rechte bedenklich wäre."

2. Soweit in Folge der Umwandlung nach § 2 eine Berichtigung des Grundbuchs nothwendig wird, gewährt der Art. 59 § 2 Gebühren- und Stempelfreiheit. Begr. S. 123.

§ 3.

Der § 3 ist durch die Komm. des AH. eingefügt. Vergl. dazu Art. 52 § 3 Abs. 1 und Anm. 2 Nr. II zu § 1 dieses Artikels. Die Vorschrift bezieht sich auch auf die nach der Ueberleitung erworbenen Grundstücke. Komm. Ber. S. 59.

Auch für die fortgesetzte Gütergemeinschaft ist das bisherige freie Verfügungsrecht dadurch gewahrt, daß im § 6 der Art. 46 § 2 für anwendbar erklärt ist. Komm. Ber. S. 58. Siehe unten S. 236, 238.

§ 4.

Der gesetzliche Güterstand der Errungenschaftsgemeinschaft nach Würzburger Recht oder Nordstrander Landrecht verwandelt sich beim Inkrafttreten des BGB. in die Errungenschaftsgemeinschaft des BGB. (§ 1 dieses Artikels); die letztere verwandelt sich hinwiederum mit der Geburt eines Kindes in die allgemeine Gütergemeinschaft des BGB. in gleicher Weise, wie die nach bisherigem Rechte bereits eingetretene Gütergemeinschaft. Vergl. Art. 49 § 3; 51 § 2 Abs. 1.

Eine Rückverwandlung der Gütergemeinschaft in die Errungenschaftsgemeinschaft findet künftig nicht mehr statt; siehe Anm. 2 Abs. 2 zu Art. 52 § 1.

§ 5. Die Vorschriften des Mainzer Landrechts, nach welchen bei der Auseinandersetzung der Mann zu zwei Dritteln, die Frau zu einem Drittel an dem Ueberschusse des Gesammtguts Theil nimmt, bleiben in Kraft.

Das Gleiche gilt, soweit im Geltungsbereiche der Nassau-Katzenelnbogenschen Landesordnung eine Theilung nach diesem Maßstabe gewohnheitsrechtlich hergebracht ist.

§ 6. Die Vorschriften des Artikel 46 §§ 2, 3 finden Anwendung.

§ 5.

Die Begr. S. 126 bemerkt:

„Ein Vorbehalt ist zunächst für das Mainzer Landrecht erforderlich, nach welchem die Errungenschaft so getheilt wird, daß der Mann zwei Drittel, die Frau ein Drittel erhält. Dieses Theilungsverhältniß muß für die bestehenden Ehen beibehalten werden, und zwar ohne Unterschied, ob die Errungenschaft aus der Zeit vor oder nach der Ueberleitung herrührt, und für alle Fälle der Beendigung der Gemeinschaft. Das gleiche Theilungsverhältniß gilt gewohnheitsrechtlich auch in Theilen des Gebietes der Nassau-Katzenelnbogenschen Landesordnung, nämlich der früheren Wied-Runkelschen Herrschaft Dierdorf, wenn auch anscheinend nur bei der Beendigung der Gemeinschaft durch den Tod eines Ehegatten (Das eheliche Güterrecht im Bezirke des Justizsenats zu Ehrenbreitstein, Abdruck der 1863 im Auftrage des Justizsenats ausgearbeiteten Denkschrift VI. 12 S. 29, Motive zu §§ 48—50 des Ehrenbreitsteiner Entwurfes) und muß auch hier in Kraft bleiben."

§ 6.

1. Die Vorschrift des § 6 erhält die nach den bisherigen Gesetzen dem überlebenden Ehegatten an dem Vermögen des Verstorbenen zustehenden Rechte aufrecht (Art. 46 § 2), giebt aber dem überlebenden Ehegatten bei der gesetzlichen Erbfolge die Wahl, statt der Rechte, die ihm nach den bisherigen Gesetzen zustehen, die Erbfolge nach dem BGB. zu wählen (Art. 46 § 3), beides gleichviel, ob die Ehe beerbt ist oder nicht.

Die Begr. des Gesetzentw. giebt folgende, zugleich eine Uebersicht des bisherigen Rechtes enthaltende, Erläuterung:

„Im Falle der Auflösung der Ehe durch den Tod eines der Ehegatten treten nach dem BGB. nicht besondere Nachwirkungen der Errungenschaftsgemeinschaft ein, sondern der verstorbene Ehegatte wird nach den allgemeinen Vorschriften beerbt. Nur wenige der hier in Betracht kommenden Rechte stehen theilweise auf demselben Standpunkte, so für unbeerbte Ehen das Hachenburger, das Mainzer und das Nordstrander Recht. Dagegen fallen im Uebrigen nach allen Statuten dem überlebenden Ehegatten mehr oder weniger ausgedehnte Rechte am Nachlasse des verstorbenen zu. Nach Dithmarschem und Fehmarnschem Landrecht erhält die Frau bei unbeerbter Ehe, außer in Süderdithmarschen, die Hälfte des Bauguts, d. h. der beweglichen Sachen des Mannes, nach ersterem Rechte ferner die sogen. Widerlage; bei beerbter Ehe erhält der Mann die ganze Errungenschaft, die Frau nur die Hälfte; beide können aber die Gemeinschaft bis zur Wiederverheirathung fortsetzen. Fortsetzung der Gütergemeinschaft tritt bei beerbter Ehe auch nach Hachenburger Recht ein; mit der Wiederverheirathung geht sie in eine zeitlich begrenzte Leibzucht über. Die Leibzucht am Nachlasse des verstorbenen Ehegatten ohne ein Eigenthumserbrecht (statutarische Portion) gewähren dem überlebenden Ehegatten bei unbeerbter und bei beerbter Ehe das Nassauische Recht, das Solmser Recht im Kreise Wetzlar, in Homburg und in den Großherzoglich Hessischen Gebietstheilen sowie das Bendorfer Stadtrecht, nur bei beerbten Ehen das Mainzer Landrecht. Neben der Leibzucht gewähren dem Ueberlebenden ein Eigenthumserbrecht in Bezug auf die Mobilien die Nassau-Katzenelnbogische Landesordnung bei unbeerbter Ehe auf die ganze, bei beerbter Ehe auf die halbe Fahrniß des Verstorbenen, das Solmser Recht in den vormals Kurhessischen Gebietstheilen in beiden Fällen auf die halbe Fahrniß, das Ober-Katzenelnbogener Landrecht bei unbeerbter Ehe auf die sämmtlichen, bei beerbter Ehe auf die errungenen Mobilien. Nach dem Frankfurter Rechte erstreckt sich die dem Ueberlebenden neben der Leibzucht gebührende statutarische Portion bei unbeerbter Ehe auf das ganze Vermögen des Verstorbenen mit Ausnahme der von diesem eingebrachten Immobilien, bei beerbter Ehe auf die Hälfte der eingebrachten Mobilien. Die drei letztgenannten Rechte verbinden mit dem Mobiliarerbrecht eine erweiterte Schuldenhaftung, der sich der Ueberlebende jedoch durch rechtzeitigen Verzicht auf die statutarische Portion entziehen kann. Nach Würzburgischem Rechte endlich erhält der Ueberlebende bei unbeerbter Ehe einen Voraus in Mobilien und ein Viertel des Vermögens des Verstorbenen ohne Beisitz am übrigen Vermögen. Die rechtliche Stellung des Leibzüchters und die Gründe der Beendigung der Leibzucht sind sehr verschieden bestimmt. Leibzucht und statutarisches Erbrecht sind regelmäßig durch einseitige Verfügung nicht entziehbar; doch ist letzteres für einige Rechte nicht unbestritten, so für das Solmser Landrecht außer in Nassau und Kurhessen und für die Nassau-Katzenelnbogensche LO.

Ueberall kommt den erbrechtlichen Nutzungsrechten die größere Bedeutung zu als dem Eigenthumserbrechte. Sie gewähren in den ländlichen, meist kleinbäuerlichen Verhältnissen das einzige durchgreifende Mittel, um das vorzeitige und deshalb schädliche Auseinanderfallen des Grundbesitzes zu verhüten. Der Eintritt dieser Nachwirkungen der Gemeinschaft nach dem bisherigen Rechte ist in den bestehenden Ehen schon in den Kreis der wirthschaftlichen Berechnungen gezogen. Der Entwurf erhält deshalb auch hier allgemein für die erbrechtlichen Wirkungen des Güterstandes die bisherigen Gesetze in Kraft, gestattet aber daneben, wie sonst, dem überlebenden Ehegatten bei der gesetzlichen Erbfolge die Wahl der Erbfolge nach Reichsrecht.“ Begr. S. 127.

2. „Sofern nicht in Folge der Ausübung des Wahlrechts“, so bemerkt die Begründung S. 127 f. weiter, „das neue Recht ganz zur Anwendung kommt, sollen die Vorschriften des alten Rechtes über die erbrechtliche Wirkung des Güterstandes im vollen Umfang und unverändert maßgebend bleiben, namentlich für die Bestimmung des Gegenstandes und des Inhalts der statutarischen Rechte sowie für die erbrechtlichen Pflichten, für die Hinausschiebung der realen Auseinandersetzung in Folge des Eintritts der Leibzucht oder der fortgesetzten Gütergemeinschaft und die damit verbundene Verpflichtung zur Inventarisation, Sicherheitsleistung u. s. w.“

Artikel 54.

§ 1. Besteht für eine Ehe der gesetzliche Güterstand der Errungenschaftsgemeinschaft nach Althessischem oder dem in den vormals Kur-

---

Insbesondere bleibt daher z. B. auch in der fortgesetzten Gütergemeinschaft des Dithmarschen und Fahmarnschen Landrechts (s. Anm. 1) die bisherige Verfügungsbefugniß des überlebenden Ehegatten über Grundstücke (s. oben S. 235, Anm. zu § 3 dieses Artikels), desgleichen das Recht der väterlichen Aussage (Art. 52 § 3 Abs. 3 und Anm. dazu, oben S. 225) in Kraft.

Mit der Maßgabe des Wahlrechtes (Art. 46 § 3) sind namentlich auch die Rechte aufrecht erhalten, welche nach den im Gebiete der vormals freien Stadt Frankfurt geltenden Gesetzen dem überlebenden Ehegatten an dem Nachlasse des verstorbenen zustehen (s. Anm. 1). Ob diese Rechte nach den bisherigen Gesetzen als erbrechtliche Wirkungen des Güterstandes zu betrachten und daher durch den Art. 200 des EG. z. BGB. gedeckt sind, oder ob sie, wie die neuere Judikatur des Oberlandesgerichts zu Frankfurt im Gegensatze zu derjenigen des Landgerichts angenommen hat, eigentliche Erbrechte ohne güterrechtlichen Ursprung sind, ist nicht mehr von Belang, nachdem der Art. 46 § 2 dieses Gesetzes die bisherigen Rechte des Ehegatten ausdrücklich als erbrechtliche Wirkungen des Güterstandes deklarirt und sie dadurch dem Vorbehalte des Art. 200 a. a. O. unterworfen hat. Vergl. Entw. des Ges. § 5 Satz 2, Begr. S. 128, Komm. Ber. S. 58f.

Artikel 54. § 1.

1. Die **Errungenschaftsgemeinschaft** der **im § 1 bezeichneten Rechte** ist eine Gemeinschaft des Zugewinnstes, die sich während der Dauer des Güterstandes dem gesetzlichen Güterstande des BGB. mehr nähert, als der Errungenschaftsgemeinschaft desselben. Sie wird daher, abweichend von den im Art. 53 behandelten Errungenschaftsgüterständen, durch den Art. 54 mit gewissen Maßgaben in den gesetzlichen Güterstand des BGB. (§§ 1363 ff.) umgewandelt.

Die Althessische Errungenschaftsgemeinschaft ist das gesetzliche Güterrecht nur für die Ehen der „Amtssässigen", während für die Ehen der „Schriftsässigen" das gesetzliche Güterrecht des Römischen Dotalrechtes gilt (Art. 49 § 1 Anm. 1). Durch die Ueberleitung beider Systeme in den gesetzlichen Güterstand des BGB. (vergl. Art. 49 § 1 und Art. 54 § 1) fällt die Verschiedenheit des Güterrechtes zwischen Amtssässigen und Schriftsässigen für die Dauer des Güterstandes fort. Nur nach der Beendigung des Güterstandes tritt auch künftig noch ein später (Anm. 1 Abs. 2 zu § 3 dieses Artikels) zu erwähnender Unterschied hervor. Vergl. Begr. S. 128 f.

2. Die Wirkung der Umwandlung anlangend, so ergeben sich

I. Zunächst für die Art und den Umfang der verschiedenen Vermögensmassen Aenderungen.

Nach dem bisherigen Rechte besteht, wie die Begr. S. 129 ausführt, das gesammte Vermögen der Ehegatten nur aus dem Vermögen des Mannes und dem Vermögen der Frau. In diesen Massen sind folgende rechtlich besonderen Bestandtheile zu unterscheiden:

hessischen Gebietstheilen des Oberlandesgerichtsbezirkes Cassel geltenden Solmser oder Mainzer Rechte, so treten an die Stelle der bisherigen

---

I. „die Errungenschaftsgegenstände, d. s. die Früchte des Vermögens der Ehegatten, die durch Bemühung eines oder beider Ehegatten während der Ehe errungenen Gegenstände und die gegen Entgelt von einem oder von beiden Ehegatten während der Ehe gemachten Erwerbungen."

„Die Gegenstände, die einer der Ehegatten oder beide während der Gemeinschaft auf eine die Errungenschaftseigenschaft begründende Art erwerben, bilden nicht eine von dem sonstigen Vermögen der Ehegatten rechtlich gesonderte, beiden gemeinschaftliche Vermögensmasse, sondern werden Eigenthum desjenigen Ehegatten, welcher nach den allgemeinen Grundsätzen das Eigenthum erwirbt, regelmäßig also desjenigen, welcher die Erwerbshandlung vornimmt; unter Umständen erwerben beide Ehegatten Miteigenthum. Die Errungenschaftseigenschaft ist während des Bestehens des Güterstandes nur für das Verfügungsrecht des Mannes und für die Schuldenhaftung von Bedeutung. Auch nach der Beendigung der Gemeinschaft werden die errungenschaftlichen Gegenstände nicht gemeinschaftlich; vielmehr wird lediglich durch Berechnung ermittelt, ob sich nach Ersatz des beiderseitigen Sonderguts und Berichtigung der der Gemeinschaft zur Last fallenden Schulden eine Errungenschaft ergiebt, und der Ehegatte, dem nach dem Werthe der ihm gehörigen errungenschaftlichen Gegenstände mehr als der ihm gebührende Antheil der Errungenschaft zugefallen ist, hat dem anderen Ehegatten Ausgleichung in Geld zu gewähren."

II. „das sonstige Vermögen, Sondergut (Propergut) der Ehegatten, und zwar:

1. Sondergut im engeren Sinne, nämlich
   a) die Illaten, d. h. das jedem der Ehegatten bei Eingehung der Ehe eigenthümlich zustehende Vermögen und mit gewissen Ausnahmen der spätere Erwerb auf Grund eines vor der Eingehung der Ehe entstandenen Titels; inwieweit dabei noch die Unterscheidung der Illaten mit Dotaleigenschaft praktisch von Bedeutung ist, erscheint zweifelhaft (Herz, S. 91 f., v. Roth, System des deutschen Privatrechts Bd. 2 § 116 III);
   b) die während der Ehe von einem oder von beiden Ehegatten gemachten lukrativen Erwerbungen;
   c) die Surrogate der Illaten und der lukrativen Erwerbungen;
2. Vorbehaltsgut (Rezeptiziengut), welches praktisch nur für die Frau in Betracht kommt, d. h. die den gesetzlichen Befugnissen des Mannes entzogenen Gegenstände des Frauenvermögens." Begr. S. 129. Komm. Ber. S. 59.

Infolge der Ueberleitung bleibt das Vermögen des Mannes sowie das Vorbehaltsgut der Frau im Wesentlichen unverändert. Das errungenschaftliche Vermögen der Frau wird ihr eingebrachtes Gut (Art. 54 § 2) und der künftige selbständige Arbeitserwerb der Frau ihr Vorbehaltsgut (§ 1367 BGB.). Ihr Sondergut (Illaten, lukrative Erwerbungen, deren Surrogate) verwandelt sich mangels eines wirksamen Vorbehaltes in eingebrachtes Gut (Art. 59 § 1, Art. 54 § 2). Alles vorhandene Vermögen der Frau, in Ansehung dessen das Ver-

Gesetze die Vorschriften des Bürgerlichen Gesetzbuchs über das gesetzliche Güterrecht.

– –

waltungs- und Nutzungsrecht des Mannes ausgeschlossen ist, wird ihr Vorbehaltsgut (Art. 59 § 1). Vergl. Begr. S. 131 f.

II. Nach dem bisherigen Rechte hat der Mann die freie Verfügung über sein Vermögen und über die beweglichen Errungenschaftsgegenstände der Frau sowie das Verwaltungs- und Nutzungsrecht am Vermögen der Frau mit Ausnahme des Vorbehaltsguts. Begr. S. 130. Hierin tritt eine Aenderung insofern ein, als das freie Verfügungsrecht über die beweglichen Errungenschaftsgegenstände der Frau den für eingebrachtes Gut der Frau geltenden Beschränkungen unterworfen wird (§§ 1375 ff. BGB.) und bezüglich des künftigen Arbeitserwerbs der Frau, da dieser ihr Vorbehaltsgut wird (§ 1367 BGB.), ganz wegfällt. „Infolge des Wegfalls des freien Verfügungsrechts des Mannes über die beweglichen Errungenschaftsgegenstände der Frau werden diese ferner künftig dem Zugriffe der Gläubiger des Mannes entzogen. Indessen unterliegt die letztere Aenderung in Bezug auf künftig entstehende Schulden des Mannes, auf die sie selbstverständlich zu beschränken ist (Art. 59 § 3), keinem Bedenken.“ Begr. S. 131.

III. Ueber die Schuldenhaftung giebt die Begründung S. 130 folgende Uebersicht des bisherigen Rechtes, welches in Ansehung der bisherigen Schulden in Kraft bleibt (Art. 59 § 3):

„Die Schulden der Ehegatten scheiden sich in Eheschulden, d. s. die von den Ehegatten gemeinsam oder von einem mit Zustimmung des andern oder von einem zu gemeinsamen ehelichen Zwecken eingegangenen, und Sonderschulden, d. s. alle übrigen Schulden, insbesondere die vorehelichen. Für Eheschulden haftet persönlich nach Althessischem und Solmser Rechte in erster Linie nur der Mann; soweit sein Verfügungsrecht über die errungenschaftlichen Gegenstände der Frau reicht, können die Gläubiger auch aus diesem Befriedigung verlangen. Die Frau haftet nur für die mit ihrem Wissen und Willen eingegangenen Eheschulden subsidiär zur Hälfte; auch von dieser Haftung wird sie nach Althessischem Rechte frei, wenn sie, so lange das Vermögen des Mannes noch zur Zahlung seiner Schulden hinreicht, in bestimmter Form auf ihren Antheil am ehelichen Erwerbe verzichtet. Nach Mainzer Rechte haftet für die Eheschulden jeder Ehegatte nach Verhältniß seines Antheils an der Errungenschaft persönlich. Für Sonderschulden haftet persönlich nur der Schuldner. Wegen Sonderschulden des Mannes können sich jedoch die Gläubiger in gleichem Umfange wie wegen der Eheschulden auch an die zum Vermögen der Frau gehörenden Errungenschaftsgegenstände halten. Wegen der Sonderschulden der Frau können die Gläubiger, soweit es sich um voreheliche oder während der Ehe nicht in Folge einer willkürlichen Verfügung entstandene Schulden handelt, in Ermangelung genügenden Vorbehaltsguts der Frau von dem Manne Befriedigung aus dem in seiner Verwaltung befindlichen Sondergute der Frau verlangen; andere Sonderschulden der Frau sind während der Dauer des Güterstandes nicht gegen den Willen des Mannes in das seiner Verwaltung unterliegende Sondergut der Frau vollstreckbar. Im Verhältnisse der Ehegatten zu einander fallen die Sonderschulden jedes Ehegatten ihm, die Ehe-

§ 2. Das Vermögen, welches die Ehefrau vor dem Inkrafttreten des Bürgerlichen Gesetzbuchs während der Ehe erworben hat, wird eingebrachtes Gut.

§ 3. Endigt die Verwaltung und Nutznießung des Mannes auf andere Weise als durch Vertrag, so kann jeder Ehegatte von dem anderen nach Maßgabe der bisherigen Gesetze Ausgleichung des Ehegewinns verlangen, wie wenn die im § 1 bestimmte Aenderung des Güterstandes nicht eingetreten wäre. Der Anspruch ist nicht übertragbar. Er verjährt in einem Jahre; die Vorschrift des § 204 Satz 1 des Bürgerlichen Gesetzbuchs findet keine Anwendung.

---

schulden der Errungenschaftsmasse zur Last. Zur Tragung eines Theiles der Einbuße ist die Frau nach Althessischem und Solmser Rechte dem Manne gegenüber nicht verpflichtet".

IV. Die durch das BGB. eingeführten Gründe für die Beendigung der Errungenschaftsgemeinschaft sind den bisherigen Rechten, mit Ausnahme der Auflösung der Ehe und des Ehevertrages, fremd.

Die mit der Beendigung des Güterstandes eintretende Verpflichtung zur Ausgleichung des Ehegewinnstes ist im § 3 vorbehalten. Wegen der erbrechtlichen Wirkungen siehe § 4 und Anm. dazu.

§ 2.

Vergl. oben S. 239, Anm. 2 Nr. I zu § 1. Die Umwandlung ist in Bezug auf die Haftung für die beim Inkrafttreten des BGB. vorhandenen Schulden ohne Einfluß (s. oben S. 240, Anm. 2 Nr. II zu § 1).

§ 3.

1. Der § 3 erhält für den Fall, daß die Verwaltung und Nutznießung des Mannes auf andere Weise als durch Vertrag endigt, den Anspruch der Ehegatten auf Ausgleichung des Ehegewinnes aufrecht, wie wenn die im § 1 bestimmte Aenderung des Güterstandes nicht eingetreten wäre. Die Begr. S. 130 f. führt über das bisherige Recht aus: „Mit der Beendigung des Güterstandes fallen die von jedem Ehegatten eingebrachten Gegenstände in das Rechtsverhältniß zurück, in welchem sie sich vor dem Beginne der Gemeinschaft befunden haben. Die Befugnisse des Mannes am Vermögen der Frau erlöschen und das schon erwähnte Recht der Ehegatten oder ihrer Rechtsnachfolger auf Feststellung und Theilung des während der Ehe erzielten Gewinnes tritt in Wirksamkeit. Der Gewinn gebührt nach Althessischem und Solmser Rechte jedem Ehegatten zur Hälfte, nach Mainzer Rechte dem Manne zu zwei Dritteln, der Frau zu einem Drittel. Mangels gütlicher Auseinandersetzung kann der Ehegatte, der nach dem Werthe der ihm gehörigen Errungenschaftsgegenstände abzüglich der ihm obliegenden Eheschulden weniger als den ihm gebührenden Antheil am Gewinn erhalten hat, gegen den anderen Ehegatten auf Zahlung der zur Ausgleichung erforderlichen Geldsumme klagen".

In der Aufrechterhaltung des Ausgleichungsanspruchs bei der Errungenschaftsgemeinschaft nach dem Althessischen Rechte liegt künftig der einzige

§ 4. Bestimmt sich der Güterstand bisher nach dem Solmser oder dem Mainzer Rechte, so finden die Vorschriften des Artikel 46 §§ 2, 3 Anwendung.

Artikel 55.

§ 1. Besteht für eine Ehe der gesetzliche Güterstand der Gemeinschaft des beweglichen Vermögens und der Errungenschaft nach einem

---

Unterschied zwischen den Ehen der Amtssässigen und der Schriftsässigen. Vergl. Anm. 1 Abs. 2 zu § 1 dieses Artikels, oben S. 238.

Der Ausgleichungsanspruch ist durch die Vorschrift über die Unübertragbarkeit und durch die kurze Verjährung eingeschränkt. Aus der Unübertragbarkeit ergiebt sich auch die Unpfändbarkeit (CPO. § 851). Die kurze Verjährung wird, abweichend von der Vorschrift des § 204 Satz 1 BGB., durch das Fortbestehen der Ehe nicht gehemmt (§ 3 Satz 3, Theil 2). Begr. S. 132.

2. Für den Fall der Aufhebung des Güterstandes durch Vertrag ist die Berücksichtigung des bisherigen Anspruches auf Theilung des Ehegewinnes der Vereinbarung überlassen. Begr. S. 132.

§ 4.

Das Solmser Recht gewährt dem überlebenden Ehegatten in allen Fällen als statutarische Portion die Hälfte der Fahrniß des verstorbenen und außerdem den lebenslänglichen Beisitz am übrigen Nachlasse, das Mainzer Recht bei beerbter Ehe den Beisitz am gesammten Nachlasse (Begr. S. 131). Diese Rechte sind, vorbehaltlich der Befugniß des überlebenden Ehegatten, bei der gesetzlichen Erbfolge die Erbfolge nach dem BGB. zu wählen, aufrecht erhalten. § 4 in Verb. mit Art. 46 §§ 2, 3. Vergl. die Anm. zu Art. 46, §§. 2, 3.

Die dem überlebenden Ehegatten nach dem Althessischen Rechte zustehenden Befugnisse — der Nießbrauch des Vaters am mütterlichen Vermögen, die im Amte Bilstein und in der Stadt Hersfeld bei unbeerbter Ehe geltenden statutarischen Erbrechte, der in den Aemtern Uchte und Freudenberg geltende Satz „Längst Leib, längst Gut" — sind, da sie von dem Bestehen eines bestimmten Güterrechts während der Ehe unabhängig sind, nicht als erbrechtliche Wirkung des Güterstandes anerkannt und daher nicht aufrecht erhalten worden. Begr. S. 131.

Artikel 55. § 1.

1. „Die **Gemeinschaft des beweglichen Vermögens und der Errungenschaft** findet sich als gesetzliches Güterrecht, abgesehen vom Geltungsbereiche des Rheinisch-Französischen Rechtes,

1. in einigen Bezirken des gemeinrechtlichen Theiles der Rheinprovinz nämlich:
   a) in der vormaligen Grafschaft Sayn-Altenkirchen nach dem im sogenannten Lamprechtschen Statute von 1743 aufgezeichneten Gewohnheitsrecht,

der Rechte, welche in den zum Oberlandesgerichtsbezirke Frankfurt a. M. gehörenden Theilen der Rheinprovinz oder in der Provinz Schleswig-Holstein gelten, so treten an die Stelle der bisherigen Gesetze die

---

b) im Geltungsgebiete der Kur-Cölnischen Rechtsordnung von 1663 (mit Erläuterungen von 1767),

c) im Geltungsgebiete des Kur-Trierschen Landrechts von 1668 und 1714 (1713),

2. im vormaligen Herzogthume Schleswig, mit Ausnahme der Bezirke mit besonderen Statutarrechten, sowie auf der Insel Helgoland nach dem Jütischen Low von 1240." Begr. S. 132.

2. Der § 1 führt für die Ehen mit einem der vorgenannten Güterstände die Vorschriften des BGB. über die Fahrnißgemeinschaft (§§ 1549 ff.) ein.

Der § 1 Abs. 2 trägt einer Eigenthümlichkeit des Jütischen Low Rechnung. „Nach diesem Rechte ist" — wie die Begr. S. 133 bemerkt — „wenn ein Mann, ohne eigenes Vermögen zu besitzen oder ein eigenes Geschäft zu betreiben, sich, während er im elterlichen Hause lebt, verheirathet, die Gütergemeinschaft so lange ausgeschlossen, als dieses Verhältniß fortdauert. Da es sich hier um seltene Fälle einer vorübergehenden Aussetzung der Gemeinschaft handelt, soll es bis zu dem Zeitpunkte, mit welchem nach jetzigem Rechte die Aussetzung endigt, bei den bisherigen Vorschriften bewenden."

3. Ueber die Bedeutung der Umwandlung ist im Allgemeinen Folgendes zu bemerken:

I. Nach allen hier fraglichen Rechten besteht das Vermögen der Ehegatten begrifflich aus verschiedenen Massen, die dem Gesammtgute, dem eingebrachten Gute und dem Vorbehaltsgute des BGB. entsprechen. Das Sayn-Altenkirchener Recht bestimmt auch den Umfang des Sonderguts im Wesentlichen übereinstimmend mit dem § 1551 BGB., so daß dieserhalb kein Vorbehalt nöthig war. Dagegen zeigen die übrigen Statuten erhebliche Verschiedenheiten, denen im § 2 Rechnung getragen ist. Begr. S. 133.

II. „Das Verwaltungsrecht des Mannes in Ansehung des Gesammtguts und des eingebrachten Gutes der Frau unterliegt nach dem Sayn-Altenkirchener und dem Kur-Cölnischen Rechte im Wesentlichen den gleichen Beschränkungen, wie nach dem BGB. [§§ 1549, 1444—1446, 1550 Abs. 2]; nach dem letztgenannten Rechte kann der Mann auch die zu seinem eigenen Sondergute gehörigen Immobilien nicht ohne Einwilligung der Frau veräußern. Das Kur-Triersche Recht gestattet dem Manne, auch die errungenschaftlichen liegenden Güter zu veräußern, jedoch nur aus Noth, sowie Nutzens und Vortheils halber, nicht aber zu geflissentlicher Uebervortheilung der Frau; indessen verlangt die Praxis seit Einführung der Grundbuchordnung zur Veräußerung und Belastung von Grundstücken Mitwirkung beider Ehegatten [vergl. BGB. §§ 1549, 1445]. Nach Jütischem Low hat der Mann die Verwaltung des beiderseitigen Vermögens mit unbeschränkter Veräußerungsbefugniß auch bezüglich der zum Sondergute der Frau gehörenden Immobilien, ist jedoch in Ansehung des Sonderguts regelmäßig nach der Auflösung der Ehe ersatzpflichtig." Begr. S. 134.

Vorschriften des Bürgerlichen Gesetzbuchs über die Fahrnißgemeinschaft.

Tritt für eine Ehe, für welche die Vorschriften des Jütischen Low maßgebend sind, der bezeichnete Güterstand erst zu einer späteren Zeit ein, so gilt die Vorschrift des Abs. 1 von dieser Zeit an.

Rücksichtlich der Verfügung über Grundstücke enthält der § 3 für das in Schleswig-Holstein geltende Recht einen Vorbehalt zu Gunsten des bisherigen Rechtes.

III. Die Schuldenhaftung ist bisher sehr verschieden geregelt. Für künftige Schulden gelten die Vorschriften des BGB. (§§ 1549, 1550 Abs. 2, § 1552; Planck Anm. 4 zu § 1548). — Für die vor der Ueberleitung entstandenen Schulden bleiben dagegen die bisherigen Grundsätze in Kraft. (Art. 59 § 3); diese sind nach der Begr. folgende: „Das Kur-Triersche Landrecht läßt seinem Wortlaute nach für die vorehelichen Schulden nur das Illat des Schuldners haften; die Haftung des gemeinschaftlichen Vermögens ist streitig. Nach dem Sayn-Altenkirchener Rechte haftet das Gesammtgut für die vorehelichen Mobiliarschulden und wohl auch für die Zinsen und Lasten der eingebrachten Immobiliarschulden. Die Praxis des Kur-Cölnischen Rechtes nimmt Haftung des Gesammtguts für alle vorehelichen Schulden und auch für die ererbten, d. h. diejenigen Schulden an, welche auf einer während der Ehe anfallenden Erbschaft lasten; daneben haftet jeder Ehegatte für derartige Schulden des anderen Ehegatten persönlich, und zwar solidarisch. Für alle während der Ehe gemachten Schulden des Mannes einschließlich der Deliktsschulden, und für die von der Frau innerhalb ihrer Schlüsselgewalt oder mit Zustimmung des Mannes eingegangenen Schulden haftet nach dem Sayn-Altenkirchener Rechte das Gesammtgut und der Schuldner persönlich. Nach Kur-Trierschem Rechte haftet für Eheschulden, d. h. die gemeinschaftlich oder zwar einseitig, aber „zum scheinbaren Nutzen und Behuf" beider Eheleute eingegangenen Schulden außer dem Gesammtgute jeder Ehegatte subsidiär zur Hälfte, der Mann überdies für die von ihm allein gemachten Schulden bei Insolvenz der Frau aufs Ganze; treiben die Ehegatten „gesammte Parthirung, d. h. offenen Kram, Handel oder Wirthschaft, so haftet subsidiär nach der Errungenschaft jeder Ehegatte für die von dem anderen allein kontrahirten Schulden zur Hälfte, der allein kontrahirende Ehegatte aber auf das Ganze mit seinem Illat. Bei sonstigen Schulden haftet nur der Kontrahent mit seinem Illat. Nach der Praxis des Kur-Cölnischen Rechtes sind für die Eheschulden, d. h. die gemeinschaftlichen Schulden sowie alle übrigen Schulden des Mannes und die von der Frau innerhalb ihres häuslichen Wirkungskreises oder im Auftrage des Mannes eingegangenen Schulden, neben dem Gesammtgute beide Ehegatten solidarisch persönlich verhaftet. Für das Jütische Low endlich kann als feststehend gelten, daß zu der persönlichen Haftung jedes Ehegatten für seine Verbindlichkeiten die Haftung des Gesammtguts hinzutritt, ohne Unterschied, ob die Schulden vor oder während der Ehe entstanden oder ob sie durch Delikt oder andere Umstände begründet sind." Begr. S. 134 f.

IV. Die Klage auf Aufhebung der Gemeinschaft (§ 1549 verb. mit § 1468, 1469) bildet eine Neuerung; ebenso die Regelung des Rechtsverhältnisses

§ 2. Bei dem Güterstande der Kur-Cölnischen Rechtsordnung oder des Kur-Trierschen Landrechts bleiben statt des § 1551 Abs. 2, bei dem Güterstande des Jütischen Low bleiben statt der §§ 1551, 1554 des Bürgerlichen Gesetzbuchs die bisherigen Gesetze für den Umfang des eingebrachten Gutes maßgebend.

und der Auseinandersetzung nach der Beendigung der Gemeinschaft (§ 1549 verb. mit §§ 1471 ff.).

V. Wegen der Rechte des überlebenden Ehegatten vergl. § 3.

§ 2.

Vergl. Anm. 2 Nr. I zu § 1, oben S. 243.

Ueber die maßgebend bleibenden bisherigen Gesetze giebt die Begr. S. 133 folgende Uebersicht:

„Im Kur-Cölnischen und Kur-Trierschen Rechte ist der Umfang des unbeweglichen Vermögens erheblich weiter bemessen als im § 1551 Abs. 2 des BGB. Das erstere Recht zählt dazu, außer Grundstücken und dinglichen Rechten an solchen, verbriefte verzinsliche Forderungen, ferner bei Handels- und Kaufleuten ausstehende Forderungen, die aus dem Handel herrühren, ebenso Waaren, die ein Kaufmann zum Verkaufe hat, bei Schiffsleuten und Fuhrleuten die zu ihrem Gewerbe dienenden Geräthschaften, endlich baares Geld, welches von verkauften Gütern oder von Forderungen, die zu den Immobilien zählen, herrührt, so lange es noch unvermischt vorhanden ist (Kur-Cölnische Rechtsordnung Tit. 8 §§ 3, 5, 7, 8). Nach dem Kur-Trierschen Rechte gehören zum unbeweglichen Vermögen, abgesehen von Grundstücken und Rechten an solchen, Gültverschreibungen, Handschriften, worin Unterpfände bestellt sind oder welche auf jährliche Renten und Zinsen lauten oder die Summe von wenigstens 100 fl. begreifen, Klagen und Forderungen, die aus Handel, Gewerbe, Kunst, Handwerk, Wirthschaft, Ackerbau und dergleichen herrühren, und ausstehende Immobiliarkaufgelder, ferner alle noch nicht fälligen Frucht- und Geldzinsen, sodann baares Geld, das von verkauften Gütern oder abgelegten Obligationen oder aus Krämerei und Wirthschaft oder aus Wechseln herrührt oder zur Anlage als Kapital oder zum Ankaufe von Grundstücken fest bestimmt ist, endlich bei Kaufleuten ihre Waaren, bei Handwerkern ihre Materialien, Geräthschaften und gefertigten Arbeiten ꝛc. (Kur-Triersches Landrecht Tit. 7 §§ 2 ff.)."

„Nach Jütischem Low erstreckt sich die Gemeinschaft auf alles bewegliche Vermögen, welches die Ehegatten bei Eingehung der Ehe besitzen, wobei auch Häuser zum beweglichen Vermögen gezählt werden, ferner auf das von beiden Ehegatten oder von einem während der Ehe in anderer Weise als durch Erbschaft (Erwerb von Todeswegen) erworbene Vermögen und bezüglich der beweglichen Güter selbst auf die durch Erbschaft angefallenen, wenn der andere Ehegatte auch etwas ererbt hat. Sondergut ist demnach das in die Ehe eingebrachte Land, das von einem der Gatten während der Ehe ererbte Land und das ererbte bewegliche Vermögen, wenn die vorerwähnte Voraussetzung nicht zutrifft. Das für Erbland eingetauschte oder für den Erlös aus verkauftem Erbland

§ 3. Die Vorschriften des Artikel 46 §§ 2, 3 und des Artikel 53 § 3 finden Anwendung.

Artikel 56.

Für Ehen, deren Güterstand sich nach dem Rheinischen Bürgerlichen Gesetzbuche bestimmt, gelten folgende Vorschriften:

§ 1. Bei der gesetzlichen Gütergemeinschaft treten an die Stelle

erworbene Land tritt an die Stelle des Erblandes, während das Kaufgeld, das nicht wieder zum Ankaufe von Land verwendet wird, in die Gemeinschaft fällt." Begr. S. 133 f.

§ 3.

1. Die Begr. S. 135 erläutert:

„Im Falle der Beendigung der Gemeinschaft durch den Tod eines der Ehegatten gewähren die drei Rheinischen Statuten dem überlebenden Ehegatten bei unbeerbter und beerbter Ehe die Leibzucht; jedoch tritt nach dem Sayn-Altenkirchener Rechte bei beerbter Ehe zunächst fortgesetzte Gütergemeinschaft und erst mit der Wiederverheirathung des Ueberlebenden eine beschränkte Leibzucht ein. Daneben erhält der Ueberlebende nach dem letztgenannten Statute bei unbeerbter Ehe, nach Kur-Cölnischem Rechte in allen Fällen die ganze Fahrniß des Verstorbenen, nach Kur-Trierschem Rechte bei unbeerbter Ehe je nach der Verwandtschaftsnähe der Erben drei Viertel der Fahrhabe oder diese ganz, bei beerbter Ehe Kindestheil; nach dem Kur-Cölnischen Rechte fällt dagegen bei beerbter Ehe auch die dem Ueberlebenden gehörige Hälfte der Immobiliarerrungenschaft den Kindern eigenthümlich zu. Nach Jütischem Low nimmt der Ueberlebende außer seinem Alleingute bei unbeerbter Ehe die Hälfte des Gemeinguts, bei beerbter Ehe der Wittwer das Kaufland sowie besten Kindestheil von dem Gesammtgut und dem Alleingut der Frau, die Wittwe besten Kindestheil vom Gesammtgut. Außerdem kann im letzteren Falle der Ueberlebende die Gütergemeinschaft fortsetzen.

Alle diese erbrechtlichen Wirkungen der bisherigen Güterstände läßt der Entw. wiederum mit der Maßgabe unberührt, daß bei der gesetzlichen Erbfolge der überlebende Ehegatte statt der ihm bisher gebührenden Vortheile das Erbrecht nach dem BGB. wählen kann." Vergl. die Anmerkungen zu Art. 46 §§ 2, 3.

2. Die Anwendbarkeit des Art. 53 § 3 bewirkt für Schleswig-Holstein die Aufrechterhaltung der bisherigen Befugniß des Mannes zur freien Verfügung über die zum Gesammtgute gehörenden Grundstücke, die der Mann während der Ehe, gleichviel ob vor oder nach dem Inkrafttreten dieses Gesetzes, erworben hat. Komm. Ber. S. 59.

Für die fortgesetzte Gütergemeinschaft (Anm. 1) ergiebt sich die Erhaltung des bisherigen Verfügungsrechtes aus der Anwendbarkeit des Art. 46 § 2. Komm Ber. S. 58, 59.

Artikel 56. § 1.

Der Art. 56 umfaßt die besonderen Ueberleitungsvorschriften für die Güterstände des **Rheinischen BGB.**, und zwar behandelt er sowohl die gesetzlichen

der bisherigen Gesetze die Vorschriften des Bürgerlichen Gesetzbuchs über die Fahrnißgemeinschaft.

(§ 1) als auch die vertragsmäßigen Güterstände (§§ 2, 3, 6, 8, 10) des Rheinischen Rechtes.

1. Die Fahrnißgemeinschaft des BGB. (§§ 1549—1557) ist der gesetzlichen Gütergemeinschaft des Rheinischen Rechtes nachgebildet und sie zu ersetzen bestimmt (Mot. z. BGB. Bd. 4 S. 541 f.; Denkschrift z. Entw. e. BGB., Drucksache des Reichstags 1895/97 Nr. 87 S. 202). Dem entspricht die Vorschrift des § 1. Begr. S. 136.

Die Vorschriften über die gesetzliche Gütergemeinschaft des Rheinischen Rechtes gelten, wie in Ermangelung eines Vertrages, auch dann, wenn die Ehegatten lediglich erklären, sich nach den Grundsätzen einer ehelichen Gütergemeinschaft zu verheirathen (Art. 1400 Rhein. BGB.); dementsprechend erfolgt auch im letzteren Fall die Umwandlung in die Fahrnißgemeinschaft des BGB. (Art. 58 Abs. 1 dieses Gesetzes). Begr. S. 140.

2. Die wichtigeren Unterschiede zwischen der Fahrnißgemeinschaft des BGB. und der gesetzlichen Gütergemeinschaft des Rheinischen Rechtes beruhen „einerseits darauf, daß eine Beschränkung der Ehefrau in der Geschäftsfähigkeit, wie sie gegenwärtig unabhängig von dem in der Ehe geltenden Güterrecht eintritt, dem BGB. fremd ist; andererseits darauf, daß das BGB. die Fahrnißgemeinschaft als eine durch das Vorhandensein von eingebrachtem Gute der Ehegatten modifizirte allgemeine Gütergemeinschaft behandelt und demgemäß die für die letztere und die für das eingebrachte Gut bei der Errungenschaftsgemeinschaft geltenden Vorschriften anwendet (§ 1549, § 1550 Abs. 2). Auch hier zielen somit die Abweichungen des neuen Rechtes wesentlich darauf ab, die Stellung der Frau freier und gesicherter zu gestalten." (Begr. S. 136).

I. Die einzelnen Vermögensmassen anlangend, so bestimmt das BGB. die Bestandtheile des eingebrachten Gutes „nahezu vollständig im Einklange mit dem bisherigen Rechte. Daß alles unbewegliche Vermögen, welches ein Ehegatte während der Gemeinschaft mit Rücksicht auf ein künftiges Erbrecht erwirbt, eingebrachtes Gut wird, enthält nur eine Erweiterung der Vorschrift des Art. 1406 des Rheinischen Gesetzbuchs. Strenger als das jetzige Recht (Art. 1407, 1408, 1433—1435; Entsch. des Reichsgerichts Bd. 10 S. 79) führt das BGB. den Grundsatz der Surrogation in Betreff des eingebrachten Gutes durch (§ 1554, § 1550 Abs. 2 verb. mit § 1525 Abs. 2, §§ 1381, 1382); insbesondere fällt der Erlös verkaufter Liegenschaften nicht, wie bisher, vorbehaltlich des Ersatzanspruchs bei der Auseinandersetzung, in die Gemeinschaft, sondern wird eingebrachtes Gut, ohne daß es hierzu einer an bestimmte Erklärungen der Ehegatten gebundenen Wiederanlegung bedarf. Zum Theil werden durch die reichsrechtlichen Vorschriften nur Streitfragen des jetzigen Rechtes entschieden, so in Betreff der Behandlung eines in einer Sondergutsliegenschaft gefundenen Schatzes, eines Gewinns, der auf ein zum Sondergute gehörendes Loos fällt, sowie bezüglich der Streitfrage, ob bei dem Vorhandensein mehrerer Erben der Bestand der ungetheilten Erbschaft oder das Ergebniß der Theilung dafür maßgebend ist, was als Mobilien in die Gemeinschaft und was als Sondergut an den einzelnen Ehegatten fällt

(Mot. Bd. 4 S. 599)." Begr. S. 136. Die Umwandlung des vorhandenen Sonderguts in bloße Ersatzansprüche ist nach dem neuen Rechte mehr als bisher vermieden (Begr. a. a. O.).

„Der Begriff des Vorbehaltsguts, wie das BGB. solches auf Seiten der Frau zuläßt (§ 1555), ist dem bisherigen Rechte nicht bekannt. Zwar können schon jetzt durch Ehevertrag oder Bestimmung des Zuwendenden einzelne Gegenstände des Mobiliarvermögens von der Gemeinschaft ausgeschlossen, und, ebenso wie einzelne Bestandtheile des Sonderguts, der Verwaltung des Mannes entzogen werden; jedoch bleibt der Unterschied bestehen, daß die Frau zur Veräußerung von Immobilien und zur Uebernahme von Verbindlichkeiten der eheherrlichen oder der gerichtlichen Ermächtigung bedarf (Art. 1449, 1538)." Begr. a. a. O.

Verabredungen, durch welche gewisse Gegenstände des Mobiliarvermögens von der Gemeinschaft ausgeschlossen werden (clauses de réalisation, Rhein. BGB. Art. 1500 ff.), oder durch welche gewisse Immobilien den Mobilien gleichgestellt werden (clauses de mobilisation, Rhein. BGB. Art. 1505 ff.), bleiben in Kraft (Art. 59 § 5 dieses Gesetzes; Begr. S. 140. Komm. Ber. S. 60); die immobilisirten Gegenstände sind künftig als eingebrachtes Gut, die mobilisirten Liegenschaften als Gesammtgut zu behandeln. Begr. a. a. O.

II. In Betreff der Verwaltung des Gesammtguts ist das bisherige Verfügungsrecht des Mannes über Grundstücke im § 4 Abs. 1 vorbehalten. Die Verwaltungsbefugniß der Frau wird theils eingeschränkt, theils erweitert (vergl. §§ 1549 verb. mit §§ 1450, 1451 BGB. mit Art. 1427, 124 Rhein. BGB.). Neu sind die der Frau im § 1453 BGB. gegebenen Befugnisse zur Annahme und Ausschlagung von ihr angefallenen Erbschaften und Vermächtnissen, zum Verzicht auf den Pflichttheil und zur Ablehnung eines Vertragsantrags oder einer Schenkung (vergl. dagegen Art. 217, 218, 776, 934 Rhein. BGB.). Zum Schutze des Mannes dient künftig bei Erbschaften die Vorschrift des § 2008 über die Inventarfrist; auch sind für die vor dem Inkrafttreten des BGB. angefallenen Erbschaften und Vermächtnisse die bisherigen Vorschriften aufrecht erhalten (Art. 56 § 7). Begr. S. 137.

„Die Bestimmung des § 1452 des BGB. dehnt lediglich die Vorschriften, die für den selbständigen Betrieb eines Handels- oder sonstigen Gewerbes durch die Frau schon jetzt gelten (Rhein. BGB. Art. 220, 1426; EG. z. HGB. Art. 39; GO. § 11), auf andere Erwerbsgeschäfte aus." Begr. S. 137.

III. „Ueber das Sondergut des Mannes hat dieser nach dem alten wie nach dem neuen Rechte freie Verfügung. Ebenso steht ihm nach beiden Rechten die Verwaltung des Sonderguts der Frau für Rechnung des Gesammtguts zu (Rhein. BGB. Art. 1428, BGB. § 1550 Abs. 2 verb. mit § 1525 Abs. 2, §§ 1373 ff.). Seine Befugnisse werden hier durch das BGB. theilweise erweitert. Er erlangt nach Maßgabe der §§ 1376 bis 1379 ein Verfügungsrecht über das eingebrachte Gut sowie die unbeschränkte Befugniß zur gerichtlichen Geltendmachung der zum eingebrachten Gute gehörenden Rechte (§ 1380) und kann Mieth- und Pachtverträge über Sondergutsliegenschaften ohne die bisherige zeitliche Beschränkung abschließen (vergl. Rhein. BGB. Art. 1429, 1430). Auf der anderen Seite erhält die Frau gegenüber der Verwaltung des Mannes dadurch erhöhten Schutz, daß der Mann das nicht zur Bestreitung von Ausgaben bereit zu haltende Geld wie Mündelgeld anlegen muß, daß ferner die Frau ein Sondergutsrecht, über das der Mann ohne die erforderliche Zustimmung der Frau verfügt hat, selbständig gerichtlich geltend machen, sowie bei Gefährdung ihrer Rechte durch den Mann Sicherheitsleistung und unter Umständen schon vor der Beendigung der Gemeinschaft Ersatz verlangen kann (§ 1377 Abs. 2, 3, §§ 1391 bis 1394, § 1407 Nr. 3). Die Befugnisse der Frau bezüglich ihres Sonderguts werden theils eingeschränkt, insofern sie nur in geringerem Umfange die richterliche Ersetzung der vom Manne verweigerten Zustimmung zu einer Verfügung nachsuchen kann (§ 1451 vergl. mit Art. 219 Rhein. BGB.), theils ausgedehnt, indem in den Fällen der Krankheit oder der Abwesenheit des Mannes das Erforderniß gerichtlicher Ermächtigung fortfällt (§ 1401). Für den selbständigen Betrieb eines Erwerbsgeschäftes und für die Annahme oder Ausschlagung von Erbschaften u. s. w. gelten in Ansehung des eingebrachten Gutes der Frau die gleichen Vorschriften, wie in Betreff des Gesammtguts (§§ 1405, 1406)."

Wegen der bisherigen gesetzlichen Hypothek bezw. des Hypothekentitels siehe § 9 dieses Artikels.

IV. Was die Schuldenhaftung gegenüber den Gläubigern anlangt, so besteht bezüglich der Haftung des Gesammtguts „im Ergebnisse darin Uebereinstimmung, daß sich die Haftung auf alle Verbindlichkeiten des Mannes erstreckt, wenn auch nach dem bisherigen Rechte die Immobiliarschulden des Mannes nicht Gemeinschaftsschulden sind (Rhein. BGB. Art. 1419), sondern nur, solange die Gemeinschaft besteht, aus dem Gemeingute beigetrieben werden können. Das Gesammtgut haftet ferner nach beiden Rechten den Gläubigern gegenüber für die vorehelichen Schulden der Frau mit Ausnahme der Immobiliarschulden sowie für die mit Zustimmung des Mannes eingegangenen Verbindlichkeiten der Frau; für die Gemeinschaftsschulden der Frau haftet der Mann auch persönlich (Rhein. BGB. Art. 1419, 1426). Verschiedenheiten bestehen namentlich insoweit, als für die Verbindlichkeiten der Frau aus unerlaubten Handlungen sowie für die von ihr gegen den Willen des Mannes mit gerichtlicher Ermächtigung eingegangenen Verbindlichkeiten nicht das Gemeingut, sondern nur das nackte Eigenthum des Sonderguts der Frau, also das letztere nur unbeschadet der der Gemeinschaft gebührenden Nutzungen, haftet (Art. 1413, 1424, 1426). Bezüglich der Haftung des Ehegatten für die Gesammtgutsverbindlichkeiten im Verhältnisse zu einander ergeben sich gleichfalls nur geringfügige Abweichungen (Mot. Bd. 4 S. 546 ff.) Auch die besonderen Vorschriften des § 1465 Abs. 2 und des § 1556 des BGB. entsprechen im Wesentlichen dem Rheinischen Rechte (Art. 1414, 1438, 1469). Die Haftung des Sonderguts der Frau ist im Allgemeinen nach gleichen Grundsätzen geordnet; die schon erwähnte Beschränkung der Haftung auf das nackte Eigenthum des Sonderguts ist jedoch dem neuen Rechte fremd. Daß mangels der erforderlichen Einwilligung des Mannes die Frau bisher auch nicht persönlich verpflichtet wird, ist eine Folge der an die Ehe geknüpften Beschränkung der Geschäftsfähigkeit." Begr. S. 138.

Die bisherigen Grundsätze über die Schuldenhaftung finden noch auf die vor der Ueberleitung eingegangenen Verbindlichkeiten Anwendung (Art. 59 § 3), während bezüglich der künftigen Schulden das neue Recht eintritt. Begr. a. a. O.

V. „Anlangend die **Beendigung** der Gütergemeinschaft, so wird abweichend vom geltenden Rechte die Aufhebung durch Vertrag schon nach Art. 200 Abs. 2 des EG. z. BGB. für die bestehenden Ehen zulässig. Eine Klage auf Aufhebung der Gemeinschaft steht der Frau auch nach dem bisherigen Rechte zu. Jedoch sind die Voraussetzungen der Gütertrennungsklage im Art. 1443 des Rhein. BGB. theilweise weiter bestimmt als die der Aufhebungsklage nach § 1468 des BGB.; insbesondere ist jene Klage auch im Falle der Eröffnung des Konkurses über das Vermögen des Mannes gegeben (vergl. auch Entsch. des Reichsgerichts Bd. 12 S. 318)." Um hier eine Beeinträchtigung des nach dem bisherigen Rechte bereits begründeten Klagerechts der Frau zu vermeiden, ist der Vorbehalt des § 4 Abs. 2 dieses Artikels aufgenommen. Begr. S. 130.

„Nach der Beendigung der Gütergemeinschaft besteht dem geltenden Rechte zufolge bis zur Theilung in Ansehung des Gemeinguts unter den Ehegatten eine Gemeinschaft nach Bruchtheilen. Jeder Ehegatte haftet für die Gemeinschaftsschulden grundsätzlich zur Hälfte. Die Frau aber hat das Recht, der Gemeinschaft mit der Wirkung zu entsagen, daß sie einerseits die Ansprüche, die ihr als Miteigenthümerin des Gemeinguts zustehen, abgesehen von der Rücknahme der zu ihrem Gebrauche bestimmten Leinwand und Kleidung verliert, andererseits aber auch von der Haftung für die Gemeinschaftsschulden dem Manne gegenüber unbedingt, den Gläubigern gegenüber insoweit befreit wird, als sie dafür nicht aus einem besonderen Grunde persönlich haftet; sie kann ferner, wenn sie die Gemeinschaft annimmt, durch Aufnahme eines Inventars ihre Haftung dem Manne wie den Gläubigern gegenüber auf den Betrag des ihr aus der Gemeinschaft zufallenden Vortheils beschränken (Rhein. BGB. Art. 1453, 1482 ff., 1492 ff.). Nach dem BGB. dauert dagegen das Gemeinschaftsverhältniß zur gesammten Hand mit den in den §§ 1472, 1473 bestimmten Maßgaben bis zur Auseinandersetzung fort. Die Frau kann nicht auf die Gemeinschaft verzichten. Sie kann aber bei der Auseinandersetzung verlangen, daß die Gesammtgutsverbindlichkeiten, welche im Verhältnisse der Ehegatten zu einander nicht ihr zur Last fallen, vor der Theilung des Gesammtguts aus diesem berichtigt werden, und haftet nach der Theilung für die Gesammtgutsverbindlichkeiten des Mannes nur mit den ihr zugetheilten Gegenständen; auch hat, soweit die Gesammtgutsverbindlichkeiten nicht ihr zur Last fallen, der Mann dafür einzustehen, daß sie von den Gläubigern nicht in Anspruch genommen wird (§§ 1475, 1480, 1481). Das BGB. bietet also der Frau vollen Ersatz für das beseitigte Verzichts- und Inventarrecht." Begr. S. 139 f.

Neu sind ferner dem bisherigen Recht die Bestimmungen des § 1477 Abs. 2 BGB. über das Recht eines Ehegatten, die ausschließlich zu seinem persönlichen Gebrauche bestimmten Sachen, insbesondere die Kleider, Schmucksachen und Arbeitsgeräthe, sowie diejenigen Gegenstände zu übernehmen, welche er in die Gütergemeinschaft eingebracht oder während der Gütergemeinschaft durch Erbfolge, durch Vermächtniß oder mit Rücksicht auf ein künftiges Erbrecht, durch Schenkung oder durch Ausstattung erworben hat. Dem bisherigen Rechte fremd ist ferner die Vorschrift des § 1478 BGB. über die Theilung in Folge der Ehescheidung, die übrigens nach Art. 59 § 6 Abs. 2 keine Anwendung findet, wenn die Scheidungsklage vor dem Inkrafttreten des BGB. erhoben war. Begr. S. 140.

§ 2. Bei der Errungenschaftsgemeinschaft treten an die Stelle der bisherigen Gesetze die Vorschriften des Bürgerlichen Gesetzbuchs über die Errungenschaftsgemeinschaft.

Wenn ferner künftig in Ansehung des eingebrachten Gutes der Frau die Vorschriften der §§ 1421—1424 BGB. anwendbar sind (§ 1550 Abs. 2, § 1546 Abs. 3), so „versteht es sich von selbst, daß die Einführung des § 1423 BGB. der Frau nicht das Recht giebt, einen Mieth- oder Pachtvertrag, den der Mann über ein Grundstück der Frau unter der Herrschaft des jetzigen Rechtes wirksam abgeschlossen hat, nach Maßgabe des § 1056 BGB. vorzeitig zu kündigen." Begr. S. 140.

VI. Im Falle der Auflösung der Gemeinschaft durch den Tod eines Ehegatten tritt an die Stelle des jetzigen sehr beschränkten Erbrechts des überlebenden Ehegatten (Rhein. BGB. Art. 767) ohne Weiteres das gesetzliche Erbrecht des BGB. (Art. 213 EG. z. BGB.). Daneben ist für den Fall der beerbten Ehe künftig die vertragsmäßige Einführung der fortgesetzten Gütergemeinschaft zugelassen (§ 1557 BGB.). Begr. S. 140.

§ 2.

Die Errungenschaftsgemeinschaft des Rheinischen Gesetzbuchs (Art. 1498 f.) tritt nur kraft Ehevertrags ein. Wo sie beim Inkrafttreten des BGB. besteht, wird sie von diesem Zeitpunkte an in die Errungenschaftsgemeinschaft des BGB. (§§ 1519—1548) übergeleitet.

In der Abgrenzung des Sonderguts gegenüber dem Gesammtgut stimmt das Rheinische Recht mit dem BGB. im Wesentlichen überein. Der Grundsatz der Surrogation ist weiter durchgeführt.

„Ueberhaupt treten, da die Rheinische Errungenschaftsgemeinschaft mit wenigen Abweichungen den Grundsätzen der gesetzlichen Gütergemeinschaft folgt und für die Errungenschaftsgemeinschaft des BGB. in weitem Umfange die gleichen Vorschriften wie für die Fahrnißgemeinschaft gelten, auch hier die bei der gesetzlichen Gütergemeinschaft dargelegten Verschiedenheiten hervor, so in Betreff des Fehlens eines Vorbehaltsguts im Sinne des neuen Rechtes, hinsichtlich der Verwaltungs- und Verfügungsrechte des Mannes und der Frau, zum Theil in Betreff der Schuldenhaftung, ferner bezüglich der Klage auf Aufhebung der Gemeinschaft und des Rechtsverhältnisses nach der Beendigung.

Hinzu kommen einige weitere Unterschiede. Nach dem § 1527 des BGB. gilt allgemein die Vermuthung, daß das vorhandene Vermögen Gesammtgut sei; der Gegenbeweis ist aber unbeschränkt zulässig. Auf dem gleichen Standpunkte steht das geltende Recht in Bezug auf die Immobilien (Art. 1402). Dagegen gilt das Mobiliarvermögen Dritten gegenüber als Errungenschaft, wenn nicht die Sondergutseigenschaft durch ein Inventar oder durch ein Verzeichniß in gehöriger Form dargethan wird (Art. 1499; Zachariä-Crome, Handbuch Bd. 2 § 492 Anm. 7). Indessen wird durch die Einführung der Vermuthung des § 1527 das Interesse Dritter auch in Ansehung des zur Zeit der Ueberleitung vorhandenen Mobiliarvermögens ausreichend gewahrt.

Dem geltenden Recht fremd ist ferner die Bestimmung, daß im Falle der Eröffnung des Konkurses über das Vermögen des Mannes die Errungenschafts-

§ 3. Bei der allgemeinen Gütergemeinschaft treten an die Stelle der bisherigen Gesetze die Vorschriften des Bürgerlichen Gesetzbuchs über die allgemeine Gütergemeinschaft.

Fortgesetzte Gütergemeinschaft tritt nur ein, wenn sie durch Ehevertrag vereinbart ist.

§ 4. In den Fällen der §§ 1 bis 3 bestimmt sich die Befugniß des Mannes zur Verfügung über ein zum Gesammtgute gehörendes Grundstück nach den bisherigen Gesetzen.

Die Frau kann bis zu dem Ablauf eines Jahres nach dem Inkrafttreten des Bürgerlichen Gesetzbuchs auch auf Grund von Thatsachen, welche nur nach den bisherigen Gesetzen die Gütertrennungsklage rechtfertigen, auf Aufhebung der Gütergemeinschaft klagen, wenn die Thatsachen vor dem Inkrafttreten des Bürgerlichen Gesetzbuchs eingetreten sind.

gemeinschaft kraft Gesetzes endigt, sowie die in diesen und anderen Fällen der Beendigung gewährte Klage auf Wiederherstellung der Gemeinschaft. Bezüglich der ersteren Bestimmung trifft das oben Gesagte [vergl. oben S. 233 Anm. 2 Nr. IV zu Art. 53 § 1] auch hier zu." Begr. S. 141 f.

§ 3.

1. Auch die allgemeine Gütergemeinschaft trat bisher nur kraft Ehevertrags ein.

„Für die allgemeine Gütergemeinschaft gelten nach jetzigem Rechte die Vorschriften über die gesetzliche Gütergemeinschaft mit den Abweichungen, die aus der Ausdehnung der Gemeinschaft auf das gesammte Vermögen der Ehegatten (Art. 1526) und aus der damit verbundenen Erweiterung des Kreises der Gemeinschaftsschulden folgen. Das BGB. behandelt umgekehrt die Fahrnißgemeinschaft als eine modifizirte allgemeine Gütergemeinschaft. Nach beiden Rechten stimmt hiernach die Regelung der allgemeinen Gütergemeinschaft mit der der Fahrnißgemeinschaft in solchem Maße überein, daß sich im Verhältnisse zwischen dem alten und neuen Rechte wiederum die schon bei der gesetzlichen Gütergemeinschaft des Rheinischen Rechtes erwähnten Unterschiede geltend machen." Begr. S. 142. — Art. 56 § 3 Abs. 1; §§ 4, 5.

2. Die Fortsetzung der Gütergemeinschaft (§§ 1483 ff. BGB.) war dem bisherigen Rechte fremd und soll daher künftig nach § 3 Abs. 2 nicht kraft Gesetzes, sondern nur kraft Ehevertrags eintreten. Begr. S. 142. Vergl. Art. 47 § 4 und die Anm. dazu oben S. 182.

§ 4.

1. **Zu Abs. 1** vergl. Art. 52 § 1 Abs. 3, § 3; Art. 53 § 3; Art. 55 § 3. Der Abs. 1 beruht auf Beschluß der Komm. des AH. Komm. Ber. S. 59 f.

Nach Art. 1421 ff. des Rhein. BGB. kann der Mann über Gemeinschaftsliegenschaften gegen Entgelt sowie zur Ausstattung gemeinschaftlicher Kinder auch unentgeltlich frei verfügen.

2. **Zu Abs. 2.** Nach Art. 1443 des Rhein. BGB. kann die Frau auf Vermögensabsonderung klagen, wenn ihr Heirathsgut in Gefahr ist und wenn die

§ 5. Ist bei einem der in den §§ 1 bis 3 bezeichneten Güterstände nach Artikel 1514 des Rheinischen Bürgerlichen Gesetzbuchs vereinbart, daß die Frau im Falle des Verzichts auf die Gütergemeinschaft ihr eingebrachtes Vermögen schuldenfrei zurücknehmen kann, so bleiben für die Ausübung des Verzichts die bisherigen Gesetze maßgebend.

---

zerrüttete Vermögenslage des Mannes befürchten läßt, daß sein Vermögen nicht hinreiche, um die Forderungen der Frau zu befriedigen und ihr Beibringen zu ergänzen. Darnach ist die Gütertrennungsklage der Frau unter theilweise weiteren Voraussetzungen als nach § 1468 BGB., namentlich auch im Falle des Konkurses über das Vermögen des Mannes gegeben (siehe Anm. 2 Nr. V zu § 1 dieses Artikels). Um hier eine Beeinträchtigung des nach dem bisherigen Rechte bereits begründeten Klagerechts der Frau zu vermeiden, gestattet ihr der § 4 Abs. 2, noch innerhalb eines Jahres nach dem Inkrafttreten des BGB. auf Grund vorher eingetretener Thatsachen, welche nach dem bisherigen Rechte die Gütertrennungsklage rechtfertigen, auf Aufhebung der Gütergemeinschaft zu klagen. Begr. S. 139.

„Der Vorbehalt erweitert lediglich die Voraussetzungen der Aufhebungsklage. Im Uebrigen gelten für diese ausschließlich die Vorschriften des neuen Rechtes; insbesondere bestimmt sich das Verfahren nicht nach den für Gütertrennungsklagen jetzt maßgebenden besonderen Bestimmungen (§ 11 des AG. z. CPO.), sondern nach den allgemeinen Vorschriften der CPO." Begr. a. a. O.

Daß eine zur Zeit des Inkrafttretens des BGB. anhängige Gütertrennungsklage nach den bisherigen Vorschriften zu erledigen ist und daß nach letzteren sich auch die Wirkung des Urtheils bestimmt, ergiebt sich aus Art. 59 § 6 Abs. 1 dieses Gesetzes. Begr. a. a. O.

§ 5.

Der Art. 1514 des Rhein. BGB. lautet:

Die Frau kann sich ausbedingen, das bei Eingehung der Ehe oder nachher eingebrachte Vermögen im Falle der Entsagung auf die Gütergemeinschaft ganz oder zum Theil zurückzunehmen; diese Uebereinkunft kann aber weder auf andere, als die förmlich ausgedrückten Gegenstände, noch zum Vortheile anderer als der benannten Personen ausgedehnt werden.

Daher erstreckt sich die Befugniss der Frau, das bei Eingehung der Ehe von ihr zugebrachte bewegliche Vermögen zurückzunehmen, nicht auf das ihr während der Ehe angefallene.

Daher lässt sich die der Ehefrau eingeräumte Befugniss nicht auf ihre Kinder und die der Frau und den Kindern eingeräumte nicht auf ihre Erben in der aufsteigenden oder Seitenlinie ausdehnen.

In allen Fällen kann das eingebrachte Vermögen nur nach Abzug der persönlichen Schulden der Frau, die etwa aus der Gütergemeinschaft bezahlt wurden, zurückgenommen werden.

Die diesem Art. entsprechende Vereinbarung ändert, wie die Begr. S. 140f. ausführt, „für die Dauer des Bestehens der Gemeinschaft nichts an den Grundsätzen des gesetzlichen Güterrechts; sie giebt aber nach der Beendigung der Gemeinschaft der Frau (oder deren Erben) im Falle des Verzichts auf die Ge-

§ 6. Ist für eine Ehe Ausschließung der Gütergemeinschaft nach Maßgabe der Artikel 1530 bis 1535 des Rheinischen Bürgerlichen Gesetzbuchs vereinbart, so treten an die Stelle der bisherigen Gesetze die Vorschriften des Bürgerlichen Gesetzbuchs über das gesetzliche Güterrecht. Die Vorschrift des § 4 findet entsprechende Anwendung.

---

meinschaft das Recht, abweichend von der gesetzlichen Regel (Art. 1492) auch ihr Einbringen oder dessen Werth abzüglich dessen, was aus der Gemeinschaft zur Bezahlung der eingebrachten Schulden verwendet worden ist, zurückzufordern (vergl. Entsch. des Reichsgerichts Bd. 31 S. 255). Es besteht somit zwar kein Grund, die Ehen, für welche diese Klausel vereinbart ist, von der Anwendung des neuen Rechtes auszuschließen. Nach der Beendigung der Gemeinschaft muß aber die vereinbarte Klausel ihre Wirksamkeit behalten. Da letztere von dem Verzicht auf die Gemeinschaft abhängt, muß der Frau die Möglichkeit bleiben, diese Bedingung für die Geltendmachung ihres Rechtes zu erfüllen. Der Fortbestand des Verzichtsrechts ergiebt sich schon daraus, daß dasselbe in den fraglichen Fällen als ein Bestandtheil der besonderen Vereinbarung anzusehen ist (Art. [59] § 6 Abs. 1). Dagegen erscheint es erforderlich, bezüglich der Ausübung des Verzichts, der dabei zu beobachtenden Formen und Fristen, die bisherigen Gesetze ausdrücklich aufrecht zu erhalten (Art. [56] § 5; vergl. insbes. § 69 Abs. 2 des Ausf.-Ges. z. BGB. in der Fassung des Gesetzes vom 16. Mai 1887, GS. S. 135, Art. I)."

§ 6.

Zu § 6 **Satz 1.** Die Begr. S. 142 f. erläutert:

„Der vertragsmäßige Güterstand der Ausschließung der Gemeinschaft nach Maßgabe der Art. 1530 bis 1535 des Rhein. BGB. stimmt dem Wesen nach mit dem gesetzlichen Güterrechte des BGB. überein. Die Unterschiede beschränken sich auf Einzelheiten in der Ausgestaltung und sind nicht so erheblich, daß die Ueberleitung bedenklich oder nur unter Vorbehalt angängig erschiene (Art. 55 § 6). Dem jetzigen Rechte ist der Begriff des Vorbehaltsguts fremd; namentlich aber nimmt es nicht die ausschließlich zum persönlichen Gebrauche der Frau bestimmten Sachen sowie den selbständigen Arbeitserwerb von der Verwaltung und Nutznießung des Mannes aus, vielmehr wird der letztere Erwerb nach einer Ansicht sogar Eigenthum des Mannes (vergl. aber Zachariä-Crome Bd. 3 § 501 Anm. 9)." Nach dem geltenden Rechte werden „die verbrauchbaren Sachen der Frau, vorbehaltlich der Ersatzpflicht, Eigenthum des Mannes (Art. 1532 Rhein. BGB., während er über künftig erworbene Sachen dieser Art nur nach Maßgabe der §§ 1376, 1377 BGB. verfügen kann. Das Verwaltungsrecht des Mannes wird in Bezug auf die Einziehung von Kapitalien beschränkt, nach anderer Richtung (BGB. § 1376 Nr. 2, 3, §§ 1379, 1380) erweitert. Neu sind die Surrogationsgrundsätze der §§ 1381, 1382 sowie die Bestimmungen über den Anspruch der Frau auf Sicherstellung (§§ 1391—1393). Bezüglich der vom Manne zu tragenden Lasten besteht im Wesentlichen Uebereinstimmung (vergl. Rhein. BGB. Art. 1530, 1533), abgesehen von der im § 1388 des BGB. anerkannten persönlichen Haftung des Mannes. Inwieweit die rechtliche Stellung der Frau in Betreff ihres einge-

§ 7. Ist in den Fällen der §§ 1 bis 3, 6 der Frau vor dem Inkrafttreten des Bürgerlichen Gesetzbuchs eine Erbschaft oder ein Vermächtniß angefallen, so sind für die Befugniß der Frau zur Annahme oder Ausschlagung die bisherigen Vorschriften maßgebend.

§ 8. Bei dem Güterstande der Gütertrennung treten an die Stelle der bisherigen Gesetze die für die Gütertrennung geltenden Vorschriften der §§ 1427 bis 1430 des Bürgerlichen Gesetzbuchs.

---

brachten Gutes freier wird, ist schon mit Beziehung auf das den gleichen Vorschriften unterliegende eingebrachte Gut der Frau bei der Fahrnißgemeinschaft erwähnt worden [Anm. 2 Nr. III zu Art. 56 § 1 S. 249]. Ebenso wiederholt sich hier die Verschiedenheit zwischen dem geltenden und dem neuen Rechte in Betreff der Haftung des eingebrachten Gutes für die Deliktsschulden und die gegen den Willen des Mannes mit gerichtlicher Ermächtigung eingegangenen Schulden." Vergl. Anm. 2 Nr. IV zu Art. 56 § 1 S. 249.

Ueber die Klage auf Aufhebung der Verwaltung und Nutznießung des Mannes siehe unten Anm. 2. Neu ist auch die Aufhebung durch Konkurs.

Bezüglich der vom Manne vor der Ueberleitung wirksam geschlossenen Mieth- und Pachtverträge über Grundstücke der Frau ist auf das in der Anm. 2 Nr. V zu § 1, oben S. 251, Gesagte zu verweisen.

2. Zu § 6 Satz 2. Die Anwendbarkeit des § 4 sichert der Frau das ihr nach dem bisherigen Rechte vor dem Inkrafttreten des BGB. bereits erwachsene Recht auf Gütertrennung (Art. 1531 verb. mit Art. 1413 Rhein. BGB.) noch auf ein Jahr. Siehe Anm. 2 zu § 4 dieses Artikels. Im Uebrigen besteht künftig das Klagerecht aus § 1418 BGB.

§ 7.

Die Vorschrift des § 7 soll im Einklang mit Art. 213 EG. z. BGB. Beeinträchtigungen des Mannes ausschließen (vergl. oben S. 248, Anm. Nr. II Abs. 1 zu § 1). Begr. S. 137. Nach Art. 776, 934, 217, 219 des Rhein. BGB. bedarf die Frau zur Annahme und zur Ausschlagung von Erbschaften und Vermächtnissen der Einwilligung des Mannes oder des Gerichts.

§ 8.

„Der Güterstand der Gütertrennung tritt nach jetzigem Rechte entweder auf Grund gerichtlichen Urtheils auf Klage der Frau oder auf Grund Ehevertrags ein (Rhein. BGB. Art. 1413 ff., 1536—1539). Er stimmt mit dem gleichnamigen Güterstande nach den §§ 1427—1430 des BGB. in dem Grundgedanken überein, daß die Frau die Verwaltung und Nutzung ihres Vermögens behält, aus dessen Einkünften aber dem Manne einen Beitrag zur Bestreitung des ehelichen Aufwandes zu leisten hat. Der wichtigste Unterschied besteht darin, daß das Rheinische Recht die freie Verfügungsbefugniß der Frau auf die Fahrniß beschränkt (Art. 1449), zur Veräußerung oder Verpfändung des unbeweglichen Vermögens aber die eheherrliche oder gerichtliche Ermächtigung erfordert (Art. 1449, 1538)", während nach dem BGB. die in Gütertrennung lebende Frau in Bezug auf die Geschäftsfähigkeit und das Verfügungsrecht ganz

§ 9. Die gesetzliche Hypothek der Frau besteht von dem Eintritte der in den §§ 1 bis 3, 6, 8 bestimmten Aenderung des Güterstandes an nur noch zur Sicherung der vorher entstandenen Ansprüche; ist sie nicht vor dem Ablauf eines Jahres nach dem Eintritte der Aenderung durch Einschreibung im Hypothekenregister oder durch Eintragung im Grundbuche wirksam geworden, so erlischt sie.

§ 10. Ist für eine Ehe Dotalrecht vereinbart, so fällt die Beschränkung der Frau in der Geschäftsfähigkeit weg. Dies gilt jedoch nicht in Ansehung des Heirathsguts.

Im Uebrigen bleiben die bisherigen Gesetze maßgebend.

---

einer unverheiratheten Frau gleichsteht. Begr. S. 143. Weitere Unterschiede beziehen sich auf die Höhe des Beitrages der Frau zu dem ehelichen Aufwande (Art. 1448, 1537 Rhein. BGB. mit § 1427 Abs. 2 BGB.) und auf die dem jetzigen Rechte unbekannte Befugniß der Frau, nach Maßgabe des § 1428 BGB. den Beitrag zu eigener Verwendung zurückzubehalten. Etwaige Verabredungen über die Höhe des Beitrags bleiben selbstverständlich in Kraft (Art. 59 § 5). Vergl. Begr. S. 144 f. Die Vorschriften des BGB. §§ 1429 (Aufwendungen der Frau zur Beseitigung des ehelichen Aufwandes) und § 1430 (Ueberlassung von Frauenvermögen zur Verwaltung des Mannes) stimmen mit dem bisherigen Rechte (vergl. Art. 1535 Rhein. BGB.) im Wesentlichen überein. Begr. S. 144.

„Eine vertragsmäßige Aenderung des Güterstandes ist künftig schon kraft Reichsrechts nicht nur, wie bisher bei richterlicher, sondern auch bei vertragsmäßiger Gütertrennung zulässig (Rhein. BGB. Art. 1451; EG. z. BGB. Art. 200 Abs. 2)." Begr. a. a. O.

§ 9.

Vergl. Art. 33 § 4 und Anm. 4 dazu (oben S. 116), sowie Anm. zu § 10 d. A.

Nach der Regierungsvorlage sollte die Hypothek erlöschen, wenn sie nicht vor dem Eintritt der Aenderung des Güterstandes durch Einschreibung im Hypothekenregister oder durch Eintragung im Grundbuche wirksam geworden war; die Komm. des AH. änderte dies in die jetzige Fassung, nach welcher die Hypothek auch noch ein Jahr nach dem Eintritt der Aenderung des Güterstandes auf die bezeichnete Weise wirksam gemacht werden kann. Komm. Ber. S. 60.

Auch die im Hypothekenregister eingeschriebene oder im Grundbuch eingetragene Hypothek besteht von der Aenderung des Güterstandes an nur noch zur Sicherung der vorher entstandenen Ansprüche. Mit den Ansprüchen erlischt die Hypothek auch wenn sie eingeschrieben oder eingetragen ist. Komm. Prot. X, S. 7; Komm. Ber. S. 60.

§ 10.

Für das vertragsmäßige Dotalrecht ist wegen der großen Seltenheit dieses Güterstandes das bisherige Recht beibehalten. Die Frau behält daher insbesondere die gesetzliche Hypothek oder den gesetzlichen Anspruch auf Bestellung einer Hypothek wegen des Heirathsguts (§ 11 Abs. 1 und §§ 12 des Gesetzes v. 12. April 1888; Art. 33 § 4 dieses Gesetzes).

Artikel 57.

Besteht für eine Ehe der gesetzliche Güterstand nach dem Allgemeinen Landrechte Theil II Titel 1 Abschnitt 5, dem gemeinen Dotalrechte, dem gemeinen Sachsenrechte, der Schaumburgischen Polizeiordnung von 1615, dem Fuldischen, dem Würzburgischen Rechte, dem

---

Die Beschränkung der Geschäftsfähigkeit der Frau ist nur in Ansehung des Heiratsguts zum Schutze des Mannes aufrecht erhalten; im Uebrigen ist sie mit Rücksicht auf die Interessen des Verkehrs beseitigt. Begr. S. 144.

Schlußbemerkung. Zu Art. 56 bemerkt die Begr. S. 144 noch: „Die im Rhein. BGB. geordneten Güterstände können durch Ehevertrag zu einem gemischten System verbunden werden (Rhein. BGB. Art. 1581; Zachariä-Crome § 474 bei Anm. 20, Entsch. des Reichsgerichts Bd. 29 S. 311). Wie in solchen Fällen jetzt jedes der verschiedenen Systeme für den von ihm beherrschten Vermögenskomplex maßgebend ist (Zachariä § 492 Anm. 1), so werden in Folge der Ueberleitung künftig in gleicher Weise die Vorschriften neben einander anzuwenden sein, die für die entsprechenden Güterstände des neuen Rechtes gelten."

Artikel 57.

Der Art. 57 betrifft diejenigen **preußisch-rechtlichen** Güterstände, welche in der einzelnen Ehe kraft Begründung des ersten ehelichen Wohnsitzes in einem **anderen Bundesstaate** eingetreten sind, wo sie ebenfalls gelten. Vorausgesetzt ist, daß die Eheleute zur Zeit des Inkrafttretens des BGB. ihren Wohnsitz in Preußen haben, da sie andernfalls dem Machtbereich des Preußischen Gesetzes nicht unterliegen (Art. 44). Vergl. Art. 65 und Anm. dazu.

Nach der in der Begr. S. 144 f. gegebenen Darstellung gelten namentlich

1. die Verwaltungsgemeinschaft des Preußischen Allgemeinen Landrechts:

   in einigen Bayerischen Gebietstheilen als prinzipales oder subsidiäres gesetzliches Güterrecht (Neubauer S. 89, 90) sowie in den vormals Erfurtischen Gebietstheilen von Sachsen-Weimar (ebenda S. 231);

2. das gemeine Dotalrecht:

   im rechtsrheinischen Bayern, mit Ausnahme des unter subsidiärer Herrschaft des Preußischen Landrechts stehenden Gebiets, bald für alle, bald für gewisse Bevölkerungsklassen, als prinzipales oder subsidiäres Güterrecht, unmittelbar auf Grund des gemeinen Rechtes oder auf Grund von Statutarrechten (Neubauer S. 71 ff.), ferner in kleinen Bezirken des Großherzogthums Hessen (v. Roth, System des deutschen Privatrechts, Th. II § 95 unter III), in Mecklenburg-Schwerin und Mecklenburg-Strelitz mit Ausnahme mehrerer Städte (v. Roth § 95 Nr. IV), in Braunschweig allgemein, in Schaumburg-Lippe und Lippe für den Adel, in Waldeck allgemein (Neubauer S. 239, 261, 58);

Landrechte der oberen Grafschaft Katzenelnbogen oder dem Französischen Civilgesetzbuche, so finden die für diese Güterstände maßgebenden Vorschriften der Artikel 45, 49, 50, 52, 53, 56 auch Anwendung, wenn die Ehegatten den ersten ehelichen Wohnsitz nicht in Preußen gehabt haben.

Dem Französischen Civilgesetzbuche wird das Badische Landrecht gleich geachtet.

---

3. die Verwaltungsgemeinschaft des Lübischen Rechtes:
   insbesondere in einigen Städten von Mecklenburg-Schwerin (Neubauer S. 228; v. Roth § 135 unter IIIa);
4. die Verwaltungsgemeinschaft des Sächsischen Rechtes (gemeinen Sachsenrechtes):
   im größten Theile von Sachsen-Weimar, in Theilen von Sachsen-Meiningen, in Sachsen-Altenburg, im Herzogthume Sachsen-Gotha, in Anhalt, in Schwarzburg-Rudolstadt, in Schwarzburg-Sondershausen, in Reuß älterer und Reuß jüngerer Linie (Neubauer S. 230, 243, 246, 248, 249, 251 ff., 255—257);
5. die Verwaltungsgemeinschaft nach der Schaumburgischen Polizeiordnung von 1615:
   in Schaumburg-Lippe außer für den Adel (Neubauer S. 258);
6. die allgemeine Gütergemeinschaft nach Fuldischem Rechte:
   in den vormals bischöflich Fuldischen Gebietstheilen von Bayern, Hessen und Sachsen-Weimar, in letzteren für ältere Ehen (Neubauer S. 145, 226, 231);
7. die Errungenschaftsgemeinschaft oder allgemeine Gütergemeinschaft des Würzburgischen Rechtes:
   in dem vormals bischöflich Würzburgischen Gebiete von Bayern (Neubauer S. 102, 149);
8. die Errungenschaftsgemeinschaft nach dem Mainzer Landrechte:
   in den vormals Kur-Mainzischen Gebietstheilen von Bayern und Hessen (Neubauer S. 99, 214, 225);
9. die Errungenschaftsgemeinschaft nach dem Solmser Landrechte:
   in Theilen von Bayern und Hessen (Neubauer S. 99, 213, 222);
10. die Errungenschaftsgemeinschaft nach dem Landrechte der oberen Grafschaft Katzenelnbogen und der Darmstädtischen Verordnung vom 2. März 1795:
    in den Althessischen Theilen der Großherzoglich Hessischen Provinz Starkenburg (Neubauer S. 211);
11. die Mobiliargemeinschaft des Rheinischen Rechtes:
    in der Bayerischen Pfalz, in Rheinhessen, im Oldenburgischen

Artikel 58.

Auf eine Ehe, für die einer der in den Artikeln 45 bis 57 bezeichneten Güterstände kraft Ehevertrags gilt, finden die Vorschriften dieser Artikel ohne Rücksicht auf den ersten ehelichen Wohnsitz der Ehegatten Anwendung.

Besteht für eine Ehe kraft Ehevertrags der Güterstand des gemeinen Dotalrechts, so treten an die Stelle der bisherigen Gesetze die für die Gütertrennung geltenden Vorschriften der §§ 1427 bis 1430 des Bürgerlichen Gesetzbuchs.

Fürstenthume Birkenfeld, in Elsaß-Lothringen und auf Grund des Badischen Landrechts in Baden (Neubauer S. 227, 234, 273, 207).

Von diesen Güterständen werden nur die des Lübischen, Mainzer und Solmser Rechtes (Nr. 3, 8, 9) nicht übergeleitet, weil sie sich in ihren außerpreußischen Geltungsgebieten in anderer Weise entwickelt haben, als in Preußen. Im Uebrigen gelten für die im Art. 57 aufgeführten Rechte dieselben Regeln wie für die entsprechenden Güterstände preußischen Ursprungs. Begr. S. 145ff. Komm. Ber. S. 60.

Artikel 58.

1. Der Art. 58 **Abs. 1** behandelt die Ehen, in welchen durch **Ehevertrag** einer der in den Art. 45—57 bezeichneten Güterstände eingeführt ist, ebenso wie diejenigen, in welchen der gleiche Güterstand unmittelbar kraft Gesetzes gilt.

Ohne die Ausdehnung auf die vertragsmäßig eingeführten gesetzlichen Güterstände würden, wie bereits oben S. 150 ausgeführt ist, die allgemeinen Ziele der Ueberleitung nur in erheblich geringerem Maße erreicht werden; auch wäre es nicht gerechtfertigt, die gedachten Ehen von den Vortheilen der Ueberleitung des gesetzlichen Rechtes auszuschließen. Vergl. Begr. S. 72, Komm. Ber. S. 49; stenogr. Berichte des AH. S. 2567, 2572.

Vertragsmäßige Abänderungen und Ergänzungen eines gesetzlich geregelten Güterstandes (Art. 59 § 5) oder Eheverträge, welche den Güterstand von einem gesetzlichen Güterrechte abweichend, selbständig regeln (Anm. V Nr. 4 zu Art. 44—67, oben S. 152) bleiben unberührt. Komm. Ber. a. a. O.; stenogr. Berichte a. a. O.; Begr. S. 72, 148.

2. Der **Abs. 2** enthält eine Ausnahme von der Regel des Abs. 1. Das kraft Ehevertrags geltende gemeine Dotalrecht wird im Gegensatze zu dem gesetzlich geltenden (Art. 49) gemeinen Dotalrechte nicht in den gesetzlichen Güterstand des BGB., sondern in die Gütertrennung übergeleitet, gleichviel ob der Dotalgüterstand durch vertragliche Ausschließung des prinzipalen gesetzlichen Güterrechts oder durch selbständigen Vertrag eingeführt ist. Dies entspricht dem vermuthlichen Willen der Ehegatten und der bisherigen Gestaltung der güterrechtlichen Verhältnisse. Vergl. Begr. S. 148.

Artikel 59.

Für die nach den Artikeln 48 bis 55 eintretende Aenderung des Güterstandes gelten folgende Vorschriften:

§ 1. Das zur Zeit der Aenderung des Güterstandes vorhandene Vermögen der Ehegatten wird, unbeschadet der Vorschriften des Artikel 49 § 2, des Artikel 53 § 2 und des Artikel 54 § 2, eingebrachtes Gut, Vorbehaltsgut oder Gesammtgut, soweit es nach den bisherigen Gesetzen zu einer dem eingebrachten Gute, dem Vorbehaltsgut oder dem Gesammtgut entsprechenden Vermögensmasse gehört.

Bei der allgemeinen Gütergemeinschaft findet auf Gegenstände, die nur der Nutzung nach zum gemeinschaftlichen Vermögen gehören, die Vorschrift des § 1439 Satz 2 des Bürgerlichen Gesetzbuchs Anwendung.

§ 2. Wird in Folge der Aenderung des Güterstandes das Grundbuch unrichtig, so werden für die Berichtigung des Grundbuchs Gerichtsgebühren und Stempel nicht erhoben.

§ 3. In Ansehung der vor der Aenderung des Güterstandes entstandenen Verbindlichkeiten der Ehegatten bestimmen sich die Haftung des eingebrachten Gutes, des Vorbehaltsguts und des Gesammtguts

Artikel 59.

Der Art. 59 enthält einige Vorschriften allgemeiner Art, auf die schon bisher wiederholt verwiesen wurde.

§ 1.

Der § 1 **Abs. 1** theilt die einzelnen Bestandtheile des zur Zeit der Aenderung vorhandenen Ehevermögens den entsprechenden Vermögensmassen des BGB. zu. Besondere Bestimmungen enthalten: Art. 49 § 2; 53 § 2; 54 § 2; vergl. ferner Art. 51 § 2 Abs. 2; 49 § 3 Abs. 2; 53 § 4.

Ueber die „Zeit der Aenderung des Güterstandes" siehe Art. 44 und die Anmerkung dazu.

Zu **Abs. 2** vergl. z. B. das Fuldische Recht, Anm. 3 Nr. I zu Art. 52, oben S. 218.

§ 2.

Vergl. Art. 49 § 2; 53 § 2; oben S. 115 f., 234.

Die Gebühren- und Stempelfreiheit ist nicht davon abhängig, daß der Berichtigungsantrag innerhalb einer bestimmten Frist gestellt werde. Anders z. B. Art. 33 § 1 Abs. 2, § 3; Art. 60.

§ 3.

1. Zu **Abs. 1.** In Ansehung der vor der Aenderung des Güterstandes begründeten Verbindlichkeiten der Ehegatten bleiben für die Haftung der bei den einzelnen Güterständen in Betracht kommenden Vermögensmassen und für die persönliche Haftung der Ehegatten die bisherigen Gesetze maßgebend. Dies gilt nach Abs. 1 Satz 2 „auch für das Verhältniß der Ehegatten zu einander

sowie die persönliche Haftung der Ehegatten nach den bisherigen Gesetzen. Dies gilt auch für das Verhältniß der Ehegatten unter einander.

Soweit sich bei der allgemeinen Gütergemeinschaft die Frau nach den bisherigen Gesetzen durch die Ausschlagung ihres Antheils von der persönlichen Haftung befreien kann, erlischt die Haftung mit der Beendigung der Gemeinschaft.

§ 4. Die Geltendmachung der Ersatzansprüche, welche den Ehegatten auf Grund des Güterstandes gegen einander zustehen, bestimmt sich nach den Vorschriften des Bürgerlichen Gesetzbuchs.

§ 5. Vereinbarungen, welche die Ehegatten in Abänderung oder

und zwar sowohl für die Frage, welcher Vermögensmasse oder welchem der Ehegatten in deren Verhältnisse zu einander die Verbindlichkeiten gegen Dritte zur Last fallen, als auch für die Verbindlichkeiten der Ehegatten gegen einander. Insbesondere bleiben demnach auch die Ersatzansprüche, die den Ehegatten gegen einander oder gegen das Gesammtgut oder diesem gegen einen der Ehegatten zustehen, unberührt." Begr. S. 149.

Auch der Umfang der einzelnen Vermögensmassen beurtheilt sich, soweit das Vermögen zur Zeit der Ueberleitung vorhanden war, in Ansehung der Haftung für frühere Schulden nach dem bisherigen Rechte. So bleiben z. B. im Falle des Art. 49 den Gläubigern des Mannes wegen der vor der Ueberleitung entstandenen Schulden ihre bisherigen Rechte in Ansehung des Heirathsguts trotz der nach Art. 49 § 2 erfolgenden Umwandlung des Heirathsguts in eingebrachtes Gut erhalten (Begr. S. 100; Anm. 1 zu Art. 49 § 2, oben S. 196); ebenso bestimmt sich, soweit das Paraphernalgut der Frau nach Art. 49 § 2 eingebrachtes Gut wird, seine Haftung für die vor der Ueberleitung entstandenen Schulden des Mannes nach dem bisherigen Rechte (Begr. S. 101; Anm. 2 zu Art. 49 § 2 oben S. 197; vergl. ferner Anm. 2 Nr. II zu Art. 54 § 1, oben S. 240). Theilweise anders anscheinend Komm. Ber. S. 61.

2. Zu **Abs. 2.** Vergl. Anm. 3 B Nr. II zu Art. 51 § 1, oben S. 206; Anm. 3 Nr. IV zu Art. 52 § 1 oben S. 219.

§ 4.

Nach dem BGB. kann die Befriedigung für die Ersatzansprüche unter Umständen schon vor der Beendigung des Güterstandes verlangt werden (zu vergl. § 1377 Abs. 3 Satz 2, § 1394, § 1411 Abs. 2, § 1467, § 1525 Abs. 2, §§ 1541, 1549, § 1550 Abs. 2). Diese Vorschriften des neuen Rechtes tragen den Interessen einer ordnungsmäßigen Verwaltung und des Schutzes der Frau sowie ihrer Gläubiger besser Rechnung als die abweichenden Bestimmungen des bisherigen Rechtes und sind daher im § 4 auch auf die bei der Ueberleitung bestehenden Ersatzansprüche für anwendbar erklärt. Begr. S. 149.

§ 5.

Vergl. Art. 58 Abs. 1 und die Anm. dazu, oben S. 259. — Unberührt bleiben insbesondere auch die Bestimmungen des Rhein. BGB. über die Bedeutung gewisser Vertragsklauseln, z. B. die clause de réalisation oder mobili-

Ergänzung einzelner Vorschriften des gesetzlichen Güterrechts getroffen haben, werden von der Aenderung des Güterstandes nicht berührt.

Das Gleiche gilt von einer seitens eines Dritten getroffenen Anordnung der im Abs. 1 bezeichneten Art.

§ 6. Auf einen zur Zeit der Aenderung des Güterstandes anhängigen Rechtsstreit und auf die Wirkung der Entscheidung ist die Aenderung des Güterstandes ohne Einfluß.

Das Gleiche gilt von der Vermögensauseinandersetzung der Ehegatten, wenn die Ehe auf Grund einer vor der Aenderung des Güterstandes erhobenen Klage geschieden wird.

§ 7. Auf die dem überlebenden Ehegatten nach den bisherigen Gesetzen zustehenden Rechte, die durch dieses Gesetz aufrecht erhalten werden, finden die Vorschriften des § 1933 und der §§ 2335 bis 2337 des Bürgerlichen Gesetzbuchs entsprechende Anwendung.

---

sation (s. Anm. 2 Nr. I zu Art. 56 § 1 oben S. 248), die Klausel der Schuldenabsonderung (Art. 1510 ff.), der vertragsmäßigen Vorwegnahme (Art. 1515 ff.), der ungleichen Theilung (Art. 1530 ff.), der schuldenfreien Rücknahme des Einbringens der Frau (Art. 1514; vergl. Art. 56 § 5). Begr. S. 140.

§ 6.

Vergl. Art. 56 § 4 Anm. 2 Abs. 3 (oben S. 253) und Anm. 2 Nr. V zu Art. 56 § 1 (oben S. 250).

§ 7.

Die Begr. S. 149 erläutert:

„Die erbrechtlichen Wirkungen des bisherigen Güterstandes, welche der Entw. aufrecht erhält, können theils durch einseitige letztwillige Verfügung des anderen Ehegatten entzogen werden, theils sind sie nicht oder nur beschränkt in solcher Weise entziehbar. Im ersteren Falle entspricht die bisherige erbrechtliche Wirkung des Güterstandes dem gesetzlichen Erbrecht, im zweiten dem Pflichttheile des überlebenden Ehegatten nach dem BGB. Das Erbrecht des Ehegatten ist nach § 1933 ausgeschlossen, wenn der Erblasser zur Zeit seines Todes auf Scheidung wegen Verschuldens des Ehegatten zu klagen berechtigt war und die Klage auf Scheidung oder auf Aufhebung der ehelichen Gemeinschaft erhoben hatte; der Pflichttheil kann dem Ehegatten nach Maßgabe der §§ 2335—2337 entzogen werden, wenn sich der Ehegatte einer Verfehlung schuldig gemacht hat, auf Grund deren der Erblasser nach den §§ 1565—1568 auf Scheidung zu klagen berechtigt ist. Die Gründe, auf denen diese Vorschriften beruhen, rechtfertigen es, wenn der Entwurf auf die bisherigen erbrechtlichen Wirkungen des Güterstandes, je nachdem sie dem Erbrecht oder dem Pflichttheile nach neuem Rechte entsprechen, die Vorschrift des § 1933 oder die Vorschriften der §§ 2335—2337 des B.G.B. zur Anwendung bringt (Art. 58 [= 59 d. Ges.] § 7). Die Anwendung der letzteren Vorschriften stimmt übrigens auch sowohl mit dem Allgemeinen Landrechte Theil II Titel 1 § 499 als auch mit dem § 1509 des BGB. überein."

Wegen der Anwendung des § 1933 ist auf das oben in Anm. 3 zu Art. 46 § 2, oben S. 167, Bemerkte hinzuweisen.

§ 8. Soweit nach diesem Gesetze für den Güterstand die Vorschriften des Bürgerlichen Gesetzbuchs maßgebend sind, finden auch die für den Güterstand geltenden Vorschriften der Civilprozeßordnung und der Konkursordnung Anwendung.

§ 9. Die Wirksamkeit des nach diesem Gesetz eintretenden Güterstandes gegenüber Dritten bestimmt sich nach den für die Wirksamkeit des bisherigen Güterstandes geltenden Vorschriften. Die Bestimmungen des Allgemeinen Landrechts Theil II Titel 1 §§ 352, 353, 425 treten jedoch außer Kraft.

Eine spätere Aenderung des Güterstandes ist Dritten gegenüber nur nach Maßgabe des § 1435 Abs. 1 des Bürgerlichen Gesetzbuchs wirksam. Das Gleiche gilt von einem nach dem Inkrafttreten des Bürgerlichen Gesetzbuchs erhobenen Einspruche des Mannes gegen den selbständigen Betrieb eines Erwerbsgeschäfts durch die Frau und von einem nach der bezeichneten Zeit erklärten Widerrufe der Einwilligung des Mannes zu dem Betriebe.

§ 8.

1. Vergl. Civilprozeßordnung (RGBl. 1898 S. 410) § 305 Abs. 2; §§ 739—745; § 750 Abs. 2; §§ 860, 861, 863 Abs. 3; §§ 999, 1001; Konkursordnung (RGBl. 1898 S. 612) §§ 2, 9, 45, 218, § 219 Abs. 2, § 234 Abs. 2, § 236.

2. Die Zulässigkeit der Vorschrift des § 8 „ist bezüglich der konkursrechtlichen Bestimmungen im Art. VI des E.G. zu dem Ges., betr. Aenderungen der KO., vom 17. Mai 1898 (RGBl. S. 248) ausdrücklich anerkannt, unterliegt aber auch in Betreff der Vorschriften der CPO. keinem Zweifel". Begr. S. 150.

§ 9.

1. Die Einführung des neuen Rechtes soll für sich allein die Ehegatten nicht zu einer Eintragung in das Güterrechtsregister nöthigen. Der § 1435 BGB. findet daher auf die nach diesem Gesetze eintretenden Güterstände nicht sofort Anwendung. Auch ist für das zur Zeit der Ueberleitung in einen Güterstand des BGB. vorhandene Vorbehaltsgut die Fortwirkung der Vorbehaltseigenschaft Dritten gegenüber nicht von der Eintragung abhängig gemacht, deren das künftig hinzukommende Vorbehaltsgut nach § 1435 in Verb. mit §§ 1431, 1371, 1441, 1526 Abs. 3, 1549 BGB. bedarf. Vergl. Anm. VI Nr. 6 zu Art. 44 bis 67, oben S. 153. Desgleichen bedarf eine vor der Ueberleitung getroffene vertragsmäßige Regelung des Güterstandes einschließlich vertragsmäßiger Abänderungen und Ergänzungen eines gesetzlichen Güterstandes, ferner ein vor dieser Zeit erklärter Einspruch gegen den selbständigen Betrieb eines Erwerbsgeschäfts durch die Frau oder ein vor dieser Zeit erklärter Widerruf der Einwilligung nicht der Eintragung in das Güterrechtsregister (vergl. Art. 59 § 2 Abs. 2). Vergl. Anm. A 2 Nr. III zu Art. 45 § 1 S. 161. Erst die spätere Aenderung (Art. 59 § 9) und die Wohnsitzverlegung (Art. 63) begründen die Eintragungspflicht.

2. Dagegen bleiben die bisherigen Vorschriften, welche die Wirksamkeit des Güterstandes gegenüber Dritten an eine bestimmte Form knüpfen, auch nach der Ueberleitung maßgebend. Daher bleibt die Vorschrift des ALR. II. 1 § 216,

Artikel 60.

Für einen Ehevertrag durch den an die Stelle des nach diesem Gesetz eintretenden Güterstandes eine andere nach den Vorschriften des Bürgerlichen Gesetzbuchs zulässige Regelung des Güterstandes gesetzt oder der bezeichnete Güterstand in einzelnen Beziehungen geändert wird, für die Eintragung des Ehevertrags in das Güterrechtsregister

nach welcher Grundstücke und Kapitalien, um Dritten gegenüber als vorbehaltenes Vermögen zu gelten, auf den Namen der Frau geschrieben sein müssen, für das zur Zeit der Ueberleitung vorhandene Vorbehaltsgut in Kraft (Begr. S. 78, 87). Ebenso behalten die Vorschriften, welche zur Wirksamkeit der Ausschließung, der Aufhebung oder des Nichtbestehens der Gütergemeinschaft unter Ehegatten gegenüber Dritten die öffentliche Bekanntmachung anordnen (ALR. II. 1 §§ 422, 426, 428 ff., Gesetz über die Errichtung und Bekanntmachung der Verträge wegen Einführung oder Ausschließung der ehelichen Gütergemeinschaft, vom 20. März 1837, GS. S. 63, 74; EG. z. HGB. v. 24. Juni 1861, GS. S. 449, § 20), ihre Geltung. Begr. S. 94. Vergl. S. 179 Anm. VII.

Aufgehoben werden

a) die Vorschriften des ALR. II. 1 §§ 352, 353. „Nach diesen müssen, wenn Eheleute ihren Wohnsitz von einem Orte, wo keine Gütergemeinschaft obwaltet an einen andern Ort, wo sie stattfindet, verlegen oder sonst an dem anderen Orte ihren Gerichtsstand erhalten haben, alle von ihnen an dem anderen Orte vorgenommenen Handlungen in Beziehung auf einen Dritten nach den Regeln der Gütergemeinschaft beurtheilt werden, solange nicht die gemäß § 416 zulässige Ausschließung dieser Folgen vorschriftsmäßig bekannt gemacht ist. Diese Bestimmungen verlieren ihre innere Berechtigung, wenn mit dem Inkrafttreten des BGB. die landrechtliche Gütergemeinschaft aufhört, der für ihr bisheriges Geltungsgebiet ausschließlich maßgebende gesetzliche Güterstand zu sein". Begr. S. 94. Vergl. auch Komm. Ber. des HH. S. 18.

b) Aufgehoben ist ferner die Bestimmung des ALR. II. 1 § 425, nach welcher in Fällen der Verlegung des Wohnsitzes der Eheleute von einem Orte, wo Gütergemeinschaft stattfindet, die nach § 417 erfolgte Ausschließung der Gütergemeinschaft am Orte des vorigen Wohnsitzes bekannt zu machen ist. Die Vorschrift ist chon vom Standpunkte des bisherigen Rechtes kaum gerechtfertigt; da es sich hier um Ehen handelt, für die in Folge der Ueberleitung künftig das gesetzliche Güterrecht des BGB. gelten wird, so wäre es vollends zwecklos, nach dem Inkrafttreten des BGB. die Nachholung der im § 425 vorgeschriebenen Bekanntmachung zu verlangen." Begr. S. 94.

Artikel 60.

1. Die im Art. 60 **Abs. 1** gewährte Gebühren- und Stempelfreiheit soll die vertragsmäßige Beseitigung etwaiger mit der gesetzlichen Ueberleitung verbundenen Härten erleichtern (vergl. Anm. VI Nr. 8 zu Art. 44—67, oben S. 154). Dabei kann namentlich die Ausschließung einzelner mit der Ueberleitung verbundener Aenderungen oder die Ersetzung des nach dem Gesetze eintretenden

und für den Antrag auf die Eintragung werden Gerichtsgebühren und Stempel nicht erhoben, wenn der Vertrag vor dem Ablauf eines Jahres nach der Aenderung des Güterstandes geschlossen wird.

Das Gleiche gilt für die Aufnahme von Vermögensverzeichnissen und Auseinandersetzungsurkunden, wenn sie wegen der Aenderung des bisherigen Güterstandes von den Ehegatten vor dem im Abs. 1 bezeichneten Zeitpunkte beantragt wird.

Artikel 61.

§ 1. Bestimmt sich der Güterstand einer Ehe nach dem Bürgerlichen Gesetzbuche für das Königreich Sachsen, so treten an die Stelle der bisherigen Vorschriften:

1. wenn die Ehegatten nach dem gesetzlichen Güterrechte leben, die Vorschriften des Bürgerlichen Gesetzbuchs über das gesetzliche Güterrecht;

Güterstandes durch einen anderen im BGB. geordneten Güterstand oder durch eine selbständige reichsgesetzlich zulässige Regelung der güterrechtlichen Verhältnisse in Frage kommen; nicht minder die Beseitigung einer bei der Ueberleitung aufrecht erhaltenen Besonderheit des bisherigen Rechtes oder die freiwillige Unterwerfung unter die von der gesetzlichen Einführung ausgeschlossenen Vorschriften. Begr. S. 150.

Die Gebühren- und Stempelfreiheit ist davon abhängig gemacht, daß der Vertrag vor dem Ablauf eines Jahres nach der Aenderung des Güterstandes geschlossen wird. Ueber den Zeitpunkt der Aenderung des Güterstandes siehe Art. 44. In den Fällen, wo nach diesem Gesetze eine wiederholte Aenderung eintritt, beginnt die Frist mit jeder Aenderung von neuem; vergl. Art. 49 § 3; 51 § 2 Abs. 1, 53 § 4.

Auf Notariatsgebühren erstreckt sich die Gebührenfreiheit nicht. Komm. Ber. S. 61.

2. Der **Abs. 2** begünstigt die darin bezeichneten Feststellungen, weil sie „geeignet sind, etwaigen Schwierigkeiten, die sich aus dem Wechsel des Güterrechts für die schließliche Auseinandersetzung ergeben könnten, vorzubeugen". Begr. S. 150.

Artikel 61.

Der Art. 61 behandelt diejenigen Ehen mit einem zur Zeit des Inkrafttretens des BGB. in Preußen begründeten Wohnsitze, für welche ein in einem **anderen Bundesstaate geltendes Güterrecht** besteht, sei es, daß dieses Güterrecht kraft Gesetzes (Begründung des ersten ehelichen Wohnsitzes in dem anderen Bundesstaate) oder kraft Ehevertrags eingeführt ist. Begr. S. 74, 152; siehe oben S. 150. Dabei ist, wie oben S. 151 ausgeführt wurde, davon ausgegangen, daß es nicht Sache der Preußischen Gesetzgebung sei, selbständige Ueberleitungsvorschriften aufzustellen, sondern nur, zu bestimmen, inwieweit die von den anderen Bundesstaaten getroffenen Ueberleitungsvorschriften auch für die dem Machtbereiche der Preußischen Gesetze unterworfenen Ehen gleichen Rechtes anwendbar gemacht werden sollen. Begr. S. 74.

2. wenn der Frau die freie Verfügung über ihr Vermögen durch Ehevertrag vorbehalten ist, die für die Gütertrennung geltenden Vorschriften der §§ 1427 bis 1430 des Bürgerlichen Gesetzbuchs;
3. wenn zwischen den Ehegatten allgemeine Gütergemeinschaft vereinbart ist, die Vorschriften des Bürgerlichen Gesetzbuchs über die allgemeine Gütergemeinschaft; fortgesetzte Gütergemeinschaft tritt nur ein, wenn sie durch Ehevertrag vereinbart wird.

§ 2. Für Ehen, deren Güterstand sich außer den Fällen des § 1 kraft Gesetzes oder Ehevertrags nach einem in einem anderen Bundesstaate geltenden Güterrechte bestimmt, kann, wenn nach den Gesetzen des anderen Bundesstaats an die Stelle des bisherigen Güterrechts ein im Bürgerlichen Gesetzbuche geregelter Güterstand tritt, dieser Güterstand, unbeschadet der Vorschriften der Art. 57, 58 von dem Inkrafttreten des Bürgerlichen Gesetzbuchs oder einem späteren Zeitpunkt an durch Königliche Verordnung eingeführt werden.

§ 1.

Der § 1 führt für die nach einem Güterstande des Königreichs Sachsen lebenden Eheleute (mit Preußischem Wohnsitze, Art. 44) die für Sachsen schon erlassenen Ueberleitungsvorschriften des § 34 Abs. 1 des Sächsischen Gesetzes vom 18. Juni 1898 (Ges. und Verordn. Bl. S. 191), welche in Nr. 1—3 sachlich wiedergegeben sind, ein. Vergl. Begr. S. 151. — Im Gegensatze zum § 34 Abs. 2 des Sächsischen Gesetzes wird in Folge der gesetzlichen Ueberleitung nach Art. 61 eine Eintragung in das Güterrechtsregister nicht nothwendig. Siehe § 3 dieses Artikels.

§ 2.

1. Die Ueberleitungsvorschriften der anderen Bundesstaaten, außer Sachsens, waren zur Zeit der Aufstellung und Berathung des vorliegenden Gesetzentwurfs noch nicht erlassen. Ihre Einführung soll daher, da eine Prüfung derselben noch nicht möglich war, geeignetenfalls durch Königliche Verordnung erfolgen können. Ein in der Kommission des AH. gestellter Antrag, jenen noch unbekannten Vorschriften zum Voraus in Preußen Gesetzeskraft zu verleihen, wurde in Uebereinstimmung mit dem Standpunkt der Regierungsvorlage abgelehnt. Komm. Ber. S. 62; Begr. S. 74.

2. Aus der Vorschrift des § 3 ergiebt sich, daß die Ueberleitungsvorschriften der anderen Bundesstaaten durch Königliche Verordnung nur insoweit eingeführt werden können, als sie mit den Bestimmungen der Art. 59, 60 vereinbar sind. Begr. S. 152.

3. Der § 2 gilt wie der § 1 nur für den Fall, daß die Ehegatten zu der Zeit des Inkrafttretens des BGB. ihren Wohnsitz in Preußen hatten (Art. 44). Sofern daher das auswärtige Güterrecht nach § 2 erst „von einem späteren Zeitpunkte an" eingeführt wird, trifft diese Einführung diejenigen Ehegatten, welche zwar vor dieser Einführung, aber nach dem Inkrafttreten des BGB. den Wohnsitz nach Preußen verlegt haben, nicht. Vergl. Anm. 3 zu Art. 65.

§ 3. Auf die nach Maßgabe der §§ 1, 2 eintretende Aenderung des Güterstandes finden die Vorschriften der Artikel 59, 60 entsprechende Anwendung.

Artikel 62.

Ein Güterstand, für den die bisherigen Gesetze in Kraft bleiben, kann durch Ehevertrag nur nach Maßgabe der Vorschriften des Bürgerlichen Gesetzbuchs aufgehoben oder geändert werden.

Auf einen solchen Ehevertrag findet die Vorschrift des Artikel 60 Abs. 1 Anwendung, wenn er vor dem Ablauf eines Jahres nach dem Inkrafttreten des Bürgerlichen Gesetzbuchs geschlossen wird.

Artikel 63.

Wird der Wohnsitz des Mannes nach dem Inkrafttreten des Bürgerlichen Gesetzbuchs verlegt, so finden die Vorschriften des § 1435 des

---

§ 3.

Die in Art. 59, 60 behandelten Fragen sind in Folge der Vorschrift des § 3 für alle übergeleiteten Ehen einheitlich geregelt. Besonders wichtig ist die Einheitlichkeit für die Frage der Eintragung in das Güterrechtsregister (Art. 59 § 9). Vergl. Begr. S. 151.

Artikel 62.

1. Zu **Abs. 1** bemerkt die Begr. S. 152:

„Für Ehen, deren Güterstand einer gesetzlichen Ueberleitung nicht unterworfen wird, ergiebt sich, falls nach den bisherigen Gesetzen eine vertragsmäßige Aenderung des Güterstandes ausgeschlossen ist, schon aus Art. 200 Abs. 2 des EG. z. BGB., daß das Verbot der vertraglichen Aenderung zwar wegfällt, jedoch nur eine nach den Vorschriften des BGB. zulässige Regelung des Güterstandes durch Ehevertrag getroffen werden kann. Unstatthaft ist danach insbesondere die Bestimmung des Güterstandes durch Verweisung auf ein nicht mehr geltendes Recht (BGB. § 1433). Der Entw. bringt den der reichsrechtlichen Vorschrift zu Grunde liegenden Gedanken allgemein zur Geltung, indem er bestimmt, daß der Güterstand der von der Ueberleitung ausgeschlossenen Ehen nur nach Maßgabe der Vorschriften des BGB. aufgehoben oder geändert werden kann."

Die Vorschrift des Art. 62 Abs. 1 bezieht sich sowohl auf die Form als auf den Inhalt des Ehevertrags (Komm. Prot. XII S. 3); es sind namentlich für jede Aufhebung oder Aenderung des Güterstandes die §§ 1433—1435 BGB. zu beachten. Komm. Ber. S. 62.

Ueber die Güterstände, für welche die bisherigen Gesetze in Kraft bleiben, vergl. Anm. V zu Art. 44—67, oben S. 151.

2. Die im Art. 62 **Abs. 2** gewährte Gebühren- und Stempelfreiheit soll die vertragsmäßige Einführung des neuen Rechtes fördern. Begr. S. 152.

Artikel 63.

1. Vom Wechsel des Wohnsitzes ab sind auch die bis dahin von der Eintragung in das Güterrechtsregister befreiten Güterstände nach Maßgabe des

Bürgerlichen Gesetzbuchs entsprechende Anwendung; ein von dem gesetzlichen Güterrechte des Bürgerlichen Gesetzbuchs abweichender Güterstand steht einem vertragsmäßigen gleich.

Artikel 64.

Für die nach diesem Gesetz erforderlichen Eintragungen in das Güterrechtsregister gelten die Vorschriften der §§ 1558 bis 1563 des Bürgerlichen Gesetzbuchs.

Artikel 65.

Begründen Ehegatten nach dem Inkrafttreten des Bürgerlichen Gesetzbuchs in Preußen einen Wohnsitz, so gelten die Vorschriften der Artikel 45 bis 60, 62 bis 64 von der Zeit der Begründung des Wohnsitzes an; diese Zeit tritt an die Stelle der Zeit des Inkrafttretens des Bürgerlichen Gesetzbuchs.

Ist jedoch der Güterstand der Ehe schon durch die Gesetze eines anderen Bundesstaats geändert worden, so finden nur die Vorschriften der Artikel 63, 64 Anwendung.

---

§ 1435 BGB. einzutragen, wenn sie von dem gesetzlichen Güterstande des BGB. abweichen. Siehe Anm. VI Nr. 6 zu Art. 44—67, oben S. 153.

2. „Die Vorschrift bezieht sich auf alle zur Zeit des Inkrafttretens des BGB. bestehenden Ehen mit einem zu dieser Zeit in Preußen begründeten Wohnsitz, ohne Unterschied, ob sie der gesetzlichen Ueberleitung unterworfen sind oder nicht." Begr. S. 152 f.

3. Findet der Wechsel des Wohnsitzes innerhalb desselben Registerbezirkes (BGB. § 1558) statt, so kommt der Art. 63 nicht zur Anwendung. Komm. Ber. S. 62. Vergl. § 1559 BGB., Art. 64 dieses Gesetzes.

Artikel 64.

Ueber die Frage, wann nach diesem Gesetze Eintragungen in das Güterrechtsregister erforderlich sind, siehe Art. 59 § 9, Art. 61 § 3, Art. 62 Abs. 1, Art. 63, 65 und die Anmerkungen dazu, sowie die Anm. VI Nr. 6 zu Art. 44, 67, oben S. 153.

Die §§ 1558—1563 BGB. regeln die Führung des Güterrechtsregisters. Vergl. dazu Beschl. des Bundesraths vom 3. Nov. 1898, Bekanntm. des Reichskanzlers v. 12. Nov. 1898 und Allg. Verf. des Justizministers v. 6. Nov. 1899 Art. 19, JMBl. 1898 S. 299.

Artikel 65.

1. Zu **Abs. 1.** Die Ueberleitungsvorschriften der Art. 45—64 finden nach Art. 44 auf die Güterstände derjenigen Ehegatten, welche zur Zeit des Inkrafttretens des BGB. ihren Wohnsitz nicht in Preußen haben, keine Anwendung, weil diese Güterstände dem Machtbereiche der Preußischen Gesetze nicht unterliegen. Wird aber der Wohnsitz einer solchen Ehe später nach Preußen verlegt,

Artikel 66.

Bei einer fortgesetzten Gütergemeinschaft, für welche die bisherigen Gesetze maßgebend bleiben, finden auf die Ertheilung eines Zeugnisses über die Fortsetzung der Gütergemeinschaft die Vorschriften des § 1507 des Bürgerlichen Gesetzbuchs Anwendung.

so wird die Ehe, wenn in ihr einer der in den Art. 45—60 behandelten Preußischen Güterstände gilt, zur Vermeidung von Rechtsverwirrung von der Zeit der Begründung des Wohnsitzes in Preußen an den für Ehen mit Preußischen Güterständen geltenden Vorschriften der Art. 45—60 gleichfalls unterworfen. Es gilt somit für Ehen mit einem in Preußen geltenden Güterrechte, für die vor dem Inkrafttreten des BGB. das gleiche Güterrecht gegolten hat, auch künftig das gleiche Recht, ohne Unterschied, ob die Ehegatten ihren Wohnsitz schon zur Zeit des Inkrafttretens des BGB. in Preußen gehabt oder erst später dorthin verlegt haben. Begr. S. 153. Vergl. dagegen unten Anm. 3.

Besteht für Ehegatten, die nach dem Inkrafttreten des BGB. ihren Wohnsitz nach Preußen verlegen, ein gesetzlicher oder vertragsmäßiger Güterstand, welcher einer gesetzlichen Ueberleitung nicht unterliegt, so gelten für ihn die Vorschriften des Art. 62. Begr. S. 153.

Der im Art. 63 vorgesehene mittelbare Zwang zur Eintragung des Güterstandes in das Güterrechtsregister greift, wie im Falle künftiger Verlegung des Wohnsitzes innerhalb Preußens, auch in den hier fraglichen Fällen der Verlegung des Wohnsitzes nach Preußen allgemein Platz. Begr. a. a. O.

2. Der Art. 65 **Abs. 2** nimmt die bereits durch andere Bundesstaaten geänderten Güterstände mit Rücksicht auf die Stetigkeit der güterrechtlichen Verhältnisse von der Preußischen Ueberleitung aus. Die Vorschriften über den Registerzwang und die Registerführung (Art. 63, 64) finden auch hier Anwendung.

3. Der Art. 61 ist von der Anwendbarkeit auf die Ehen, deren Wohnsitz erst nach dem Inkrafttreten des BGB. nach Preußen verlegt wird, ausgenommen (Art. 65 Abs. 1). Hatte daher z. B. ein nach Sächsischem Rechte lebendes Ehepaar beim Inkrafttreten des BGB. seinen Wohnsitz in einem Bundesstaate, welcher keine Ueberleitungsgesetze erlassen hat (z. B. in Württemberg), und verlegt dasselbe später seinen Wohnsitz nach Preußen, so lebt es hier nach dem bisherigen Sächsischen Rechte weiter, während der Güterstand derjenigen Ehen mit Sächsischem Recht, welche bereits zur Zeit des Inkrafttretens des BGB. ihren Wohnsitz in Preußen hatten, durch Art. 61 § 1 umgewandelt ist. Vergl. S. 266 Anm. 3 zu § 2 das.

Artikel 66.

Die Art. 66 und 67 enthalten Ausnahmen von dem sonst eingenommenen Standpunkte, nach welchem es in Betreff der güterrechtlichen Nachwirkungen von Ehen, die schon vor dem Inkrafttreten des BGB. aufgelöst sind, bei den bisherigen Vorschriften verbleibt (s. Anm. VI Nr. 9 vor Art. 44, S. 154).

1. Die Begr. S. 154 erläutert zu Art. 66:

Artikel 67.

§ 1. Ist eine Ehe, für welche allgemeine Gütergemeinschaft nach Fuldischem Rechte bestanden hat, vor dem Inkrafttreten des Bürgerlichen Gesetzbuchs durch den Tod eines der Ehegatten aufgelöst, so tritt im Falle der Wiederverheirathung des überlebenden Ehegatten Einkindschaft nicht ein. Der Ehegatte ist zur Abschichtung seiner Abkömmlinge aus früheren Ehen verpflichtet.

Den Abkömmlingen gebührt die Hälfte des Werthes des Gesammtguts zur Zeit der Wiederverheirathung; die Forderung wird zur Hälfte sofort, bei minderjährigen Abkömmlingen mit dem Eintritte der Groß-

---

„Nach § 1507 des BGB. hat das Nachlaßgericht dem überlebenden Ehegatten auf Antrag ein Zeugniß über die Fortsetzung der Gütergemeinschaft zu ertheilen, auf welches die Vorschriften über den Erbschein entsprechende Anwendung finden. Nach § 36 Abs. 2 der RGBO. kann das Bestehen der fortgesetzten Gütergemeinschaft dem Grundbuchamte gegenüber nur durch ein solches Zeugniß nachgewiesen werden. Die letztere Vorschrift findet zwar auf fortgesetzte Gütergemeinschaften, für die das bisherige Recht maßgebend bleibt, kraft Reichsgesetzes keine Anwendung (a. a. O. § 83). Gerade mit Rücksicht auf den Grundbuchverkehr erscheint es jedoch rathsam, die neuen Vorschriften über das Zeugniß des Nachlaßgerichts auf die bezeichneten Gemeinschaften auszudehnen und dadurch auch für die letzteren ohne Weiteres das gedachte Zeugniß zum ausschließlichen Beweismittel gegenüber dem Grundbuchamte zu machen." Vergl. Komm. Ber. S. 62.

2. Die Vorschrift des Art. 66 bezieht sich, wie in der Komm. des AH. festgestellt wurde, nur auf die eigentliche fortgesetzte Gütergemeinschaft, nicht auf das Rechtsverhältniß des „Sitzenbleibens in ungetheilten Gütern." Komm. Ber. S. 62. Vergl. z. B. Art. 50 § 2, oben S. 201.

3. Abgesehen von der Vorschrift des Art. 66 bleiben bei einer fortgesetzten Gütergemeinschaft die bisherigen Gesetze in allen Fällen maßgebend, in denen sie zur Zeit des Inkrafttretens des BGB. besteht, zum Theil aber auch, wenn sie erst später eintritt (Art. 48 § 1; 53 § 6; 55 § 3). Begr. S. 153 verb. mit Komm. Prot. XII S. 3 und Komm. Ber. S. 62.

Artikel 67. § 1.

1. Wenn ein vor dem Inkrafttreten des BGB. verwittweter Ehegatte, der in Fuldischer Gütergemeinschaft gelebt hat, eine neue Ehe eingeht, so würde — vergl. Anm. 3 Nr. VII b α zu Art. 52 § 1, oben S. 221, „bei dem Vorhandensein von Kindern aus der früheren Ehe gesetzliche Einkindschaft nach Fuldischem Rechte eintreten. Im Gegensatze zum Standpunkte des BGB., welches die vertragsmäßige Begründung einer Einkindschaft wesentlich wegen der damit verbundenen Gefährdung der Vorkinder für die Zukunft ausschließt (Mot. zum BGB. Bd. 4 S. 486 ff.), würden somit hier noch vereinzelte Fälle einer Einkindschaft möglich bleiben und diese würden durch die Einwirkung des Reichs-

jährigkeit, zur Hälfte mit dem Tode des überlebenden Ehegatten fällig. Die Abkömmlinge können für ihre Forderung die Bestellung einer Sicherungshypothek verlangen. Auf das Verhältniß der Abkömmlinge untereinander finden die Vorschriften des § 1503 des Bürgerlichen Gesetzbuchs entsprechende Anwendung.

Eine Vereinbarung, durch welche die Abschichtung abweichend von den Vorschriften des Abs. 2 geregelt wird, bedarf, wenn ein Abkömmling unter elterlicher Gewalt oder Vormundschaft steht, der Genehmigung des Vormundschaftsgerichts.

---

rechts auf den Inhalt der Einkindschaft und durch das für die neue Ehe maßgebende veränderte Güterrecht mannigfache Zweifel und Schwierigkeiten mit sich bringen." Begr. S. 154. Das Gesetz schließt deshalb den Eintritt der Einkindschaft aus und verpflichtet den sich wieder verheirathenden Ehegatten zur Abschichtung seiner Abkömmlinge aus früheren Ehen. Den eigenen Abkömmlingen stehen vereinkindschaftete gleich, s. Anm. 2 zu Art. 52 § 4, oben S. 226. Für die Abschichtung sind die Vorschriften des § 1 Abs. 2, 3 und des § 3 maßgebend. Bis zur Abschichtung dauert das vorherige Alleineigenthumsverhältniß des überlebenden Ehegatten fort.

2. Mit dem Wegfalle der Einkindschaftung fällt auch der bisherige Anspruch der Kinder auf sogenannte Grundtheilung fort. Der § 1 Abs. 2 ersetzt die letztere durch ihr nahe kommende Vorschriften. Die bei der Großjährigkeit (BGB. §§ 2, 3) fällig werdende Hälfte vertritt den bisherigen „Voraus"; die im Interesse der Erhaltung der wirthschaftlichen Existenz des überlebenden Ehegatten bestimmte Hinausschiebung der Fälligkeit der anderen Hälfte entspricht dem bisherigen lebenslänglichen Verbleiben des Gesammtguts in der Hand des überlebenden Ehegatten. Der Anspruch auf Sicherungshypothek schließt sich der bisherigen Uebung an, derzufolge der Voraus regelmäßig in das Grundbuch eingetragen wurde. Komm. Ber. S. 63.

Daß die Forderung der Kinder bis zur Fälligkeit unverzinslich ist, versteht sich, wie der Komm. Ber. a. a. O. hervorhebt, von selbst und entspricht gleichfalls dem bisherigen Rechte.

Der Abs. 2 Satz 3 regelt die Auseinandersetzung der Abkömmlinge unter einander nach der entsprechenden Vorschrift des für die Auseinandersetzung der Abkömmlinge bei der fortgesetzten Gütergemeinschaft geltenden § 1503 BGB., welcher bestimmt:

Mehrere antheilsberechtigte Abkömmlinge theilen die ihnen zufallende Hälfte des Gesammtguts nach dem Verhältnisse der Antheile, zu denen sie im Falle der gesetzlichen Erbfolge als Erben des verstorbenen Ehegatten berufen sein würden, wenn dieser erst zur Zeit der Beendigung der fortgesetzten Gütergemeinschaft gestorben wäre.

Das Vorempfangene kommt nach den für die Ausgleichung unter Abkömmlingen geltenden Vorschriften zur Ausgleichung, soweit nicht eine solche bereits bei der Theilung des Nachlasses des verstorbenen Ehegatten erfolgt ist.

Ist einem Abkömmlinge, der auf seinen Antheil verzichtet hat, eine Abfindung aus dem Gesammtgute gewährt worden, so fällt sie den Abkömmlingen zur Last, denen der Verzicht zu Statten kommt.

§ 2. Ist eine Ehe mit dem Güterstande der allgemeinen Gütergemeinschaft nach Verdener Rechte vor dem Inkrafttreten des Bürgerlichen Gesetzbuchs durch den Tod der Frau aufgelöst, so ist der Mann im Falle der Wiederverheirathung zur Abschichtung seiner Abkömmlinge aus früheren Ehen nach Maßgabe der Vorschriften des bisherigen Rechtes verpflichtet.

§ 3. In den Fällen der §§ 1, 2 finden die Vorschriften des § 1314 Abs. 2 und des § 1493 Abs. 2 des Bürgerlichen Gesetzbuchs entsprechende Anwendung.

Erklärungen über den Familiennamen.

Artikel 68.

§ 1. Für die Entgegennahme und die öffentliche Beglaubigung der im § 1577 Abs. 2, 3 des Bürgerlichen Gesetzbuchs bezeichneten Er-

§ 2.

Ganz ähnlich wie nach Fuldischem Rechte die Stellung des überlebenden Ehegatten, ist nach Verdener Recht die Stellung des überlebenden Wittwers gestaltet. Der Wittwer ist gleichfalls Alleineigenthümer des gemeinschaftlichen Vermögens und im Falle der Wiederverheirathung nicht zur Abschichtung der Vorkinder verpflichtet. (Anm. 2 Nr. VIIb, oben S. 221). Der Aehnlichkeit der Verhältnisse wegen führt der Art. 67 § 2 auch für diesen Fall die Pflicht zur Abschichtung ein. Begr. S. 154. Die Abschichtung erfolgt, wie im Gesetze auf Veranlassung der Komm. des AH. ausdrücklich hervorgehoben ist, nach Maßgabe der Vorschriften des bisherigen Rechtes. Komm. Ber. S. 63.

§ 3.

Die im Texte angezogenen Bestimmungen lauten:

§ 1314 Abs. 2. Ist im Falle der fortgesetzten Gütergemeinschaft ein antheilsberechtigter Abkömmling minderjährig oder bevormundet, so darf der überlebende Ehegatte eine Ehe erst eingehen, nachdem ihm das Vormundschaftsgericht ein Zeugniss darüber ertheilt hat, dass er die im § 1493 Abs. 2 bezeichneten Verpflichtungen erfüllt hat oder dass sie ihm nicht obliegen.

§ 1493 Abs. 2. Der überlebende Ehegatte hat, wenn ein antheilsberechtigter Abkömmling minderjährig ist oder bevormundet wird, die Absicht der Wiederverheirathung dem Vormundschaftsgericht anzuzeigen, ein Verzeichniss des Gesammtguts einzureichen, die Gütergemeinschaft aufzuheben und die Auseinandersetzung herbeizuführen. Das Vormundschaftsgericht kann gestatten, dass die Aufhebung der Gütergemeinschaft bis zur Eheschliessung unterbleibt und dass die Auseinandersetzung erst später erfolgt.

Erklärungen über den Familiennamen.

Artikel 68. § 1.

Der § 1577 BGB. lautet:

Die geschiedene Frau behält den Familiennamen des Mannes.

Die Frau kann ihren Familiennamen wiederannehmen. War sie vor der Eingehung der geschiedenen Ehe verheirathet, so kann sie auch den Namen

klärungen über den Namen einer geschiedenen Frau ist, wenn die geschiedene Ehe vor einem Preußischen Standesbeamten geschlossen war, dieser zuständig. Anderenfalls ist für die Entgegennahme das Amtsgericht zuständig, in dessen Bezirke der Erklärende seinen Wohnsitz oder seinen gewöhnlichen Aufenthalt hat; das Gericht soll die Erklärung dem Standesbeamten, vor welchem die Ehe geschlossen war, mittheilen.

Die Erklärung ist am Rande der über die Eheschließung bewirkten Eintragung zu vermerken.

§ 2. Für die Entgegennahme und die öffentliche Beglaubigung der Erklärung, durch welche der Ehemann der Mutter eines unehelichen Kindes diesem seinen Namen ertheilt, sowie der Einwilligungserklärungen des Kindes und der Mutter ist, wenn die Geburt des Kindes im Geburtsregister eines Preußischen Standesbeamten eingetragen ist oder wenn die Erklärung bei der Eheschließung vor einem Preußischen Standesbeamten erfolgt, der Standesbeamte zuständig. Anderenfalls ist für die Entgegennahme das Amtsgericht zuständig, in dessen Bezirke der Ehemann seinen Wohnsitz oder seinen gewöhnlichen Aufenthalt hat.

Erfolgt die Erklärung über die Ertheilung des Namens nicht gegenüber dem Standesbeamten, in dessen Geburtsregister der Geburts-

---

wieder annehmen, den sie zur Zeit der Eingehung dieser Ehe hatte, es sei denn, dass sie allein für schuldig erklärt ist. Die Wiederannahme des Namens erfolgt durch Erklärung gegenüber der zuständigen Behörde; die Erklärung ist in öffentlich beglaubigter Form abzugeben.

Ist die Frau allein für schuldig erklärt, so kann der Mann ihr die Führung seines Namens untersagen. Die Untersagung erfolgt durch Erklärung gegenüber der zuständigen Behörde; die Erklärung ist in öffentlich beglaubigter Form abzugeben. Die Behörde soll der Frau die Erklärung mittheilen. Mit dem Verluste des Namens des Mannes erhält die Frau ihren Familiennamen wieder.

Diese Vorschrift wird durch den Art. 68 § 1 ergänzt. Durch letzteren wird erreicht, daß die Aenderung des Familiennamens thunlichst aus demselben Standesregister ersichtlich werde, aus welchem sich der bisherige Familienname ergiebt. Vergl. Begr. S. 155.

Die Zulässigkeit der Zuständigkeitsvorschrift für die Beglaubigung beruht auf § 191 Abs. 1 des RGes. üb. d. Angel. der freiw. Gerichtsb.

Außer dem Standesbeamten sind für die Beglaubigung die Amtsgerichte und Notare zuständig (Art. 31 des Preuß. Ges. üb. d. freiw. Gerichtsb.), ferner die in Art. 111 (115, 117), 122, 123 des genannten Gesetzes bezeichneten Ortsbehörden bezw. Ortsgerichte.

§ 2.

Die Vorschrift des § 2 ergänzt den § 1706 Abs. 2 Satz 2 BGB., welcher lautet:

Der Ehemann der Mutter kann durch Erklärung gegenüber der zuständigen Behörde dem Kinde mit Einwilligung des Kindes und der Mutter seinen Namen

fall eingetragen ist, so soll die zuständige Behörde sie dem Standesbeamten mittheilen.

Die Erklärung ist am Rande der über den Geburtsfall bewirkten Eintragung zu vermerken.

§ 3. Die Befugniß des Standesbeamten erstreckt sich nicht auf die Beglaubigung eines Handzeichens.

Elterliche Gewalt.

Artikel 69.

§ 1. Soweit in privatrechtlichen Vorschriften, die neben dem Bürgerlichen Gesetzbuch in Kraft bleiben, auf die väterliche Gewalt

---

ertheilen; die Erklärung des Ehemanns sowie die Einwilligungserklärungen des Kindes und der Mutter sind in öffentlich beglaubigter Form abzugeben.

Es ist im Uebrigen das Gleiche zu bemerken, wie zu § 1.

§ 3.

Die Vorschrift des § 3, die sich als Ausnahme zu §§ 1 und 2 darstellt, ergiebt sich aus § 129 Abs. 1 Satz 2 und § 126 BGB. von selbst, ist aber von der Komm. des AH. der Deutlichkeit wegen hinzugefügt. Komm. Ber. S. 63. Zur öffentlichen Beglaubigung eines Handzeichens sind die Amtsgerichte und die Notare zuständig (§ 126 BGB., § 31 des Preuß. Ges. üb. d. freiwillige Gerichtsb.).

Elterliche Gewalt.

Artikel 69. § 1.

Das BGB. setzt an die Stelle der väterlichen Gewalt die elterliche (§ 1626). Dementsprechend sind in dem EG. z. BGB. alle bisherigen reichsrechtlichen Vorschriften, welche an die väterliche Gewalt anknüpfen, im Einzelnen geändert worden (vergl. Art. 36 Nr. II—VII, Art. 37, Art. 41 Nr. I—IV). Bezüglich der neben dem BGB. in Kraft bleibenden zahlreicheren einschlägigen Landesgesetze geschieht das Gleiche im vorliegenden Art. 69 §§ 1, 2, 4 durch allgemeine Bestimmungen. Die §§ 1, 2 betreffen die privatrechtlichen, der § 4 die öffentlich rechtlichen Vorschriften. Der § 3 trifft eine Uebergangsvorschrift. Begr. S. 155; Komm. Ber. S. 64.

In der Komm. des AH. bestand Einverständniß darüber, daß die Vorschriften über die religiöse Erziehung der Kinder durch die Vorschriften des Art. 69 nicht berührt werden. Komm. Ber. S. 64. Vergl. Art. 134 EG. z. BGB.

Ein Kind steht, so lange es minderjährig ist, unter elterlicher Gewalt. Die elterliche Gewalt umfaßt das Recht und die Pflicht, für die Person und das Vermögen des Kindes zu sorgen, sowie die Vertretung des Kindes. Dem Gewalthaber steht die Nutznießung an dem Vermögen des Kindes zu (§§ 1626, 1627, 1630, 1649 BGB.).

oder den väterlichen Nießbrauch Bezug genommen ist, tritt an die Stelle der väterlichen Gewalt die elterliche Gewalt, an die Stelle des väterlichen Nießbrauchs die elterliche Nutznießung.

Ist in privatrechtlichen Angelegenheiten eines Minderjährigen die Zustimmung des Vaters oder des Vormundes oder die Vertretung durch den Vater oder den Vormund vorgeschrieben, so steht die Zustimmung oder die Vertretung der Mutter zu, wenn sie kraft elterlicher Gewalt die Vertretung des Minderjährigen hat.

§ 2. Der Mutter steht die Nutznießung an dem Fideikommißvermögen des Kindes kraft der elterlichen Gewalt nur insoweit zu, als ihr nach dem bisherigen Rechte der Nießbrauch zustehen würde. Die im § 1693 des Bürgerlichen Gesetzbuchs vorgesehene Uebertragung der Vermögensverwaltung auf einen der Mutter bestellten Beistand kann auch ohne Antrag der Mutter erfolgen; sie hat zu erfolgen, wenn sie vom Vater nach Maßgabe des § 1777 des Bürgerlichen Gesetzbuchs angeordnet worden ist.

„Die elterliche Gewalt steht grundsätzlich den Eltern gemeinsam zu, wird aber, solange der Vater lebt, der Regel nach von ihm allein ausgeübt. Der Mutter steht die elterliche Gewalt zu, wenn der Vater gestorben oder für todt erklärt ist oder wenn er die elterliche Gewalt verwirkt hat und die Ehe aufgelöst ist, sowie bei einer nichtigen Ehe, wenn die Nichtigkeit nur dem Vater bekannt war (§§ 1684, 1701 BGB.); die Mutter übt ferner während der Dauer der Ehe die elterliche Gewalt — mit Ausnahme der Nutznießung — aus, wenn der Vater an der Ausübung thatsächlich verhindert ist oder seine elterliche Gewalt ruht; besteht in letzterem Falle keine Aussicht, daß der Grund des Ruhens wegfallen werde, so wird nach Auflösung der Ehe die Ausübung der elterlichen Gewalt auf Antrag der Mutter dieser von dem Vormundschaftsgerichte übertragen mit der Wirkung, daß ihr auch die Nutznießung an dem Vermögen des Kindes zusteht. (§ 1685 BGB.)". Begr. S. 156.

Die Mutter, der die elterliche Gewalt oder deren Ausübung zusteht, hat die Vertretung des Minderjährigen nicht in Angelegenheiten, für welche ein Pfleger bestellt ist; in Fällen, in denen ein Vormund nach § 1795 BGB. von der Vertretung eines Mündels ausgeschlossen ist; wenn ihr die Vertretung vom Vormundschaftsgerichte entzogen ist; wenn die elterliche Gewalt ruht. §§ 1628, 1630, 1676, 1686, 1696 BGB.

An der Nothwendigkeit der Zustimmung des Vormundschaftsgerichts oder eines Beistandes wird durch die Vorschriften des Art. 69 nichts geändert.

§ 2.

Der § 2 ist durch die Komm. des HH. (Komm. Ber. d. HH. S. 19 f.) eingefügt. Er stützt sich auf § 59 des EG. z. BGB., wonach die landesgesetzlichen Vorschriften über Familienfideikommisse unberührt bleiben. Demselben liegt die Erwägung zu Grunde, daß einerseits von der Mutter nicht verlangt werden könne, daß sie sich der agnatischen Gesichtspunkte einer Familie, in die sie hineingeheirathet habe, voll bewußt sei; sie werde sich oft von kognatischen Gesichts-

§ 3. Hat die Mutter eines Minderjährigen dessen Vermögen bis zum Inkrafttreten des Bürgerlichen Gesetzbuchs als Vormünderin, von dieser Zeit an kraft elterlicher Gewalt zu verwalten, so findet die Legung einer Schlußrechnung nach § 67 der Vormundschaftsordnung vom 5. Juli 1875 nicht statt. Die Mutter hat erst nach dem Aufhören ihrer Vermögensverwaltung auch für die Zeit der vormundschaftlichen Verwaltung dem Kinde Rechenschaft abzulegen.

§ 4. Soweit in öffentlichrechtlichen Vorschriften der bestehenden Landesgesetze auf die väterliche Gewalt Bezug genommen ist, tritt an die Stelle der väterlichen Gewalt die elterliche Gewalt des Vaters.

Steht die elterliche Gewalt nach dem Bürgerlichen Gesetzbuche der Mutter zu oder wird sie von ihr ausgeübt, so liegt der Mutter

---

punkten leiten lassen; andererseits hätten die Stifter der Fideikommisse gewiß nicht an die elterliche Nutznießung gedacht, wie sie nach dem BGB. eintrete. Der § 2 beschränkt deshalb die Rechte der Mutter an dem Fideikommißvermögen des Kindes in doppelter Art:

a) der Mutter wird die ihr kraft der elterlichen Gewalt nach dem BGB. an sich zustehende Nutznießung nur insoweit gewährt, als ihr nach dem bisherigen Rechte der Nießbrauch zustehen würde (§ 2 Satz 1). Nach dem Allgemeinen Landrechte und dem gemeinen Rechte besteht ein mütterlicher Nießbrauch nicht, wohl aber nach dem französischen Rechte nach dem Tode des Vaters bis zum zurückgelegten 18. Lebensjahre des Kindes (Art. 384 des Rhein. BGB.).

b) Die Verwaltungsbefugniß der Mutter wird insofern beschränkt, als das Vormundschaftsgericht die Verwaltung des Fideikommißvermögens dem Beistande nicht blos, wie es nach § 1693 BGB. zulässig ist, auf Antrag der Mutter, sondern auch von Amtswegen übertragen kann und, wenn es vom Vater nach Maßgabe des § 1777 BGB. durch letztwillige Verfügung angeordnet worden ist, übertragen muß (§ 2 Satz 2). Vergl. § 1687 Nr. 1. Soweit die Verwaltung des Fideikommißvermögens dem Beistande übertragen ist, hat der Letztere die Rechte und Pflichten eines Pflegers (§ 1693 BGB.).

Die väterliche Nutznießung und Verwaltung ist nicht beschränkt, da es nur ausnahmsweise vorkommt, daß einem Kinde schon bei Lebzeiten des Vaters ein Fideikommiß zufällt, auch eine Gefährdung des Fideikommißzweckes durch den Vater weniger zu besorgen ist, als durch die Mutter. Komm. Ber. d. HH. S. 19.

§ 3.

In dem von der Komm. des AH. eingefügten § 3 ist „die Streitfrage, ob die Mutter, die bisher Vormünderin gewesen ist, beim Uebergang des Verhältnisses in die elterliche Gewalt Schlußrechnung zu legen habe, in verneinendem Sinne entschieden, und ausgesprochen, daß vielmehr lediglich die ihr durch das BGB. auferlegten Pflichten Platz greifen". Komm. Ber. S. 64. Vergl. BGB. §§ 1681, 1686; 259—261.

§ 4.

Der § 4 ist gleichfalls von der Komm. des AH. eingeschoben. Komm. Ber. S. 64.

auch die Vertretung des Minderjährigen in öffentlichrechtlichen Angelegenheiten insoweit ob, als sie nach dem bisherigen Rechte dem Vater, Vormund oder Pfleger oblag. Ist in einer Angelegenheit die Mitwirkung weiblicher Personen ausgeschlossen, so kann sich die Mutter nach den für die Vertretung solcher Personen geltenden Vorschriften vertreten lassen.

Anerkennung der Vaterschaft.

Artikel 70.

Für die Aufnahme der im § 1718 und im § 1720 Abs. 2 des Bürgerlichen Gesetzbuchs vorgesehenen öffentlichen Urkunden über die Anerkennung der Vaterschaft ist der Standesbeamte, welcher die Geburt

---

Zu **Abs. 1** vergl. z. B. Landgemeindeordnung für die sieben östlichen Provinzen der Monarchie vom 3. Juli 1891, GS. S. 233, § 41 Abs. 4; Landgemeindeordnung für die Provinz Hessen-Nassau vom 4. August 1897, GS. S. 301, § 11 Abs. 4; Städteordnung für die Provinz Hessen-Nassau vom 4. August 1897, GS. S. 254, § 5 Abs. 5.

Zu **Abs. 2** Satz 1 vergl. z. B. Landgemeindeordnung vom 7. Juli 1891 § 46 Nr. 1; für Hessen-Nassau § 17 Nr. 1.

In kommunalen und sonstigen repräsentativen Körperschaften ist vielfach die persönliche Mitwirkung weiblicher Personen ausgeschlossen und nur ihre Vertretung durch männliche Personen zugelassen. Hierauf bezieht sich der § 2 Abs. 2 Satz 2 (Komm. Ber. S. 64). Vergl. Landgemeindeordnung vom 3. Juli 1891 § 46 Nr. 2, 3; für Hessen-Nassau § 17 Nr. 2, 3.

Anerkennung der Vaterschaft.

Artikel 70.

1. Die im **Abs. 1** angezogenen Gesetze lauten:

§ 1718. Wer seine Vaterschaft nach der Geburt des Kindes, in einer öffentlichen Urkunde anerkennt, kann sich nicht darauf berufen, dass ein Anderer der Mutter innerhalb der Empfängnisszeit beigewohnt habe.

§ 1720 Abs. 2. Erkennt der Ehemann seine Vaterschaft nach der Geburt des Kindes in einer öffentlichen Urkunde an, so wird vermuthet, dass er der Mutter innerhalb der Empfängnisszeit beigewohnt habe.

2. Zur Aufnahme der in den angeführten Paragraphen bezeichneten öffentlichen Urkunden sind die Amtsgerichte und die Notare zuständig. § 25 des RGes. üb. d. Personenstand u. s. w. vom 6. Februar 1875; § 167 Abs. 2 des RGes. üb. d. Angel. der freiw. Gerichtsb. Was die Zuständigkeit der Standesbeamten anlangt, so ist bereits

a) durch § 25 des erwähnten Personenstandsgesetzes dem das Geburtsregister führenden Standesbeamten die Zuständigkeit beigelegt, die Anerkennung, mag diese bei der Anzeige der Geburt oder später erfolgen, zu beurkunden, jedoch nur in Form der Eintragung in das Standesregister. (Begr.

des Kindes oder die Eheschließung seiner Eltern beurkundet hat, auch dann zuständig, wenn die Anerkennung der Vaterschaft nicht bei der Anzeige der Geburt oder bei der Eheschließung erfolgt.

Beantragt bei einer vor dem Gericht oder einem Notar erfolgenden Anerkennung der Erklärende die Beischreibung eines Vermerkes im Geburtsregister, so hat das Gericht oder der Notar die Erklärung und den Antrag dem zuständigen Standesbeamten mitzutheilen.

S. 156; Entsch. d. Reichsgerichts in Strafsachen Bd. 20 S. 15). Diese Vorschrift wird zunächst

b) reichsgesetzlich durch § 167 Abs. 2 des Ges. üb. d. Angel. der freiw. Gerichtsb. ergänzt, demzufolge für die Aufnahme der Anerkennungsurkunde nicht nur der Standesbeamte, welcher die Geburt des Kindes, sondern auch derjenige, welcher die Eheschließung seiner Eltern beurkundet, zuständig ist, und zwar haben danach die bezeichneten Standesbeamten die Befugniß, die Anerkennung sowohl in einer besonderen Urkunde als auch in dem Standesregister mit der Geburt oder der Eheschließung zu beurkunden. Vergl. Begr. S. 156; Wellstein, das RGes. üb. d. Angel. der freiw. Gerichtsb., Anm. 8 zu § 167 Abs. 2. Die Zuständigkeit aus § 167 Abs. 2 a. a. O. ist indessen auf die Fälle beschränkt, in denen die Anerkennung der Vaterschaft bei der Anzeige der Geburt des Kindes oder bei der Eheschließung seiner Eltern erfolgt. Diese letztere Schranke wird

c) durch den vorliegenden Art. 70 auf Grund des Vorbehaltes in § 191 Abs. 1, § 200 des RGes. üb. d. Angel. d. freiw. Gerichtsb. landesgesetzlich beseitigt, indem den Standesbeamten die gleiche Beurkundungsbefugniß auch dann beigelegt ist, wenn die Anerkennung nicht bei der Anzeige der Geburt des Kindes oder bei der Eheschließung seiner Eltern erfolgt. Begr. S. 157.

3. Die Bekanntm. des Reichskanzlers, betr. Vorschriften zur Ausführung des Gesetzes über die Beurkundung des Personenstandes und die Eheschließung v. 25. März 1899 (RGBl. S. 225), enthält folgende einschlägige Vorschriften:

§ 14. Erkennt bei der Anzeige der Geburt eines unehelichen Kindes der Anzeigende oder ein mit dem Anzeigenden Erschienener seine Vaterschaft vor dem Standesbeamten an, so hat dieser die Anerkennung in der über den Geburtsfall vorgenommenen Eintragung zu beurkunden. Erfolgt die Anerkennung vor dem Standesbeamten nach der Anzeige der Geburt, so hat er sie am Rande der über den Geburtsfall vorgenommenen Eintragung zu beurkunden.

§ 15. Erkennt Jemand bei seiner Eheschliessung mit der Mutter eines unehelichen Kindes seine Vaterschaft vor dem Standesbeamten an, so hat dieser die Anerkennung in der über die Eheschliessung vorgenommenen Eintragung zu beurkunden.

Die Anerkennung gilt, wenn nicht das Gegentheil erklärt wird, zugleich als Antrag auf Beischreibung eines Vermerkes am Rande der über den Geburtsfall vorgenommenen Eintragung. Ist der Geburtsfall in dem Standesregister eines anderen Bezirkes eingetragen, so hat der Standesbeamte dem Standesbeamten dieses Bezirkes einen Auszug aus dem Heirathsregister behufs Beischreibung des Vermerkes kostenfrei zu übersenden.

Artikel 71.

§ 1. Sind für die persönlichen Verhältnisse eines unehelichen Kindes die Vorschriften des Rheinischen Rechtes maßgebend, so erlangt das Kind die rechtliche Stellung eines ehelichen Kindes, wenn der Vater die Mutter geheirathet und das Kind vor dem Inkrafttreten des Bürgerlichen Gesetzbuchs in einer öffentlichen Urkunde anerkannt hat. Dies gilt für ein Kind, das zur Zeit der Anerkennung volljährig ist, nur dann, wenn das Kind vor dem Inkrafttreten des Bürgerlichen Gesetzbuchs in einer öffentlichen Urkunde seine Zustimmung zu der Anerkennung erklärt.

---

§ 16. Wird vor dem Standesbeamten über die bei der Anzeige der Geburt oder bei der Eheschliessung erfolgende Anerkennung der Vaterschaft auf Verlangen des Anerkennenden eine besondere Urkunde errichtet, so finden die Vorschriften des § 14 Abs. 1 und des § 15 keine Anwendung. In einem solchen Falle bleibt es den Betheiligten überlassen, bei dem Standesbeamten, in dessen Register der Geburtsfall eingetragen ist, die Beischreibung eines Randvermerkes nach Massgabe des § 26 des Gesetzes zu beantragen.

4. Zu **Abs.** 2 vergl. Anm. 1 Abs. 1.

Auf Grund des nach Abs. 2 gestellten Antrags hat der Standesbeamte die Anerkennung am Rande der über den Geburtsfall vorgenommenen Eintragung zu vermerken. § 26 des erwähnten Gesetzes v. 6. Februar 1875. Vergl. Komm. Ber. S. 64.

Artikel 71. § 1.

1. Die Vorschriften des Art. 71, welche von der Komm. des AH. eingefügt sind, erleichtern die Legitimation der vor dem Inkrafttreten des BGB. geborenen unehelichen Kinder im Gebiete des Rheinischen BGB. Nach dem letzteren erlangen die unehelichen Kinder durch nachfolgende Ehe ihrer Eltern nicht ohne Weiteres, sondern nur dann die rechtliche Stellung ehelicher Kinder, wenn sie sowohl vom Vater als auch von der Mutter und zwar spätestens bei der Eheschließung formell anerkannt sind, während beim Mangel dieser Erfordernisse auf Grund der Allerh. Kabinetsordre vom 6. Nov. 1827 (GS. S. 1828 S. 1) ein Legitimationspatent bei dem Justizminister nachzusuchen ist. Der Art. 71 räumt den in Rede stehenden Kindern die Stellung ehelicher Kinder in allen Fällen ein, in denen nicht nur die Eheschließung der Eltern, sondern auch die Anerkennung des Vaters in die Zeit vor dem Inkrafttreten des BGB. fällt. Die Anerkennung der Mutter ist nicht erforderlich. Komm. Ber. S. 64. Unerheblich ist, ob die Eheschließung oder die Anerkennung zur Zeit des Inkrafttretens des Art. 71 — Anm. 4 — bereits erfolgt ist, oder nicht (vergl. Komm. Prot. XXI S. 19); es genügt, daß beide vor dem Inkrafttreten des BGB. erfolgt sind.

2. Eine Ausnahme enthält der § 1 Satz 2, insofern bei einem volljährigen Kinde auch die Zustimmung des Kindes nothwendig ist, um, wie der Antragsteller in der Komm. des AH. erklärte, eine Kollision der Interessen zu vermeiden. Dagegen ist für minderjährige Kinder keinerlei Zustimmung des Kindes oder für dasselbe vorgesehen. Komm. Prot. XXI S. 19.

§ 2. Eine nach § 1 erfolgte Anerkennung gilt als von der Zeit der Eheschließung an wirksam. Erworbene Rechte Dritter bleiben unberührt.

Beamte und Geistliche als Vormünder.

Artikel 72.

Wer ein Staatsamt oder ein besoldetes Amt in der Kommunal- oder Kirchenverwaltung bekleidet, bedarf zur Uebernahme einer Vor-

---

3. Sowohl die Anerkennung durch den Vater als die Zustimmung des volljährigen Kindes muß „in einer öffentlichen Urkunde" erfolgen. Für den Begriff und die Zuständigkeit zur Aufnahme der öffentlichen Urkunde sind, da die Errichtung vor dem Inkafttreten des BGB. zu erfolgen hat, die bisherigen Vorschriften maßgebend (CPO. § 380 bisheriger Fassung, Rhein. Notariatsordnung v. 25. April 1822 (GS. S. 109) Art. 1 und 4, Bundesgesetz vom 8. November 1867 (BGBl. S. 137); Reichsgesetz über die Beurkundung des Personenstandes vom 6. Februar 1875 (RGBl. S. 23) § 25.

4. Die Vorschrift des Art. 71 tritt mit der Verkündigung des Gesetzes in Kraft. Art. 90 Abs. 2.

5. Vom 1. Januar 1900 ab bestimmt sich die Legitimation unehelicher Kinder ausschließlich nach dem BGB. Ist die Eheschließung vorher erfolgt, nicht aber die Anerkennung, so bleibt nur die Legitimation durch Ehelichkeitserklärung (§§ 1723 ff. BGB.) übrig, da der § 1719 BGB. eine nach dem Inkrafttreten des BGB. erfolgte Eheschließung voraussetzt. Vergl. Komm. Prot. XVI S. 3. Ist dagegen die Ehe vor dem 1. Januar 1900 nicht geschlossen, so ist die Legitimation sowohl durch nachfolgende Ehe (§§ 1719 ff. BGB.) als durch Ehelichkeitserklärung möglich. Vergl. Komm. Ber. S. 64.

§ 2.

Als Beispiel zu § 2 Satz 2 wurde in der Komm. des AH. vom Antragsteller angeführt, daß das Kind sich auf die Zurückdatirung der Ehelichkeit nicht berufen könne, wenn zur Zeit, wo es noch als unehelich gegolten habe, eine Erbschaft getheilt worden sei. Komm. Prot. XXI S. 19.

Beamte und Geistliche als Vormünder.

Art. 72.

1. Der Art. 72 ergänzt die §§ 1784, 1888 BGB., welche lauten:

§ 1784. Ein Beamter oder Religionsdiener, der nach den Landesgesetzen einer besonderen Erlaubniss zur Uebernahme einer Vormundschaft bedarf, soll nicht ohne die vorgeschriebene Erlaubniss zum Vormund bestellt werden.

§ 1888. Ist ein Beamter oder ein Religionsdiener zum Vormund bestellt, so hat ihn das Vormundschaftsgericht zu entlassen, wenn die Erlaubniss, die nach den Landesgesetzen zur Uebernahme der Vormundschaft oder zur Fortführung der

mundschaft oder zur Fortführung einer vor dem Eintritt in das Amt übernommenen Vormundschaft der Erlaubniß der zunächst vorgesetzten Behörde. Das Gleiche gilt für die Uebernahme oder die Fortführung des Amtes eines Gegenvormundes, Pflegers oder Beistandes.

Die Erlaubniß kann zurückgenommen werden.

Notare bedürfen der Erlaubniß nicht.

---

vor dem Eintritt in das Amts- oder Dienstverhältniss übernommenen Vormundschaft erforderlich ist, versagt oder zurückgenommen wird oder wenn die nach den Landesgesetzen zulässige Untersagung der Fortführung der Vormundschaft erfolgt.

Diese Vorschriften gelten auch für den Gegenvormund, Pfleger und Beistand. § 1792 Abs. 4, §§ 1595, 1915, 1694 BGB.

2. Die Vorschriften des Art. 72 schließen sich dem § 22 der Preuß. Vormundschaftsordnung vom 5. Juli 1875 an; sie bezwecken, die volle Kraft der Beamten im öffentlichen Interesse für das Amt zu erhalten.

Staatsbeamte bedürfen der Erlaubniß, auch wenn sie nicht besoldet sind, wie z. B. Referendare. Eine — dem § 22 a. a. O. gegenüber neue — in der Komm. des AH. beschlossene Ausnahme ist für Notare gemacht (Abs. 3) in der Erwägung, daß die Notare durch die Uebernahme vormundschaftlicher Geschäfte wohl in die Lage kommen könnten, ihre privaten Interessen zurückzusetzen, nicht aber das öffentliche Interesse, welchem die Vorschrift des Abs. 1 dient, zu schädigen. Komm. Ber. S. 65.

Die öffentlichen Lehrer haben nach Art. 23 Abs. 2 der Verfassungsurkunde v. 31. Januar 1850 die Rechte und Pflichten der Staatsdiener; sie bedürfen darnach der Erlaubniß. Vergl. Dernburg, das Vormundschaftsrecht der Preußischen Monarchie § 59 Nr. 2b.

Zu den Kommunalbeamten gehören die Beamten der Gemeinden, Amts-, Kreis-, Kommunal- und Provinzialverbände; sie bedürfen der Erlaubniß nur, wenn sie besoldet sind. Das Gleiche gilt für die Beamten der Kirchenverwaltung. Unter Kirche sind, wie bisher im Sinne des § 22 a. a. O., nur die katholische und die evangelische Landeskirche zu verstehen, nicht aber z. B. die Religionsgesellschaften der Altlutheraner, Mennoniten, Baptisten, Juden; vergl. Dernburg a. a. O.; dies entspricht auch dem Sprachgebrauche der Art. 12—15 der Preuß. Verfassungsurkunde vom 31. Januar 1850. Vergl. Art. 74 Nr. 2 und Anm. dazu.

Ein Ablehnungsrecht steht den Beamten nicht zu. Anders bei den Militärpersonen des Friedensstandes und den Civilbeamten der Militärverwaltung; diese bedürfen zur Uebernahme der Vormundschaft der Genehmigung ihrer Vorgesetzten und können die Uebernahme ablehnen. Reichsmilitärgesetz vom 2. Mai 1874 (RGBl. S. 55) § 41.

Anlegung von Mündelgeld.

Artikel 73.

§ 1. Eine Hypothek, eine Grundschuld oder eine Rentenschuld an einem in Preußen belegenen Grundstück ist für die Anlegung von

---

Anlegung von Mündelgeld.

Artikel 73—76.

1. Das BGB. hat über die Anlegung von Mündelgeld folgende Bestimmungen:

§ 1806. Der Vormund hat das zum Vermögen des Mündels gehörende Geld verzinslich anzulegen, soweit es nicht zur Bestreitung von Ausgaben bereit zu halten ist.

§ 1807. Die im § 1806 vorgeschriebene Anlegung von Mündelgeld soll nur erfolgen:

1. in Forderungen, für die eine sichere Hypothek an einem inländischen Grundstücke besteht, oder in sicheren Grundschulden oder Rentenschulden an inländischen Grundstücken;
2. in verbrieften Forderungen gegen das Reich oder einen Bundesstaat sowie in Forderungen, die in das Reichsschuldbuch oder in das Staatsschuldbuch eines Bundesstaats eingetragen sind;
3. in verbrieften Forderungen, deren Verzinsung von dem Reiche oder einem Bundesstaate gewährleistet ist;
4. in Werthpapieren, insbesondere Pfandbriefen, sowie in verbrieften Forderungen jeder Art gegen eine inländische kommunale Körperschaft oder die Creditanstalt einer solchen Körperschaft, sofern die Werthpapiere oder die Forderungen von dem Bundesrathe zur Anlegung von Mündelgeld für geeignet erklärt sind;
5. bei einer inländischen öffentlichen Sparkasse, wenn sie von der zuständigen Behörde des Bundesstaats, in welchem sie ihren Sitz hat, zur Anlegung von Mündelgeld für geeignet erklärt ist.

Die Landesgesetze können für die innerhalb ihres Geltungsbereichs belegenen Grundstücke die Grundsätze bestimmen, nach denen die Sicherheit einer Hypothek, einer Grundschuld oder einer Rentenschuld festzustellen ist.

§ 1808. Kann die Anlegung den Umständen nach nicht in der im § 1807 bezeichneten Weise erfolgen, so ist das Geld bei der Reichsbank, bei einer Staatsbank oder bei einer anderen durch Landesgesetz dazu für geeignet erklärten inländischen Bank oder bei einer Hinterlegungsstelle anzulegen.

§ 1809. Der Vormund soll Mündelgeld nach § 1807 Abs. 1 Nr. 5 oder nach § 1808 nur mit der Bestimmung anlegen, dass zur Erhebung des Geldes die Genehmigung des Gegenvormundes oder des Vormundschaftsgerichts erforderlich ist.

§ 1810. Der Vormund soll die in den §§ 1806—1808 vorgeschriebene Anlegung nur mit Genehmigung des Gegenvormundes bewirken; die Genehmigung des Gegenvormundes wird durch die Genehmigung des Vormundschaftsgerichts ersetzt. Ist ein Gegenvormund nicht vorhanden, so soll die Anlegung nur mit Genehmigung des Vormundschaftsgerichts erfolgen, sofern nicht die Vormundschaft von mehreren Vormündern gemeinschaftlich geführt wird.

Mündelgeld als sicher anzusehen, wenn sie innerhalb des Fünfzehnfachen oder, sofern ihr kein anderes der Eintragung bedürfendes Recht im Range vorgeht oder gleichsteht, innerhalb des Zwanzigfachen des staatlich ermittelten Grundsteuerreinertrags oder bei einem ländlichen

---

§ 1811. Das Vormundschaftsgericht kann aus besonderen Gründen dem Vormund eine andere Anlegung als die in den §§ 1807, 1808 vorgeschriebene gestatten.

Demnach bestimmt der § 1807 die regelmäßigen Arten der Anlegung, der § 1808 die Anlegung für den Fall, daß nach den Umständen keine dieser Arten anwendbar ist, der § 1811 ermächtigt das Vormundschaftsgericht, aus besonderen Gründen dem Vormund eine andere als die in den §§ 1807, 1808 vorgeschriebene Anlegung zu gestatten.

Diese reichsrechtlichen Vorschriften lassen in wichtigen Fragen Raum für landesrechtliche Ergänzungen (§ 1807 Abs. 1 Nr. 5, Abs. 2; 1808). Daneben bestimmt der Art. 212 des EG. z. BGB.:

In Kraft bleiben die landesgesetzlichen Vorschriften, nach welchen gewisse Werthpapiere zur Anlegung von Mündelgeld für geeignet erklärt sind.

Durch diese Bestimmung ist es der Landesgesetzgebung ermöglicht, noch weitere, als die reichsgesetzlich gebotenen Ergänzungen mit Wirkung über den 1. Januar 1900 hinaus festzusetzen (Vergl. Begr. S. 162, 163; Anm. zu Art. 74).

Auf diesen Grundlagen beruhen die Art. 73—76. Der Art. 73 behandelt die Mündelsicherheit von Hypotheken, Grundschulden und Rentenschulden, der Art. 74 diejenige der Werthpapiere und verbrieften Forderungen, der Art. 75 die Sparkasseneinlagen und der Art. 76 die Anlagen im Falle des § 1808 BGB.

Durch die neuen Vorschriften werden die einschlägigen Vorschriften der Preuß. Vormundschaftsordnung v. 5. Juli 1875 (§ 39) ersetzt; letztere wird im Art. 89 unter Nr. 30 ganzen Umfangs aufgehoben.

2. Die Bedeutung der Vorschriften über die Anlegung von Mündelgeld geht über die letztere erheblich hinaus. Denn dieselben sind sowohl nach dem BGB. selbst als nach anderen reichs- und landesgesetzlichen oder statutarischen Bestimmungen im weitesten Umfange für die Anlegung sonstiger Gelder maßgebend. Vergl. z. B. §§ 234, 1079, 1288, 1377, 1642, 2119 BGB., § 40 des Krankenversicherungsgesetzes vom 15. Juni 1883 (RGBl. S. 73) § 76 des Unfallversicherungsgesetzes vom 6. Juli 1884 (RGBl. S. 69), § 85 des Gesetzes betr. die Unfall- und Krankenversicherung der in land- und forstwirthschaftlichen Betrieben beschäftigten Personen v. 5. Mai 1886 (RGBl. S. 132); § 88 des Gesetzes, betr. die Unfallversicherung der Seeleute rc. v. 13. Juli 1887 (RGBl. S. 329), § 164 des Invalidenversicherungsgesetzes v. 13. Juli 1899 in der Fassung der Bekanntm. v. 19. Juli 1899 (RGBl. S. 463).

3. Die gesetzliche Bestimmung der Mündelsicherheit befreit den Vormund keineswegs schlechthin von der Prüfung der Sicherheit der Anlage im Einzelfalle; er soll deshalb die Anlegung gemäß § 1810 BGB. nur mit Genehmigung des Gegenvormunds oder des Vormundschaftsgerichts bewirken; auch bleibt er dem Mündel für den aus einer Pflichtverletzung entstehenden Schaden verantwortlich, wenn ihm ein Verschulden zur Last fällt (§ 1833 BGB.). Er wird daher z. B.

Grundstück innerhalb der ersten zwei Drittel, bei einem städtischen Grundstück innerhalb der ersten Hälfte des Werthes zu stehen kommt.

Der Werth ist bei ländlichen Grundstücken durch Taxe einer Preußischen öffentlichen Kreditanstalt, die durch Vereinigung von

---

Werthpapiere einer in Konkurs gerathenen Anstalt regelmäßig nicht mehr kaufen dürfen. Vergl. Abs. 4 der Anm. zu Art. 73 § 1.

4. Die Art. 73 und 74 treten mit der Verkündung des Gesetzes in Kraft (Art. 90 Abs. 2).

Artikel 73. § 1.

Der Art. 73 ersetzt die Vorschriften des § 39 Abs. 3 der Preuß. Vormundschaftsordnung und ergänzt den § 1807 Abs. 1 Nr. 1 nach Maßgabe des § 1807 Abs. 2 BGB., wonach die Festsetzung der Beleihungsgrenze sowohl als auch die Art der Werthsermittelung für die innerhalb ihres Geltungsbereichs belegenen Grundstücke den Landesgesetzen zugewiesen ist.

Entsprechend dem reichsrechtlichen Vorbehalte handelt der Art. 73 nur von der Beleihung in Preußen belegener Grundstücke. Eine nach Art. 73 mündelsichere Hypothek 2c. hat aber diese Eigenschaft im Umfange des ganzen Deutschen Reiches. Der preußische Vormund ist bei der hypothekarischen Anlegung nicht auf preußische Grundstücke beschränkt; er kann auch außerpreußische deutsche Grundstücke nach den für die Mündelsicherheit dieser geltenden außerpreußischen Gesetzen beleihen. BGB. § 1807 Abs. 1 Nr. 1. Dagegen ist ihm eine Anlegung in außerdeutschen Hypotheken 2c. nicht gestattet, falls nicht von der, namentlich im Grenzverkehr in Frage kommenden, Ausnahme des § 1811 BGB. Gebrauch gemacht wird.

1. Das Gesetz bestimmt die Werthsgrenze für die mündelsichere Beleihung von Grundstücken mit Rücksicht auf die geringeren Schwankungen des Werthes ländlicher Grundstücke in althergebrachter Weise verschieden, je nachdem es sich um städtische oder ländliche Grundstücke handelt. Den Maßstab bildet entweder ein Vielfaches des Grundsteuerreinertrages oder der durch Taxe ermittelte Werth. Der Gebäudesteuernutzungswerth ist in Uebereinstimmung mit § 39 Abs. 3 der Preuß. Vorm. Ordn. als ein zu unsicherer Faktor vom Gesetze nicht berücksichtigt worden. Begr. S. 159, Komm. Ber. S. 65.

2. Der Grundsteuerreinertrag muß staatlich ermittelt sein; ein für die Zwecke einer besonderen Gemeindesteuer nach § 25 Abs. 2 des Kommunalabgabengesetzes (Gesetzsamml. S. 152) festgestellter Reinertrag kommt nicht in Betracht. Begr. S. 159.

Es ist nicht erforderlich, daß die Hypothek (Grundschuld, Rentenschuld) die erste Stelle einnimmt; es genügt, daß mit Einrechnung der vorhergehenden Belastungen die Beleihungsgrenze nicht überschritten wird. Dabei ist im Hinblick auf § 1132 BGB. eine vorgehende Gesammthypothek ihrem vollen Betrage nach zu berücksichtigen. Für erststellige Hypotheken 2c., d. h. für solche, denen kein anderes der Eintragung bedürfendes Recht vorgeht oder gleichsteht, ist aber die Beleihungsgrenze eine höhere, indem statt des sonst maßgebenden Fünfzehnfachen des Grundsteuerreinertrages das Zwanzigfache oder ein größeres Vielfaches entscheidend ist (§ 1 Abs. 1, § 2). Ueber die der Eintragung nicht be-

Grundbesitzern gebildet ist und durch staatliche Verleihung Rechtsfähigkeit erlangt hat, oder durch Taxe einer Preußischen provinzial- (kommunal-) ständischen öffentlichen Grundkreditanstalt oder durch gerichtliche Taxe, bei städtischen Grundstücken in gleicher Weise oder durch Taxe einer öffentlichen Feuerversicherungsanstalt festzustellen.

---

dürfender Rechte vergl. Art. 22 d. G. — Oeffentliche Lasten des Grundstücks, welche bei der Zwangsversteigerung und der Zwangsverwaltung den Rechten an dem Grundstück im Range vorgehen, werden gleichfalls nicht berücksichtigt, da sie in das Grundbuch nicht eingetragen werden. Vergl. Art. 11 des AG. z. RGBO. — Eingetragene, aber der Eintragung nicht bedürfende Rechte, z. B. Rentenbank- oder Domänenamortisationsrenten, hindern die höhere Beleihung nicht, wohl aber z. B. Grunddienstbarkeiten, die nach dem Inkrafttreten des BGB. begründet sind, da diese nach § 873 BGB. der Eintragung bedürfen. Eine in der Komm. des AH. gegebene Anregung, die Grunddienstbarkeiten unberücksichtigt zu lassen, fand keinen Beifall. Komm. Ber. S. 65.

Uebrigens kann auch ein der Eintragung nicht bedürfendes Recht die Sicherheit der Hypothek rc. gefährden, vergl. z. B. die Fälle der Anm. 5 zu Art. 22. In solchen Fällen darf der Vormund die Anlegung nicht bewirken. Vergl. §§ 1810, 1833 BGB., Anm. 3 S. 283. Umgekehrt kann nach § 1811 BGB. auch eine über die gesetzliche Grenze hinausgehende Beleihung gestattet werden.

3. Ob bei der Feststellung des Werthes durch Taxe der gemeine Werth, der Verkaufswerth, der Ertragswerth oder ein anderer Werth zu ermitteln ist, bestimmt sich nach den für die Aufnahme der einzelnen Arten von Taxen maßgebenden Grundsätzen. Begr. S. 161.

Als Taxen sind zugelassen:

a) Die Taxen einer Preußischen öffentlichen Kreditanstalt, die durch Vereinigung von Grundbesitzern gebildet ist und durch staatliche Verleihung Rechtsfähigkeit erlangt hat. Durch diese Begriffsbestimmung sind einerseits Taxen privater Kreditanstalten der angegebenen Art, z. B. einer nicht öffentlichen Landschaft, des Danziger Hypothekenvereins, ausgeschlossen, während andererseits Taxen öffentlicher Kreditanstalten, die nicht zu den landschaftlichen oder ritterschaftlichen gehören (vergl. Preuß. Vormundschaftsordn. § 39 Abs. 3), z. B. das Berliner Pfandbriefinstitut, eingeschlossen sind. Begr. S. 160.

b) Die Taxen der Preußischen provinzial- (kommunal-) ständischen öffentlichen Grundkreditanstalten, d. i. derselben Anstalten, welche in dem Gesetz v. 3. August 1897, betr. die Zwangsvollstreckung aus Forderungen landschaftlicher (ritterschaftlicher) Kreditanstalten, GS. S. 388, den öffentlichen landschaftlichen (ritterschaftlichen) Kreditanstalten gleichgestellt sind; vergl. auch Art. 17 § 2 Abs. 2.

c) Die gerichtlichen Taxen. Die Vorschriften über die gerichtlichen Taxen sind zur Zeit in den einzelnen Landestheilen verschieden. Eine Mitwirkung des Gerichts bei der Feststellung der einzelnen Taxen ist nicht überall erforderlich. In einzelnen Landestheilen fehlt es an einschlägigen Vorschriften. Die einheitliche Regelung des gerichtlichen Taxwesens ist in Aussicht genommen.

§ 2. Statt des Zwanzigfachen des Grundsteuerreinertrags ist bei Grundstücken, die von einer Kreditanstalt der im § 1 Abs. 2 bezeichneten Art satzungsgemäß ohne besondere Ermittelungen bis zu einem größeren Vielfachen beliehen werden können, das größere Vielfache, sofern es jedoch den dreißigfachen Betrag übersteigt, dieser Betrag maßgebend.

Für einzelne Bezirke kann durch Königliche Verordnung statt des Zwanzigfachen des Grundsteuerreinertrags ein das Vierzigfache nicht übersteigendes größeres Vielfaches bestimmt werden.

Artikel 74.

Zur Anlegung von Mündelgeld sind außer den im § 1807 des Bürgerlichen Gesetzbuchs bezeichneten Forderungen und Werthpapieren geeignet:

1. die Rentenbriefe der zur Vermittelung der Ablösung von Renten in Preußen bestehenden Rentenbanken;

Vergl. Begr. S. 160, Komm. Prot. XVI S. 13, Komm. Ber. S. 66, stenogr. Ber. d. A.H. S. 2573 ff., Art. 127 des Preuß. Ges. üb. d. freiw. Gerichtsb.

d) Bei städtischen Grundstücken sind ferner die Taxen einer öffentlichen Feuerversicherungsanstalt zugelassen, gleichviel, ob es sich — wie die Preuß. VO. § 39 Abs. 3 verlangte — um eine Gesellschaft, oder um eine sonstige Anstalt handelt. Es sind also auch kommunale Anstalten, wie die Nassauische und die Hessische Brandversicherungsanstalt in Cassel (Ges. v. 21. Dezember 1871, GS. S. 610, Ges. v. 18. März 1879, GS. S. 136) inbegriffen. Dagegen sind die Taxen privater Anstalten ausgeschlossen. Begr. S. 161.

Die „Steuertaxe", die in Schleswig-Holstein vorkam und nach § 39 Abs. 3 der Preuß. VO. zulässig war, ist inzwischen — spätestens durch die Preußische Steuergesetzgebung — beseitigt. Begr. S. 160.

§ 2.

Die Vorschriften des § 2 tragen dem Umstande Rechnung, daß in nicht wenigen Landestheilen entweder die Grundsteuerveranlagung niedrig ausgefallen ist oder seit der Veranlagung die Grundstückswerthe erheblich gestiegen sind. Sie kommen nur für erststellige Hypotheken u. s. w. in Betracht. Siehe § 1 Anm. 2. „Die Beleihungsgrundsätze der im § 2 Abs. 1 bezeichneten Anstalten bedürfen der Königlichen Genehmigung; hierin liegt die Gewähr, daß bei ihrer Festsetzung auch der erweiterten Bedeutung, die ihnen nach der im Entwurfe [jetzt Gesetz] vorgesehenen Bestimmung zukommt, Rechnung getragen wird". Begr. S. 159.

Artikel 74.

Reichsgesetzlich gelten im Umfange des Deutschen Reichs nur diejenigen Werthpapiere und verbrieften Forderungen als mündelsicher, welche im § 1807 des BGB. bezw. nach § 1807 Abs. 1 Nr. 4 vom Bundesrath als mündel-

2. die Schuldverschreibungen, welche von einer Deutschen kommunalen Körperschaft oder von der Kreditanstalt einer solchen Körperschaft oder mit Genehmigung der staatlichen Aufsichtsbehörde von einer Kirchengemeinde oder einem kirchlichen Verband ausgestellt und entweder von Seiten der Inhaber kündbar sind oder einer regelmäßigen Tilgung unterliegen;

---

sicher erklärt sind. Der Art. 74 erweitert den Kreis dieser Anlagen für das Gebiet des Preuß. Staates auf Grund des Art. 212 des EG. z. BGB. (siehe Anm. 1 zu Art. 73–76) im Anschluß an § 39 Abs. 1, 4 der Preuß. VO.

1. **Zu Nr. 1.** Vergl. das Gesetz über die Errichtung der Rentenbanken v. 2. März 1850, GS. S. 12; § 39 Abs. 1 der Preuß. VO.

2. **Zu Nr. 2.** Vergl. § 39 Abs. 1 der Preuß. VO. Hierher gehören die Schuldverschreibungen der Gemeinden, Amts-, Kreis-, Kommunal-, Provinzialverbände. Auch außerpreußische deutsche Papiere dieser Art sind zugelassen.

Eine Ergänzung des bisherigen Rechts liegt darin, daß auch Schuldverschreibungen von Kirchengemeinden oder kirchlichen Verbänden für mündelsicher erklärt sind. „Die Beschlüsse der kirchlichen Organe über Anleihen, bei denen die Ausgabe von Schuldverschreibungen in Frage kommt, bedürfen der Genehmigung der staatlichen Aufsichtsbehörde (Ges. v. 20. Juni 1875, GS. S. 241, § 50 Nr. 3; v. 3. Juni 1876, GS. S. 125, Art. 24 Nr. 3; v. 6. April 1878, GS. S. 145, Art. 32 Nr. 3; v. 6. August 1883, GS. S. 135, § 3 Nr. 3; v. 19. März 1886, GS. S. 183, Art. 5 Nr. 3; v. 31. März 1892, GS. S. 73; v. 18. Mai 1895, GS. S. 175, § 5 Abs. 3; v. 25. Juni 1898 S. 133, § 5 Abs. 3). Durch das Erforderniß der Genehmigung ist für die Sicherheit der Schuldverschreibungen eine ausreichende Gewähr geboten". Begr. S. 163. — Ueber den Begriff des Wortes „Kirche" siehe oben S. 281, Anm. 2 Abs. 4 zu Art. 72. — Ein in der Komm. des AH. gestellter Antrag, die Synagogengemeinden den kirchlichen Gemeinden gleichzustellen, wurde abgelehnt. Komm. Ber. S. 68.

3. **Zu Nr. 3.** Vergl. Anm. 3 a und b zu Art. 73 § 1, oben S. 285, ferner Preuß. VO. § 39 Abs. 4. Das in der Preuß. VO. aufgestellte Erforderniß, daß die Kreditinstitute der in Anm. 3 a a. a. O. bezeichneten Art die Beleihung statutengemäß auf bestimmte Theile des Werthes beschränken müssen, ist fallen gelassen, „weil durch die staatliche Genehmigung der Satzungen und insbesondere der Beleihungsgrundsätze der landschaftlichen und ähnlichen Kreditanstalten, durch die Staatsaufsicht über die Verwaltung sowie durch das eigene Interesse der Betheiligten an der Vermeidung zweifelhafter Beleihungen die Sicherheit der von der Kreditanstalt ausgegebenen Papiere genügend gewährleistet ist." Begr. S. 163.

Die Schuldverschreibungen nicht öffentlicher Anstalten der in Anm. 3 a a. a. O. bezeichneten Art, wie z. B. des Danziger Hypothekenvereins, sind der Regierungsvorlage und einem Beschlusse der Komm. des AH. entgegen (Komm. Ber. S. 68 ff.) nicht für mündelsicher erklärt; sie können dazu aber durch Beschluß des Bundesraths erklärt werden (BGB. § 1807 Abs. 1 Nr. 4). Die beiden privaten Landschaften, nämlich die westfälische Landschaft und der schleswig-holsteinische landwirthschaftliche Kreditverband, welche bisher nach § 39 Abs. 4

3. die mit staatlicher Genehmigung ausgegebenen Pfandbriefe und gleichartigen Schuldverschreibungen einer Kreditanstalt der im Artikel 73 § 1 Abs. 2 bezeichneten Art;
4. die auf den Inhaber lautenden Schuldverschreibungen, welche von einer Preußischen Hypotheken-Aktien-Bank auf Grund von Darlehen an Preußische Körperschaften des öffentlichen Rechtes, oder von Darlehen, für welche eine solche Körperschaft die Gewährleistung übernommen hat, ausgegeben sind.

---

bei BO. Mündelsicherheit genossen, werden voraussichtlich noch vor dem 1. Januar 1900 in öffentliche umgewandelt werden. Komm. Ber. S. 69.

4. **Zu Nr. 4.** **a**) Die Vorschrift der Nr. 4 erweitert den bisherigen Kreis der mündelsicheren Papiere, indem sie die sogenannten Kommunalobligationen der Preußischen Hypothekenaktienbanken für mündelsicher erklärt. Die Vorschrift ist das Ergebniß mehrfacher Initiativanträge und längerer parlamentarischer Verhandlungen des Abgeordnetenhauses und des Herrenhauses und der beiderseitigen Kommissionen. Die von der Kommission des AH. nach dem Vorgange anderer Bundesstaaten beschlossene Mündelsicherheit der Hypothekenpfandbriefe und Kommunalobligationen der Preußischen unter staatlicher Aufsicht stehenden Aktienhypothekenbanken wurde im AH. in der 2. Lesung abgelehnt; in der dritten Lesung gelangte man zu einer Verständigung in Bezug auf die Kommunalobligationen in der Annahme, daß die von den Hypothekenbanken ausgegebenen Kommunalobligationen sogar noch sicherer seien, als die von den kommunalen Körperschaften direkt ausgegebenen (Art. 74 Nr. 2), weil für sie nicht blos die betreffenden Körperschaften, sondern auch noch die Hypothekenbanken haften (vergl. Hypothekenbankgesetz vom 13. Juli 1899 RGBl. S. 375, § 5 Nr. 2, § 6, § 22 Abs. 1, §§ 35, 41). Das HH. trat schließlich dem Beschlusse des AH. bei. Komm. Ber. des AH. S. 70 ff., stenogr. Ber. des AH. S. 2577 ff., 2591 ff., 2665 ff., 3050 ff., 3074 ff.; Komm. Ber. des HH. S. 351 ff.; stenogr. Ber. des HH. 351 ff., 397, 401 ff.

b) Nur diejenigen Kommunalobligationen der Preußischen Hypothekenbanken sind mündelsicher, welche „auf Grund von Darlehen an Preußische Körperschaften" u. s. w. ausgegeben sind. Die Herrenhauskommission hatte das Wort „Preußische" durch „Deutsche" ersetzt; das AH. stellte aber das Wort „Preußische" wieder her, weil nicht bei allen außerpreußischen Staaten die entsprechende Reziprozität vorliege und weil sich in Folge der Einschränkung auf Preußische Kommunalverbände u. s. w. die Sicherheit seitens der Staatsaufsichtsorgane besser überschauen lasse. Stenogr. Ber. des AH. S. 3050. In Folge dessen wird es — wie der Reg. Kommissar im AH. ausführte — „nöthig sein, daß das Institut sich statutarisch der Beschränkung unterwirft, lediglich an Preußische Korporationen Darlehen zu geben und auf Grund dieser Darlehen Schuldverschreibungen auszugeben, wenn das Institut auf den Vorzug der Mündelsicherheit Anspruch machen will; es würde nicht möglich sein, für den Fall des Konkurses verschiedene Verzeichnisse im Sinne des Hypothekenbankgesetzes anzulegen für die Gewährung von Darlehen an preußische Korporationen und an außerpreußische Korporationen, um sozusagen ein Sonderkonkursvorrecht für die auf Grund von Dahrlehen an preußische Korporationen ausgegebenen Kommunalobligationen herzustellen." Stenogr. Ber. des AH. S. 3052.

Artikel 75.

§ 1. Eine in Preußen bestehende öffentliche Sparkasse kann durch den Regierungspräsidenten im Einvernehmen mit dem Landgerichtspräsidenten zur Anlegung von Mündelgeld für geeignet erklärt werden. Die Erklärung kann zurückgenommen werden.

Die Erklärung und die Rücknahme sind durch das Amtsblatt bekannt zu machen.

§ 2. Ist vor dem Inkrafttreten des Bürgerlichen Gesetzbuchs ein Sparkassenbuch außer Kurs gesetzt, so ist zur Erhebung des Geldes die Genehmigung des Gegenvormundes oder des Vormundschaftsgerichts erforderlich.

Artikel 75. § 1.

1. Der § 1 ergänzt den § 1807 Abs. 1 Nr. 5 BGB. — Bei einer zur Anlegung geeigneten Sparkasse kann das Geld nicht blos, wie bisher nach § 39 Abs. 2 der Preuß. VO. vorübergehend, sondern dauernd angelegt werden. Die Anlegung soll nur mit der im § 1809 BGB. bezeichneten Bestimmung erfolgen. Ein in der Komm. des AH. gestellter Antrag, die Sparkassen zur Annahme von Mündelgeld mit dieser Bestimmung gesetzlich zu verpflichten, wurde abgelehnt. Komm. Ber. S. 91.

2. In der Komm. des AH. wurde „festgestellt, daß, wie die Uebereinstimmung der beiden Präsidenten erforderlich ist, eine Sparkasse für geeignet zu erklären, so die Erklärung zurückgezogen werden muß, wenn auch nur einer dieser Faktoren die Geeignetheit der bisher für geeignet erklärten Sparkasse in Zweifel zieht." Komm. Ber. S. 92.

§ 2.

1. Auf Grund des § 60 der Preuß. VO. wurden in der Praxis vielfach Sparkassenbücher außer Kurs gesetzt. Der vorliegende Art. 75 § 2 stellt die Bedeutung einer solchen Außerkurssetzung für die Zeit nach dem Inkrafttreten des BGB. fest. Die Zulässigkeit dieser Vorschrift beruht auf dem Art. 99 des EG. z. BGB., wonach die Ertheilung von Vorschriften über die öffentlichen Sparkassen im Allgemeinen der Landesgesetzgebung überlassen ist. Vergl. Begr. S. 164.

2. Künftig ist die Außerkurssetzung von Sparkassenbüchern — obgleich der Art. 176 EG. z. BGB. nur die Außerkurssetzung von Inhaberpapieren verbietet, während es sich bei den Sparkassenbüchern um Namenspapiere handelt, auf die an den Inhaber gezahlt werden kann — nicht mehr statthaft, weil der § 60 der Preuß. VO. fortfällt (Art. 89 Nr. 30) und eine andere Vorschrift, auf welche die Zulässigkeit der Außerkurssetzung gestützt werden könnte, nicht vorhanden ist. Dem Zwecke der Außerkurssetzung dient künftig die Vorschrift des § 1809 BGB., derzufolge die Anlegung bei der Sparkasse nur mit der Bestimmung erfolgen soll, daß zur Erhebung des Geldes die Genehmigung des Gegenvormundes oder des Vormundschaftsgerichts erforderlich ist. Vergl. Begr. S. 163; Komm. Prot. XVIII S. 14.

Artikel 76.

Im Falle des § 1808 des Bürgerlichen Gesetzbuchs kann die Anlegung von Mündelgeld bei der Preußischen Centralgenossenschaftskasse oder einer sonstigen Preußischen öffentlichen Bankanstalt (Landesbank, landschaftlichen, ritterschaftlichen Darlehnskasse u. s. w.) und, wenn die von einer Preußischen Privatbank ausgestellten Werthpapiere durch den Bundesrath zur Anlegung von Mündelgeld für geeignet erklärt sind oder eine Preußische Privatbank nach Maßgabe des Artikel 85 für die Hinterlegung von Werthpapieren als Hinterlegungsstelle bestimmt ist, bei einer solchen Privatbank erfolgen.

Die Anlegung bei den ordentlichen Hinterlegungsstellen (Hinterlegungsordnung vom 14. März 1879, Gesetz-Samml. S. 249) findet nicht statt.

3. Die Außerkurssetzung von Inhaberpapieren verliert ihre Kraft vollständig. Art. 176 EG. z. BGB., Art. 26 EG. z. HGB. Der Vormund ist nach §§ 1814, 1815, 1817 BGB. zur anderweitigen Sicherstellung des Mündels (Hinterlegung, Einschreibung auf Namen, Eintragung in das Staats- oder Reichsschuldbuch) verpflichtet. Begr. S. 164.

Artikel 76.

1. Für den Fall, daß die Anlegung von Mündelgeld den Umständen nach nicht in der im § 1807 bezeichneten Weise erfolgen kann, bestimmt der § 1808 des BGB., daß das Geld bei der Reichsbank, bei einer Staatsbank oder bei einer anderen durch Landesgesetz dazu für geeignet erklärten inländischen Bank oder bei einer Hinterlegungsstelle anzulegen ist.

Als Staatsbank kommt für Preußen die Seehandlung in Betracht, da diese eine Behörde ist, die auch die Verrichtungen einer Staatsbank wahrnimmt (Begr. S. 165).

2. Der vorliegende Art. 76 **Abs. 1** bezeichnet die sonstigen Preußischen Banken, bei welchen nach Landesgesetz die Anlegung von Mündelgeld zulässig sein soll. Darnach kann die Anlegung erfolgen:

a) bei der Preuß. Central-Genossenschafts-Kasse. „Die Annahme von Spareinlagen liegt innerhalb des Geschäftskreises dieser Anstalt (§ 2 Abs. 1 Nr. 3 des Ges. v. 31. Juli 1895, GS. S. 310); die Kasse ist auch nach der Art der von ihr betriebenen Geschäfte als eine Bank im Sinne der reichsgesetzlichen Vorschrift anzusehen" (Begr. S. 165);

b) bei einer sonstigen Preußischen öffentlichen Bankanstalt (Landesbank, landschaftlichen, ritterschaftlichen Darlehnskasse u. s. w.). Außer den öffentlichen landschaftlichen und ritterschaftlichen Darlehnskassen gehören demnach hierher namentlich die von den Provinzen oder Landeskommunalverbänden errichteten gleichartigen Institute, aber auch alle sonstigen öffentlichen, z. B. städtischen Bankanstalten. Begr. S. 165; Komm. Ber. des AH. S. 100f. und Komm. Ber. des HH. S. 23;

c) bei einer Preußischen Privatbank, wenn entweder die von ihr ausgestellten Werthpapiere durch den Bundesrath zur Anlegung von Mündel-

Gemeindewaisenrath.

Artikel 77.

§ 1. Für jede Gemeinde oder für örtlich abzugrenzende Gemeindetheile sind ein oder mehrere Gemeindeglieder als Gemeindewaisenrath zu bestellen. Für benachbarte Gemeindebezirke können dieselben Personen bestellt werden.

Das Amt eines Waisenraths ist ein unentgeltliches Gemeindeamt.

Durch Beschluß der Gemeindebehörde können die dem Gemeindewaisenrath obliegenden Verrichtungen besonderen Abtheilungen oder schon bestehenden Organen der Gemeindeverwaltung übertragen werden.

Auf selbständige Gutsbezirke finden diese Vorschriften mit der Maßgabe entsprechende Anwendung, daß der Waisenrath von dem Gutsvorsteher ernannt wird.

Die bisherigen Waisenräthe bleiben im Amte.

geld geeignet erklärt sind (§ 1807 Abs. 1 Nr. 4 BGB.), oder wenn die Privatbank nach Maßgabe des Art. 85 für die Hinterlegung von Werthpapieren als Hinterlegungsstelle bestimmt ist. Begr. S. 165. Komm. Ber. S. 92.

3. Der Art. 76 **Abs. 2** schließt die Anlegung bei den ordentlichen Hinterlegungsstellen auf Grund des die Ausschließung der Anlegung bei den Hinterlegungsstellen zulassenden Art. 144 Satz 2 des EG. z. BGB. aus. Auch dem bisherigen Rechte ist die Anlegung bei den Hinterlegungsstellen fremd (Preuß. VO. § 39 Abs. 2).

Die „ordentlichen Hinterlegungsstellen" (Hinterlegungsordnung v. 14. März 1879) stehen im Gegensatze zu den nach Maßgabe des Art. 85 dieses Gesetzes bestimmten Hinterlegungsstellen.

Gemeindewaisenrath.

Art. 77. § 1.

Der Wirkungskreis des Gemeindewaisenraths als Hülfsorgans der Obervormundschaft ist reichsgesetzlich geregelt. Vergl. §§ 1849—1851, § 1779 Abs. 1, § 1792 Abs. 4, § 1862 Abs. 1, § 1915, § 1675 BGB.; § 49 des RGes. üb. d. Angel. d. freiw. Gerichtsb. Dagegen ist die Organisation desselben der Landesgesetzgebung überlassen. Der vorliegende Art. 77 bestimmt dieselbe in wenigen Grundzügen im Allgemeinen in sachlicher Uebereinstimmung mit den bisher maßgebenden Vorschriften des § 52 der Preuß. VO.

Unter „Gemeindewaisenrath" ist im Art. 77 die reichsgesetzlich vorausgesetzte Behörde verstanden, während das einzelne Mitglied dieser Behörde, wie bisher, als „Waisenrath" bezeichnet wird. Begr. S. 166.

1. Der § 1 giebt den Inhalt des § 52 der Preuß. VO. inhaltlich unverändert wieder. Begr. S. 166.

Der Gemeindewaisenrath ist eine Einrichtung der Gemeinde. Das Amt ist unentgeltliches Gemeindeamt (Abs. 2); nach den für solche Aemter gel-

§ 2. Zur Unterstützung des Gemeindewaisenraths können Frauen, die hierzu bereit sind, als Waisenpflegerinnen widerruflich bestellt werden. Die Zuständigkeit für die Bestellung bestimmt sich nach den für die Bestellung der Waisenräthe maßgebenden Vorschriften.

Die Waisenpflegerinnen haben unter der Leitung des Gemeindewaisenraths bei der Beaufsichtigung der im Kindesalter stehenden Mündel und bei der Ueberwachung weiblicher Mündel mitzuwirken.

tenden Vorschriften bestimmt sich die Form der Uebernahme — eine gerichtliche Inpflichtnahme findet nicht statt — ferner die Dauer des Amtes, die Verpflichtung zur Uebernahme, das Recht zur Ablehnung und zur Niederlegung desselben sowie die Aufsicht über dasselbe. Fähig zur Bekleidung des Amtes ist nur ein Gemeindeglied.

2. Ob mehrere für einen Bezirk bestellte Waisenräthe die Geschäfte kollegialisch oder einzeln zu erledigen haben, und wie die Geschäfte unter ihnen vertheilt werden sollen, hängt von der Entscheidung der den Gemeindewaisenrath bestellenden Gemeindebehörde ab. Vergl. Dernburg, Preuß. Vormundschaftsrecht § 29.

Die Gemeindebehörde kann die dem Gemeindewaisenrathe obliegenden Verrichtungen besonderen Abtheilungen oder schon bestehenden Organen der Gemeindeverwaltung übertragen, wie dies z. B. schon bisher in Frankfurt a. M. an den Centralwaisenrath geschehen ist (Abs. 3); daß die Mitglieder der Abtheilungen oder die Organe der Gemeindeverwaltung besoldet sind, steht der Uebertragung nicht im Wege. Häufig werden die Verrichtungen den Armenkommissionen übertragen. Vergl. Komm. Ber. S. 93. — Nach Art. 124 Abs. 3 des Preuß. Ges. über d. freiw. Gerichtsb. kann unter Zustimmung des Kommunallandtags durch Königl. Verordnung das Amt des Gemeindewaisenraths mit dem Ortsgerichte verbunden werden.

Der Abs. 5 entspricht dem Art. 210 Abs. 2 des EG. z. BGB., wonach auch die bisherigen Vormünder und Pfleger im Amte bleiben.

3. Dem Vormundschaftsgerichte steht eine Aufsichtsbefugniß über die Waisenräthe nicht zu; vielmehr stehen die letzteren unter der Aufsicht der kommunalen Aufsichtsbehörden.

4. Die mit der gesetzlichen Einrichtung des Waisenraths verbundenen Kosten fallen der Gemeinde zur Last. Die Kosten der im Verwaltungswege angeordneten periodischen Waisenrathssitzungen fallen darunter nicht. Einem in der Komm. des AH. geäußerten Wunsche, den an den Waisenrathssitzungen theilnehmenden Waisenräthen aus Staatsmitteln Ersatz der Reisekosten zu gewähren, wurde keine Folge gegeben. Komm. Ber. S. 93.

§ 2.

In Verfolg des vom BGB. acceptirten Gedankens, daß Frauen grundsätzlich zu Vormündern geeignet sind (§§ 1781, 1783, 1786 Abs. 1 Nr. 1), gestaltet der § 2 die Einrichtung des Gemeindewaisenraths durch Zulassung von Waisenpflegerinnen weiter aus. Ihre Thätigkeit beschränkt sich auf die Mitwirkung bei der Beaufsichtigung der im Kindesalter stehenden Mündel und

Bevormundung durch einen Anstaltsvorstand oder durch Beamte der Armenverwaltung.

Artikel 78.

§ 1. Der Vorstand einer unter der Verwaltung des Staates oder einer Gemeindebehörde stehenden Erziehungs- oder Verpflegungsanstalt

bei der Ueberwachung weiblicher Mündel. Begr. S. 166. Nur eine dazu bereite Frau kann zur Waisenpflegerin bestellt werden; dem entspricht es, daß die Frau das Amt jederzeit niederlegen kann.

Ein in der Komm. des AH. und in dem letzteren gestellter Antrag auf Zulassung weiblicher Waisenräthe wurde abgelehnt. Komm. Ber. S. 94; stenogr. Berichte des AH. S. 2614.

Bevormundung durch einen Anstaltsvorstand oder durch Beamte der Armenverwaltung.

Artikel 78. § 1.

Das BGB. kennt keine gesetzliche Vormundschaft; die Vormundschaft wird in allen Fällen von dem Vormundschaftsgericht angeordnet und der Vormund von diesem bestellt (§§ 1774, 1789). Jedoch bestimmt der Art. 136 des EG.:

Unberührt bleiben die landesgesetzlichen Vorschriften, nach welchen

1. der Vorstand einer unter staatlicher Verwaltung oder Aufsicht stehenden Erziehungs- oder Verpflegungsanstalt oder ein Beamter alle oder einzelne Rechte und Pflichten eines Vormundes für diejenigen Minderjährigen hat, welche in der Anstalt oder unter der Aufsicht des Vorstandes oder des Beamten in einer von ihm ausgewählten Familie oder Anstalt erzogen oder verpflegt werden, und der Vorstand der Anstalt oder der Beamte auch nach der Beendigung der Erziehung oder der Verpflegung bis zur Volljährigkeit des Mündels diese Rechte und Pflichten behält, unbeschadet der Befugniss des Vormundschaftsgerichts, einen anderen Vormund zu bestellen;

2. die Vorschriften der Nr. 1 bei unehelichen Minderjährigen auch dann gelten, wenn diese unter der Aufsicht des Vorstandes oder des Beamten in der mütterlichen Familie erzogen oder verpflegt werden;

3. der Vorstand einer unter staatlicher Verwaltung oder Aufsicht stehenden Erziehungs- oder Verpflegungsanstalt oder ein von ihm bezeichneter Angestellter der Anstalt oder ein Beamter vor den nach § 1776 des BGB. als Vormünder berufenen Personen zum Vormunde der in Nr. 1, 2 bezeichneten Minderjährigen bestellt werden kann;

4. im Falle einer nach den Vorschriften der Nr. 1—3 stattfindenden Bevormundung ein Gegenvormund nicht zu bestellen ist und dem Vormunde die nach § 1852 des BGB. zulässigen Befreiungen zustehen.

Nach diesem Vorbehalte würden die Bestimmungen der Preuß. VO. über die gesetzliche Vormundschaft des Vorstandes gewisser Verpflegungsanstalten in Betreff der in die Anstalt aufgenommenen Minderjährigen in Kraft bleiben

hat für die in der Anstalt untergebrachten Minderjährigen die Rechte und Pflichten eines Vormundes.

Die Rechte und Pflichten des Anstaltsvorstandes bestehen nur, solange das Vormundschaftsgericht nicht einen anderen Vormund bestellt hat. Der Vorstand behält die Rechte und Pflichten des Vormundes auch nach der Beendigung der Erziehung oder Verpflegung bis zur Volljährigkeit des Mündels.

(§ 13 Preuß. VO.); der vorliegende Artikel, in dessen §§ 1—3 „die bestehenden Vorschriften lediglich dem Reichsrecht angepaßt" sind (Begr. S. 166), ersetzt dieselben und bringt im § 4 eine von der Komm. des AH. eingefügte neue Vorschrift. Komm. Prot. XVI S. 7 f.; XXII S. 16. Komm. Ber. S. 94. — Art. 89 Nr. 30.

Der § 1 giebt den § 13 der Preuß. VO. sachlich wieder. Begr. S. 166. Er beruht auf dem Vorbehalte des Art. 136 Nr. 1 des EG.

1. Die Anstalt muß „unter der Verwaltung des Staates oder einer Gemeindebehörde" stehen; das im Art. 136 EG. aufgestellte Erforderniß der „staatlichen Verwaltung oder Aufsicht" trifft auch bei den unter der Verwaltung einer Gemeindebehörde stehenden Anstalten zu, da letztere ohne Weiteres der staatlichen Aufsicht unterliegen. Begr. S. 166.

Als „Gemeindebehörde" ist wie bisher (Dernburg, Preuß. Vormundschaftsrecht § 72 Nr. 1) jede kommunale Behörde anzusehen, also auch die eines Kreises oder einer Provinz.

Der Vorstand einer blos staatlich oder gemeindebehördlich beaufsichtigten Privatanstalt hat die Rechte und Pflichten eines Vormundes nicht.

2. Die Anstalt muß ferner eine Erziehungs- oder Verpflegungsanstalt sein. Darunter fallen alle die körperliche oder geistige Pflege bezweckenden Anstalten, z. B. Waisen-, Findel-, Rettungshäuser, Siechen-, Blinden-, Taubstummen-, Idioten-, Irrenanstalten, desgleichen Erziehungs- und Besserungsanstalten, in welchen verwahrloste Kinder (Gesetz vom 13. März 1878 GS. S. 132) untergebracht sind. Vergl. Dernburg a. a. O.

3. Der Anstaltsvormund hat die vormundschaftliche Stellung unmittelbar kraft Gesetzes; eine vormundschaftsgerichtliche Bestellung desselben zum Vormund findet nicht statt.

4. Aus einer Vergleichung des Art. 136 Nr. 1 mit Art. 136 Nr. 3 des EG. z. BGB. ergiebt sich, daß der Anstaltsvormund den nach § 1776 BGB. als Vormünder berufenen Personen vorgeht. Denn wenn nach Nr. 3 a. a. O. die Landesgesetzgebung bestimmen kann, daß der Anstaltsvormund vor den nach § 1776 BGB. berufenen Personen durch das Vormundschaftsgericht bestellt werden kann, so erhellt, daß der gemäß Nr. 1 unmittelbar durch Landesgesetz bestellte Vormund den im § 1776 bezeichneten Personen ohne Weiteres vorgeht. Komm. Prot. XXII S. 16. Komm. Ber. S. 94.

5. Die vormundschaftliche Stellung des Anstaltsvormundes erstreckt sich nur auf Minderjährige (auf Volljährige bezieht sich der reichsgesetzliche Vorbehalt nicht); selbstverständlich ist vorausgesetzt, daß dieselben eines Vormundes bedürfen. Sie erstreckt sich ferner nur auf die „in der Anstalt untergebrachten", nicht auch auf die außerhalb der Anstaltsräume untergebrachten Zöglinge und

§ 2. Die Aufnahme des Minderjährigen in die Anstalt ist von dem Vorstande dem Vormundschaftsgericht und dem Gemeindewaisenrathe des Bezirkes, in dem die Anstalt liegt, anzuzeigen.

Mit der Aufnahme in die Anstalt endigt das Amt des bisherigen Vormundes.

§ 3. Neben dem Vorstand ist ein Gegenvormund nicht zu bestellen.

Dem Vorstande stehen die nach § 1852 Abs. 2 des Bürgerlichen Gesetzbuchs zulässigen Befreiungen zu.

Pfleglinge; indessen dauert sie nach der Beendigung der Erziehung oder Verpflegung bis zur Volljährigkeit des Mündels fort, auch wenn der Minderjährige aus der Anstalt ausgetreten ist. Vergl. Dernburg a. a. O., Begr. zu Art. 90 des Bayerischen Entw. eines AG. zum BGB.

6. Das Vormundschaftsgericht hat reichsgesetzlich die Befugniß, anstatt des Vorstandes einen Anderen zum Vormund zu bestellen. Die Ausübung dieser Befugniß wird namentlich nach dem Austritte des Mündels aus der Anstalt in Frage kommen, wenn z. B. der Mündel seinen Aufenthalt in große Entfernung von der Anstalt verlegt hat oder der Anstalt fremd geworden ist. Dem Vorstande steht gegen die Bestellung des Vormundes die Beschwerde zu nach § 20 ff. des Reichsgesetzes über die Angelegenheiten der freiwilligen Gerichtsbarkeit.

§ 2.

Der § 2 **Abs. 1** ergänzt den § 1851 des BGB. und entspricht theilweise dem § 54 Abs. 1 der Preuß. VO. Der **Abs. 2** entspricht dem § 62 Abs. 2 a. a. O.

§ 3.

Vergl. Art. 136 Nr. 4 des EG.

1. Die Befreiung von der Bestellung eines Gegenvormundes (**Abs. 1**) entspricht dem bisherigen Rechte (§ 26 Abs. 4 Preuß. VO.). Gegen die etwaige Bestellung eines Gegenvormundes würde dem Anstaltsvormund die Beschwerde nach § 20 RGes. üb. d. Angel. der freiw. Gerichtsb. zustehen.

2. Gemäß § 3 **Abs. 2** bedarf der Anstaltsvormund keiner Genehmigung zur Anlegung von Mündelgeldern nach §§ 1806–1808 des BGB. (§ 1852 verb. mit § 1810 BGB.); auch ist er nicht verpflichtet, bei der Anlegung bei Sparkassen (§ 1807 Nr. 5 BGB., Art. 75 § 1 d. G.) oder bei den im § 1808 BGB. und Art. 76 dieses Gesetzes bezeichneten Anstalten die Bestimmung hinzuzufügen, daß zur Erhebung des Geldes die Genehmigung des Gegenvormundes oder des Vormundschaftsgerichts erforderlich ist (§ 1812 verb. mit § 1809 BGB.). Er ist ferner von der Einschränkung des § 1812 BGB. befreit, wonach der sonstige Vormund, sofern nicht einer der Fälle der §§ 1819—1822 BGB. vorliegt, zu Verfügungen über eine Forderung oder über ein anderes Recht, kraft dessen der Mündel eine Leistung verlangen kann, sowie über ein Werthpapier des Mündels, desgleichen zu der Eingehung einer Verpflichtung zu einer solchen Verfügung der Genehmigung des Gegenvormundes oder des Vormundschaftsgerichts bedarf.

§ 4. Auf Grund ortsstatutarischer Bestimmung können Beamten der Gemeindearmenverwaltung alle oder einzelne Rechte und Pflichten eines Vormundes für diejenigen Minderjährigen übertragen werden, welche im Wege der öffentlichen Armenpflege unterstützt und unter Aufsicht der Beamten entweder in einer von diesen ausgewählten Familie oder Anstalt oder, sofern es sich um uneheliche Minderjährige handelt, in der mütterlichen Familie erzogen oder verpflegt werden.

Wird von dieser Befugniß Gebrauch gemacht, so finden die Vorschriften des § 1 Abs. 2, des § 2 Abs. 1 und, wenn dem Beamten alle Rechte und Pflichten eines Vormundes übertragen werden, auch die Vorschriften des § 2 Abs. 2 und des § 3 entsprechende Anwendung.

Weitere Befreiungen, als die im § 1852 Abs. 2 BGB. genannten, stehen dem Anstaltsvorstande nicht zu. Daher ist der Anstaltsvorstand namentlich wie ein Vormund verpflichtet, ein Verzeichniß über das Vermögen des Mündels einzureichen, die Inhaber- und Ordrepapiere des Mündels zu sichern, dem Vormundschaftsgerichte über die Vermögensverwaltung Rechnung zu legen; auch bedarf er der Genehmigung des Vormundschaftsgerichts zu den in §§ 1819—1822 BGB. aufgeführten Geschäften. Vergl. Komm. Prot. XVI S. 8; Komm. Ber. S. 94.

§ 4.

Die von der Komm. des AH. eingefügte Vorschrift des § 4 betrifft die Bestellung sogenannter Generalvormünder. Die Zulässigkeit der Vorschrift beruht auf Art. 136 Nr. 1, 2 des EG.

Die Uebertragung der vormundschaftlichen Rechte und Pflichten auf die Beamten der Gemeindearmenverwaltung erfolgt nicht durch eine Anordnung des Vormundschaftsgerichts, sondern unmittelbar auf Grund und nach Maßgabe der ortsstatutarischen Bestimmung. Vergl. Komm. Prot. XVI S. 8; stenogr. Ber. des HH. S. 358.

Sofern dem Generalvormund nicht alle, sondern nur einzelne Rechte und Pflichten eines Vormunds übertragen sind, dauert das Amt des bisherigen Vormundes fort. § 4 Abs. 2. Komm. Ber. S. 94. Auch der beamtete Vormund geht den nach § 1776 BGB. als Vormünder berufenen Personen vor; vergl. Anm. 3 zu § 1; Komm. Ber. S. 94. Vergl. auch sonst die Anm. zu §§ 1–3.

Das Ziel der ortsstatutarischen Bestimmungen läßt sich auch dadurch erreichen, daß das Vormundschaftsgericht in jedem einzelnen Falle den hierzu bestimmten Gemeindebeamten zum Vormund bestellt, wie dies in verschiedenen Städten des Königreichs Sachsen geschehen ist. Begr. zu Art. 90 des Bayerischen Entw. eines AG. z. BGB.

Fürsorge des Nachlaßgerichts.

Artikel 79.

Die Vorschriften, nach welchen das Nachlaßgericht auch unter anderen als den im § 1960 Abs. 1 des Bürgerlichen Gesetzbuchs bezeichneten Voraussetzungen die Anfertigung eines Nachlaßverzeichnisses sowie bis zu dessen Vollendung die erforderlichen Sicherungsmaßregeln, insbesondere die Anlegung von Siegeln, von Amtswegen anordnen kann oder soll, treten außer Kraft.

Fürsorge des Nachlaßgerichts.

Artikel 79.

Der § 1960 Abs. 1 und 2 BGB. bestimmt:

Bis zur Annahme der Erbschaft hat das Nachlassgericht für die Sicherung des Nachlasses zu sorgen, soweit ein Bedürfniss besteht. Das Gleiche gilt, wenn der Erbe unbekannt oder wenn ungewiss ist, ob er die Erbschaft angenommen hat.

Das Nachlassgericht kann insbesondere die Anlegung von Siegeln, die Hinterlegung von Geld, Werthpapieren und Kostbarkeiten sowie die Aufnahme eines Nachlassverzeichnisses anordnen und für denjenigen, welcher Erbe wird, einen Pfleger (Nachlasspfleger) bestellen.

Neben dieser Vorschrift erhält jedoch, wie die Begr. S. 167 ausführt, „der Art. 140 des EG. die landesgesetzlichen Vorschriften aufrecht, nach welchen das Nachlaßgericht auch unter anderen Voraussetzungen die Anfertigung eines Nachlaßverzeichnisses sowie bis zu dessen Vollendung die erforderlichen Sicherungsmaßregeln, insbesondere die Anlegung von Siegeln, von Amtswegen anordnen kann oder soll. Da als Nachlaßgericht nicht nur die Amtsgerichte, welche nach § 72 RGes. über die Angelegenheiten der freiwilligen Gerichtsbarkeit für die Verrichtungen des Nachlaßgerichts zuständig sind, sondern nach Art. 147 des EG. z. BGB. kraft Landesgesetzes auch andere als gerichtliche Behörden in Betracht kommen können, so deckt der Vorbehalt des Art. 140 alle bestehenden Vorschriften, welche den Gerichten oder anderen Behörden, namentlich Ortsbehörden, eine über das Reichsrecht hinausgehende amtliche Fürsorge für die Sicherung des Nachlasses auferlegen. Derartige Vorschriften finden sich auch in dem in Preußen geltenden Rechte, und zwar, abgesehen von den §§ 461, 462 des ALR. Th. I Tit. 9 und dem § 4 Nr. 1 der Allg. Gerichtsordn. Th. II Tit. 5 sowie dem Art. 819 Abs. 2 des code civil und dem Art. 911 des code de procédure civile, welche durch Art. 87 Nr. 1, 2 des vorliegenden Entwurfes [Art. 89 Nr. 1, 2 des Gesetzes] und durch Art. 141 Nr. 1, 2 des Entw. eines Preuß. Ges. über die freiw. Gerichtsb. [Art. 144 Nr. 1, 2 des Gesetzes] aufgehoben werden sollen, namentlich für das vormalige Herzogthum Nassau (Amtsverwaltungsordn. v. 5. Juni 1816 § 7) und für das Gebiet der vormals freien Stadt Frankfurt (Ges. über das Fiskalat v. 3. Dezember 1861, Ges. und Statutensamml. S. 79, § 12). Nach diesen Vorschriften erstreckt sich die Fürsorge-

Nothtestament.

Artikel 80.

Für die Errichtung eines Testaments in der durch den § 2249 Abs. 1 des Bürgerlichen Gesetzbuchs bestimmten Form stehen die selbständigen Gutsbezirke den Gemeinden gleich.

An Stelle des Vorstehers oder neben dem Vorsteher einer Gemeinde kann von dem Justizminister eine andere Person bestellt werden, vor welcher die Errichtung des Testaments zu erfolgen hat. In diesem Falle werden die Gebühren für die Errichtung des Testaments durch den Justizminister bestimmt.

Ist ein Dolmetscher zuzuziehen, so kann die Beeidigung des Dolmetschers durch die Person, vor welcher die Errichtung des Testaments stattfindet, erfolgen.

pflicht der Nachlaßbehörde insbesondere auf den Fall, daß ein bestimmter Erbe minderjährig oder aus einem anderen Grunde nicht voll geschäftsfähig oder abwesend ist. Für diese Fälle reichen jedoch die Vorschriften des Vormundschaftsrechts aus (vergl. insbesondere BGB. §§ 1846, 1911). Da somit für die Aufrechterhaltung der vorerwähnten Vorschriften, die an sich durch den Art. 140 des EG. gedeckt werden würden, kein Bedürfniß besteht, hebt der Art. 77 [Ges. Art. 79] sie allgemein auf." Vergl. Komm. Ber. S. 95.

Nothtestament.

Artikel 80.

1. Ist zu besorgen, daß der Erblasser früher sterben werde, als die Errichtung eines Testaments vor einem Richter oder vor einem Notar möglich ist, so kann er nach § 2249 Abs. 1 BGB. das Testament vor dem Vorsteher der Gemeinde, in der er sich aufhält, oder falls er sich in dem Bereich eines durch Landesgesetz einer Gemeinde gleich gestellten Verbandes oder Gutsbezirkes aufhält, vor dem Vorsteher dieses Verbandes oder Bezirkes errichten.

Das Gleiche gilt nach § 2250 in Verbindung mit § 2249 Abs. 1 BGB. für denjenigen, der in Folge des Ausbruchs einer Krankheit oder sonstiger außerordentlicher Umstände dergestalt abgesperrt ist, daß die Errichtung eines Testaments vor einem Richter oder vor einem Notar nicht möglich oder erheblich erschwert ist.

Der Art. 80 **Abs. 1** stellt die in Preußen bestehenden selbständigen Gutsbezirke im Sinne dieser Vorschriften den Gemeinden gleich.

Landesgesetzlich den Gemeinden in diesem Sinne gleichgestellte „Verbände" giebt es in Preußen nicht; insbesondere stellen sich die Rheinischen Landbürgermeistereien und die Westfälischen Aemter nicht als solche dar. Begr. S. 168, Komm. Ber. S. 95.

2. Der Art. 80 **Abs. 2** beruht auf dem Art. 150 EG. z. BGB., welcher lautet:

Amtliche Verwahrung von Testamenten und Erbverträgen.

Artikel 81.

§ 1. Die besondere amtliche Verwahrung der Testamente und der Erbverträge erfolgt bei den Amtsgerichten.

. . . .

Unberührt bleiben die landesgesetzlichen Vorschriften, nach welchen im Falle des § 2249 des Bürgerlichen Gesetzbuchs an Stelle des Vorstehers oder neben dem Vorsteher eine andere amtlich bestellte Person zuständig ist.

Von der Ermächtigung des Abs. 2 wird namentlich für die ost- und nordfriesischen Inseln Gebrauch gemacht werden, wo mit Rücksicht auf die besonderen örtlichen Verhältnisse von Alters her die Prediger zur Aufnahme von Testamenten zuständig waren. Vergl. Ausschreiben vom 24. November 1817, die Auf- und Annahme von Testamenten auf den Inseln der Provinz Ostfriesland betreffend (Samml. der Hannov. Landesverordn. u. s. w. des Jahres 1817, II S. 521; Esmarch, Handbuch des Erbrechts im Herzogthum Schleswig §§ 42, 44). Diese älteren Vorschriften sind durch Art. 55 EG. z. BGB. beseitigt; vergl. Art. 89 Nr. 8 d. G. — Begr. S. 169; Komm. Ber. S. 95.

3. Ein vereideter Dolmetscher ist zuzuziehen, wenn der Erblasser erklärt, daß er der deutschen Sprache nicht mächtig sei. Sind sämmtliche mitwirkende Personen ihrer Versicherung nach der Sprache, in der sich der Erblasser erklärt, mächtig, so ist die Zuziehung eines Dolmetschers nicht erforderlich. §§ 2244, 2245 in Verb. mit § 2249 Abs. 2 BGB.

Auf die Beeidigung des Dolmetschers ist der § 191 GVG. (siehe oben Seite 38) anwendbar, wie sich aus § 194 in Verb. mit §§ 1, 8 des RGes. üb. d. Angel. der freiw. Gerichtsb. ergiebt. Vergl. übrigens Komm. Prot. XXVIII S. 10.

Amtliche Verwahrung von Testamenten und Erbverträgen.

Artikel 81. § 1.

Der Art. 81 enthält auf Grund des § 200 des RGes. üb. d. Angel. der freiw. Gerichtsb. die erforderlichen Ausführungsbestimmungen über die besondere amtliche Verwahrung, welche bei den nach dem BGB. § 2231 Nr. 1 vor einem Richter oder Notar errichteten Testamenten oder den nach §§ 2249, 2250 errichteten Nothtestamenten gemäß §§ 2246, 2249, 2250 stattfinden muß und bei den nach § 2231 Nr 2 errichteten privatschriftlichen Testamenten gemäß § 2248 sowie bei Erbverträgen nach § 2277 stattfinden kann.

Die Amtsgerichte sind sachlich ausschließlich zuständig; dadurch soll die Feststellung, ob ein Testament oder ein Erbvertrag errichtet ist, erleichtert werden. Für Notare, Vorsteher und andere Personen (Art. 80) erwächst daraus die Pflicht, die vor ihnen errichteten Urkunden alsbald an das Amtsgericht abzuliefern. Vergl. Begr. S. 171. Ueber die Form der Ablieferung bestehen keine gesetzliche Vorschriften.

§ 2. Zuständig ist bei Testamenten:
1. wenn das Testament vor einem Amtsgericht errichtet ist, dieses Gericht;
2. wenn das Testament vor einem Notar errichtet ist, das Gericht, in dessen Bezirke der Notar seinen Amtssitz hat;
3. wenn das Testament vor dem Vorsteher einer Gemeinde oder eines Gutsbezirkes errichtet ist, das Gericht, zu dessen Bezirke die Gemeinde oder der Gutsbezirk gehört;
4. wenn das Testament nach § 2231 Nr. 2 des Bürgerlichen Gesetzbuchs errichtet ist, jedes Gericht.

Der Erblasser kann jederzeit die Verwahrung bei einem anderen Gerichte verlangen.

Das Gericht, welches das Testament in Verwahrung nimmt, hat, wenn der Erblasser seinen Wohnsitz in dem Bezirk eines anderen Gerichts hat, diesem von der Verwahrung Nachricht zu geben.

Die Vorschriften des Abs. 1 Nr. 1, 2 und der Abs. 2, 3 finden auch auf die Verwahrung eines Erbvertrags Anwendung.

§ 3. Die Annahme zur Verwahrung sowie die Herausgabe ist von dem Amtsgericht anzuordnen und von dem Amtsrichter und dem Gerichtsschreiber gemeinschaftlich zu bewirken.

Bei der Buchführung sind die Vermerke über die Annahme und die Herausgabe von dem Amtsrichter und dem Gerichtsschreiber zu unterschreiben.

Die Verwahrung erfolgt unter gemeinschaftlichem Verschlusse des Amtsrichters und des Gerichtsschreibers. Der Hinterlegungsschein ist von ihnen zu unterschreiben und mit dem Gerichtssiegel zu versehen.

§ 2.

Der § 2 regelt die örtliche Zuständigkeit. Zu Nr. 4 ist die Verwahrung privatschriftlicher Testamente besonders erleichtert, um die mit dieser Testamentsform verbundenen Gefahren zu vermindern. Begr. S. 171.

Die Regelung der Zuständigkeit kann die Möglichkeit, daß das verwahrende Gericht von dem Tode des Erblassers keine Kenntniß erhält und daher die Urkunde uneröffnet bleibt, nicht verhindern. Es ist Sache des Erblassers und der sonstigen Betheiligten, geeignete Vorkehrungen hiergegen zu treffen; ein Mittel giebt der § 2 Abs. 2 an die Hand. Vergl. Begr. S. 170. Den gleichen Zweck verfolgt der Abs. 3.

§ 3.

Der § 3 steht mit § 89 Abs. 2, § 78 Abs. 2 der Hinterlegungsordnung im Einklang. — Der Abs. 3 Satz 2 bestimmt nur die Form des Hinterlegungsscheines; daß ein solcher ertheilt werden muß, ist im BGB. (§ 2246 Abs. 2, § 2248 Satz 2, § 2249 Abs. 1 Satz 3, § 2277 Abs. 2) vorgeschrieben.

Eröffnung von Testamenten und Erbverträgen.

Artikel 82.

Befindet sich ein Testament oder ein Erbvertrag seit mehr als vierundfünfzig Jahren in amtlicher Verwahrung, so ist mit der Eröffnung vorzugehen, sofern nicht bekannt ist, daß der Erblasser noch lebt. Die Vorschriften der §§ 2260 bis 2262 des Bürgerlichen Gesetzbuchs finden entsprechende Anwendung.

Eröffnung von Testamenten und Erbverträgen.

Artikel 82.

Die Vorschriften des BGB. über die Eröffnung der Testamente und Erbverträge (§§ 2260—2262, 2300) betreffen den Fall, daß der Tod des Erblassers bekannt ist. Der vorliegende Art. 82 ergänzt diese Vorschriften auf Grund des Art. 200 des EG. für den Fall, daß der Tod unbekannt ist. Es ist dem bisherigen Rechte entsprechend davon ausgegangen, daß der Erblasser zur Zeit der Eröffnung mindestens 70 Jahre alt sein müßte. Da die Fähigkeit zur Testamentserrichtung anstatt bisher mit dem vollendeten vierzehnten künftig mit dem vollendeten sechzehnten Lebensjahre beginnt (§ 2229 Abs. 2 BGB.), so ist die bisherige Wartezeit von 56 Jahren auf 54 Jahre abgekürzt. Vergl. ALR. I 12 § 208; Kurhessische Verordn. vom 14. März 1815; Ges. betreffend die Errichtung letztwilliger Verfügungen in dem Bezirk des Oberlandesgerichts Frankfurt, v. 28. Juni 1886 (GS. S. 175) § 17 Abs. 2. Vergl. Begr. S. 171.

Die für entsprechend anwendbar erklärten Paragraphen lauten:

§ 2260. Das Nachlassgericht hat, sobald es von dem Tode des Erblassers Kenntniss erlangt, zur Eröffnung eines in seiner Verwahrung befindlichen Testaments einen Termin zu bestimmen. Zu dem Termine sollen die gesetzlichen Erben des Erblassers und die sonstigen Betheiligten soweit thunlich geladen werden.

In dem Termin ist das Testament zu öffnen, den Betheiligten zu verkünden und ihnen auf Verlangen vorzulegen. Die Verkündung darf im Falle der Vorlegung unterbleiben.

Ueber die Eröffnung ist ein Protokoll aufzunehmen. War das Testament verschlossen, so ist in dem Protokolle festzustellen, ob der Verschluss unversehrt war.

§ 2261. Hat ein anderes Gericht als das Nachlassgericht das Testament in amtlicher Verwahrung, so liegt dem anderen Gerichte die Eröffnung des Testaments ob. Das Testament ist nebst einer beglaubigten Abschrift des über die Eröffnung aufgenommenen Protokolls dem Nachlassgerichte zu übersenden; eine beglaubigte Abschrift des Testaments ist zurückzubehalten.

§ 2262. Das Nachlassgericht hat die Betheiligten, welche bei der Eröffnung des Testaments nicht zugegen gewesen sind, von dem sie betreffenden Inhalt des Testaments in Kenntniss zu setzen.

Feststellung des Ertragswerths eines Landguts.

Artikel 83.

Soweit in Fällen der Erbfolge oder der Aufhebung einer fortgesetzten Gütergemeinschaft der Ertragswerth eines Landguts zu ermitteln ist, gilt als solcher der fünfundzwanzigfache Betrag des jährlichen Reinertrags. Durch Königliche Verordnung kann eine andere Verhältnißzahl bestimmt werden.

Die Grundsätze, nach welchen der Reinertrag festzustellen ist, können durch allgemeine Anordnung des Justizministers und des Ministers für Landwirthschaft, Domänen und Forsten bestimmt werden.

Feststellung des Ertragswerths eines Landguts.

Artikel 83.

Die im § 1515 Abs. 2, 3 für die fortgesetzte Gütergemeinschaft und in den §§ 2049, 2312 für die Auseinandersetzung unter Miterben sowie für die Berechnung des Pflichttheils getroffenen Vorschriften des BGB. setzen Bestimmungen über den Ertragswerth eines Landguts voraus. Das BGB. enthält über dessen Ermittelung nur die Vorschrift des § 2049 Abs. 2:

Der Ertragswerth bestimmt sich nach dem Reinertrage, den das Landgut nach seiner bisherigen wirthschaftlichen Bestimmung bei ordnungmässiger Bewirthschaftung nachhaltig gewähren kann.

Das EG. erhält jedoch im Art. 137 die landesgesetzlichen Vorschriften über die Grundsätze, nach denen in den angeführten Fällen der Ertragswerth festzustellen ist, aufrecht. Hierauf beruht der vorliegende Art. 83.

Ueber die Grundlage der Berechnung, die Ermittelung des Reinertrages, lassen sich „einheitliche gesetzliche Regeln nicht geben, wie schon aus der Verschiedenheit der Vorschriften erhellt, die in den Höfegesetzen und Landgüterordnungen für die einzelnen Landestheile bezüglich der Feststellung des Uebernahmewerthes getroffen sind" (Begr. S. 173); das Gesetz beschränkt sich deshalb darauf, die zuständigen Minister zum Erlaß allgemeiner Anordnungen über die zu beobachtenden Grundsätze zu ermächtigen (**Abs. 2**).

Dagegen wird durch die Vorschrift des **Abs. 1** der Zinsfuß für die Kapitalisirung des Reinertrags einheitlich bestimmt. Der dieser Vorschrift zu Grunde liegende Zinsfuß von vier vom Hundert entspricht dem allgemeinen Zinsfuße des § 246 des BGB. und ist auch in den neuesten Gesetzen, die sich mit der Ermittelung des Ertragswerths befassen, nämlich dem § 17 des Ges., betr. das Anerbenrecht bei Renten- und Ansiedelungsgütern, vom 8. Juni 1896 (GS. S. 124) und im § 25 des Gesetzes, betr. das Anerbenrecht u. s. w. in Westfalen u. s. w., vom 2. Juli 1898 (GS. S. 139) vorgesehen. Der Satz 2 ermöglicht die durch etwaige Veränderung der wirthschaftlichen Verhältnisse gebotene alsbaldige Aenderung des Zinsfußes. Begr. S. 173.

Das Gesetz, betr. die Abschätzung der Landgüter zum Behufe der Pflichttheilsberechnung in der Provinz Westfalen, vom 4. Juni 1856 (GS. S. 550), ist im Art. 89 Nr. 20 als „veraltet und deswegen ungerecht" aufgehoben. Komm. Ber. S. 52.

Hinterlegung.

Artikel 84.

Die Hinterlegungsordnung vom 14. März 1879 (Gesetz-Samml. S. 249) wird dahin geändert:

Hinterlegung.

Artikel 84.

1. Das BGB. und seine Nebengesetze greifen in das Hinterlegungswesen dadurch ein, daß sie für zahlreiche Fälle der Hinterlegung an die Stelle der jetzt maßgebenden landesrechtlichen Bestimmungen reichsgesetzliche Vorschriften setzen. Nach dem BGB. ist die öffentliche Hinterlegung zugelassen oder geboten namentlich zum Zwecke der Befreiung von einer Verbindlichkeit (§§ 372—386; vergl. §§ 52, 268, 422, 432, 660, 1077, 1142, 1224, 1281, 1716, 2039, 2114), zum Zwecke der Ausschließung eines unbekannten Hypotheken-, Grundschuld-, Rentenschuld- oder Schiffspfandgläubigers (§§ 1171, 1192, 1269), zwecks Sicherheitsleistung (§ 232), zur Sicherstellung, wenn Inhaberpapiere Gegenstand eines Nießbrauchs sind (§ 1082), zur Sicherstellung von Frauen-, Kindes- und Mündelvermögen (§§ 1392, 1808, 1814 ff., 1818, 1667, 1686, 1915), desgl. im Falle der Nachlaßfürsorge (§ 1960), in einem Währschaftsstreit (§ 489), endlich zur Sicherung des Verpfänders (§§ 1217, 1219) und des Nacherben (§ 2116). Ueber weitere Hinterlegungsfälle s. z. B. RGes. über die Zwangsverst. und die Zwangsverw. vom 24. März 1897 (RGBl. S. 97) § 117 Abs. 2, §§ 120, 121, 124, 126.

2. Die Regelung der sachlichen und örtlichen Zuständigkeit der Hinterlegungsstellen ist der Landesgesetzgebung vorbehalten, und ebenso ist dieser mit gewissen Einschränkungen der Erlaß näherer Bestimmungen über die Hinterlegung gestattet. Die hierfür maßgebenden Art. 144, 145 des EG. z. BGB. lauten:

Art. 144. Unberührt bleiben die landesgesetzlichen Vorschriften über die sachliche und örtliche Zuständigkeit der Hinterlegungsstellen. Die Landesgesetze können bestimmen, dass die Anlegung von Mündelgeld nach § 1808 des BGB. bei den Hinterlegungsstellen des Bundesstaats nicht stattfindet.

Art. 145. Die Landesgesetze können über die Hinterlegung nähere Bestimmungen treffen, insbesondere den Nachweis der Empfangsberechtigung regeln und vorschreiben, dass die hinterlegten Gelder und Werthpapiere gegen die Verpflichtung zur Rückerstattung in das Eigenthum des Fiskus oder der als Hinterlegungsstelle bestimmten Anstalt übergehen, dass der Verkauf der hinterlegten Sachen von Amtswegen angeordnet werden kann, sowie dass der Anspruch auf Rückerstattung mit dem Ablauf einer gewissen Zeit oder unter sonstigen Voraussetzungen zu Gunsten des Fiskus oder der Hinterlegungsanstalt erlischt. In den Fällen des § 382, des § 1171 Abs. 3 und des § 1269 Satz 3 des BGB. muss dem Hinterleger die Rücknahme des hinterlegten Betrags mindestens während eines Jahres von dem Zeitpunkt an gestattet werden, mit welchem das Recht des Gläubigers auf den hinterlegten Betrag erlischt.

Von einer gerichtlichen Anordnung kann die Hinterlegung nicht abhängig gemacht werden.

I. Der § 4 erhält folgende Fassung:

Die nach den §§ 1, 2 bestimmten Hinterlegungsstellen sind dem Finanzminister untergeordnet.

II. An die Stelle der §§ 18, 19 treten folgende Vorschriften:

§ 18. Bei der Hinterlegung, welche der Schuldner eines Geldbetrags zum Zwecke der Befreiung von seiner Verbindlichkeit bewirkt, ist in der nach § 14 erforderlichen Erklärung der Gläubiger, für welchen die Hinterlegung erfolgt,

3. Diesen Vorbehalten gemäß bleibt die Hinterlegungsordn. vom 14. März 1879 von der neuen Reichsgesetzgebung in ihren Grundlagen wesentlich unberührt. Nur eine Aenderung von allgemeinerer Bedeutung ist nothwendig geworden. Das BGB. kennt als Gegenstände der Hinterlegung Geld, Werthpapiere und sonstige Urkunden sowie Kostbarkeiten (vergl. §§ 232, 372, 383, 489, 660, 1077, 1082, 1171, 1392, 1667, 1716, 1814, 1818, 1960, 2114. 2116); dies sind die zur Hinterlegung geeigneten Sachen im Sinne der §§ 432, 1217, 1281, 2039. Es mußten daher landesgesetzlich Hinterlegungsstellen bestimmt werden, bei denen Sachen der bezeichneten Art in den reichsgesetzlich vorgesehenen Fällen hinterlegt werden können, und zwar ohne vorgängige gerichtliche Anordnung (EG. Art. 145 Abs. 2). Die Preußische HO. kennt aber bisher nur Hinterlegungsstellen für Geld, Werthpapiere auf Inhaber, Werthpapiere auf Namen, auf welche die Zahlung dem Inhaber geleistet werden kann, und Kostbarkeiten (§ 1), während die sonstigen Urkunden im dritten Abschnitt unter der Ueberschrift: „Hinterlegung der zur Annahme bei den Hinterlegungsstellen nicht geeigneten Gegenstände" behandelt werden. Um der Reichsgesetzgebung gerecht zu werden, bestimmt daher das vorliegende Gesetz in der neuen Fassung des § 87 (s. unten Nr. XX) für andere als die im § 1 bezeichneten Werthpapiere sowie sonstige Urkunden die Amtsgerichte als Hinterlegungsstellen und giebt dem dritten Abschnitte anstatt der bisherigen die Ueberschrift: „Hinterlegung anderer als der im ersten Abschnitte bezeichneten Sachen". Begr. S. 174.

Abgesehen hiervon sind im Art. 84 eine Reihe einzelner Bestimmungen der HO. an das neue Reichsrecht angepaßt und daneben einige Erleichterungen im Geschäftsverkehr eingeführt. Begr. a. a. O.

Gegenüber den nach Maßgabe des Art. 85 bestimmten Hinterlegungsstellen bilden die nach der HO. gegründeten die *ordentlichen* Hinterlegungsstellen. Vergl. Art. 76 Abs. 2.

Zu Nr. I. Den Gegensatz zu den in §§ 1, 2 bestimmten Hinterlegungsstellen bilden die im § 87 (s. Nr. XX dieses Artikels) als Hinterlegungsstellen bezeichneten Amtsgerichte, welche den Justizaufsichtsbehörden unterstehen.

Zu Nr. II. § 18. 1. Der neue § 18 behandelt die Hinterlegung von Geld *zum Zwecke der Befreiung von einer Verbindlichkeit*. Derselbe ersetzt die Vorschriften der bisherigen §§ 18, 19. Für das Verhältniß zwischen dem Schuldner und dem Gläubiger sind die in der Anm. 1 zu Art. 84, oben S. 303, bezeichneten Vorschriften, insbesondere §§ 372 ff. BGB. maßgebend. Aus diesen ergeben sich auch die sachlichen Voraussetzungen, unter welchen die Hinter-

zu bezeichnen oder anzugeben, in Folge welcher Umstände der Schuldner seine Verbindlichkeit nicht oder nicht mit Sicherheit erfüllen kann.

Macht der Schuldner das Recht des Gläubigers zum Empfange des hinterlegten Geldes von der Bewirkung einer Gegenleistung abhängig, so ist dies unter Bezeichnung der Gegenleistung in der Erklärung anzugeben.

Die Hinterlegungsstelle hat den Schuldner unter Bezugnahme auf die Vorschrift des § 382 des Bürgerlichen Gesetzbuchs zu dem Nachweis aufzufordern, daß und wann der Gläubiger die im § 374 Abs. 2 des Bürgerlichen Gesetzbuchs vorgeschriebene Anzeige von der Hinterlegung empfangen hat. Wird der Nachweis nicht vor dem Ablaufe von drei Monaten nach der Aufforderung geführt, so ist die Hinterlegungsstelle ermächtigt, im Namen und auf Kosten des Schuldners dem Gläubiger die Anzeige zu machen; die Aufforderung muß einen Hinweis auf diese Rechtsfolge enthalten.

§ 19. In den Fällen des § 1171 und des § 1269 des

legungsstelle zur Annahme des Geldes sowie zur Auszahlung an den Schuldner oder an den Gläubiger verpflichtet ist. Begr. S. 174.

Einer vorgängigen richterlichen Entscheidung oder Anordnung der Hinterlegung bedarf es nach Reichsrecht nicht (Art. 145 Abs. 2 EG. z. BGB.).

2. Zu **Abs. 2** vergl. § 373 BGB.

3. Nach § 374 Abs. 2 BGB. hat der Schuldner dem Gläubiger die Hinterlegung unverzüglich anzuzeigen; im Falle der Unterlassung ist er zum Schadensersatze verpflichtet. Die Anzeige darf unterbleiben, wenn sie unthunlich ist. Andererseits wird ohne die Anzeige die im § 382 BGB. für das Erlöschen des Rechtes des Gläubigers festgesetzte 30jährige Frist sowie die im Art. 145 Abs. 1 Satz 2 des EG. für die Rücknahme des Hinterlegers bestimmte einjährige Frist nicht in Lauf gesetzt. Vom Ablauf dieser Fristen ist hinwiederum das Recht des Fiskus auf den hinterlegten Betrag abhängig (Art. 145 Abs. 1 Satz 1 EG.). Es liegt daher im Interesse des Schuldners sowohl wie des Fiskus, daß der Schuldner die Anzeige erstattet und der Hinterlegungsstelle einen Nachweis hierüber führt. Der **Abs. 3** Satz 1 legt daher dem Schuldner eine Pflicht zur Anzeige an den Schuldner auf, während für den Fall, daß der Schuldner trotz der an ihn ergangenen Aufforderung den Nachweis der Anzeige nicht erbringt, durch den Satz 2 die Hinterlegungsstelle zu der Anzeige gesetzlich bevollmächtigt wird. Vermöge dieser Ermächtigung steht die von der Hinterlegungsstelle gemachte Anzeige einer vom Schuldner selbst bewirkten gleich. Die Anzeige hat auch in diesem Falle, wie wenn der Schuldner sie selbst bewirkt, auf dessen Kosten zu erfolgen. Begr. S. 178. — Gegebenenfalls kann die Anzeige nach Maßgabe des § 132 Abs. 2 BGB. durch öffentliche Zustellung erfolgen. Begr. a. a. O.

§ 19. Die Begr. S. 175 erläutert:

„Der Hinterlegung zwecks Schuldbefreiung stehen die Fälle nahe, in denen der Eigenthümer eines Grundstücks oder eines in das Schiffsregister eingetra-

Bürgerlichen Gesetzbuchs ist der nach § 14 erforderlichen Erklärung der Nachweis beizufügen, daß das Aufgebotsverfahren eingeleitet ist.

III. Der § 30 erhält folgenden Abs. 2:

Geht in den Fällen des Abs. 1 Nr. 1, 2 die Anordnung oder die Anweisung von einem Gericht oder einer Auseinandersetzungsbehörde aus, so ist die Zuständigkeit von der Hinterlegungsstelle nicht zu prüfen.

IV. Der § 31 Abs. 1 erhält als Satz 2 folgenden Zusatz:

Die Vorschrift des § 30 Abs. 2 findet entsprechende Anwendung.

V. Im § 33 Abs. 2 wird die Nr. 2a dahin geändert:

a) wenn die hinterlegte Masse nicht mehr als dreihundert Mark beträgt oder der Gegenvormund die Empfangnahme genehmigt.

genen Schiffes behufs der Ausschließung eines unbekannten Hypotheken- oder Pfandgläubigers nach den §§ 1171, 1269 des BGB. den Betrag der Forderung hinterlegt. Der Eigenthümer muß sich hier vor der Einleitung des Verfahrens zur Hinterlegung erbieten und das Ausschlußurtheil darf erst nach erfolgter Hinterlegung erlassen werden (CPO. § 987 Abs. 1, 4, § 988 Abs. 1). Dementsprechend verlangt der neue § 19, daß der Hinterlegungserklärung der Nachweis der Einleitung des Aufgebotsverfahrens beigefügt wird."

Hiernach folgen sich in dem Aufgebotsverfahren: der Aufgebotsantrag mit dem Erbieten zur Hinterlegung, die Einleitung des Aufgebotsverfahrens, die Hinterlegung, das Ausschlußurtheil.

Zu Nr. III. Der neue § 30 Abs. 2 begründet im Interesse der Erleichterung des Geschäftsverkehrs eine Ausnahme von der sich aus § 5 HO. ergebenden Regel, nach welcher die Hinterlegungsstelle die Zuständigkeit der die Auszahlung anordnenden oder die Hinterlegungsstelle zur Auszahlung anweisenden Behörde zu prüfen hat. Den Gerichten und Auseinandersetzungsbehörden gegenüber wird diese Prüfung durch die neue Vorschrift ausgeschlossen. Begr. S. 175.

Zu Nr. IV. Nach § 31 Abs. 1 HO. darf ein Ersuchen der für die Rechtsangelegenheit zuständigen Behörde um Auszahlung an sie selbst oder an eine in dem Ersuchen bezeichnete Person nicht abgelehnt werden. Der neue Abs. 2 schließt, wenn die ersuchende Behörde ein Gericht oder eine Auseinandersetzungsbehörde ist, die Prüfung der Zuständigkeit der ersuchenden Behörde durch die Hinterlegungsstelle aus dem gleichen Grunde, wie bei Nr. III, aus. Begr. S. 175.

Zu Nr. V. 1. Während nach § 33 Abs. 1 HO. die Auszahlung hinterlegter Gelder an einen Vormund (Pfleger) von der Beibringung einer Bescheinigung des Vormundschaftsgerichts über die Legitimation des Vormundes zur Empfangnahme abhängig gemacht werden kann, ist nach dem bisherigen Abs. 2 Nr. 2a die Beibringung der Bescheinigung nicht zu verlangen, wenn der Gegenvormund die Empfangnahme genehmigt. Dies entsprach dem § 41 Abs. 1 Nr. 2 der Vormundschaftsordnung, derzufolge der Vormund der Regel nach nur mit Genehmigung des Gegenvormundes Kapitalien einziehen kann. Demgegenüber

VI. Der § 37 wird gestrichen.

VII. Der § 39 erhält folgende Fassung:

Auf das Verfahren finden die Vorschriften der §§ 12 bis 18, 20 bis 33, 35 entsprechende Anwendung, soweit nicht Abweichungen aus den Bestimmungen dieses Titels sich ergeben.

VIII. Der § 46 Satz 1 wird dahin geändert:

Die Vorschriften des § 33 Abs. 1, 2 finden auf die Herausgabe von Kostbarkeiten an einen Vormund (Pfleger) keine Anwendung.

entspricht die neue Fassung des Abs. 2 Nr. 2a dem § 1813 Nr. 2 BGB., wonach der Vormund der Genehmigung des Gegenvormundes nicht bedarf, wenn der Anspruch nicht mehr als 300 Mark beträgt. Begr. S. 175.

2. „Im Uebrigen steht", so führt die Begr. S. 176 aus, „der §§ 33 Abs. 2 Nr. 2 mit dem Reichsrecht in Einklang. Die Voraussetzung der Nr. 2b, daß sich die Befreiung des Vormundes von dem Erfordernisse der Genehmigung des Gegenvormundes aus der Bestallung ergiebt, trifft nach Maßgabe der §§ 1903, 1904 des BGB. bei dem Vater oder der ehelichen Mutter als Vormund eines Volljährigen ohne Weiteres zu; für die übrigen Fälle der Befreiung (§§ 1852, 1855) wird dafür Sorge zu tragen sein, daß die Befreiung in der Bestallung besonders vermerkt wird. Die im § 33 Abs. 2 Nr. 2c gemachte Ausnahme rechtfertigt sich künftig durch § 1872 des BGB."

Zu Nr. VI. Die Streichung des von der Außerkurssetzung von Inhaberpapieren handelnden § 37 beruht auf Art. 176 EG. z. BGB. und § 26 EG. z. BGB., wonach die Außerkurssetzung fortfällt.

Zu Nr. VII. Die Aenderung ist lediglich redaktionell, insofern anstatt der im bisherigen § 39 citirten Paragraphen die nach dem vorliegenden Art. 84 an ihre Stelle getretenen Paragraphen citirt werden.

Zu Nr. VIII. Nach § 46 HO. finden auf die Herausgabe von Werthpapieren und Kostbarkeiten an einen Vormund (Pfleger) die Vorschriften des § 33 Abs. 1, 2 HO. keine Anwendung; die Genehmigung des Vormundschaftsgerichts oder des Gegenvormundes ist nicht erforderlich. Die Bestimmung der Nr. VIII. beschränkt diese Vorschrift auf Kostbarkeiten, da der Vormund (Pfleger) nach dem BGB. nur zur Empfangnahme von Kostbarkeiten der Genehmigung nicht bedarf (§ 1813 Nr. 1). Dagegen bedarf der Vormund (Pfleger) nach § 1832, § 1813 Nr. 1, 2 zur Empfangnahme von Werthpapieren im Betrage von 300 Mark und mehr der Genehmigung; dementsprechend sind auch die Vorschriften des § 33 Abs. 1, 2 auf die Empfangnahme von Werthpapieren anwendbar, es sei denn, daß die hinterlegte Masse nicht mehr als 300 Mark beträgt. Vergl. Nr. V. Begr. S. 176. — Wie jedoch bisher der Vormund, wenn er selbst gemäß § 60 Abs. 1 der Preuß. VO. nach Anordnung des Vormundschaftsgerichts hinterlegt hat, bei Werthpapieren und Kostbarkeiten der Genehmigung des Vormundschaftsgerichts zur Empfangnahme bedurfte, so bedarf er dieser Genehmigung auch künftig zur Empfangnahme, wenn die Hinterlegung in den Fällen der §§ 1814, 1818 BGB. erfolgt. §§ 47, 51 HO.; vergl. Nr. IX. Begr. S. 176 f.

IX. An die Stelle der §§ 47, 48 treten folgende Vorschriften:

§ 47. Für die Hinterlegung von Werthpapieren oder Kostbarkeiten des Mündels durch den Vormund (Pfleger) gelten die besonderen Vorschriften der §§ 47a bis 51.

§ 47a. Zur Hinterlegung von Inhaberpapieren, mit Ausnahme von Zins-, Renten- und Gewinnantheilscheinen, sowie von Orderpapieren, die mit Blankoindossament versehen sind, bedarf es keiner Mitwirkung des Vormundschaftsgerichts, sofern sich nicht aus der vorgelegten Bestallung ergiebt, daß der Vormund zur Hinterlegung nicht verpflichtet ist. Es genügt die Beobachtung der §§ 11, 15 und 40.

Mit einem Inhaberpapiere kann der Erneuerungsschein hinterlegt werden.

§ 48. Die Hinterlegung von Werthpapieren, die nicht nach § 47a hinterlegt werden können, sowie von Kostbarkeiten geschieht auf Grund einer dem Vormunde (Pfleger) von dem Vormundschaftsgerichte zu ertheilenden Anweisung.

X. An die Stelle des § 52 tritt folgende Vorschrift:

Auf die Hinterlegung von Werthpapieren oder Kostbarbarkeiten eines unter elterlicher Gewalt stehenden Kindes durch den Vater oder die Mutter finden die Vorschriften der §§ 48 bis 51 entsprechende Anwendung.

Zu Nr. IX. Die Vorschriften der §§ 47—51 beziehen sich auf die Hinterlegung von Werthpapieren und Kostbarkeiten durch den Vormund selbst (§§ 1814, 1818 BGB.).

Bei den Vorschriften unter Nr. IX ist davon ausgegangen, daß der Vormund nur hinterlegen darf, wenn für ihn eine gesetzliche Hinterlegungspflicht vorliegt oder wenn das Vormundschaftsgericht die Hinterlegung angeordnet hat (§§ 1814, 1818 BGB.). Im ersteren Falle, welcher die Regel bildet, ist zur Hinterlegung keine Mitwirkung des Vormundschaftsgerichts nöthig (§ 47a); im letzteren Falle ist dessen Anweisung erforderlich (§ 48). Ist jedoch die gesetzliche Hinterlegungspflicht ausgeschlossen, weil das Papier nach § 92 BGB. zu den verbrauchbaren Sachen gehört, so ist im Interesse der Erleichterung des Geschäftsverkehrs eine Anweisung ebenfalls nicht erforderlich (§ 47a in Verb. mit § 1814 BGB.), weil die Hinterlegungsstelle die Voraussetzungen des § 92 im konkreten Falle nachzuprüfen außer Stande wäre. Vergl. Begr. S. 177 f.

Ergiebt sich aus der vorgelegten Bestallung, daß die gesetzliche Verpflichtung zur Hinterlegung von dem Vater oder der ehelichen Mutter eines Minderjährigen dem von ihnen benannten Vormund erlassen ist (§§ 1852, 1855 BGB.), so bedarf es zur Hinterlegung einer Anordnung des Vormundschaftsgerichts. Das Gleiche gilt, wenn der Vater oder die eheliche Mutter als Vormund eines Volljährigen hinterlegen will, da in diesem Falle eine gesetzliche Verpflichtung zur Hinterlegung nicht besteht (§§ 1903, 1904); die Befreiung ergiebt sich in diesem Falle aus der Bestallung ohne Weiteres.

Zu Nr. X. Der bisherige § 52 ist durch den § 47a ersetzt. Zur Hinterlegung durch den Vater oder die Mutter ist eine Anweisung des Vormundschafts-

XI. Hinter § 58 werden folgende Vorschriften eingestellt:

§ 58a. In den Fällen des § 382, des § 1171 Abs. 3 und des § 1269 Satz 3 des Bürgerlichen Gesetzbuchs kann der Erlaß des Aufgebots nicht vor dem Ablaufe von einunddreißig Jahren beantragt werden.

Die einunddreißigjährige Frist beginnt:

1. im Falle des § 382 mit dem Ende des Monats, in welchem der Gläubiger die Anzeige des Schuldners von der Hinterlegung empfangen hat;
2. in den Fällen des § 1171 Abs. 3 und des § 1269 Satz 3 mit der Erlassung des Urtheils, durch welches der Gläubiger mit seinem Rechte ausgeschlossen ist; das Gericht hat das Ausschlußurtheil der Hinterlegungsstelle mitzutheilen.

gerichts erforderlich, weil eine Hinterlegungspflicht nur besteht, wenn sie von diesem nach § 1667 Abs. 2 BGB. angeordnet ist. Vergl. Anm. zu IX. Begr. S. 177.

Zu Nr. XI. Die Vorschriften der §§ 58 ff. über die Ausschließung der Betheiligten im Wege des Aufgebotsverfahrens bleiben im Allgemeinen unberührt, da nach Art. 145 Abs. 1 Satz 1 des EG. z. BGB. die Landesgesetze auch bestimmen können, daß der Anspruch auf Rückerstattung mit dem Ablauf einer bestimmten Zeit oder unter sonstigen Voraussetzungen erlischt. Für gewisse Fälle ist dieser Vorbehalt jedoch reichsgesetzlich eingeschränkt; dem tragen die §§ 58a, 59a Rechnung.

Zu § 58a. Die Vorschriften des § 58a beruhen darauf, daß nach Art. 145 Abs. 1 Satz 2 des EG. in den Fällen des § 382, des § 1171 Abs. 3 und des § 1269 Satz 3 des BGB. dem Hinterleger die Rücknahme des hinterlegten Betrages mindestens während eines Jahres von dem Zeitpunkt an gestattet werden muß, mit welchem das Recht des Gläubigers auf den hinterlegten Betrag erlischt, und daß dem letzteren Zeitpunkt ein Zeitraum von 30 Jahren vorhergehen muß, innerhalb dessen der Gläubiger sich bei der Hinterlegungsstelle melden kann.

1. **Zu Nr. 1.** Nach § 382 erlischt bei der Hinterlegung zwecks Befreiung von einer Schuld das Recht des Gläubigers auf den hinterlegten Betrag mit dem Ablaufe von 30 Jahren nach dem Zeitpunkt, in welchem der Gläubiger die im § 374 Abs. 2 vorgeschriebene Anzeige von der Hinterlegung empfangen hat, wenn nicht der Gläubiger sich vorher bei der Hinterlegungsstelle meldet. Von dem Ablaufe der dreißig Jahre ab muß daher dem Schuldner mindestens noch ein Jahr zur Rücknahme frei gelassen werden, bevor der Erlaß des Aufgebots beantragt werden darf. Hieraus ergiebt sich die im Gesetze bestimmte Frist von 31 Jahren.

Für den Fall, daß sich der Gläubiger vor dem Ablaufe der 30 Jahre bei der Hinterlegungsstelle gemeldet hat, hätte zwar zufolge des Art. 145 Abs. 1 Satz 1 des EG. landesgesetzlich eine andere Frist bestimmt werden können; denn in diesem Falle erlischt das Recht des Gläubigers auf den hinterlegten Betrag nach § 382 BGB. nicht und findet daher auch die Vorschrift des Art. 145 Abs. 1 Satz 2 keine Anwendung, da sie ein Erlöschen des Rechtes des Gläubigers

§ 58b. Ist die Hinterlegung auf Grund des § 117 Abs. 2 oder der §§ 120, 121, 124, 126 des Gesetzes über die Zwangsversteigerung und die Zwangsverwaltung vom 24. März 1897 (Reichs-Gesetzbl. S. 97) erfolgt, so ist der Aufgebotsantrag nicht vor dem Ablaufe von einunddreißig Jahren zulässig.

Die einunddreißigjährige Frist beginnt:

1. in den Fällen der §§ 120, 121 mit dem Eintritte der Bedingung, unter welcher die Hinterlegung erfolgt ist; die Hinterlegungsstelle hat den Eintritt der Bedingung soweit thunlich zu ermitteln; ist der Eintritt der Bedingung nicht ermittelt, so beginnt die Frist mit der Einstellung oder der letzten Einstellung der Verzinsung;
2. in den übrigen Fällen mit dem Ende des Monats, in welchem die Hinterlegung erfolgt ist.

voraussetzt. Das Gesetz bestimmt indessen mit Rücksicht darauf, daß der Gläubiger, wenn er sich gemeldet hat, nicht ungünstiger gestellt werden darf, als wenn er sich ganz unthätig verhalten hat, die 31jährige Frist auch für diesen Fall. Begr. S. 178.

In Bezug auf den Beginn der 31jährigen Frist steht die kraft der gesetzlichen Ermächtigung des § 18 Abs. 3 von der Hinterlegungsstelle gemachte Anzeige einer vom Schuldner selbst bewirkten gleich. Begr. S. 178. S. oben S. 305 Anm. 3 zu Nr. II § 18.

Zu Nr. 2. In den Fällen des § 1171 Abs. 3 und des § 1269 Satz 3 BGB. rechtfertigt sich die 31jährige Frist daraus, daß das Recht des unbekannten Hypotheken- oder Schiffspfandgläubigers auf den hinterlegten Betrag mit dem Ablaufe von 30 Jahren nach der Erlassung des Ausschlußurtheils erlischt, durch welches der Gläubiger mit seinem Rechte an dem Grundstück oder dem Schiffe ausgeschlossen worden ist, und daß darauf die einjährige Frist des Art. 145 Abs. 1 Satz 2 EG. abgewartet werden muß. Damit die Hinterlegungsstelle von dem Ausschlußurtheile Kenntniß erlangt, verpflichtet das Gesetz das Aufgebotsgericht, ihr das Urtheil mitzutheilen. Begr. S. 178 f.

Zu § 58b erläutert die Begr. S. 179:

„Nach § 142 des Ges. über die Zwangsverst. und die Zwangsverw. v. 24. März 1897 (RGBl. S. 97) erlöschen in den Fällen des § 117 Abs. 2 und der §§ 120, 121, 124, 126 dieses Gesetzes die Rechte der Betheiligten auf den für sie hinterlegten Betrag mit dem Ablaufe von 30 Jahren, wenn nicht der Empfangsberechtigte sich vorher bei der Hinterlegungsstelle meldet; derjenige, welcher zur Zeit des Zuschlags Eigenthümer des Grundstücks war, ist zur Erhebung berechtigt. Die 30jährige Frist beginnt mit der Hinterlegung, in den Fällen der §§ 120, 121 mit dem Eintritte der Bedingung, unter welcher die Hinterlegung erfolgt ist. Auch für diese Hinterlegungsfälle unterliegt die Landesgesetzgebung nach § 2 Abs. 1 Satz 1 des EG. zu dem genannten RGes. (RGBl. S. 135) der im Art. 145 Abs. 1 Satz 2 des EG. z. BGB. bestimmten Beschränkung; dem früheren Eigenthümer des Grundstücks muß also nach dem Ablaufe der 30 Jahre ein

XII. Der § 61 erhält folgenden Zusatz:

4. im Falle des § 58a Abs. 2 Nr. 1 ein Zeugniß der Behörde über den Tag, an welchem der Gläubiger die Anzeige von der Hinterlegung empfangen hat,

in den Fällen des § 58a Abs. 2 Nr. 2 das der Hinterlegungsstelle mitgetheilte Ausschlußurtheil,

in den Fällen des § 58b Abs. 2 Nr. 1 ein Zeugniß der Behörde über den Tag, an welchem die Bedingung eingetreten ist, oder darüber, daß der Eintritt der Bedingung nicht hat ermittelt werden können.

XIII. Der § 64 wird dahin geändert:

Der Erlaß des Aufgebots kann, unbeschadet der Vorschriften der §§ 58a, 58b, nach dem Ablaufe von dreißig Jahren seit dem Ende des Monats beantragt werden, in welchem die Hinterlegung erfolgt ist.

Jahr zur Erhebung der Masse frei gelassen werden, bevor das Aufgebot der Masse beantragt werden kann.

Als frühester zulässiger Anfangspunkt der Gesammtfrist ergiebt sich aus dem Reichsgesetze für die Fälle des § 117 Abs. 2 und der §§ 124, 126 der Zeitpunkt der Hinterlegung. Der Entw. setzt an die Stelle, entsprechend dem § 10 Abs. 2 und dem § 64 der Hinterlegungsordnung, das Ende des Monats, in welchem die Hinterlegung erfolgt ist (§ 58b Abs. 2 **Nr. 2**).

In den Fällen der §§ 120, 121 ist für den Beginn der Frist nach dem RGes. in erster Linie der Eintritt der Bedingung, unter welcher die Hinterlegung erfolgt ist, maßgebend. Da hier vorausgesetzt wird, daß die Betheiligten den Eintritt der Bedingung nicht selbst der Hinterlegungsstelle nachweisen, so muß dieser die Verpflichtung auferlegt werden, den Eintritt der Bedingung soweit thunlich zu ermitteln. Die amtlichen Nachforschungen werden namentlich in den Fällen des § 121, in denen die Bedingung der Regel nach mit dem Tode des Berechtigten eintritt, nicht selten zum Ziele führen. Indessen wird sich auch häufig der Eintritt der Bedingung nicht feststellen lassen. Für diese Fälle bedarf es einer anderweitigen Bestimmung des Fristbeginns. Da in den Fällen der §§ 120, 121, solange die Bedingung schwebt, regelmäßig der eine oder der andere von den beiden Berechtigten, die ein Interesse an der Fortsetzung der Verzinsung haben, für die Fortsetzung Sorge tragen wird, so rechtfertigt sich die Annahme, daß zur Zeit der Einstellung oder der letzten Einstellung der Verzinsung die Bedingung jedenfalls bereits eingetreten ist. Aus diesem Grunde nimmt der Entw. im Falle der Ergebnißlosigkeit der Ermittelungen über den Eintritt der Bedingung die Einstellung oder die letzte Einstellung der Verzinsung als Anfangspunkt der Frist an (§ 58b Abs. 2 **Nr. 1**)."

Zu Nr. XIII. Die Aenderung besteht darin, daß in den bisherigen § 64 die Worte „unbeschadet der Vorschriften der §§ 58a, 58b" eingeschaltet sind. Dadurch wird ausgedrückt, daß die in den §§ 58a und 58b bestimmten Fristen auch beim Aufgebote von Geldbeträgen unter 30 Mark sowie von Werthpapieren und Kostbarkeiten beobachtet werden müssen. Begr. S. 179.

XIV. Der § 67 erhält folgende Fassung:

Die Vorschriften der §§ 64 bis 66 finden keine Anwendung, wenn die Hinterlegung erfolgt ist:

1. nach Inhalt der bei derselben vorgelegten Erklärung oder Anweisung auf Grund des § 1667 Abs. 2 Satz 4, des § 1814 oder des § 1818 des Bürgerlichen Gesetzbuchs;
2. auf Ersuchen der Aufsichtsbehörde in einer Familienfideikommiß-, Lehns- oder Stiftungssache.

Der Erlaß des Aufgebots kann in diesen Fällen beantragt werden nach dem Ablaufe von zwanzig Jahren seit dem Ende des Monats, in welchem die elterliche Gewalt, die Vormundschaft oder die Pflegschaft oder die Eigenschaft des Gegenstandes als Vermögensstück des Familienfideikommisses, des Lehens oder der Stiftung aufgehört hat.

XV. Der § 72 erhält folgende Fassung:

Die vorläufige Verwahrung bei den Amtsgerichten gilt in dem Verhältnisse zwischen den Betheiligten als Hinterlegung.

Zu Nr. XIV. Die neue Fassung des § 64 zitirt statt des aufgehobenen § 60 Abs. 1, 3 der Preuß. VO. (Art. 89 Nr. 30) die entsprechenden Bestimmungen des BGB. (§§ 1814, 1818) und berücksichtigt zugleich den Fall der Hinterlegung durch den Inhaber der elterlichen Gewalt (§ 1667). Begr. S. 180.

Zur Nr. XV. Die Vorschriften des 2. Abschnitts der HO. (§§ 70—86) behandeln die vorläufige Verwahrung bei den Amtsgerichten. Ueber das Verhältniß dieser Vorschriften zum Reichsrechte bemerkt die Begr. S. 180: „Die Vorschriften des 2. Abschnitts über die vorläufige Verwahrung bei den Amtsgerichten bedürfen im Allgemeinen mit Rücksicht auf das Reichsrecht nur geringer Aenderungen. Die Landesgesetzgebung genügt an sich den reichsrechtlichen Anforderungen schon dadurch, daß sie Stellen schafft, bei denen die reichsgesetzlich vorgesehenen Hinterlegungen ohne vorgängige gerichtliche Anordnung erfolgen können. Es steht ihr aber frei, noch andere Behörden zu bezeichnen, die nur unter bestimmten, von der Behörde zu prüfenden thatsächlichen Voraussetzungen im Verhältnisse zwischen den Betheiligten als Hinterlegungsstellen dienen. Von diesem Standpunkte betrachtet liegen die Vorschriften des 2. Abschnitts innerhalb der Grenzen, die der Landesgesetzgebung durch die Art. 144, 145 des EG. gezogen sind. Um jedoch zum deutlicheren Ausdrucke zu bringen, daß für das Verhältniß der Betheiligten unter einander die vorläufige Verwahrung eine Hinterlegung ist, die Amtsgerichte also Hinterlegungsstellen im Sinne der Reichsgesetze sind, empfiehlt sich eine Aenderung der Fassung des § 72 dahin, daß die vorläufige Verwahrung bei den Amtsgerichten im Verhältnisse zwischen den Betheiligten als Hinterlegung gilt (Nr. XV)."

Aus der Vorschrift des § 72 folgt namentlich, daß sich aus der vorläufigen Verwahrung für die Betheiligten dieselben Rechte und Pflichten ergeben, wie aus der Hinterlegung, z. B. die Anzeigepflicht nach § 274 Abs. 2, das Recht des Schuldners zur Rücknahme nach § 376 BGB.

XVI. Im § 74 wird die Nr. 2 dahin geändert:
2. wenn eine Hinterlegung in Gemäßheit des § 1667 Abs. 2 Satz 4, des § 1814 oder des § 1818 des Bürgerlichen Gesetzbuchs erfolgt und der Vater, die Mutter oder der Vormund die vorläufige Verwahrung verlangt;

XVII. Im § 77 tritt an die Stelle des letzten Satzes folgender Abs. 2: Wird die Verwahrung von dem Schuldner zum Zwecke der Befreiung von seiner Verbindlichkeit nachgesucht, so finden die Vorschriften des § 18 Abs. 1, 2 entsprechende Anwendung.

XVIII. Im § 82 Abs. 2 werden die Worte „binnen sechs Wochen" ersetzt durch die Worte:
„binnen sechs Monaten".

XIX. Der § 86 wird aufgehoben.

XX. Der dritte Abschnitt erhält folgende Fassung:

3. Abschn. Hinterlegung anderer als der im ersten Abschnitte bezeichneten Sachen.

§ 87. Für die Hinterlegung anderer als der im § 1 bezeichneten Werthpapiere sowie sonstiger Urkunden sind die Amtsgerichte als Hinterlegungsstellen zuständig.

Zu Nr. XVI vergl. zu Nr. XIV; unter **Nr. XVII** ist statt des bisherigen § 19 der entsprechende neue § 18 Abs. 1, 2 zitirt.

Zu Nr. XVIII. Nach § 82 Abs. 1 kann das Amtsgericht die Hinterlegung bei der Hinterlegungsstelle jederzeit bewirken; nach § 82 Abs. 2 hat es dieselbe zu bewirken, wenn nach seinem Ermessen anzunehmen ist, daß die Herausgabe nicht binnen 6 Wochen erfolgen werde. Die Vorschrift der Nr. XVIII verlängert diese Frist auf 6 Monate. Die Verlängerung erfolgte zur Verkehrserleichterung auf Grund der Erfahrung, daß innerhalb 6 Monaten zahlreiche Arrestsachen, Prozesse ꝛc., welche Veranlassung zur vorläufigen Verwahrung geben, endgültig erledigt sind, so daß die in Verwahrung gegebene Masse alsbald unmittelbar vom Amtsgericht zurückgezahlt werden kann. Begr. S. 80, Komm. Ber. S. 99.

Zu Nr. XIX. Der § 86, der gegen ablehnende Beschlüsse des Amtsgerichts die Beschwerde nach den Vorschriften der CPO. gewährt, ist gestrichen, weil die Anfechtung von gerichtlichen Verfügungen in den durch Landesgesetz den Gerichten übertragenen Angelegenheiten der freiwilligen Gerichtsbarkeit durch die Art. 3 ff. des Preuß. Gesetzes über die freiw. Gerichtsb. allgemein geordnet ist. Begr. S. 180.

Zu Nr. XX ist auf die Anm. 3 zu Art. 84 (oben S. 304) zu verweisen.

Zu § 87. 1. Unter die Vorschrift des neuen § 87 fallen z. B. die auf Namen lautenden Werthpapiere, auf die nicht an den Inhaber gezahlt werden kann; Quittungen, Verträge, die Jemand herauszugeben verpflichtet ist (§ 372 BGB.).

2. Der dritte Abschnitt der HO. befaßt sich bisher auch mit der Hinterlegung sonstiger beweglicher Sachen, und zwar bestimmt der bisherige § 87 die Zuständigkeit der Amtsgerichte für die Anordnung einer solchen Hinter-

§ 87a. Die Vorschriften der §§ 12, 14 bis 18, 20 bis 33, 35, 40, 43 bis 52, 63 bis 69 finden mit folgenden Maßgaben entsprechende Anwendung:

1. Das Gesuch um Annahme oder um Herausgabe der Urkunden kann zum Protokoll des Gerichtsschreibers angebracht werden.
2. Bei Urkunden, die nicht Werthpapiere sind, findet ein Aufgebotsverfahren zum Zwecke der Ausschließung der Betheiligten nicht statt. Das Recht auf Rückgabe erlischt mit dem Zeitpunkt, in welchem bei Werthpapieren der Aufgebotsantrag zulässig werden würde; die Urkunden sind zu vernichten.

§ 88. Das Amtsgericht kann die Gerichtsschreiberei mit der Verwahrung der Urkunden beauftragen.

§ 89. Andere Sachen als Geld, Werthpapiere, sonstige Urkunden und Kostbarkeiten sind zur Hinterlegung nicht geeignet.

legung in den Fällen, in denen das geltende Recht die Bestimmung über den Ort und die Art der Aufbewahrung dem Richter zuweist. Diese Bestimmung ist nicht aufrecht erhalten. Dieselbe diente, wie die Begr. S. 181 ausführt, „theilweise zur Ausführung von landesgesetzlichen Bestimmungen, die in Folge des neuen Reichsrechts außer Kraft treten, wie z. B. der Vorschriften des ALR. I. 11 § 99, I. 14 §§ 98 ff. und des Rhein. BGB. Art. 1264, 1961 ff. (vergl. Mot. z. Entw. der HO., Drucks. des Hauses der Abgeordn. 1878/79 Nr. 8 S. 29 Anm. 39). Soweit bei dem § 87 ferner an Bestimmungen des geltenden Handelsgesetzbuchs gedacht ist (s. d. Mot. a. a. O.), sind diese in das HGB. vom 10. Mai 1897 nicht übernommen. Für die Fälle endlich, in denen das BGB. selbst die Ablieferung beweglicher Sachen an einen gerichtlich bestellten Verwahrer vorsieht, ist die Zuständigkeit für die Bestellung im § 165 des RGes. üb. d. Angel. d. freiw. Gerichtsb. geregelt."

Zu § 87a. Im § 87a sind die Voraussetzungen der Annahme und der Herausgabe sowie das dabei zu beobachtende Verfahren durch die entsprechende Anwendung der Vorschriften, welche für die im § 1 bezeichneten Werthpapiere gelten, geregelt. Soweit sich diese Vorschriften auf Hinterlegungsfälle beziehen, die für die hier fraglichen Urkunden nicht in Betracht kommen, versteht sich ihre Unanwendbarkeit von selbst. Begr. S. 181.

Die Vorschriften unter Nr. 1 und 2 enthalten Besonderheiten. Nach **Nr. 1** kann das Gesuch um Annahme und um Herausgabe der Urkunden — entgegen den §§ 15, 22 — nicht blos schriftlich eingereicht, sondern auch zu Protokoll des Gerichtsschreibers erklärt werden. Die Vorschrift schließt sich dem § 71 des AG. z. GVG. an. Die **Nr. 2** bestimmt die Behandlung der nicht rechtzeitig zurückverlangten Urkunden, die nicht Werthpapiere sind, während in Betreff der Ausschließung der Betheiligten mit ihren Rechten für die bei den Amtsgerichten hinterlegten Werthpapiere die Bestimmungen der §§ 63—69 gelten. Begr. S. 181.

Der neue § 88 stimmt mit dem bisherigen sachlich überein.

Zu § 89. 1. „Die Landesgesetzgebung wäre nach Art. 144, 146 des EG. zwar in der Lage, noch andere Sachen als Geld, Werthpapiere, sonstige Urkunden

XXI. Die §§ 90, 91 werden aufgehoben.

Artikel 85.

Für die Hinterlegung von Werthpapieren in den Fällen der §§ 1082, 1392, 1667, 1814, 1818, 2116 des Bürgerlichen Gesetzbuchs können durch Anordnung der zuständigen Minister auch die Seehandlung, die Preußische Central-Genossenschafts-Kasse oder eine sonstige Preußische öffentliche Bankanstalt (Landesbank, landschaftliche, ritterschaftliche Darlehnskasse u. s. w.) sowie die von Kreditanstalten der im Artikel 17 § 2 Abs. 2 bezeichneten Art eingerichteten Verwahrungs- oder Verwaltungsstellen und im Falle des Bedürfnisses geeignete Preußische Privatbanken als Hinterlegungsstellen bestimmt werden.

---

und Kostbarkeiten zur Annahme bei den Hinterlegungsstellen für geeignet zu erklären. Indessen besteht hierfür kein Bedürfniß. Zur Verhütung jedes Zweifels spricht der Entwurf die Beschränkung der Hinterlegung auf die reichsgesetzlich zugelassenen Sachen in dem neuen § 89 besonders aus." Begr. S. 179 f.

2. Der bisherige § 89, welcher von der gerichtlichen Verwahrung letztwilliger Verfügungen handelt, ist durch Art. 81 des vorliegenden Gesetzes ersetzt.

Zu Nr. XXI. Der bisherige § 90 ist durch § 20 des AG z. GVG. v. 24. April 1878 in der Fassung des Art. 130 Nr. III des Preuß. Ges. üb. d. freiw. Gerichtsb. ersetzt.

An die Stelle des bisherigen § 91 treten die Art. 6 und 7 des gleichen Gesetzes.

Artikel 85.

1. Nach Art. 85 können durch die zuständigen Minister außerordentliche Hinterlegungsstellen bestimmt werden für die Hinterlegung von Werthpapieren, die einem Nießbrauche unterliegen (§ 1082), die zum Frauen-, Kindes- oder Mündelvermögen (§§ 1392, 1667, 1414, 1418) gehören oder die einer Nacherbfolge unterworfen sind (§ 2116). Die Fälle haben das Gemeinsame, daß die Hinterlegung zur Sicherung des gegenwärtigen oder künftigen Eigenthümers mit der Bestimmung erfolgt, daß die Herausgabe an die Zustimmung des Eigenthümers oder des Vormundschaftsgerichts gebunden ist. Begr. S. 182.

2. Die außerordentlichen Hinterlegungsstellen stehen den Hinterlegern neben der Reichsbank (s. die angezogenen Paragraphen) und den ordentlichen Hinterlegungsstellen (Art. 76 Abs. 2, 84) zur Verfügung.

3. Unter den „zuständigen" Ministern, durch deren Anordnung eine Anstalt zur Hinterlegungsstelle bestimmt werden kann, sind der Justizminister und derjenige Minister, dem die betreffende Bank unterstellt ist, zu verstehen. Komm. Prot. XIX S. 9; Komm. Ber. S. 101.

4. Was die einzelnen Anstalten anlangt, welche nach Maßgabe des Art. 85 zu Hinterlegungsstellen bestimmt werden können, so nannte die Regierungsvorlage nur die Seehandlung, die Preuß. Central-Genossenschafts-Kasse und die landschaftlichen oder ritterschaftlichen Darlehnskassen. In der Komm. des AH. wurde indessen allseitig das Bedürfniß nach einer Ver-

Gerichtskosten.

Artikel 86.

§ 1. Das Preußische Gerichtskostengesetz vom 25. Juni 1895 (Ges.-Samml. S. 203) wird dahin geändert:

mehrung der Hinterlegungsstellen anerkannt und daher die jetzt zum Gesetz erhobene Ausdehnung der Vorschrift einerseits auf alle Preußischen öffentlichen Bankanstalten (Landesbanken, landschaftlichen, ritterschaftlichen Darlehnskassen u. s. w), andererseits für den Fall des Bedürfnisses auf geeignete Preußische Privatbanken beschlossen.

Der Ausdruck „eine sonstige Preußische öffentliche Bankanstalt (Landesbank, landschaftliche, ritterschaftliche Darlehnskasse u. s. w.)" ist aus dem Art. 76 entnommen und umfaßt hier dieselben Anstalten wie dort (s. Anm. 2b zu Art. 76, oben S. 290), also neben den öffentlichen landschaftlichen und ritterschaftlichen Darlehnskassen namentlich die provinzial-(kommunal-)ständischen und städtischen Institute gleicher Art. Vergl. Komm. Prot. XIX S. 6 ff., 18 f.; Komm. Ber. des AH. S. 100 f. und des HH. S. 23.

Den genannten Anstalten wurden durch das HH. auf Antrag eines Mitgliedes desselben „die von Kreditanstalten der im Art. 17 § 2 Abs. 2 bezeichneten Art" — d. i. von einer öffentlichen landschaftlichen (ritterschaftlichen) Kreditanstalt oder einer provinzial-(kommunal-)ständischen öffentlichen Grundkreditanstalt — „eingerichteten Verwahrungs- oder Verwaltungsstellen" in der Absicht hinzugefügt, dadurch die Erklärung z. B. des bei der Schlesischen Landschaft bestehenden, aber von dieser vollständig getrennten Pfandbrief-Depositoriums und gleichartiger Einrichtungen zu Hinterlegungsstellen zu ermöglichen (stenogr. Ber. d. HH. S. 358).

Gerichtskosten.

Artikel 86. § 1.

1. In Folge der Aenderungen, welche das bürgerliche Recht und das Verfahren der freiwilligen Gerichtsbarkeit durch das BGB. und die mit ihm zusammenhängende Gesetzgebung erfuhr, bedurfte auch das Preuß. Gerichtskostengesetz vom 25. Juni 1895 (GS. S. 203) einer Anpassung an die neue Rechtslage. Die desfalls nöthig gewordenen Vorschriften über die Gebühren in Grundbuchsachen sind in das AG. z. Grundbuchordnung (Art. 30), diejenigen über die Gebühren für Zwangsversteigerungen u. s. w. in das AG. z. RG. über die Zwangsverst. und die Zwangsverw. (Art. 44 46) aufgenommen worden. Die sonst noch nothwendigen Vorschriften enthält der vorliegende Art. im § 1.

Bei der großen Zahl der Aenderungen erschien es nothwendig, wie dies durch Art. 86 § 2 geschehen ist, den Justizminister zu ermächtigen, den Text des GKG. unter Berücksichtigung der Aenderungen neu bekannt zu machen. Diese Bekanntmachung ist unter dem 6. Oktober 1899 erlassen (GS. S. 325, 326). Dieselbe enthält die dauernd geltenden Vorschriften unter Ausscheidung der gänzlich fortgefallenen und auch der als Uebergangsvorschriften noch weiter geltenden

I. Die §§ 9 Abs. 1 Satz 2, 28, 31 Abs. 3, 40, 46 Abs. 8, 74 Nr. 3 Abs 2 und Nr. 5, 86, 87, 126, 131 Abs. 2 werden gestrichen. Ferner fallen fort die Worte „von Sachverständigen oder" im § 7 Abs. 1 Satz 2, „oder Handlungsvollmacht" im § 74 Nr. 4 und „insbesondere einem überlebenden Ehegatten" im § 84 Abs. 2.

Bestimmungen. Vergl. Begr. zu Art. 29 AG. z. RGBO. und zu Art. 45 AG. z. RG. über die Zwangsverst. und die Zwangsverw.

In den folgenden Anmerkungen sind die einzelnen Paragraphen des GKG. ebenso, wie in dem vorliegenden Gesetze selbst, nach dem bisherigen Gesetze citirt; soweit die bisherigen Vorschriften in die neue Bekanntmachung aufgenommen sind und in dieser die Bezeichnung von der bisherigen abweicht, sind die neuen Paragraphen in Klammern [ ] beigefügt.

2. Der Art. 86 § 1 beschränkt sich ebenso wie die im EG. zu dem Ges., betr. Aenderungen der CPO. v. 17. Mai 1898 (RGBl. S. 322), Art. IV enthaltene Revision des deutschen GKG. unter grundsätzlicher Ausschließung weiterer Abänderungen. Es handelt sich dabei um eine Anpassung der Fassung des Gesetzes an die neuen Vorschriften, das Ausscheiden von Bestimmungen, die ihre Bedeutung verlieren, und die Einfügung einzelner den Gerichten neu übertragener Geschäfte in das System des Gesetzes. Begr. S. 182.

Zahlreiche Aenderungen erforderte der gegenüber der bisherigen Rechtssprache veränderte Sprachgebrauch der Reichsgesetze. So sind ersetzt die Ausdrücke: „letztwillige Verfügungen und Erbverträge" durch „Verfügungen von Todeswegen" (z. B. §§ 31, 44), „Erbbescheinigung" durch „Erbschein" (z. B. § 49 Nr. 2, § 81), „nicht streitige Gerichtsbarkeit" durch „freiwillige Gerichtsbarkeit" (vergl. Nr. II Abs. 1), „Aufnahme" eines Rechtsgeschäfts durch „Beurkundung" (vergl. Nr. II Abs. 3), „Sicherstellung" durch „Sicherung" (Nr. II Abs. 5).

Ueber den Ausdruck „einseitige" und „zweiseitige" Verträge und Rechtsgeschäfte siehe die Anm. zu Nr. XI.

Zu Nr. I. Im **§ 7** Abs 1 Satz 2 sind die Worte „von Sachverständigen oder" gestrichen, weil die allgemeine Vereidigung von Sachverständigen durch Art. 130 Nr. X des Preuß. Ges. üb. d. freiw. Gerichtsb. für ein Geschäft der Justizverwaltung erklärt ist, somit nach § 134 [145] von den Vorschriften des Preuß. Gerichtskostengesetzes nicht betroffen wird. Begr. S. 183.

Die Vorschriften der **§§ 9** Abs. 1 Satz 3, **31** Abs. 3, **126** werden mit dem Inkrafttreten des Grundbuchrechts gegenstandslos. Für die Uebergangszeit sind sie nach § 132 [143] Abs. 2 (Nr. L dieses Paragraphen) anwendbar. Begr. S. 183.

Der **§ 28** wird durch die im Preuß. Ges. üb. d. freiw. Gerichtsb. Art. 130 Nr. III bestimmte neue Fassung des § 20 des AG. z. GKG. v. 24. April 1878 entbehrlich. Begr. S. 183.

Der bisherige **§ 40** bestimmt die Gebühr für die gerichtliche Bestätigung, welche dem BGB nur insofern bekannt ist, als der Vertrag über Annahme an Kindesstatt oder über die Aufhebung des durch diese begründeten Rechtsverhältnisses der Bestätigung bedarf. Dieser Fall ist im § 96 [99] neuer Fassung (Nr. XXXVIII dieses Paragraphen) behandelt. — Die Bestätigung dinglicher Rechtsgeschäfte, welche in den vormals Großherzogl. und Landgräfl.

II. In der Ueberschrift des ersten Theiles, im § 15 und im § 124 Abs. 1 werden die Worte „nicht streitigen Gerichtsbarkeit" ersetzt durch die Worte „freiwilligen Gerichtsbarkeit".

In der Ueberschrift des zweiten Abschnitts des ersten Theiles und im § 33 werden die Worte „gerichtliche Beurkundungen und Bestätigungen" ersetzt durch die Worte „gerichtliche Urkunden".

Im § 17 Abs. 4 sowie in den §§ 34, 35, 37, 41, 43, 44, 54, 57, 77 Nr. 1 werden die Worte „Aufnahme", „aufgenommen" ersetzt durch die Worte „Beurkundung", „beurkundet". In den §§ 35, 39, 42 ist statt des Wortes „gegenseitig" das Wort „zweiseitig" zu setzen.

Die Worte „Ablaufe des letzten Dezembers" in den §§ 44 Abs. 6, 114 Abs. 2 werden ersetzt durch das Wort „Schlusse".

Hessischen Landestheilen der Provinz Hessen-Nassau bis zur Anlegung des Grundbuchs noch vorkommt, ist nach den Bestimmungen unter F 1 und 2 der Anlage A zu § 71 des Gerichtskostengesetzes gebührenfrei. Begr. S. 195. — Wegen der Bestätigung der Auseinandersetzung in Nachlaß- und Theilungssachen vergl. § 84 [86], wegen der Bestätigung der Dispache s. § 98a [102] (**XXXX** d. A.).

Der **§ 46** Abs. 8 und **§ 87** verlieren ihre Bedeutung mit der Aufhebung des Gesetzes vom 22. Mai 1887 (Preuß. Ges. üb. die freiw. Gerichtsb. Art. 144 Nr. 20). Für die Uebergangszeit: § 132 [143] Abs. 2 (unten Nr. L). Begr. S. 183.

Die Streichungen im **§ 74** [72] sind erfolgt, weil die Eintragung einer Abschrift des Gesellschaftsvertrags u. s. w. (Nr. 3 Abs. 2) und die Eintragung der Handlungsvollmacht (Nr. 4) nach den Vorschriften des neuen HGB. nicht mehr vorkommen (vergl. §§ 198, 277, 320 Abs. 3 des HGB., §§ 10, 54 der neuen Fassung des Ges., betr. die Gesellschaften mit beschränkter Haftung, Art. 15—21 des EG. z. HGB. in Verbindung mit der Denkschrift S. 303), und weil die in Nr. 5 erwähnten Eintragungen durch die Eintragungen in das Güterregister (§ 77b [77] unter Nr. **XXIV**) ersetzt sind. Begr. S. 183.

Im **§ 84** [86] Abs. 2 sind die Worte „insbesondere einem überlebenden Ehegatten" gestrichen, weil durch dieselben der überlebende Ehegatte als Beispiel eines bei der Erbtheilung nicht betheiligten Dritten besonders hervorgehoben wird, während er nach dem BGB. in der Regel Miterbe ist (§ 1931 BGB., vergl. Begr. S. 187).

Die im **§ 86** behandelte „rechtliche Aussage" in Schleswig-Holstein ist gleichbedeutend mit der „väterlichen Aussage"; sie kommt nur noch in der Uebergangszeit vor (Art. 52 § 3 Abs. 3, Art. 46 § 2 in Verb. mit Art. 50 § 2, Art. 53 § 6 und Art. 55 § 3, oben S. 225f.); der Kostenpunkt regelt sich dann gemäß § 132 [143] Abs. 2 nach dem aufgehobenen § 86. Komm. Prot. **XIII** 8. Komm. Ber. S. 103.

Der **§ 131** Abs. 2 ist bereits durch das Stempelsteuergesetz vom 31. Juli 1895 beseitigt.

Zu Nr. II. Die Aenderungen bezwecken größtentheils eine Anpassung an den Sprachgebrauch der neuen Gesetze. Vergl. Anm. 2 zu Art. **86**, oben.

In den §§ 81 Abs. 1, 82, 92 ist statt „Sicherstellung" zu setzen „Sicherung".

An die Stelle des Wortes „Mündel" in den §§ 91, 92 treten die Worte „Mündel, Pflegebefohlener oder unter elterlicher Gewalt stehendes Kind".

III. Im § 1 wird als Satz 2 folgende Vorschrift hinzugefügt: Soweit ein Betheiligter zur Tragung der Kosten des Verfahrens verurtheilt ist, trifft auch ihn die Zahlungspflicht.

IV. Der § 3 wird durch folgende Vorschriften ersetzt:

Die Kosten der Eröffnung einer Verfügung von Todeswegen, der Sicherung des Nachlasses, einer Nachlaßpflegschaft und der Inventarerrichtung können aus dem Nachlaß entnommen werden. Für die Zahlung der Kosten haften die Erben nach den Vorschriften über Nachlaßverbindlichkeiten.

Für die Kosten der Theilung von Vermögensmassen haften die Antheilsberechtigten als Gesammtschuldner.

Die einem Erben oder einem Antheilsberechtigten zustehende Gebührenfreiheit entbindet ihn nicht von der Entrichtung der in den Abs. 1, 2 bezeichneten Gebühren.

Zu Nr. III. Vergl. Art. 9 des Preuß. Ges. üb. d. freiw. Gerichtsb., nach welchem auch in Angelegenheiten der freiwilligen Gerichtsbarkeit eine Verurtheilung in die Kosten stattfinden kann. Begr. S. 183.

Zu Nr. IV. 1. Die im neuen § 3 **Abs. 1** bezeichneten Kosten haben im Konkurse die Eigenschaft von Masseschulden. § 224 Nr. 4 der Konk. Ordn. Dem entspricht, daß sie auch außerhalb des Konkurses aus dem Nachlaß entnommen werden können. Der Nachlaßpfleger, Nachlaßverwalter, Testamentsvollstrecker hat sie aus dem Nachlaß zu zahlen. Vergl. Begr. S. 183 f.

Die Erben haften nur wie für Nachlaßverbindlichkeiten; dies gilt auch von denjenigen, welche den Antrag gestellt haben. Insoweit enthält der § 3 Abs. 1 Satz 2 eine Ausnahme von der im § 1 Satz 1 und § 2 vorgeschriebenen Haftung des Antragstellers.

Der Ausdruck „Verfügungen von Todeswegen" umfaßt letztwillige Verfügungen (Testamente, § 1937 BGB.) und Erbverträge (§ 1941 BGB.).

Im Gegensatz zum bisherigen Recht gehören die Kosten des Erbscheines nicht zu den Masseschulden. Der Antragsteller haftet nach § 1 persönlich, auch wenn der Erbschein mehreren oder allen Miterben zu Gute kommt. Nach § 15 kann die Aushändigung des Erbscheins von der vorherigen Zahlung der Kosten abhängig gemacht werden. Begr. S. 184.

Für die Kosten des Aufgebots der Nachlaßgläubiger (vergl. § 224 Nr. 4 der Konk. Ordn.) ist das deutsche Gerichtskostengesetz maßgebend. Begr. a. a. O.

2. „Die bisher im § 3 erwähnten Kosten der Theilung sind in der Konk. Ordn. als unmittelbare Masseschulden nicht anerkannt, dagegen kann der Erbe, welcher sie bezahlt hat, nach § 224 Nr. 1 der Konk. Ordn. für seine Aufwendungen

V. Am Schlusse des § 7 Abs. 1 wird folgender Satz hinzugefügt:

Die Vorschriften des § 43 des Gesetzes vom 11. Juni 1874 über die Enteignung von Grundeigenthum (Gesetz-Samml. S. 221) finden auf alle Besitzveränderungen, denen sich die Betheiligten aus Gründen des öffentlichen Wohles zu unterwerfen gesetzlich verpflichtet sind (Enteignungen), entsprechende Anwendung.

VI. Im § 8 Abs. 1 treten an die Stelle der Nr. 6 folgende Nr. 6, 7:

Ersatz aus dem Nachlasse mit dem Vorrechte der Masseschuld fordern. Dieser Rechtslage entsprechend bestimmt der **Abs. 2**, daß der Erbe für die Kosten der Theilung persönlich haftet, indem ihm überlassen bleibt, seinerseits Ersatz aus dem Nachlasse zu suchen. Daß für die Kosten einer Theilung mehrere Erben als Gesammtschuldner haften sollen, steht im Einklange mit der Vorschrift des § 2058 des BGB. und wird durch die Erwägung gerechtfertigt, daß bei ordnungsmäßiger Auseinandersetzung dafür Sorge zu tragen ist, daß die Mittel zur Bezahlung der Theilungskosten aus dem Nachlasse zurückbehalten werden. Begr. S. 184.

Der Abs. 2 gilt nicht blos für Nachlaßtheilungen, sondern auch für die Theilung anderer Gemeinschaften, z. B. von Gütergemeinschaftsmassen, Gesellschaftsvermögen. Vergl. BGB. §§ 733, 755, 1475, 1480. Begr. S. 184.

„Soweit nach den Vorschriften der §§ 1, 2 andere Personen als die Antheilsberechtigten, insbesondere Nießbraucher oder Pfandgläubiger für die Kosten der Theilung haften, wird deren Zahlungspflicht durch die Bestimmung im § 3 Abs. 2 nicht berührt." Begr. S. 184.

Werden mehrere Massen gleichzeitig getheilt, so kommt § 2 Abs. 2 zur Anwendung, wonach der Einzelne nicht für mehr haftet, als ihm bei gesonderter Theilung erwachsen wäre. Komm. Ber. S. 104.

3. „Die Vorschrift im **Abs. 3** wegen Nichtberücksichtigung einer persönlichen Gebührenfreiheit ist aus dem bisherigen § 3 übernommen; sie beruht auf der Erwägung, daß die hier in Frage stehenden Kosten auf der betreffenden Masse als solcher haften, so daß die persönliche Stellung der Betheiligten zurücktritt." Begr. S. 184.

Zu Nr. V. Der im Text bezeichnete § 43 gewährt Gebührenfreiheit für die dem Gesetze vom 11. Juni 1874 unterliegenden Enteignungen, insbesondere für die Verhandlungen vor den Grundbuch- und Auseinandersetzungsbehörden, einschließlich der nach § 17 das. eintretenden freiwilligen Veräußerungsgeschäfte über Grundeigenthum innerhalb des vorgelegten Planes sowie einschließlich der Quittungen und Konsense der Hypothekengläubiger und sonstigen Betheiligten. Die Nr. V dehnt diese Vorschrift auch auf diejenigen Enteignungen aus, für welche das Gesetz von 1874 nicht maßgebend ist (vergl namentlich § 54 a. a. O.). Eine gleiche allgemeine Befreiung ist bezüglich des Stempels durch § 4e des Stempelsteuergesetzes vom 31. Juli 1895 gewährt. Begr. S. 184.

Zu Nr. VI. 1. Die neu eingestellte **Nr. 6** ist aus § 5g des Stempelsteuergesetzes v. 31. Juli 1895 übernommen. Das Gesetz, betr. die den gemeinnützigen

6. Aktiengesellschaften, Genossenschaften und Gesellschaften mit beschränkter Haftung, deren durch Statut bestimmter Zweck ausschließlich darauf gerichtet ist, unbemittelten Familien gesunde und zweckmäßig eingerichtete Wohnungen in eigens erbauten oder angekauften Häusern zu billigen Preisen zu verschaffen, und deren Statut die an die Gesellschafter zu vertheilende Dividende auf höchstens vier Prozent ihrer Antheile beschränkt, auch den Gesellschaftern für den Fall der Auflösung der Gesellschaft nicht mehr als den Nennwerth ihrer Antheile zusichert, den etwaigen Rest des Gesellschaftsvermögens aber für gemeinnützige Zwecke bestimmt;

7. andere als die in Nr. 6 bezeichneten Privatunternehmungen, welche nicht auf einen besonderen Geldgewinn der Unternehmer gerichtet sind, sondern einen gemeinnützigen, nicht auf einzelne Familien oder Korporationen beschränkten Zweck haben, sofern denselben durch besondere gesetzliche Bestimmung Gebührenfreiheit bewilligt ist. Die bisher solchen Unternehmungen, z. B. Pensions- und Versicherungsanstalten, Bürger-Rettungsinstituten u. s. w., bereits bewilligten Befreiungen bleiben in Kraft. Wenn in einzelnen Fällen die Befreiung zweifelhaft ist, so ist darüber gemeinschaftlich von den Ministern der Finanzen und der Justiz zu entscheiden.

Zwischen dem Abs. 1 und dem bisherigen Abs. 2, welcher Abs. 5 wird, werden folgende Vorschriften eingestellt:

Aktiengesellschaften bewilligte Sportel- und Stempelfreiheit vom 2. März 1867 (GS. S. 385) wird hierdurch entbehrlich und ist deshalb im Art. 89 unter Nr. 24 aufgehoben.

Ein in der Komm. des AH. gestellter Antrag, das Wort „ausschließlich" durch „im Wesentlichen" und das Wort „unbemittelten" durch „minder begüterten" zu ersetzen, wurde zurückgezogen, nachdem der Reg. Kommissar erklärt hatte, daß nach der Praxis der Staatsregierung das Statut nicht engherzig ausgelegt und nicht darauf gehalten werde, daß es ausdrücklich hervorgehoben werden müsse, daß „ausschließlich" solche gemeinnützige Zwecke verfolgt werden; wenn nur erkennbar wäre, daß es seinem Gesammtinhalte nach solches wolle, werde Gebührenfreiheit gewährt; ebenso werde das Wort „unbemittelt" nicht so gedeutet, als müsse die Familie gänzlich mittellos sein. Komm. Ber. S. 104.

Unter dem Ausdrucke „Wohnungen verschaffen" ist nicht blos das Vermiethen, sondern auch die Ueberlassung zu Eigenthum zu verstehen. Komm. Ber. a. a. O.

2. Die **Nr. 7** entspricht der bisherigen Nr. 6.

3. Die **Absätze 2, 3** sind neu eingefügt; sie entsprechen dem Stempelsteuergesetz § 5 Abs. 2, 3.

Dem Fiskus anderer Staaten sowie den öffentlichen Anstalten und Kassen, die für Rechnung eines anderen Staates verwaltet werden oder diesen gleichgestellt sind, und den Chefs der bei dem Deutschen Reiche oder bei Preußen beglaubigten Missionen kann die Gebührenfreiheit gewährt werden, wenn der betreffende Staat Preußen gegenüber die gleiche Rücksicht übt.

In den Fällen der Nr. 2 bis 7 erstreckt sich die Gebührenfreiheit nur auf Preußische Anstalten, Stiftungen, Vereine u. s. w. Diese Befreiung kann jedoch auch anderen Anstalten, Stiftungen, Vereinen u. s. w. gewährt werden, wenn der auswärtige Staat Preußen gegenüber die gleiche Rücksicht übt.

Ueber die Gewährung der Gebührenfreiheit nach den Abs. 2, 3 entscheiden die Minister der Finanzen und der Justiz gemeinschaftlich.

VII. Im Eingange des § 10 werden die Worte „tauben, stummen, blinden, oder geisteskranken" ersetzt durch die Worte: „geisteskranken oder geistesschwachen".

Die Nr. 4 wird gestrichen.

Zu Nr. VII. 1. Die Vorschriften des § 10 gewähren den unter Vormundschaft stehenden minderjährigen, tauben, stummen, blinden oder geisteskranken Personen Begünstigungen, welche im Wesentlichen darin bestehen, daß die nach Einleitung der Vormundschaft entstehenden Gebühren, soweit sie nicht aus den Einkünften bestritten werden können, bis zur Beendigung der Vormundschaft gestundet und alsdann erlassen werden, wenn der Mündel nicht außer dem Bettzeug, den Kleidungsstücken und Geräthschaften ein reines Vermögen von 500 Mk. hat. Da künftig die Tauben, Stummen und Blinden nicht unter Vormundschaft, sondern unter Pflegschaft stehen, so sind sie im Eingange des § 10 gestrichen (siehe aber den neuen Abs. 2 des § 10), dagegen sind darin mit Rücksicht auf § 1896, § 6 Abs. 1 Nr. 1 des BGB. die Geistesschwachen besonders aufgeführt.

2. Die Stundung dauert nach § 10 Nr. 1 „während der Dauer der Vormundschaft", hört also für die Mündel, welche bisher unter Vormundschaft stehen, beim Inkrafttreten des BGB. aber unter die elterliche Gewalt der ehelichen Mutter treten, mit diesem Zeitpunkte auf (BGB. § 1684, EG. Art. 203). Es wird daher mit diesem Zeitpunkte die Gebühr des § 91 [92] fällig. Durch dieselbe werden aber etwaige spätere, innerhalb der elterlichen Gewalt nothwendig werdende Geschäfte gedeckt (s. Nr. XXXVI § 91a [93]). Begr. S. 193. Komm. Ber. S. 125, 127. Tritt an die Stelle der Vormundschaft eine Beistandschaft (BGB. §§ 1687 f.), so dauert die Stundung fort (neuer Abs. 2, Satz 1). Komm. Prot. XIII S. 9; Komm. Ber. S. 105.

3. Die **Nr. 4** ist gestrichen, weil die darin vorausgesetzte Befreiung des Vormundes von der Einreichung des Vermögensverzeichnisses und das Verbot der Offenlegung desselben nicht mehr zulässig ist (§§ 1852—1854 BGB.); dagegen

Als Abs. 2 werden folgende Vorschriften hinzugefügt:

Die vorstehenden Bestimmungen finden entsprechende Anwendung auf minderjährige, geisteskranke, geistesschwache oder gebrechliche Personen, für die eine Pflegschaft oder Beistandschaft im Sinne des § 91 eingeleitet ist. Wird die Angabe des Vermögens von dem Inhaber der elterlichen Gewalt verweigert, so hat das Vormundschaftsgericht nach freiem Ermessen nach Anhörung des Gewalthabers sowohl den Betrag des Vermögens als auch die Höhe des Ueberschusses der Einkünfte (Nr. 2) festzusetzen. Diese Festsetzung ist maßgebend für die Erhebung der in der Vormundschaftssache selbst entstandenen Kosten; andere Kosten sind ohne Rücksicht auf die Vorschrift der Nr. 2 sofort zu erheben.

VIII. Der § 13 erhält folgende Fassung:

Der Anspruch auf Zahlung von Gerichtskosten verjährt in vier Jahren.

Auf die Verjährung finden die Vorschriften des Bürgerlichen Gesetzbuchs mit folgenden Maßgaben Anwendung:

Die Verjährung beginnt mit dem Schlusse des Jahres, in welchem die Kostenforderung fällig wird, bezüglich der Kosten, welche von den im § 10 bezeichneten Personen zu entrichten sind, mit dem Schlusse des Jahres, in welchem die über sie geführte Vormundschaft, Pflegschaft oder Beistandschaft beendigt wird.

Die Verjährung wird auch unterbrochen durch eine an den Zahlungspflichtigen erlassene Aufforderung zur Zahlung und durch die Bewilligung einer von ihm nachgesuchten Stundung. Wird die Verjährung unterbrochen, so beginnt eine neue Verjährung nicht vor dem Schlusse des Jahres, in welchem der für die Beendigung der Unterbrechung maßgebende Zeitpunkt eintritt, und im Falle der Bewilligung einer Stundung nicht vor dem

ist die Vorschrift im Abs. 2 Satz 2, 3 für den Fall der elterlichen Gewalt entsprechend verwendet worden. Begr. S. 185.

4. Der neue **Abs. 2** Satz 1 dehnt die Vorschriften des § 10 auch auf die Fälle aus, in welchen über Minderjährige, Geisteskranke, Geistesschwache oder Gebrechliche eine Pflegschaft oder Beistandschaft im Sinne des § 91 [92] eingeleitet ist (BGB. §§ 1909, 1910, 1687). Pflegschaften und Beistandschaften, die nur zur Wahrnehmung einzelner Geschäfte eingeleitet sind, fallen nicht unter Abs. 2. Wegen Abs. 2 Satz 2, 3 siehe oben Anm. 3.

Zu Nr. VIII. Wegen des **§ 13** ist auf die entsprechenden Vorschriften im Art. 8 und die Anmerkungen daselbst zu verweisen (oben S. 25 ff.); zu § 13 Abs. 2—4 vergl. insbesondere Art. 8 § 2.

Schlusse des Jahres, in welchem die bewilligte Frist abläuft.

IX. Im § 26 Satz 2 werden hinter dem Worte „vorliegt", folgende Worte eingeschaltet:

„oder die Beschwerdesumme den Betrag von fünfzig Mark nicht übersteigt".

X. Im § 31 wird der Abs. 1 Satz 2 durch folgende Vorschrift ersetzt:

Dasselbe gilt, wenn Verfügungen von Todeswegen zur amtlichen Verwahrung überreicht oder durch Uebergabe einer Schrift errichtet werden, hinsichtlich des für Testamente und andere Verfügungen von Todeswegen vorgeschriebenen Stempels von 1 Mark 50 Pf., sowie wenn Urkunden zur gerichtlichen Vollziehung, Anerkennung des Inhalts, Sicherstellung der Zeit der Ausstellung, Genehmigung oder Bestätigung überreicht werden.

XI. Im § 34 treten an die Stelle der Worte „einseitiger Rechtsgeschäfte" die Worte:

„einseitiger Erklärungen oder einseitiger Verträge".

Zu Nr. IX. Ohne die Einschaltung wäre die weitere Beschwerde nach § 568 Abs. 3 CPO. unzulässig. „Diese Einschränkung der weiteren Beschwerde erscheint zur Uebertragung auf Kosten der freiwilligen Gerichtsbarkeit für den Fall nicht geeignet, daß die Beschwerde auf die Verletzung eines Gesetzes gestützt wird, weil sonst der Zweck der Sicherung einer gleichmäßigen Anwendung der Kostenvorschriften nicht erreicht werden würde." Begr. S. 185.

Zu Nr. X. Im **§ 31** welcher von der Einziehung von Stempeln zu den Gerichtskosten handelt, ist die Einregistrirung durch die Sicherstellung der Zeit (s. Nr. **XIX**) ersetzt; die Punktationen sind als dem BGB. unbekannt gestrichen. Neu erwähnt wird die Errichtung eines Testaments durch Uebergabe einer Schrift (BGB. § 2238); zwar bedürfte es dieser „Erwähnung nicht, weil eine in dieser Weise errichtete Verfügung von Todes wegen nur eine Unterart des gerichtlichen Erbvertrags bildet und daher die Vorschriften des § 30 unmittelbar Anwendung finden; sie ist gleichwohl mit aufgenommen worden, um klar zu stellen, daß die Vorschriften über die Einziehung des Stempels zu den Gerichtskosten nur auf den Stempel für Verfügungen von Todeswegen Anwendung finden, daß dagegen etwa in der übergebenen Schrift enthaltene stempelpflichtige Erklärungen anderer Art, z. B. Schuldverschreibungen, den allgemeinen Vorschriften des Stempelsteuergesetzes unterworfen bleiben." Begr. S. 186.

Zu Nr. XI. Der im **§ 34** bisher gebrauchte Ausdruck „einseitiges Rechtsgeschäft" umfaßt außer einseitigen Erklärungen, wie Kündigungen, Mahnungen u. s. w., auch solche Verträge, welche nur die Leistung oder Verpflichtung des einen Theiles zum Gegenstande haben. Nach dem Sprachgebrauch des BGB. werden dagegen unter dem Ausdruck „einseitige Rechtsgeschäfte" nur einseitige Erklärungen im Gegensatze zu Verträgen verstanden. Um daher dem § 34 seine bisherige praktische Bedeutung zu sichern, ist in ihm der Ausdruck „einseitige

XII. Als § 35a werden folgende Vorschriften eingestellt:
Wird zum Zwecke der Schließung eines zweiseitigen Vertrags zunächst der Antrag beurkundet, so werden hierfür fünfzehn Zehntheile der vollen Gebühr erhoben.
Auf die Beurkundung der Annahme eines Vertragsantrags findet die Vorschrift des § 37 Nr. 1 bei einseitigen und bei zweiseitigen Verträgen Anwendung.

XIII. Im § 41 Abs. 1 werden zwischen den Worten „Erklärung" und „werden" folgende Worte eingefügt:
„(§ 176 Abs. 2 des Gesetzes über die Angelegenheiten der freiwilligen Gerichtsbarkeit)".

XIV. Im § 43 treten an die Stelle der Nr. 1 folgende Nr. 1, 2:
1. für die Beurkundung oder Beglaubigung von Anträgen auf Eintragungen oder Löschungen im Grund-

Rechtsgeschäfte" durch die Worte „einseitige Erklärungen oder einseitige Verträge" ersetzt.

Aus dem gleichen Grunde ist in den §§ **35, 39, 42** (Nr. II Abs. 3) der Ausdruck „gegenseitige Verträge" in „zweiseitige Verträge" umgewandelt. Darunter sind alle Verträge begriffen, in denen Leistungen oder Verpflichtungen beider Theile beurkundet werden, gleichviel, ob es sich um sogenannte synallagmatische, d. h. auf Austausch gegenseitiger Leistungen gerichtete Verträge handelt oder nicht, während das BGB. unter den gegenseitigen nur die synallagmatischen Verträge versteht (§§ 320 ff.). Vergl. Mügel Anm. zu § 34 u. 35. — Begr. S. 186. Komm. Ber. S. 105.

Für die Beurtheilung, ob ein Vertrag unter § 34 oder § 35 falle, ist lediglich der Inhalt der Urkunde maßgebend. Komm. Ber. S. 105.

Zu Nr. XII. Die Vorschrift des **§ 35a** [36] ist durch die Komm. des AH. eingeschaltet; sie ist durch den § 128 BGB. veranlaßt, trifft aber alle Fälle, in welchen nach § 35a [36] verfahren wird, auch wenn die gerichtliche oder notarielle Beurkundung nicht gesetzlich vorgeschrieben ist. Komm. Ber. S. 106.

Zu Nr. XIII. Der **§ 41** Abs. 1 bezieht sich auf die Anerkennung des Inhalts einer Urkunde; für diese ist im angezogenen § 176 Abs. 2 bestimmt, daß die Urkunde dem Protokoll als Anlage beigefügt werde; die Urkunde bildet alsdann einen Theil des Protokolls.

Nimmt Jemand bei einem Geschäfte auf Anlagen Bezug, ohne sie zu Bestandtheilen des Protokolls machen zu wollen, so ist dies als bloße historische Erwähnung des Vorhandenseins anderer Urkunden nicht genügend, um die Gebühr des § 41 eintreten zu lassen. Komm. Ber. S. 106.

Zu Nr. XIV. 1. § 43. In **Abs. 1 Nr. 1** ist das Schiffsregister dem Grundbuch gleichgestellt mit Rücksicht auf die gleiche Behandlung in §§ 100—124 des RGes. üb. d. Angel. der freiw. Gerichtsb.

Die im Text genannten „Zustimmungen" zur Löschung eines Pfandrechts, einer Hypothek oder Grundschuld sind besonders erwähnt, weil zweifelhaft sein könnte, ob sie als Löschungsbewilligungen anzusehen seien. Begr. S. 186.

2. Die Anwendbarkeit der **Nr. 2** bleibt mit Rücksicht auf § 57 [58] Nr. 1, 5 auf den Fall beschränkt, daß Preußische Gerichte die Auflassung außerpreußischer Grundstücke beurkunden (vergl. Art. 143 EG. z. BGB.); die Beurkundung der

buch oder im Schiffsregister sowie von Eintragungs- oder Löschungsbewilligungen oder Zustimmungen nach § 27 der Grundbuchordnung oder nach § 105 des Gesetzes über die Angelegenheiten der freiwilligen Gerichtsbarkeit, sofern nicht gleichzeitig das zu Grunde liegende Rechtsgeschäft beurkundet oder beglaubigt wird;

2. für die Beurkundung einer Auflassung, sofern nicht gleichzeitig das zu Grunde liegende Rechtsgeschäft beurkundet wird oder nach § 57 Gebührenfreiheit eintritt.

Die Nr. 2, 3 werden in 3, 4 geändert. Die bisherige Nr. 4 fällt fort.

XV. Im § 44 erhalten die Abs. 1 bis 4 folgende Fassung:

Für die Errichtung eines Erbvertrags vor einem Richter wird die zweifache Gebühr erhoben, wenn der Erbvertrag mündlich erklärt oder der Entwurf vom Richter angefertigt wird. In allen anderen Fällen wird für die Errichtung einer Verfügung von Todeswegen vor einem Richter die volle Gebühr erhoben.

Für die amtliche Verwahrung einer Verfügung von Todeswegen werden bei der Annahme zwei Zehntheile der vollen Gebühr erhoben.

Für die Eröffnung einer Verfügung von Todeswegen werden fünf Zehntheile der vollen Gebühr er-

Auflassung vor dem Grundbuchamte oder die bezüglich Rheinischer Grundstücke zugelassene Beurkundung vor einem anderen Gerichte (Art. 26 d. G.) ist gebührenfrei (§ 57 [58] Nr. 1, 5). Begr. S. 186.

3. **Zu Abs. 2.** Die bisherige Nr. 4 betrifft die Beglaubigung von Vollmachten zur Eigenthumsübertragung im Gebiete des Rheinischen Rechtes; sie bleibt nach § 132 [143] Abs. 2 bis zum Inkrafttreten des Grundbuchrechts in Kraft, von da an verliert sie ihre Bedeutung. Begr. S. 186.

Zu Nr. XV. 1. Im **§ 44 Abs. 1** ist die bisher für Testamente bestimmte zweifache Gebühr in Folge eines Beschlusses der Komm. des AH. auf die einfache herabgesetzt. Nur die letztere wird auch erhoben, wenn die Schrift durch das Gericht entworfen und dann vom Erblasser mit der Erklärung übergeben wird, daß sie seinen letzten Willen enthalte (§ 2238 Satz 1 am Ende, Satz 2, 3 BGB.), ein Verfahren, welches in gemischtsprachigen Gebieten zur Ersparung der Dolmetscherkosten beobachtet wird, wenn nur der Richter oder nur der Gerichtsschreiber die Sprache des Erblassers vollkommen beherrscht, während der andere Beamte die fremde Sprache nur insoweit versteht, als dies für die bloße Uebergabe der Schrift erforderlich ist. Für die Anfertigung der Schrift entsteht keine Gebühr. Komm. Prot. XIII S. 14. Komm. Ber. S. 107.

2. Der **Abs. 2** enthält bisheriges Recht.

3. Im **Abs. 3.** ist die bisherige volle Gebühr für die Eröffnung auf $^5/_{10}$ ermäßigt zufolge Beschlusses der Komm. u. des Plenums des AH. (Komm. Ber. S. 107; stenogr. Berichte S. 2617 ff.). Die Ertheilung beglaubigter Abschriften,

hoben. Die Ertheilung beglaubigter Abschriften ist gebührenfrei.

Für die Rückgabe einer Verfügung von Todeswegen werden fünf Zehntheile der vollen Gebühr erhoben. Diese Gebühr fällt fort, wenn die Rückgabe gleichzeitig mit der Errichtung oder Ueberreichung einer neuen Verfügung von Todeswegen beantragt wird. Diese Vorschriften finden entsprechende Anwendung auf den Widerruf einer letztwilligen Verfügung oder die Aufhebung eines Erbvertrags.

Zwischen Abs. 4 und 5 wird folgender neue Absatz eingeschoben:

Wird ein Erbvertrag gleichzeitig mit einem Ehevertrage beurkundet, so finden die Vorschriften des § 39 Anwendung.

XVI. Im § 46 erhält der Abs. 2 folgende Fassung:

Die Gebühr für die Vorbereitung der Versteigerung wird auch für die gerichtliche Verfügung erhoben, durch welche nach Artikel 112 des Preußischen Gesetzes über die freiwillige Gerichtsbarkeit die Versteigerung einer Ortsbehörde aufgetragen wird.

welche nach § 2264 BGB. an die Stelle der Ausfertigungen tritt, ist, wie die bisherige Ausfertigung, gebührenfrei; dagegen werden Schreibgebühren und der tarifmäßige Stempel erhoben (§ 55 [56] Abs. 2, § 109 [114] Abs. 3). Begr. S. 187. Siehe zu Nr. XXI.

4. Im **Abs. 4** bedeutet das Wort „Ueberreichung" im Gegensatze zur „Errichtung" die im Abs. 2 behandelte Hingabe einer beim Angehen des Gerichtes bereits gültig errichteten Verfügung zur amtlichen Verwahrung. Komm. Ber. S. 109.

5. Im Falle der Verbindung eines Ehe- und Erbvertrags wurde bisher die zweifache Gebühr zweimal erhoben (Mügel Anm 2 zu § 44). Dies entspricht nicht dem im § 2276 Abs. 2 BGB. anerkannten engen Verhältnisse beider Verträge. Künftig findet daher nach dem eingeschalteten neuen Absatze [§ 44 Abs. 5] die Vorschrift des § 39 [40] über die einheitliche Gebührenberechnung Anwendung. Begr. S. 187.

Zu Nr. XVI. 1. Durch die im **§ 46** Abs. 2 bestimmte Gebühr sind die dem Auftrage etwa vorausgehenden Verhandlungen darüber, ob sich die Versteigerung zur Vornahme durch die Ortsbehörden eigne u. s. w. mit abgegolten. Vergl. § 55 [56] Satz 1.

Die Gebührenvorschrift gilt für alle Landestheile, in welchen die Vorschrift des Art. 112 gemäß Art. 111, 122, 123 a. a. O. Geltung erlangt. Vergl. Begr. S. 187.

Im **Abs. 4** ist an Stelle des „Werthes der zugeschlagenen Gegenstände" der Betrag der Gebote gesetzt. Dies entspricht dem § 21 Nr. 1 und dem § 4 des Ges. v. 18. Juli 1883, GS. S. 189 [§ 127 des Gerichtskostengesetzes neuer Fassung]. Vergl. Komm. Ber. S. 109.

Im Abs. 1 und 4 werden die Worte „oder anderen (sonstige) Gegenständen des unbeweglichen Vermögens" ersetzt durch die Worte:

„oder anderen (andere) Gegenständen, welche der Zwangsvollstreckung in das unbewegliche Vermögen unterliegen".

Im Abs. 4 erhält der Satz 2 folgende Fassung:

Die Gebühr für die Beurkundung des Zuschlags wird jedoch für jeden Ersteher besonders nach dem zusammenzurechnenden Betrage seiner Gebote erhoben.

XVII. Im § 49 Nr. 2 werden die Worte:

„im Erbbescheinigungsverfahren" ersetzt durch die Worte: „behufs Erlangung eines Erbscheins".

Die Nr. 3, 4 erhalten folgende Fassung:

3. für die Mitwirkung bei Abmarkungen;
4. für die Aufnahme von Verklarungen, von Protesten und ähnlichen Urkunden;

XVIII. Im § 51 Satz 1 werden die Worte „sowie für die Erneuerung von Urkunden" gestrichen; hinter dem Worte „Gebühr" werden die Worte „bis zum Höchstbetrage von 10 Mark" eingeschoben.

Im Satz 2 werden hinter „aufgenommen hat" die Worte eingeschaltet:

„einschließlich der Ertheilung auszugsweiser Ausfertigungen oder beglaubigter Abschriften".

Zu Nr. XVII. 1. Zu **§ 49 Nr. 3.** An die Stelle der Grenzfeststellung tritt die Mitwirkung bei Abmarkungen (vergl. Art. 31 Abs. 1 des Preuß. Ges. über die freiw. Gerichtsb.); die sonstigen bisher in Nr. 3 aufgeführten Geschäfte, namentlich die gerichtliche Rückgewähr eines Pachtguts, fallen fort (Art. **144** Nr. 1 a. a. O.).

2. Zu § 49 **Nr. 4.** Ueber Verklarungen vergl. HGB. §§ 522—525.

Zu den „Protesten" gehören namentlich die bisher im § 49 Nr. 4 allein genannten Protesturkunden des HGB. (§§ 569—571, 588, 596, 646, 689); vergl. ferner Ges. betr. die privatrechtlichen Verhältnisse der Binnenschifffahrt, vom 15. Juni 1895 (RGBl. S. 868), §§ 28, 33, 39.

Eine „ähnliche Urkunde" ist z. B. die Urkunde über eine nach Art. 31 Abs. 2 des Preuß. Ges. üb. d. freiw. Gerichtsb. erfolgte notarielle Zustellung. Komm. Ber. S. 109. Vergl Gebührenordn. für Notare vom 25. Juni 1895 § 5 (neue Fassung im Art. 134 Nr. II des Preuß. Ges. üb. d. freiw. Gerichtsb.; Bekanntm. v. 6. Oct. 1899, GS. S. 374).

Zu Nr. XVIII. Die Erneuerung von Urkunden kommt mit dem Inkrafttreten des BGB. in Wegfall.

Der Höchstbetrag von 10 Mark ist festgesetzt, weil für die Beglaubigung künftig der Gerichtsschreiber zuständig ist (Art. 35 des Preuß. Ges. üb. d. freiw. Gerichtsb.), während sie bisher dem Richter oblag. Für die vom Richter und

XIX. An die Stelle der Nr. 1, 2 des § 52 treten folgende Worte:

„für die Sicherstellung der Zeit, zu welcher eine Privaturkunde ausgestellt ist".

XX. Als § 54a werden folgende Vorschriften eingestellt:

Die Gebühren für die Beurkundung eines Rechtsgeschäfts werden um ein Viertheil erhöht, wenn sich ein Betheiligter in fremder Sprache erklärt.

Die Gebührenerhöhung sowie die durch die Zuziehung eines Dolmetschers entstandenen Auslagen fallen dem Betheiligten zur Last, welcher die Zuziehung des Dolmetschers oder die Verhandlung in fremder Sprache veranlaßt hat.

Gerichtsschreiber zu unterschreibende Beglaubigung von Grundbuchabschriften ist die Gebühr besonders geregelt (§ 65 [66] Abs. 2, Art. 7 Abs. 2 des AG. z. RGBO.). Die Beglaubigung einer Abschrift aus dem Schiffsregister (Binnenschifffahrtsgesetz § 121, Preuß. Ges. über die freiw. Gerichtsb. Art. 29 Abs. 3) ist gebührenfrei. Mügel § 78 Anm. 6. — Beglaubigung von Abschriften zu den Grundakten § 63 [70], zum Handelsregister § 76 [74]; ferner 77a [76] Abs. 2, § 77b [77] Abs. 2.

Zu der Einschaltung in § 51 **Satz 2** vergl. § 182 Abs. 2 des RGes. üb. d. Angel. der freiw. Gerichtsb., Art. 47 und Art. 56 Abs. 3 des Preuß. Ges. üb. d. freiw. Gerichtsb. Die im bisherigen § 87 Abs. 4 behandelten Bescheinigungen zu Auszügen aus Erbverträgen, letztwilligen Verfügungen und Erbtheilungsurkunden fallen künftig unter die vorliegende Bestimmung. Vergl. Begr. S. 188.

Zu Nr. XIX. Der bisherige **§ 52** Nr. 1 betrifft die fortfallende Wiederinkurssetzung (vergl. Art. 84 VI). Die bisher in § 52 Nr. 2 behandelte Einregistrirung von Privaturkunden wird durch die Sicherstellung der Zeit der Ausstellung einer Privaturkunde (Art. 144 Nr. 7, Art. 58 des Preuß. Ges. üb. d. freiw. Gerichtsb.) ersetzt. Begr. S. 188.

Zu Nr. XX. 1. Die Vorschrift des **§ 54a** [55] soll die Staatskasse für die vermehrte Arbeit entschädigen. Begr. S. 188. Komm. Ber. S. 110 ff.

Hierher gehören die Fälle der §§ 2244, 2245, 2276 BGB.; § 179 des RGes. üb. d. Angel. der freiw. Gerichtsb.; Art. 12 § 4 dieses Gesetzes.

Die Dolmetscher erhalten Entschädigung als Sachverständige nur, sofern ihre Leistungen nicht zu den Pflichten eines von ihnen versehenen Amtes gehören (§ 13 Abs. 2 der Gebührenordnung für Zeugen und Sachverständige); ist dagegen bei einem Gericht ein Dolmetscher für die betreffende Sprache angestellt, so entstehen durch seine Zuziehung keine Auslagen. Begr S. 189. Vergl. Komm. Ber. S. 114.

2. Der **Abs. 2** ist eine Erweiterung des § 2 Abs. 3, demzufolge die durch besondere Anträge eines Betheiligten entstandenen Mehrkosten diesem Betheiligten allein zur Last fallen. Die Gebühr des § 54a [55] Abs. 2 wird fällig, auch wenn der Betheiligte die Zuziehung eines Dolmetschers oder die Ver-

XXI. Der § 55 erhält folgenden Zusatz:

Der auf dem Geschäfte ruhende Stempel wird für die Urschrift erhoben; die erste Ausfertigung ist stempelfrei, für weitere Ausfertigungen wird der Stempel nach der Tarifstelle „Duplikate" erhoben. Im Uebrigen finden auf die Besteuerung von Ausfertigungen und beglaubigten Abschriften die Vorschriften des § 109 Abs. 3 Anwendung.

XXII. Im § 76 werden folgende Vorschriften als Abs. 3, 4 hinzugefügt:

Für Bescheinigungen, daß bezüglich des Gegenstandes einer Eintragung weitere Eintragungen nicht vorhanden sind oder daß eine bestimmte Eintragung nicht erfolgt ist, sowie für die wiederholte Ertheilung einer Be-

handlung in fremder Sprache nicht beantragt hat, es genügt, daß dieselbe durch seine Erklärung, daß er der deutschen Sprache nicht mächtig sei, veranlaßt ist.

Die Kostenpflicht trifft nur einen „Betheiligten", nicht aber Dritte, mit welchen z. B. als Zeugen in fremder Sprache oder mit Hülfe eines Dolmetschers verhandelt werden muß. Vergl. Komm. Ber. S. 114.

Zu Nr. XXI. Der Zusatz beseitigt die Streitfrage, ob für die Stempelpflichtigkeit der Geschäfte des 2. Abschnitts ausschließlich der § 55 [56] maßgebend sei, oder ob der § 55 [56] durch den § 109 [114] Abs. 3 eingeschränkt sei und die letztere Vorschrift allgemeine Geltung habe. Nach dem Zusatze sind

a) Ausfertigungen und beglaubigte Abschriften nicht stempelpflichtiger Urkunden immer stempelfrei (§ 109 [114] Abs. 3, Begr. S. 189, Komm. Ber. S. 115).

b) Bei stempelpflichtigen Urkunden ist die erste Ausfertigung stempelfrei, für die weiteren Ausfertigungen wird der Stempel nach der Tarifstelle „Duplikate" erhoben (Satz 1 des Zusatzes; vergl. § 9 Abs. 1, 2 des Stempelsteuergesetzes, wonach für Notariatsurkunden das Gleiche gilt); beglaubigte Abschriften sind stempelpflichtig, wenn die Abschrift nur in Folge eines auf die Ertheilung gerichteten Antrages ertheilt wird. Erfolgt die Ertheilung ohne besonderen Antrag als eine zur ordnungsmäßigen Erledigung eines gebührenpflichtigen Geschäfts dem Gerichte obliegende Thätigkeit, so ist kein Stempel zu erheben. Demnach ist die beglaubigte Abschrift einer stempelpflichtigen Urkunde stempelfrei, wenn sie von Amtswegen ertheilt wird oder wenn für dieselbe eine Gebühr zu erheben ist; hingegen sind beglaubigte Abschriften von Urkunden, für welche nur Schreibgebühren anzusetzen sind, stempelpflichtig, wenn sie nur auf Antrag ertheilt werden. § 109 [114] Abs. 3. Mügel § 109; Begr. S. 190. Komm. Ber. S. 115.

Zu Nr. XXII. Die neuen Absätze sind durch neue Vorschriften des HGB. und durch Beschwerden über die Höhe der Gebühren für Auszüge aus dem Handelsregister veranlaßt. Vergl. § 9 Abs. 3 des neuen HGB. v. 10. Mai 1897. Begr. S. 190. In allen Fällen der neuen Absätze kommt ein Stempel nicht zum Ansatz, weil eine Gebühr zu erheben ist. Komm. Ber. S. 115. Vergl. Anm. zu Nr. XXI.

scheinigung, einer Abschrift oder eines Auszugs wird eine Gebühr von 1 Mark erhoben.

Auf die Ertheilung beglaubigter Abschriften der zum Handelsregister eingereichten Schriftstücke finden die Vorschriften des § 51 Anwendung.

XXIII. Im § 77 treten an die Stelle der Nr. 4 folgende Nr. 4 bis 6:

4. für die Eintragung der Konkurseröffnung, der Aufhebung des Eröffnungsbeschlusses, sowie der Einstellung und Aufhebung des Konkurses;
5. für eine nach den §§ 142 bis 144 des Gesetzes über die Angelegenheiten der freiwilligen Gerichtsbarkeit von Amtswegen erfolgende Löschung; wird der Widerspruch eines Betheiligten zurückgewiesen, so hat er für die Zurückweisung die für die Löschung bestimmte Gebühr zu entrichten;
6. für das Löschungsverfahren nach § 141 des Gesetzes über die Angelegenheiten der freiwilligen Gerichtsbarkeit, falls die Löschung in Folge erhobenen Widerspruchs unterbleibt.

XXIV. Hinter § 77 werden folgende Vorschriften eingestellt:

§ 77a. Für die Eintragungen in das Vereinsregister werden erhoben:

a) für alle Eintragungen mit Ausnahme der unter b und c bezeichneten Eintragungen der Gebührensatz B des § 56:

Zu Nr. XXIII. Die in **Nr. 4** genannten Eintragungen erfolgen nach § 32 des HGB. von Amtswegen. — Auch die entsprechenden Eintragungen in das Grundbuch sind gebührenfrei: Konk. Ordn. §§ 115, 113, 114, 116, 163, 190, 198, 205. Begr. S. 190.

In den Fällen **Nr. 5** und **6** kommt eine Gebühr nur zum Ansatz, wenn der Widerspruch zurückgewiesen wird, bezw. die Löschung erfolgt.

„Soweit nach Ziffer 5 und 6 keine Gebühren zu erheben sind, sind auch keine Auslagen zu erheben, weil die Gebührenfreiheit auf der Anerkennung beruht, daß die von Amtswegen eintretende Thätigkeit des Gerichts im öffentlichen Interesse erfolgt, somit nach § 1 ein Zahlungspflichtiger nicht vorhanden ist.“ Begr. S. 190.

Zu Nr. XXIV. § 77a. Der § 77a [76] betrifft das Vereinsregister (§§ 55 ff. BGB). Die Vorschriften sind denen über das Handelsregister nachgebildet. Vergl. § 159 des RG. üb. d. Angel. d. freiw. Gerichtsb.

In der Komm. des AH. herrschte darüber Einverständniß, daß der Werth des Gegenstandes nach dem § 22 [23] Abs. 1 anzunehmen ist. Komm. Ber. S. 115; ebenso Begr. S. 191. Darnach beträgt die volle Gebühr in der Regel 4 Mark 60 Pf., kann aber bis 1 Mark ermäßigt und bis 45 Mark erhöht werden.

b) für die erste Eintragung des Vereins das Zweifache des Satzes zu a;

c) für Eintragungen, welche sich auf Mitglieder des Vorstandes oder Liquidatoren beziehen, sowie für die Löschung des Vereins die Hälfte des Satzes zu a.

Die Vorschriften der §§ 75 Abs. 2, 76, 77 finden mit der Maßgabe entsprechende Anwendung, daß an die Stelle des im § 76 erwähnten Satzes 1a des § 74 der im Abs. 1 bestimmte Satz a tritt.

§ 77b. Für die Eintragungen in das Güterrechtsregister wird der nach § 22 Abs. 1 zu berechnende Gebührensatz B des § 56 erhoben.

Die Vorschriften der §§ 76, 77 finden mit der Maßgabe entsprechende Anwendung, daß an die Stelle des im § 76 erwähnten Satzes 1a des § 74 der im Abs. 1 bestimmte Satz tritt.

XXV. Im § 78 Abs. 3 werden die Worte „Certifikats über die Eintragung in das Schiffsregister“, „dem Certifikate“ ersetzt durch die Worte „des Schiffscertifikats oder des Schiffsbriefs“, „dem Schiffscertifikate oder dem Schiffsbriefe.“

XXVI. Im § 81 Abs. 1 werden die Worte „Für die Ausstellung einer Erbbescheinigung, einer Bescheinigung des Nachlaßgerichts, daß sich nach erfolgter öffentlicher Ladung Niemand gemeldet habe, der ein besseres Erbrecht in Anspruch nimmt,

Die Anordnungen wegen Berufung einer Mitgliederversammlung nach § 37 BGB. und § 160 des RG. üb. d. Angel. d. freiw. Gerichtsb. gehören nicht zu den Geschäften der Registerführung; die Gebühr für diese Geschäfte bestimmt sich nach § 100 [104]. Das Gleiche gilt von den Bestellungen von Vorstandsmitgliedern oder Liquidatoren nach § 29, 48 BGB. Begr. S. 191.

Die Vorschriften des § 77b [77] über das Güterrechtsregister (§§ 1558 ff. BGB.) sind gleichfalls denen über das Handelsregister nachgebildet.

Zu Nr. XXV. Die Aenderungen haben nur redaktionelle Bedeutung. Vergl. Ges. üb. d. Nationalität der Kauffahrteischiffe vom 25. Oct. 1867 § 8; Binnenschifffahrtsgesetz (RGBl. 1898 S. 868) § 125 Abs. 3, § 126).

Zu Nr. XXVI. 1. Zu § 81 Abs. 1. Die im § 81 Abs. 1 gestrichenen Worte gelten nach § 132 [143] Abs. 2 noch für die vor dem Inkrafttreten des BGB. erfolgten Erbfälle.

Durch die Gebühr für die Ertheilung eines Erbscheins (§ 2353 BGB.) sind die nach § 2358 Abs. 1 BGB. zu veranstaltenden Ermittelungen und Beweisaufnahmen, sowie die nach § 2358 Abs. 2 das. erfolgende öffentliche Aufforderung mit abgegolten. Nur die Gebühr für die eidesstattliche Versicherung ist besonders zu erheben (Abs. 2). Vergl. Mügel, Anm. 1 zu § 81. Auch für die auf die Aufforderung ergangenen Anmeldungen wird keine besondere Gebühr erhoben; § 88 [89] Abs 1 Satz 2.

oder darüber, ob und welche Vorbehaltserben vorhanden sind, sowie der in den §§ 8, 9 des Gesetzes vom 12. März 1869, betreffend die Ausstellung gerichtlicher Erbbescheinigungen (Gesetz-Samml. S. 473) erwähnten Bescheinigungen" ersetzt durch die Worte:

„Für die Ertheilung eines Erbscheins".

Zwischen Abs. 2 und 3 wird folgender neuer Absatz eingeschoben:

Für die Einziehung oder Kraftloserklärung eines Erbscheins werden, sofern nicht ein neuer Erbschein ertheilt ist, drei Zehntheile des im § 56 bestimmten Gebührensatzes B erhoben. Wird demnächst ein neuer Erbschein ertheilt, so wird diese Gebühr auf die Gebühr für die Ertheilung des Erbscheins angerechnet. Für die Veranstaltung von Ermittelungen über die Richtigkeit eines Erbscheins werden Gebühren nicht erhoben.

Der bisherige Abs. 3 erhält folgende Fassung:

Bei der Berechnung der Gebühren wird der Werth des Nachlasses und, wenn der Erbschein nur zur Verfügung über einzelne Gegenstände berechtigt, der Werth dieser

2. Der zwischen Abs. 2 und 3 eingeschobene neue Abs. [§ 81 Abs. 3] betrifft den Fall des § 2361 BGB.

3. Zu § 81 Abs. 3 [§ 81 Abs. 4]. Der Werth des Nachlasses nach Abzug der Schulden ist, wie bisher, maßgebend, auch wenn der Erbschein nur zur Verfügung über einen einzelnen Gegenstand gebraucht wird (vergl. jedoch den hinter dem Abs. 3 eingeschobenen neuen Abs.: „Wird dem u. s. w." [§ 81 Abs. 5] und die Anm 4a). Anders wenn der Erbschein nur zur Verfügung über einzelne Gegenstände berechtigt (§ 2369 BGB.).

Der bisherige Abs. 3 Satz 3 wird gegenstandslos, der neue bezieht sich auf den Fall des § 2353, zweite Hälfte, des BGB.

4. Zu den hinter dem bisherigen Abs. 3 eingeschobenen Absätzen.

a) Der erste der eingeschobenen Absätze [§ 81 Abs. 5] ist von dem AH. eingefügt, um den vielfachen Klagen über die Höhe der Kosten des Erbscheins, wenn dieser nur aus Anlaß einzelner Nachlaßstücke von vielleicht geringem Werthe nöthig wird, abzuhelfen. Stenogr. Ber. S. 2622 ff., 2684, vergl. Komm. Ber. S. 118 ff. Der Erbschein ist zwar auch in dem hier behandelten Falle ein vollwerthiger Erbschein, der zur Verfügung über den ganzen Nachlaß mit endgültiger Wirkung gegenüber gutgläubigen Dritten berechtigt (§§ 2365—2367 BGB.); die Aufbewahrung bei den Grundakten soll aber thunlichst verhüten, daß von ihm in Ansehung von Gegenständen Gebrauch gemacht wird, welche bei der Gebührenerhebung nicht berücksichtigt wurden. Die Aufbewahrung kann aber nicht verhindern, daß Ausfertigungen und Abschriften ertheilt werden und daß die Einsichtnahme gestattet wird (§§ 78, 85 des RGes. üb. d. Angel. der freiw. Gerichtsb. §§ 11, 93, 94 RGBO.). Das Verlangen einer nachträglichen Ausfertigung oder Abschrift — nicht auch die Einsichtnahme — begründet jedoch die Nachzahlungspflicht (Satz 2).

Gegenstände nach Abzug der auf dem Nachlaß oder auf diesen Gegenständen haftenden Schulden zu Grunde gelegt. Wird über mehrere Erbfälle ein Erbschein ertheilt, so werden die Beträge der mehreren Nachlässe zusammengerechnet. Wird der Erbschein nur über das Erbrecht eines Miterben ertheilt, so ist für die Gebührenerhebung nur dessen Erbtheil maßgebend.

Hinter dem bisherigen Abs. 3 werden folgende neue Absätze eingeschoben:

Wird dem Nachlaßgerichte glaubhaft gemacht, daß der Erbschein nur zur Verfügung über ein Grundstück oder ein im Grundbuch eingetragenes Recht gebraucht werde und wird beantragt, die Ausfertigung des Erbscheins dem Grundbuchamt zur Aufbewahrung bei dessen Akten zu übersenden, so wird die im Abs. 1 Satz 1 bestimmte Gebühr nur nach dem Werthe des Gegenstandes, über den verfügt werden soll, berechnet. Wird demnächst die Ertheilung einer Ausfertigung oder einer Abschrift des Erbscheins beantragt, so hat der Antragsteller die nach dem Werthe des reinen Nachlasses berechnete Gebühr des Abs. 1 Satz 1 nach Abzug des bereits bezahlten Betrags nachzuentrichten.

Die Vorschriften der Abs. 1 bis 5 finden auf das Zeugniß über die Fortsetzung der Gütergemeinschaft oder die Er=

Wegen der Erleichterungen bei Zuweisung von Grundstücken, Hypotheken, Grund= und Rentenschulden an einen Miterben oder an einer Gütergemeinschaft Betheiligten vergl. die neue Fassung des bisherigen Abs. 4 [§ 82] und die Anm. dazu.

b) Zum zweiten hinter Abs. 3 eingeschobenen Abs. [§ 81 Abs. 6]. Bei dem Zeugnisse über die Fortsetzung der Gütergemeinschaft (§ 1507 BGB., Art. 66 dieses Gesetzes) ist der halbe Werth des schuldenfreien Gesammtguts der fortgesetzten Gütergemeinschaft zu der Zeit maßgebend, zu welcher das Zeugniß begehrt wird. Komm. Ber. S. 118. Selbstverständlich ist der Theil an dem ehelichen Gesammtgut, soweit er einem nicht antheilsberechtigten Abkömmlinge zufällt, abzuziehen, wenn nicht bereits vorher der Theil ausgeschieden war. Komm. Ber. a. a. O. Bei dem Zeugnisse über die Ernennung eines Testamentsvollstreckers (§ 2368 BGB.) ist im Falle des § 2222 BGB. nur der Werth der der Nacherbfolge unterliegenden Erbschaft und im Falle des § 2223 nur der Werth der dem Vermächtnißnehmer auferlegten Beschwerungen maßgebend. Komm. Ber. S. 117. Dagegen entscheidet im Falle des § 2208 Abs. 1 Satz 2 nicht der Werth lediglich der einzelnen Nachlaßgegenstände, sondern der ganze in Betracht kommende Nachlaß (Komm. Ber. S. 117, 118), da lediglich das Verwaltungsrecht nach § 2216 Satz 2, nicht die sonstigen Befugnisse des Testamentsvollstreckers (§§ 2203, 2204 BGB.) auf diese Gegenstände beschränkt sind. Ist die ganze Thätigkeit des Testamentsvollstreckers nach §§ 2208 Satz 1 auf einzelne Gegenstände beschränkt, so bestimmt sich die Gebühr gemäß dem zweiten hinter dem

nennung eines Testamentsvollstreckers entsprechende Anwendung; bei der Berechnung der Gebühr für das Zeugniß über die Fortsetzung der Gütergemeinschaft tritt an die Stelle des Werthes des Nachlasses der halbe Werth des Gesammtguts der fortgesetzten Gütergemeinschaft.

Der bisherige Abs. 4 erhält folgende Fassung:

Für die von einem Rechtsnachfolger von Todeswegen nach den Gesetzen über das Reichsschuldbuch und das Staatsschuldbuch beizubringende Bescheinigung, daß er über die eingetragene Forderung zu verfügen berechtigt ist, sowie für die in den §§ 37, 38 der Grundbuchordnung vorgesehenen Zeugnisse werden drei Zehntheile der im § 33 bestimmten Gebühr bis zum Höchstbetrage von 10 Mark erhoben. Sind in den Fällen der §§ 37, 38 der Grundbuchordnung die Theilungsurkunden vom Gericht aufgenommen oder bestätigt, so werden für die Zeugnisse Gebühren nicht erhoben.

XXVII. An die Stelle des § 82 Abs. 1 Satz 2 treten als § 82a folgende Vorschriften:

Wird eine Nachlaßverwaltung, eine sonstige Nachlaßpflegschaft oder eine Abwesenheitspflegschaft nach § 88 des Gesetzes über die Angelegenheiten der freiwilligen Ge-

---

bisherigen Abs. 3 eingeschobenen Abs. [§ 81 Abs. 6] in Verb. mit dem bisherigen Abs. 3 (neuer Fassung) Satz 1 [§ 81 Abs. 4] nach dem Werth der einzelnen Gegenstände.

5. Zum bisherigen **Abs. 4** neuer Fassung [§ 82]. Vergl. Ges. üb. d. Reichsschuldbuch v. 31. Mai 1891 (RGBl. S. 321) § 9; Ges., betr. das Staatsschuldbuch, v. 20. Juli 1883 (GS. S. 120) § 12 (oben S. 57). Die im neugefaßten Abs. 4 [§ 82] angezogenen §§ 37, 38 der Grundbuchordnung betreffen das Zeugniß über den Uebergang einer Hypothek, Grund- oder Rentenschuld auf einen von mehreren Erben oder einen an der Auseinandersetzung einer ehelichen oder einer fortgesetzten Gütergemeinschaft Betheiligten; sie finden nach Art. 10, 22, des AG. z. RGBO. auch auf das Eigenthum an Grundstücken, auf das Erbbaurecht sowie auf Bergwerke und selbständige Gerechtigkeiten Anwendung. Die Gebühr berechnet sich nach dem Werthe, auf den sich das Zeugniß erstreckt.

Zu Nr. XXVII. Der bisherige § 82 Abs. 1 Satz 2 betrifft die Nachlaßpflegschaft zur Sicherung des Nachlasses; er wird durch **§ 82a** [84] ersetzt. Letzterer umfaßt alle Fälle einer Nachlaßpflegschaft, insbesondere die zur Sicherung des Nachlasses (§ 1960 BGB.), zur Verfolgung eines gegen den Nachlaß gerichteten Anspruchs (§ 1961 BGB.), und zur Befriedigung der Nachlaßgläubiger (Nachlaßverwaltung, § 1975 BGB.); auch die nach §§ 88 des RGes. üb. d. Angel. d. freiw. Gerichtsb. eingeleitete Pflegschaft über einen Abwesenden für das Auseinandersetzungsverfahren ist hier eingereiht. In der Komm. des

richtsbarkeit angeordnet, so finden die Vorschriften des sechsten Abschnitts mit der Maßgabe Anwendung, daß an die Stelle des Vermögens des Mündels der Werth des Nachlasses oder des Antheils des Abwesenden zur Zeit der Anordnung tritt und bei der Nachlaßverwaltung ein Abzug der Schulden nicht stattfindet. Auf die Gebühr für die Nachlaßpflegschaft wird die im § 82 Abs. 1 bestimmte Gebühr angerechnet, wenn die Nachlaßpflegschaft zur Sicherung des Nachlasses eingeleitet wird.

XXVIII. Der § 83 erhält folgende Fassung:

Für das Verfahren zur Feststellung des Erbrechts des Fiskus oder der an seine Stelle tretenden Körperschaft, Stiftung oder Anstalt des öffentlichen Rechtes wird die im § 81 für die Ertheilung eines Erbscheins bestimmte Gebühr erhoben. Wird auf Grund dieser Feststellung ein Erbschein ertheilt, so ist hierfür eine besondere Gebühr nicht zu erheben.

XXIX. Im § 84 Abs. 1 werden die Worte „durch Rezeß" ersetzt durch die Worte:

„durch die Bestätigung der Auseinandersetzung oder durch die Beurkundung einer vertragsmäßigen Auseinandersetzuug".

Als Abs. 5 wird hinzugefügt:

Auf die in den Abs. 1, 3 bestimmten Gebühren finden die Vorschriften des § 54a entsprechende Anwendung.

AH. herrschte Einverständniß, daß im Falle des § 1961 BGB. nur die Höhe des Anspruchs den Werthgegenstand darstelle. Komm. Ber. S. 122.

Zu Nr. XXVIII. Der bisherige § 83 bleibt noch als Uebergangsbestimmung in Kraft (§ 132 [143] Abs. 2). Zum neuen § 83 [85] vergl. §§ 1964, 1965, 2365 BGB. Art. 138 EG. z. BGB.

Wird der Fiskus als Erbe ermittelt, so fällt die Gebühr fort (§ 8 Nr. 1); sie ist aber anzusetzen, wenn in Folge der Aufforderung nach § 1965 BGB. Erbrechte Dritter angemeldet werden und in Folge dessen die Erbschaft dem Fiskus nicht anfällt. Begr. S. 192.

Zu Nr. XXIX. Vergl. §§ 86—98 des RGes. üb. d. Angel. d. freiw. Gerichtsb. In der Komm. des AH. wurde hervorgehoben, wie verschieden die Höhe der Kosten nach dem Vorgehen der Interessen sei. „Die Gebühr des § 35 komme zum Ansatze, wenn der Erbtheilungsvertrag vor Gericht oder Notar zu Protokoll gegeben würde. Werde unter Leitung des Gerichts getheilt, so sei dreifacher Satz 56 [57] B die Gebühr, und zwar ist es hierbei gleich, ob das Verfahren mit der Bestätigung der Auseinandersetzung oder mit deren Beurkundung gemäß Vertrag abschließt. — Der Reg. Vertreter führte aus, daß in diesem Falle auch ein Stempel nicht erforderlich sei. — Werde die Leitung der Erbtheilung von den Betheiligten einem Notar übertragen, so erhalte dieser nach der Geb. Ordn. § 11 die zweifache Gebühr § 56 [57] B und für die Be-

XXX. Hinter § 84 wird folgende Vorschrift als § 84a eingefügt:

Wird die Vermittelung der Auseinandersetzung einem Notar übertragen, so wird ein Zehntheil der Sätze des § 8 des Deutschen Gerichtskostengesetzes erhoben:

1. für die Entscheidung über den Antrag auf Einleitung des Verfahrens;
2. für die Entscheidung über die Bestätigung der Auseinandersetzung;
3. für die Anordnung einer Beweisaufnahme.

Jede der vorbezeichneten Gebühren wird in jeder Instanz rücksichtlich eines jeden Theiles des Nachlasses nur einmal erhoben. Sind die Gebühren mehrfach von verschiedenen Theilen des Nachlasses anzusetzen, so darf ihr Gesammtbetrag die nach dem Werthe des gesammten Nachlasses berechnete Gebühr nicht übersteigen.

Das Gericht kann, wenn der im Artikel 21 Abs. 1 des Preußischen Gesetzes über die freiwillige Gerichtsbarkeit bezeichnete Antrag nach dem ersten Verhandlungstermine gestellt wird, von Amtswegen die Erhebung einer be-

---

urkundung des abschließenden Vertrages die Gebühr gemäß § 35. Würden die Betheiligten die Verweisung an einen Notar bei Gericht beantragen, so seien anzusetzen: für den Einleitungsbeschluß gemäß 84a [87] Nr. 1 des Gesetzes $^1/_{10}$ § 8 des deutschen GKG. für eine etwaige Beweisanordnung Nr. 3 dort die gleiche Gebühr, der Notar erhalte gemäß Art. 132 [jetzt 134] Nr. VI des Preuß. Ges. üb. d. freiw. Gerichtsb. den zweifachen Satz 56 [57] B und für die Beurkundung des abschließenden Vertrages die Gebühr aus § 35 des Preuß. GKG. Würde das Verfahren vor Notar statt durch Vertrag mit der Anfertigung eines Auseinandersetzungsplans endigen, so erhalte der Notar für diesen $^{16}/_{10}$ § 33 aus der angezogenen Gesetzesstelle in Verbindung mit § 9 der Gebührenordnung; würde es endigen mit der Beurkundung der Auseinandersetzung, so erhalte er die Gebühr aus § 35 des Preuß. GKG.; für die Bestätigung dieser Auseinandersetzung bei Gericht komme endlich $^1/_{10}$ § 8 des Deutschen GKG. gemäß § 84a [87] Nr. 2 [Nr. XXX] zum Ansatz." Komm. Ber. S. 122.

Zu Nr. XXX. Vergl. §§ 86, 89 des RGes. üb. d. Angel. der freiw. Gerichtsb. und Art. 21 des Preuß. Ges. üb. d. freiw. Gerichtsb. — Durch Abs. 1 der neuen Vorschriften ist der § 59 des Ges. v. 22. Mai 1887, betr. das Theilungsverfahren u. s. w. im Geltungsbereich des Rheinischen Rechtes, verallgemeinert.

Werthobjekt ist der Werth des der Entscheidung oder der Beweisanordnung unterliegenden Gegenstandes. Komm. Ber. S. 123.

In der Komm. des AH. bestand Einverständniß darüber, „daß die in Art. 23 des Preuß. Ges. üb. d. freiw. Gerichtsb. vorgesehenen Entscheidungen Abs. 2 Satz 3 nicht unter Nr. 3 des § 84a [87] oder § 105 [108] fallen, daß vielmehr nach § 47 Nr. 7, 8 des deutschen GKG. die Entscheidungen gebührenfrei erfolgen, daß aber auch gegebenen Falles die Abs. 2, 3 dort Anwendung finden". Komm. Ber. S. 123.

sonderen Gebühr beschließen; die Gebühr beträgt ein Zehntheil der Sätze des § 8 des Deutschen Gerichtskostengesetzes, kann aber vom Gerichte bis auf zwei Hunderttheile dieser Sätze herabgesetzt werden. Gegen den Beschluß findet Beschwerde nach Maßgabe der Artikel 4 bis 7 des Preußischen Gesetzes über die freiwillige Gerichtsbarkeit statt.

XXXI. Im § 88 werden die Worte „Für die Aufnahme oder Niederlegung von Erklärungen, welche den Antritt oder die Entsagung einer Erbschaft, den Vorbehalt der Rechtswohlthat des Inventars, die Annahme der Gütergemeinschaft oder den Verzicht auf dieselbe betreffen, für die Bestimmung oder Verlängerung von Fristen zu solchen Erklärungen, sowie für die Niederlegung eines Vermögensverzeichnisses" ersetzt durch die Worte:

„Für die Entgegennahme von Erklärungen, Anmeldungen und Anzeigen seitens des Nachlaßgerichts einschließlich der Beurkundung oder Beglaubigung durch das Nachlaßgericht, für die Entgegennahme des Inventars einschließlich der Anordnung wegen Aufnahme des Inventars durch eine zuständige Behörde oder einen zu-

---

Der **Abs. 3** rührt von der Komm. des A.H. her. Er will nach dem Vorbilde des § 48 des Deutschen GKG. dagegen schützen, daß der Ueberweisungsantrag erst nach dem Eintritt in sachliche Auseinandersetzungsverhandlungen gestellt oder sonst schuldhaft verzögert wird. Sind lediglich Vertagungen, wiederholte Ladungen oder sonstige Vorbereitungshandlungen ohne Sachverhandlung erfolgt, so ist, wie der Antragsteller in der Komm. widerspruchslos ausführte, kein Anlaß zur Ausübung der Befugniß gegeben, es sei denn, daß die Betheiligten die Stellung des Antrags schuldhaft verzögert hätten. Komm. Ber. S. 124.

Zu Nr. XXXI. 1. Der gestrichene Theil gilt noch für die Uebergangszeit. § 132 [143] Abs. 2.

2. Nach der neuen Bestimmung kommen beispielsweise in Betracht die §§ 1342, 1492, 1597, 1599, 1945, 1955, 1957, 2004, 2384, 1993—1996, 2003, 2151, 2153, 2154, 2193, 2198, 2061 BGB., Art. 46 § 3 Abs. 2, § 4, Art. 51 § 6 Abs. 3, Art. 52 § 2, Art. 53 § 6, Art. 54 § 4, Art. 55 § 3 dieses Gesetzes. Vergl. Begr. S. 193. Komm. Ber. S. 124.

Die Mittheilung gebührenpflichtiger Erklärungen an die Interessenten, z. B. § 1957, ist gebührenfreies Nebengeschäft. Komm. Ber. S. 124.

3. Für die Berechnung des Werthobjekts ist der § 22 [23] Abs. 1 maßgebend z. B. in den Fällen der §§ 2200, 2202, 2226, 2227, 1342, 1597, 1599 BGB. Im Falle § 2224 BGB. bildet das Objekt der Meinungsverschiedenheit der mehreren Testamentsvollstrecker den Werthgegenstand. Komm. Ber. S. 124.

4. Für die Abhaltung des Termins zur Leistung des Offenbarungseids in den Fällen der §§ 2028, 2057 BGB. ist die Gebühr nach § 49 Nr. 2 anzusetzen. Komm. Ber. S. 124.

ständigen Beamten oder Notar, für die Bestimmung oder Verlängerung einer Frist durch das Nachlaßgericht, für die nach den Vorschriften des Bürgerlichen Gesetzbuchs über Testamentsvollstrecker vom Nachlaßgerichte zu treffenden Anordnungen, sowie für die Abhaltung des Termins zur Leistung des im § 2006 des Bürgerlichen Gesetzbuchs vorgesehenen Offenbarungseids."

An die Stelle des Abs. 1 Satz 3 tritt folgende Vorschrift:

„Im Falle der Anmeldung von Nachlaßforderungen auf Aufforderung eines Miterben wird die Gebühr nur einmal vom Miterben erhoben."

Im Abs. 2 werden hinter dem Worte „wird" folgende Worte eingeschaltet:

„sofern eine vermögensrechtliche Angelegenheit vorliegt."

XXXII. Im § 89 Abs. 2 Satz 3 wird zwischen „in" und „Gütergemeinschaft" das Wort „einer" eingeschaltet.

XXXIII. Der sechste Abschnitt erhält die Ueberschrift:

„Thätigkeit des Vormundschaftsgerichts."

XXXIV. Im § 90 Abs. 1 treten an die Stelle der Worte „und im Falle der Bestellung eines Gegenvormundes neben dem gesetzlichen Vormunde" die Worte:

„oder Beistandschaften sowie im Falle einer sonstigen Fürsorge für ein unter elterlicher Gewalt stehendes Kind, insbesondere im Falle der Genehmigung eines Rechtsgeschäfts oder im Falle einer Verfügung nach den §§ 112, 1631, 1635, 1636, 1645, 1665, 1677, 2282 des Bürgerlichen Gesetzbuchs."

Der Abs. 2 erhält folgende Fassung:

Diese Gebühr kommt jedoch nur insoweit zum Ansatz, als nicht rücksichtlich der Personen, in deren Interesse ein Pfleger oder Beistand bestellt oder eine sonstige Fürsorge-

5. Für die einem Vormundschaftsgericht gegenüber abzugebenden Erklärungen (§§ 1662, 1679 Abs. 2 BGB.) sind Gebühren nicht anzusetzen. Komm. Prot. XIV S. 8. Komm. Ber. S. 125.

Zu Nr. XXXII. Die Einschaltung des Wortes „einer" bringt zum Ausdruck, daß jede Art von Gütergemeinschaft (allgemeine Gütergemeinschaft, Errungenschafts-, Fahrniß- oder sonstige ehegüterrechtliche Gemeinschaft) gemeint ist. Komm. Ber. S. 124.

Zu Nr. XXXIII. Die bisherige Ueberschrift des VI. Abschnitts: „Vormundschaften" ist geändert, weil der Abschnitt künftig auch die vom Vormundschaftsgericht anderweitig, insbesondere innerhalb der elterlichen Gewalt zu entfaltende Thätigkeit umfaßt.

Zu Nr. XXXIV. Allen im § 90 [91] behandelten Geschäften ist gemeinsam, daß es sich nicht um eine fortlaufende Thätigkeit des Vormundschaftgerichts, sondern um eine Fürsorge im einzelnen Falle handelt. Begr. S. 193. Auch der Fall des § 1647 Abs. 2 (Wiederübertragung der Vermögensverwaltung an den

thätigkeit ausgeübt wird, eine Vormundschaft, Pflegschaft oder Beistandschaft eingeleitet oder einzuleiten ist, auf welche die Bestimmungen des § 91 Anwendung finden.

Der Abs. 3 fällt weg.

XXXV. Im § 91 Nr. 1 ist hinter „Pflegschaften" einzuschalten „oder Beistandschaften", statt der Worte „oder Pflegschaft" zu setzen „Pflegschaft oder Beistandschaft". Die Worte „mit Ausnahme der gesetzlichen Vormundschaft" sind zu streichen.

Die Nr. 3 wird gestrichen.

Hinter der bisherigen Nr. 4 werden folgende neue Vorschriften hinzugefügt:

4. Die Vorschriften der Nr. 1 bis 3 finden auch auf die vorläufige Vormundschaft Anwendung. Endigt die vorläufige Vormundschaft, weil auf Grund der erfolgten Entmündigung ein Vormund bestellt wird, so gelten die vorläufige und die endgültige Vormundschaft als ein Verfahren.

XXXVI. Hinter § 91 werden folgende Vorschriften eingestellt:

§ 91a. Bei keinem Mündel, Pflegebefohlenen oder unter elterlicher Gewalt stehenden Kinde darf der Gesammtbetrag der nach dem § 90 und dem § 91 Nr. 1 zu erhebenden Gebühren denjenigen Betrag übersteigen, der nach § 91 Nr. 1 im Falle der Vormundschaft zu erheben ist.

§ 91b. Drei Zehntheile der Sätze des § 8 des Deutschen Gerichtskostengesetzes werden erhoben:

Gewalthaber nach dessen Konkurs) fällt darunter. Im Falle des § 1693 BGB. (Uebertragung der ganzen oder theilweisen Vermögensverwaltung an den Beistand auf Antrag der Mutter) findet der § 91 [92] Anwendung (Komm. Ber. S. 125), vergl. Abs. 2. In den Fällen des § 1671 (Aenderung der während der elterlichen Gewalt getroffenen Anordnungen) ist für die jedesmalige Anordnung eine Gebühr zu berechnen. Komm. Ber. S. 125.

Zu Nr. XXXV. Der Satz 2 der gestrichenen **Nr. 3** (Anrechnung der Gebühr für die Feststellung des Grundes der gesetzlichen Vormundschaft auf eine andere Vormundschaft) gilt noch als Uebergangsvorschrift (§ 132 Abs. 2).

Nr. 4 stellt klar, daß die Gebühr der Nr. 1 bei Ersetzung der vorläufigen Vormundschaft (§ 1906 ff. BGB.) durch eine endgültige nur ein Mal erhoben wird und daß im Sinne der Nr. 2 beide Vormundschaften zusammen eine fortlaufende Verwaltung bilden. Begr. S. 194.

Zu Nr. XXXVI. § 91a [93]. Die Gebühren dürfen nicht höher werden, als wenn eine Vormundschaft, Pflegschaft oder Beistandschaft eingeleitet wäre. Das Gericht wird geeignete Vorkehrung zu treffen haben, daß bei späteren gebührenpflichtigen Handlungen die früheren Gebühren berücksichtigt werden, z. B. durch Anlegung von Verzeichnissen. Vergl. Komm Prot. XIV S. 8.

Zu § 91b [94]. Im § 91b [94] handelt es sich um die bisher im § 95 behandelten, dem Familienrecht angehörenden „Geschäfte, welche nicht in den Rahmen

1. für Volljährigkeitserklärungen, wenn der Minderjährige nicht unter Vormundschaft steht;
2. für die Ersetzung der elterlichen Einwilligung zur Eingehung der Ehe oder der Einwilligung der Mutter zur Ehelichkeitserklärung;
3. für Entscheidungen, betreffend den Unterhalt der Kinder nach § 1612 des Bürgerlichen Gesetzbuchs;
4. für die Uebertragung der Ausübung der elterlichen Gewalt an die Mutter (§ 1685 Abs. 2 des Bürgerlichen Gesetzbuchs);
5. für die Ersetzung der Zustimmung antheilsberechtigter Abkömmlinge zu Rechtsgeschäften des überlebenden Ehegatten im Falle der fortgesetzten Gütergemeinschaft;
6. für die Thätigkeit des Vormundschaftsgerichts im Falle der Verheirathung des Vaters oder der Mutter sowie für die nach den §§ 1639 Abs. 1, 1640 Abs. 2, 1653, 1666, 1667, 1668, 1670, 1760 Abs. 2 des Bürgerlichen Gesetzbuchs zu treffenden Anordnungen;

der Fürsorgethätigkeit des Vormundschaftsgerichts für Mündel, Pflegebefohlene oder unter elterlicher Gewalt stehende Kinder fallen, sei es, daß es sich überhaupt nicht um solche Personen handelt, sei es, weil die Zahlungspflicht andere Personen trifft, sei es, weil die gleiche Thätigkeit auch bei volljährigen, nicht unter Vormundschaft oder Pflegschaft stehenden, Personen vorkommt." Begr. S. 194.

Zu Nr. 1 vergl. §§ 3—5, 1847 BGB. — Steht der Minderjährige unter Vormundschaft, so wird die Gebühr durch diejenige des § 91 [92] Abs. 1 abgegolten. Vergl. Komm. Ber. S. 127.

Zu Nr. 2 vergl. §§ 1308, 1727 BGB.

Zu Nr. 3. Im Entwurf war neben § 1612 auch der § 1714 BGB. (vormundschaftsgerichtliche Genehmigung der Vereinbarung zwischen dem unehelichen Vater und dem Kinde über den künftigen Unterhalt oder eine Abfindung) aufgeführt; derselbe wurde in der Komm. des AH. gestrichen in der Absicht, daß für diese Genehmigung in keinem Falle eine Gebühr anzusetzen sei. Komm. Ber. S. 127.

Zu Nr. 4 vergl. Abs. 2 dieses Paragraphen. — Der Werth bemißt sich nach §§ 22 [23] Abs. 1. Komm. Ber. S. 125 f.

Zu Nr. 5 vergl. BGB. §§ 1447, 1487.

Zu Nr. 6. Ueber die Thätigkeit des Vormundschaftsgerichts im Falle der Verheirathung des Vaters oder der Mutter vergl. §§ 1314, 1493, 1669; 1710, 1761 BGB. Für die gesammte Thätigkeit, z. B. § 1314 in Verb. mit § 1493 oder mit § 1669, ist die Gebühr nur einmal zu erheben. Komm. Ber. S. 126 BGB.

Der Fall des § 1640 Abs. 1 ist gebührenfrei. Komm. Ber. S. 125. — Wenn das Gericht das Verzeichniß zur Vervollständigung zurückgiebt, so entsteht kein Gebühr.

7. für Entscheidungen, welche die persönlichen Rechtsbeziehungen der Ehegatten zu einander oder das eheliche Güterrecht betreffen;
8. für sonstige Verfügungen des Vormundschaftsgerichts, die sich nicht auf Mündel, Pflegebefohlene oder unter elterlicher Gewalt stehende Kinder beziehen.

Zahlungspflichtig ist in den Fällen unter Nr. 4, 6 der Vater oder die Mutter.

Hat eine Rechnungslegung stattzufinden, so werden neben der im Abs. 1 bestimmten Gebühr die Gebühren des § 91 Nr. 2 erhoben.

XXXVII. Im § 92 Abs. 1 werden vor den Worten „baare Auslagen" die Worte eingeschaltet „die im § 91b bestimmten Gebühren". Die Worte „oder Pflegschaft", „und Pflegschaften" werden durch die Worte „Pflegschaft oder Beistandschaft", „Pflegschaften und Beistandschaften" ersetzt.

An die Stelle des Abs. 3 tritt folgende Vorschrift:

Die Vorschrift des § 11 des Gesetzes, betreffend die Unterbringung verwahrloster Kinder, vom 13. März 1878 (Gesetz-Samml. S. 132) bleibt unberührt.

XXXVIII. An die Stelle der §§ 95 bis 97 treten folgende Vorschriften:

§ 95. Für die gerichtliche Bewilligung der Befreiung von Erfordernissen der Eheschließung, für die gerichtliche Bewilligung von sonstigen Befreiungen, sowie für die

---

Zu Nr. 7 vergl. z. B. §§ 1357, 1358, 1379, 1402, 1447, 1451 BGB. Begr. S. 194.

Zu Nr. 8. Als „sonstige Verfügungen" kommen z. B. das Verhältniß von Vorerben und Nacherben und der Fall in Betracht, daß gewisse Gelder nach Art der Mündelgelder angelegt werden müssen, das Vormundschaftsgericht aber eine andere Anlegung gestattet (§ 1811 BGB. Vergl. Komm. Prot. XV S. 2).

Zu Abs. 2 vergl. § 1667 BGB. (Rechnungslegung des Gewalthabers) in Verb. mit Nr. 6 dieses Paragraphen.

Durch den § 91b [94] ist der bisherige § 95 größtentheils (vergl. Anm. zu XXXVIII) ersetzt; bisher kam in allen Fällen des § 95 die Vorschrift des § 22 [23] Abs. 1 zur Anwendung, künftig nur, wenn keine vermögensrechtliche Angelegenheit (wie z. B. bei Nr. 4) vorliegt. Vergl. Komm. Ber. S. 125f.

Zu Nr. XXXVII. Im Gegensatze zum bisherigen Rechte, nach welchem die Gebühren des bisherigen § 95 nicht zum Ansatze kamen, wenn entweder die allgemeine Gebühr des § 91 [92] Nr. 1 anzusetzen oder zur Wahrnehmung der Interessen der Betheiligten ein Pfleger zu bestellen war (Mügel § 95 Anm. 1, 3), werden die im § 91b [94] bestimmten Gebühren durch die im § 90, 91 [91, 92] bestimmten nicht gedeckt (§ 92 [95] Abs. 1).

Der neue Abs. 3 ist identisch mit dem früheren § 95 Abs. 2.

Zu Nr. XXXVIII. Zu § 95 [98]. Für die Befreiung von Erfordernissen der Eheschließung im Falle der §§ 1313, 1322 BGB. (Wartezeit der Frau) sind

Entgegennahme einer Erklärung über den Familiennamen einschließlich der Beurkundung oder Beglaubigung werden drei Zehntheile der Sätze des § 8 des Deutschen Gerichtskostengesetzes erhoben.

§ 96. Für die Bestätigung des Vertrags, durch welchen Jemand an Kindesstatt angenommen oder das durch die Annahme an Kindesstatt begründete Rechtsverhältniß wieder aufgehoben wird, werden fünf Zehntheile der im § 33 bestimmten Gebühr erhoben. Ist der Vertrag von dem zur Bestätigung zuständigen Gerichte beurkundet, so werden für die Bestätigung besondere Gebühren nicht erhoben.

§ 97. Für die Genehmigung einer Familienstiftung wird die im § 33 bestimmte Gebühr erhoben. Diese Gebühr bleibt außer Ansatz, wenn die Stiftungsurkunde von dem genehmigenden Gericht aufgenommen ist.

die Amtsgerichte zuständig. In den übrigen Fällen (§§ 1303, 1312, 1316, 1322 BGB.) steht die Befreiung nicht den Gerichten, sondern dem Justizminister bezw. dem Minister des Innern zu. Auch die Befreiung von dem Erfordernisse der Vollendung des 50. Lebensjahres und des Altersunterschiedes bei der Annahme an Kindesstatt (§ 1745 BGB.) steht nicht einem Gerichte, sondern dem Justizminister zu. Verordn. zur Ausführung des BGB., Art. 10—14.

Entgegennahme von Erklärungen über Familiennamen u. s. w. s. Art. 68 dieses Gesetzes.

Der Werth des Gegenstandes wird in allen Fällen des § 95 nach § 22 [23] Abs. 1 berechnet, da es sich um nichtvermögensrechtliche Gegenstände handelt. Komm. Ber. S. 128.

Zu § 96 [99]. Vergl. §§ 1741 ff., 1770 BGB.; § 65 des RGes. über d. Angel. der freiw. Gerichtsb.

Für die nach §§ 1750—1752 erforderliche vormundschaftsgerichtliche Genehmigung wird, wenn das Kind unter Vormundschaft steht, neben der Gebühr des § 91 [92] Abs. 1, keine besondere Gebühr erhoben (Komm. Prot. XV S. 2); andernfalls fällt die Genehmigung unter den § 90 [91].

Der bisherige § 96 wird Uebergangsvorschrift (§ 132 [143] Abs. 2).

Zu § 97 [100]. Sofern das Stiftungsgeschäft vor dem genehmigenden Gerichte beurkundet wird, wird die Gebühr durch die im § 45 bestimmte Errichtungsgebühr gedeckt. Dagegen kommt sie nach § 97 [100] zur Hebung, wenn die Genehmigung auf Grund einer privaten oder notariellen oder von einem anderen Gerichte aufgenommenen Urkunde nachgesucht wird.

Für die Genehmigung eines Familienschlusses (Art. 2 § 3 dieses Gesetzes) ist keine Gebühr bestimmt; eine solche würde nach Analogie des § 97 [100] Satz 2 stets außer Ansatz bleiben müssen, weil die Genehmigung immer durch das beurkundende Gericht erfolgt. Vergl. Komm. Ber. S. 128.

Die bisherigen Vorschriften des § 97 sind entbehrlich geworden. Die Bestimmungen des § 97 über Aufgebotsverfahren, für welche die Vorschriften der CPO. nicht maßgebend sind, hatten bisher praktische Bedeutung für das Auf-

XXXIX. Im § 98 werden eingeschaltet im Satz 1 hinter dem Worte „Gegenständen" die Worte „sowie für die Bestellung eines Dispacheurs oder eines Verwahrers einschließlich der Bestimmung seiner Vergütung", im Satz 2 hinter dem Worte „Zustandes" die Worte „oder Werthes".

XXXX. Hinter § 98 werden folgende Vorschriften als § 98a eingestellt:

Wird bei dem Gericht eine Verhandlung über die vom Dispacheur aufgemachte Dispache beantragt, so sind für das gesammte Verfahren drei Zehntheile der Sätze des § 8 des Deutschen Gerichtskostengesetzes zu erheben. Als Werth des Gegenstandes ist anzusehen der Betrag des Havereischadens, wenn jedoch der Werth des Geretteten an Schiff, Fracht und Ladung geringer ist, dieser geringere Betrag. Wird die Dispache bestätigt, so haften die am Verfahren Betheiligten für die Kosten als Gesammtschuldner.

XXXXI. Im § 99 erhält Abs. 1 folgende Fassung:

---

gebot nach § 106 der GBO.; dieses Aufgebot wird aber durch das nach den Vorschriften der CPO. (§§ 892 ff.) vorzunehmende Aufgebot nach § 1171 des BGB. ersetzt. Ebenso finden Todeserklärungen ohne Aufgebot in Zukunft nicht mehr statt. Abwesenheitserklärungen und Einweisungen in den Besitz des Vermögens eines Abwesenden kommen nach Art. 161 des EG. z. BGB. noch für eine Uebergangszeit in Frage; insoweit wird die Fortgeltung der bisherigen Vorschriften durch § 132 [143] Abs. 2 gesichert. Begr. S. 195.

Zu Nr. XXXIX. Die Ergänzungen des § 98 [101] wurden durch §§ 145, 164, 165 RGes. üb. d. Angel. der freiw. Gerichtsb., § 729 des HGB., § 87 des Binnenschifffahrtsgesetzes (RGBl. 1898 S. 868) nöthig. Begr. S. 196. Vergl. Komm. Ber. S. 128

Für Anordnungen, welche die Feststellung des Zustandes und des Werthes zugleich betreffen, wird die Gebühr nur einmal erhoben. Komm. Ber. S. 128.

Zu Nr. XXXX. **§ 98a** [102]. Vergl. RGes. üb. d. Angel. der freiw. Gerichtsb. §§ 153 ff. — Die Vorschrift des Satz 2 wegen der Werthsbestimmung stimmt mit der Allg. Verf. des Justizministers vom 26. September 1864 (JMBl. S. 270) überein.

Der Satz 3 des § 98a [102] ist eine Ausnahme von §§ 1, 2, insofern als nicht der Antragsteller, sondern die am Verfahren Betheiligten als Gesammtschuldner haften; der Grund liegt darin, weil aus der bestätigten Dispache zu Gunsten aller Betheiligten die Zwangsvollstreckung stattfindet (§ 158 des RGes. üb. d. Angel. d. freiw. Gerichtsb.) — Kommt es nicht zur Bestätigung, so tritt nach § 1 die Haftung des Antragstellers ein. Begr. S. 196.

Zu Nr. XXXXI. **§ 99** [103]. Die §§ 132—139 des RGes. üb. d. Angel. d. freiw. Gerichtsb. betreffen die Ordnungsstrafen auf Grund der §§ 14, 319, 325 Nr. 9 des HGB.

In dem nach den §§ 132 bis 139 des Gesetzes über die Angelegenheiten der freiwilligen Gerichtsbarkeit eintretenden Verfahren werden in jeder Instanz die Sätze des § 8 des Deutschen Gerichtskostengesetzes erhoben

1. für die Festsetzung der Ordnungsstrafe;
2. für die Verhandlung in den nach § 134 anberaumten Terminen;
3. für die Anordnung einer Beweisaufnahme.

Der Abs. 4 Satz 2 wird gestrichen.

Als Abs. 5 wird hinzugefügt:

Die Vorschriften der Abs. 1 bis 4 finden auf andere Fälle der Festsetzung von Ordnungsstrafen, insbesondere nach § 151 des Gesetzes über die Angelegenheiten der freiwilligen Gerichtsbarkeit, entsprechende Anwendung.

XXXXII. Im § 100 werden die Worte „und den Einführungsgesetzen zu demselben, sowie" gestrichen. Hinter dem Worte „erfordern" werden folgende Worte eingefügt „sowie von Angelegenheiten ähnlicher Art".

In der Komm. des AH. bestand darüber Einverständniß, daß eine Gebühr nach Nr. 2 nicht zu erheben ist, wenn der Betheiligte nicht erscheint, sowie darüber, daß die Beschwerdeinstanz eine neue Instanz ist. Komm. Ber. S. 129.

Der bisherige Abs. 4 Satz 2 ist durch § 138 des RGes. üb. d. Angel. der freiw. Gerichtsb. ersetzt.

Die Vorschriften in Abs. 1—4 greifen in allen Anwendungsfällen der §§ 132—139 a. a. O. Platz, also auch in den Fällen der §§ 140 und 159 a. a. O.; § 127 des Binnenschifffahrtsges. (RGBl. 1898 S. 868); § 160 des Genossenschaftsges. (RGBl. 1898 S. 810); §§ 39, 40, 44, 65, 67 und, soweit es sich um Eintragungen bei einer Zweigniederlassung handeln könnte, in den Fällen des § 79 des Ges., betr. die Gesellschaften mit beschränkter Haftung (RGBl. 1898 S. 846). Begr. S. 196, Komm. Ber. S. 129.

„Andere Fälle" im Sinne des Abs. 5 sind außer dem im Texte angezogenen Paragraphen, z. B. Art. 15 des Preuß. Ges. üb. d. freiw. Gerichtsb.; § 78 und § 2259 BGB. verb. mit § 83 des RGes. üb. d. Angel. der freiw. Gerichtsb. Vergl. Begr. S. 196; Komm. Ber. S. 129.

Auf die Verhängung von Ordnungsstrafen gegen den zum Vormund Ausgewählten, gegen den Vormund, gegen die Mitglieder des Familienrathes oder sonst in Vormundschafts-, Pflegschafts- und Beistandssachen (§§ 1788, 1837, 1875, 1915, 1693 BGB.) findet nicht der § 99 [103], sondern der § 92 [95] (Gebührenfreiheit) Anwendung. Vergl. Komm. Ber. S. 129.

Zu Nr. XXXXII. § 100 [104]. Die bisher im § 100 [104] mit aufgeführten Einführungsgesetze z. HGB. sind durch den Art. 7 des AG. z. HGB. aufgehoben.

Als „Angelegenheiten ähnlicher Art" sind im Komm. Ber. S. 130 aufgeführt: in Vereinssachen die Ermächtigung von Vereinsmitgliedern zur Berufung der Mitgliederversammlung und die Bestimmung über die Führung des Vorsitzes nach dem § 37 BGB. in Verb. mit § 160 des RGes. üb. d. Angel. d. freiw.

XXXXIII. Der § 101 erhält folgenden Zusatz:

Das Gleiche gilt von der gerichtlichen Festsetzung der einem Betheiligten zu erstattenden Kosten, von Zeugnissen über die Rechtskraft, sowie von gerichtlichen Vollstreckungshandlungen nach Artikel 17 des Preußischen Gesetzes über die freiwillige Gerichtsbarkeit.

Der § 101 ist in den Abschnitt 9, der die Ueberschrift „Gemeinschaftliche Bestimmungen für die Abschnitte 2 bis 8" erhält, hinter § 107 einzustellen.

XXXXIV. Im § 103 Abs. 2 wird folgende Vorschrift hinzugefügt:

Gebühren und Auslagen werden nicht erhoben, soweit die Gegenseitigkeit verbürgt ist. Ob diese Voraussetzung gegeben ist, entscheidet der Justizminister.

Gerichtsb.; die Bestellung von Vorstandsmitgliedern nach § 29 BGB. und von Liquidatoren nach § 48 a. a. O.; in Genossenschaftssachen: Die Ermächtigung von Genossen zur Berufung der Generalversammlung nach § 45 des Genossenschaftsgesetzes, die Bestellung des Revisors nach § 61 das., die Ernennung und Abberufung von Liquidatoren nach § 83 das., die Bestimmung der Genossen oder des Dritten zur Verwahrung der Bücher und Schriften der aufgelösten Genossenschaft nach § 93 das.; ferner die Fälle der §§ 66, 74 des Gesetzes betr. die Gesellschaften mit beschränkter Haftung.

Zu Nr. XXXXIII. Nach dem bisherigen **§ 101** [112] sind auf die Entscheidung über die Ertheilung einer vollstreckbaren Ausfertigung in allen Fällen die Vorschriften des Deutschen GKG. anzuwenden. Der unter Nr. XXXXIII bestimmte Zusatz macht diese Vorschriften auch anwendbar auf die gerichtliche Festsetzung der einem Betheiligten zu erstattenden Kosten (Art. 10 ff. des Preuß. Ges. über die freiw. Gerichtsb.), auf die Ertheilung von Zeugnissen über die Rechtskraft (§ 31 des RGes. über die Angel. der freiw. Gerichtsb.), sowie auf die gerichtlichen Vollstreckungshandlungen nach Art 17 des angezogenen Preuß. Ges., insbesondere auch auf die Abnahme des Offenbarungseides nach Art. 17 Abs. 2 das. Begr. S. 197.

Die anwendbaren Vorschriften des Deutschen GKG. sind namentlich: § 27 Nr. 2, § 35 Nr. 2, § 38 Nr. 1, §§ 39, 43, § 47 Nr. 16 und Abs. 3. Begr. S. 197.

Zu Nr. XXXXIV. „Nach § 2 des Ges. über die Angel. d. freiw. Gerichtsb. haben sich die Gerichte in diesen Angelegenheiten Rechtshülfe nach denselben Grundsätzen wie in der streitigen Rechtspflege zu leisten. Für letztere ergiebt sich aus den Grundsätzen des Deutschen GKG., daß für die gerichtliche Thätigkeit aus Anlaß eines Ersuchens um Rechtshülfe besondere Gebühren nicht zu erheben sind. Eine ähnliche Bestimmung ist für die freiwillige Gerichtsbarkeit reichsgesetzlich nicht getroffen. Die nach § 2 a. a. O. anzuwendende Vorschrift des § 165 GVG. beseitigt nur die Erstattung von Rechtshülfekosten seitens des ansuchenden Staates, schließt aber die Erhebung von Gebühren von den Parteien nicht aus. Der zu **§ 103** [106] vorgeschlagene Zusatz soll die Herbeiführung einer Verständigung unter den Bundesstaaten über die Behandlung der Kosten

XXXXV. Im § 106 Nr. 1 ist statt „In Grundbuchsachen" zu setzen „In Grundbuchsachen und in Schiffspfandsachen". Am Schlusse der Nr. 1 ist hinzuzusetzen:

Die Aufnahme von Anträgen und Erklärungen nach § 11 des Gesetzes über die Angelegenheiten der freiwilligen Gerichtsbarkeit ist auch in Angelegenheiten, für welche Gerichte eines anderen Bundesstaats zuständig sind, gebührenfrei, sofern die Gegenseitigkeit verbürgt ist. Ob diese Voraussetzung gegeben ist, entscheidet der Justizminister.

Am Schlusse der Nr. 3 ist hinzuzusetzen:

Als Beschwerde im Sinne dieses Gesetzes ist auch die Anrufung einer Entscheidung des Landgerichts nach Artikel 51 Abs. 2 des Preußischen Gesetzes über die freiwillige Gerichtsbarkeit anzusehen.

Im Satz 2 ist statt „Anwendung" zu setzen:

„mit der Maßgabe Anwendung, daß die Gebühr für die Zurücknahme 6 Mark, die Gebühr für die Verwerfung der Beschwerde 20 Mark nicht übersteigen darf".

---

der Ersuchen um Rechtshülfe erleichtern." Begr. S. 197. Vergl. Komm. Ber. S. 130 unter Nr. XXXXII.

Zu Nr. XXXXV. 1. Die Gleichstellung der Schiffspfandsachen mit den Grundbuchsachen ist eine Konsequenz des § 43.

2. „Aus den §§ 29, 30 der RGBO., Art. 5 des AG. z. RGBO. und §§ 107, 108 des RGes. üb. d. Angel. der freiw. Gerichtsb. ist zu entnehmen, daß ein Antrag in Grundbuch- und Schiffspfandsachen im Sinne des § 106 nur dann gebührenpflichtig ist, wenn dieser Antrag zugleich eine zur Eintragung erforderliche Erklärung ersetzen soll, daß hingegen der Antrag, wenn die Eintragungsbewilligungen oder die sonstigen zu der Eintragung erforderlichen Erklärungen der von der Aenderung Betroffenen in öffentlicher Form vorliegen oder dem Antrage beigefügt sind, gebührenfrei sind, mag er auch von demjenigen gestellt sein, dessen Recht durch die Eintragung betroffen wird." Komm. Ber. S. 131.

3. Die bisher im § 71 des AG. z. GVG. enthaltenen Vorschriften über die Aufnahme von Erklärungen durch einen Gerichtsschreiber werden hinsichtlich der durch Reichsgesetz den Gerichten übertragenen Angelegenheiten durch die reichsgesetzliche Vorschrift im § 11 des RGes. üb. d. Angel. der freiw. Gerichtsb., nach welcher Anträge und Erklärungen zu Protokoll des Gerichtsschreibers des zuständigen Gerichts oder eines Amtsgerichts erfolgen können, ersetzt. Auch diese Anträge sind gebührenfrei, und zwar im Falle der Gegenseitigkeit auch in Angelegenheiten, für welche die Gerichte eines anderen Bundesstaats zuständig sind. Begr. S. 197.

4. Der im Texte angezogene Art. 51 Abs. 2 des Preuß. Ges. üb. d. freiw. Gerichtsb. betrifft die Anrufung der Entscheidung des Landgerichts im Falle der Weigerung des Notars, Ausfertigungen oder Abschriften zu ertheilen oder die Einsicht zu gestatten.

XXXXVI. Hinter § 106 werden als § 106a folgende Vorschriften eingestellt:

Auf die Ertheilung beglaubigter Abschriften aus den Gerichtsakten finden, soweit nicht ein Anderes bestimmt ist, die Vorschriften des § 51 Anwendung.

Soweit für die Ertheilung von Bescheinigungen oder beglaubigten Abschriften aus gerichtlichen Registern eine Gebühr nicht bestimmt ist, wird neben den Schreibgebühren der tarifmäßige Stempel erhoben.

XXXXVII. Im § 111 werden die Worte „Aufnahme oder Annahme einer letztwilligen Verfügung" ersetzt durch die Worte:

„Errichtung eines Testaments oder eines Erbvertrags".

XXXXVIII. Hinter § 122 wird folgende Vorschrift eingestellt:

§ 122a. Auf ein Vertheilungsverfahren im Falle einer Enteignung (Artikel 53, 54, 109 des Einführungsgesetzes zum Bürgerlichen Gesetzbuch) oder der Beschädigung eines Grundstücks durch Bergbau finden die Vorschriften über ein Vertheilungsverfahren im Falle der Zwangsvollstreckung entsprechende Anwendung. Wird der Antrag auf Eröffnung des Verfahrens zurückgewiesen oder wird er zurückgenommen, ehe die Eröffnung des Verfahrens verfügt ist, so wird ein Zehntheil der im § 8 des Deutschen Gerichtskostengesetzes bestimmten Gebühr nach dem den Gegenstand des Verfahrens bildenden Gesammtbetrag und, wenn ein Be-

5. Der bestimmte Höchstbetrag von 20 Mark und 6 Mark steht im Einklang mit Nr. 3 Satz 1 und Nr. 2.

Zu Nr. XXXXVI. Die Ertheilung beglaubigter Abschriften aus den Gerichtsakten — **§ 106a** [110] — ist nach § 34 des RGes. üb. d. Angel. d. freiw. Gerichtsb. zulässig. — Bei der Anwendung des § 51 stehen gerichtliche Verfügungen den „Urkunden, welche das Gericht selbst aufgenommen hat," gleich. Begr. S. 198.

„Die Vorschrift in Abs. 2 soll eine durch das Börsengesetz entstandene Lücke des Kostengesetzes ausfüllen und überhaupt eine allgemeine Regel zur Ergänzung der besonderen Vorschriften über Abschriften und Bescheinigungen aus gerichtlichen Registern (§§ 76, 77a, 77b, 78 Abs. 3, 80) geben." Begr. S. 198. Vergl. §§ 54, 56 des Börsengesetzes. Komm. Ber. S. 131.

Zu Nr. XXXXVIII. Ueber das Vertheilungsverfahren im Falle eines Bergbauschadens vergl. Art. 67 EG. z. BGB. und Anm. zu Art. 37 Nr. XI (oben S. 127).

Unter die Vorschrift des § 122a [122] fällt auch der Fall des § 35 des AG. z. RGes. üb. d. Zwangsverst. und die Zwangsverw. Komm. Ber. S. 131.

Die für die Zurückweisung oder Zurücknahme des Antrags bestimmte Gebühr entspricht dem § 31 des Gesetzes v. 18. April 1887 über das Verfahren ꝛc. im Geltungsbereich des Rheinischen Rechtes (GS. S. 117). Begr. S. 198.

rechtigter der Antragsteller ist und der von diesem Berechtigten beanspruchte Betrag geringer ist als der Gesammtbetrag, nach dem Betrage des Anspruchs erhoben.

XXXXIX. An die Stelle des § 124 Abs. 2 tritt folgende Vorschrift:
Unberührt bleiben die nach dem 25. Juni 1895 erlassenen Vorschriften über das Kostenwesen.

L. Im § 132 Abs. 1 Satz 1 werden die Worte „1. Oktober 1895" ersetzt durch die Worte „Bürgerlichen Gesetzbuche"; im Satz 2 werden die Worte „am 1. Oktober 1895" gestrichen.

Als Abs. 2, 3 werden folgende Vorschriften hinzugefügt:

Soweit nach Uebergangsvorschriften noch Geschäfte vorkommen, für welche in diesem Gesetze keine Bestimmungen getroffen sind, bleiben die bisherigen Vorschriften maßgebend. Die Vorschriften über die Kosten der ersten Anlegung der Grundbücher bleiben bis zu dem Zeitpunkt in Kraft, zu welchem das Grundbuch als angelegt anzusehen ist.

Die Vorschriften der §§ 12 bis 17, 23 bis 27 treten auch für die früher fällig gewordenen Kosten in Kraft; die Vorschriften im Artikel 169 des Einführungsgesetzes zum Bürgerlichen Gesetzbuche finden entsprechende Anwendung.

§ 2. Der Justizminister wird ermächtigt, den Text des Preußischen Gerichtskostengesetzes, wie er sich aus den im § 1 sowie in dem Ausführungsgesetze zur Grundbuchordnung vorgesehenen Aenderungen ergiebt, unter fortlaufender Nummernfolge der Paragraphen und unter Herstellung einer einheitlichen Schreibweise durch die Gesetzsammlung bekannt zu machen. Hierbei ist den Verweisungen auf die Vorschriften der Civilprozeßordnung dieses Gesetz in der Fassung des vom Reichs-

---

Zu Nr. XXXXIX. Der bisherige § 124 [137] Abs. 2 verzeichnet die wichtigsten durch § 124 Abs. 1 aufgehobenen Gesetze; selbstverständlich leben dieselben in Folge der Streichung des Abs. 2 nicht wieder auf; die Streichung bezweckt nur, eine Wiederholung des Verzeichnisses in der Neufassung des Gesetzes zu vermeiden. Begr. S. 198.

Unter den „nach dem 25. Juni 1895 erlassenen Vorschriften" sind die gesetzlichen, z. B. die im Anerbengesetze enthaltenen, verstanden (vergl. Abs. 1). Komm. Ber. S. 132.

Zu Nr. L. (**§ 132** [143]). Als Uebergangsvorschriften bleiben z. B. die bisherigen §§ 40, 41, 71 (A F 1 und 2 der Anlage), § 43 Nr. 4, bis das Grundbuch als angelegt anzusehen ist; § 44 Abs. 3, §§ 81, 83, wenn der Erbfall vor dem Inkrafttreten des BGB. eingetreten ist; § 97.

Zu Artikel 86 § 2 siehe die Anm. 1 zu Art. 86, oben S. 317.

kanzler im Reichsgesetzblatte für 1898 S. 410 veröffentlichten Textes, den Verweisungen auf die Vorschriften des Preußischen Gesetzes über die freiwillige Gerichtsbarkeit dieses Gesetz in der endgültig festgestellten Fassung zu Grunde zu legen. Als besondere Paragraphen sind einzuschalten die Bestimmungen des § 17 Abs. 4 hinter § 21, die Bestimmungen des letzten Absatzes des § 81 hinter § 81.

Soweit in anderen Gesetzen auf Vorschriften des Preußischen Gerichtskostengesetzes verwiesen ist, treten die entsprechenden Vorschriften des durch den Justizminister bekannt gemachten Textes an die Stelle.

Schlußbestimmungen.

Artikel 87.

Soweit in Gesetzen auf Vorschriften verwiesen ist, welche durch dieses Gesetz außer Kraft gesetzt werden, treten an deren Stelle die entsprechenden neuen Vorschriften.

Artikel 88.

Die in den Artikeln 57, 58 des Einführungsgesetzes zum Bürgerlichen Gesetzbuche gemachten Vorbehalte gelten auch gegenüber den Vorschriften dieses Gesetzes.

Schlußbestimmungen.

Artikel 88.

Die im Text angezogenen Artikel des EG. z. BGB. lauten:

Art. 57. In Ansehung der Landesherren und der Mitglieder der landesherrlichen Familien sowie der Mitglieder der Fürstlichen Familie Hohenzollern finden die Vorschriften des BGB. nur insoweit Anwendung, als nicht besondere Vorschriften der Hausverfassungen oder der Landesgesetze abweichende Bestimmungen enthalten.

Das Gleiche gilt in Ansehung der Mitglieder des vormaligen Hannoverschen Königshauses, des vormaligen Kurhessischen und des vormaligen Herzoglich Nassauischen Fürstenhauses.

Art. 58. In Ansehung der Familienverhältnisse und der Güter derjenigen Häuser, welche vormals reichsständisch gewesen und seit 1806 mittelbar geworden sind oder welche diesen Häusern bezüglich der Familienverhältnisse und der Güter durch Beschluss der vormaligen deutschen Bundesversammlung oder vor dem Inkrafttreten des BGB. durch Landesgesetz gleichgestellt worden sind, bleiben die Vorschriften der Landesgesetze und nach Maassgabe der Landesgesetze die Vorschriften der Hausverfassungen unberührt.

Das Gleiche gilt zu Gunsten des vormaligen Reichsadels und derjenigen Familien des landsässigen Adels, welche vor dem Inkrafttreten des BGB. dem vormaligen Reichsadel durch Landesgesetz gleichgestellt worden sind.

Artikel 89.

Die nachstehenden Vorschriften werden, soweit sie nicht schon in Folge Reichsgesetzes außer Kraft treten, unbeschadet der Uebergangsvorschriften, aufgehoben:

1. folgende Vorschriften des Allgemeinen Landrechts, soweit sie sich nicht auf öffentliches Recht beziehen:

Artikel 89.

Das Verhältniß des BGB. zu den Landesgesetzen ist im dritten Abschnitte des EG. an sich erschöpfend dahin geordnet, daß die privatrechtlichen Vorschriften der Landesgesetze außer Kraft treten, soweit nicht in dem BGB. oder im EG. ein Anderes bestimmt ist (Art. 55). Indessen stellt dieser Grundsatz der Praxis in der Ermittelung, welche Vorschriften des bisherigen Landesrechts aufgehoben und welche in Geltung geblieben sind, eine außerordentlich umfangreiche und zum Theil schwierige Aufgabe. Die Entscheidung wird nicht selten zweifelhaft sein, da sie davon abhängt, ob eine Vorschrift privatrechtlicher Natur und bejahendenfalls, ob sie durch einen der zu Gunsten der Landesgesetze gemachten Vorbehalte gedeckt ist. Im Interesse der Erleichterung wie der Sicherheit der Rechtsanwendung will daher der vorliegende Artikel soweit thunlich zur Klärung des künftigen Rechtszustandes beitragen.

Gesetze, welche ihrem ganzen Inhalte nach durch Reichsgesetz aufgehoben sind, werden im Art. 89 nicht aufgeführt, weil die bloße Klarstellung der reichsgesetzlichen Aufhebung nicht Sache der Landesgesetzgebung ist; das Gesetz geht davon aus, daß es namentlich gegenüber den bestehenden Kodifikationen, welche von dem neuen Reichsrechte theilweise berührt werden, darauf ankommt, der Praxis ihre Aufgabe zu erleichtern. Dies geschieht in der Weise, daß die betreffenden Gesetze insoweit, als sie nicht schon in Folge Reichsgesetzes außer Kraft treten, ganz oder abschnittsweise aufgehoben und nur, soweit erforderlich, bestimmte Vorschriften von der Aufhebung ausgenommen werden. Die Frage, ob die letzteren Vorschriften durch einen Vorbehalt gedeckt sind, wird hierdurch selbstverständlich der richterlichen Nachprüfung nicht entzogen. Begr. S. 200.

Die Aufhebung erfolgt, wie im Eingange des Art. 89 besonders hervorgehoben wird, nur mit der Einschränkung, die sich auch gegenüber der Aufhebungsklausel des Art. 55 des EG. aus dessen viertem Abschnitt ergiebt, nämlich „unbeschadet der Uebergangsvorschriften". Als solche kommen außer den reichsgesetzlichen Vorschriften der Art. 153 ff. des EG. die in dem vorliegenden Ausführungsgesetze selbst enthaltenen Uebergangsbestimmungen in Betracht (vergl. z. B. Art. 45 § 2, Art. 47 § 2 u. s. w.).

In Bezug auf die einzelnen im Art. 89 ganz oder theilweise aufgehobenen Gesetze ist Folgendes zu bemerken:

Zu Nr. 1. Ueber das **Allgemeine Landrecht** bemerkt die Begr. S. 200 ff. im Allgemeinen: „Das ALR. wird bei der ihm eigenthümlichen Vereinigung von Privatrecht und öffentlichem Rechte, soweit es sich auf das öffentliche Recht bezieht, von der reichsgesetzlichen Kodifikation des Privatrechts nicht berührt.

a) die Einleitung mit Ausnahme der §§ 74, 75;

Die letztere bietet auch keinen Anlaß, öffentrechtliche Vorschriften des Landrechts landesgesetzlich zu beseitigen. Die Aufhebung landrechtlicher Vorschriften soll daher allgemein nur insoweit erfolgen, als sich die Vorschriften nicht auf das öffentliche Recht beziehen. Diese Einschränkung beeinträchtigt den Werth der Aufhebung für die gerichtliche Praxis nur in geringem Maße. Sie ermöglicht andererseits, aus den vorwiegend privatrechtlichen Abschnitten des Landrechts, also dem I. Theile und den ersten 5 Titeln des II. Theiles, im Uebrigen nur die Vorschriften von der Aufhebung auszuschließen, die durch Vorbehalte des EG. z. BGB. gedeckt sind und auch nicht landesgesetzlich als entbehrlich beseitigt werden können."

a) „Anlangend die Einleitung zum ALR." — so fährt die Begr. S. 201 fort — „so können die Vorschriften der §§ 1—73 über die Gesetze im Allgemeinen, soweit sie nicht schon ihre Geltung verloren haben (§§ 7—11, 13, 18, 20, 47, 48, 50, 52), mit der vorbezeichneten allgemeinen Einschränkung sämmtlich aufgehoben werden. Der § 1, welcher die Bedeutung des Landrechts als Kodifikation des geltenden Rechtes feststellt, entspricht schon dem bisherigen Rechtszustande nicht mehr und wird durch das neue Reichsrecht vollends unhaltbar. Ersteres gilt auch von der Bestimmung des § 2 über die Gesetzeskraft von Provinzialverordnungen und Statuten. Soweit die Vorschriften der §§ 3, 4 über die verbindende Kraft des Gewohnheitsrechts und der Observanzen für die dem Landesrechte vorbehaltenen Rechtsgebiete an sich in Kraft bleiben, würde ihre formelle Aufrechterhaltung doch dem Standpunkte der Reichsgesetzgebung widersprechen, die sich dafür entschieden hat, von einer gesetzlichen Regelung des Verhältnisses zwischen dem Gewohnheitsrecht und dem Gesetzesrecht abzusehen und die Bestimmung jenes Verhältnisses der Wissenschaft und Praxis zu überlassen (vergl. insbesondere die Prot. der 2. Komm. S. 8770 ff.). Der § 5 kann als selbstverständlich wegfallen (Koch, Kommentar Anm. 9 zu § 5). Bezüglich des § 6 greifen ähnliche Erwägungen Platz, wie gegenüber den §§ 3, 4. Eine Bestimmung über die Unentschuldbarkeit des Rechtsirrthums, wie sie der § 12 enthält, ist, soweit richtig, selbstverständlich und deshalb auch in das BGB. nicht aufgenommen (Mot. z. BGB. Bd. 1 S. 281). Ebenso sind die allgemeinen Grundsätze der § 14—17, 19 über die zeitliche Herrschaft der Gesetze, soweit sie noch in Geltung bleiben würden, entbehrlich (vergl. die Motive a. a. O. S. 19 ff.) und das Gleiche gilt vom § 21.

Die Vorschriften der §§ 22—45 über die Kollision der privatrechtlichen Gesetze werden für die nicht dem Landesrechte vorbehaltenen Gebiete unzweifelhaft durch die Art. 7—31 des EG. z. BGB. ersetzt. Auf Grund der Vorbehalte zu Gunsten der Landesgesetzgebung bleiben zwar etwaige besondere Bestimmungen über die örtlichen Grenzen des Geltungsgebiets der landesgesetzlichen Vorschriften bestehen und für die Zukunft zulässig (vergl. Protokolle der 2. Komm. S. 8170 f.). Indessen folgt hieraus nicht, daß allgemeine Vorschriften wie die des Landrechts für die vorbehaltenen Gebiete in Kraft bleiben, vielmehr treten an deren Stelle ohne Weiteres auch für die vorbehaltenen Gebiete die reichsrechtlichen Bestimmungen. Wie die letzteren der Wissenschaft und Praxis ein weites Feld lassen, kann diesen auch die Lösung der Zweifel vor-

b) der erste Theil mit Ausnahme des § 24 des 1. Titels,

---

behalten bleiben, die sich etwa bei der Anwendung der reichsgesetzlichen Vorschriften auf das Verhältniß der vorbehaltenen Landesgesetze unter einander und zu den Gesetzen ausländischer Staaten ergeben. Die weiteren Bestimmungen über die Auslegung und die Aufhebung der Gesetze (§§ 46—72) verlieren ihre bisherige allgemeine Bedeutung und können für ihr noch übrig bleibendes Anwendungsgebiet, soweit sie sich nicht auf das öffentliche Recht beziehen, aus den gleichen Gründen entbehrt werden, aus denen entsprechende Vorschriften in das BGB. nicht aufgenommen worden sind (Mot. Bd. 1 S. 14 ff., 19)." Begr. S. 201.

„Von dem 2. Unterabschnitte der Einleitung, betreffend „Allgemeine Grundsätze des Rechts" ist der an der Spitze stehende Satz des § 73 entbehrlich. Die **§§ 74, 75,** welche grundlegende Bestimmungen über die Zwangsenteignung enthalten, sind durch Art. 109 des EG. gedeckt und müssen aufrecht erhalten werden. Die §§ 76—78 werden, soweit sie sich nicht auf das öffentliche Recht beziehen, durch die reichsgesetzlichen Vorschriften über Selbstvertheidigung und Selbsthülfe (BGB §§ 226 ff.) ersetzt. Der § 79 ist bezüglich der Unzulässigkeit von Ausnahmegerichten und der Statthaftigkeit eines schiedsrichterlichen Verfahrens durch die spätere Gesetzgebung ersetzt und berichtigt (Verfassungsurkunde Art. 7; GVG. § 16; CPO. §§ 1025 ff., bisher §§ 851 ff.). Auch der § 80 bedarf nicht der Aufrechterhaltung (vergl. § 5 des EG. z. CPO.). In Betreff der Entbehrlichkeit der §§ 82—108 kann auf die Ausführungen verwiesen werden, mit welchen in den Motiven zum BGB. (Bd. 1 S. 271—277) die Ablehnung derartiger allgemeiner Vorschriften begründet ist. Indessen erfolgt auch die Aufhebung dieser Vorschriften nur mit der mehr erwähnten allgemeinen Einschränkung." Begr. S. 202.

b) Zum I. Theil führt die Begr. Folgendes aus: „Im 1. Titel des I. Theiles sind die einleitenden Begriffsbestimmungen (§§ 1—4, 6—13), soweit sie etwa für das öffentliche Recht Geltung behalten würden, entbehrlich. Die Aufrechterhaltung der §§ 17, 18 wäre mit dem Standpunkte des BGB. unvereinbar (Mot. Bd. 1 S. 28). Der **§ 24** ist im Entw. von der Aufhebung ausdrücklich ausgenommen, um klarzustellen, daß der in ihm ausgesprochene wichtige Grundsatz der Gleichberechtigung beider Geschlechter nur theilweise durch das Reichsrecht ersetzt wird. Im Uebrigen tritt der erste Titel in Folge Reichsgesetzes außer Kraft. Das Gleiche gilt fast durchgängig von den folgenden Titeln bis zum siebenten einschließlich. Nur einzelne Bestimmungen sind hier zu erwähnen. Der § 29 des 3. Titels kann, auch soweit er öffentliches Recht enthält, unbedenklich gestrichen werden. Im 5. Titel ist der § 29, demzufolge öffentliche Kassen nur unter Genehmigung des vorgesetzten Departements durch Verträge verpflichtet werden, zwar vom Reichsrechte nicht berührt, aber entbehrlich, da die Vertretung der verschiedenen öffentlichen Kassen durch besondere Bestimmungen geregelt ist. Der § 30 enthält eine privatrechtliche Vorschrift, die reichsgesetzlich aufgehoben wird. Bezüglich der §§ 111—115, die sich mit der Bestimmung der für die Form der Verträge maßgebenden Gesetze befassen, gilt das zu den §§ 22—45 der Einleitung Bemerkte. Die Vorschrift des § 137 über die Form des Gesindemiethvertrags ist neben § 22 der Gesinde-

der §§ 29 bis 69, 71 bis 82, 96 bis 117, 125 bis 131, 133, 137 bis 140, 142 bis 144, 146 bis 148, 152, 153,

ordnung v. 8. November 1810 überflüssig. Die §§ 175—178 und der § 5 des Anhanges werden, wenn anders sie auf Grund des § 200 des Ges. üb. d. Angel. der freiw. Gerichtsb. als ergänzende Vorschriften über die Beurkundung von Verträgen Schreibensunkundiger in Kraft bleiben würden, durch Art. 151 des EG. z. BGB. und auf Grund des § 169 und § 177 Abs. 2 des letztgenannten Reichsgesetzes und Art. 41 des Preußischen Ges. üb. d. freiw. Gerichtsb. ersetzt. Die Vorschriften der §§ 201, 202, 204 über die gerichtliche Bestätigung der Verträge sind als öffentlichrechtliche nicht wohl anzusehen; jedenfalls ist kein Grund zu ihrer Aufrechterhaltung vorhanden."

Bezüglich der Aufhebung der §§ 61—63, 67, 68 des 6. Titels, welche nach Art. 95 des EG. an sich in Kraft bleiben würden, ist auf S. 46 Anm. 2 zu Art. 14 § 1 zu verweisen.

„Die Vorschriften des 8. und 9. Titels sind in erheblichem Umfange durch Vorbehalte des EG. gedeckt und, soweit dies zutrifft, unentbehrlich. Im Titel 8 bilden die **§§ 29—31** eine für die Rechtsprechung wichtige Ergänzung der allgemeinen Enteignungsgrundsätze der Einleitung §§ 74, 75 (vergl. die Anmerkungen in Koch's Kommentar zu den §§ 29, 31). Die **§§ 32—69, 71—82** enthalten zumeist Vorschriften, die im öffentlichen Interesse das Eigenthum in Ansehung thatsächlicher Verfügungen beschränken und durch Art. 111 des EG. gedeckt sind. Wenn der Entw. auch die gegen den Verfall ländlicher Grundstücke gerichteten **§§ 60—64** von der Aufhebung ausnimmt, so stimmt dies mit dem Verhalten überein, welches das Gesetz über die Zwangsvollstr. in das unbewegliche Vermögen v. 13. Juli 1883 in § 180 Abs. 2 Nr. 4, § 187 beobachtet hat. Die Streitfrage über den Fortbestand jener Vorschriften gesetzlich zu entscheiden, liegt umsoweniger Anlaß vor, als das Reichsgericht in neuerer Zeit zu ihr Stellung genommen und sich für den Fortbestand ausgesprochen hat (Gruchot, Beiträge Bd. 34 S. 880). Bezüglich der **§§ 76, 77** kommt der Vorbehalt des Art. 119 Nr. 3 des EG., betr. die Beschränkung der Vereinigung von Grundstücken, in Betracht. Die Vorschrift des **§ 81** über das Recht der Hauseigenthümer zur Nutzung des Bürgersteigs bleibt ihres öffentlichrechtlichen Inhalts wegen in Kraft. Auf die schon aufgehobenen §§ 83—95 folgen wasserrechtliche Vorschriften **(§§ 96—117)**, die durch Art. 65 des EG., soweit sie noch gelten, aufrecht erhalten werden. Auch der **§ 101,** welcher die Unterhaltungspflicht der Nachbarn in Bezug auf Scheidegräben regelt, wird durch die §§ 921, 922 des BGB. nur theilweise ersetzt. Die sonstigen Vorschriften dieses Titels bleiben in Kraft, soweit sie das Eigenthum an Grundstücken zu Gunsten der Nachbarn noch anderen als den im BGB. bestimmten Beschränkungen unterwerfen, insbesondere für Anlagen, Bäume und Sträucher einen bestimmten Abstand von der Grenze erfordern (EG. Art. 124). Hierher gehören die **§§ 125—128, 131, 133, 138—140, 142—144, 148, 152, 153, 155, 156, 158***), **162—167, 169—174, 185, 186**. Als eine Vorschrift über den Inhalt einer Grunddienstbarkeit (EG. Art. 115) bleibt

*) Weder in der Reg. Vorlage noch im Gesetzestexte ist der § 158 als aufrecht erhalten bezeichnet. Es liegt anscheinend ein Schreibversehen vor.

155, 156, 162 bis 167, 169 bis 174, 185, 186 des 8. Titels,

---

der **§ 146** in Kraft. Die übrigen Bestimmungen enthalten theils Folgerungen aus dem Inhalte des Eigenthums, für die künftig das BGB. maßgebend ist (vergl. §§ 130, 132, **137***), 141, 145, **147,** 149—115, 175, 176, 189), theils nachbarrechtliche Vorschriften, an deren Stelle gleichfalls Reichsrecht tritt; so werden die §§ 118—124, 134—136, 157, 159—161, 168, **178**—184 durch die §§ 921, 922, der § 129 durch den § 907, der § 177 durch den § 910, der § 187 durch den § 909 ersetzt. Der Entw. schließt jedoch auch die **§§ 129, 130** von der Aufhebung aus, um nicht der Entscheidung vorzugreifen, inwieweit diese Vorschriften noch neben dem BGB. Bedeutung behalten. Die Eigenthumsvermuthungen der §§ 154, 188 treten kraft Reichsgesetzes außer Geltung, ebenso die Vorschrift des § 191, während der § 190 als selbstverständlich wegfallen kann.

Im 9. Titel kann der § 15, der das Recht, unbewegliche verlassene Sachen in Besitz zu nehmen, für einen Vorbehalt des Staates erklärt, ebenso wegfallen wie die einschlägigen Vorschriften des sechszehnten Titels des zweiten Theiles (§§ 12 ff.; vergl. unten S. 365). Die **§§ 94—96** bleiben für den Schatzerwerb auf Lehen- oder Fideikommißgütern nach Art. 59 des EG. maßgebend."

Nach der Regierungsvorlage – Art. 27 — sollten die Vorschriften über die Aneignung und das Halten von Tauben und im Zusammenhange damit die Vorschriften der §§ 111—116 des ALG. Thl. I Tit. 9 aufgehoben werden; dies wurde aber schon in der Komm. des AH. abgelehnt (Komm. Ber. S. 38); in Folge dessen wurden die **§§ 111—116** aufrecht erhalten. „In weiterem Umfange, als hinsichtlich des Taubenfangs, bleiben diese Artikel nicht in Kraft." Komm. Ber. S. 133. Vergl. Art. 130 des EG. z. BGB.: „Unberührt bleiben die landesgesetzlichen Vorschriften über das Recht zur Aneignung der einem Anderen gehörenden, im Freien betroffenen Tauben."

Der **§ 117** fällt, so fährt die Begr. S. 204 fort, unter den Vorbehalt des Art. 69 des EG., „indem er Vogeleier und junge Vögel, soweit die Polizeigesetze nicht ein Anderes bestimmen, als Gegenstand des freien Thierfanges anerkennt und dadurch vom Jagdrecht ausschließt. Die Bestimmungen der **§§ 118—120** über das Recht, Bienen zu halten, bleiben theils ihrer polizeilichen Natur wegen (vergl. die Mot. z. BGB. Bd. 3 S. 373), theils auf Grund des Art. 115 des EG. unberührt. Wegen seines öffentlichrechtlichen Inhalts bleibt der **§ 126** bestehen. Die Vorschriften des „von der Jagd" handelnden Unterabschnitts, soweit sie nicht schon durch die spätere Gesetzgebung aufgehoben sind (§§ 127, 130—138, 141—148, 154, 158—169), werden durch den Art. 69 des EG. aufrechterhalten (**§§ 128, 129, 139, 140, 152, 153, 155—157**). Anlangend die §§ 149 bis 151, so hat schon das vormalige Obertribunal wiederholt angenommen, daß für die Befugniß des Grundbesitzers zum Fangen und Tödten von Wild, welches „sich in Gärten, Höfe oder andere an die Wohngebäude anstoßende geschlossene Plätze eingedrungen hat", nicht mehr diese Vorschriften, sondern die §§ 1, 3, 4 des Gesetzes, betr. die Aufhebung des Jagdrechts auf fremdem Grund

---

*) Die §§ 137, 147 sind zufolge Beschl. der Komm. des AH. aufrecht erhalten worden.

der §§ 94 bis 96, 111 bis 120, 126, 128, 129, 139, 140, 152, 153, 155 bis 157, 170 bis 208, 210 bis 219, 223 bis 258, 261 bis 274, 348, 655 bis 659

---

und Boden und die Ausübung der Jagd, v. 31. Oktober 1848 und der § 2b des Jagdpolizeigesetzes v. 7. März 1850 maßgebend sind (Goltdammer, Archiv Bd. 4 S. 266, 20 S. 128). Auch das Reichsgericht ist, wenngleich davon ausgehend, daß der § 149 als völlig aufgehoben nicht gelten könne, zu der Ansicht gelangt, daß die im § 149 bezeichneten Befugnisse durch das Gesetz v. 31. Oktober 1848 eine andere rechtliche Grundlage erhalten haben, nämlich das dem Grundbesitzer als solchem übertragene Jagdrecht, dessen Ausübung den Bestimmungen des Jagdpolizeigesetzes unterworfen sei (Entsch. in Straff. Bd. 22 S. 115). Durch die Aufhebung der §§ 149—151 wird hiernach nicht eine Lücke entstehen, sondern eine Unklarheit des bestehenden Rechtszustandes beseitigt werden."

„Die auf die Fischerei bezüglichen §§ **170—192** sind gleichfalls durch den Vorbehalt des Art. 69 des EG. gedeckt. Das Beuterecht, welches im 5. Abschnitte des 9 Titels (**§§ 193—219**) geregelt ist, gehört dem öffentlichen Rechte an. Der Entw. schließt deshalb den ganzen Abschnitt von der Aufhebung aus, ohne der Entscheidung vorzugreifen, ob etwa einzelne Vorschriften, wie die der §§ 199—202, als rein privatrechtliche anzusehen und deshalb als reichsgesetzlich aufgehoben zu erachten sind. Eine Ausnahme ist nur bezüglich des § 209 geboten. Auf ihn bezog sich der Art. 756 Abs. 3 des jetzt geltenden HGB., demzufolge die Bestimmungen der Landesgesetze über die Wiedernehmung eines von dem Feinde genommenen Schiffes durch die Vorschriften des HGB. über die Bergung und Hülfsleistung in Seenoth nicht berührt werden. Dieser Vorbehalt ist in das neue HGB. nicht übernommen (vergl. §§ 740—753). Zur Begründung bemerkt die Denkschrift zum Entw. (Drucks. des Reichstags 1895/97 zu Nr. 632 S. 285): Die hauptsächlich auf die Wiedernehmung durch Kaperschiffe bezüglichen Vorschriften des Preußischen Landrechts entsprächen nicht mehr den jetzigen Verhältnissen, und eine Verweisung auf sie erscheine daher nicht angezeigt; die Nürnberger Kommission sei davon ausgegangen, daß in Ermangelung besonderer gesetzlicher Bestimmungen die Vorschriften des HGB. über die Bergung und Hülfsleistung auch im Falle der Wiedernehmung eines vom Feinde genommenen Schiffes entsprechende Anwendung zu finden haben, und das Ergebniß, zu dem diese Auffassung führe, könne nicht als unbefriedigend betrachtet werden. Mit Rücksicht auf den hier dargelegten Standpunkt der Reichsgesetzgebung empfiehlt es sich, den § 209 von der Aufhebung nicht auszunehmen. Die §§ **223—274** bleiben, soweit sie nicht schon beseitigt sind (§§ 259, 260), als wasserrechtliche Vorschriften nach Art. 65 des EG. in Geltung. Die Bestimmung des § **348**, wonach Niemand ohne Genehmigung der Polizeiobrigkeit wegen sonst zu besorgender Unordnungen öffentlich Gelder auswerfen oder Sachen preisgeben darf, wird als eine öffentlichrechtliche Vorschrift vom Reichsrecht nicht berührt. Dagegen tritt der § 349, der die privatrechtliche Folge des Verstoßes gegen § 348 bestimmt, kraft Reichsrechts außer Geltung.

Aus dem 8. Abschnitte „von Erwerbung der Erbschaften" fallen der § 354 und die §§ 355—359, soweit sie sich auf Lehne und Familienfidei-

des 9. Titels sowie der sonstigen Vorschriften des neunten Abschnitts dieses Titels, soweit sie auf Grund der im Einführungsgesetze zum Bürgerlichen Gesetzbuche gemachten Vorbehalte in Kraft bleiben,

---

kommisse beziehen, an sich unter den Vorbehalt des Art. 59 des EG. Da sie sich jedoch als selbstverständliche Folgerungen aus dem Satze darstellen, daß die Rechte des Erblassers nur soweit zur Erbschaft gehören, als sie nicht durch seinen Tod erlöschen, können jene Vorschriften unbedenklich wegfallen. Letzteres gilt nicht minder von der Bestimmung des § 404, daß, wer einer Erbschaft entsagt, sich nicht der durch den Erblasser auf ihn verfällten Lehne und Fideikommisse begiebt. Die Vorschriften des 9. Abschnitts über die Verjährung treten, mit Ausnahme der auf die Verjährung öffentlichrechtlicher Ansprüche bezüglichen **§§ 655—659**, in Folge Reichsgesetzes im Allgemeinen außer Kraft. Soweit sie jedoch etwa für die der Landesgesetzgebung vorbehaltenen Gebiete maßgebend bleiben, müssen sie auch hier von der Aufhebung ausgeschlossen werden.

Der ganze 10. Titel wird reichsgesetzlich aufgehoben.

Aus dem 11. Titel sind nur wenige Vorschriften durch Vorbehalte gedeckt. Die Vorschriften über den nothwendigen Kauf [§§ 3, **4—11**] fallen unter den Art. 109 des EG., der einleitende § 3 jedoch nur, soweit er den gesetzlichen Zwang zum Verkaufe betrifft; da er als selbstverständlich gelten kann, ist er nicht von der Aufhebung ausgenommen worden. Anlangend die Bestimmungen der §§ 385—387 und der §§ 16, 17 des Anhanges, welche richterlichen Personen den Erwerb streitiger Rechte verbieten, deren Erörterungen vor dasjenige Gericht gehören würden, bei welchem der Beamte angestellt ist, so verlieren diese Vorschriften in Folge Reichsgesetzes ihre bisherige Bedeutung als privatrechtlich wirksame Verbote; sie als Vorschriften der Dienstpragmatik beizubehalten, besteht kein Bedürfniß (vergl. Mot. z. Entw. des EG. S. 183). Die bezüglich der Versicherungsverträge in § 546 enthaltene Verweisung ist entbehrlich. Der § 547, demzufolge öffentliche Lotterien, Glücksbuden und andere dergleichen Glücksspiele nur mit ausdrücklicher Genehmigung des Staates unternommen werden können, ist im Hinblick auf § 386 des Strafgesetzbuchs (vergl. auch § 763 des BGB.) entbehrlich, ebenso die Begriffsbestimmung des Auszugs oder Altentheils und die Verweisung auf die Provinzialgesetze in den §§ 602, 605 (vergl. EG. Art. 96 und den Art. 15 dieses [Gesetzes]). Als dem Versicherungsrecht angehörend (EG. Art. 75) bleiben die Bestimmungen der **§§ 651, 652** über Wittwen-, Heiraths- und Sterbekassen, auf Grund des Art. 57 des EG. die **§§ 676, 677**, betreffend Darlehen an Prinzen und Prinzessinnen des Königlichen Hauses, bestehen, während die Beschränkungen für Darlehen an Militärpersonen und Mitglieder der Königlichen Schauspiele (§§ 678 bis 706) wegfallen (Mot. z. BGB. Bd. 2 S. 311). Der §§ 777, der nach Art. 92 des EG. theilweise aufrecht erhalten bleiben würde, ist durch Art. 11 dieses [Gesetzes] ersetzt. Die Vorschriften über Verlagsverträge endlich sind, soweit sie noch gelten (**§§ 996—1019, 1021—1023**), durch den Art. 76 des EG. gedeckt. Die Bestimmungen über die Form des Verlagsvertrags (§§ 998, 999) finden nach Art. 317 des geltenden HGB. auf Verlagsverträge, welche Handelsgeschäfte sind, keine Anwendung. Da die Vorschrift des Art. 317 in das neue HGB.

der §§ **4 bis 11, 651, 652, 676, 677, 996 bis 1019, 1021 bis 1023** des 11. Titels,
der §§ **176, 475, 476** des 12. Titels,

nicht übernommen ist, würde hierin eine Aenderung eintreten. Indessen wird im AG. z. HGB.*) für die Aufrechterhaltung des jetzigen Rechtszustandes Vorsorge getroffen werden.

Aus dem 12. Titel bleibt der § **176** auf Grund des Art. 57 des EG. z. BGB. bestehen. Die Vorschriften der §§ 203, 204 über die Verpflichtung des Gerichts zur Auf- oder Annahme des Testaments einer von einer ansteckenden Krankheit befallenen Person werden ihres dienstrechtlichen Inhalts wegen an sich vom Reichsrechte nicht berührt; jedoch besteht für die Aufrechterhaltung kein Bedürfniß. Die §§ **475, 476** sind durch Art. 99 des EG. gedeckt. Das Gleiche trifft an sich bezüglich der §§ 532, 533 zu; indessen ist sowohl die Auslegungsregel des § 532 als auch die lediglich verweisende Vorschrift des § 533 entbehrlich. Bloße Bezugnahmen enthalten auch die §§ 632, 633. Der § 655 spricht nur eine Einschränkung des § 650 aus, welcher außer Kraft tritt, und kann daher gleichfalls wegfallen.

Aus dem 13. Titel ist die Bestimmung des § 31, daß Rechte, die einem gewissen Stande oder Gewerbe eigen sind, Anderen nicht aufgetragen noch von denselben übernommen werden können, öffentlichrechtlicher Natur und daher unberührt; sie erscheint jedoch entbehrlich. Dagegen sind die öffentlichrechtlichen Vorschriften der §§ **41—45** über die Unzulässigkeit eigenmächtiger Substitution bei Geschäften eines öffentlichen Amtes beizubehalten. Bezüglich der Haftung des Beamten für den Stellvertreter (§ 42) kommt der Vorbehalt des Art. 78 des EG. in Betracht. Der Satz des § 195, daß Aufträge, welche Jemandem von Amtswegen ertheilt werden, auch nach dem Tode des Machtgebers ihre Kraft behalten, kann als selbstverständlich mit aufgehoben werden.

Der 14. Titel tritt fast vollständig schon in Folge Reichsgesetzes außer Kraft. Dies gilt insbesondere von den Vorschriften über gerichtliche Verwahrung und Sequestrationen (§§ 92ff., 105ff.). Die §§ 273—276, welche von Amtskautionen durch Stellung eines Bürgen handeln und durch Art. 90 des EG. z. BGB. gedeckt sein würden, haben bereits durch das Gesetz, betreffend die Kautionen der Staatsbeamten, v. 25. März 1873 (GS. S. 125) ihre Bedeutung verloren, demzufolge die Bestellung einer Amtskaution durch Bürgschaft nicht mehr stattfindet (§ 5). Der 4. Abschnitt „von Pfändungen" (§§ 413ff.) regelt die Pfändung als allgemeines Mittel, sich den Ersatz eines zugefügten Schadens zu versichern oder künftige Schadenszufügungen und Beeinträchtigungen seines Rechtes abzuwenden (§ 413). Der Art. 89 des EG. erhält aber nur die landesgesetzlichen Vorschriften über die zum Schutze der Grundstücke und der Erzeugnisse von Grundstücken gestattete Pfändung von Sachen, mit Einschluß der Vorschriften über die Entrichtung von Pfandgeld oder Ersatzgeld, aufrecht. Dieser Vorbehalt deckt ohne Zweifel die Vorschriften der §§ 69—88

*) Art. 4 des AG. z. HGB.: „Versicherungsverträge und Verlagsverträge bedürfen, wenn sie Handelsgeschäfte sind, zu ihrer Gültigkeit nicht der schriftlichen Form".

der §§ 41 bis 45 des 13. Titels,
der §§ 362 bis 371 des 17. Titels,
der §§ 1 bis 679 des 18. Titels,

---

des Feld- und Forstpolizeigesetzes v. 1. April 1880 (GS. S. 230) und des § 33 der Feldpolizei-Ordnung v. 1. November 1847 (GS. S. 376), soweit letzterer nach § 96 Abs. 4 des erstgenannten Gesetzes noch in Kraft ist. Dagegen erscheint es zum mindesten zweifelhaft, ob die allgemeinen Vorschriften des Landrechts, wie sie nach § 96 Abs. 3 Nr. 2 des Feld- und Forstpolizeigesetzes noch in Geltung sind, durch den Art. 89 aufrecht erhalten werden. Ein Bedürfniß für die Beibehaltung ist neben den Bestimmungen des BGB. über die Selbsthülfe (§§ 229 ff.) nicht vorhanden. Der Entwurf schließt sie deshalb von der Aufhebung nicht aus.

Der 15. und der 16. Titel werden reichsgesetzlich aufgehoben. Soweit der § 53 des letzteren Titels für Zahlungen aus öffentlichen Kassen in Kraft bleiben würde, ist er durch den Art. 11 dieses [Gesetzes] ersetzt. Anlangend die Bestimmungen über die Deposition, so ist schon oben S. 314 bemerkt, daß eine landesgesetzliche Erweiterung des Kreises der zur Hinterlegung geeigneten Sachen nicht angezeigt erscheint. Wenn daher der § 213 bei beweglichen Sachen jeder Art die Deposition zuläßt, so ist diese Bestimmung nicht beizubehalten. Unbewegliche Sachen sind nach § 234 nicht Gegenstand der Deposition, sondern der Uebergabe zur gerichtlichen Aufsicht und Verwahrung. Dies entspricht dem Standpunkte des BGB., das insbesondere im Falle des Verzugs des Gläubigers bei Grundstücken statt der Hinterlegung die Aufgabe des Besitzes zuläßt (§ 303).

Aus dem 17. Titel bleiben nach § 919 Abs. 2 des BGB. die Vorschriften über die Art der Abmarkung (Grenzerneuerung) und das Verfahren unberührt. Der Entw. erhält die instruktionellen Bestimmungen der **§§ 362—371** über die Art der Grenzbezeichnung aufrecht. Dagegen erscheinen die Vorschriften der §§ 385, 386 über die Zuziehung aller betheiligten Nachbarn, wenn anders sie unter den Vorbehalt fallen, selbstverständlich und der § 388, welcher die Zuziehung einer Gerichtsperson und die Aufbewahrung eines Protokolls vorschreibt, gleichfalls überflüssig, da die Gültigkeit der Abmarkung nicht von der Zuziehung einer Gerichtsperson abhängt (Präjudiz des Obertribunals 1033, Präjudizien-Samml. S. 100). Den Betheiligten kann überlassen bleiben, erforderlichenfalls für die öffentliche Beurkundung der Abmarkung zu sorgen. Die Zuständigkeit für die Beurkundung wird im Art. 31 des Preußischen Ges. üb. die freiw. Gerichtsb. den Amtsgerichten und den Notaren beigelegt.

Aus dem 18. Titel werden die Vorschriften des ersten Abschnitts „vom Lehn" **(§§ 13—679)** in ihrem gegenwärtigen Bestande durch Art. 59 des EG. aufrecht erhalten; wegen des Zusammenhanges mit ihnen schließt der Entwurf auch die allgemeinen Grundsätze vom getheilten Eigenthume **(§§ 1—12)** von der Aufhebung aus. Die Bestimmungen des zweiten Abschnitts „von Erbzinsgütern" gelten in Folge des Ablösungsgesetzes vom 2. März 1850 nur noch für die Berechtigungen des früheren Erbzinsherrn auf Abgaben und Leistungen; für diese bleiben sie nach Art. 184 des EG. ohne Weiteres maßgebend.

Der 19. Titel wird durchweg reichsgesetzlich aufgehoben.

Aus dem 20. Titel sind die §§ 263—270, welche vom Pfandgewerbe handeln und denen gegenüber daher der Vorbehalt des Art. 94 des EG. in

der §§ 458 bis 465 des 20. Titels,
der §§ 45, 46 des 21. Titels und
der §§ 55 bis 242 des 22. Titels;

Betracht kommen würde, als durch die spätere Gesetzgebung beseitigt anzusehen (vergl. insbesondere den § 23 des Ges., betr. das Pfandleihgewerbe, v. 17. März 1881, GS. S. 265). In Kraft bleiben für Gemeinheitstheilungen nach Art. 113 des EG. die **§§ 458—465.** Bezüglich der §§ 485—487 gilt das Gleiche wie in Betreff der §§ 273—276 des 14. Titels.

Aus dem 21. Titel hat der § 37, demzufolge bei solchen unterirdischen Erzeugnissen, welche zu den Regalien gerechnet werden, dem Nießbraucher nur die Nutzung der auf den Eigenthumsantheil fallenden Ausbeute gebührt, nur noch geringe praktische Bedeutung, da das dem Grundeigenthümer in Form der Erbkuxe oder der Tradde früher zustehende Recht auf einen Theil der Ausbeute außer bei alten Bergwerken beseitigt ist. Die Vorschrift kann, unbeschadet ihrer weiteren Geltung für einen vor dem Inkrafttreten des BGB. begründeten Nießbrauch, unbedenklich aufgehoben werden; die Beibehaltung für künftig begründete Nießbrauchsrechte würde der Auffassung des BGB. widersprechen (vergl. Mot. Bd. 3 S. 503, 504). Praktisch erheblich wichtiger ist der von der Rechtsprechung aus dem § 37 hergeleitete Satz, daß dem Nießbraucher eines Bergwerkseigenthums nur der Zinsgenuß der verwertheten Ausbeute, nicht die Ausbeute selbst gebührt (Koch, Anm. 27 zu § 31 I, 21). Indessen ist die Richtigkeit dieses Satzes nicht unbestritten (vergl. Eccius, 7. Aufl. Bd. 3 § 186 Anm. 19) und die gegentheilige Auffassung, wonach dem Nießbraucher die Ausbeute selbst gebührt, entspricht sowohl der herrschenden Lehre des gemeinen und des französischen Rechtes (Klostermann, Komm. z. Allg. Berggesetz, 5. Aufl. S. 121 Anm. 3b zu § 50) als dem Fruchtbegriffe des BGB. (Mot. Bd. 3 S. 542). Es liegt daher kein Grund vor, durch eine bergrechtliche Sondervorschrift den von der landrechtlichen Praxis entwickelten Satz festzuhalten. Die Bestimmungen der **§§ 45, 46** über die Ausübung der Ehrenrechte, die auf einem mit einem Nießbrauche belasteten Gute haften, sind ihres öffentlichrechtlichen Inhalts wegen beizubehalten. Bezüglich des von der Erbpacht handelnden zweiten Abschnitts (§§ 187—226) gilt das Gleiche wie für die Vorschriften des 18. Titels über Erbzinsgüter. Ebenso kommt der vierte Abschnitt „von den zur Kultur ausgesetzten Gütern und Grundstücken", soweit er überhaupt noch Bedeutung hat, nur für Rechtsverhältnisse in Betracht, die aus der Zeit vor dem Ablösungsgesetze vom 2. März 1850 stammen; für diese genügt jedoch die Uebergangsvorschrift des Artikel 184 des EG. z. BGB.

Im 22. Titel enthalten die **§§ 56—242***) überwiegend Vorschriften, die den Inhalt und das Maß von Grunddienstbarkeiten näher bestimmen und deshalb nach Art. 115 des EG. in Kraft bleiben. Zum Theil (§§ 141—144, 158—160) betreffen sie auch die Ablösung von Grunddienstbarkeiten (vergl. EG. Art. 113) oder bleiben deshalb unberührt, weil sie öffentliches Recht enthalten

---

*) Im Gesetz ist zufolge Beschl. der Redaktionskommission des AH. auch der **§ 55** aufrecht erhalten.

c) aus dem zweiten Theile:
der 1. Titel mit Ausnahme der §§ 34, 35, des Anhangs-§ 65, der §§ 193, 738 bis 740 und des neunten Ab-

(§§ 63, 64, Anhang § 61 zu § 197). Der Entw. führt der Kürze wegen die §§ 56—242, mit Einschluß der zugehörigen Anhangsparagraphen, sämmtlich unter den Bestimmungen auf, die nicht durch ihn aufgehoben werden sollen, ohne zu verkennen, daß einzelne dieser Vorschriften, insbesondere die §§ 138—140, 145, 183, 186. 222, wohl auch die §§ 180—182, 184, 185, bereits ihre Geltung verloren haben, während bei anderen Bestimmungen (§§ 197—199) zweifelhaft erscheint, ob sie nicht in Folge Reichsgesetzes außer Kraft treten.

Die Vorschriften des 23. Titels über Zwangs- und Banngerechtigkeiten haben durch die neuere Gewerbegesetzgebung, die in der Gewerbeordnung vom 21. Juni 1869 (BGBl. S. 245) ihren Abschluß gefunden hat, in der Hauptsache ihre praktische Bedeutung verloren. Die Zwangs- und Bannberechtigkeiten sind zum größten Theile entweder aufgehoben oder für ablösbar erklärt und eine Neubegründung der aufgehobenen oder für ablösbar erklärten Zwangs- und Bannrechte ist ausgeschlossen (Gewerbeordnung §§ 7, 8, 10). Insbesondere können neue Zwangs- und Bannrechte, für die der 23. Titel gelten würde, in Bezug auf den Abdeckereibetrieb nicht mehr entstehen (vergl. außer der Gewerbeordnung das Gesetz v. 17. Dezember 1872, GS. S. 717, §§ 1, 2). Das Verbot der Neubegründung von Zwangs- und Bannrechten ist zwar kein ganz allgemeines. Namentlich ist die Neubegründung solcher im Zusammenhange mit dem Betrieb öffentlicher Fähren (Gewerbeordnung § 6) nicht ausgeschlossen. Da es sich hier aber jedenfalls nur um seltene Fälle handeln wird und für diese der Inhalt der §§ 3—22 des 23. Titels soweit erforderlich in anderer Weise würde verbindlich gemacht werden können, bedarf es für die gedachten Fälle der Aufrechterhaltung des bezeichneten Titels nicht. Es erscheint hiernach unbedenklich, den letzteren, unbeschadet der fortdauernden Geltung für die vor dem Inkrafttreten des BGB. begründeten Zwangs- und Bannrechte, aufzuheben. Die Vorschriften über das Krugverlagsrecht (§ 53 I. 23) sind ohnehin durch den auf die Zwangs- und Bannrechte bezüglichen Vorbehalt des Art. 74 des EG. z. BGB. nicht gedeckt (Mot. z. EG. S. 165)."

c) „Anlangend den II. Theil des Landrechts", — so fährt die Begr. S. 209 fort — „so bleiben aus dem 1. Titel die Vorschriften über die Ehen der Militärpersonen (**§§ 34, 35 und Anhang § 65**) nach § 1315 Abs. 1 des BGB., wie bisher auf Grund des § 38 des Personenstandsges. neben § 40 des RMilitärges. v. 2. Mai 1874 (RGBl. S. 45) bestehen (vergl. Daude, die bürgerlichen Rechtsverhältnisse der Militärpersonen, 2. Aufl. S. 331)."

Bezüglich des § 70 des Anhanges zu § 146 ist auf Anm. 1 zu Art. 42, oben S. 140 zu verweisen.

„Eine Vorschrift über die Absonderung der in dem Nachlaß eines Ehegatten befindlichen Lehen und Fideikommisse, wie sie der § 501 enthält, erscheint entbehrlich. Die Bestimmungen der **§§ 193, 738—740** über den Stand und den Rang der Ehefrau und der geschiedenen Ehefrau bleiben vom Reichsrecht unberührt, da dieses wohl den Einfluß der Ehe und der Scheidung auf den Familiennamen der Frau bestimmt (BGB. §§ 1355, 1577),

schnitts, soweit dieser auf Grund einer nach den Artikeln 57, 58 des Einführungsgesetzes zum Bürgerlichen Gesetzbuch in Kraft bleibenden Vorschrift der Hausverfassung gilt;

---

dagegen den Erwerb und Verlust des Standes im publizistischen Sinne, insbesondere des Adelsstandes, als eine Frage des öffentlichen Rechtes grundsätzlich der landesgesetzlichen Regelung vorbehalten hat (Mot. Bd. 4 S. 106 f., 621 f.), Protokolle der 2. Komm. Bd. 4 S. 97 f.). Der 9. **Abschnitt** „von der Ehe zur linken Hand" ist zwar nach der herrschenden Ansicht nicht durch das Personenstandsgesetz als aufgehoben anzusehen (vergl. Eccius, 7. Aufl. Bd. 4 § 210 Anm. 1), enthält jedoch allgemeine nicht durch einen Vorbehalt gedeckte privatrechtliche Vorschriften und tritt deshalb in Folge Reichsgesetzes außer Kraft. So weit dagegen die landesrechtliche Vorschriften für Familien des hohen Adels oder des diesem im Art. 58 des EG. gleichgestellten Adels kraft der Hausverfassung maßgebend sind, müssen sie als Theil des aufrechterhaltenen Sonderrechts ihre Geltung behalten.

Im 2. Titel werden die Bestimmungen der §§ **17, 18** über das selbständige Recht der Lehns- und Fideikommißanwärter zur Anfechtung der Ehelichkeit eines Kindes durch den Art. 59 des EG. gedeckt. Da das Landrecht bezüglich der Anfechtung der Ehelichkeit im Allgemeinen wesentlich auf dem gleichen Standpunkte steht wie das BGB. (§§ 1593, 1594, 1598), so liegt in der Einführung des neuen Reichsrechts kein Grund zur Beseitigung der hier fraglichen Sondervorschriften. Die letzteren rechtfertigen sich wie bisher durch die Rücksicht auf die besondere rechtliche Stellung der Lehns- und Fideikommißanwärter, die durch die stillschweigende oder ausdrückliche Anerkennung der Ehelichkeit seitens des Vaters nicht beeinträchtigt werden darf (vergl. gegenüber den Mot. z. BGB. Bd. 4 S. 660 die Prot. der 2. Komm. S. 8979 ff.). Der Entw. behält die Vorschriften daher bei. Auf Grund des Art. 134 des EG. bleiben die Bestimmungen der §§ **77, 78, 81—84, 642** über die religiöse Erziehung ehelicher und unehelicher Kinder in Kraft. Der § 76 ist durch die gleichfalls aufrecht erhaltene Deklaration vom 21. November 1803 ersetzt, der § 80 durch sie beseitigt; der § 79 fällt nicht unter den Vorbehalt des Art. 134. Der § 273 entspricht dem § 501 des 1. Titels und kann aus demselben Grunde wie dieser wegfallen. Die Bestimmungen der §§ **59, 603, 641, 683—685** über den Stand der ehelichen, der durch obrigkeitliche Deklaration legitimirten und der unehelichen Kinder sowie der an Kindesstatt Angenommenen bleiben nach dem, was zu den §§ 193, 738 ff. des 1. Titels bemerkt ist, unberührt und sind aufrecht zu erhalten. Wenn der § 100 des Anhanges zu § 667 für den Fall, daß mit der Adoption die Annahme eines adeligen Namens und Wappens verbunden sein soll, eine Berichterstattung an das Lehnsdepartement (oder nach dem Allerh. Erl. v. 16. August 1854, GS. S. 516, an das Ministerium des Königlichen Hauses bezw. das Heroldsamt) vorschreibt, so wird diese Bestimmung nöthigenfalls durch eine Dienstanweisung über die künftige Behandlung derartiger Fälle einer Annahme an Kindesstatt zu ersetzen sein.*)

---

*) Zufolge Beschlusses der Herrenhauskommission (Komm.-Ber. S. 24) ist auch der **§ 150 II 2** aufrecht erhalten, welcher Lehne als zu dem freien Kindesvermögen gehörig bezeichnet.

der 2. Titel mit Ausnahme der §§ 17, 18, 59, 77, 78, 81 bis 84, 150, 603, 641, 642, 683 bis 685;
der 3 Titel;
die §§ 1 bis 22, 27 bis 47, 227 bis 250 des 4. Titels, soweit sie nicht für Familienfideikommisse gelten;
der 5. Titel;
der 6. Titel, soweit er sich auf die Verfassung rechtsfähiger Vereine bezieht, für Vereine, die nach dem Inkrafttreten des Bürgerlichen Gesetzbuchs Rechtsfähigkeit erlangen;

Der 3. Titel wird reichsgesetzlich ganz aufgehoben. Im 4. Titel enthalten die **§§ 1—20** über „gemeinschaftliche Familienrechte" allgemeine Bestimmungen, die als solche bei ihrem unzweifelhaft privatrechtlichen Charakter zufolge Reichsrechts außer Kraft treten. Das Gleiche gilt von den Bestimmungen über Familienstiftungen (**§§ 21, 22, 27—46**) und von den Vorschriften über das Näherrecht auf Familiengüter (**§§ 227—250**). Die ersteren Bestimmungen werden jedoch durch die Art. 1 und 2 des [Gesetzes] theilweise ersetzt. Aufrechterhalten bleiben nach Art. 59 des EG. z. BGB. die Vorschriften über Familienfideikommisse (**§§ 23—26, 48—226**). Soweit ferner die sonstigen Bestimmungen dieses Titels durch den Art. 59 gedeckt sind, müssen sie gleichfalls von der Aufhebung ausgeschlossen werden.

Im 5. Titel sind die §§ 1—176 durch die Gesindeordnung v. 8. November 1810 (GS. S. 101) ersetzt, die zwar im Eingang als neue Redaktion der §§ 1 bis 176 bezeichnet ist, jedoch von der im Entwurf ausgesprochenen Aufhebung des 5. Titels nicht berührt wird. Ob die Vorschriften der §§ 177—186 über die Hausoffizianten im Sinne des Art. 95 des EG. dem Gesinderecht angehören und daher durch diesen Vorbehalt gedeckt werden, erscheint zweifelhaft. ..... Mögen auch manche Gründe dafür sprechen, daß die Hausoffizianten als Gesinde im Sinne des reichsgesetzlichen Vorbehalts anzusehen sein würden, so kann doch die Landesgesetzgebung nicht anders volle Klarheit über die künftige Stellung der Hausoffizianten schaffen, als indem sie die auf die letzteren bezüglichen Sondervorschriften beseitigt. Dieses Vorgehen ist auch deshalb unbedenklich und rathsam, weil nur dem Landrechte der besondere Begriff der Hausoffizianten bekannt ist, mit dessen Wegfall also eine Verschiedenheit des bisherigen Rechtes ausgeglichen wird. Der Entw. hebt demgemäß die §§ 177 bis 186 auf. [Vergl. oben S. 41 Anm. III]. Die §§ 187—195 werden unzweifelhaft schon durch das Reichsrecht außer Kraft gesetzt; ebenso die auf die Sklaverei bezüglichen §§ 196, 197 (vergl. Mot. z. BGB. Bd. 1 S. 25).

Der 6. Titel des II. Theiles steht an der Grenze der überwiegend privatrechtlichen Abschnitte des Landrechts. Daß die Vorschriften über die erlaubten Privatgesellschaften (§§ 2, 11—15, 21) und über die privilegirten Gesellschaften (§§ 22—24) reichsgesetzlich aufgehoben werden und daß an die Stelle des § 25 die Vorschrift des § 22 des BGB. über die staatliche Verleihung der Rechtsfähigkeit an Vereine tritt, ergiebt sich ohne Weiteres und bedarf keiner landesgesetzlichen Klarstellung. Dagegen bedarf die Frage der Klarstellung, inwieweit die folgenden Bestimmungen über die Verfassung der Korpo-

die §§ 80 bis 85 des 7. Titels;
die §§ 444 bis 455 des 8. Titels;
die §§ 1199 bis 1209 des 11. Titels;
die §§ 1 bis 4, 7 bis 18, 21, 23 bis 29 des 16. Titels;
die §§ 48 bis 52, 54, 56 bis 60 des 17. Titels;
der 18. Titel mit Ausnahme der §§ 344, 810, 996 bis 1002;
die §§ 45 bis 48 des 19. Titels;
die §§ 1271, 1272 des 20. Titels;

rationen (§§ 26ff.) auf Grund des Art. 82 des EG. z. BGB. bestehen bleiben. Der Vorbehalt des Art. 82 zu Gunsten der landesgesetzlichen Vorschriften über die Verfassung solcher Vereine, deren Rechtsfähigkeit auf staatlicher Verleihung beruht, kommt einerseits für die vor dem Inkrafttreten des BGB. entstandenen Vereine, denen Korporationsrechte verliehen sind, andererseits für diejenigen Vereine in Betracht, welche künftig auf Grund des § 22 des BGB durch Verleihung Rechtsfähigkeit erlangen. Für die ersteren Vereine erhält der Art. 82 gegenüber dem Art. 163, demzufolge für sie die §§ 25—53 des BGB. gelten würden, die für die Verfassung bisher maßgebenden Vorschriften aufrecht. Hierbei muß es auch bewenden, da die Satzungen der bestehenden Vereine den landrechtlichen Vorschriften angepaßt sind und ihre Verwaltung nach diesen Vorschriften geführt wird. Dagegen kann und muß für Vereine, denen künftig Rechtsfähigkeit verliehen wird, ein Zurückgreifen auf die landrechtlichen Vorschriften ausgeschlossen werden. Das BGB. läßt in seinen Vorschriften über die Verfassung der Vereine (§§ 25ff.) der Satzung so weiten Spielraum, daß durch den Einfluß der für die Verleihung zuständigen Behörden auf den Inhalt der Satzung eine angemessene Gestaltung der Verfassung genügend gesichert wird. Der Entw. setzt daher den sechsten Titel, soweit er sich auf die Verfassung rechtsfähiger Vereine bezieht, für Vereine, die nach dem Inkrafttreten des BGB. Rechtsfähigkeit erlangen, außer Kraft.

Anlangend die im Wesentlichen öffentliches Recht enthaltenden Titel des II. Theiles, so kann bei ihnen nur die Aufhebung einzelner Vorschriften in Frage kommen. Der Entw. beseitigt zunächst die Vorschriften der §§ 80—85 des 7. Titels über die Thätigkeit der Dorfgerichte in Angelegenheiten der freiwilligen Gerichtsbarkeit, weil in dem Entw. eines Preuß. Ges. über die freiw. Gerichtsb. (Art. 104—109, 118 [Ges. Art. 104—109, 119]) die Zuständigkeit der Dorfgerichte neu geregelt wird; nur bezüglich der Aufnahme von Taxen beläßt es jener Entwurf bei den bestehenden Vorschriften und es muß daher auch der § 86 des 7. Titels beibehalten werden.

Im 8. Titel werden die §§ 444—455 durch die Vorschriften des BGB. über die Einbringung von Sachen bei Gastwirthen (§§ 701—704) ersetzt. Der 13. Abschnitt dieses Titels „Von Versicherungen" ist, soweit er noch gilt, durch den Art. 75 des EG. z. BGB. gedeckt. Die jetzt bestehende Formfreiheit für Versicherungsverträge, die Handelsgeschäfte sind, soll im AG. z. HGB. aufrecht erhalten werden.*)

*) siehe die Note S. 358.

2. das Rheinische Bürgerliche Gesetzbuch mit Ausnahme der

Im 10. Titel werden die durch die Verordn. v. 23. September 1867 (GS. S. 1619) § 1 Abs. 2 Nr. 1 auch in den neuen Provinzen*) eingeführten Bestimmungen über die Haftung der Beamten für Versehen (**§§ 88–91, 127–144**) insoweit, als sie sich auf das Verhältniß zwischen dem Beamten und dem beschädigten Dritten beziehen, durch die §§ 839—841 des BGB. ersetzt; sie behalten aber Bedeutung für das Verhältniß zwischen dem Beamten und dem Staate.

Aus dem 11. Titel treten die §§ 1199—1209 kraft Reichsgesetzes außer Geltung (vergl. die Mot. z. Entw. des EG. S. 168ff.).

Des Gleiche gilt von den §§ 1—29 des 16. Titels, soweit sie nicht schon aufgehoben sind (§§ 5, 6, 19) oder, wie die **§§ 20, 22**, durch Vorbehalte (EG. Art. 188, 189) gedeckt sind. Das Aneignungsrecht des Fiskus in Bezug auf herrenlose Grundstücke bestimmt sich von der Zeit an, zu welcher das Grundbuch für das betreffende Grundstück als angelegt anzusehen ist, nach Reichsrecht (BGB. § 928 Abs. 2; EG. Art. 190), während bis zu der bezeichneten Zeit nach Art. 189 des EG. die bisherigen Vorschriften maßgebend bleiben. Das gesetzliche Erbrecht des Fiskus regelt sich, wenn der Erbfall vor dem Inkrafttreten des BGB. eingetreten ist, nach dem bisherigen, anderenfalls nach dem neuen Rechte (EG. Art. 213).

Im 17. Titel werden die von der Gerichtsbarkeit in nicht streitigen Sachen handelnden §§ 48—60, von denen der § 53 schon beseitigt ist, durch die neuen reichs- und landesgesetzlichen Vorschriften über die freiwillige Gerichtsbarkeit ersetzt. Nur der **§ 55** behält noch für einzelne Angelegenheiten, insbesondere die Aufnahme von Taxen, Bedeutung und muß daher von der Aufhebung ausgeschlossen bleiben.

Soweit der 18. Titel „von Vormundschaften und Kuratelen" nicht schon durch die bisherige Gesetzgebung, insbesondere durch § 102 der VO. v. 5. Juli 1875, außer Kraft gesetzt ist, verlieren seine Vorschriften fast durchgängig in Folge des neuen Reichsrechts ihre Geltung. Unberührt bleiben nur die **§§ 344, 810**, welche öffentliches Recht enthalten, und die von Lehnskuratoren handelnden **§§ 996—1002** zufolge des Art. 59 des EG. Mit Ausschluß dieser Vorschriften kann daher der ganze Titel beseitigt werden.

Im 19. Titel treten die §§ 45—48 in Folge Reichsgesetzes außer Kraft und das Gleiche gilt endlich von den einzigen noch nicht aufgehobenen Bestimmungen des 20. Titels, den im Art. XI des Gesetzes über die Einführung des Strafgesetzbuchs für die Preußischen Staaten vom 14. April 1851 (GS. S. 93) ausdrücklich aufrecht erhaltenen §§ 1271, 1272."

Zu Nr. 2. a) Die Nr. 2 des Art. 89 betrifft die Aufhebung des **Rheinischen Bürgerlichen Gesetzbuchs**. Da der code civil öffentliches Recht nur in geringem Umfang enthält, tritt er zum weitaus größten Theile schon nach Art. 55 des EG. z. BGB. außer Kraft. Im Einzelnen ist Folgendes hervorzuheben (s. Begr. S. 213ff.):

---

*) In den Hohenzollernschen Landen gelten die fraglichen Bestimmungen als durch den Allerh. Erlaß vom 6. Februar 1854 (GS. S. 80) eingeführt.

Artikel 538, 556 bis 563, 640 bis 643, 645, des Artikel 648,

„Die Vorschriften des einleitenden Titels (Von der Verkündung, den Wirkungen und der Anwendung der Gesetze im Allgemeinen; Art. 1—6) sind, soweit sie nicht privatrechtlichen Inhalts sind, schon gegenwärtig ohne Bedeutung (vergl. zu Art. 1 Reichsverfassung Art. 2 und Ges. v. 16. Febr. 1874, GS. S. 23; zu Art. 3, 4 StrGB. § 3 und EG. z. StrGB. Art. 2).

Was sodann das I. Buch betrifft, welches die Ueberschrift trägt „Von den Personen", so findet sich im 1. Titel (Von dem Verluste und dem Genusse der bürgerlichen Rechte) keine Vorschrift, die aufrecht zu erhalten wäre (vergl. insbesondere zu Art. 9, 10, 12, 17—21 das Ges. betreffend die Erwerbung und den Verlust der Bundes- und Staatsangehörigkeit, v. 1. Juni 1870, BGBl. S. 355, ferner zu Art. 14—16 die CPO. §§ 23, 110 ff.). Die Vorschriften, welche die Art. 11 und 13 über die bürgerlichen Rechte der Fremden enthalten, haben, weil ihre Anwendung mit den staatsrechtlichen Grundsätzen der Monarchie nicht vereinbar ist, schon mit der Beseitigung der Fremdherrschaft ihre Geltung verloren (vergl. jetzt EG. z. BGB. Art. 7 ff., 31).

Aus dem 2. Titel, der die Beurkundung des Personenstandes zum Gegenstande hat (Art. 34—101), könnte nur die Beibehaltung der Vorschriften über die Beaufsichtigung der Standesbeamten in Frage kommen (Art. 50, 53); bezüglich der Gründe, aus denen es sich empfiehlt, auch die Art. 50 und 53 zu streichen und die Aufsicht über die Rheinischen Standesbeamten von der Staatsanwaltschaft auf die Verwaltungsbehörden übergehen zu lassen, ist auf die Bemerkungen zu Art. 130 des Entw. eines Preuß. Gesetzes über die freiw. Gerichtsb. zu verweisen (vergl. Art. 132 des gedachten Gesetzes) . . . . . . Die Bestimmung des Art. 56 ist gegenüber den Vorschriften der §§ 18, 20 des Personenstandsgesetzes jedenfalls entbehrlich. Aehnlich verhält es sich mit dem Art. 83 des code civil (s. Personenstandsgesetz § 20, § 58 Abs. 1). Auch der Art. 77, der sich auf die Beerdigungserlaubniß bezieht, kann, selbst wenn er gegenwärtig noch für fortbestehend zu erachten wäre, für die Zukunft aufgehoben werden (Personenstandsgesetz § 60) und das Gleiche gilt von dem Art. 80 Abs. 2, der die Hospitäler verpflichtet, eigene Sterberegister zu führen.

Das Verfahren zur Berichtigung der Standesregister (Art. 99 bis 101) ist reichsgesetzlich geregelt und kann nach § 186 des RGes. üb. die Angel. der freiw. Gerichtsb. v. 17. Mai 1898 von der Landesgesetzgebung nicht mehr abweichend geordnet werden (vergl. Personenstandsgesetz §§ 65, 66; RGes. üb. die Angel. d. freiw. Gerichtsb. §§ 69—71).

Für die Vorschriften des 3. und 4. Titels über den Wohnsitz und die Abwesenheit (Art. 102—143) ist neben den reichsgesetzlichen Bestimmungen kein Raum mehr. Eine Uebergangsbestimmung in Bezug auf den erwählten Wohnsitz (Art. 111) enthält der Art. 157 EG. z. BGB.

Ob aus den Titeln über die Ehe (Art. 144—311) der Art. 171 an sich noch aufrecht erhalten werden könnte, bedarf keiner Entscheidung. Der Artikel schreibt vor, daß nach der Rückkehr eines Inländers, der im Auslande geheirathet hat, innerhalb dreier Monate die Urkunde über die Eingehung der Ehe in das inländische Standesregister eingetragen werden soll. An die Verletzung dieser

soweit er sich auf das Weiderecht innerhalb der Gemeinde

Verpflichtung sind aber keine Folgen geknüpft (vergl. auch EG. z. BGB. Art. 11 Abs. 1) und die Bestimmung ist daher ohne erhebliche Bedeutung" ....

„Das II. Buch des code civil (Von den Gütern und den verschiedenen Modifikationen des Eigenthums) handelt im 1. Titel (Art. 516—543) zunächst von der Eintheilung der Güter. Hier muß der **Art. 538**, weil er theils das Wasserrecht betrifft (EG. z BGB. Art. 65), theils dem öffentlichen Rechte angehört, aufrechterhalten bleiben. Ob auch die Bestimmungen der Art. 540, 541 über das Eigenthum an den Festungswerken einen öffentlichrechtlichen Inhalt haben oder ob sie unter den Art. 55 des EG. z. BGB. fallen, mag dahingestellt bleiben; die fraglichen Bestimmungen sind jedenfalls entbehrlich (vergl. das RG. v. 25. Mai 1873 über die Rechtsverhältnisse der zum dienstlichen Gebrauch einer Reichsverwaltung bestimmten Gegenstände, RGBl. S. 113). Was die Bestimmung des Art. 530 des code civil betrifft, wonach jede bei der Veräußerung eines Grundstücks vorbehaltene Rente spätestens in dreißig Jahren ablösbar ist, so wird sie, soweit sie eine dauernde dingliche Belastung der Grundstücke verhindert, durch den Art. 32 des vorliegenden [Gesetzes] ersetzt (vergl. EG. z. BGB. Art. 117), soweit sie sich dagegen auf Forderungen bezieht, die nicht dinglich sichergestellt sind, tritt sie nach Art. 55 des EG. außer Kraft.

Aus dem 2. Titel (Von dem Eigenthum; Art. 544—578) müssen die auf das Wasserrecht bezüglichen **Art. 556—563** bestehen bleiben. Der Art. 545, wonach ein Zwang zur Abtretung des Eigenthums nur im öffentlichen Interesse und gegen vorgängige Entschädigung ausgeübt werden darf, ist durch den Art. 9 der Verfassungsurkunde ersetzt.

Von den Vorschriften des 3. Titels über den Nießbrauch, das Gebrauchsrecht und das Wohnungsrecht (Art. 578—636) bedürfen nur die Art. 627—635 einer besonderen Erwähnung. Der Art. 627 bestimmt, daß derjenige, welchem ein Gebrauchsrecht oder ein Wohnungsrecht zusteht, die Sache wie ein guter Hausvater benutzen muß. Es könnte in Frage kommen, ob nicht diese Bestimmung unter den Art. 115 des EG. z. BGB. fällt. Indessen wird der Art. 627 kaum zu denjenigen Vorschriften gerechnet werden können, welche „den Inhalt und das Maß" einer Dienstbarkeit „näher bestimmen", da er nur einen ganz allgemeinen Grundsatz über die wirthschaftliche Benutzung der Sache enthält, einen Grundsatz, der sich in ähnlicher Weise in den §§ 1036, 1041, 1093 des BGB. ausgesprochen findet. Jedenfalls aber ist der Art. 627 neben den angeführten reichsrechtlichen Bestimmungen entbehrlich. Der Art. 635 könnte auf Grund des Art. 115 des EG. insoweit bestehen bleiben, als er im Gegensatze zu § 1093 des BGB. den Gebrauchs- oder Wohnungsberechtigten unter Umständen gleich einem Nießbraucher (vergl. BGB. § 1047) zur Tragung der Steuern verpflichtet; es liegt jedoch keine Veranlassung vor, in dieser Beziehung von dem Reichsrecht abzuweichen.

Aus dem 4. Titel (Von den Servituten oder Grunddienstbarkeiten; Art. 637—710) hält der Entw. zunächst die das Wasserrecht betreffenden **Art. 640 bis 643** und **645** aufrecht; der Art. 644, der sich gleichfalls auf das Wasserrecht bezieht, ist durch das Gesetz über die Benutzung der Privatflüsse v. 28. Februar 1843 (GS. S. 41) ersetzt. Die Art. 646 und 647, nach denen jeder Grundstücks-

bezieht, des Artikel 671, des Artikel 672 Abs. 1 und der Artikel

eigenthümer seinen Nachbar zur Abmarkung nöthigen kann und jeder Eigenthümer sein Grundstück, vorbehaltlich des den Nachbarn zu gewährenden Nothwegs, einfriedigen darf, treten außer Kraft (vergl. BGB. §§ 903, 917—919)."

Der Art. 648 ist zum Theil aufrecht erhalten worden. Siehe darüber die Bemerkung zu Art. 648, unten in der Anm. b).

Die Art. 649—652 sind nur theoretischen Inhalts und deshalb auch insoweit, als sie sich auf die dem öffentlichen Interesse dienenden Eigenthumsbeschränkungen, insbesondere auf den Leinpfad und die Anlage von Straßen beziehen, aufgehoben worden. Begr. S. 215.

Von den Vorschriften des Rheinischen Rechtes über die mitoyenneté (Art. 653—663, 665—670), d. i. das Recht der Scheidemauern und anderer Grenzanlagen (Hecken, Gräben u. s. w.), sind die Art. 658—660 sachlich aufrecht erhalten — siehe Art. 23 und die Anmerkungen dazu, oben S. 80 ff. —, während die übrigen Bestimmungen aufgehoben werden. Insbesondere sind die Vorschriften über Anbauten an eine Scheidemauer und das Einlassen von Balken (Art. 657) beseitigt; sie sind durch die allgemeine Bestimmung des § 922 BGB. über die gemeinschaftliche Benutzung einer Grenzanlage ersetzt; der Art. 663 über die Errichtung einer Scheidemauer gilt künftig nur noch als Uebergangsbestimmung (s. oben Art. 24).

Die Vorschriften des Art. 664 über das Stockwerkseigenthum treten nach Art. 55 des EG. z. BGB. vorbehaltlich der Uebergangsbestimmung im Art. 182, außer Kraft.

Dagegen sind auf Grund des Art. 124 des EG. z. BGB. (s. oben S. 81) aufrecht erhalten die Vorschriften des **Art. 671** und des **Art. 672 Abs. 1**, die sich auf die Abstände der an der Grenze befindlichen Bäume und Hecken beziehen, ferner die Bestimmungen der **Art. 674—681** über Anlagen an der Grenze, über das Fensterrecht und die Dachtraufe. An die Stelle der Vorschriften des Art. 672 Abs. 2, 3 über herüberragende Zweige und eindringende Wurzeln tritt der § 910 des BGB.; ebenso werden die Bestimmungen des Art. 673 über gemeinschaftliche Bäume durch den § 923 und die Bestimmungen der Art. 682 bis 685 über den Nothweg durch die §§ 917, 918, 924 des BGB. ersetzt. Begr. S. 218. S. oben S. 81.

Das III. Buch des code civil (Von den verschiedenen Erwerbsarten des Eigenthums) enthält zunächst in den Art. 711—717 einige einleitende allgemeine Bestimmungen. Von diesen Artikeln wird der **Art. 714**, nach welchem es Sachen giebt, die Niemandem zugehören und deren Gebrauch nach Maßgabe der Polizeigesetze für alle gemeinsam ist, aufrecht erhalten. „Auf Grund des Art. 65 des EG. würde auch der Art. 712 des code civil, soweit er sich auf einen Zuwachs durch Anlandungen bezieht, in Geltung bleiben können; indessen ist der Art. 712, weil die [aufrecht erhaltenen] Art. 556 ff. des code civil in der fraglichen Hinsicht ausführlichere Bestimmungen treffen, entbehrlich. Ebenso verhält es sich mit dem Art. 715, der sich zwar auch auf einen der Landesgesetzgebung vorbehaltenen Gegenstand, nämlich das Jagd- und Fischereirecht, bezieht (EG. Art. 69), jedoch lediglich auf andere Gesetze verweist." Begr. S. 217.

674 bis 681, 714 und des Artikel 1384, soweit er auf die

Im III. Buche des code civil regelt der 1. Titel die Erbfolge (Art. 718 bis 892); hier ist bezüglich des Art. 819 auf die Bemerkungen zu Art. 77 des Entw. zu verweisen*). Der 2. Titel (Von Schenkungen unter Lebenden und von Testamenten; Art. 893—1100) giebt zu Bemerkungen keinen Anlaß. Dasselbe gilt in Bezug auf die Titel 3—5, 7—14, 16 und 17, die von den Verträgen im Allgemeinen, von den Verbindlichkeiten, die ohne Vertrag entstehen, vom Ehevertrage, von der Miethe und sonstigen Verträgen sowie von der Schuldhaft handeln (Art. 1101—1581, 1702—2043, 2059—2091)."

„Zu dem 6. Titel, der den Kaufvertrag regelt (Art. 1582—1701), ist hervorzuheben, daß die Art. 1596, 1597 auch insoweit, als sie Verkäufe und Cessionen an öffentliche Beamte u. s. w. für nichtig erklären, unter den Art. 55 des EG. fallen; denn die betreffenden Bestimmungen sind, wenn sie die Wahrung öffentlicher Interessen bezwecken, dennoch ihrem Inhalte nach als privatrechtliche Bestimmungen anzusehen (vergl. Mot. z. EG. z. BGB. S. 183)."

„Im 15. Titel (Von dem Vergleiche; Art. 2044—2058) schreibt der Art. 2045 Abs. 3 vor, daß Gemeinden und öffentliche Anstalten nur mit ausdrücklicher Genehmigung des Landesherrn Vergleiche eingehen können. Diese Bestimmung ist zwar öffentlichrechtlichen Inhalts, sie hat aber durch die neuere Gesetzgebung ihre Bedeutung verloren."

„Die Vorschriften des 18. und 19. Titels (Von den Privilegien und Hypotheken, von dem Zwangsverkaufe und der Rangordnung der Gläubiger; Art. 2092—2218) werden ersetzt oder sind schon ersetzt worden durch die Vorschriften des Grundbuchrechts, durch die reichsgesetzlichen Bestimmungen über das Pfand- und das Zurückbehaltungsrecht, durch die neueren Gesetze über die Zwangsvollstreckung in das unbewegliche Vermögen sowie durch Vorschriften der CPO., der Konk. Ord., des Preuß. AG. z. Konk. Ord. v. 6. März 1879 und des EG. zu dem Ges., betr. Aenderungen der Konk. Ord. v. 17. Mai 1898 (vergl. insbesondere zu code civil Art. 2098, 2101—2105 Konk. Ord. §§ 49, 61 — früher §§ 41, 54 —, AG. zur Konk. Ord. §§ 6—8, EG. zu dem Gesetze betr. Aenderungen der Konk. Ord., Art. III, RGes. üb. d. Zwangsverst. u. s. w. v. 24. März 1807 § 10 Nr. 2. BGB. §§ 559 ff., 585, 704). Das Hypothekenreinigungsverfahren (Art. 2181—2195) ist dem BGB. fremd und kann auch landesgesetzlich nicht aufrecht erhalten werden." Begr. S. 219.

b) Die von der Aufhebung ausgeschlossenen Vorschriften des Rhein. Bürgerlichen Gesetzbuches sind in deutschem Texte folgende:

Buch II. (Von den Sachen und verschiedenen Beschränkungen des Eigenthums) Titel 1 (Von der Eintheilung der Sachen), Kapitel 3 (Von den Sachen in Beziehung auf ihre Besitzer):

Art. 538. Als zum Staatseigenthum gehörig werden betrachtet: Die vom Staate zu unterhaltenden Wege, Heer- und anderen Strassen, Ströme und schiffbare oder flössbare Flüsse, die Ufer der Flüsse und die Seeküsten mit ihren Anwüchsen, die Häfen, Buchten und Rheden und überhaupt alle des Privateigenthums nicht fähigen Theile des Staatsgebietes.

---

*) Siehe Anm. zu Art. 79 des Gesetzes, oben S. 297.

Haftung des Staates, der Gemeinden und anderer Kommunal-

Buch II, Titel 2 (Von dem Eigenthum), Kapitel 2 (Von dem Zuwachsrechte auf das, was mit der Sache vereinigt und ihr einverleibt wird), Abschnitt 1 (Von dem Zuwachsrechte in Beziehung auf unbewegliche Sachen):

Art. 556. Anschwemmungen und Vergrösserungen, welche nach und nach und unmerklich sich an Grundstücken ansetzen, die an einem Strome oder Flusse anliegen, heissen: Alluvion.

Diese Alluvion gereicht dem Ufereigenthümer zum Vortheile, es mag nun der Fluss oder Strom schiffbar oder flössbar sein oder nicht, jedoch mit der Verbindlichkeit, im ersten Falle einen Fusssteig oder Leinpfad den Verordnungen gemäss frei zu lassen.

Art. 557. Eine gleiche Bewandtniss hat es mit solchen Ansätzen, welche das fliessende Wasser bildet, indem es sich unmerklich von einem Ufer zurückzieht und auf das andere übertritt: die Alluvion gereicht alsdann dem Eigenthümer des verlassenen Ufers zum Vortheile, ohne dass der Ufereigenthümer der entgegengesetzten Seite den Grund und Boden, welchen er verloren hat, diesseits in Anspruch nehmen kann. Dies Recht tritt jedoch in Ansehung der vom Meere verlassenen Plätze nicht ein.

Art. 558. Die Alluvion hat bei Seen und Teichen nicht statt; deren Eigenthümer behält immer, auch wenn die Masse des Wassers sich nachher vermindern sollte, den Grund und Boden, welchen dasselbe, wenn es bis zu der Höhe des Abflusses gestiegen ist, bedeckt. Umgekehrt erwirbt aber auch der Eigenthümer des Teiches kein Recht auf die angrenzenden Grundstücke, welche das Teichwasser bei einer ausserordentlichen Höhe bedeckt.

Art. 559. Wird von einem Strome oder Flusse, er sei schiffbar oder nicht, durch plötzliche Gewalt ein beträchtlicher und erkennbarer Theil eines angrenzenden Feldes abgerissen und einem unterhalb oder am entgegengesetzten Ufer gelegenen Felde zugeführt, so kann der Eigenthümer des abgerissenen Stückes sein Eigenthum in Anspruch nehmen; doch muss er deshalb binnen einem Jahre seine Klage anstellen und wird nach dieser Frist damit nicht mehr gehört, es sei denn, dass der Eigenthümer des Feldes, womit das abgerissene Stück vereinigt worden ist, dasselbe noch nicht in Besitz genommen hätte.

Art. 560. Grosse und kleine Inseln und Anwüchse, die in dem Wasserbette der Ströme und schiffbaren oder flössbaren Flüsse sich bilden, gehören dem Staate, so lange nicht ein besonderer Rechtsgrund oder Verjährung ihm entgegensteht.

Art. 561. Inseln und Anwüchse, die in nicht schiffbaren und flössbaren Flüssen sich bilden, gehören den Ufereigenthümern der Seite, wo die Insel entstanden ist. Hat sich dieselbe nicht ganz auf einer Seite gebildet, so gehört sie den Ufereigenthümern von beiden Seiten, wobei man eine, durch die Mitte des Flusses gezogene Linie zum Massstabe nimmt.

Art. 562. Wenn ein Strom oder Fluss, indem er sich einen neuen Arm bildet, das Feld eines Ufereigenthümers abschneidet und so umgiebt, dass es eine Insel bildet, so behält dieser das Eigenthum seines Feldes, selbst wenn der Strom oder Fluss schiffbar oder flössbar wäre.

verbände für den von ihren Beamten in Ausübung der diesen

Art. 563. Wenn ein Strom oder Fluss, er sei schiffbar, flössbar oder keines von beiden, seinen Lauf verändert und sein altes Flussbett verlässt, so gebührt den Eigenthümern der jetzt unter Wasser gesetzten Grundstücke als Entschädigung das alte verlassene Flussbett, einem jeden nach Verhältniss des ihm entzogenen Grundes und Bodens.

Buch II, Titel 4 (Von den Servituten oder Grunddienstbarkeiten), Kapitel 1 (Von den Servituten, welche aus der Lage der Orte entstehen):

Art. 640. Die tiefer gelegenen Grundstücke müssen das Wasser aufnehmen, welches nach seinem natürlichen Laufe und ohne dass Menschenhände etwas dazu beitragen, von den höher gelegenen abfliesst.

Der Eigenthümer des unterhalb liegenden Grundstückes darf keinen Damm aufwerfen, der diesen Abfluss verhindert.

Der Eigenthümer des oberen Grundstückes darf nichts unternehmen, was die Servitut des unterhalb liegenden Grundstückes erschwert.

Art. 641. Wer eine Quelle auf seinem Grundstücke hat, kann sich ihrer nach Willkür bedienen, mit Vorbehalt des Rechts, welches der Eigenthümer des unterhalb liegenden Grundstückes durch einen besonderen Titel oder Verjährung etwa erworben hat.

Art. 642. Die Verjährung wird in diesem Falle nur begründet durch einen dreissigjährigen ununterbrochenen Besitz, von dem Zeitpunkte an zu rechnen, wo der Eigenthümer des unterhalb liegenden Grundstückes ins Auge fallende Anlagen, die dazu bestimmt sind, den Fall und Lauf des Wassers auf sein Eigenthum zu erleichtern, gemacht und vollendet hat.

Art. 643. Der Eigenthümer der Quelle darf deren Lauf nicht verändern, wenn sie den Einwohnern einer Gemeinde, eines Dorfes oder Gutes das ihnen nöthige Wasser verschafft. Haben indess die Einwohner den Gebrauch derselben nicht erworben oder verjährt, so kann der Eigenthümer eine Entschädigung, die durch Sachverständige bestimmt wird, fordern.

Art. 645. Erhebt sich ein Streit unter den Eigenthümern, welchen dergleichen Wasser nützlich sein kann, so sollen die Gerichte bei ihren Erkenntnissen das Interesse des Ackerbaues mit der dem Eigenthum schuldigen Achtung in Uebereinstimmung bringen; in allen Fällen sind aber die besonderen und örtlichen Verordnungen über den Lauf und die Benutzung der Wasser zu beobachten.

Art. 648. Der Eigenthümer, der seine Grundstücke einfriedigen will, verliert sein Recht an der Koppelweide [droit au parcours] und Hut auf leeren Feldern [droit de vaine pâture] nach dem Verhältnisse des derselben dadurch entzogenen Bodens.

Anm. Der Art. 648 ist nur aufrecht erhalten, soweit er sich auf das Weiderecht innerhalb der Gemeinde bezieht. Die Begr. S. 215 bemerkt: „Soweit sich dieser Artikel auf das droit au parcours, d. h. das mehreren Gemeinden wechselseitig auf ihren Gebieten zustehende Weiderecht, bezieht, ist er schon jetzt gegenstandslos, weil der § 5 Abs. 2 der Gemeinheitstheilungsordnung v. 19. Mai 1851 (GS. S. 371) diese Art der Weideberechtigung aufgehoben hat. Soweit es sich dagegen um das droit de vaine pâture, d. h. das Recht des öden Weid-

anvertrauten öffentlichen Gewalt zugefügten Schaden Anwendung findet;

---

ganges innerhalb derselben Gemeinde, handelt, ist die Bestimmung des Art. 648 auch in Zukunft noch von Bedeutung (vergl. EG. z. BGB. Art. 124; siehe auch Gemeinheitstheilungsordnung § 5 Abs. 1, Feld- und Forstpolizeigesetz v. 1. April 1880 § 94, EG. z. BGB. Art. 113)."

Buch II, Titel 4, Kap. 2 (Von den durch das Gesetz begründeten Servituten) Abschn. 1 (Von den gemeinschaftlichen Mauern und Gräben):

Art. 671. Hochstämmige Bäume dürfen nur in der durch die besonderen, gerade vorhandenen Verordnungen, oder durch ein beständiges und anerkanntes Herkommen bestimmten Entfernung gepflanzt werden, in Ermangelung der Verordnungen und des Herkommens sollen hochstämmige Bäume zwei Meter, andere Bäume und lebendige Hecken dagegen einen halben Meter von der Scheidungslinie beider Grundstücke entfernt bleiben.

Art. 672 Abs. 1. Der Nachbar hat das Recht, zu verlangen, dass die in einer geringeren Entfernung gepflanzten Bäume und Hecken ausgerissen werden.

Bemerkung. An die Stelle des Art. 672 Abs. 2, 3 über herüberragende Zweige und eindringende Wurzeln tritt der § 910 BGB.

Buch II Tit. 4 Kap. 2 Abschn. 2 (Von der Entfernung und den Zwischenwerken, welche bei gewissen Anlagen erforderlich sind):

Art. 674. Wer einen Brunnen oder eine Vertiefung für einen Abtritt neben einer gemeinschaftlichen oder nicht gemeinschaftlichen Mauer graben, wer daselbst einen Schornstein, einen Feuerherd, eine Schmiede, einen Backofen oder anderen Ofen errichten, einen Stall an dieselbe anlehnen, oder ein Salzmagazin oder einen Vorrath ätzender Materialien gegen diese Mauer anlegen will, ist verbunden, so viel Zwischenraum zu lassen, als die besonderen Verordnungen und das Herkommen in Ansehung dieser Gegenstände bestimmen, oder diejenigen Werke aufzuführen, welche durch eben diese Verordnungen und das Herkommen zur Verhütung jeden Nachtheils für den Nachbar vorgeschrieben sind.

Aus demselben Kapitel Abschn. 3 (Von der Aussicht auf das Eigenthum eines Nachbars):

Art. 675. Ein Nachbar darf ohne Bewilligung des Andern in der gemeinschaftlichen Mauer keine Fenster, keine Oeffnung, auf welche Art dies auch geschehe, selbst nicht einmal ein Fenster von blindem Glase anbringen.

Art. 676. Der Eigenthümer einer nicht gemeinschaftlichen Mauer, die unmittelbar an das Grundstück eines Andern anstösst, darf in derselben Oeffnungen und Fenster anbringen, die mit einem Drahtgitter versehen und von blindem Glase sind.

Solche Fenster müssen ein eisernes Gitter haben, dessen Maschen höchstens einen Dezimeter (ungefähr drei Zoll und acht Linien) Weite haben, und einen Rahmen von blindem Glase.

Art. 677. Eben diese Fenster oder Lichtöffnungen dürfen nicht anders als sechsundzwanzig Dezimeter (acht Fuss) über dem Fussboden des Zimmers.

welchem man Licht verschaffen will, wenn es auf ebener Erde ist, und neunzehn Dezimeter (sechs Fuss) über dem Fussboden der höheren Stockwerke angebracht werden.

Art. 678. Man darf nach dem Grundstücke seines Nachbars, es mag eingeschlossen sein, oder nicht, keine Oeffnung in gerader Richtung, kein Fenster, das zur Aussicht dient, keinen Balcon oder ähnlichen Vorsprung haben, wenn nicht die Mauer, worin man sie anbringt, von dem erwähnten Grundstücke neunzehn Dezimeter (sechs Fuss) entfernt ist.

Art. 679. Auch eine Aussicht von der Seite oder in schräger Richtung kann man nur in einer Entfernung von sechs Dezimeter (zwei Fuss) haben.

Art. 680. Die in den beiden vorhergehenden Artikeln bemerkte Entfernung wird berechnet von der Aussenseite der Mauer, worin die Oeffnung angebracht ist, und wenn von einem Balcon oder anderm ähnlichen Vorsprunge die Rede ist, von dessen äusserster Linie bis zur Scheidungslinie des beiderseitigen Eigenthums.

Aus demselben Kap., Abschn. 4 (Von der Dachtraufe):

Art. 681. Jeder Eigenthümer hat seine Dächer so einzurichten, dass das Regenwasser auf seinen eigenen Grund und Boden oder auf die öffentliche Strasse fällt: auf das Grundstück seines Nachbars darf er es nicht abfliessen lassen.

Aus Buch III (Von den verschiedenen Arten, das Eigenthum zu erwerben). Allgemeine Bestimmungen:

Art. 714. Es giebt Sachen, die Niemanden zugehören, deren Gebrauch aber für Alle gemeinschaftlich ist. Polizeigesetze bestimmen die Art, sie zu benutzen.

Anmerkung: „Es gehören hierhin auch die nicht schiffbaren und die nicht flößbaren Flüsse; da die Rechtsverhältnisse der letzteren vom BGB. nicht geordnet sind, so muß es für sie beim Art. 714 bewenden, aus dem insbesondere folgt, daß das Eigenthum oder ein sonstiges Recht an ihnen durch Ersitzung nicht erworben werden kann (vergl. Entsch. des Reichsgerichts Bd. 12 S. 340, Bd. 30 S. 307. EG. z. BGB. Art. 65)." Begr. S. 218.

Aus Buch III, Tit. 4 (Von Verbindlichkeiten, die ohne Vertrag entstehen), Kap. 2 (Von Vergehungen und Quasidelikten):

Art. 1384. Man ist nicht allein für den durch seine eigene Handlung, sondern auch für den durch Andere, für welche man einstehen muss, oder durch Sachen, die man in seiner Verwahrung hat, verursachten Schaden verantwortlich.

Der Vater, und nach dessen Tode die Mutter müssen für den durch ihre minderjährigen bei ihnen wohnenden Kinder verursachten Schaden einstehen.

Hausherren und die, welche Jemandem ein Geschäft übertragen haben, sind für den durch ihr Hausgesinde und durch die von ihnen Beauftragten in den denselben anvertrauten Geschäften verursachten Schaden verantwortlich.

Lehrer und Handwerker müssen für den durch ihre Zöglinge und Lehrlinge während der Zeit, wo sie unter Aufsicht stehen, verursachten Schaden haften.

Die oben bemerkte Verantwortlichkeit tritt nur ein, wenn nicht die Eltern, Lehrer und Handwerker den Beweis führen, dass sie die Handlung, derentwegen diese Verantwortlichkeit stattfindet, nicht verhindern konnten.

3. **die Vorschriften des gemeinen Rechtes über die Wiedereinsetzung in den vorigen Stand und über die Privatpfändung;**

Anmerkung: Die Gesetzesvorlage sah die gänzliche Aufhebung des Art. 1384 vor. Dagegen stellte ein Mitglied der Komm. des AH. den sich an Art. 77 EG. z. BGB. anschließenden Antrag, den Art. 1384 aufrecht zu erhalten, „soweit schädigende Handlungen in Frage kommen, die von Beamten oder Angestellten des Staats oder der Kommunalverwaltungen vorgenommen werden" (Drucks. d. AH. „Zu Nr. 227", Anträge zu Art. 87, Nr. 23). Der Antrag wurde damit begründet, daß durch die französische Doktrin und Rechtsprechung insbes. ein Erkenntniß des Reichsger. v. 18. März 1898 in S. Fiskus gegen Michel und Genossen, dem Art. 1384 hinsichtlich der Haftung des Staates und der Gemeinden für schädigende Handlungen der Beamten eine öffentlich-rechtliche Bedeutung angeheftet sei. Regierungsseitig wurde dagegen ausgeführt, daß der Artikel in dem Systeme des code civil, wo er unter den Bestimmungen über die Haftung für unerlaubte Handlungen stehe, rein privatrechtlichen Charakter habe und daher durch die Vorschriften des BGB. ersetzt sei. Der Antrag wurde von der Komm. in der jetzt vorliegenden Fassung angenommen in der Absicht, die Prüfung der Frage, ob der Art. 1384 reichsgesetzlich aufgehoben sei, der Rechtsprechung zu überlassen. Komm. Ber. S. 134. Zur Auslegung des Art. 1384 sind selbstverständlich auch die aufgehobenen übrigen Bestimmungen des code über die civilrechtlichen Folgen unerlaubter Handlungen heranzuziehen. Vergl. Komm. Ber. a. a. O. — Vergl. übrigens auch Art. 14 d. G. und die Anmerkungen dazu.

Zu Nr. 3. Eine Aufzählung der aufgehobenen Vorschriften des **gemeinen Rechtes** ist nicht ausführbar. „Die allgemeinen Grundsätze des gemeinen Rechtes werden ohne Weiteres nach Maßgabe des Art. 4 des EG. z. BGB. durch die entsprechenden allgemeinen Vorschriften des BGB. ersetzt. Wo letzteres eine Einrichtung des bisherigen Rechtes, wie die Wiedereinsetzung in den vorigen Stand und die unvordenkliche Verjährung, nicht übernommen hat, schließt dies nicht aus, daß die bezüglichen Vorschriften des geltenden Rechtes für ein der Landesgesetzgebung vorbehaltenes Gebiet ihre Kraft behalten (Mot. z. EG. S. 149). Hinsichtlich der unvordenklichen Verjährung muß es hierbei auch verbleiben, da sie für einige Sonderrechtsgebiete, namentlich das Wasserrecht und das Fischereirecht, noch von erheblicher praktischer Bedeutung ist." Begr. S. 220.

Dagegen wird die Wiedereinsetzung in den vorigen Stand, dem Gange der Rechtsentwickelung folgend (vergl. § 9 Ges. v. 12. Juli 1875, S. 518; Mot. z. BGB. Bd. 1 S. 392) ganz aufgehoben. Begr. S. 220.

Für die weiter erfolgte Aufhebung der gemeinrechtlichen Vorschriften über die Privatpfändung sind die gleichen Gründe maßgebend wie für die Aufhebung der entsprechenden Vorschriften des ALR. (s. oben S. 358). Fortdauernd in Geltung bleiben in Folge des Art. 89 des EG. z. BGB. die Vorschriften der §§ 69—88 des Feld- und Forstpolizeigesetzes v. 1. April 1880 (GS. S. 230) über Pfändung und Ersatzgeld und des § 33 der Feldpolizeiordnung v. 1. November 1847 (GS. S. 376), soweit letzterer nach § 96 Abs. 3 Nr. 2 des erstgenannten Gesetzes noch in Kraft ist. (S. oben S. 359).

4. die Vorschrift des revidirten Statuts der Stadt Lübeck Buch 2 Titel 2 Artikel 10;
5. die Vorschriften der bisherigen Gesetze über das Schuldverhältniß aus einem mit der Ueberlassung eines Grundstücks verbundenen Leibgedingsvertrag und die Fuldische Verordnung vom Auszug oder der Leibzucht ꝛc. vom 16. Februar 1773;
6. das Rheinische Gesetz über die Führung der Namen und Vornamen vom 23. August 1794 (6. Fructidor II);
7. die Verordnung wider die Veräußerung unbeweglicher Güter in die todte Hand vom 17. Mai 1799 (Chronologische Sammlung der Verordnungen ꝛc. für die Herzogthümer Schleswig und Holstein S. 27);
8. das Ausschreiben, die Auf- und Annahme von Testamenten auf den Inseln der Provinz Ostfriesland betreffend, vom 24. November 1817 (Samml. der Hannoverschen Landesverordnungen ꝛc. des Jahres 1817 II S. 521);
9. das Gesetz wegen Einführung kürzerer Verjährungsfristen vom 31. März 1838 (Gesetz.-Samml. S. 249);

Zu Nr. 4. Die Begr. S. 220 erläutert: „Nach der Vorschrift des revid. Statuts der Stadt Lübeck Buch 2 Tit. 2 Art. 10 finden auf die Auseinandersetzung zwischen einem überlebenden Ehegatten, der seinen Wohnsitz in das Geltungsgebiet des Lübischen Rechtes verlegt hat, und den aus der Ehe entsprossenen Kindern die Vorschriften des Lübischen Rechtes unter Umständen auch dann Anwendung, wenn für die Ehe nach dem ersten ehelichen Wohnsitz ein anderes Güterrecht maßgebend ist (vergl. Zelter, das Lübische Recht S. 63; Neu-Vorpommersches Statutarrecht § 327). Die Bestimmung ist unhaltbar, wenn für die lübischrechtlichen Ehen selbst das bisherige Recht außer Kraft gesetzt wird. Da sie jedoch nach Art. 200 des EG. z. BGB. als aufrecht erhalten angesehen werden könnte, so empfiehlt sich die ausdrückliche Aufhebung."

Zu Nr. 5. Vergl. Art. 15.

Zu Nr. 6. Das Gesetz verbietet die Aenderung von Vor- und Familiennamen. Bezüglich der letzteren ist es bereits durch das Gesetz vom 11 Germinal XI (1. April 1803, Bormann und Daniels 4 S. 441) Titel 2 und durch die Kabinetsordre vom 15. April 1822 (GS. S. 108) aufgehoben worden. Bezüglich der Vornamen besteht ein Verbot in den übrigen Landestheilen nicht, vielmehr ist die Abänderung mit Genehmigung des Regierungspräsidenten erlaubt (Allerh. Erl. vom 12. Juli 1867, GS. S. 1310). Die Nr. 6 will einheitliches Recht herbeiführen. Komm. Ber. S. 1:5.

Die unter **Nr. 7, 13, 23, 26** bezeichneten Gesetze sind durch Art. 6 und 7 dieses Gesetzes ersetzt.

Zu Nr. 8. Das im Texte bezeichnete Ausschreiben erklärte die Prediger zur Aufnahme von Testamenten für zuständig. Für die regelmäßige Testamentsform ist diese Zuständigkeit durch das BGB. beseitigt; für Nothtestamente kann sie im Wege des Art. 80 Abs. 2 beibehalten werden.

Die unter **Nr. 9, 12, 14, 16, 17, 18, 19, 21, 25** bezeichneten Vorschriften sind durch Art. 8 dieses Gesetzes und durch das BGB. ersetzt.

10. das Gesetz über Familienschlüsse bei Familien-Fideikommissen, Familienstiftungen und Lehnen vom 15. Februar 1840 (Gesetz-Samml. S. 20), soweit es sich auf Familienstiftungen bezieht;
11. das Gesetz, betreffend die Familien-Fideikommisse, fideikommissarischen Substitutionen und Familienstiftungen im Herzogthum Schlesien und in der Grafschaft Glatz, vom 15. Februar 1840 (Gesetz-Samml. S. 25), soweit es sich auf Familienstiftungen bezieht;
12. die Verordnung wegen Einführung kürzerer Verjährungsfristen für die Landestheile, in welchen noch gemeines Recht gilt, vom 6. Juli 1845 (Gesetz-Samml. S. 483);
13. das Gesetz über die Erwerbung von Grundeigenthum für Korporationen und andere juristische Personen des Auslandes vom 4. Mai 1846 (Gesetz-Samml. S. 235);
14. das Nassauische Gesetz, betreffend die Abkürzung der Verjährungsfristen für gewisse Arten von Forderungen, vom 5. April 1849 (Nass. Verordnungs-Blatt S. 75);
15. der § 92 des Gesetzes, betreffend die Ablösung der Reallasten und die Regulirung der gutsherrlichen und bäuerlichen Verhältnisse, vom 2. März 1850 (Gesetz-Samml. S. 77);
16. das Hannoversche Gesetz, die Verjährung persönlicher Klagen und die Einführung kurzer Verjährungsfristen für dieselben betreffend, vom 22. September 1850 (Hannov. Gesetz-Samml. Abth. I S. 187);
17. das Großherzoglich Hessische Gesetz, betreffend die Verjährung der persönlichen Klagen in den Provinzen Starkenburg und Oberhessen, vom 19. März 1853 (Großherzogl. Hess. Reg.-Blatt S. 117);
18. das Kurhessische Gesetz wegen Einführung kürzerer Verjährungsfristen bei Klagen aus Schuldverhältnissen vom 14. Juli 1853 (Kurhess. Gesetz-Samml. S. 99);
19. das Landgräflich Hessische Gesetz, die Verjährung der persönlichen Klagen betreffend, vom 15. August 1854 (Reg.-Blatt f. d. ehemal. Landgrafschaft Hessen-Homburg S. 748);
20. das Gesetz, betreffend die Abschätzung der Landgüter zum Behufe der Pflichttheilsberechnung in der Provinz Westfalen, vom 4. Juni 1856 (Gesetz-Samml. S. 550);

Zu Nr. 13. Vergl. zu Nr. 7. — Hierdurch ist die Verordnung von 1845 auch in den Hohenzollernschen Landen, in Schleswig-Holstein und Frankfurt a. M. aufgehoben, wo sie durch die Gesetze vom 12. März 1860 (GS. S. 97), vom 9. Februar 1869 (GS. S. 341) und vom 13. März 1869 (GS. S. 484) eingeführt war. Das Gesetz vom 9. Febr. 1869 ist unter Nr. 25 noch besonders aufgehoben.

Zu Nr. 15, 22, 27, 29, 31 vergl. den Art. 32 dieses Gesetzes und die Anmerkungen dazu. — Die in den Absätzen 2 der aufgehobenen Paragraphen enthaltenen Uebergangsvorschriften bleiben für die beim Inkrafttreten des BGB.

21. das Bayerische Gesetz, betreffend die Verjährungsfristen, vom 26. März 1859 (Bayer. Gesetzbl. S. 26);
22. der § 19 des Gesetzes, betreffend die Ablösung der Reallasten in den Hohenzollernschen Landen, vom 28. Mai 1860 (Gesetz-Samml. S. 221);
23. der § 3 des Frankfurter Gesetzes, die Erwerbung von Grundeigenthum und Insätzen durch Nichtverbürgerte betreffend, vom 29. September 1863 (Frankf. Gesetz- und Statutensammlung Bd. XVI S. 55);
24. das Gesetz, betreffend die den gemeinnützigen Aktiengesellschaften bewilligte Sportel- und Stempelfreiheit, vom 2. März 1867 (Gesetz-Samml. S. 385);
25. das Gesetz wegen Einführung kürzerer Verjährungsfristen für die Provinz Schleswig-Holstein vom 9. Februar 1869 (Gesetz-Samml. S. 341);
26. das Gesetz, betreffend die Genehmigung zu Schenkungen und letztwilligen Zuwendungen, sowie zur Uebertragung von unbeweglichen Gegenständen an Korporationen und andere juristische Personen, vom 23. Februar 1870 (Gesetz-Samml. S. 118);
27. der § 14 des Gesetzes, betreffend die Ablösung der Reallasten im Gebiete des Regierungsbezirks Wiesbaden und in den zum Regierungsbezirk Kassel gehörigen vormals Großherzoglich Hessischen Gebietstheilen, vom 15. Februar 1872 (Gesetz-Samml. S. 165);
28. das Gesetz über den Eigenthumserwerb und die dingliche Belastung der Grundstücke, Bergwerke und selbständigen Gerechtigkeiten, vom 5. Mai 1872 (Gesetz-Samml. S. 433);
29. der § 55 des Gesetzes, betreffend die Ablösung der Reallasten in der Provinz Schleswig-Holstein vom 3. Januar 1873 (Gesetz-Samml. S. 3);

. . . . .

bestehenden Schulden in Kraft, sofern nach ihnen die Kündbarkeit vor dem Ablaufe von zwanzig Jahren seit dem Inkrafttreten des BGB. eintritt. Art. 32 § 2, oben S. 102.

Zu Nr 24. Das Gesetz v. 2. März 1867 ist in Ansehung der Stempelfreiheit durch § 35 Abs. 2 des Stempelsteuergesetzes v. 31. Juli 1895 aufgehoben, in Ansehung der Kosten durch Art. 86 § 1 Nr. VI ersetzt (s. oben S. 320).

Zu Nr. 28. Das Gesetz v. 5. Mai 1872 ist bis auf wenige Vorschriften reichsrechtlich aufgehoben. Die reichsrechtlich nicht beseitigten § 12 Abs. 2, 3, §§ 68, 69 werden durch Art. 22, Art. 37 I, III, XIII, Art. 38 § 5 und Art. 40 dieses Gesetzes, der § 68 theilweise auch durch Art. 22ff. des AG. z. RGBO. ersetzt. Begr. S. 221. Im Art. 33 des letzteren Gesetzes sind auch die Grundbuchordnung v. 5. Mai 1872 und diejenigen Gesetze, durch welche das Grundbuchwesen in die vom ursprünglichen Geltungsbereiche ausgeschlossenen Landestheile eingeführt worden sind, mit Ausnahme weniger Paragraphen, aufgehoben.

30. die Vormundschaftsordnung vom 5. Juli 1875 (Gesetz-Samml. S. 431);
31. der § 26 des Gesetzes, betreffend die Ablösung der Reallasten im Gebiete des Regierungsbezirks Kassel ausschließlich der zu demselben gehörigen vormals Großherzoglich Hessischen Gebietstheile, vom 23. Juli 1876 (Gesetz-Samml. S. 357).

Artikel 90.

Dieses Gesetz tritt gleichzeitig mit dem Bürgerlichen Gesetzbuch in Kraft.

Die Vorschriften des Artikel 33 § 2 Abs. 2, § 3 Nr. 1, der Artikel 34, 71, 73, 74 und des Artikel 86 § 2 treten mit der Verkündung in Kraft.

Urkundlich rc.

Zu Nr. 30 Die Preuß. Vormundschaftsordnung ist größtentheils reichsrechtlich beseitigt. Vergl. BGB. §§ 1773—1921, RGes. üb. d. Angel. der freiw. Gerichtsb. §§ 35—64. Die durch reichsgesetzliche Vorbehalte gedeckten §§ 13, 22, 26 Abs. 4, § 39 Abs. 1, 3, 4, § 52, § 54 Abs. 1, § 62 Abs. 2 sind durch die Art. 72 bis 74, 77, 78 dieses Gesetzes ersetzt. Begr. S. 221.

Artikel 90.

Die Art. 33 § 2 Abs. 2, § 3 Nr. 1, Art. 34, 71 und 86 § 2 müssen ihrem Zwecke nach sofort in Kraft treten. Für Art. 73 und 74 ist die sofortige Wirksamkeit bestimmt, um Zweifel zu vermeiden, ob dieselben, sofern sie erst gleichzeitig mit dem BGB. in Kraft träten, durch den Art. 212 des EG. gedeckt sein würden. Vergl. Begr. S. 162, 163.

Verordnung zur Ausführung des Bürgerlichen Gesetzbuchs.

Vom 16. November 1899.*)

(GS. S. 562.)

Wir Wilhelm ꝛc. verordnen zur Ausführung des Bürgerlichen Gesetzbuchs v. 18. August 1896, des zugehörigen Einführungsgesetzes und des Ausführungsgesetzes v. 20. September 1899 (GS. S. 177), was folgt:

Art. 1. Die Verleihung der Rechtsfähigkeit an einen Verein, dessen Zweck auf einen wirthschaftlichen Geschäftsbetrieb gerichtet ist, sowie die Ertheilung der zu einer Aenderung der Satzung eines solchen Vereins erforderlichen Genehmigung (BGB. §§ 22, 33) erfolgt durch die zuständigen Minister.

Art. 2. In den Fällen des § 43 des Bürgerlichen Gesetzbuchs entscheidet über die Entziehung der Rechtsfähigkeit eines Vereins im Verwaltungsstreitverfahren der Bezirksausschuß. Für die Erhebung der Klage ist der Landrath, in Stadtkreisen die Ortspolizeibehörde zuständig.

Art. 3. Für die Erhebung des Einspruchs gegen die Eintragung eines Vereins in das Vereinsregister oder gegen die Eintragung einer Aenderung der Satzung eines eingetragenen Vereins (BGB. §§ 61, 71) ist der Landrath, in Stadtkreisen die Ortspolizeibehörde zuständig.

Ueber die Rechtmäßigkeit des Einspruchs entscheidet im Verwaltungsstreitverfahren der Bezirksausschuß.

Art. 4. Zur Entstehung einer rechtsfähigen Stiftung (BGB. § 80) ist, unbeschadet der für Familienstiftungen geltenden Vorschriften des Art. 1 § 1 des Ausführungsgesetzes zum Bürgerlichen Gesetzbuche, die Genehmigung des Königs erforderlich.

Das Gesuch um die Genehmigung ist bei dem Regierungspräsidenten einzureichen, in dessen Bezirke die Stiftung ihren Sitz haben soll.

Vergl. oben S. 3 Anm. 1, 2.

Art. 5. In den Fällen des Art. 4 des Ausführungsgesetzes zum Bürgerlichen Gesetzbuch ist die Genehmigung des Königs erforderlich, wenn durch den Beschluß des Vorstandes der Stiftung die Verfassung

---

*) Diese Verordnung ist erst nach dem Drucke der ersten Hälfte dieses Buches erschienen und konnte daher dort nur als in Aussicht gestellt citirt werden (S. 3, 13, 23).

in Ansehung des Zweckes geändert oder die Stiftung aufgehoben werden soll. Sonstige Aenderungen der Verfassung bedürfen der Genehmigung der Aufsichtsbehörde.

In den Fällen des § 87 des Bürgerlichen Gesetzbuchs entscheidet über die Umwandlung des Zweckes, die Aenderung der Verfassung und die Aufhebung der Stiftung der König, bei Familienstiftungen der Justizminister.

Vergl. oben S. 13 Anm. 2.

Art 6 Die zum Erwerbe von Grundstücken nach Art. 7 § 2 Abs. 1 des Ausführungsgesetzes zum Bürgerlichen Gesetzbuch erforderliche Genehmigung wird Aktiengesellschaften, Kommanditgesellschaften auf Aktien, eingetragenen Genossenschaften, eingeschriebenen Hülfskassen, rechtsfähigen gegenseitigen Versicherungsgesellschaften und Gewerkschaften, die außerhalb Preußens in einem deutschen Bundesstaat ihren Sitz haben, von den zuständigen Ministern ertheilt.

Vergl. oben S. 23 Anm. 1.

Art. 7. In den Fällen des § 525 Abs. 2 und des § 2194 Satz 2 des Bürgerlichen Gesetzbuchs ist für die Geltendmachung des Anspruchs auf Vollziehung der Auflage, wenn die Wahrnehmung des öffentlichen Interesses einer preußischen Behörde obliegt, der Minister zuständig, dessen Geschäftsbereich nach dem Zwecke der Auflage betroffen wird. Er kann mit der Geltendmachung des Anspruchs eine nachgeordnete Behörde beauftragen.

Vergl. die Begr. des Gesetzentw., welche einen von Art. 7 abweichenden Standpunkt einnehmen wollte, oben S. 68 Anm. 1.

Art. 8. Die nach § 795 des Bürgerlichen Gesetzbuchs zur Ausgabe von Schuldverschreibungen auf den Inhaber erforderliche Genehmigung wird auf Grund eingeholter Königlicher Ermächtigung von den zuständigen Ministern ertheilt.

Der Ermächtigung bedarf es nicht für die Genehmigung von Aenderungen der Höhe des Zinssatzes und von sonstigen Aenderungen der Ausgabebedingungen.

Art. 9. Nicht eingetragene Mieth- und Pachtrechte, die zu der Zeit, zu welcher das Grundbuch als angelegt anzusehen ist, als Rechte an einem Grundstücke bestehen (Einf. Ges. z BGB. Art. 188 Abs. 2) bedürfen zur Erhaltung der Wirksamkeit gegenüber dem öffentlichen Glauben des Grundbuchs nicht der Eintragung.

Art. 10. Die Befreiung von der Vorschrift, daß eine Frau nicht vor der Vollendung des sechszehnten Lebensjahrs eine Ehe eingehen darf, sowie von dem Verbote der Eheschließung zwischen einem wegen Ehebruchs geschiedenen Ehegatten und demjenigen, mit welchem er den Ehebruch begangen hat (BGB. §§ 1303, 1312, 1322), ertheilt der Justizminister.

Art. 11. Die Befreiung von der Vorschrift, daß eine Frau erst zehn Monate nach der Auflösung oder Nichtigkeitserklärung ihrer früheren Ehe eine neue Ehe eingehen darf (BGB. §§ 1313, 1322), ertheilt das Amtsgericht, in dessen Bezirke die Frau ihren Wohnsitz oder in Ermangelung eines in Preußen begründeten Wohnsitzes ihren Aufenthalt hat.

In Ermangelung eines nach Abs. 1 zuständigen Gerichts ertheilt das Amtsgericht, in dessen Bezirke die Eheschließung erfolgen soll, und, wenn die Ehe nicht in Preußen geschlossen werden soll, das Amtsgericht I Berlin die Befreiung.

Art. 12. Die Befreiung von dem vor der Eheschließung erforderlichen Aufgebot (BGB. §§ 1316, 1322) ertheilt der Minister des Innern.

Die Aufsichtsbehörde kann in dringenden Fällen eine Abkürzung der für die Bekanntmachung des Aufgebots bestimmten Fristen (Reichsges. v. 6. Februar 1875 §§ 46, 47) gestatten.

Art. 13. Zu einer Ehelichkeitserklärung (BGB. § 1723) ist, wenn es sich um die Annahme eines adeligen Namens handelt, die Genehmigung des Königs einzuholen.

In anderen Fällen wird die Ehelichkeitserklärung von dem Justizminister ertheilt.

Art. 14. Die Befreiung von dem für die Annahme an Kindesstatt erforderlichen Alter des Annehmenden (BGB. §§ 1744, 1745) wird von dem Justizminister ertheilt.

Art. 15. Diese Verordnung tritt gleichzeitig mit dem Bürgerlichen Gesetzbuch in Kraft.

Urkundlich 2c.

Anlagen.

1. Zu Art. 0 des Gesetzes

Gesetz über die Verjährungsfristen bei öffentlichen Abgaben. Vom 18. Juni 1840 (GS. S. 140).

Wir Friedrich Wilhelm ꝛc. verordnen über die Verjährungsfristen bei öffentlichen Abgaben, worüber im Gesetz vom 31. März 1838 (GS. S. 250) eine besondere Verordnung vorbehalten worden ist, auf den Antrag Unseres Staatsministeriums und nach erfordertem Gutachten Unseres Staatsraths, für den ganzen Umfang Unserer Monarchie, wie folgt:

§ 1. (A. Landesherrliche Abgaben. I. Reklamationen: a) direkte Steuern.) Reklamationen gegen direkte Steuern, namentlich gegen Abgaben, welche nach den Etats, Katastern oder Jahresheberollen als Grundsteuer durch Ortserheber oder unmittelbar durch Unsere Kassen von den Steuerpflichtigen erhoben werden, imgleichen gegen die Klassen- und Gewerbesteuer, so wie gegen diejenigen Abgaben, welche in Folge des § 11 des allgemeinen Abgabengesetzes v. 30. Mai 1820, als auf einem speziellen Erhebungstitel beruhend, zu entrichten sind, müssen ohne Unterschied, ob sie auf Ermäßigung oder auf gänzliche Befreiung gerichtet sind, binnen drei Monaten vom Tage der Bekanntmachung der Heberolle, oder wenn die Steuer im Laufe des Jahres auferlegt worden, binnen drei Monaten nach erfolgter Benachrichtigung von deren Betrage, oder endlich, im Falle eine periodische Veranlagung und Anfertigung von Heberollen nicht stattfindet, binnen den ersten drei Monaten jedes Jahres, bei der Behörde angebracht werden.

Wird diese Frist versäumt, so erlischt der Anspruch auf Steuer-Ermäßigung oder Befreiung, sowie auf Rückerstattung, für das laufende Kalenderjahr.

Ist die Reklamation vor dem Ablaufe der Frist angebracht, und wird solche begründet gefunden, so erfolgt die Ermäßigung oder gänzliche Befreiung für das laufende Jahr. Für verflossene Jahre wird keine Rückzahlung gewährt.

Tritt eine solche Veränderung ein, wodurch die bisherige Steuerverpflichtung aufgehoben wird, so muß davon der Behörde Anzeige gemacht werden. Bis zu Ende des Monats, in welchem diese Anzeige erfolgt, kann die Entrichtung der Steuer gefordert werden.

§ 2. (b. indirekte Steuern.) Auf Zurückzahlung zu viel erhobener Eingangs-, Ausgangs- und Durchgangsabgaben, der in Folge der Zollvereinigungs-Verträge zu erhebenden Ausgleichungsabgaben, der Branntwein-, Braumalz-, Mahl- und Schlachtsteuer, der Weinmost- und Tabackssteuer, der Salzablösungsgelder, der Blei- und Zettelgelder, der Wege-, Brücken-, Fähr-, Waage- und

Krahngelder, der Kanal-, Schleusen-, Schifffahrts- und Hafenabgaben und der Niederlagegelder findet ein Anspruch nur statt, wenn derselbe binnen Jahresfrist, vom Tage der Versteuerung an gerechnet, angemeldet und begründet wird.

§ 3. Wird in den Fällen der §§ 1 und 2 die Reklamation ganz oder theilweise zurückgewiesen, so ist dagegen der Rekurs an die vorgesetzte Behörde binnen einer Präklusivfrist von sechs Wochen, vom Tage der Bekanntmachung des Bescheides an gerechnet, zulässig. Wendet sich der Reklamant an eine inkompetente Behörde, so hat diese das Rekursgesuch an die kompetente Behörde abzugeben, ohne daß dem Reklamanten die Zwischenzeit auf die Frist anzurechnen ist.

§ 4. In den Fällen, in welchen nach den bestehenden Gesetzen über die Steuer-Verpflichtung der Weg Rechtens nachgelassen ist, kann die Steuer nur von dem Anfange desjenigen Kalenderjahres an zurückgefordert werden, worin die Klage angemeldet, oder worin vor der Klage eine Reklamation bei der Verwaltungs-Behörde eingereicht worden ist.

§ 5. (II. Nachforderungen. a. direkte Steuern.) Eine Nachforderung von Grundsteuern ist zulässig sowohl bei gänzlicher Uebergehung, als bei zu geringem Ansatz, in beiden Fällen aber nur für das Kalenderjahr, worin die Nachforderung geltend gemacht wird.

§ 6. Die Nachforderung von Klassen-, Gewerbe- und persönlichen, auf besonderen Titeln beruhenden Steuern findet im Fall gänzlicher Uebergehung nach den im § 5 enthaltenen Regeln statt; im Fall eines zu geringen Ansatzes fällt bei diesen Steuern jede Nachforderung weg, jedoch unbeschadet der gesetzlichen Wiederumlage bei Gewerbesteuer-Gesellschaften, welche nach Mittelsätzen steuern.

§ 7. (b. indirekte Steuern.) Bei den im § 2 erwähnten indirekten Steuern kann der Betrag dessen, was zu wenig oder gar nicht erhoben worden ist, nur binnen einem Jahre, vom Tage des Eintritts der Zahlungsverpflichtung an gerechnet, nachgefordert werden.

§ 8. (III. Verjährung der Rückstände.) Zur Hebung gestellte direkte oder indirekte Steuern, welche im Rückstande verblieben oder kreditirt sind, verjähren in vier Jahren, von dem Ablaufe des Jahres an gerechnet, in welches ihr Zahlungstermin fällt.

Die Verjährung wird durch eine an den Steuerpflichtigen erlassene Aufforderung zur Zahlung, so wie durch Verfügung der Exekution, oder durch bewilligte Stundung der Steuer unterbrochen.

Nach Ablauf des Jahres, in welchem die letzte Aufforderung zugestellt, Exekution verfügt worden, oder die bewilligte Frist abgelaufen ist, beginnt eine neue vierjährige Verjährungsfrist.

§ 9. (IV. Transitorische Bestimmungen.) Reklamationen wegen Steuern, welche vor Publikation dieses Gesetzes entrichtet worden sind, so wie Nachforderungen wegen Steuern aus dieser Zeit, müssen, bei Verlust des Anspruchs, binnen Jahresfrist nach Publikation dieses Gesetzes geltend gemacht werden.

Für die zur Zeit der Publikation dieses Gesetzes vorhandenen Steuer-Rückstände beginnt die § 8 festgesetzte vierjährige Verjährungsfrist mit dem 1. Januar 1841.

§ 10. (V. Verjährung in Kontraventions-Fällen.) Ist in der unterlassenen Entrichtung der ganzen Steuer oder eines Theils derselben eine Kontravention gegen die Steuergesetze enthalten, so verjährt die Nachforderung nur gleichzeitig mit der gesetzlichen Strafe.

§ 11. (VI. Vorschriften wegen der Rechte der Minderjährigen und moralischen Personen.) Die in diesem Gesetze festgesetzten Fristen laufen auch gegen Minderjährige und bevormundete Personen, so wie gegen moralische Personen, denen gesetzlich die Rechte der Minderjährigen zustehen, ohne Zulassung der Wiedereinsetzung in den vorigen Stand, jedoch mit Vorbehalt des Regresses gegen die Vormünder und Verwalter.

§ 12. (VII. Wirkung der Verjährung.) Durch den Ablauf der Verjährungsfrist wird der Steuerpflichtige von jedem ferneren Anspruch, sowohl des Staates, als der Steuerbeamten und der Steuersozietäten befreit.

§ 13. Wegen der Verjährung der Stempelsteuer und der Reklamationen in Betreff dieser Steuer, nicht minder wegen der Hypotheken und Gerichtsschreiber-Gebühren in der Rheinprovinz, bleibt es bei den bestehenden Vorschriften.

§ 14. (B. Abgaben, die nicht in die landesherrlichen Kassen fließen.) Dieses Gesetz findet auch auf öffentliche Abgaben, welche nicht zu Unseren Kassen fließen, sondern an Gemeinden und Korporationen, so wie an ständische Kassen zu entrichten, oder als Provinzial-Bezirks-, Kreis- oder Gemeinde-Lasten, oder zur Unterhaltung öffentlicher Anstalten aufzubringen sind, so wie auf die mit Einziehung solcher Abgaben beauftragten Beamten Anwendung.

§ 15. Alle frühere gesetzliche Vorschriften über die im gegenwärtigen Gesetz enthaltenen Gegenstände, werden hierdurch aufgehoben.

Urkundlich ꝛc.

2. Zu Art. 14 des Gesetzes.

Bürgerliches Gesetzbuch §§ 104—115 (Geschäftsfähigkeit), § 131.

§ 104. Geschäftsunfähig ist:

1. wer nicht das siebente Lebensjahr vollendet hat;
2. wer sich in einem die freie Willensbestimmung ausschließenden Zustande krankhafter Störung der Geistesthätigkeit befindet, sofern nicht der Zustand seiner Natur nach ein vorübergehender ist;
3. wer wegen Geisteskrankheit entmündigt ist.

§ 105. Die Willenserklärung eines Geschäftsunfähigen ist nichtig.

Nichtig ist auch eine Willenserklärung, die im Zustande der Bewußtlosigkeit oder vorübergehender Störung der Geistesthätigkeit abgegeben wird.

§ 106. Ein Minderjähriger, der das siebente Lebensjahr vollendet hat, ist nach Maßgabe der §§ 107—113 in der Geschäftsfähigkeit beschränkt.

§ 107. Der Minderjährige bedarf zu einer Willenserklärung, durch die er nicht lediglich einen rechtlichen Vortheil erlangt, der Einwilligung seines gesetzlichen Vertreters.

§ 108. Schließt der Minderjährige einen Vertrag ohne die erforderliche Einwilligung des gesetzlichen Vertreters, so hängt die Wirksamkeit des Vertrags von der Genehmigung des Vertreters ab.

Fordert der andere Theil den Vertreter zur Erklärung über die Genehmigung auf, so kann die Erklärung nur ihm gegenüber erfolgen; eine vor der Aufforderung dem Minderjährigen gegenüber erklärte Genehmigung oder Verweigerung der Genehmigung wird unwirksam. Die Genehmigung kann nur bis zum Ablaufe von zwei Wochen nach dem Empfange der Aufforderung erklärt werden; wird sie nicht erklärt, so gilt sie als verweigert.

Ist der Minderjährige unbeschränkt geschäftsfähig geworden, so tritt seine Genehmigung an die Stelle der Genehmigung des Vertreters.

§ 109. Bis zur Genehmigung des Vertrags ist der andere Theil zum Widerrufe berechtigt. Der Widerruf kann auch dem Minderjährigen gegenüber erklärt werden.

Hat der andere Theil die Minderjährigkeit gekannt, so kann er nur widerrufen, wenn der Minderjährige der Wahrheit zuwider die Einwilligung des Vertreters behauptet hat; er kann auch in diesem Falle nicht widerrufen, wenn ihm das Fehlen der Einwilligung bei dem Abschlusse des Vertrags bekannt war.

§ 110. Ein von dem Minderjährigen ohne Zustimmung des gesetzlichen Vertreters geschlossener Vertrag gilt als von Anfang an wirksam, wenn der Minderjährige die vertragsmäßige Leistung mit Mitteln bewirkt, die ihm zu diesem Zwecke oder zu freier Verfügung von dem Vertreter oder mit dessen Zustimmung von einem Dritten überlassen worden sind.

§ 111. Ein einseitiges Rechtsgeschäft, das der Minderjährige ohne die erforderliche Einwilligung des gesetzlichen Vertreters vornimmt, ist unwirksam. Nimmt der Minderjährige mit dieser Einwilligung ein solches Rechtsgeschäft einem Anderen gegenüber vor, so ist das Rechtsgeschäft unwirksam, wenn der Minderjährige die Einwilligung nicht in schriftlicher Form vorlegt und der Andere das Rechtsgeschäft aus diesem Grunde unverzüglich zurückweist. Die Zurückweisung ist ausgeschlossen, wenn der Vertreter den Anderen von der Einwilligung in Kenntniß gesetzt hatte.

§ 112. Ermächtigt der gesetzliche Vertreter mit Genehmigung des Vormundschaftsgerichts den Minderjährigen zum selbständigen Betrieb eines Erwerbsgeschäfts, so ist der Minderjährige für solche Rechtsgeschäfte unbeschränkt geschäftsfähig, welche der Geschäftsbetrieb mit sich bringt. Ausgenommen sind Rechtsgeschäfte, zu denen der Vertreter der Genehmigung des Vormundschaftsgerichts bedarf.

Die Ermächtigung kann von dem Vertreter nur mit Genehmigung des Vormundschaftsgerichts zurückgenommen werden.

§ 113. Ermächtigt der gesetzliche Vertreter den Minderjährigen, in Dienst oder in Arbeit zu treten, so ist der Minderjährige für solche Rechtsgeschäfte unbeschränkt geschäftsfähig, welche die Eingehung oder Aufhebung eines Dienst- oder Arbeitsverhältnisses der gestatteten Art oder die Erfüllung der sich aus einem solchen Verhältniß ergebenden Verpflichtungen betreffen. Ausgenommen sind Verträge, zu denen der Vertreter der Genehmigung des Vormundschaftsgerichts bedarf.

Die Ermächtigung kann von dem Vertreter zurückgenommen oder eingeschränkt werden.

Ist der gesetzliche Vertreter ein Vormund, so kann die Ermächtigung, wenn sie von ihm verweigert wird, auf Antrag des Minderjährigen durch das Vormundschaftsgericht ersetzt werden. Das Vormundschaftsgericht hat die Ermächtigung zu ersetzen, wenn sie im Interesse des Mündels liegt.

Die für einen einzelnen Fall ertheilte Ermächtigung gilt im Zweifel als allgemeine Ermächtigung zur Eingehung von Verhältnissen derselben Art.

§ 114. Wer wegen Geistesschwäche, wegen Verschwendung oder wegen Trunksucht entmündigt oder wer nach § 1906 unter vorläufige Vormundschaft gestellt ist, steht in Ansehung der Geschäftsfähigkeit einem Minderjährigen gleich, der das siebente Lebensjahr vollendet hat.

§ 115. Wird ein die Entmündigung aussprechender Beschluß in Folge einer Anfechtungsklage aufgehoben, so kann die Wirksamkeit der von oder gegenüber dem Entmündigten vorgenommenen Rechtsgeschäfte nicht auf Grund des Beschlusses in Frage gestellt werden. Auf die Wirksamkeit der von oder gegenüber dem gesetzlichen Vertreter vorgenommenen Rechtsgeschäfte hat die Aufhebung keinen Einfluß.

Diese Vorschriften finden entsprechende Anwendung, wenn im Falle einer vorläufigen Vormundschaft der Antrag auf Entmündigung zurückgenommen oder rechtskräftig abgewiesen oder der die Entmündigung aussprechende Beschluß in Folge einer Anfechtungsklage aufgehoben wird.

§ 131. Wird die Willenserklärung einem Geschäftsunfähigen gegenüber abgegeben, so wird sie nicht wirksam, bevor sie dem gesetzlichen Vertreter zugeht.

Das Gleiche gilt, wenn die Willenserklärung einer in der Geschäftsfähigkeit beschränkten Person gegenüber abgegeben wird. Bringt die Erklärung jedoch der in der Geschäftsfähigkeit beschränkten Person lediglich einen rechtlichen Vortheil oder hat der gesetzliche Vertreter seine Einwilligung ertheilt, so wird die Erklärung in dem Zeitpunkte wirksam, in welchem sie ihr zugeht.

3. Zu Art. 19.

a) Gesetz, betreffend den erleichterten Abverkauf kleiner Grundstücke. Vom 3. März 1850 (GS. S. 145):

Wir ꝛc. verordnen mit Zustimmung beider Kammern, für den ganzen Umfang der Monarchie, mit Ausnahme der auf dem linken Rheinufer belegenen Landestheile, was folgt:

§ 1. Jeder Grundeigenthümer sowie jeder Lehns- und Fideikommißbesitzer ist befugt, einzelne Gutsparzellen gegen Auferlegung fester, nach den Vorschriften der Ablösungsordnung ablösbarer Geldabgaben oder gegen Feststellung eines Kaufgeldes auch ohne Einwilligung der Lehns- und Fideikommißberechtigten, Hypotheken- und Realgläubiger zu veräußern, sofern bei landschaftlich beliehenen Gütern die Kreditdirektion, bei anderen die Auseinandersetzungsbehörde bescheinigt, daß die Abveräußerung den gedachten Interessenten unschädlich sei.

§ 2. Ein solches Unschädlichkeitszeugniß darf nur ertheilt werden, wenn das Trennstück im Verhältniß zu dem Hauptgute von geringem Werth und Umfang ist, und wenn die auferlegte Geldabgabe oder das verabredete Kaufgeld den Ertrag oder den Werth des Trennstücks erreicht.

§ 3. Das veräußerte Trennstück scheidet aus dem Realverbande des Hauptgutes, zu welchem dasselbe bis dahin gehört hat, aus, und die demselben auferlegte Geldabgabe sowie das verabredete Kaufgeld treten in Beziehung auf die Lehns- und Fideikommißberechtigten, Hypotheken- und Realgläubiger des Hauptgutes an die Stelle des Trennstücks

§ 4. Hinsichtlich der Verwendung der festgesetzten Kaufgelder in das Hauptgut kommen die gesetzlichen Vorschriften über die Verwendung der Ablösungskapitalien zur Anwendung.

§ 5. Alle Bestimmungen, welche den Vorschriften des gegenwärtigen Gesetzes entgegenstehen oder sich mit denselben nicht vereinigen lassen, werden außer Kraft gesetzt.

b) Gesetz, betreffend die Abänderung des Gesetzes vom 13. April 1841 über den erleichterten Austausch einzelner Parzellen von Grundstücken. Vom 27. Juni 1860 (GS. S. 384).

Wir ꝛc. verordnen mit Zustimmung beider Häuser des Landtages der Monarchie für deren ganzen Umfang, mit Ausnahme der zum Bezirke des Rheinischen Appellationsgerichtshofes gehörigen Landestheile, der Hohenzollernschen Lande und des Jadegebiets, was folgt:

§ 1. Das Gesetz vom 13. April 1841 über den erleichterten Austausch einzelner Parzellen von Grundstücken (GS. S. 79) wird hierdurch aufgehoben. An dessen Stelle treten nachstehende Bestimmungen.

§ 2. Jeder Grundeigenthümer sowie jeder Lehns- und Fideikommißbesitzer ist befugt, einzelne Gutsparzellen gegen andere Grundstücke auch ohne Einwilligung der Lehns- und Fideikommißberechtigten, Hypotheken- und Realgläubiger zu vertauschen, sofern bei landschaftlich beliehenen Gütern die Kreditdirektion, bei anderen die Auseinandersetzungsbehörde bescheinigt, daß der Tausch den gedachten Interessenten unschädlich sei.

§ 3. Ein solches Unschädlichkeitsattest darf nur ertheilt werden, wenn die abzutretende Parzelle, im Verhältniß zu dem Gute, von welchem sie abgetreten werden soll, von geringem Werthe und Umfange ist und das letztere durch den Tausch an Werth nicht verliert.

Sind diese Bedingungen bei dem einen der beiden Güter, zwischen denen der Austausch bewirkt werden soll, vorhanden, bei dem anderen aber nicht, so ist nur bei jenem das gegenwärtige Gesetz anzuwenden, für das andere bleibt es bei den allgemeinen Gesetzen, nach welchen die Einwilligung der einzelnen Real-, Lehns- und Fideikommißberechtigten ꝛc. erforderlich ist.

§ 4. Wenn der Werth der abzutretenden Parzelle mehr beträgt, als der Werth des einzutauschenden Grundstücks, so ist eine Ausgleichung durch Kapitalzahlung zulässig.

Hinsichtlich der Verwendung solcher Kapitalien in das Hauptgut kommen die gesetzlichen Vorschriften über die Verwendung der Ablösungskapitalien zur Anwendung.

§ 5. Die abgetretene Parzelle scheidet aus dem Realverbande des Gutes, zu welchem solche bis dahin gehört hat, aus, und das eingetauschte Grundstück tritt in Beziehung auf die Lehns- und Fideikommißberechtigten, Hypotheken- und Realgläubiger an die Stelle der abgetretenen Parzelle.

Das eingetauschte Trennstück ist künftig dem Hauptgrundstück als Bestandtheil zuzuschreiben. § 890 Abs. 2 BGB., Art. 20 Abs. 1 Nr. 2 AG. z. RGBO. (siehe unten S. 388). Sein Eintritt in die Haftung des Hauptgrundstücks richtet sich künftig nach § 1131 BGB. Siehe oben Anm. 1 Abs. 3 z. S. 71.

§ 6. Alle Bestimmungen, welche mit den Vorschriften des gegenwärtigen Gesetzes in Widerspruch stehen, oder sich mit denselben nicht vereinigen lassen, werden außer Kraft gesetzt.

c) Gesetz, betreffend die Erleichterung der Abveräußerung einzelner Theile von Grundstücken in der Provinz Hannover. Vom 25. März 1889 (GS. S. 65).

Wir 2c. verordnen, mit Zustimmung der beiden Häuser des Landtages Unserer Monarchie, für die Provinz Hannover, was folgt:

§ 1. Jeder Grundeigenthümer, jeder Lehns-, Fideikommiß-, Erbstammguts- und Stammgutsbesitzer, sowie jeder Besitzer eines im Leiheverbande stehenden Gutes (Meier-, Erbpacht-, Erbzinsgutes 2c.) ist befugt, ohne Einwilligung der Lehns-, Fideikommiß-, Erbstammguts- und Stammgutsberechtigten, des Obereigenthümers, der Hypotheken- und Grundschuldgläubiger und der zu Reallasten Berechtigten einzelne Gutstheile oder Zubehörstücke:

1. gegen Auferlegung fester, nach den Vorschriften der Ablösungsordnung ablösbarer Geldabgaben oder gegen Feststellung eines Kaufgeldes zu veräußern,
2. gegen andere Grundstücke zu vertauschen,
3. zu öffentlichen Zwecken unentgeltlich abzutreten, sofern von der Generalkommission bescheinigt wird, daß die Veräußerung den genannten Berechtigten unschädlich sei.

§ 2. Das Unschädlichkeitszeugniß darf nur ertheilt werden, wenn das abzutretende Trennstück im Verhältnisse zum Hauptgute von geringem Werth und Umfang ist, und wenn die auferlegte Geldabgabe oder das verabredete Kaufgeld, oder das eingetauschte Grundstück den Ertrag oder den Werth des Trennstücks erreicht, auch das Hauptgut durch den Tausch an Werth nicht verliert oder bei unentgeltlicher Abtretung die durch die öffentliche Anlage herbeigeführte Werthserhöhung des Hauptgutes den Werth des Trennstückes erreicht.

Sind die Bedingungen für die Ertheilung des Unschädlichkeitszeugnisses bei einem der beiden Güter, zwischen denen ein Austausch bewirkt werden soll, vorhanden, bei dem andern nicht, so ist nur bei jenem das gegenwärtige Gesetz anzuwenden, für das andere bleibt es bei den allgemeinen Gesetzen, nach welchen die Einwilligung der einzelnen, im § 1 genannten Berechtigten erforderlich ist.

Wenn bei einer Vertauschung der Werth des abzutretenden Trennstücks mehr beträgt, als der Werth des einzutauschenden Grundstücks, so ist eine Ausgleichung durch Kapitalzahlung zulässig.

§ 3. Das veräußerte Trennstück scheidet aus dem dinglichen Verbande des Hauptgutes, zu welchem es bisher gehört hat, aus, und die ihm auferlegte Geldabgabe oder das Kaufgeld, oder das eingetauschte Grundstück und das etwa festgesetzte Ausgleichungskapital treten in Beziehung auf die im § 1 genannten Berechtigten an die Stelle des Trennstücks.

Wegen der Zuschreibung und der Haftung des eingetauschten Grundstücks siehe die Anm. zu § 5 des Ges. v. 27. Juni 1860, oben S. 387 — und Anm. zu § 4 unten.

§ 4. Der § 4 ist **durch Art. 20 des Ausführungsgesetzes zur Grundbuchordnung** v. 26. September 1899 ersetzt, welcher lautet:

Im Falle der Veräußerung eines Theiles eines Grundstücks, das im Lehns-, Fideikommiß-, Erbstammguts-, Stammguts- oder Leiheverbande steht, oder mit Reallasten, Hypotheken, Grundschulden oder Rentenschulden belastet ist, kann der Theil auf Grund eines Unschädlichkeitszeugnisses der zuständigen Behörde frei von allen oder einzelnen Belastungen des Hauptgrundstücks von diesem ohne die Bewilligung der Berechtigten unter folgenden Voraussetzungen abgeschrieben werden:

1. Wird der Grundstückstheil gegen Auferlegung einer Rente veräußert, so kann die Abschreibung nur erfolgen, wenn gleichzeitig die Rente auf dem Grundstückstheile mit dem Vorrange vor sonstigen Belastungen als Reallast zu Gunsten des jeweiligen Eigenthümers des Hauptgrundstücks eingetragen und auf dem Blatte des Hauptgrundstücks vermerkt wird. Zu den Belastungen, denen die Rente vorzugehen hat, gehören nicht die auf Grund des Gesetzes, betreffend die Beförderung der Errichtung von Rentengütern, vom 7. Juni 1891 (GS. S. 279) festgestellten Rentenbankrenten.
2. Wird der Grundstückstheil gegen ein anderes Grundstück vertauscht, so kann die Abschreibung nur erfolgen, wenn gleichzeitig das eingetauschte Grundstück dem Hauptgrundstück als Bestandtheil zugeschrieben wird; ist ein Ausgleichungskapital festgestellt, so finden auf dieses die unter Nr. 3 für ein vereinbartes Kaufgeld gegebenen Vorschriften Anwendung.
3. Ist der Grundstückstheil verkauft, so kann die Abschreibung nur erfolgen:
   a) wenn gleichzeitig auf dem Grundstückstheil eine Hypothek für die Kaufgeldforderung zur ersten Stelle und die Zugehörigkeit dieser Forderung zu dem Verbande, dem das Hauptgrundstück angehört, oder ein Pfandrecht an der Forderung für diejenigen Reallastberechtigten, Hypotheken-, Grundschuld- oder Rentenschuldgläubiger eingetragen wird, deren Bewilligung durch das Unschädlichkeitszeugniß ersetzt wird;
   b) wenn die Auseinandersetzungsbehörde bescheinigt, daß das Kaufgeld zu ihrer Verfügung hinterlegt oder sichergestellt, oder daß die Verwendung des Kaufgeldes erfolgt oder nicht erforderlich ist.
4. Wird der Grundstückstheil zu öffentlichen Zwecken unentgeltlich veräußert, so kann die Abschreibung nur erfolgen, wenn die Auseinandersetzungsbehörde bescheinigt, daß mit der Ausführung der öffentlichen Anlage begonnen ist.

Auf eine Eintragung, die auf Grund des Unschädlichkeitszeugnisses bei einer Hypothek, einer Grundschuld oder einer Rentenschuld zu bewirken ist, finden die Vorschriften der §§ 42 bis 44 der Grundbuchordnung keine Anwendung. Wird der Hypotheken-, Grundschuld- oder Rentenschuldbrief nachträglich vorgelegt, so hat das Grundbuchamt die Eintragung auf dem Briefe zu vermerken.

§ 5. Die Verwendung des Kaufgeldes kann erfolgen durch Zuschreibung von Grundstücken, dauernde Verbesserung der Substanz des Hauptgutes oder durch Abstoßung oder Ablösung solcher Hypotheken, Grundschulden, beständigen Reallasten und Servituten, welche die im § 1 genannten Berechtigten gegen sich gelten lassen müssen.

Ob und wie weit die Verwendung in einer diese Berechtigten sicher stellenden Weise erfolgt ist, hat allein die Generalkommission nach ihrem Ermessen zu prüfen.

Die Generalkommission hat auch ohne besonderen Antrag der Berechtigten von Amtswegen dafür zu sorgen, daß das Kaufgeld verwendet oder, sofern bei Lehn-, Fideikommiß-, Erbstamm- und Stammgütern eine Verwendung nicht ausführbar ist, als Lehns-, Fideikommiß-, Erbstammguts- oder Stammguts-kapital angelegt wird.

Kann eine Verwendung zur Zeit nicht erfolgen, so ist die anderweitige Belegung eines hinterlegten oder eingetragenen Kaufgeldes nur mit Zustimmung der Generalkommission zulässig, welche auch hierbei das Interesse der im § 1 genannten Berechtigten wahrzunehmen hat.

Zur Löschung eingetragener und zur Auszahlung hinterlegter Kaufgelder bedarf es der Zustimmung der Generalkommission.

§ 6. Der Verwendung bedarf es nicht:

1. wenn das Kaufgeld nur sechszig Mark oder weniger beträgt;
2. wenn die Hypotheken- und Grundschuldgläubiger und die zu Reallasten Berechtigten eines nicht im Lehns-, Fideikommiß-, Erbstammguts-, Stammguts- oder Leiheverbande befindlichen Hauptgutes auf die nach § 7 an sie erlassene Bekanntmachung innerhalb der gestellten Frist oder in dem anberaumten Termine sich nicht melden;
3. wegen der neben dem Kaufgelde gewährten Vergütungen für Düngung, Früchte, vorübergehende Nutzungen und dergleichen.

§ 7. Wenn der Besitzer des Hauptgutes innerhalb einer bestimmten, nach Bedarf angemessen zu verlängernden Frist die Verwendung des Kaufgeldes nicht nachweist, so hat die Generalkommission den eingetragenen Hypotheken- und Grundschuldgläubigern und den zu Reallasten Berechtigten den Abverkauf und die Ertheilung des Unschädlichkeitszeugnisses mit der Rechtsfolge bekannt zu machen, daß, wenn sie nicht innerhalb sechs Wochen nach Zustellung der Bekanntmachung die Verwendung des Kaufgeldes bei der Generalkommission beantragen, ihr Recht auf das abverkaufte Trennstück mit dessen Abschreibung erlischt und Ansprüche auf das Kaufgeld nicht mehr erhoben werden können, oder daß — wenn die Abschreibung gemäß § 4 Nr. 3a und b schon erfolgt ist — ihr Recht auf das Kaufgeld erlischt.

Ist ein eingetragener Gläubiger (Abs. 1) todt oder dem Aufenthalte nach unbekannt oder nicht mehr Besitzer der Forderung, oder kann ihm die Bekanntmachung nicht oder nur mit erheblichen Schwierigkeiten zugestellt werden, so erfolgt die öffentliche Bekanntmachung zweimal in dem Amtsblatte derjenigen Regierung, in deren Bezirk das Trennstück liegt, und nach dem Ermessen der Generalkommission außerdem in einem anderen öffentlichen Blatte mit entsprechend gleicher Rechtsfolge.

Läßt sich die Ermittelung des legitimirten Rechtsnachfolgers und die Bekanntmachung an denselben ohne Schwierigkeit bewirken, so steht der Generalkommission frei, diesen Weg statt der öffentlichen Bekanntmachung einzuschlagen.

Die Wiedereinsetzung in den vorigen Stand wegen Versäumung der Frist oder des Termins findet nicht statt.

§ 8. Für die in Folge Ertheilung des Unschädlichkeitszeugnisses von der Generalkommission zu stellenden Anträge auf Eintragung und Löschung im Grundbuche ist der § 41 der Grundbuchordnung vom 5. Mai 1872 maßgebend.

Eine Prüfung der von der Generalkommission bescheinigten Verwendung steht dem Grundbuchrichter nicht zu.

Die Generalkommission kann die Eintragung eines Vermerks dahin beantragen, daß später einzutragende Gläubiger weder das abverkaufte Trennstück noch das Kaufgeld in Anspruch nehmen dürfen.

§ 9. Auf das Verfahren und das Kostenwesen finden, soweit dieses Gesetz nicht besondere Bestimmungen enthält, die in der Provinz Hannover für Gemeinheitstheilungs- und Verkoppelungssachen geltenden allgemeinen Vorschriften sinngemäße Anwendung.

Gegen die Verfügungen der Generalkommission ist die Berufung nicht zulässig.

§ 10. Den Bestimmungen dieses Gesetzes unterliegen auch die vor dem Inkrafttreten desselben stattgefundenen Abveräußerungen.

d) Gesetz, betreffend die Erleichterung unentgeltlicher Abtretungen einzelner Gutstheile oder Zubehörstücke zu öffentlichen Zwecken. Vom 15. Juli 1890 (GS. S. 226).

Wir ꝛc. verordnen, mit Zustimmung beider Häuser des Landtags der Monarchie, für den Geltungsbereich des Gesetzes vom 3. März 1850 und des Gesetzes vom 25. März 1889, betreffend den erleichterten Abverkauf kleiner Grundstücke, hierdurch, was folgt:

§ 1. Jeder Grundeigenthümer, sowie jeder Lehns- und Fideikommißbesitzer ist befugt, einzelne Gutsparzellen auch ohne Einwilligung der Lehns- und Fideikommißberechtigten, der Hypotheken- und Realgläubiger zu öffentlichen Zwecken unentgeltlich zu veräußern, sofern bei landschaftlich beliehenen Gütern die Kreditdirektion, bei anderen die Auseinandersetzungsbehörde bescheinigt, daß die Abveräußerung den gedachten Interessenten unschädlich sei.

Ein solches Unschädlichkeitszeugniß darf nur ertheilt werden, wenn das abzutretende Trennstück im Verhältniß zu dem Hauptgute von geringem Werth und Umfange ist, und wenn die durch die öffentliche Anlage herbeigeführte Werthserhöhung des Hauptgutes den Werth des Trennstücks erreicht.

§ 2. Die schulden- und lastenfreie Abschreibung des unentgeltlich abgetretenen Trennstücks vom Grundbuchblatte des Hauptgutes kann erfolgen, wenn die Auseinandersetzungsbehörde bescheinigt hat, daß mit der Ausführung der öffentlichen Anlage begonnen sei.

§ 3. Die Unschädlichkeitsatteste, welche auf Grund des gegenwärtigen Gesetzes, und solche, welche auf Grund des Gesetzes vom 25. März 1889 (GS. S. 65) bezüglich der im § 1 Nr. 3 daselbst bezeichneten Geschäfte ausgestellt werden, sind stempel- und gebührenfrei.

§ 4. Den Bestimmungen des gegenwärtigen Gesetzes unterliegen auch die vor dem Inkrafttreten desselben stattgefundenen unentgeltlichen Abtretungen einzelner Gutstheile oder Zubehörstücke zu öffentlichen Zwecken.

4. Zu Art. 27 (Buchungsfreie Grundstücke.)

Art. 1 der Verordnung, betreffend das Grundbuchwesen. Vom 13. November 1899 (GS. S. 519):

Die Grundstücke des Reichs, die Domänen und die sonstigen Grundstücke des Staates, die Grundstücke der Gemeinden und anderer Kommunalverbände, der Kirchen, Klöster und Schulen, die öffentlichen Wege und Gewässer sowie die Grundstücke, welche einem dem öffentlichen Verkehre dienenden Bahnunternehmen gewidmet sind, erhalten ein Grundbuchblatt nur auf Antrag des Eigenthümers oder eines Berechtigten.

5. Zu Art. 36.

Gesetz, betreffend die Berichtigung des Grundsteuerkatasters und der Grundbücher bei Auseinandersetzungen vor Bestätigung des Rezesses. Vom 26. Juni 1875 (GS. S. 325).

Wir 2c. verordnen, mit Zustimmung der beiden Häuser des Landtages, für den Geltungsbereich der Grundbuchordnung vom 5. Mai 1872 (GS. S. 446), was folgt:

§ 1. Bei Gemeinheitstheilungen oder Zusammenlegungen geht das Eigenthum oder das erbliche Nutzungsrecht an Abfindungsgrundstücken schon vor Bestätigung des Rezesses mit der Ausführung des endgültig festgestellten Auseinandersetzungsplanes auf die Besitznehmer über.

§ 2. Auf Grund des ausgeführten endgültig festgestellten Auseinandersetzungsplanes hat die Bezirksregierung (Finanzdirektion zu Hannover) die Fortschreibung der Grundsteuer von Amtswegen zu veranlassen.

§ 3. Die Berichtigung des Grundbuches erfolgt schon vor Bestätigung des Rezesses auf Grund des Auseinandersetzungsplanes und der Fortschreibung des Grundsteuerkatasters, wenn der Eigenthümer oder ein Realberechtigter die Berichtigung beantragt.

Der Antrag ist bei der Auseinandersetzungsbehörde zu stellen. Diese ersucht das Grundbuchamt um Vornahme der Berichtigung.

Der Eintragungsvermerk im Grundbuche muß angeben, daß die Berichtigung vor Bestätigung des Rezesses auf Grund des Planüberweisungsattestes erfolgt ist.

§ 4. Dem Ersuchen der Auseinandersetzungsbehörde sind beizufügen;

1. ein von dieser Behörde oder deren Kommissar auszustellendes Planüberweisungsattest, welches enthalten muß:
   a) die Bescheinigung, daß der Auseinandersetzungsplan festgestellt und ausgeführt ist,

b) die Bezeichnung des bei den Auseinandersetzungsakten legitimirten Eigenthümers oder des mit einem erblichen Nutzungsrechte versehenen Besitzers der Abfindung,

c) die Bezeichnung der Lage und Größe der Abfindungsgrundstücke, sowie die Bezeichnung derjenigen Grundstücke oder Berechtigungen, an deren Stelle die Abfindungsgrundstücke treten, erforderlichen Falls in der Weise, daß bei den in der zweiten und dritten Abtheilung des Grundbuches eingetragenen Lasten und Schuldverbindlichkeiten die Abfindungsgrundstücke vermerkt werden können, auf welchen fortan die Lasten oder Schuldverbindlichkeiten haften;

2. ein aus dem berichtigten Grundsteuerbuche gefertigter Auszug, in welchem die Identität der betreffenden Grundstücke mit den im Planüberweisungsatteste bezeichneten Grundstücken von der Katasterbehörde bescheinigt ist.

§ 5. Nach Bestätigung des Rezesses ist auf Grund desselben in den Grundsteuerkatastern die Fortschreibung der etwa eingetretenen nachträglichen Abänderungen des Auseinandersetzungsplanes durch die Bezirksregierung zu veranlassen.

Hat eine Berichtigung des Grundbuches schon vor Bestätigung des Rezesses nach Vorschrift dieses Gesetzes stattgefunden, so ist die Bestätigung des Rezesses nebst den aus dem letzteren sich ergebenden Abänderungen des Auseinandersetzungsplanes auf Ersuchen der Auseinandersetzungsbehörde im Grundbuche zu vermerken.

§ 6. Die Vorschriften der §§ 2—5 kommen auch in dem Falle zur Anwendung, wenn der Auseinandersetzungsplan bereits vor Geltung dieses Gesetzes endgültig festgestellt ist.

§ 7. Mit der Ausführung dieses Gesetzes sind der Finanzminister, der Justizminister und der Minister für die landwirthschaftlichen Angelegenheiten beauftragt.

Urkundlich 2c.

6. Zu Art. 37 Nr. IV–VIII.

§§ 85a—85h des Allgem. Berggesetzes in der Fassung des Gesetzes v. 24. Juni 1892 (GS. S. 131) bezw. des Art. 37 Nr. IV—VIII AG. z. BGB.

§ 85a. Minderjährige Arbeiter können beim Abgange ein Zeugniß über die Art und Dauer ihrer Beschäftigung fordern, dessen Unterschrift die Ortspolizeibehörde kosten- und stempelfrei zu beglaubigen hat.

Dieses Zeugniß ist auf Verlangen der Arbeiter auch auf ihre Führung und ihre Leistungen auszudehnen.

Auf die Ausstellung dieses Zeugnisses finden die Absätze 2, 3 und 4 des § 84 entsprechende Anwendung.

Der gesetzliche Vertreter des Minderjährigen kann die Ausstellung des Zeugnisses fordern, auch verlangen, daß dasselbe nicht an den Minderjährigen, sondern an ihn ausgehändigt werde. Mit Genehmigung der Gemeindebehörde des Arbeitsortes kann auch gegen den Willen des gesetzlichen Vertreters die Aushändigung unmittelbar an den Arbeiter erfolgen.

§ 85b. Minderjährige Personen dürfen auf den den Bestimmungen dieses Gesetzes unterworfenen Anlagen als Arbeiter nur beschäftigt werden, wenn sie mit einem Arbeitsbuche versehen sind. Bei der Annahme solcher Arbeiter hat der Bergwerksbesitzer das Arbeitsbuch einzufordern. Er ist verpflichtet, dasselbe zu verwahren, auf amtliches Verlangen vorzulegen und nach rechtmäßiger Lösung des Arbeitsverhältnisses wieder auszuhändigen. Die Aushändigung erfolgt an den gesetzlichen Vertreter, sofern dieser es verlangt, oder der Arbeiter das sechszehnte Lebensjahr noch nicht vollendet hat, anderenfalls an den Arbeiter selbst. Mit Genehmigung der Gemeindebehörde des im § 85c bezeichneten Ortes kann die Aushändigung des Arbeitsbuches auch an die zur gesetzlichen Vertretung nicht berechtigte Mutter oder einen sonstigen Angehörigen oder unmittelbar an den Arbeiter erfolgen.

§ 85c. Das Arbeitsbuch wird dem Arbeiter durch die Polizeibehörde desjenigen Ortes, an welchem er zuletzt seinen dauernden Aufenthalt gehabt hat, wenn aber ein solcher innerhalb des Staatsgebietes nicht stattgefunden hat, von der Polizeibehörde des von ihm zuerst erwählten Arbeitsortes kosten- und stempelfrei ausgestellt. Die Ausstellung erfolgt auf Antrag oder mit Zustimmung des gesetzlichen Vertreters; ist die Erklärung des gesetzlichen Vertreters nicht zu beschaffen, oder verweigert er die Zustimmung ohne genügenden Grund und zum Nachtheile des Arbeiters, so kann die Gemeindebehörde die Zustimmung ergänzen. Vor der Ausstellung ist nachzuweisen, daß der Arbeiter zum Besuche der Volksschule nicht mehr verpflichtet ist, und glaubhaft zu machen, daß bisher ein Arbeitsbuch für ihn noch nicht ausgestellt war.

§ 85d. Wenn das Arbeitsbuch vollständig ausgefüllt oder nicht mehr brauchbar, oder wenn es verloren gegangen oder vernichtet ist, so wird an Stelle desselben ein neues Arbeitsbuch ausgestellt. Die Ausstellung erfolgt durch die Polizeibehörde desjenigen Ortes, an welchem der Inhaber des Arbeitsbuches zuletzt seinen dauernden Aufenthalt gehabt hat. Das ausgefüllte oder nicht mehr brauchbare Arbeitsbuch ist durch einen amtlichen Vermerk zu schließen

Wird das neue Arbeitsbuch an Stelle eines nicht mehr brauchbaren, eines verloren gegangenen oder vernichteten Arbeitsbuches ausgestellt, so ist dies darin zu vermerken. Für die Ausstellung kann in diesem Falle eine Gebühr bis zu fünfzig Pfennig erhoben werden.

§ 85e. Das Arbeitsbuch (§ 85b) muß den Namen des Arbeiters, Ort, Jahr und Tag seiner Geburt, Namen und letzten Wohnort seines gesetzlichen Vertreters und die Unterschrift des Arbeiters enthalten. Die Ausstellung erfolgt unter dem Siegel und der Unterschrift der Behörde. Letztere hat über die von ihr ausgestellten Arbeitsbücher ein Verzeichniß zu führen.

Die Einrichtung der Arbeitsbücher wird durch den Minister für Handel und Gewerbe bestimmt.

§ 85f. Bei dem Eintritt des Arbeiters in das Arbeitsverhältniß hat der Bergwerksbesitzer an der dafür bestimmten Stelle des Arbeitsbuches die Zeit des Eintritts und die Art der Beschäftigung, am Ende des Arbeitsverhältnisses die Zeit des Austritts und, wenn die Beschäftigung Aenderungen erfahren hat, die Art der letzten Beschäftigung des Arbeiters einzutragen.

Die Eintragungen sind mit Tinte zu bewirken und von dem Bergwerksbesitzer oder dem dazu bevollmächtigten Betriebsleiter zu unterzeichnen.

Die Eintragungen dürfen nicht mit einem Merkmal versehen sein, welches den Inhaber des Arbeitsbuches günstig oder nachtheilig zu kennzeichnen bezweckt.

Die Eintragung eines Urtheils über die Führung oder die Leistungen des Arbeiters und sonstige durch dieses Gesetz nicht vorgesehene Eintragungen oder Vermerke in oder an dem Arbeitsbuche sind unzulässig.

§ 85g. Ist das Arbeitsbuch bei dem Bergwerksbesitzer unbrauchbar geworden, verloren gegangen oder vernichtet, oder sind von dem Bergwerksbesitzer unzulässige Merkmale, Eintragungen oder Vermerke in oder an dem Arbeitsbuche gemacht, oder wird von dem Bergwerksbesitzer ohne rechtmäßigen Grund die Aushändigung des Arbeitsbuches verweigert, so kann die Ausstellung eines neuen Arbeitsbuches auf Kosten des Bergwerksbesitzers beansprucht werden. Ein Bergwerksbesitzer, welcher das Arbeitsbuch seiner gesetzlichen Verpflichtung zuwider nicht rechtzeitig ausgehändigt oder die vorschriftsmäßigen Eintragungen zu machen unterlassen oder unzulässige Merkmale, Eintragungen oder Vermerke gemacht hat, ist dem Arbeiter entschädigungspflichtig. Der Anspruch auf Entschädigung erlischt, wenn er nicht innerhalb vier Wochen nach seiner Entstehung im Wege der Klage oder Einrede geltend gemacht ist.

§ 85h. Auf Antrag des Minderjährigen oder seines gesetzlichen Vertreters hat die Ortspolizeibehörde die Eintragung in das Arbeitsbuch kosten- und stempelfrei zu beglaubigen.

7. Zu Art. 46 § 3.

Bürgerliches Gesetzbuch, §§ 1922—1941 (Erbfolge).

§ 1922. Mit dem Tode einer Person (Erbfall) geht deren Vermögen (Erbschaft) als Ganzes auf eine oder mehrere andere Personen (Erben) über.

Auf den Antheil eines Miterben (Erbtheil) finden die sich auf die Erbschaft beziehenden Vorschriften Anwendung.

§ 1923. Erbe kann nur werden, wer zur Zeit des Erbfalls lebt.

Wer zur Zeit des Erbfalls noch nicht lebte, aber bereits erzeugt war, gilt als vor dem Erbfalle geboren.

§ 1924. Gesetzliche Erben der ersten Ordnung sind die Abkömmlinge des Erblassers.

Ein zur Zeit des Erbfalls lebender Abkömmling schließt die durch ihn mit dem Erblasser verwandten Abkömmlinge von der Erbfolge aus.

An die Stelle eines zur Zeit des Erbfalls nicht mehr lebenden Abkömmlinges treten die durch ihn mit dem Erblasser verwandten Abkömmlinge (Erbfolge nach Stämmen).

Kinder erben zu gleichen Theilen.

§ 1925. Gesetzliche Erben der zweiten Ordnung sind die Eltern des Erblassers und deren Abkömmlinge.

Leben zur Zeit des Erbfalls die Eltern, so erben sie allein und zu gleichen Theilen.

Lebt zur Zeit des Erbfalls der Vater oder die Mutter nicht mehr, so treten an die Stelle des Verstorbenen dessen Abkömmlinge nach den für die Beerbung in der ersten Ordnung geltenden Vorschriften. Sind Abkömmlinge nicht vorhanden, so erbt der überlebende Theil allein.

§ 1926. Gesetzliche Erben der dritten Ordnung sind die Großeltern des Erblassers und deren Abkömmlinge.

Leben zur Zeit des Erbfalls die Großeltern, so erben sie allein und zu gleichen Theilen.

Lebt zur Zeit des Erbfalls von den väterlichen oder von den mütterlichen Großeltern der Großvater oder die Großmutter nicht mehr, so treten an die Stelle des Verstorbenen dessen Abkömmlinge. Sind Abkömmlinge nicht vorhanden, so fällt der Antheil des Verstorbenen dem anderen Theile des Großelternpaars und, wenn dieser nicht mehr lebt, dessen Abkömmlingen zu.

Leben zur Zeit des Erbfalls die väterlichen oder die mütterlichen Großeltern nicht mehr und sind Abkömmlinge der Verstorbenen nicht vorhanden, so erben die anderen Großeltern oder ihre Abkömmlinge allein.

Soweit Abkömmlinge an die Stelle ihrer Eltern oder ihrer Voreltern treten, finden die für die Beerbung in der ersten Ordnung geltenden Vorschriften Anwendung.

§ 1927. Wer in der ersten, der zweiten oder der dritten Ordnung verschiedenen Stämmen angehört, erhält den in jedem dieser Stämme ihm zufallenden Antheil. Jeder Antheil gilt als besonderer Erbtheil.

§ 1928. Gesetzliche Erben der vierten Ordnung sind die Urgroßeltern des Erblassers und deren Abkömmlinge.

Leben zur Zeit des Erbfalls Urgroßeltern, so erben sie allein; mehrere erben zu gleichen Theilen, ohne Unterschied, ob sie derselben Linie oder verschiedenen Linien angehören.

Leben zur Zeit des Erbfalls Urgroßeltern nicht mehr, so erbt von ihren Abkömmligen derjenige, welcher mit dem Erblasser dem Grade nach am nächsten verwandt ist; mehrere gleich nahe Verwandte erben zu gleichen Theilen.

§ 1929. Gesetzliche Erben der fünften Ordnung und der ferneren Ordnungen sind die entfernteren Voreltern des Erblassers und deren Abkömmlinge.

Die Vorschriften des § 1928 Abs. 2, 3 finden entsprechende Anwendung.

§ 1930. Ein Verwandter ist nicht zur Erbfolge berufen, so lange ein Verwandter einer vorhergehenden Ordnung vorhanden ist.

§ 1931. Der überlebende Ehegatte des Erblassers ist neben Verwandten der ersten Ordnung zu einem Viertheile, neben Verwandten der zweiten Ordnung oder neben Großeltern zur Hälfte der Erbschaft als gesetzlicher Erbe berufen. Treffen mit Großeltern Abkömmlinge von Großeltern zusammen, so erhält der Ehegatte auch von der anderen Hälfte den Antheil, der nach § 1926 den Abkömmlingen zufallen würde.

Sind weder Verwandte der ersten oder der zweiten Ordnung noch Großeltern vorhanden, so erhält der überlebende Ehegatte die ganze Erbschaft.

§ 1932. Ist der überlebende Ehegatte neben Verwandten der zweiten Ordnung oder neben Großeltern gesetzlicher Erbe, so gebühren ihm außer dem Erbtheile die zum ehelichen Haushalte gehörenden Gegenstände, soweit sie nicht

Zubehör eines Grundstücks sind, und die Hochzeitsgeschenke als Voraus. Auf den Voraus finden die für Vermächtnisse geltenden Vorschriften Anwendung.

§ 1933. Das Erbrecht des überlebenden Ehegatten sowie das Recht auf den Voraus ist ausgeschlossen, wenn der Erblasser zur Zeit seines Todes auf Scheidung wegen Verschuldens des Ehegatten zu klagen berechtigt war und die Klage auf Scheidung oder auf Aufhebung der ehelichen Gemeinschaft erhoben hatte.

§ 1934. Gehört der überlebende Ehegatte zu den erbberechtigten Verwandten, so erbt er zugleich als Verwandter. Der Erbtheil, der ihm auf Grund der Verwandtschaft zufällt, gilt als besonderer Erbtheil.

§ 1935. Fällt ein gesetzlicher Erbe vor oder nach dem Erbfalle weg und erhöht sich in Folge dessen der Erbtheil eines anderen gesetzlichen Erben, so gilt der Theil, um welchen sich der Erbtheil erhöht, in Ansehung der Vermächtnisse und Auflagen, mit denen dieser Erbe oder der wegfallende Erbe beschwert ist, sowie in Ansehung der Ausgleichungspflicht als besonderer Erbtheil.

§ 1936. Ist zur Zeit des Erbfalls weder ein Verwandter noch ein Ehegatte des Erblassers vorhanden, so ist der Fiskus des Bundesstaats, dem der Erblasser zur Zeit des Todes angehört hat, gesetzlicher Erbe. Hat der Erblasser mehreren Bundesstaaten angehört, so ist der Fiskus eines jeden dieser Staaten zu gleichem Antheile zur Erbfolge berufen.

War der Erblasser ein Deutscher, der keinem Bundesstaat angehörte, so ist der Reichsfiskus gesetzlicher Erbe.

§ 1937. Der Erblasser kann durch einseitige Verfügung von Todeswegen (Testament, letztwillige Verfügung) den Erben bestimmen.

§ 1938. Der Erblasser kann durch Testament einen Verwandten oder den Ehegatten von der gesetzlichen Erbfolge ausschließen, ohne einen Erben einzusetzen.

§ 1939. Der Erblasser kann durch Testament einem Anderen, ohne ihn als Erben einzusetzen, einen Vermögensvortheil zuwenden (Vermächtniß).

§ 1940 Der Erblasser kann durch Testament den Erben oder einen Vermächtnißnehmer zu einer Leistung verpflichten, ohne einem Anderen ein Recht auf die Leistung zuzuwenden (Auflage).

§ 1941. Der Erblasser kann durch Vertrag einen Erben einsetzen sowie Vermächtnisse und Auflagen anordnen (Erbvertrag).

Als Erbe (Vertragserbe) oder als Vermächtnißnehmer kann sowohl der andere Vertragschließende als ein Dritter bedacht werden.

8. Zu Art. 48.

Gesetz, betr. das eheliche Güterrecht in der Provinz Westfalen und in den Kreisen Rees, Essen und Duisburg. Vom 16. April 1860 (GS. S. 165).

(Die durch gesperrten Druck hervorgehobenen Theile beruhen auf Art. 48 §§ 3–7 d. AG. z. BGB.)

Wir 2c. verordnen, mit Zustimmung beider Häuser des Landtages der Monarchie, was folgt:

§ 1. In der Provinz Westfalen und in den zur Rheinprovinz gehörenden Kreisen Rees, Essen und Duisburg mit Ausschluß der Landestheile des Herzogthums Westfalen, in welchen bisher das Dotalrecht bestanden hat, gilt unter den Eheleuten die Gemeinschaft aller Güter, wie solche in dem ALR. geregelt ist, jedoch mit folgenden näheren Bestimmungen und Abänderungen.

§ 2. Die Gütergemeinschaft ist ausgeschlossen bei Ehen, in welchen der Ehemann einer der vormals unmittelbaren Deutschen Reichsständischen Familien angehört; rücksichtlich ihrer verbleibt es bei dem bestehenden Rechte. Außerdem verbleibt es bei der gesetzlichen Befugniß, die Gütergemeinschaft durch Vertrag auszuschließen.

§ 3. Dem Ehemanne allein gebührt die Verwaltung des gemeinschaftlichen Vermögens und alle von ihm gemachten Schulden sind für dasselbe verbindlich. Er ist berechtigt ohne Einwilligung der Frau über alle zu diesem Vermögen gehörende Gegenstände durch lästige Verträge zu verfügen, insbesondere auch Grundstücke und Gerechtigkeiten zu veräußern oder zu verpfänden, sowie Kapitalien, die auf den Namen der Frau, ihres Erblassers oder Geschenkgebers oder auf den Namen beider Eheleute geschrieben sind, aufzukündigen und einzuziehen.

Dagegen ist der Mann nicht berechtigt, ohne Einwilligung der Frau über Immobilien oder das gesammte bewegliche Vermögen oder einen aliquoten Theil desselben unentgeltlich zu verfügen; dasselbe gilt von dem Verschenken einzelner beweglicher Sachen, sofern der Mann sich den Nießbrauch daran vorbehalten will.

Verträge, durch welche das gemeinschaftliche Vermögen ganz oder theilweise schon bei Lebzeiten der Eheleute in Rücksicht auf eine künftige Erbfolge abgetreten wird (Uebertragsverträge), können nur von beiden Eheleuten gemeinschaftlich geschlossen werden.

§ 4. Siehe oben S. 185 im Art. 48 § 3.

§ 5. Ist der Mann zur Untersuchung gezogen, und befindet sich schon seit drei Monaten in Haft, so ist die Frau von diesem Zeitpunkte ab berechtigt, Alles zu thun was zu einer ordentlichen und gewöhnlichen Vermögensverwaltung erforderlich ist.

Dieselbe Berechtigung der Frau tritt ein, wenn der Mann zu einer längeren als dreimonatlichen Strafe verurtheilt ist, und zwar von dem Zeitpunkte an, wo die Strafhaft beginnt.

§ 6. Bei nicht beerbter Ehe kann jeder Ehegatte für sich allein von Todeswegen über die Hälfte des gemeinschaftlichen Vermögens verfügen; bei beerbter Ehe dagegen können Verfügungen von Todeswegen über das gemeinschaftliche Vermögen nur von beiden Eheleuten gemeinschaftlich getroffen werden.

Ein jeder der Ehegatten ist bei beerbter Ehe befugt, auch durch einseitige letztwillige Verfügung die sofortige Schichtung anzuordnen.

§ 7. Wird die Ehe durch den Tod eines Ehegatten aufgelöst, so behält in Ermangelung einer letztwilligen Verfügung der überlebende Ehegatte die eine Hälfte des gemeinschaftlichen Vermögens als sein Eigenthum; die andere Hälfte, als Nachlaß des Verstorbenen, wird nach den Vorschriften des ALR. vererbt. Insbesondere kommen dabei die §§ 640—643, II, 1 des ALR. zur Anwendung. Auch Kinder des Verstorbenen aus einer früheren Ehe, die nicht wegen ihres Erbrechts an seinem künftigen Nachlaß abgefunden sind nehmen an dieser Erbschaft Theil.

Bei Beurtheilung des Erbrechts der abgefundenen Kinder bleibt die Vorschrift des § 644, II, 1 des ALR. außer Anwendung.

Dem überlebenden Ehegatten gebührt in allen Fällen, in welchen er mit anderen Verwandten, als Abkömmlingen des Verstorbenen aus früherer Ehe, an dessen Nachlaß Theil nimmt, auf Lebenszeit der Nießbrauch an den Antheilen der Miterben.

Dieser Nießbrauch und die Hälfte der ihm selbst gebührenden Erbportion bilden den Pflichttheil, welcher dem überlebenden Ehegatten an dem Nachlasse des Verstorbenen zusteht.

Bei der Auseinandersetzung zwischen dem überlebenden Ehegatten und den Erben des Verstorbenen finden die die Schichtung betreffenden Bestimmungen des § 17 mit Ausnahme der den Kindern in den Fällen des § 14 Nr. 2—8 beigelegten Befugniß gleichfalls Anwendung.

§ 8. An den nach dem § 7 für die Stiefkinder auszusondernden Erbtheilen stehen dem überlebenden Ehegatten keine Rechte zu; die Stiefkinder müssen sich indessen auch dem überlebenden Ehegatten gegenüber auf ihre Erbtheile Alles anrechnen lassen, was sie nach den Gesetzen ihren Geschwistern gegenüber zu konferiren schuldig sind.

§ 9. In Ansehung der gesetzlichen Rechte etwa vorhandener unehelicher Kinder wird durch die Bestimmungen der §§ 7 und 8 nichts geändert.

§ 10. Mit den unabgefundenen eigenen Kindern setzt der überlebende Ehegatte — sei es der Vater oder die Mutter — die Gütergemeinschaft fort, sofern nicht die sofortige Schichtung von dem Verstorbenen letztwillig angeordnet worden ist.

Während der fortgesetzten Gütergemeinschaft gebührt dem überlebenden Ehegatten allein nicht nur der Nießbrauch des ganzen gemeinschaftlichen Vermögens, sondern auch die Verwaltung und Verfügung darüber in demselben Umfange, wie solche dem Manne nach § 3 während der Ehe zusteht.

Dagegen fällt auch Alles, was derselbe aus irgend einem Rechtsgrunde erwirbt, in die Gemeinschaft. Von dem Erwerbe der Kinder fließt nur der Ertrag ihrer Beihülfe in dem elterlichen Gewerbe oder Haushalte der Gemeinschaft zu.

Der überlebende Ehegatte ist für sich allein berechtigt, durch Uebertragsverträge oder letztwillige Verfügungen unter den unabgefundenen Kindern die Succession in das gemeinschaftliche Vermögen zu regeln; es muß jedoch jedem Kinde wenigstens der Werth des ihm nach § 15 zustehenden Antheils, im Falle einer letztwilligen Disposition aber außerdem seines Pflichttheils zugewendet werden.

Der bisherige Satz 2 des Abs. 4 ist gestrichen. Art. 48 § 8, oben S. 193.

Zu Gunsten anderer Personen kann der überlebende Ehegatte nur über seinen Antheil an der Gemeinschaft, mit Vorbehalt der Pflichttheile der Kinder, letztwillig verfügen.

§ 11. Zur Vorlegung eines Inventars von dem gemeinschaftlichen Vermögen ist der überlebende Ehegatte, sofern er blos mit eigenen Kindern konkurrirt und mit diesen die Gütergemeinschaft fortsetzt (§ 10), nicht verpflichtet.

§ 12. Auf die Haftung der überlebenden Ehefrau gegenüber denjenigen Gläubigern der bisherigen Gemeinschaft, welchen sie nicht aus besonderen Gründen persönlich haftet, finden die für die Haftung des Erben für die Nachlaßverbindlichkeiten geltenden Vorschriften des Bürgerlichen Gesetzbuchs entsprechende Anwendung; an die Stelle des Nachlasses tritt das bei dem Tode des Mannes vorhanden gewesene gemeinschaftliche Vermögen.

Diese Bestimmungen gelten auch für den Fall der unbeerbten Ehe (§ 7) in Ansehung des Antheils der Ehefrau an der Gemeinschaft.

§ 13. Dem überlebenden, die Gütergemeinschaft fortsetzenden Ehegatten steht zu jeder Zeit frei, die vollständige Auseinandersetzung mit den Kindern (Schichtung) zu verlangen.

§§ 14, 15. Siehe oben S. 190 ff., Art. 48 § 6.

§ 16. An die Stelle eines während der fortgesetzten Gütergemeinschaft verstorbenen Kindes treten bei der Schichtung oder Auseinandersetzung (§ 15) ausschließlich dessen Abkömmlinge und sein hinterlassener Ehegatte, soweit diesem letzteren ein Antheil an dem Nachlasse des Kindes gebührt.

Vor Aufhebung der fortgesetzten Gemeinschaft dürfen die Kinder über ihren Antheil an der Gemeinschaft unter Lebendigen und von Todes wegen nur zu Gunsten ihrer Abkömmlinge, Ehegatten oder der übrigen Mitbetheiligten der Gütergemeinschaft verfügen.

In Ermangelung einer solchen Verfügung wächst der Antheil eines verstorbenen Kindes, sofern derselbe nicht auf dessen Nachkömmlinge oder hinterlassenen Ehegatten übergeht, den Antheilen der übrigen Kinder zu.

§ 17. Bei der Schichtung hat der überlebende Ehegatte die Befugniß, das gemeinschaftliche bewegliche und unbewegliche Vermögen oder einzelne Gegenstände desselben für eine Taxe zu übernehmen, welche entweder von sämmtlichen Betheiligten gebilligt, oder im Falle des Nichteinverständnisses in gesetzlicher Form aufgenommen worden ist.

In den Fällen des § 14 Abs. 1 Nr. 2—8 geht die dem überlebenden Ehegatten beigelegte Befugniß auf die Kinder der aufgelösten Ehe über.

Das Vormundschaftsgericht ist ermächtigt, für seine Pflegebefohlenen eine zwischen dem Vormunde und dem Uebernehmer zu Stande gekommene Vereinigung über den Werth der zu übernehmenden Gegenstände auch ohne gerichtliche Taxe zu genehmigen.

Der Abs. 4 ist gestrichen. Art. 48 § 8.

§ 18. Während der fortgesetzten Gütergemeinschaft sind die Kinder von den Pflichten entbunden, welche anderen Erben zur Erhaltung ihrer Eigenschaft als Benefizialerben gesetzlich obliegen.

Bei Aufhebung der Gütergemeinschaft durch Schichtung (§§ 13, 14) können sie innerhalb der gesetzlichen Erbüberlegungsfrist auf ihr Theilnahmerecht an der Gemeinschaft mit voller Wirkung gegen die Gläubiger durch Erklärung bei dem Gerichte verzichten. Der Lauf dieser Frist beginnt mit dem Ablaufe des Tages, an welchem ihnen das zum Zweck der Schichtung gelegte, oder gerichtlich aufgenommene Inventarium von dem Gerichte mitgetheilt, oder, wenn dies nicht geschehen sein sollte, im Termine zur Schichtung vorgelegt ist. Haben sie nicht verzichtet, so haften sie den Gemeinschaftsgläubigern stets, auch wenn kein Inventar gelegt ist, nur mit dem Betrage des ihnen zugefallenen Antheils.

§ 19. Der Mutter steht ebenso wie dem Vater nach der Schichtung die Befugniß zu, den Nießbrauch des den Kindern zugetheilten Vermögens bis zu deren Großjährigkeit, oder — sofern diese Fälle früher eintreten sollten — bis zu deren Verheirathung oder eigenen Wirthschaftseinrichtung zu verlangen, jedoch nur gegen Uebernahme der Verpflichtung, die Kinder ohne Anrechnung auf die Substanz ihres Vermögens zu ernähren und zu erziehen.

Diese Befugniß tritt jedoch nicht ein und hört beziehungsweise auf, wenn gegen den überlebenden Ehegatten — sei es der Vater oder die Mutter — solche Gründe vorliegen, welche nach dem ALR. den Verlust der väterlichen Gewalt zur Folge haben (§ 14, Nr. 4).

Siehe die Anm. 4 Abs. 1 zu Art. 48 § 1, oben S. 184.

§ 20. In Ansehung der von den Eltern den Kindern zu gewährenden Ausstattung finden überall, wo dieses Gesetz gilt, die Vorschriften des ALR. Anwendung.

Vgl. Anm. 4 Abs. 2 zu Art. 48 § 1, oben S. 184

§ 21. Das gegenwärtige Gesetz tritt vom 1. Januar 1861 ab an die Stelle der besonderen Gesetze, Statuten und Gewohnheiten, welche bisher in den oben (§ 1) bezeichneten Landestheilen oder in einzelnen Distrikten und Orten derselben in Ansehung der Rechtsverhältnisse gegolten haben, über welche das gegenwärtige Gesetz Bestimmung trifft.

Von jenem Tage an hört in Beziehung auf eben diese Rechtsverhältnisse auch im Herzogthum Westfalen, soweit daselbst bisher kein Dotalrecht bestanden hat, sowie in dem Fürstenthume Siegen mit den Aemtern Burbach und Neunkirchen (Freie- und Hückengrund) und in den Grafschaften Wittgenstein-Wittgenstein und Wittgenstein-Berleburg die durch das PP. v. 21. Juni 1825 § 4 Nr. 3 (GS. 153) angeordnete Suspension der drei ersten Titel des zweiten Theils des ALR. auf.

§ 22. Die aus Ehen, welche vor der Gültigkeit des gegenwärtigen Gesetzes geschlossen worden sind, bereits entstandenen oder noch entstehenden vermögensrechtlichen Verhältnisse sind nicht nach diesem Gesetze, sondern noch ferner nach den bisherigen Gesetzen, Statuten und Gewohnheiten zu beurtheilen.

9. Zu Art. 61 § 2.

Verordnung, betr. den Güterstand bestehender Ehen. Vom 20. Dezember 1899. (GS. S. 607.)

Wir rc. verordnen auf Grund des Artikels 61 § 2 des Ausführungsgesetzes zum Bürgerlichen Gesetzbuche vom 20. September 1899 (GS. S. 177), was folgt:

Art. 1. Bestimmt sich der Güterstand einer zur Zeit des Inkrafttretens des Bürgerlichen Gesetzbuchs bestehenden Ehe nach einem der in dieser Verordnung genannten Rechte eines anderen Deutschen Bundesstaats und haben die Ehegatten zu der bezeichneten Zeit in Preußen ihren Wohnsitz, so treten für den Güterstand von dieser Zeit an, unbeschadet der Vorschrift des Artikels 61

§ 3 des Ausführungsgesetzes zum Bürgerlichen Gesetzbuche, nach Maßgabe dieser Verordnung an die Stelle der bisherigen Gesetze die Vorschriften des Bürgerlichen Gesetzbuchs.

Bayerische Güterrechte.

Art 2. Bestimmt sich der Güterstand nach einem der in den rechtsrheinischen Landestheilen des Königreichs Bayern geltenden Rechte, so finden die Vorschriften der Artikel 3 bis 6 Anwendung.

Art. 3. § 1. Besteht für eine Ehe der gesetzliche Güterstand der allgemeinen Gütergemeinschaft, so treten, unbeschadet der für den Güterstand des Fuldischen und des Würzburgischen Rechtes geltenden Vorschrift des Artikel 57 des Ausführungsgesetzes zum Bürgerlichen Gesetzbuch, an die Stelle der bisherigen Gesetze die Vorschriften des Bürgerlichen Gesetzbuchs über die allgemeine Gütergemeinschaft.

Soweit der Eintritt der allgemeinen Gütergemeinschaft nach den bisherigen Vorschriften von der ehelichen Beiwohnung oder nach dem Rechte des Fürstenthums Hohenlohe von dem Ablauf einer Frist abhängt, gilt er mit dem Inkrafttreten des Bürgerlichen Gesetzbuchs als erfolgt.

Tritt die allgemeine Gütergemeinschaft nach den Vorschriften des Preußischen Landrechts erst zu einer späteren Zeit ein, so gilt die Vorschrift des Abs. 1 von dieser Zeit an.

§ 2. Besteht die allgemeine Gütergemeinschaft nach dem Rechte des Fürstenthums Bayreuth, so behält jeder Ehegatte das Recht, sie innerhalb einer Frist von drei Monaten nach der Eingehung der Ehe aufzuheben.

Mit der Aufhebung der Gütergemeinschaft tritt der Güterstand der Verwaltung und Nutznießung ein.

§ 3. Soweit nach den bisherigen Vorschriften ein Ehegatte berechtigt ist, wegen Verbindlichkeiten des anderen Ehegatten auf Aufhebung der Gütergemeinschaft mit der Wirkung zu klagen, daß das Gesammtgut für diese Verbindlichkeiten nicht haftet, bleibt das Recht in Ansehung der Verbindlichkeiten bestehen, die vor dem Inkrafttreten des Bürgerlichen Gesetzbuchs entstanden sind.

Die Vorschriften der §§ 1470, 1479 des Bürgerlichen Gesetzbuchs finden entsprechende Anwendung.

§ 4. Besteht die allgemeine Gütergemeinschaft nach dem Rechte von Castell oder Schweinfurt, so können im Falle der Beendigung der Gütergemeinschaft die Abkömmlinge die Erstattung des Werthes ihres in das Gesammtgut gefallenen Vermögens verlangen, jedoch nur bis zu dem Betrage von zwei Dritteln des Werthes des Gesammtguts. Tritt fortgesetzte Gütergemeinschaft ein, so kann die Erstattung erst bei der Beendigung der fortgesetzten Gütergemeinschaft und, falls der überlebende Ehegatte bei der Beendigung noch am Leben ist, diesem gegenüber nur bis zu dem Betrag eines Sechstels des Werthes des Gesammtguts der fortgesetzten Gütergemeinschaft verlangt werden. Der Werth des zu erstattenden Vermögens bestimmt sich nach der Zeit, zu welcher das Vermögen in das Gesammtgut gefallen ist.

Sind gemeinschaftliche Abkömmlinge nicht vorhanden, so steht jedem der Ehegatten bei der Aufhebung der Gütergemeinschaft das im § 1478 des Bürgerlichen Gesetzbuchs bestimmte Recht zu.

§ 5. Besteht die allgemeine Gütergemeinschaft nach dem Rechte des Fürstenthums Hohenlohe, so verbleibt es für die Auseinandersetzung in Ansehung des Gesammtguts bei der Vorschrift, daß dem Manne zwei Drittel, der Frau ein Drittel des Ueberschusses gebühren. Im Falle der fortgesetzten Gütergemeinschaft bestimmt sich der Antheil der Abkömmlinge nach dem Antheile des verstorbenen Ehegatten.

§ 6. Besteht die allgemeine Gütergemeinschaft nach dem Rechte von Bamberg, Nördlingen, Kaufbeuren, der Stadt Kempten, von Dinkelsbühl, Windsheim, Bayreuth, Ulm, Pappenheim, Thurnau, Erbach, Lindau, Mindelheim, Eichstätt, Ingolstadt, Oettingen, Wallerstein oder nach der Mönchsrother Observanz, so geht im Falle des Todes des einen Ehegatten, wenn Abkömmlinge dieses Ehegatten nicht vorhanden sind, dessen Antheil an dem Gesammtgut auf den überlebenden Ehegatten über. Die Vorschriften des § 1483 Abs. 1 Satz 2, des § 1484, des § 1488, des § 1489 Abs. 1, 2 und der §§ 1506 bis 1508 des Bürgerlichen Gesetzbuchs finden entsprechende Anwendung.

Der Uebergang auf den überlebenden Ehegatten kann durch letztwillige Verfügung ausgeschlossen werden. Besteht die allgemeine Gütergemeinschaft nach dem Rechte von Bamberg, Nördlingen, Kaufbeuren, der Stadt Kempten, von Dinkelsbühl, Windsheim, Ulm, Pappenheim, Thurnau, Erbach, Oettingen, Wallerstein oder der Mönchsrother Observanz, so finden auf die Ausschließung die Vorschriften der §§ 1509, 1516 des Bürgerlichen Gesetzbuchs entsprechende Anwendung. Besteht die allgemeine Gütergemeinschaft nach dem Rechte von Bayreuth, so steht dem ausgeschlossenen Ehegatten das im § 1478 des Bürgerlichen Gesetzbuchs bezeichnete Recht sowie ein Pflichttheilsrecht zu. Macht der ausgeschlossene Ehegatte von dem im § 1478 bezeichneten Rechte Gebrauch, so gilt das Gesammtgut insoweit, als es nicht zur Erstattung des Werthes des von der Frau in die Gütergemeinschaft Eingebrachten zu verwenden ist, als Antheil des Mannes; auf das Pflichttheilsrecht finden die Vorschriften des Bürgerlichen Gesetzbuchs über den Pflichttheil entsprechende Anwendung.

§ 7. Besteht die allgemeine Gütergemeinschaft nach dem Rechte des Fürstenthums Hohenlohe oder des Fürstenthums Kempten, so steht, wenn bei dem Tode des einen Ehegatten Abkömmlinge dieses Ehegatten nicht vorhanden sind, dem überlebenden Ehegatten das im § 1478 des Bürgerlichen Gesetzbuchs bestimmte Recht zu. Macht er von diesem Rechte Gebrauch, so gehört das Gesammtgut, soweit es nicht zur Erstattung des Werthes des in die Gütergemeinschaft Eingebrachten erforderlich ist, zum Nachlasse des verstorbenen Ehegatten.

Besteht die allgemeine Gütergemeinschaft nach dem Rechte des Fürstenthums Kempten, so bestimmt sich das Recht des überlebenden Ehegatten in Ansehung des Nachlasses des verstorbenen Ehegatten nach den bisherigen Vorschriften. Verzichtet der überlebende Ehegatte auf das Recht der Verwaltung und Nutznießung, so bestimmt sich sein Erbrecht nach den Vorschriften des Bürgerlichen Gesetzbuchs. Auf den Verzicht finden die für die Ausschlagung der Erbschaft geltenden Vorschriften des Bürgerlichen Gesetzbuchs entsprechende Anwendung.

§ 8. Besteht die allgemeine Gütergemeinschaft nach dem Rechte des Fürstenthums Bayreuth, des Fürstenthums Kempten oder der Stadt Kempten oder nach dem Rechte von Dinkelsbühl oder Lindau, so steht, wenn bei dem Tode des einen Ehegatten gemeinschaftliche Abkömmlinge vorhanden sind, dem überlebenden Ehegatten das im § 1478 des Bürgerlichen Gesetzbuchs bezeichnete Recht zu, sofern er die Fortsetzung der Gütergemeinschaft ablehnt. Macht er von diesem Rechte Gebrauch, so gehört, wenn die allgemeine Gütergemeinschaft nach dem Rechte der Stadt Kempten besteht, das Gesammtgut, soweit es nicht zur Erstattung des Werthes des in die Gütergemeinschaft Eingebrachten erforderlich ist, zum Nachlasse des verstorbenen Ehegatten Besteht die allgemeine Gütergemeinschaft nach dem Rechte des Fürstenthums Bayreuth, so gilt das Gleiche, wenn die Frau überlebt oder wenn bei dem Tode der Frau ein aus einer früheren Ehe der Frau stammender Abkömmling vorhanden ist, anderenfalls gebührt das Gesammtgut insoweit dem überlebenden Manne.

Lehnt der überlebende Ehegatte die Fortsetzung der Gütergemeinschaft ab, so bestimmt sich sein Recht in Ansehung des Nachlasses des verstorbenen Ehegatten nach den bisherigen Vorschriften. Verzichtet er auf das Recht des Beisitzes, so bestimmt sich sein Erbrecht nach den Vorschriften des Bürgerlichen Gesetzbuchs, soweit diese ihm günstiger sind. Auf den Verzicht finden die für die Ausschlagung einer Erbschaft geltenden Vorschriften des Bürgerlichen Gesetzbuchs entsprechende Anwendung.

§ 9. Besteht die allgemeine Gütergemeinschaft nach einem der im § 8 genannten Rechte, so steht, wenn bei dem Tode des einen Ehegatten andere Abkömmlinge dieses Ehegatten als gemeinschaftliche vorhanden sind, das im § 1478 des Bürgerlichen Gesetzbuchs bezeichnete Recht sowohl dem überlebenden Ehegatten als den Abkömmlingen zu. Die Vorschriften des § 8 Abs. 1 Satz 2, 3 finden entsprechende Anwendung. Das Erbrecht des überlebenden Ehegatten bestimmt sich nach den bisherigen Vorschriften, der gesetzliche Erbtheil beträgt jedoch mindestens ein Viertheil.

Treffen gemeinschaftliche Abkömmlinge mit nicht gemeinschaftlichen Abkömmlingen des verstorbenen Ehegatten zusammen, so bestimmen sich die Rechte des überlebenden Ehegatten gegenüber diesen nach den Vorschriften des Abs. 1, auch wenn der überlebende Ehegatte die Fortsetzung der Gütergemeinschaft nicht ablehnt oder auf den Besitz nicht verzichtet.

§ 10. Besteht die allgemeine Gütergemeinschaft nach dem Rechte von Kaufbeuren, so erhält, wenn die fortgesetzte Gütergemeinschaft bei Lebzeiten des überlebenden Ehegatten aufgehoben wird, dieser den Werth des von ihm eingebrachten Vermögens als Voraus. Die Vorschriften des § 1478 Abs. 2 des Bürgerlichen Gesetzbuchs finden Anwendung.

Besteht die allgemeine Gütergemeinschaft nach dem Rechte von Nördlingen, so kann der überlebende Ehegatte bei der Aufhebung der fortgesetzten Gütergemeinschaft verlangen, daß die antheilsberechtigten Abkömmlinge an Stelle der Hälfte des Gesammtguts den Werth des von dem verstorbenen Ehegatten eingebrachten Vermögens erhalten. Die Vorschriften des § 1478 Abs. 2 des Bürgerlichen Gesetzbuchs finden Anwendung.

Besteht die allgemeine Gütergemeinschaft nach dem Rechte von Weißenburg, so kann der überlebende Ehegatte bei der Aufhebung der fortgesetzten Gütergemeinschaft verlangen, daß die antheilsberechtigten Abkömmlinge an Stelle der Hälfte des Gesammtguts den Werth der Hälfte des im Abs. 2 bezeichneten Vermögens erhalten.

Besteht die allgemeine Gütergemeinschaft nach dem Rechte von Windsheim, so erhält, wenn die fortgesetzte Gütergemeinschaft bei Lebzeiten des überlebenden Ehegatten aufgehoben wird, dieser von der den antheilsberechtigten Abkömmlingen zufallenden Hälfte des Gesammtguts einen Kopftheil.

§ 11. Besteht die allgemeine Gütergemeinschaft nach dem Rechte von Castell, Schweinfurt, Bamberg oder Lindau, so finden, wenn vereinkindschaftete Abkömmlinge vorhanden sind, nur die Vorschriften der §§ 1438 bis 1467, 1478 des Bürgerlichen Gesetzbuchs Anwendung. Wird die Ehe durch den Tod des Ehegatten aufgelöst, der die vereinkindschafteten Abkömmlinge in die Ehe gebracht hat, so gelten nach der Abschichtung der vereinkindschafteten Abkömmlinge für das Verhältniß zwischen dem überlebenden Ehegatten und dessen Abkömmlingen die Vorschriften des Bürgerlichen Gesetzbuchs über die fortgesetzte Gütergemeinschaft und der §§ 4, 8.

Im Uebrigen bleiben die bisherigen Gesetze, insbesondere in Ansehung der rechtlichen Stellung der vereinkindschafteten Kinder, maßgebend. Die Vorschrift des § 4 findet außer dem Falle des Abs. 1 Satz 2 keine Anwendung.

Art. 4. § 1. Besteht für eine Ehe der gesetzliche Güterstand der Errungenschaftsgemeinschaft, so treten, unbeschadet der für den Güterstand des Würzburgischen Rechtes geltenden Vorschrift des Artikel 57 des Ausführungsgesetzes zum Bürgerlichen Gesetzbuch und vorbehaltlich der Vorschriften des § 9 dieses Artikels, an die Stelle der bisherigen Gesetze die Vorschriften des Bürgerlichen Gesetzbuchs über die Errungenschaftsgemeinschaft.

Die Vorschriften des Artikel 3 § 1 Abs. 2, 3 finden entsprechende Anwendung.

§ 2. Besteht die Errungenschaftsgemeinschaft nach dem Rechte von Castell oder Schweinfurt, so tritt mit der Geburt eines Kindes die allgemeine Gütergemeinschaft nach den Vorschriften des Bürgerlichen Gesetzbuchs ein. Besteht die Errungenschaftsgemeinschaft nach dem Rechte von Castell, so finden die Vorschriften des Artikel 3 § 3 Anwendung.

Inwieweit das Vermögen der Frau Vorbehaltsgut und die Verbindlichkeiten der Ehegatten Gesammtgutsverbindlichkeiten werden, bestimmt sich nach den bisherigen Vorschriften über die allgemeine Gütergemeinschaft; die Gesammtgutsverbindlichkeiten der Errungenschaftsgemeinschaft werden jedoch im Verhältnisse zu den Gläubigern Gesammtgutsverbindlichkeiten der allgemeinen Gütergemeinschaft, auch soweit sie es nach diesen Vorschriften nicht sein würden.

Im Falle der Aufhebung der allgemeinen Gütergemeinschaft steht, wenn gemeinschaftliche Abkömmlinge nicht vorhanden sind, jedem der Ehegatten das im § 1478 des Bürgerlichen Gesetzbuchs bestimmte Recht zu.

§ 3. Besteht die Errungenschaftsgemeinschaft nach dem Rechte des Deutschordens an der Tauber, so verbleibt es für die Auseinandersetzung in Ansehung des Gesammtguts bei der Vorschrift, daß dem Manne zwei Drittel, der Frau ein Drittel des Ueberschusses gebühren.

§ 4. Besteht die Errungenschaftsgemeinschaft nach dem Rechte von Memmingen, Rothenburg oder Coburg, so ist, wenn bei dem Tode des einen Ehegatten Abkömmlinge dieses Ehegatten nicht vorhanden sind, der überlebende Ehegatte der gesetzliche Erbe. Das Erbrecht ist im Falle des § 1933 des Bürgerlichen Gesetzbuchs ausgeschlossen. Besteht die Errungenschaftsgemeinschaft nach dem Rechte von Memmingen, so finden auf das Erbrecht die Vorschriften der §§ 2335 bis 2337 des Bürgerlichen Gesetzbuchs entsprechende Anwendung. Besteht die Errungenschaftsgemeinschaft nach dem Rechte von Rothenburg oder Coburg, so kann das Erbrecht durch letztwillige Verfügung ausgeschlossen werden; der Pflichttheil des überlebenden Ehegatten bestimmt sich ausschließlich nach den Vorschriften des Bürgerlichen Gesetzbuchs.

Besteht die Errungenschaftsgemeinschaft nach der Rettenbergischen Landesordnung oder dem Rothenfelser Landesbrauche, so bestimmt sich, wenn bei dem Tode des einen Ehegatten Abkömmlinge dieses Ehegatten nicht vorhanden sind, das Recht des überlebenden Ehegatten in Ansehung des Nachlasses des verstorbenen Ehegatten nach den bisherigen Vorschriften; an die Stelle der nach dem Rothenfelser Landesbrauche dem überlebenden Ehegatten gebührenden Ausfahrt, Ausfertigung und Fahrniß tritt jedoch der im § 1932 des Bürgerlichen Gesetzbuchs bestimmte Voraus. Verzichtet der überlebende Ehegatte auf den ihm nach den bisherigen Vorschriften zustehenden Nießbrauch, so bestimmt sich sein Erbrecht nach den Vorschriften des Bürgerlichen Gesetzbuchs. Auf den Verzicht finden die für die Ausschlagung der Erbschaft geltenden Vorschriften des Bürgerlichen Gesetzbuchs entsprechende Anwendung.

Besteht die Errungenschaftsgemeinschaft nach dem Rechte von Regensburg, so gebührt bei dem Tode der Frau, wenn Abkömmlinge der Frau nicht vorhanden sind, die ganze Errungenschaft dem Manne.

Besteht die Errungenschaftsgemeinschaft nach dem Württembergischen Landrechte, so steht, wenn bei dem Tode des einen Ehegatten Abkömmlinge dieses Ehegatten nicht vorhanden sind, dem überlebenden Ehegatten die in den bisherigen Vorschriften bestimmte Nutznießung an den Erbtheilen der Seitenverwandten der zweiten Ordnung zu.

§ 5. Besteht die Errungenschaftsgemeinschaft nach der Rettenbergischen Landesordnung oder nach dem Rechte von Regensburg, Rothenburg, Rothenfels oder Coburg, so verbleibt es für den Fall, daß bei dem Tode des einen Ehegatten gemeinschaftliche Abkömmlinge vorhanden sind, in Ansehung der Rechte des überlebenden Ehegatten bei den bisherigen Vorschriften. Besteht die Errungenschaftsgemeinschaft nach dem Coburgischen Rechte, so bestimmen sich die Rechte des überlebenden Ehegatten so, wie wenn die Ehe Jahr und Tag gedauert hätte, auch wenn die Auflösung früher erfolgt. Besteht die Errungenschaftsgemeinschaft nach der Rettenbergischen Landesordnung oder nach dem Rechte von Regensburg, Rothenfels oder Coburg, so bestimmt sich, wenn der überlebende Ehegatte auf das Recht des Beisitzes verzichtet, sein Erbrecht nach den Vorschriften des Bürgerlichen Gesetzbuchs, soweit diese ihm günstiger sind Auf den Verzicht finden die für die Ausschlagung der Erbschaft geltenden Vorschriften des Bürgerlichen Gesetzbuchs entsprechende Anwendung. Besteht die Errungenschaftsgemeinschaft nach der Rettenbergischen Landesordnung oder nach dem Rechte von Regensburg oder Coburg, so verbleibt es im Falle des Verzichts auch in Ansehung der Antheile an der Errungenschaft sowie des eingebrachten Gutes des überlebenden Ehegatten bei den Vorschriften des Bürgerlichen Gesetzbuchs.

Besteht die Errungenschaftsgemeinschaft nach dem Württembergischen Landrechte, so steht dem überlebenden Ehegatten an den Erbtheilen der gemeinschaftlichen Abkömmlinge die Nutznießung nach den bisherigen Vorschriften zu.

§ 6. Besteht die Errungenschaftsgemeinschaft nach der Rettenbergischen Landesordnung oder nach dem Rechte von Rothenburg, Rothenfels oder Coburg, so verbleibt es für den Fall, daß bei dem Tode des einen Ehegatten andere Abkömmlinge dieses Ehegatten als gemeinschaftliche vorhanden sind, in Ansehung der Rechte des überlebenden Ehegatten bei den bisherigen Vorschriften; der Erbtheil des überlebenden Ehegatten beträgt jedoch mindestens ein Viertel.

Die im Abs. 1 bestimmte Erhöhung des Erbtheils des überlebenden Ehegatten tritt, soweit diesem ein Recht des Beisitzes zusteht, nur ein, wenn er auf den Beisitz in Gemäßheit des § 5 Abs. 2 Satz 2 verzichtet.

Besteht die Errungenschaftsgemeinschaft nach dem Rechte von Coburg, so findet die Vorschrift des § 5 Abs. 1 Satz 2 Anwendung. In Ansehung des eingebrachten Vermögens des überlebenden Ehegatten verbleibt es bei den Vorschriften des Bürgerlichen Gesetzbuchs, bei dem Vorhandensein von weniger als drei Abkömmlingen des verstorbenen Ehegatten aber nur, wenn der überlebende Ehegatte auf den ihm nach den bisherigen Vorschriften zustehenden Erbtheil, soweit dieser mehr als ein Viertel beträgt, in Gemäßheit des § 5 Abs. 2 Satz 2 verzichtet.

Treffen gemeinschaftliche Abkömmlinge mit nicht gemeinschaftlichen zusammen, so stehen dem überlebenden Ehegatten gegenüber den nicht gemeinschaftlichen Abkömmlingen die in den Abs. 1 bis 3 bestimmten Rechte zu, auch wenn es im Verhältnisse zwischen dem überlebenden Ehegatten und den gemeinschaftlichen Abkömmlingen bei den bisherigen Vorschriften verbleibt.

Besteht die Errungenschaftsgemeinschaft nach dem Regensburger Rechte, so verbleibt es für den Fall, daß bei dem Tode der Frau lediglich nicht gemeinschaftliche Abkömmlinge der Frau vorhanden sind, in Ansehung der Rechte des überlebenden Ehemanns bei den bisherigen Vorschriften. Verzichtet der überlebende Ehemann auf den die Hälfte übersteigenden Antheil an der Errungenschaft, so bestimmt sich sein Erbrecht nach den Vorschriften des Bürgerlichen Gesetzbuchs. Auf den Verzicht findet die Vorschrift des § 5 Abs. 2 Satz 2 Anwendung.

§ 7. Besteht die Errungenschaftsgemeinschaft nach dem Rechte von Memmingen, so bestimmt sich, wenn bei dem Tode des einen Ehegatten Abkömmlinge dieses Ehegatten vorhanden sind, der Erbtheil des überlebenden Ehegatten nach den bisherigen Vorschriften, soweit diese für den überlebenden Ehegatten günstiger sind.

§ 8. Besteht die Errungenschaftsgemeinschaft nach dem Bamberger Landrechte, so verbleibt es für den Fall, daß bei dem Tode des einen Ehegatten Abkömmlinge dieses Ehegatten vorhanden sind, in Ansehung des Rechtes des überlebenden Ehegatten bei den bisherigen Vorschriften. Verzichtet der überlebende Ehegatte auf das ihm nach diesen Vorschriften zustehende Recht, so bestimmt sich sein Erbrecht nach den Vorschriften des Bürgerlichen Gesetzbuchs. Auf den Verzicht finden die für die Ausschlagung einer Erbschaft geltenden Vorschriften entsprechende Anwendung.

§ 9. Besteht die Errungenschaftsgemeinschaft nach dem Bayerischen oder dem Mainzer Landrechte, nach dem Rechte von Ansbach, Nürnberg, Solms oder der Stadt Augsburg oder nach den domprobsteilich Bambergischen Observanzen, so tritt an ihre Stelle der Güterstand der Verwaltung und Nutznießung nach den Vorschriften des Bürgerlichen Gesetzbuchs.

Endigt die Verwaltung und Nutznießung des Mannes auf andere Weise als durch Ehevertrag, so kann jeder Ehegatte von dem anderen Ausgleichung des Ehegewinns nach den bisherigen Vorschriften verlangen, wie wenn eine Aenderung des Güterstandes nicht eingetreten wäre. Der Anspruch ist nicht übertragbar. Er verjährt in einem Jahre; die Vorschrift des § 204 Satz 1 des Bürgerlichen Gesetzbuchs findet keine Anwendung. Besteht die Errungenschaftsgemeinschaft nach dem Mainzer Landrechte, so gebühren von dem Ehegewinne dem Manne zwei Drittel, der Frau ein Drittel.

Ist nach den Vorschriften des Bayerischen Landrechts wegen Gefährdung des Vermögens der Frau für die Frau eine Pflegschaft angeordnet, so tritt Gütertrennung nach den Vorschriften des Bürgerlichen Gesetzbuchs ein. Die Frau kann auf Herstellung der Verwaltung und Nutznießung des Mannes klagen. Mit der Herstellung der Verwaltung und Nutznießung treten die im Abs. 2 bestimmten Wirkungen ein; die Vorschriften des § 1425 Abs. 2, 3 des Bürgerlichen Gesetzbuchs finden Anwendung.

§ 10. Besteht die Errungenschaftsgemeinschaft nach dem Bayerischen Landrechte, so stehen im Falle des Todes des einen Ehegatten dem überlebenden Ehegatten die in den bisherigen Vorschriften bestimmten Rechte zu, wenn der überlebende Ehegatte die im Bürgerlichen Gesetzbuche bestimmte Erbfolge ausschlägt.

Gelten für die Ehe die besonderen Vorschriften des Oberpfälzischen Rechtes, so verbleibt es, wenn bei dem Tode des einen Ehegatten gemeinschaftliche Abkömmlinge vorhanden sind, in Ansehung der Rechte des überlebenden Ehegatten bei den bisherigen Vorschriften. Verzichtet der überlebende Ehegatte auf den Beisitz und, sofern ihm nach den bisherigen Vorschriften auch der Antheil des verstorbenen Ehegatten aus der Hausfahrniß und der Errungenschaft zufällt, auch auf diesen Antheil, so bestimmt sich sein Erbrecht nach den Vorschriften des Bürgerlichen Gesetzbuchs. Auf den Verzicht finden die für die Ausschlagung einer Erbschaft geltenden Vorschriften entsprechende Anwendung.

Die überlebende Frau behält die Hälfte der Hausfahrniß und der Errungenschaft, auch wenn Abkömmlinge des verstorbenen Mannes vorhanden sind. Im Falle des Abs. 2 verbleibt es jedoch auch in Ansehung der Hausfahrniß und der Errungenschaft bei den bisherigen Vorschriften, sofern nicht die Frau auf den Beisitz verzichtet.

§ 11. Besteht die Errungenschaftsgemeinschaft nach dem Ansbacher Rechte oder nach den domprobsteilich Bambergischen Observanzen, so ist, wenn bei dem Tode des einen Ehegatten Abkömmlinge dieses Ehegatten nicht vorhanden sind, der überlebende Ehegatte auch zu den Erbtheilen berufen, die nach den Vorschriften des Bürgerlichen Gesetzbuchs den Seitenverwandten zufallen würden. Die Vorschriften des § 4 Abs. 1 Satz 3 finden entsprechende Anwendung.

Sind Abkömmlinge des verstorbenen Ehegatten vorhanden, so bestimmt sich der Erbtheil des überlebenden Ehegatten nach den bisherigen Vorschriften, soweit diese für den überlebenden Ehegatten günstiger sind. Der überlebende Ehegatte behält die Hälfte der Errungenschaft, auch wenn andere als gemeinschaftliche Abkömmlinge vorhanden sind.

§ 12. Besteht die Errungenschaftsgemeinschaft nach dem Nürnberger Rechte, so verbleibt es für den Fall, daß bei dem Tode des einen Ehegatten Abkömmlinge dieses Ehegatten vorhanden sind, in Ansehung der Rechte des überlebenden Ehegatten bei den bisherigen Vorschriften; der Erbtheil des überlebenden Ehegatten beträgt jedoch mindestens ein Viertel.

Gemeinschaftlichen Abkömmlingen gegenüber tritt die Erhöhung des Erbtheils des überlebenden Ehegatten nur ein, wenn der überlebende Ehegatte auf das ihm nach den bisherigen Vorschriften zustehende Recht des Beisitzes verzichtet. Auf den Verzicht finden die für die Ausschlagung einer Erbschaft geltenden Vorschriften entsprechende Anwendung.

§ 13. Besteht die Errungenschaftsgemeinschaft nach dem Rechte der Stadt Augsburg, so verbleibt es, wenn bei dem Tode des einen Ehegatten Abkömmlinge dieses Ehegatten vorhanden sind, in Ansehung des Erbtheils des überlebenden Ehegatten bei den bisherigen Vorschriften, soweit diese dem überlebenden Ehegatten günstiger sind.

§ 14. Besteht die Errungenschaftsgemeinschaft nach dem Mainzer Landrechte, so bestimmt sich, wenn bei dem Tode des einen Ehegatten gemeinschaftliche Abkömmlinge vorhanden sind, das Recht des überlebenden Ehegatten in Ansehung des Nachlasses nach den bisherigen Vorschriften. Verzichtet der überlebende Ehegatte auf das ihm nach diesen Vorschriften zustehende Recht, so bestimmt sich sein Erbrecht nach den Vorschriften des Bürgerlichen Gesetzbuchs. Auf den Verzicht finden die für die Ausschlagung einer Erbschaft geltenden Vorschriften entsprechende Anwendung.

Sind vereinkindschaftete Abkömmlinge vorhanden, so verbleibt es bei den bisherigen Vorschriften über die Vereinigung des Vermögens der beiden Ehegatten und über die Rechte des überlebenden Ehegatten und der Abkömmlinge an dem vereinigten Vermögen.

§ 15. Besteht die Errungenschaftsgemeinschaft nach dem Solmser Rechte, so steht im Falle des Todes des einen Ehegatten dem überlebenden Ehegatten der Nießbrauch an dem Nachlasse zu. Die Vorschriften des § 1933 des Bürgerlichen Gesetzbuchs und des § 14 Abs. 1 Satz 2, 3 finden entsprechende Anwendung. Der Nießbrauch kann für den Fall, daß gemeinschaftliche Abkömmlinge nicht vorhanden sind, durch letztwillige Verfügung ausgeschlossen werden.

Sind andere Abkömmlinge des verstorbenen Ehegatten als gemeinschaftliche vorhanden, so erstreckt sich der Nießbrauch des überlebenden Ehegatten auf deren Erbtheile nicht; ihnen gegenüber steht dem überlebenden Ehegatten das im Bürgerlichen Gesetzbuche bestimmte Erbrecht zu, auch wenn er den übrigen Erben gegenüber auf den Nießbrauch nicht verzichtet.

Art. 5. § 1. Besteht für eine Ehe der gesetzliche Güterstand des vorderösterreichischen oder des österreichischen Rechtes, so treten an die Stelle der bisherigen Gesetze die Vorschriften des Bürgerlichen Gesetzbuchs über das gesetzliche Güterrecht

Die Vorschriften des Artikel 49 § 2 des Ausführungsgesetzes zum Bürgerlichen Gesetzbuche finden Anwendung.

§ 2. Bei dem Güterstande des vorderösterreichischen Rechtes bleiben, wenn die Frau stirbt, für die Rechte des überlebenden Mannes die bisherigen Gesetze maßgebend. Die Vorschriften des Artikel 4 § 13 Abs. 1 Satz 2, 3 finden entsprechende Anwendung

Art. 6. § 1. Die Vorschriften der Artikel 3 bis 5 finden auch Anwendung, wenn für eine Ehe einer der dort genannten Güterstände kraft Ehevertrags gilt.

§ 2. Besteht der Güterstand der allgemeinen Gütergemeinschaft nach dem Rechte von Castell oder Schweinfurt kraft einer Kondonation oder würde er bei dem Wegfallen der Kinder kraft einer Kondonation fortbestehen, so finden die Vorschriften des Artikel 3 § 6 Anwendung.

§ 3. Besteht kraft Ehevertrags die allgemeine Gütergemeinschaft des gemeinen Rechtes, des Bayerischen Landrechts oder des Preußischen Landrechts, so tritt an deren Stelle die allgemeine Gütergemeinschaft nach den Vorschriften des Bürgerlichen Gesetzbuchs.

Besteht die allgemeine Gütergemeinschaft des Bayerischen oder des Preußischen Landrechts, so tritt fortgesetzte Gütergemeinschaft nur ein, wenn sie vereinbart ist.

Besteht die allgemeine Gütergemeinschaft des Preußischen Landrechts, so finden die Vorschriften des Artikel 3 § 3 Anwendung.

Hessische Güterrechte.

Art. 7. Bestimmt sich der Güterstand nach einem der in den Großherzoglich Hessischen Provinzen Starkenburg und Oberhessen geltenden Rechte, die in den Artikeln 8, 9 genannt sind, so finden die Vorschriften dieser Artikel Anwendung.

Art. 8. § 1. Besteht für eine Ehe kraft Gesetzes oder Ehevertrags der Güterstand der allgemeinen Gütergemeinschaft nach dem Rechte der Grafschaft Erbach oder der Stadt Wimpfen, so treten an die Stelle der bisherigen Gesetze die Vorschriften des Bürgerlichen Gesetzbuchs über die allgemeine Gütergemeinschaft.

Die Vorschriften, nach welchen der Eintritt des gesetzlichen Güterstandes von anderen Voraussetzungen als der Eheschließung abhängt, treten auch für die bestehenden Ehen außer Kraft.

§ 2. Soweit ein Ehegatte nach dem bisherigen Rechte befugt ist, wegen Verheimlichung vorehelicher Schulden des anderen Ehegatten die Aufhebung der Gütergemeinschaft zu verlangen, kann er bis zum Ablauf eines Jahres nach dem Zeitpunkt, in welchem er von der verheimlichten Schuld Kenntniß erhalten hat, auf Aufhebung der Gütergemeinschaft klagen. Ist die Klage erhoben, so kann für eine vor dem Inkrafttreten des Bürgerlichen Gesetzbuchs entstandene Verbindlichkeit eines Ehegatten Befriedigung aus dem Gesammtgute nur so lange nach Maßgabe der bisherigen Gesetze verlangt werden, als der Klageanspruch nicht rechtskräftig abgewiesen ist. Wird die Gütergemeinschaft auf Grund der Klage aufgehoben, so finden die Vorschriften der §§ 1470, 1478, 1479 des Bürgerlichen Gesetzbuchs entsprechende Anwendung.

§ 3. Wird eine Ehe, für die allgemeine Gütergemeinschaft nach dem Rechte der Grafschaft Erbach gilt, durch den Tod eines Ehegatten aufgelöst und ist ein unabgefundener Abkömmling des verstorbenen Ehegatten nicht vorhanden, so ist der überlebende Ehegatte zur Erbschaft allein berufen.

Das Erbrecht kann dem überlebenden Ehegatten nur aus den Gründen entzogen werden, welche zur Entziehung des Pflichttheilsanspruchs des Ehegatten berechtigen. Die Vorschrift des § 2335 Abs. 2 des Bürgerlichen Gesetzbuchs findet Anwendung.

§ 4 Bei einer allgemeinen Gütergemeinschaft, die sich nach dem Rechte der Stadt Wimpfen bestimmt, steht dem überlebenden Ehegatten, sofern ein gemeinschaftlicher Abkömmling nicht vorhanden ist, der lebenslängliche Nießbrauch an dem Nachlasse des verstorbenen Ehegatten zu.

Als Nachlaß gilt, ohne Rücksicht auf die Dauer der Ehe, das Vorbehaltsgut des Verstorbenen sowie die Hälfte des zur Zeit seines Todes vorhandenen Gesammtguts.

Die Vorschrift des § 3 Abs. 2 findet Anwendung.

Der überlebende Ehegatte kann den ihm zufallenden Nießbrauch ablehnen; auf die Ablehnung finden die Vorschriften des § 1484 Abs. 2 des Bürgerlichen Gesetzbuchs Anwendung.

Lehnt der Ehegatte den Nießbrauch ab, so erhält er dasjenige, was ihm nach den Vorschriften der §§ 1931, 1932 des Bürgerlichen Gesetzbuchs zufallen würde.

§ 5. Für die rechtliche Stellung des überlebenden Ehegatten, der nach den §§ 3, 4 zur güterrechtlichen Erbfolge berufen ist, sind, soweit in diesen Paragraphen nicht ein Anderes bestimmt ist, die Vorschriften des Bürgerlichen Gesetzbuchs maßgebend.

Art. 9. § 1. Besteht für eine Ehe kraft Gesetzes oder Ehevertrags der Güterstand der Errungenschaftsgemeinschaft nach der althessischen Verordnung vom 2. März 1795, dem Solmser Landrechte, dem Pfälzer Landrechte, dem Kurhessischen Rechte, dem Butzbacher Stadtrechte, dem Nassauischen Rechte, der Frankfurter Reformation oder dem Württembergischen Landrechte, so treten an die Stelle der bisherigen Gesetze die Vorschriften des Bürgerlichen Gesetzbuchs über die Errungenschaftsgemeinschaft.

Die Vorschrift des Art. 8 § 1 Abs. 2 findet Anwendung.

§ 2. Bei einer Errungenschaftsgemeinschaft, die sich nach dem Mainzer Landrecht oder nach dem Pfälzer Landrechte bestimmt, gebühren bei der Auseinandersetzung von dem nach der Berichtigung der Gesammtgutsverbindlichkeiten verbleibenden Ueberschusse dem Manne zwei Drittel, der Frau ein Drittel.

§ 3. Ist auf Grund des § 1 Abs. 1 eine Gesammtgutsverbindlichkeit aus dem eingebrachten Gute des Mannes allein befriedigt worden, so muß dem Gute des Mannes aus dem der Frau insoweit Ersatz geleistet werden, als nach den bisherigen Gesetzen die Verrungenschaft von den beiden Ehegatten gemeinsam zu tragen war.

§ 4. Bei einer Errungenschaftsgemeinschaft, die sich nach dem Solmser Landrechte, nach dem Nassauischen Rechte, oder nach dem Butzbacher Stadtrechte bestimmt oder auf welche die Isenburger Verordnung vom 15. November 1769 oder der Grünberger Stadt- und Amtsbrauch Anwendung findet, steht dem überlebenden Ehegatten der lebenslängliche Nießbrauch an dem Nachlasse des verstorbenen Ehegatten zu, soweit der Nachlaß nicht an einseitige Abkömmlinge des Verstorbenen fällt. Das Gleiche gilt bei einer Errungenschaftsgemeinschaft, die sich nach dem Mainzer Landrecht oder nach dem Pfälzer Landrechte bestimmt, insoweit, als der Nachlaß gemeinschaftlichen Abkömmlingen zufällt.

Die Vorschrift des Mainzer Landrechts, nach welcher der überlebende Ehegatte im Falle des Uebertritts zur weiteren Ehe den Kindern, wenn sie volljährig werden oder einen eigenen Hausstand begründen oder in den geistlichen Stand eintreten, ihren Antheil auszuliefern hat, bleibt unberührt.

Die Vorschrift des Artikel 8 § 4 Abs. 4, 5 findet in den Fällen des Abs. 1 entsprechende Anwendung.

§ 5. Bei einer Errungenschaftsgemeinschaft, die sich nach der Frankfurter Reformation oder nach dem Württembergischen Landrechte bestimmt, fällt dem überlebenden Ehegatten derjenige Theil der Erbschaft, der ihm nach den Vorschriften des Bürgerlichen Gesetzbuchs zustehen würde, sowie der im § 4 Abs. 1 Satz 1 bezeichnete Nießbrauch an dem übrigen Nachlasse zu.

Das Gleiche gilt bei einer Errungenschaftsgemeinschaft, die sich nach dem Pfälzer Landrechte bestimmt, insoweit, als Abkömmlinge des erstverstorbenen Ehegatten nicht zu Erben berufen sind.

§ 6. Bei einer Errungenschaftsgemeinschaft, die sich nach dem Nassauischen Rechte oder nach der Frankfurter Reformation bestimmt, kann dem überlebenden Ehegatten das ihm zustehende Erbrecht nur nach dem Artikel 8 § 3 Abs. 2 entzogen werden.

In den im Abs. 1 nicht bezeichneten Fällen kann das dem überlebenden Ehegatten nach den §§ 4, 5 zustehende Recht durch Verfügung von Todeswegen aufgehoben oder beschränkt werden.

Wird in den Fällen des Abs. 2 dem überlebenden Ehegatten das Erbrecht entzogen, so kann der Ehegatte, falls nicht in einer letztwilligen Verfügung ein Grund für die Entziehung angegeben ist, der nach dem § 2335 des Bürgerlichen Gesetzbuchs zur Entziehung des Pflichttheils berechtigt, von dem Erben des verstorbenen Ehegatten die Herausgabe des Betrags verlangen, den er nach den Vorschriften des Bürgerlichen Gesetzbuchs als Pflichttheil beanspruchen könnte. Im Falle einer Beschränkung seines Rechtes steht ihm ein Anspruch auf Ergänzung dieses Betrags zu

§ 7. Ein Ehegatte, dem nach den §§ 4, 5 der Nießbrauch an dem Vermögen von Abkömmlingen zusteht, hat, soweit er nicht nach dem § 1620 des Bürgerlichen Gesetzbuchs zur Aussteuer verpflichtet ist, aus dem seinem Nießbrauch unterliegenden Vermögen den Abkömmlingen im Falle ihrer Verheirathung eine angemessene Aussteuer zu gewähren, falls diese ein zur Beschaffung der Aussteuer ausreichendes Vermögen nicht haben und nicht ein Anderer zur Gewährung der Aussteuer verpflichtet und im Stande ist. Unter den gleichen Voraussetzungen ist der Ehegatte verpflichtet, den Abkömmlingen aus dem seinem Nießbrauch unterliegenden Vermögen eine angemessene Ausstattung zur Erlangung einer selbständigen Lebensstellung zu gewähren.

§ 8. Für die rechtliche Stellung des überlebenden Ehegatten der nach den §§ 4, 5 zur güterrechtlichen Erbfolge berufen ist, sind, soweit nicht in den §§ 4 bis 7 ein Anderes bestimmt ist, die Vorschriften des Bürgerlichen Gesetzbuchs maßgebend.

Oldenburgische Güterrechte.

Art. 10. Ist für eine Ehe das gesetzliche Güterrecht nach den Großherzoglich Oldenburgischen Gesetzen, betreffend das eheliche Güterrecht, vom 24. April 1873 und 10. Januar 1879 maßgebend, so treten an die Stelle der bisherigen Gesetze die Vorschriften des Bürgerlichen Gesetzbuchs über das gesetzliche Güterrecht.

Sachsen=Meiningische Güterrechte.

Art. 11. Bestimmt sich der Güterstand nach einem der in dem Herzogthume Sachsen=Meiningen geltenden Rechte, die in den Artikeln 12, 13 genannt sind, so finden die Vorschriften dieser Artikel Anwendung.

Art 12. § 1. Besteht für eine Ehe kraft Gesetzes oder Ehevertrags der Güterstand der allgemeinen Gütergemeinschaft nach dem Rechte der zur ehemaligen Pflege Coburg gehörig gewesenen Landestheile, so treten ohne Rücksicht auf die bisherige Dauer der Ehe an die Stelle der bisherigen Gesetze die Vorschriften des Bürgerlichen Gesetzbuchs über die allgemeine Gütergemeinschaft.

§ 2. Besteht für eine Ehe kraft Gesetzes oder Ehevertrags der Güterstand der Errungenschaftsgemeinschaft nach dem Rechte der im § 1 bezeichneten Landestheile, so treten an die Stelle der bisherigen Gesetze die Vorschriften des Bürgerlichen Gesetzbuchs über das gesetzliche Güterrecht.

§ 3. Im Falle des § 2 wird das vorhandene Vermögen der Frau, das nach den Vorschriften der §§ 1366 bis 1370 des Bürgerlichen Gesetzbuchs Vorbehaltsgut geworden sein würde, Vorbehaltsgut der Frau; das sonstige vorhandene Vermögen der Frau wird eingebrachtes Gut der Frau.

Ist bei einer Ehe von längerer als einjähriger Dauer Errungenschaftsvermögen vorhanden, so wird es zum halben Antheil eingebrachtes Gut der Frau, zum halben Antheile Vermögen des Mannes. Als Errungenschaftsvermögen im Sinne dieses Absatzes ist anzusehen, was nach den Vorschriften des Bürgerlichen Gesetzbuchs Gesammtgut der Errungenschaftsgemeinschaft geworden sein würde. Die Vorschriften der §§ 1527, 1539, 1540 des Bürgerlichen Gesetzbuchs finden auf das vorhandene Vermögen Anwendung.

Jedem Ehegatten stehen in Ansehung des vorhandenen eingebrachten Gutes, mit Einschluß des nach Abs. 2 hierzu gehörenden Vermögens, die im § 1528 des Bürgerlichen Gesetzbuchs bestimmten Rechte zu.

§ 4. Wird in den Fällen der §§ 1, 2 die Ehe durch den Tod eines Ehegatten aufgelöst und hinterläßt der Verstorbene keine Abkömmlinge, so ist der überlebende Ehegatte alleiniger gesetzlicher Erbe des Verstorbenen.

Hinterläßt der Verstorbene jedoch Verwandte aufsteigender Linie, so sind diese neben dem überlebenden Ehegatten zu einem Drittel der Erbschaft als gesetzliche Erben berufen. Verwandte näheren Grades schließen hierbei alle Verwandte entfernterer Grade aus. Sind erbberechtigte Verwandte sowohl aus der väterlichen als auch aus der mütterlichen Linie vorhanden, so fällt auf jede dieser Linien je die Hälfte des Drittels; Verwandte derselbe Linie und gleichen Grades haben Antheil nach Köpfen.

Bei allgemeiner Gütergemeinschaft bestimmt sich der Nachlaß nach der Vorschrift des § 1482 Satz 1 des Bürgerlichen Gesetzbuchs.

§ 5. Die im § 4 bestimmten Erbrechte können durch die in den §§ 1937 bis 1941 des Bürgerlichen Gesetzbuchs zugelassenen Verfügungen des Erblassers auch ohne Zustimmung des andern Ehegatten entzogen, beschränkt oder beschwert werden.

Auf das Erbrecht des überlebenden Ehegatten finden jedoch die Vorschriften des § 2303 Abs 2 und die übrigen Vorschriften des Bürgerlichen Gesetzbuchs über das Pflichttheilsrecht entsprechende Anwendung.

§ 6. War in dem im § 4 bezeichneten Falle für den Güterstand der Ehe das statutarische Recht der Stadt Eisfeld maßgebend, so ist der überlebende Ehegatte als Erbe mit der Verpflichtung beschwert, daß im Falle seiner Wiederverheirathung die Hälfte der Erbschaft, nach seinem Tode die ganze Erbschaft an diejenigen Verwandten des Verstorbenen, welche bei dessen Tode ohne das Vorhandensein des überlebenden Ehegatten erbberechtigt gewesen sein würden, oder deren Erben herausgegeben werde. Die Antheile mehrerer Empfangsberechtigter bestimmen sich nach Maßgabe der Antheile, zu welchen bei dem Tode des erstverstorbenen Ehegatten dessen Verwandten die Erbschaft angefallen sein würde.

Zur Erbschaft ist auch dasjenige zu rechnen, was der überlebende Ehegatte auf Grund eines zur Erbschaft gehörenden Rechtes oder als Ersatz für die Zerstörung, Beschädigung oder Entziehung eines Erbschaftsgegenstandes oder durch ein Rechtsgeschäft mit Mitteln der Erbschaft erworben hat, sofern nicht der Erwerb zu den Nutzungen der Erbschaft im Sinne des § 100 des Bürgerlichen Gesetzbuchs gehört.

Hat der überlebende Ehegatte einen Erbschaftsgegenstand unentgeltlich veräußert oder unentgeltlich belastet oder in der Absicht, die Verwandten des Verstorbenen zu benachtheiligen, veräußert, verpfändet, zerstört, bei Seite geschafft oder beschädigt, so hat er bei der Vermögensauseinandersetzung den Werth des veräußerten, zerstörten oder bei Seite geschafften Gegenstandes, im Falle der Belastung oder Beschädigung der Werthminderung zu ersetzen. Die Ersatzpflicht tritt nicht ein, wenn die Veräußerung oder Belastung auf einer Schenkung beruhte, die einer sittlichen Pflicht oder einer auf den Anstand zu nehmenden Rücksicht entsprach. Im Uebrigen sind die Verwandten des verstorbenen Ehegatten nicht berechtigt, wegen Veräußerung, Belastung, Verschlechterung, Unterganges, Verbrauchs oder wegen einer aus einem anderen Grunde eingetretenen Unmöglichkeit der Herausgabe eines Erbschaftsgegenstandes Ersatz zu fordern.

§ 7. In dem im § 6 bezeichneten Falle kann der überlebende Ehegatte statt des ihm nach § 6 zustehenden Erbrechts die Erbfolge nach dem Bürgerlichen Gesetzbuche wählen.

Die Wahl kann nur innerhalb einer Frist von sechs Monaten erfolgen; die Frist ist nach den Vorschriften des § 1944 Abs. 2 des Bürgerlichen Gesetzbuchs zu berechnen.

Die Wahl erfolgt durch Erklärung gegenüber dem Nachlaßgerichte; die Erklärung ist in öffentlich beglaubigter Form abzugeben.

§ 8. Wird im Falle des § 2 die Ehe durch den Tod eines Ehegatten aufgelöst und hinterläßt der Verstorbene Abkömmlinge, so hat der überlebende Ehegatte bis zu dem Ablaufe der im Bürgerlichen Gesetzbuche vorgeschriebenen Ausschlagungsfrist die Wahl, den Verstorbenen zu einem Kindestheil oder nach den Vorschriften des Bürgerlichen Gesetzbuchs zu beerben.

Die Wahl erfolgt durch Erklärung gegenüber dem Nachlaßgerichte; die Erklärung ist in öffentlich beglaubigter Form abzugeben. Erfolgt die Wahl nicht innerhalb der Ausschlagungsfrist, so ist der überlebende Ehegatte Erbe des Verstorbenen zu einem Kindestheile.

Auf das Erbrecht zu einem Kindestheile finden die Vorschriften des § 5 Anwendung.

§ 9. Der überlebende Ehegatte hat im Falle des § 8 an dem auf die gemeinschaftlichen Abkömmlinge vererbten Theile des Vermögens des Verstorbenen bis zu seiner Wiederverheirathung und, falls diese nicht erfolgt, auf Lebenszeit das Recht der Verwaltung und Nutznießung in gleicher Weise wie während der Ehe der Mann in Ansehung des eingebrachten Gutes der Frau; die Vorschriften der §§ 1372 bis 1404, des § 1406 Nr. 3, des § 1407 Nr. 2 bis 4 und der §§ 1408 bis 1425 des Bürgerlichen Gesetzbuchs finden auf das Verhältniß zwischen dem überlebenden Ehegatten und den gemeinschaftlichen Abkömmlingen in der Art Anwendung, daß der überlebende Ehegatte die rechtliche Stellung des Mannes, die Abkömmlinge die rechtliche Stellung der Frau erhalten, und an die Stelle der Eingehung der Ehe der Tod des verstorbenen Ehegatten tritt. Soweit hiernach die Zustimmung der Abkömmlinge zu Rechtsgeschäften des überlebenden Ehegatten erforderlich ist, gilt sie nur dann als ertheilt, wenn sie seitens sämmtlicher Abkömmlinge erfolgt oder in Gemäßheit der Vorschrift des § 1379 des Bürgerlichen Gesetzbuchs ersetzt ist.

§ 10. Ein Ehegatte kann das im § 9 bestimmte Verwaltungs- und Nutznießungsrecht des überlebenden Ehegatten ohne dessen Zustimmung durch letztwillige Verfügung nur dann ausschließen, wenn er berechtigt ist, dem anderen Ehegatten den Pflichttheil zu entziehen oder auf Aufhebung der ehemännlichen Verwaltung und Nutznießung zu klagen. Auf die Ausschließung finden die Vorschriften über die Entziehung des Pflichttheils entsprechende Anwendung.

§ 11. Verheirathet sich der die Gütergemeinschaft mit den Abkömmlingen fortsetzende überlebende Ehegatte wieder, so finden die Vorschriften der §§ 1493, 1497 des Bürgerlichen Gesetzbuchs Anwendung. Der überlebende Ehegatte und die Abkömmlinge sind sich in diesem Falle gegenseitig zur Auseinandersetzung in Ansehung des Gesammtguts nach dem Maßstabe verpflichtet, daß der Ehegatte die Hälfte des Gesammtguts und von der anderen Hälfte nach seiner Wahl entweder das im § 1931 Abs. 1 des Bürgerlichen Gesetzbuchs bestimmte Viertel oder einen Kindestheil, die Abkömmlinge den hiernach verbleibenden Theil der anderen Hälfte erhalten. Der Bestand des Gesammtguts und die Anzahl der Kindesstämme sind nach dem Zeitpunkte der Wiederverheirathung zu bemessen.

Für das Recht zu einem Kindestheile gelten die Bestimmungen des § 5.

Auf die Auseinandersetzung finden die Vorschriften des § 1498 des Bürgerlichen Gesetzbuchs nebst den dort angezogenen Vorschriften mit Ausnahme des § 1476 Abs. 1 und des § 1479, ferner die Vorschriften der §§ 1499 bis 1501, des § 1502 Abs. 1 und der §§ 1503 bis 1506, 1515, 1516 des Bürgerlichen Gesetzbuchs Anwendung, die Vorschrift des § 1501 Abs. 1 mit der Abänderung, daß die Abfindung auf den den Abkömmlingen gebührenden Antheil angerechnet wird.

§ 12. Durch die Wiederverheirathung des überlebenden Ehegatten endigt das im § 9 bestimmte Verwaltungs- und Nutznießungsrecht. Die Vorschriften der §§ 1421, 1423 des Bürgerlichen Gesetzbuchs finden Anwendung.

§ 13. Die in diesem Artikel bestimmten Erbrechte des überlebenden Ehegatten sowie das im § 11 Abs. 1 bestimmte Recht zu einem Kindestheile sind in den Fällen des § 1933 des Bürgerlichen Gesetzbuchs ausgeschlossen.

§ 14. Auf die in diesem Artikel bestimmten Erbrechte des überlebenden Ehegatten und der Verwandten aufsteigender Linie finden die Vorschriften des Bürgerlichen Gesetzbuchs entsprechende Anwendung.

Art. 13. § 1. Besteht für eine Ehe der gesetzliche Güterstand nach der Hennebergischen Landesordnung oder nach dem im Bezirke des früheren Amtes Römhild geltenden Rechte, so treten an die Stelle der bisherigen Gesetze die Vorschriften des Bürgerlichen Gesetzbuchs über das gesetzliche Güterrecht.

§ 2. Besteht für eine Ehe der gesetzliche Güterstand nach dem Rechte der Städte Salzungen, Gräfenthal oder Pößneck, so treten an die Stelle der bisherigen Gesetze nach Maßgabe der §§ 3 bis 6 die Vorschriften des Bürgerlichen Gesetzbuchs über das gesetzliche Güterrecht.

§ 3. Ist bisher das Recht der Stadt Salzungen maßgebend, so finden die Vorschriften des Artikel 12 § 3 Abs. 1, §§ 4, 5, 9, 10, 12 Anwendung.

Wird die Ehe durch den Tod eines Ehegatten aufgelöst und hinterläßt der Verstorbene Abkömmlinge, so sind dessen gesetzliche Erben, falls nur Grund- oder Kapitalvermögen im Nachlasse vorhanden ist, die Abkömmlinge, falls Grund- oder Kapitalvermögen im Nachlasse nicht vorhanden ist, der überlebende Ehegatte mit Ausschluß der Abkömmlinge, falls außer Grund- oder Kapitalvermögen noch Vermögen anderer Art im Nachlasse vorhanden ist, der überlebende Ehegatte und die Abkömmlinge. Im letzteren Falle sind sich die Erben gegenseitig zur Auseinandersetzung in der Weise verpflichtet, daß die Abkömmlinge das Grund- und Kapitalvermögen, der überlebende Ehegatte den übrigen Nachlaß erhält, und jeder Erbe zur Bestreitung der Nachlaßverbindlichkeiten den Antheil beiträgt, der dem Verhältnisse des Werthes des Erhaltenen zum Werthe des ganzen Nachlasses entspricht.

Als Grundvermögen werden die im § 1551 Abs. 2 des Bürgerlichen Gesetzbuchs bezeichneten Gegenstände, als zum Kapitalvermögen gehörend auch Grundstückskaufgeldforderungen angesehen.

Auf das Erbrecht des überlebenden Ehegatten finden die Vorschriften des Artikel 12 §§ 5, 7 entsprechende Anwendung.

§ 4. Ist bisher das Recht der Stadt Gräfenthal maßgebend, so finden die Vorschriften des Artikel 12 §§ 3, 8 bis 10, 12 Anwendung.

Wird die Ehe durch den Tod eines Ehegatten aufgelöst und hinterläßt der Verstorbene keine Abkömmlinge, so ist

1. der überlebende Ehegatte neben den durch das Bürgerliche Gesetzbuch bestimmten Erben gesetzlicher Miterbe des Verstorbenen und sind die Erben sich gegenseitig zur Auseinandersetzung in der Weise verpflichtet, daß der überlebende Ehegatte diejenigen Gegenstände, welche, wenn in der Ehe Errungenschaftsgemeinschaft bestanden hätte, nach Maßgabe des § 1519 Abs. 1 und der §§ 1520 bis 1524, 1527, 1539 des Bürgerlichen Gesetzbuchs zur Errungenschaft gehören würden, die anderen Erben nach Maßgabe ihrer Erbantheile den übrigen Nachlaß erhalten und daß von den Nachlaßverbindlichkeiten der überlebende

Ehegatte diejenigen, für welche, wenn in der Ehe Errungenschaftsgemeinschaft bestanden hätte, nach den Bestimmungen der §§ 1529 bis 1534 des Bürgerlichen Gesetzbuchs das Gesammtgut haften würde, die anderen Erben die übrigen übernehmen.

2. Der überlebende Ehegatte hat an den nicht auf ihn vererbten Theilen des Vermögens des Verstorbenen auf Lebenszeit das Recht des Nießbrauchs.

3. Auf die unter 1 und 2 bestimmten Rechte des überlebenden Ehegatten finden die Vorschriften des Artikel 12 § 10 Anwendung.

4. Der überlebende Ehegatte kann an Stelle der ihm nach den Vorschriften unter 1 und 2 zustehenden Rechte die Erbfolge nach dem Bürgerlichen Gesetzbuche wählen. Die Vorschriften des Artikel 12 § 7 Abs. 2, 3 finden auf die Wahl Anwendung.

§ 5. Ist bisher das Recht der Stadt Pößneck maßgebend, so findet die Vorschrift des Artikel 12 § 3 Abs. 1 Anwendung.

Wird die Ehe durch den Tod eines Ehegatten aufgelöst und hinterläßt der Verstorbene keine Abkömmlinge, so sind

1. bei dem Tode des Mannes dessen gesetzliche Erben, falls nur errungenes Vermögen im Sinne des § 1519 Abs. 1 und der §§ 1520 bis 1524, 1527 des Bürgerlichen Gesetzbuchs im Nachlasse vorhanden ist, die Frau, falls nur eingebrachtes Vermögen im Nachlasse vorhanden ist, die nach den Vorschriften des Bürgerlichen Gesetzbuchs erbberechtigten Verwandten des Mannes, falls beide Vermögensarten im Nachlasse vorhanden sind, die Frau und die bezeichneten Verwandten. Im letzteren Falle sind die Erben sich gegenseitig zur Auseinandersetzung in der im § 4 Abs. 2 Nr. 1 bezeichneten Weise verpflichtet.

   Auf die Erbrechte der Frau finden die Vorschriften des Artikel 12 § 5 Anwendung.

2. Der überlebende Ehegatte hat an dem auf die Verwandten des Verstorbenen vererbten Vermögen auf Lebenszeit das Recht der Verwaltung und Nutznießung; auf das Recht finden die Vorschriften des Artikel 12 §§ 9, 10 Anwendung.

3. Der überlebende Ehegatte kann statt der ihm nach den Vorschriften unter 1 und 2 zustehenden Rechte die Erbfolge nach dem Bürgerlichen Gesetzbuche wählen. Die Vorschriften des Artikel 12 § 7 Abs. 2, 3 finden auf die Wahl Anwendung.

Wird die Ehe durch den Tod eines Ehegatten aufgelöst und hinterläßt der Verstorbene Abkömmlinge, so sind

1. gesetzliche Erben des Verstorbenen der überlebende Ehegatte zu einem Drittel, die Abkömmlinge des Verstorbenen zu zwei Dritteln.

2. Ist im Nachlasse des Mannes errungenes Vermögen im Sinne der Vorschrift des Abs. 2 Nr. 1 vorhanden, so sind sich die Erben gegenseitig zur Auseinandersetzung in der Weise verpflichtet, daß die Wittwe den halben Antheil desjenigen Vermögens, welches im Falle bestehender Errungenschaftsgemeinschaft nach Maßgabe des § 1519 Abs. 1 und der §§ 1520 bis 1524, 1527, 1539 des Bürgerlichen Gesetzbuchs zur Errungenschaft gehören würde, im Voraus erhält und diejenigen Nach-

laßverbindlichkeiten, welche nach den Vorschriften der §§ 1535 bis 1538 des Bürgerlichen Gesetzbuchs bei der Auseinandersetzung ihr zur Last fallen würden, sowie die Hälfte derjenigen übrigen Verbindlichkeiten, für welche nach den Vorschriften der §§ 1529 bis 1534 des Bürgerlichen Gesetzbuchs das Gesammtgut haften würde, zur ausschließlichen Tragung übernimmt und erst der übrige Nachlaß sowie die übrigen Nachlaßverbindlichkeiten nach Maßgabe der Erbtheile vertheilt werden.

3. Die Vorschriften des Artikel 12 § 5 finden auf dieses Erbrecht der Ehegatten Anwendung.

4. Der überlebende Ehegatte hat an den auf die gemeinschaftlichen Abkömmlinge vererbten Theilen des Vermögens des Verstorbenen je bis zur Begründung der wirthschaftlichen Selbständigkeit eines Abkömmlinges die im Artikel 12 § 9 bezeichneten Rechte. Auf diese Rechte finden die Vorschriften des Artikel 12 § 10 Anwendung.

§ 6. Die Vorschriften des Artikel 12 §§ 13, 14 finden entsprechende Anwendung.

§ 7. Die Vorschriften dieses Artikels gelten auch für Ehen, für die eines der in den §§ 1, 2 genannten Güterrechte kraft Ehevertrags besteht.

Sachsen-Coburgische Güterrechte.

Art. 14. Besteht für eine Ehe kraft Gesetzes oder Ehevertrags der Güterstand der allgemeinen Gütergemeinschaft oder der Errungenschaftsgemeinschaft nach dem im Herzogthume Coburg geltenden Rechte, so finden die Vorschriften des Artikel 12 Anwendung.

Schwarzburg-Rudolstädtische Güterrechte.

Art. 15. Besteht für eine Ehe kraft Gesetzes oder Ehevertrags der Güterstand nach den im Fürstenthume Schwarzburg-Rudolstadt geltenden Rechten der Städte Rudolstadt, Blankenburg, Frankenhausen und Heringen, so treten an die Stelle der bisherigen Gesetze die Vorschriften des Bürgerlichen Gesetzbuchs über das gesetzliche Güterrecht.

Lübeckisches Güterrecht.

Art. 16. Ist für eine Ehe das Lübeckische gesetzliche Güterrecht maßgebend, so treten an die Stelle der bisherigen Gesetze die Vorschriften des Bürgerlichen Gesetzbuchs über das gesetzliche Güterrecht mit Ausnahme der Vorschrift des § 1364.

Bremisches Güterrecht.

Art. 17. § 1. Besteht für eine Ehe der Güterstand der ehelichen Gütergemeinschaft nach Bremischem Rechte, so treten an die Stelle der bisherigen Gesetze die Vorschriften des Bürgerlichen Gesetzbuchs über die allgemeine Gütergemeinschaft.

Die bisherigen Gesetze bleiben insoweit in Kraft, als in diesem Artikel ausdrücklich auf sie verwiesen wird. Nach dem bisherigen Rechte bestimmt sich insbesondere, was unter Kopftheil und Kopftheilsrecht zu verstehen ist.

§ 2. Betheiligte Abkömmlinge im Sinne dieses Artikels sind die gemeinschaftlichen Abkömmlinge beider Ehegatten und, sofern für den Güterstand einer früheren Ehe des Mannes das Bremische Recht der Gütergemeinschaft maßgebend gewesen ist, auch die Abkömmlinge aus dieser früheren Ehe.

Unter den gemeinschaftlichen Abkömmlingen beider Ehegatten sind die von dem Manne nach bisherigem Rechte in Einkindschaft aufgenommenen Abkömmlinge der Frau sowie diejenigen mitzuverstehen, welche von beiden Ehegatten an Kindesstatt angenommen sind oder aus anderen Gründen die rechtliche Stellung ehelicher Abkömmlinge beider Ehegatten erlangt haben.

Unter den betheiligten Abkömmlingen aus einer früheren Ehe des Mannes ist mitzuverstehen, wer nach der Vorschrift des Abs. 2 zu den gemeinschaftlichen Abkömmlingen der früheren Ehe gehört hatte.

Ein Abkömmling entfernteren Grades gilt nicht als Betheiligter, so lange der Abkömmling näheren Grades, von welchem er abstammt, noch lebt.

§ 3. Die Vorschriften der §§ 1445, 1446 des Bürgerlichen Gesetzbuchs finden keine Anwendung.

§ 4. Der Antheil, der einem Ehegatten nach bisherigem Rechte an einer Beisitzmasse zusteht, gehört zum Gesammtgute, sofern durch Ehevertrag nicht ein Anderes bestimmt ist.

§ 5. Schenkungen, die der Mann mit Zustimmung der Frau aus Mitteln des Gesammtguts macht, gelten als von jedem Ehegatten zur Hälfte gemacht.

Für Schenkungen und Schenkungsversprechen, die der Mann ohne Zustimmung der Frau aus Mitteln des Gesammtguts macht oder aus solchen Mitteln erfüllt, hat der Mann für den Fall, daß die Gütergemeinschaft bei Lebzeiten der Ehegatten aufgehoben wird, zum Gesammtgut Ersatz zu leisten. Ausgenommen sind die üblichen Gelegenheitsgeschenke, sowie Schenkungen, durch die einer sittlichen Pflicht oder einer auf den Anstand zu nehmenden Rücksicht entsprochen wird.

§ 6. Wird die Gütergemeinschaft bei Lebzeiten beider Ehegatten aufgehoben, so erlöschen mit dem Zeitpunkte der Aufhebung die Wirkungen der Gütergemeinschaft auch bezüglich der betheiligten Abkömmlinge.

Betheiligte Abkömmlinge aus einer früheren Ehe des Mannes sind jedoch bei der Auseinandersetzung von der Frau aus deren Antheil am Gesammtgut abzufinden.

Die Abfindung besteht in der Hälfte des Betrags, der diesen Abkömmlingen bei einer Abschichtung vom Gesammtgut als Kopftheil gebühren würde. Wird die Auseinandersetzung in Ansehung des Gesammtguts auf andere Weise als durch Halbtheilung bewirkt und erhält die Frau in Folge dessen mehr als die Hälfte des Gesammtguts, so sind die Abkömmlinge von ihr statt mit der Hälfte des ihnen gebührenden Kopftheils mit demjenigen Bruchtheil ihres Kopftheils abzufinden, welcher dem Werthverhältnisse zwischen dem der Frau aus dem Gesammtgute Zugewiesenen und dem ganzen Gesammtgut entspricht. Erhält die Frau dagegen weniger als die Hälfte des Gesammtguts, so sind gleichwohl die Abkömmlinge mit der Hälfte ihres Kopftheils abzufinden; die Abfindung fällt jedoch im Verhältnisse der Ehegatten zu einander zu demjenigen Bruchtheile dem Manne zur Last, um den der ihm bei der Auseinandersetzung zufallende Antheil die Hälfte des Gesammtguts übersteigt.

Erfolgt in den Fällen der §§ 1478, 1345 des Bürgerlichen Gesetzbuchs die Auseinandersetzung der Ehegatten derart, daß jedem sein eingebrachtes Vermögen zurückerstattet und nur ein nach der Zurückerstattung verbleibender Ueberschuß nach Hälften getheilt wird, so beschränkt sich der Abfindungsanspruch der Abkömmlinge auf die Hälfte desjenigen, was ihnen bei einer Abschichtung von diesem Ueberschuß als Kopftheil gebühren würde.

An dem nach den vorstehenden Vorschriften den Abkömmlingen als Abfindung gebührenden Betrage, welcher auszusondern und mündelsicher anzulegen ist, steht der Frau bis zum Tode des Mannes, wenn aber die Ehe bei Lebzeiten der Ehegatten aufgelöst wird, nicht über den Zeitpunkt ihrer etwaigen Wiederverheirathung hinaus, der Nießbrauch zu. Das Nießbrauchsrecht steht nicht der Frau, sondern bis zu seinem Tode dem Manne zu, wenn die Aufhebung der Gütergemeinschaft aus Gründen erfolgt ist, die ein Verschulden der Frau einschließen.

§ 7. Sind bei Beendigung der ehelichen Gütergemeinschaft durch den Tod eines Ehegatten keine betheiligten Abkömmlinge vorhanden (unbeerbte Ehe), so verwandelt sich das Gesammtgut in Vermögen des überlebenden Ehegatten.

§ 8. Sind bei Beendigung der ehelichen Gütergemeinschaft durch den Tod eines Ehegatten betheiligte Abkömmlinge vorhanden (beerbte Ehe), so gelten folgende Bestimmungen:

1. Ist der Mann der überlebende Theil, so verwandelt sich das Gesammtgut in Vermögen des Mannes; jedoch behalten die betheiligten Abkömmlinge ihr Kopftheilsrecht; dieses Recht ergreift auch den künftigen Erwerb des Mannes sowie sein bisheriges Vorbehaltsgut (Gesammtgut des beerbten Wittwers).
2. Ist die Frau der überlebende Theil, so gehört das Gesammtgut ihr und den betheiligten Abkömmlingen nach Kopftheilsrecht gemeinschaftlich.

   Die Wittwe bleibt mit den gemeinschaftlichen Abkömmlingen im Besitze; betheiligte Abkömmlinge aus einer früheren Ehe des Mannes sind von ihr abzuschichten.

§ 9. Hinterläßt der zuerst versterbende Ehegatte erbberechtigte Abkömmlinge, die nicht zu den betheiligten gehören, so bestimmen sich ihre Erbtheile so, wie wenn der Antheil, der ihrem Erblasser am ehelichen Gesammtgute zustand, zu seinem Nachlasse gehörte. Soweit diese Abkömmlinge bei der Erbtheilung nicht aus dem sonstigen Nachlasse befriedigt werden, sind sie wegen des Fehlbetrags aus dem Gesammtgut abzufinden.

Die Anwendung dieser Vorschrift ist ausgeschlossen, wenn sich der verstorbene Ehegatte sein ganzes Vermögen einschließlich des nach Eingehung der Ehe erworbenen, dem Eigenthume nach als Sondergut vorbehalten hatte.

Auf abgeschichtete Abkömmlinge des verstorbenen Ehegatten sowie auf Abkömmlinge aus einer früheren Gesammtgutsehe der Frau findet die Vorschrift des Abs. 1 keine Anwendung.

§ 10. Der überlebende Ehegatte haftet für Gesammtgutsverbindlichkeiten, für die er bis zur Beendigung der ehelichen Gütergemeinschaft nicht persönlich haftete oder die im Verhältnisse der Ehegatten zu einander dem verstorbenen

Ehegatten zur Last fielen, nur insoweit persönlich und nur insoweit unbeschränkt mit seinem ganzen Vermögen, als ein Erbe nach den Vorschriften des Bürgerlichen Gesetzbuchs für Nachlaßverbindlichkeiten haftet; an die Stelle des Nachlasses tritt das Gesammtgut in dem Bestande, den es beim Tode des verstorbenen Ehegatten hatte. Die Vorschriften des § 780 Abs. 1 und der §§ 781 bis 785 der Civilprozeßordnung finden entsprechende Anwendung.

§ 11. Die Wittwe hat das besondere Recht, sich durch Verzicht auf das Gesammtgut der Haftung für die Gesammtgutsverbindlichkeiten, für die sie während der ehelichen Gütergemeinschaft nicht persönlich haftete, gänzlich zu entschlagen. Auf den Verzicht finden die für die Ausschlagung einer Erbschaft geltenden Vorschriften der §§ 1943 bis 1945, 1947, 1950, 1952, des § 1953 Abs. 3 und der §§ 1954 bis 1966 des Bürgerlichen Gesetzbuchs entsprechende Anwendung.

Das Gesammtgut fällt denjenigen an, die zur Erbfolge berufen sein würden, wenn die Frau vor ihrem Manne gestorben wäre; der Anfall gilt als mit dem Tode des Mannes erfolgt. Für die im § 9 bezeichneten Abkömmlinge des Mannes tritt an die Stelle des dort vorgesehenen Abfindungsanspruchs das Erbrecht des § 21 Abs. 2.

Die Wittwe ist berechtigt, den Verhältnissen angemessen für Rechnung des Gesammtguts die Beerdigung zu besorgen, für sich und ihre Hausgenossen Trauerkleider anzuschaffen und, soweit ihr dafür nicht andere Mittel zur Verfügung stehen, bis zur Erklärung des Verzichts die Kosten des Haushalts zu bestreiten. Sie behält von dem Gesammtgute diejenigen Kleidungsstücke, die zum Bedarfe für sie und die von ihr zu unterhaltenden Abkömmlinge erforderlich sind. Auf ihre Verpflichtung, Auskunft zu ertheilen und den Offenbarungseid zu leisten, findet auch zu Gunsten der Gesammtgutsgläubiger die Vorschrift des § 2028 des Bürgerlichen Gesetzbuchs Anwendung.

Die Vorschriften des bisherigen Rechtes über das Abdikationsrecht der Wittwe werden aufgehoben.

§ 12. Der Beisitz der Wittwe und die bei beerbter Ehe mit dem Tode der Frau eintretenden rechtlichen Verhältnisse (Gesammtgut des beerbten Wittwers) bestimmen sich nach dem bisherigen Rechte, soweit sich aus diesem Artikel nicht ein Anderes ergiebt.

§ 13. Eine persönliche Haftung der betheiligten Abkömmlinge für die Verbindlichkeiten des verstorbenen Mannes oder der Wittwe wird durch das Beisitzverhältniß nicht begründet. Die betheiligten Abkömmlinge aus einer früheren Ehe des Mannes haften den Gläubigern für die Verbindlichkeiten des Mannes persönlich nach Verhältniß ihrer Antheile. Ihre Haftung beschränkt sich auf ihren Antheil an dem gemeinschaftlichen Vermögen und im Falle der Abschichtung auf die ihnen bei derselben zugetheilten Gegenstände. Die für die Haftung des Erben geltenden Vorschriften der §§ 1990, 1991 des Bürgerlichen Gesetzbuchs finden entsprechende Anwendung. In derselben Weise bestimmt sich, wenn das Beisitzverhältniß durch Abschichtung sämmtlicher Abkömmlinge oder durch den Tod der Wittwe aufgelöst ist, auch die Haftung der bis dahin im Beisitze verbliebenen Abkömmlinge für die Verbindlichkeiten der Beisitzmasse, sofern die Abkömmlinge nicht als Erben der Wittwe in weiterem Umfange haften. Die Vorschriften des § 780 Abs. 1 und der §§ 781, 785 der Civilprozeßordnung finden entsprechende Anwendung.

§ 14. Die Beisitzmasse besteht aus dem ehelichen Gesammtgute, soweit es nicht durch Abschichtung betheiligter Abkömmlinge aus einer früheren Ehe des Mannes, durch Abfindung nicht betheiligter Abkömmlinge oder durch Verfügungen des Mannes von Todeswegen vermindert ist, und aus dem Vermögen, das die Wittwe auf Grund eines zur Beisitzmasse gehörenden Rechtes oder als Ersatz für die Zerstörung, Beschädigung oder Entziehung eines zur Beisitzmasse gehörenden Gegenstandes oder durch ein Rechtsgeschäft erwirbt, das sich auf die Beisitzmasse bezieht. Zur Beisitzmasse gehört insbesondere, was die Wittwe durch Fortsetzung eines von dem Manne betriebenen Erwerbsgeschäfts oder durch ein aus Mitteln der Beisitzmasse von ihr begründetes Erwerbsgeschäft erwirbt.

Im Zweifel ist anzunehmen, daß ein Erwerb, den die Wittwe durch entgeltliches Rechtsgeschäft erzielt, zur Beisitzmasse gehört, vorbehaltlich ihres Anspruchs aus Verwendung von Vorbehaltsgut für solchen Erwerb.

§ 15. Stirbt während des Beisitzes ein antheilsberechtigter Abkömmling, so gehört sein Antheil an der Beisitzmasse, unbeschadet des Beisitzrechts der Wittwe, zu seinem Nachlasse, sofern sich aus der Vorschrift des § 4 nicht ein Anderes ergiebt.

§ 16. Ein an der Beisitzmasse antheilsberechtigter Abkömmling kann unter denselben Voraussetzungen auf Abschichtung von der Beisitzmasse klagen, unter denen nach § 1495 Nr. 2 bis 5 des Bürgerlichen Gesetzbuchs gegen den überlebenden Ehegatten auf Aufhebung der fortgesetzten Gütergemeinschaft geklagt werden kann.

§ 17. Auf die Anzeige- und Abschichtungspflicht der Wittwe im Falle ihrer Wiederverheirathung finden die Vorschriften des § 1314 Abs. 2 und des § 1493 Abs. 2 des Bürgerlichen Gesetzbuchs entsprechende Anwendung.

§ 18. Im Falle seiner Wiederverheirathung hat der Wittwer die betheiligten Abkömmlinge wegen ihrer Kopftheilsrechte vorab dadurch abzufinden, daß er ihnen nach seiner Wahl entweder den halben Werth ihrer Kopftheile oder den Werth des von ihrer verstorbenen Mutter in das Gesammtgut etwa eingebrachten Vermögens erstattet.

Wenn betheiligte Abkömmlinge minderjährig sind oder bevormundet werden, hat der Wittwer die Absicht seiner Wiederverheirathung dem Vormundschaftsgericht anzuzeigen und je nach seiner Wahl entweder ein Verzeichniß des Gesammtguts oder des von der verstorbenen Frau eingebrachten Vermögens einzureichen. Das Vormundschaftsgericht kann gestatten, daß die Feststellung der Abfindung bis zur Eheschließung unterbleibt und daß die Abfindung in anderer Weise als durch Baarzahlung oder erst später erfolgt. Die Vorschrift des § 1314 Abs. 2 des Bürgerlichen Gesetzbuchs findet entsprechende Anwendung.

Mit der Wiederverheirathung des Wittwers erlischt, vorbehaltlich des Abfindungsanspruchs, das Kopftheilsrecht der betheiligten Abkömmlinge; an seine Stelle treten das gesetzliche Erbrecht und das Pflichttheilsrecht des Bürgerlichen Gesetzbuchs.

§ 19. Will der Wittwer im Falle des § 18 die betheiligten Abkömmlinge dadurch abfinden, daß er ihnen den Werth des von ihrer Mutter in das Gesammtgut Eingebrachten erstattet, so hat er den betheiligten Abkömmlingen gegenüber diesen Werth festzustellen. In Ermangelung anderer genügender Beweismittel hat er auf Antrag die Richtigkeit seiner Angaben und daß ihm außer den etwa beigebrachten keine anderen urkundlichen Beläge zur Verfügung stehen, eidlich zu erhärten. Für die Abnahme des Eides ist, wenn der Eid nicht vor dem Prozeßgerichte zu leisten ist, das Amtsgericht des Ortes zuständig, an welchem der Wittwer seinen Wohnsitz hat. Die Vorschrift des § 79 des Reichsgesetzes über die Angelegenheiten der freiwilligen Gerichtsbarkeit findet entsprechende Anwendung.

Sollen Abkömmlinge aus verschiedenen Ehen des Mannes durch Herausgabe des Eingebrachten abgefunden werden, so ist für jede Ehe der Werth des Eingebrachten besonders nachzuweisen.

Als eingebracht ist anzusehen, was eingebrachtes Gut gewesen wäre, wenn Errungenschaftsgemeinschaft bestanden hätte. Der Werth des Eingebrachten bestimmt sich für das noch Vorhandene nach dem Zeitpunkte der Auseinandersetzung, im Uebrigen nach der Zeit der Einbringung.

Würde dem Wittwer nach Erstattung des Eingebrachten vom Gesammtgute weniger verbleiben, als er selbst nachweislich während oder nach Auflösung der Ehe eingebracht hat, so ist die den Abkömmlingen gebührende Abfindung um die Hälfte des Fehlbetrags zu kürzen.

Mehrere betheiligte Abkömmlinge theilen die Abfindung nach dem Verhältnisse der Antheile, zu denen sie als Erben ihrer verstorbenen Mutter berufen wären, wenn diese erst zur Zeit der Wiederverheirathung des Wittwers gestorben wäre.

§ 20. Der Wittwer ist im Falle seiner Wiederverheirathung zur Abfindung der betheiligten Abkömmlinge nicht verpflichtet, wenn er nachweist, daß von ihrer verstorbenen Mutter in das Gesammtgut im Sinne des § 19 Abs. 3 nichts eingebracht worden ist. Für den Nachweis gelten die Vorschriften des § 19 Abs. 1, 2.

§ 21. Die Beerbung des Wittwers richtet sich nach den allgemeinen erbrechtlichen Vorschriften, soweit sich nicht aus diesem Artikel, insbesondere aus den §§ 21 bis 24, 26, 27, ein Anderes ergiebt.

Treffen bei der Beerbung des Wittwers mit betheiligten Abkömmlingen andere Abkömmlinge des Wittwers zusammen, so haben sie gleiches Erbrecht mit den betheiligten. Wenn aber bei gleichmäßiger Theilung des Gesammtguts den betheiligten Abkömmlingen weniger verbleiben würde, als unmittelbar vor dem Tode des Wittwers ihr Kopftheil betrug, so mindert sich der Erbtheil der nicht betheiligten Abkömmlinge entsprechend, jedoch höchstens bis auf die Hälfte. Für die Berechnung des Pflichttheilsanspruchs der nicht betheiligten Abkömmlinge ist in allen Fällen der Werth ihres unverminderten Erbtheils maßgebend.

Diese Vorschriften finden auf abgeschichtete Abkömmlinge des Wittwers keine Anwendung.

§ 22. Die für die Abschichtung betheiligter Abkömmlinge und ihre Wirkung geltenden Vorschriften des bisherigen Rechtes bleiben nach Maßgabe dieses Artikels in Kraft; insbesondere wird auch das Recht der Ehegatten, während oder nach Auflösung der Ehe betheiligte Abkömmlinge vom Gesammtgut oder der Beisitzmasse abzuschichten, durch die Vorschriften dieses Artikels nicht berührt.

Die Abschichtung kann in allen Fällen in Geld geschehen.

Ist die Abschichtung während der Ehe erfolgt und wird die Gütergemeinschaft bei Lebzeiten der Ehegatten aufgehoben, so verliert die Abschichtung ihre

Wirkung. Die dem abgeschichteten Abkömmlinge gewährte Abfindung gilt in diesem Falle wie eine Zuwendung aus dem Gesammtgute, die von jedem Ehegatten zur Hälfte gemacht ist.

§ 23. Für die Ausgleichungspflicht der Ehegatten und der betheiligten Abkömmlinge bei Feststellung der Kopftheile gelten folgende Vorschriften:

1. Jeder Ehegatte hat sich auf seinen Kopftheil anrechnen zu lassen, was er dem Gesammtgut oder der Beisitzmasse durch Schenkungen entzogen hat.

   Schenkungen an Abkömmlinge werden dem Ehegatten nur insoweit angerechnet, als sie nicht durch Verrechnung mit diesen Abkömmlingen oder ihren Rechtsnachfolgern zur Ausgleichung kommen.

   Die Frau hat sich im Falle des § 6 sowie bei einer von ihr als Wittwe vorzunehmenden Abschichtung betheiligter Abkömmlinge aus einer früheren Ehe des Mannes außerdem auf ihren Kopftheil anrechnen zu lassen, was ihr von dem Manne aus Mitteln des Gesammtguts geschenkt oder als Vorbehaltsgut überwiesen ist, soweit der Mann durch die Zuwendung seinen Kopftheil überschritten hat.

2. Abkömmlinge oder bei der Auseinandersetzung über eine Beisitzmasse auch deren Erben haben sich anrechnen zu lassen, was sie selbst oder Abkömmlinge, von denen sie abstammen oder die sie beerbt haben, als Ausstattung oder sonstige unentgeltliche Zuwendung aus dem Gesammtgut oder der Beisitzmasse erhalten haben. Zuwendungen der im § 2050 Abs. 2 des Bürgerlichen Gesetzbuchs bezeichneten Art sind nur insoweit anzurechnen, als sie das Gesammtgut oder der Beisitzmasse entsprechende Maß überstiegen haben.

Von der Ausgleichungspflicht sind ausgenommen die üblichen Gelegenheitsgeschenke sowie Schenkungen, durch welche einer sittlichen Pflicht oder einer auf den Anstand zu nehmenden Rücksicht entsprochen wurde.

Uebersteigt der einem Ehegatten oder einem Abkömmling anzurechnende Betrag den Werth seines Kopftheils, so bleibt sein Kopftheil und der anzurechnende Betrag für die Berechnung der Kopftheile außer Ansatz.

Was nach den vorstehenden Vorschriften zur wirksamen Anrechnung gelangt, vergrößert die Theilungsmasse.

§ 24. Die Vorschriften des § 23 über die Ausgleichungspflicht der betheiligten Abkömmlinge finden bei einer nach dem Tode des Wittwers oder der Wittwe in Ansehung des Gesammtguts oder der Beisitzmasse erfolgenden Auseinandersetzung, auch auf das Verhältniß der Abkömmlinge zu einander, Anwendung. Das Gleiche gilt bei der Auseinandersetzung über eine Beisitzmasse für die Erben eines während des Beisitzes verstorbenen Abkömmlinges.

§ 25. Während der Ehe sowie, wenn betheiligte Abkömmlinge vorhanden sind, auch nach Beendigung der ehelichen Gütergemeinschaft durch den Tod der Frau kann der Ehemann nur über seinen Kopftheil vom Gesammtgute von Todeswegen verfügen. Der Frau steht ein entsprechendes Verfügungsrecht während der Ehe nur mit Zustimmung des Mannes zu. Die Größe des Kopftheils bestimmt sich nach dem Zeitpunkt, in dem der Erbfall eintritt.

Sind nicht betheiligte Abkömmlinge eines Ehegatten nach Maßgabe des § 9 vom Gesammtgut abzufinden, so berechnet sich der Kopftheil dieses Ehegatten nach dem um den Betrag der Abfindung verminderten Bestand des Gesammtguts. Im Falle des § 21 Abs. 2 ist der Werth des den nicht betheiligten Abkömmlingen zufallenden Erbtheils oder Pflichttheils von dem Gesammtgut abzusetzen und der Kopftheil des Wittwers nach dem so verminderten Gesammtgutsbestande zu berechnen.

Die Verfügungen eines Ehegatten können bestimmte Bestandtheile des Gesammtguts nur insoweit zum Gegenstande haben, als diese von ihm im Sinne des § 19 Abs. 3 in die Gütergemeinschaft eingebracht sind oder zu seinem persönlichen Gebrauche dienen oder den Bestand eines von ihm betriebenen, nicht von dem anderen Ehegatten herrührenden Erwerbsgeschäfts bilden; übersteigt der Werth dieser Gegenstände seinen Kopftheil, so ist die Erfüllung der Verfügung von der Erstattung des Mehrwerthes durch den Bedachten abhängig.

Wird durch den Tod des verfügenden Ehegatten die eheliche Gütergemeinschaft beendigt, so gelten seine den vorstehenden Vorschriften entsprechenden Verfügungen als Vermächtnisse und sind, soweit der Erblasser nicht Anderes angeordnet hat, nach seinem Tode aus dem Gesammtgute zu erfüllen; doch sind Verfügungen des Mannes zu Gunsten seiner Frau oder eines gemeinschaftlichen Abkömmlinges im Zweifel dahin auszulegen, daß dadurch ihr Antheil an der Beisitzmasse entsprechend vergrößert werden soll.

§ 26. Die im Beisitzverhältnisse lebende Wittwe kann über ihren Antheil an der Beisitzmasse einschließlich dessen, was der Mann ihr zur Vergrößerung ihres Antheils zugewandt hat, von Todeswegen verfügen. Auf den Inhalt der Verfügung findet die Vorschrift des § 25 Abs. 3 Anwendung.

Die Pflichttheilsrechte erbberechtigter Abkömmlinge der Wittwe, welche nicht zu den Betheiligten gehören, werden durch diese Vorschrift nicht berührt.

§ 27. Der Ehemann ist berechtigt, durch letztwillige Verfügung den Kopftheil eines betheiligten Abkömmlinges einer der Beschränkung des Pflichttheilsrechts entsprechenden Beschränkung zu unterwerfen, wenn er nach den Vorschriften des Bürgerlichen Gesetzbuchs berechtigt ist, dem Abkömmlinge den Pflichttheil zu entziehen oder das Pflichttheilsrecht des Abkömmlinges zu beschränken; die Vorschriften des § 2336 Abs. 2 bis 4 des Bürgerlichen Gesetzbuchs finden entsprechende Anwendung. Die Beschränkung des Kopftheils hat für den Fall, daß nach dem Tode des Mannes zwischen dem betheiligten Abkömmling und der Wittwe das Beisitzerverhältniß eintritt, eine entsprechende Beschränkung des dem Abkömmlinge nach der Beendigung des Beisitzes gebührenden Antheils an der Beisitzmasse zu Folge.

§ 28. Hat ein Ehegatte durch Schenkungen aus dem Gesammtgut oder aus der Beisitzmasse den seiner letztwilligen Verfügung unterliegenden Kopftheil überschritten, so haftet der Beschenkte den überlebenden Betheiligten nach den für das Recht auf Ergänzung des Pflichttheils geltenden Vorschriften der §§ 2325, 2329 und 2330 des Bürgerlichen Gesetzbuchs; der den überlebenden Betheiligten gebührende Kopftheil gilt als Pflichttheil.

Hamburgisches Güterrecht.

Art. 18. § 1. Besteht für eine Ehe der gesetzliche Güterstand der allgemeinen Gütergemeinschaft nach Hamburgischem Rechte, so treten an die Stelle der bisherigen Gesetze die Vorschriften des Bürgerlichen Gesetzbuchs über die allgemeine Gütergemeinschaft.

§ 2. Die Vorschriften, nach welchen in der ehelichen Gütergemeinschaft zu einem Rechtsgeschäfte des Mannes die Zustimmung der Frau oder in der fortgesetzten Gütergemeinschaft zu einem Rechtsgeschäfte des überlebenden Mannes die Zustimmung der antheilsberechtigten Abkömmlinge erforderlich ist, bleiben von der Anwendung ausgeschlossen.

In dem auf Antrag des überlebenden Mannes zu ertheilenden Zeugniß über die Fortsetzung der Gütergemeinschaft (Bürgerliches Gesetzbuch § 1507) ist der Wegfall der Verfügungsbeschränkungen anzugeben.

§ 3. Vermögen, welches vor dem Inkrafttreten des Bürgerlichen Gesetzbuchs durch Ehevertrag als Sondergut der Frau der Verwaltung des Mannes entzogen ist, wird Vorbehaltsgut der Frau.

§ 4. Die zum gewöhnlichen Gebrauche der Frau bestimmten Sachen, insbesondere Kleider, Schmucksachen und Arbeitsgeräthe, sind Vorbehaltsgut der Frau.

§ 5. Vorbehaltsgut der Frau ist ferner Alles, was sie nach dem Inkrafttreten des Bürgerlichen Gesetzbuchs durch ihre Arbeit oder durch den selbständigen Betrieb eines Erwerbsgeschäfts erwirbt.

§ 6. Vorbehaltsgut der Frau wird auch, was die Frau

1. vor dem Inkrafttreten des Bürgerlichen Gesetzbuchs nach der Eröffnung eines Konkursverfahrens über das Vermögen des Mannes erworben hat (Hamburgisches Gesetz, betreffend Ausführung der Konkursordnung, vom 25. Juli 1879 § 7 zu 1),
2. aus einem innerhalb fünf Jahre nach der Eingehung der Ehe eröffneten Konkurse des Mannes oder aus einem in solchem Konkurse geschlossenen Zwangsvergleich auf Grund des § 1 des Hamburgischen Gesetzes, betreffend Ausführung der Konkursordnung, vom 25. Juli 1879 erhalten hat oder noch erhält.

§ 7. Den gemeinschaftlichen Abkömmlingen im Sinne der Vorschriften über allgemeine Gütergemeinschaft stehen diejenigen Abkömmlinge aus früheren Ehen gleich, mit denen die Ehegatten einen Einkindschaftsvertrag geschlossen haben.

Die Vorschriften der §§ 1465, 1505, 2054, 2331 des Bürgerlichen Gesetzbuchs über Zuwendungen aus dem Gesammtgut an einen nur von einem der Ehegatten abstammenden Abkömmling werden durch diese Gleichstellung nicht berührt.

Ein in einem Einkindschaftsvertrag ausbedungener Voraus vererbt sich nach bisherigem Rechte (Hamburgische Vormundschaftsordnung vom 14. Dezember 1883 Artikel 33 zu 4).

§ 8. Wird die nach dem Tode der Frau von dem Manne fortgesetzte Gütergemeinschaft durch die Wiederverheirathung des Mannes beendigt, so hat dieser die Wahl, ob er die Auseinandersetzung nach den Vorschriften des Bürgerlichen Gesetzbuchs vornehmen oder ob er den antheilsberechtigten Abkömmlingen den Werth desjenigen zurückerstatten will, was die verstorbene Frau in die Gütergemeinschaft eingebracht hat. Der Umfang und der Werth des Ein=

gebrachten bestimmen sich nach § 1478 Abs. 2 des Bürgerlichen Gesetzbuchs. Der Mann hat in der vor der Wiederverheirathung dem Vormundschaftsgerichte zu erstattenden Anzeige (Bürgerliches Gesetzbuch § 1493 Abs. 2) anzugeben, für welche Art der Auseinandersetzung er sich entscheidet.

Gehören zu den antheilsberechtigten Abkömmlingen solche, welche aus einer früheren Ehe des Mannes abstammen oder mit welchen der Mann bereits bei Eingehung einer früheren Ehe einen Einkindschaftsvertrag geschlossen hat, so hat der Mann, wenn er sich für die Rückerstattung des von der Frau Eingebrachten entscheidet, auch den Werth desjenigen zurückzuerstatten, was die frühere Frau in die Gütergemeinschaft eingebracht hat.

Der Gesammtbetrag desjenigen, was der Mann zurückzuerstatten hat, wird unter mehrere antheilsberechtigte Abkömmlinge auch dann, wenn sie aus verschiedenen Ehen abstammen, in Gemäßheit des § 1503 des Bürgerlichen Gesetzbuchs vertheilt. Ein Voraus, den ein Abkömmling auf Grund eines Einkindschaftsvertrags empfangen hat, kommt bei der Theilung nicht zur Ausgleichung.

§ 9. Der Mann kann für den Fall, daß die Ehe durch seinen Tod aufgelöst wird, die Fortsetzung der Gütergemeinschaft durch letztwillige Verfügung ausschließen, auch wenn die Voraussetzungen des § 1509 des Bürgerlichen Gesetzbuchs nicht vorliegen.

Der Mann kann für den Fall, daß mit seinem Tode die fortgesetzte Gütergemeinschaft eintritt, die Frau durch letztwillige Verfügung in der Verwaltung des Gesammtguts und in der Verfügung über das Gesammtgut beschränken, auch anordnen, daß die Verwaltung und das Verfügungsrecht auf einen oder mehrere Verwalter des Gesammtguts übergehen sollen. Der Verwalter hat die Rechte und Pflichten, die nach dem bisherigen Hamburgischen Rechte für einen Testamentsvollstrecker bestanden, soweit nicht in der letztwilligen Verfügung abweichende Bestimmungen getroffen sind. In dem der Frau auf deren Antrag zu ertheilenden Zeugniß über die Fortsetzung der Gütergemeinschaft ist die Beschränkung oder die Ernennung eines Verwalters zu vermerken.

Zur Wirksamkeit der in den §§ 1511 bis 1514 des Bürgerlichen Gesetzbuchs bezeichneten Verfügungen ist, wenn diese von dem Manne errichtet werden, die Zustimmung der Frau nicht erforderlich.

§ 10. Sind in einem von dem Ehemann oder den Ehegatten gemeinschaftlich errichteten Testamente für die Dauer der fortgesetzten Gütergemeinschaft Testamentsvollstrecker zur Verwaltung des Gesammtguts ernannt, so gilt die Ernennung des Testamentsvollstreckers als Bestellung eines Verwalters in Gemäßheit der Bestimmung des § 9 Abs. 2.

§ 11. Die Ernennung der im § 9 Abs. 2 und im § 10 bezeichneten Verwalter erfolgt auf Antrag eines Betheiligten durch das Nachlaßgericht:

1. wenn der Erblasser einen bestimmten Verwalter nicht ernannt hat;
2. wenn der vom Erblasser ernannte Verwalter verstorben ist oder die Annahme des Amtes ablehnt oder wenn die von dem Erblasser mit der Ernennung betraute Stelle die Ernennung nicht vornimmt, sofern nicht ein von dem Erblasser für diesen Fall ernannter Ersatzmann eintritt;

3. sofern ein Verwalter stirbt oder sein Amt niederlegt und die den Verwaltern von dem Erblasser übertragenen Geschäfte noch nicht beendet sind, sofern nicht ein von dem Erblasser ernannter Ersatzmann eintritt;
4. wenn ein Verwalter nach den Vorschriften des Abs. 3 und des § 2227 des Bürgerlichen Gesetzbuchs entlassen wird.

Vor der Ernennung sollen die etwa im Amte befindlichen Verwalter und die übrigen Betheiligten soweit thunlich gehört werden. Wird von den Betheiligten eine bestimmte Person in Vorschlag gebracht, so ist diese zu ernennen, wenn keine Bedenken entgegenstehen.

Die Vorschriften des § 2216, Abs. 1, des § 2224 Satz 1, 3, des § 2227 und des § 2368 des Bürgerlichen Gesetzbuchs finden entsprechende Anwendung.

Urkundlich 2c.

10. Zu Art. 85.

Allgemeine Verfügung des Justizministers v. 19. Dezember 1899, betr. die Bestimmung außerordentlicher Hinterlegungsstellen für Werthpapiere (JMBl. S. 804).

Die nachstehend abgedruckten gemeinschaftlichen Erlasse vom 17. und 18. d. Mts. zur Ausführung des Artikel 85 des Ausführungsgesetzes zum Bürgerlichen Gesetzbuche werden den Justizbehörden zur Kenntnißnahme und Beachtung mitgetheilt. Es wird hierbei darauf hingewiesen, daß bei den in den Erlassen genannten Anstalten im Falle des § 1808 des Bürgerlichen Gesetzbuchs nach dieser Vorschrift und nach Artikel 76 des Ausführungsgesetzes zum Bürgerlichen Gesetzbuch auch die Anlegung von Mündelgeld erfolgen kann.

a) **Gemeinschaftlicher Erlaß des Finanzministers, des Ministers für Landwirthschaft, Domänen und Forsten, des Justizministers und des Ministers des Innern zur Ausführung des Art. 85 des AG. z. BGB.,** v. 17. Dezember 1899 (JMBl. S. 805).

Auf Grund des Artikel 85 des Ausführungsgesetzes zum Bürgerlichen Gesetzbuche vom 20. September 1899 (GS. S. 177) werden für die Hinterlegung von Werthpapieren in den Fällen der §§ 1082, 1392, 1667, 1814, 1818, 2116 des Bürgerlichen Gesetzbuchs folgende Anstalten als Hinterlegungsstellen bestimmt:

1. die Seehandlung in Berlin,
2. die Preußische Central-Genossenschafts-Kasse in Berlin,
3. die Ostpreußische landschaftliche Darlehnskasse in Königsberg,
4. die Westpreußische landschaftliche Darlehnskasse in Danzig,
5. die Kur- und Neumärkische Ritterschaftliche Darlehnskasse in Berlin,
6. die Pommersche landschaftliche Darlehnskasse in Stettin,
7. die Posener landschaftliche Bank in Posen,
8. die Schlesische landschaftliche Bank in Breslau,
9. die Städtische Bank in Breslau,
10. die Communalständische Bank für die Preußische Oberlausitz in Görlitz,
11. die Landschaftliche Bank der Provinz Sachsen in Halle a. S.,
12. die Nassauische Landesbank in Wiesbaden,

13. die Landeskreditkasse in Cassel,
14. die Landesbank der Rheinprovinz in Düsseldorf sowie
15. die Spar- und Leihkasse für die Hohenzollern'schen Lande in Sigmaringen.

b) Gemeinschaftlicher Erlaß des Finanzministers, des Justizministers und des Ministers für Handel und Gewerbe zur Ausführung des Art. 85 des AG. z. BGB., v. 18. Dezember 1899 (JMBl. S. 805).

Auf Grund des Artikel 85 des Ausführungsgesetzes zum Bürgerlichen Gesetzbuche vom 20. September 1899 (GS. S. 177) wird für die Hinterlegung von Werthpapieren in den Fällen der §§ 1082, 1392, 1667, 1814, 1818, 2116 des Bürgerlichen Gesetzbuchs die Frankfurter Bank in Frankfurt am Main als Hinterlegungsstelle bestimmt.

11. Zu Art. 18.

Ministerialverordnung, enthaltend Ausführungsbestimmungen zu Art. 18 des AG. z. BGB., v. 15. Dezember 1899 — mitgetheilt durch Allgem. Verfügung des Justizministers v. 30. Dezember 1899 — (JMBl. 1900 S. 4).

Zur Ausführung des Artikel 18 des Ausführungsgesetzes zum Bürgerlichen Gesetzbuche vom 20. September 1899 (GS. S. 177) wird auf Grund des § 7 daselbst Folgendes angeordnet:

§ 1. Anträge auf Umschreibung einer auf den Inhaber lautenden Schuldverschreibung auf den Namen des Inhabers oder eines von ihm bezeichneten Dritten sind unter Einreichung der Schuldverschreibung bei dem Aussteller oder bei einer von diesem zur Entgegennahme der Anträge ermächtigten Stelle mündlich zu Protokoll oder in schriftlicher Form zu stellen.

In dem Antrag ist derjenige, auf dessen Namen die Umschreibung erfolgen soll, durch Angabe des Namens (Vorname, Familienname), des Standes, des Berufs oder anderer unterscheidender Merkmale sowie des Wohnorts genau zu bezeichnen; bei Handelsgesellschaften, bei eingetragenen Genossenschaften und juristischen Personen anderer Art ist die Firma oder der Name sowie der Sitz anzugeben.

§ 2. Für Anträge auf weitere Umschreibung einer bereits auf den Namen umgeschriebenen Schuldverschreibung, auf Rückverwandlung der Schuldverschreibung in eine Schuldverschreibung auf den Inhaber und auf Ertheilung einer neuen Schuldverschreibung auf den Inhaber sind die Vorschriften der §§ 3 bis 7 maßgebend. Für den Antrag auf Ertheilung einer neuen Schuldverschreibung gilt dies jedoch dann nicht, wenn er gestellt wird, nachdem bereits die Rückverwandlung der bisherigen Schuldverschreibung in eine Schuldverschreibung auf den Inhaber erfolgt ist; in diesem Falle findet auf den Antrag die Vorschrift des § 1 Abs. 1 Anwendung.

§ 3. Die Anträge sind unter Einreichung der Schuldverschreibung mündlich zu Protokoll oder in schriftlicher Form zu stellen. In letzterem Falle muß die Unterschrift des Antragstellers durch eine ein Dienstsiegel führende öffentliche Behörde (Beamten) beglaubigt sein, es sei denn, daß der Antrag in Form einer öffentlichen Urkunde eingereicht wird.

Anträge von Behörden müssen ordnungsmäßig unterschrieben und mit Siegel oder Stempel versehen sein.

Betrifft der Antrag die weitere Umschreibung einer bereits auf den Namen umgeschriebenen Schuldverschreibung, so findet die Vorschrift des § 1 Abs. 2 Anwendung.

§ 4. Der in der Schuldverschreibung genannte Gläubiger muß sich, wenn nach der Umschreibung auf seinen Namen eine Aenderung in seiner Person (Verheirathung einer Frau, Aenderung des Namens, Standes, Berufs, Wohnorts u. s. w.) eingetreten ist, auf Verlangen durch öffentliche Urkunden als der Gläubiger ausweisen.

§ 5. Ist der Antragsteller nicht der in der Schuldverschreibung genannte Gläubiger, so hat er seine Berechtigung zur Verfügung über die Schuldverschreibung durch öffentliche oder öffentlich beglaubigte Urkunden nachzuweisen.

Rechtsnachfolger von Todeswegen haben auf Verlangen des Ausstellers durch einen Erbschein oder durch eine Bescheinigung des Nachlaßgerichts nachzuweisen, daß sie über die eingetragene Forderung zu verfügen berechtigt sind.

§ 6. Wird der Antrag durch einen Vertreter gestellt, so hat dieser seine Befugniß zur Vertretung durch öffentliche oder öffentlich beglaubigte Urkunden nachzuweisen.

§ 7. Kann der Antragsteller über die Schuldverschreibung nur mit Zustimmung eines Dritten oder einer Behörde verfügen, so ist die Zustimmung durch öffentliche oder öffentlich beglaubigte Urkunden nachzuweisen.

§ 8. Wird auf Grund einer auf Namen umgeschriebenen Schuldverschreibung Zahlung verlangt, so finden auf den Empfänger der Zahlung die Vorschriften der §§ 4 bis 7 entsprechende Anwendung.

§ 9. Die Umschreibung auf den Namen erfolgt durch den auf die Urkunde zu setzenden Vermerk:

„Umgeschrieben auf"

mit genauer Bezeichnung des Gläubigers (§ 1 Abs. 2). In den Fällen des § 1667 Abs. 2, des § 1815 und des § 2117 des Bürgerlichen Gesetzbuchs ist dem Vermerke die gesetzlich vorgeschriebene Bestimmung hinzuzufügen.

Der Vermerk muß den Ort und den Tag seiner Vollziehung angeben; er ist von dem Aussteller zu unterzeichnen und mit dem Aufdrucke des dem Aussteller zustehenden Stempels zu versehen Wird der Aussteller durch eine Behörde vertreten, so erfolgt die Unterzeichnung durch die Angabe der amtlichen Bezeichnung der Behörde nebst dem Aufdrucke des der Behörde zustehenden Stempels und der eigenhändigen Unterschrift des von der Behörde damit beauftragten Beamten.

§ 10. Die Rückverwandlung in eine Schuldverschreibung auf den Inhaber erfolgt durch den auf die Urkunde zu setzenden Vermerk:

„Wieder an den Inhaber zahlbar."

Die Vorschrift des § 9 Abs. 2 findet Anwendung.

§ 11. An Kosten kann der Aussteller außer den ihm entstandenen Auslagen für Porti, Stempelbeträge, Neuausfertigung der Urkunde u. s. w. erheben:

1. für die erste sowie jede weitere Umschreibung auf den Namen eines Berechtigten oder für die Rückverwandlung in eine Schuldverschreibung auf den Inhaber 25 Pfennig für jede angefangenen 1000 Mark des Nennwerths der eingereichten Schuldverschreibungen, mindestens 50 Pfennig;
2. für die Ertheilung einer neuen Schuldverschreibung auf den Inhaber 50 Pfennig für jede angefangenen 1000 Mark des Nennwerths der eingereichten Schuldverschreibungen, mindestens 1 Mark.

Alphabetisches Register.

Die Zahlen bedeuten die Seiten.

B.

C.

D.

G.

H.

J.

K.

Berichtigungen.

Seite 72 Zeile 7 v. unten lies „Art. 20" statt „Art. 19".
Seite 73 Anm. 2 Zeile 2 lies „Art. 20" statt „Art. 19".
Seite 76 Zeile 4 v. unten lies „28" statt „27".
Seite 124 Anm. 1 Abs. 2 lies „Art. 26" statt „Art. 25".
Seite 135 § 8 Anm., Abs. 3 lies „Die Vorlegung" statt „Das Anhalten".
Seite 136 Zeile 5 v. unten lies „33" statt „32".
Seite 301 Anm., Zeile 4 lies „§ 200 des RGes. üb. d. Ang. d. freiw. Gerichtsb." statt „Art. 200 des EG."

Druck von Gebr. Unger in Berlin, Bernburger Str. 30.

Das Bürgerliche Gesetzbuch

mit Erläuterungen für das Studium und die Praxis

von

Dr. H. Rehbein,
Reichsgerichtsrath.

I. Band: **Allgemeiner Theil.** 1899. M. 7; in Halbfranzband M. 8.50.
(Der II. Band befindet sich in Vorbereitung.)

„Der Verf. weist in dem Vorwort darauf hin, daß das BGB. wie es wesentlich aus dem gemeinen und dem preuß. Rechte erwachsen ist, zu seinem vollen Verständniß die Kenntniß dieser beiden Rechte erfordert und auf ihrer Grundlage studirt werden muß. Es ist auch nicht minder nothwendig sich vertraut zu machen mit seinem System und dem inneren Zusammenhange seiner weitverzweigten Rechtssätze, als mit seiner geschichtlichen Entwickelung. Damit aber das vielfach dogmatische Ges., das mit wahrem Leben zu erfüllen der Praxis vorbehalten bleiben muß, schon jetzt sich belebt zeige, sind die Ergebnisse der bisherigen Rspr. thunlichst verwerthet; „sein Fortwerfen hieße einen Schatz fortwerfen". Diese Gesichtspunkte sind in den, die §§ 1—163 umfassenden Lieferungen in meisterhafter Weise befolgt. Der Ges.-Text ist titelweise, und wie hinzugefügt werden darf, korrekt abgedruckt. Auf ihn folgen alphabetisch geordnet die Stichworte. Daran schließen sich in systematischer Folge die Erörterungen. Sie werden eingeleitet durch einen Hinweis nicht nur auf die einschlägigen §§ des BGB. und seiner Entwürfe, sondern auch auf die des ALR., des Sächs. BGB., des code civ., der Lehrbücher von Windscheid u. Dernburg für das gemeine, von Dernburg u. Eccius für das preuß., oder Zachariae (Crome) und Crome für das französ. und von Grützmann für das sächs. Recht, sowie durch Angabe der korrespondirenden Abschnitte in den von demselben Verf. herausgegebenen Entscheidungen des preuß. Obertribunals. Ihre Fassung ist die klare und präzise, die alle Arbeiten des Verf. auszeichnet; kein Wort zu viel, kein Wort zu wenig. Dabei ist der Uebersichtlichkeit des gewaltigen Stoffes durch räumlich zweckmäßige Anordnung und Hervorhebung einzelner Worte und Sätze dergestalt Rechnung getragen, daß sich das Auge trotz der Fülle des Gebotenen sofort zurecht findet. Die fast überreiche Berücksichtigung der Rspr. zu dem bisherigen Rechte veranschaulicht die Bedeutung der Gesetzesvorschriften für das praktische Leben. Das ist von großem Werthe selbst für den Fall, daß sie zukünftig eine andere Beurtheilung erfahren sollten, als die Bestimmungen, aus denen sie hervorgegangen und denen sie nachgebildet sind. Der Verf. ebnet damit einer gesunden, nicht am Buchstaben hängenden Praxis den Weg in hohem Maße. Im allgem. Interesse ist zu wünschen, daß der Kommentar rüstig fortschreitet. Er wird vor den übrigen, auf genossenschaftlichem Wege hergestellten Kommentaren den großen Vorzug einer einheitlichen, von Anfang bis zu Ende von demselben wissenschaftlichen Geiste erfüllten Arbeit haben und er darf schon um deswillen sicher sein, einen dauernden Platz auf dem Arbeitstisch eines jeden studirenden Praktikers zu finden."

Landr. Dr. Schück (im Centralbl. f. Rechtswissensch.).

„Dieser vorzügliche Kommentar geht ganz besonders auf das bisherige Recht und die bisherige Rspr. ein, wobei natürlich abgethane Kontroversen auch nur kurz als erledigt bezeichnet sind. Die Grundgedanken des Gesetzes werden klar erörtert, ganz besonders aber wird auf eine Menge von Beispielen eingegangen, die meistens der bisherigen Praxis entnommen sind, auch werden vielfach gerichtliche Entscheidungen als auch künftig zutreffend oder als nicht zutreffend citirt. Der Verf. gibt eine erstaunliche Menge des Materials. Daß auch erörtert ist, was von einschlagenden sonstigen Vorschriften gilt, ist natürlich. Der geschichtliche Charakter des Kommentars ist besonders von Werth. Der Verf. bemerkt mit Recht, daß das BGB. ein ernstes Studium auf der Grundlage des gemeinen und preuß. Rechts verlange. Ich meine auch, daß der Kommentar besonders für den nichtpreuß. Juristen werthvoll ist. Denn sehr viele Sätze des BGB. sind rein oder modifizirt dem preuß. Landrecht entnommen und das preuß. Landrecht wird, wenn es in Preußen nicht mehr gilt, eine wissenschaftl. Bedeutung im ganzen Reiche bekommen. Die Erläuterungen folgen nicht ganz der Reihenfolge der Paragraphen; die Ueberschrift über der Seite läßt aber erkennen, welche Bestimmungen erläutert werden, so z. B. Seite 5: „I. Titel. Natürliche Personen §§ 1, 13–20". Man kann über den Werth dieser Methode verschiedener Ansicht sein. Jedenfalls hat sie das Gute, daß sie das handwerksmäßige Nachschlagen des Kommentars hindert und die Erläuterungen im Zusammenhange zu lesen zwingt. Ueberhaupt stellt der Verfasser hohe Anforderungen an den Leser: denn wenn auch alles klar und leicht verständlich geschrieben ist, so bedarf es doch einiger Mühe und Nachdenkens, um sich durch die gebotene Fülle des Materials hindurchzuarbeiten. Auf Einzelheiten möchte ich nicht eingehen, hervorheben will ich nur, daß der Verfasser S. 26 gegen die Motive und Planck annimmt, daß die Frage, ob der adlige Familienname durch Ehe, Geburt, Rechtsakt erworben werde, nach dem BGB. zu entscheiden sei. — Hoffentlich gestattet Arbeitslast und Gesundheit dem Verfasser, das sehr mühsame Werk bis zum 1. Januar 1900 zu Ende zu führen".

Oberlandesgerichtsrath H. Meyer (im „Recht").

„Der Verf. hat seinen Kommentar „dem Studium und der Praxis" gewidmet und es sich deshalb zur Aufgabe gestellt, die Rechtssätze des neuen bürgerlichen Rechts in ihrer Entwickelung aus dem Boden des gemeinen und preuß. Rechts darzustellen. Daß es für diese schwierige Aufgabe keinen berufeneren Schriftsteller gibt, als den Interpreten der Judikatur des vormaligen preuß. Obertribunals, braucht nicht besonders hervorgehoben zu werden. Die gewaltige Beherrschung des Stoffes und das reiche wissenschaftliche und praktische Material, welches die Kommentirung zu Tage gefördert hat, läßt auch keinen Zweifel darüber zu, daß das Werk als Hilfsmittel der Judikatur des BGB. an erster Stelle stehen wird. — Der Verf. hat auch dieses Mal an seinem bekannten Kommentirungssystem festgehalten, ganze Abschnitte und Titel zusammenhängend zu erläutern und durch alphabetische Zusammenstellung der Stichworte auf die Nummern der Erläuterung hinzuweisen. Das Studium wird durch diese Art der Verbindung von System und Kommentar gewiß erleichtert und darauf kommt es im gegenwärtigen Zeitpunkte ja hauptsächlich an. Ob aber die Bedürfnisse der Praxis, welche außer der Uebersichtlichkeit auch eine schnelle Orientirung über jede Einzelbestimmung verlangen, nicht durch Kommentirung jedes einzelnen § unter gleichzeitiger Zusammenfassung des gemeinsamen Inhalts auf die Dauer mehr befriedigt werden, mag der Erwägung des Autors anheimgegeben werden. Auf den fast unschätzbaren Werth des Kommentars selbst ist dieser Umstand freilich nicht von Einfluß."

Rechtsanw. Perl (in den „Blättern f. Rechtspfl. im Bez. des Kammerger.").

Kolibri 360 GmbH
Ferdinand-Jühlke-Straße 7
99095 Erfurt, Deutschland
produktsicherheit@kolibri360.de